Michael Mansion

GUTEN TAG zusammen

FSC
www.fsc.org
MIX
Papier aus verantwortungsvollen Quellen
Paper from responsible sources
FSC® C105338

Impressum

Bibliografische Information der Deutschen Nationalbibliothek:
Die Deutsche Nationalbibliothek verzeichnet diese Publikation in der Deutschen Nationalbibliografie; detaillierte bibliografische Daten sind im Internet über http://dnb.dnb.de abrufbar.

66798 Wallerfangen
mansion.michael@gmx.de

Titelgraphik unter Verwendung von CanStockPhoto
Schrift: Tahoma, SIL OFL

Herstellung und Verlag: BoD - Books on Demand, Norderstedt
ISBN: 978-3-7568-1642-2

Ich bin allen zu Dank verpflichtet, die mich zum Schreiben ermuntert haben! Insbesondere danke ich meinem Bruder, Herrn Dr. Andreas Mansion, für seine stets wertvollen Anregungen und Korrekturen. Viele wertvolle Hinweise haben sich aus der umfangreichen Korrespondenz mit Prof. Günter Buchholz ergeben, dessen waches Auge zwar nicht diesen, jedoch manch anderen Text korrigierend begleitet hat.
Viele gute Ratschläge verdanke ich Prof. Günter Scholdt aus dem saarländischen Dudweiler, was (durch räumliche Nähe) zu gelegentlich auch längeren (und ertragreichen) Spaziergängen mit ihm geführt hat.
Mein besonderer Dank gebührt Günter Knoblauch aus Neuried für dessen technische Unterstützung - der Voraussetzung dafür, dass dieses Buch entstehen und erscheinen konnte.

Die in diesem Buch genannten Personen sind real nicht existent und dies auch dann nicht, wenn es Namensgleichheiten mit lebenden Personen geben sollte.
Als Ausnahmen gelten benannte Persönlichkeiten des öffentlichen Lebens und namentlich benannte Wissenschaftler.

Inhaltsverzeichnis

Vorwort

Jede Zeit hat ihre besonderen Ereignisse und diese sind in der Regel von Menschen in Szene gesetzt.

Der Mensch wird damit zum Ereignisfaktor und dabei zugleich zum Problemfaktor, sowohl für sich selbst, als auch für die übrige Spezies, die ihn irgendwie ertragen muss, was umgekehrt natürlich auch gilt.

In weniger häufigen Fällen ist der Mensch für bestimmte Ereignisse nicht verantwortlich zu machen, auch wenn das manchmal wünschenswert wäre, damit man dem uns innewohnenden Gefühl von Gerechtigkeit einen Platz zuweisen kann und nötigenfalles auch der Justiz.

Das ist bei Erdbeben, Vulkanausbrüchen, etwas länger dauernden Kontinentalverschiebungen, extremen Sonnenaktivitäten oder der bekanntermaßen elliptischen Erdumlaufbahn allerdings schwierig.

Da bleibt den Gläubigen nur das Gebet und den Ungläubigen der Glaube an die Wissenschaft, was leider nie viel Trost gespendet hat, aber in Einzelfällen mal einen Nobelpreis.

Auffällig am aktuellen Zeitgeschehen ist ein seltsames Phänomen, welches (pseudo-) wissenschaftlich getarnt, als eine ganze Folge neuer Glaubensgrundsätze daher kommt, deren heiliger Gral in den Massenmedien zu verorten ist und von einer moral-beseelten politischen Klasse geboren wurde.

Diese geriert sich zeitgemäß religionsfeindlich, wenn es sich um das Christentum handelt, jedoch nicht im Falle des zugewanderten Islam, der als kulturelle Bereicherung inszeniert wird.

Den intimeren Kennern des Szenarios entgeht auch nicht die physikalische Erkenntnis, dass man nicht (wie beabsichtigt) die Energiesicherheit einer Industrienation mit Windrädern und Solar Paneelen garantieren kann, was wiederum nichts mit Religion zu tun hat, sondern eher mit deren Ersatz durch Aberglauben.
Um einen solchen handelt es sich auch, wenn man von deutschen Boden aus das

Weltklima retten will, für dessen unterstelle Beschädigung das Konzept der deutschen Industriekultur verantwortlich gemacht wird.

Neuerdings wollen einige politisch durchaus verantwortliche Leute (glücklicherweise nicht alle...hoffentlich) die Nation mit der größten Landmasse auf unserem Globus militärisch besiegen, obwohl solche Versuche schon mehrfach gescheitert sind.
Die Astronomen sprechen gelegentlich von einem Ereignishorizont am Rande von sog. „Schwarzen Löchern".

Da solche Ereignisse aber relativ weit von uns entfernt stattfinden, sind sie für unser Alltagsleben weniger relevant als es z.B. eine schleichende Deindustrialisierung als Folge einer erwünschten sog. Klimagerechtigkeit wäre. Ein zunehmender Verlust von Alleinstellungsmerkmalen, welche unseren Wohlstand begründet haben, führt nämlich leider zu Wohlstandsverlusten oder wenn man es so ausdrücken will, auch zu einem ziemlich schwarzen Loch etwa in der Geldbörse.
Wenn man sich als Nation zusätzlich mit einer ganzen Reihe sehr teurer, aber ineffektiver Projekte belastet hat, dann sind weder die göttliche Vorsehung, noch der Glaube an multiple Geschlechtlichkeiten sonderlich hilfreich und dies auch dann, wenn, wenn man sie als Sieg von Demokratie über vermeintliche Nazis feiert.
Mit Vorhersagen zu möglichen gesellschaftlichen Entwicklungen sollte man vorsichtig sein, aber es wäre zumindest sehr erstaunlich, wenn sich alle Parameter für ein erfolgreiches Handeln in ihr Gegenteil umkehren ließen, um weiterhin erfolgreich sein zu können.
Wir kennen aus Erfahrung besonders anpassungsfähige Klassen und Typen. Ihnen gelingt das Kunststück entweder durch eine direkte Teilnahme und Teilhabe am politischen Apparat, durch ein Zugehörigkeitsgefühl zur jeweils verordneten Agenda oder durch passive Duldung derselben unter Inanspruchnahme gewisser Vorteile, die sich aus der Zurückdrängung einer herrschaftskritisch- emanzipierten Gesellschaftlichkeit ergeben.
Dem noch wachen Rest bleibt die mühevolle Erarbeitung von Erkenntnis im Dschungel von Desinformationskampagnen und eine Aussicht auf Revolte, sowie von Fall zu Fall die Flucht.

Wallerfangen, am 01.08.2022
Michael Mansion

Guten Tag zusammen

Die Zeitung und das Personal

Ich will Ihnen was sagen, lieber Kollege Hellweg. Als ich in Ihrem Alter war oder ich glaube sogar noch ein bisschen jünger, da machte ich mein Volontariat in einer kleinen Regionalzeitung, die um ihr Überleben kämpfte. Wir witzelten damals darüber, dass wir uns mit Todesanzeigen über Wasser halten mussten, aber wie auch immer. Ich war hinter jedem noch so kleinen Skandal her und davon gab es leider zu wenige, verstehen Sie?
Skandale benötigen ein bestimmtes, wenn Sie so wollen größeres städtisches Umfeld, eine Aura, eine ausreichende Menge an dunklen Nebenstraßen, Hinterhöfen und Ruinen, aber keine Bauernhöfe in idyllisch ländlicher Umgebung und es bedarf ausreichend vieler Leute, die noch unterwegs sind, wenn man auf dem Lande bereits friedlich schläft. Ich weiß nicht, ob wir uns verstehen, aber wir können hier aus ein paar sexuellen Übergriffen keinen Aufstand machen. Das hat es bei Straßenfesten immer mal gegeben und natürlich auch Schlägereien und das übliche, wenn Sie so wollen, alkoholisierte Gesamtgeschehen. Natürlich müssen wir berichten, aber es ist nun mal ein Unterschied, ob und wir etwas auf einem Fest unter Einheimischen abläuft, wo man sich in der Regel kennt oder ob Fremde ins Spiel kommen. Leute etwa, die noch nicht lange bei uns sind, die Sitten und Gebräuche nicht kennen, verunsichert sind und zugleich am Leben teilhaben wollen. Junge Leute, Männer, verstehen Sie?
Wollen Sie damit ausdrücken, dass ich das Geschehen übertrieben dargestellt habe? Frank Hellweg fühlte ich unwohl, zumal er seinen Chef als sauber arbeitenden Journalisten schätzte.
Nein,- übertrieben ist nicht das richtige Wort. Sie haben in ihrem Bericht zu den Vorfällen - wie viele waren es eigentlich? - aber unglaublich weit ausgeholt. Das ist gut geschrieben, keine Frage, aber zugleich eine alles erklären wollende Kulturschelte, wenn Sie wissen was ich meine. Wen wollen Sie damit erreichen? Ich kann Ihnen sagen was die Folge sein wird. Auf der einen Seite werden uns die Leser glauben, weil wir ein seriöses Blatt sind. Die andere Reaktion wird aber sein, dass Ihre, den faktischen Vorgang weit übertreffende Kulturschelte, uns diejenigen zu Feinden macht, die uns Ausgrenzung unterstellen, Fremdenfeindlichkeit, eine europäische Kulturarroganz und eine Verallgemeinerung in der Sache selbst. Wir

haben diese ja nicht neuen Probleme unter Redaktionsleitern kürzlich erst im „Rat" besprochen und waren uns einig, das Kind nicht mit dem Bade auszuschütten. Kein voreiliger Aktionismus zugunsten von Quote war das Ergebnis,- mal auf Kurzform gebracht.
Carsten Spohn hatte sich auf seinem Bürostuhl ein wenig zurückgelehnt und dabei die ineinander verschränkten Hände in den Nacken gelegt. Sein Blick ging an Frank Hellweg vorbei und verlor sich in der typischen Bürogeographie von ein paar Metallschränken, einem Großkopierer, drei PCs einer Menge beschriebener loser Zettel, vier Zimmerpflanzen, ein paar Stühlen, einer Kaffeemaschine und zwei großen Schreibtischen

Es war nicht so,
dass Frank Hellweg mit dieser Ansprache nicht gerechnet hätte. Sie war ihm eigentlich sogar relativ kurz erschienen und sie hatte ja vordergründig auch keine Drohung enthalten. Der Chef wollte den Beitrag auf kleiner Flamme gekocht wissen und Hellweg wusste, dass er, also Spohn, unter einem gewissen Druck stand, welcher im „Rat" ausgeübt wurde. Deshalb war ihm auch nicht an einer Rechtfertigung gelegen, die er mit allerlei Hinweisen auf journalistische Rechtschaffenheit, Informationspflicht und Hintergrundrecherche hätte garnieren können. Aber wozu, fragte er sich. Es gab in solchen Fällen zwei Möglichkeiten. Entweder wurde entschieden, dass der Beitrag in der vorliegenden Form nicht übernommen und damit nicht gedruckt wurde oder er sparte sich bestimmte Anspielungen, welche in diesem Falle die mehrheitliche kulturelle Befindlichkeit der arabisch-muslimischen Welt gewesen wären, weil er sich erfolgreich einreden konnte, dass man dies nur ausgewiesenen Wissenschaftlern überlassen durfte. Der berüchtigte Mittelweg lief darauf hinaus, sich einer allgemeinen und besonderen Verunsicherung zu überantworten. Verunsicherungen können Spannungen in der Schwebe halten, leben vom Verzicht auf exakte Definitionen, sind deshalb allgegenwärtig, irgendwie gesichtslos und somit umfänglich gegenwärtig. Wenn sich alle gegenseitig verunsichern und irritieren, dann sind auch alle verantwortlich oder keiner und schließlich hatte sich ja niemand in die Luft gesprengt, gemessert oder geschossen. Man konnte im Falle solcher Verunsicherungen, die gelegentlich den Charakter von Nötigungen annahmen, eine gewisse historische Konsistenz erkennen. Das hatte es zu allen Zeiten gegeben und dies mit unterschiedlicher Intensität, so wie es ja auch kühlere Winter und heißere Sommer gibt.
Frank Hellweg hatte das Büro der Redaktionsleitung etwa gegen 15 Uhr verlassen und erreichte den Kollegen Wendler auf dem Mobiltelefon, als dieser gerade in der Autowerkstatt auf das Ergebnis einer Messung wartete, die man seit einiger Zeit

als Diagnose bezeichnete, weil sich der medizinische Begriff wohl seriöser anhört. Wendler hoffte, Aufschluss über einen Kriechstrom zu erhalten, der ihm den Wagen etwa alle vier Tage zwar nicht lahm legte, aber weit entfernt war es davon leider auch nicht.
Der Besitzer der Werkstatt war ein Nordafrikaner und ein begnadeter Schrauber, weil er in Marokko schon scheintote Fahrzeuge wieder zum Leben erweckt hatte und Herbert Wendler mochte ihn auch wegen seiner freundlichen Art, bei der nie der Eindruck entstand, er erwarte als Ausländer eine besonders zuvorkommende Behandlung oder so etwas wie einen antidiskriminierenden Sozial-Bonus

Ben Berissa war ein kleiner,

etwas untersetzter Mitvierziger, der zu allen Zeiten einen ganz wunderbaren und aromatischen Pfefferminztee im Angebot, bzw. in seinem Büro auch für seine Kunden verfügbar hatte und das war mehr, als die Deutsche Bahn AG ihren Kunden auf Langstreckenfahren zu bieten imstande war.
Was gibt's denn Frank?- fragte Herbert Wendler. Ich muss mal was besprechen mit Dir hinsichtlich meines geplanten Beitrages zu den Übergriffen. Du weißt ja was ich meine. Ja ja und was ist damit?
Der Chef meinte, ich hätte da ein bisschen zu weit ausgeholt und quasi eine Kulturkritik, Kulturschelte oder nenne es wie Du willst, da angehängt.
Ich verstehe, die haben immer ihre „Ratsbeschlüsse", wo sie sich gegenseitig vormachen, es sei sinnvoll, möglichst alle Straftaten, vor allem wenn sie von Zuwanderern begangen werden, unter eine Art von informatorischem Vorbehalt zu stellen. Es wird zwar von einer Straftat gesprochen, aber nicht wer sie begangen hat. In aller Regel heißt es dann: „Ein Mann hat.... usw. usf."
Ich bin hier noch in der Werkstatt bei Ben, der gerade mit öligen Fingern einen Laptop bearbeitet, um mein beschissenes Elektroproblem zu finden, wobei ich mich mit seinem hervorragenden Pfefferminztee tröste. Da wird man glatt süchtig sage ich Dir. Aber pass auf, wir könnten uns doch so gegen 18 Uhr beim Ferdi treffen und dort noch eine Kleinigkeit essen.
Gute Idee, sagte Frank Hellweg und sie beendeten das Gespräch.

Wendler war ein wenig älter als Hellweg,

schon etwas länger in der Redaktion und bearbeitete den Bereich der landkreisbezogenen Informationen und Hellweg den Regionalteil. Den Bereich Internationales beackerte Kurt Enders und für das Feuilleton zeichnete der Kollege Friedhelm Kurz verantwortlich. Enders hatte Politikwissenschaft studiert und sich dabei eine angenehme Distanz zu diesem Studienfach bewahrt. Wie er gelegentlich meinte, sei Politik als ein wissenschaftlicher Gegenstand gar nicht greifbar. Sie vermittele sich höchstens als ein Ausdruck unterschiedlicher Interessen im nationalen und internationalen Umfeld. Einige Entscheidungen bewegten sich dabei in einem Milieu, das sich eher der Psychoanalyse erschließt, aber hierbei bestünde die Gefahr, dass die dabei gewonnene Erkenntnis fatale Rückschlüsse offenkundig werden lässt.

Friedhelm Kurz war als Germanist der unübertroffene Korrekturleser. Zugleich war er mit dem Feuilleton auf bewundernswerte Weise bemüht, der Unterhaltung den Geist nicht zu verweigern oder, anders gesagt, das Feuilleton geriet ihm auf bemerkenswerte Weise zum Diskursraum.

Das Wirtschaftsgeschehen oblag dem Kollegen Thomas Gebauer, der gelegentlich großen Gefallen daran fand, jene Gretchenfrage auf den Plan zu rufen, die sich nicht damit abfinden wollte, der Wirtschaft eine von den Mehrheitsinteressen losgelöste Eigendynamik zu gestatten.

Dabei konnte er unerbittlich auf den klassischen Widerspruch von gesamtgesellschaftlicher Produktion und privater Aneignung verweisen, war dabei aber klug genug, nicht ständig eine neue Steuer als große Lösung erfinden zu wollen.

Die Redaktionsleitung durch Carsten Spohn war das Ergebnis einer Familientradition mit klassischen Abläufen, die in solchen Fällen in ein Journalistik-Studium münden. Spohn hatte dieses mit Betriebswirtschaft verbunden und fühlte sich dadurch imstande, gewisse Auf- und Abwärtsbewegungen der Verkaufsstatistik des Blattes zumindest erklärbar werden zu lassen.

Er machte deshalb den redaktionellen Inhalt auch nicht alleine für die Verkaufszahlen verantwortlich. Es gab eine Stammkundschaft, die eigentlich hätte wachsen sollen, was sie aber nicht tat. Die Krise der Print-Medien saß den Zeitungen wie ein Virus in den papierenen Knochen und das schon seit geraumer Zeit. Der Verkauf an Kiosken, in Zeitschriften- und Bücherläden, sowie gelegentlich auch in einigen Supermärkten, profitierte allerdings schon mal vom aktuellen Tagesgeschehen, aber mit Sicherheit nicht von den aufwändig analytisch erarbeiteten Beiträgen.

Spohn vermied wenn irgend möglich den Begriff Marketing, weil er ihn für eine Begrifflichkeit von Versicherungsvertretern hielt. Natürlich musste der Inhalt stimmen, aber ein Seriösitätsanspruch und das auch schon mal etwas hypertonisch angelegte aktuelle Zeitgeschehen, erzeugten Reibungspunkte die nicht zu sichtbaren Unsicherheiten entarten durften. Katastrophischer Angstjournalismus – in wessen Diensten auch immer – war noch schlimmer als halbseidene Recherche, die man eher verschmerzen konnte, wenn die Sache, um die es dabei ging, nicht vollständig an den Haaren herbeigezogen war.

Das schlimmste war jedoch eine ausbleibende Berichterstattung. Irgendein Thema, mit dem man sich lieber ausführlicher beschäftigt hätte. Eine Positionierung in der Warteschleife und dann waren die anderen schneller und unvoreingenommener gewesen, wenngleich nicht wissender, aber in der Nachsicht erfolgreicher. Der Leser verzeiht gewisse Übertreibungen leichter als Untertreibungen. Schwierig waren Trend-Themen, wie Spohn sie nannte und worunter er die verstand, bei denen ein unterschiedliches Meinungsbild nicht mehr möglich war, weil es hierzu bereits mehrheitlich eine medial verordnete Meinung gab. Im Grunde so etwas wie eine Staatsmeinung, ihrem Wesen nach mehrheitsfähig und nicht mehr grundsätzlich zu hinterfragen.
Das hatte es zu allen Zeiten gegeben und er hätte Friedhelm Kurz um eine historische Replik im Feuilleton bitten können.
Hellwegs sehr private Analyse von unüberwindlichen kulturellen Dissonanzen im Zusammenhang mit den sexuellen Übergriffen, war vor dem Hintergrund solcher Überlegungen ein Problem, denn sie stellte sich gegen einen Trend, der nicht müde wurde zu verkünden, dass alle Kulturen im Grunde gut und ähnlich wertvoll sind und einen Anspruch auf Anerkennung und Respekt haben. Zumindest war das auch der Tenor im „Rat" gewesen. Es sei nicht hilfreich, ein angeblich umfänglich akzeptiertes Meinungsbild in Frage zu stellen oder sich ihn gar mit dem Hinweis auf wissenschaftlich fundierten Gegenwind zu verweigern.

Seine Studentin Karin Bruckner war ihm bedrängt erschienen,
als sie zu dem Gespräch erschienen war, um das sie ihn gebeten hatte. Nicht weil das grundsätzlich ungewöhnlich gewesen wäre, denn seine Studenten hatten mit der Anthropologie ein sog. kleines Studienfach gewählt, welches vordergründig vielleicht ein wenig einfacher zu bewältigen schien als Mathematik oder Literaturwissenschaften, aber Prof. Volker Mendes vermittelte einen hohen Anspruch und seine Studentinnen und Studenten wussten, dass sie sich im fortgeschrittenen Semester etwas einfallen lassen mussten. Diese Studentin gehörte für ihn nicht zu denjenigen, die sich schwer taten und er hatte schon daran gedacht, sie gemeinsam mit einem männlichen Studenten aus dem Semester zu einer Studienreise mitzunehmen, die er jedoch noch würde organisieren müssen. Auch die Finanzierung war keineswegs gesichert, aber man würde ja sehen. Er wunderte sich, sie noch nie in männlicher Begleitung gesehen zu haben oder es war ihm auch einfach nicht aufgefallen. Sie war eine attraktive Person und ihm war das nicht entgangen.
Sie hatten sich für 10:30 Uhr in seinem Büro verabredet, wo das von ihm verursachte Chaos an einem Punkt angekommen war, wo jede Revision, Reorganisation, ja selbst eine bescheidene Form von Ordnung ins Nichts münden

musste und er beeilte sich, den Wust aus Papier, Büchern, Fotos, Karten und diversen Gegenständen, die er von seinen Reisen im Zusammenhang mit seiner Tätigkeit aus den letzten Winkeln der Welt mitgebracht und gesammelt hatte, irgendwie angemessen übersichtlich im Raum zu verteilen. Dann stellte er resigniert fest, dass er nicht mal einen Kaffee anbieten konnte, weil er selbst Tee bevorzugte, aber er fand im Schrank noch einen schäbigen Rest Pulverkaffee, von dem er Rettung in der Not erhoffte.

Seit dem Tode seiner Frau hatte sich eine gewisse häusliche Unordnung bei ihm etabliert, weshalb es seltsam gewesen wäre, wenn diese in seinem Büro keine Entsprechung gefunden hätte.

Karin Bruckner war pünktlich und klopfte an die Tür, bevor sie merkte, dass diese gar nicht geschlossen war.

Kommen Sie rein und nehmen Sie Platz, soweit das in diesem schändlichen Durcheinander möglich ist. Ich bin ein schlechter Organisator und hatte damit immer ein Problem.

Sie war ein wenig überrascht über den lockeren Ton, denn Mendes galt nicht als leutselig. Seine Vorlesungen waren stets sehr konzentrisch strukturiert und kompromisslos am Gegenstand der Betrachtung orientiert. Hier begegnete sie ihm in einer für sie ungewohnten Umgebung. Hier war er in gewissen Grenzen privat.

Mögen Sie einen schlechten Kaffee? - fragte er und fügte hinzu: Ich habe leider keinen anderen, weil ich gewöhnlich Tee bevorzuge.

Ich auch, sagte sie und Mendes setzte den Wasserkocher in Gang. Sie haben uns noch nie die ganzen Sachen hier gezeigt, die Sie von Weißgottwoher mitgebracht haben.

Ihre Kritik ist berechtigt, sagte Mendes, aber wissen Sie, ich habe das nicht absichtlich getan, sondern einfach nur versäumt. Ich werde mich bessern – versprochen - und sie lachten beide.

Sie musste jetzt ein Entrée finden, eine Möglichkeit, ihm zu sagen was sie ihm sagen wollte und dass sie das Studium unter den gegebenen Umständen nicht fortsetzen konnte.

Sie saßen sich an seinem Schreibtisch gegenüber und Mendes hatte sogar noch ein paar Zuckerwürfel in den Tiefen einer Schublade gefunden. Was haben Sie denn auf dem Herzen und kann ich etwas für Sie tun?

Sie sah ihn an und ihr fiel auf, dass er zerbrechlich wirkte mit seinen vollständig weißen Haaren und seinem schlanken Körperbau. Ob das an der räumlichen Nähe lag oder einfach daran, dass es ihr noch nie aufgefallen war, hätte sie auch später nicht sagen können und auch nicht, warum sie ihn plötzlich fragte: Herr Professor,- wie geht es Ihnen eigentlich im Moment?

Damit hatte er nicht gerechnet, aber er nutzte die sich bietende Gelegenheit für ein kleines Understatement. Wissen Sie, andere Leute in meinem Alter züchten bereits Rosen, aber davon verstehe ich zu wenig und erspare mir das Scheitern. Wie Sie sicher wissen, bin ich jetzt exakt 67 Jahre alt geworden und ich hoffe, dass dieser Fakt für meine Studentinnen und Studenten kein Problem darstellt, denn es reicht ja schon, dass es für mich eines ist und das merke ich vornehmlich bei den gelegentlich unvermeidlichen Reisen.
Sie hatte sich gefangen und war imstande, ihre eigentlich zentrale Frage zu stellen. Das mag sich idiotisch anhören Herr Professor, aber das ist etwas, was mich umtreibt. Kann es sein, dass die Anthropologie rassistische Tendenzen festschreibt?

Frank Hellweg und Herbert Wendler waren fast
zur gleichen Zeit in Ferdis Kneipe angekommen. Diese gehörte zu der Sorte von Etablissements, bei denen man nicht schlüssig sagen kann, warum gewisse Leute dort gerne hingehen. Es gab da nichts, was entweder für eine sich intellektuell dünkende Schickeria oder im Sinne eines eher proletarischen Ambientes von Bedeutung hätte sein können. Ein solches Spannungsfeld war nicht auszumachen. Durch die relativ kleinen Fenster war der Raum nicht sehr hell. Es gab eine recht große Theke und eine Reihe kleiner Tische, die mal jemand mit dem Pinsel braun gestrichen hatte. An den Wänden hingen ein paar Plakate, die auf längst vergangene Veranstaltungen verwiesen und einige gerahmte schwarz/weiß Photos, welche Personen, Gebäude und Straßenverläufe der Stadt aus dem vorigen Jahrhundert zeigten. Das alles war eher ein Ausdruck des ästhetischen Bewusstseins des Wirtes, also von Ferdi, der sein eigenes Äußeres schon lange keinem Zeitgeist mehr unterwarf. Es war höchstens auffällig, dass er zu allen Jahreszeiten Flanellhemden trug, bei denen er in der warmen Jahreszeit lediglich die Ärmel hochkrempelte.
Wie immer? - fragte er. Ja, wie immer und das bedeutete für beide zunächst mal ein Pils.
Hast Du Stress?- fragte Herbert Wendler. Nein nein, - es ist eher so ein komisches Gefühl. Es ist, als ob man sich seiner selbst nicht mehr sicher sein kann. Keine Bedrohung für Leib und Leben, aber irgendwie doch bedrohlich.
Wie bedrohlich? Wendler hatte ihn ruhig angesehen und konzentriert zugehört.
Na ja,- ich meine halt, wenn Du etwas erfährst, oft sogar siehst oder bestenfalls auch miterlebst und man sagt Dir dann: Das, was Du da erlebt und gesehen hast, ist eigentlich ganz anders gewesen. Also jetzt nicht unbedingt der Handlungsablauf selbst, aber die ihm zukommende Wertung.

Was meinst Du mit Wertung? Ich meine, dass es einen wertungsfreien Zustand beim Beschreiben, von was auch immer, nicht geben kann, denn diese Wertung ergibt sich aus dem aktuellen Kopf-Zustand des Beschreibenden. Es mag z.B. sein, dass sich ein Bauer über einen richtigen Landregen freut, aber für mich ist ein verregnetes Wochenende einfach große Scheiße. Verstehst Du? Da hast man ein und dasselbe Vorkommnis, aber eine höchst unterschiedliche Bewertung. Du würdest aber – um beim Landregen zu bleiben – trotz einem beschissenen Wochenende, jedoch nicht grundsätzlich auf Regen verzichten wollen und insoweit ist das nämlich eine dialektische Betrachtung, die in Anwendung zu bringen ist. Ich glaube aber zu wissen was Du meinst. Als Journalist sieht oder erfährt man etwas und versuchst es wie ein Fotograf bei der Motivsuche irgendwie zu bannen, der Sache habhaft zu werden, um daraus, wenn möglich, eine Story entstehen zu lassen. Dabei musst Du aber zunächst einmal für dich selbst dieses noch ungeordnete „Etwas" in eine Verständniskategorie bringen, um darüber schreiben zu können.

Und das ist dann nämlich meine Kategorie, sagte Hellweg und wenn Du so willst auch meine Voreingenommenheit, die ich mir dann selbst unterstellen muss oder etwa nicht? Beide Männer hatten sich mittlerweile noch einen Milchkaffee bestellt, weil Ferdi zu den wenigen Kneipiers gehörte, bei denen dieses Gebräu wirklich gut schmeckte.

Ich kann Dich hinsichtlich des guten oder schlechten Regens beruhigen, weil ich ihn zumindest als wochenendlichen Dauerbegleiter und vor allem in einem Temperaturbereich von so zwischen 3 und 5°C auch nicht schätze, sagte Wendler nach einer Weile, während sie in ihren Tassen rührten.

Weißt Du,- ich frage mich, was ich da eigentlich mache, sagte Hellweg, auch ohne dass ich jetzt z.B. sexuelle Nötigungen in den Rang einer Katastrophe stilisiere, was ich ja auch nicht gemacht habe. Ohne Böswilligkeit kann man nämlich herauslesen, dass ich das mangelhafte Bewusstsein unserer neubunten Mitbürger vom Leben in anderen Kulturen als zentralen Grund für ihre Übergriffigkeit benenne und nicht irgendwelche politischen Ideologien.

Bist Du sicher, dass man das so verstehen kann?- sagte Wendler. Ich kenne ja Deinen Text und lese aus ihm heraus, dass ihre, also ihre muslimische Kultur hierher nicht passt. Nein,- da ist kein böser Unterton, aber es ist eine klare Ansage und – klug wie Du bist – hast Du damit gerechnet, dass Spohn Dich zum Rapport bitten wird, denn der hat Schiss vor den „Ratsbeschlüssen", mit denen man sich gegenseitig versichert, auf der Seite des Wahren und Guten zu stehen und dieses Gute, das ist der aktuelle Kosmopolitismus unserer Eliten. Frag mich nicht was sie da reitet, aber das ist ein Teil des herrschenden Trends, vielleicht sogar der zentrale.

Man könnte ja mal die Frauen fragen, ob sie sexuelle Nötigung nicht auch als terroristischen Akt definieren?, sagte Hellweg. Also ich meine mal, auch bei den nicht deutschen Männern. Ich frage mich auch, was eigentlich passiert, wenn mal jemand auf die Idee kommt, ein Kaufhaus in die Luft zu jagen oder gleich sich mit ihm? Vielleicht ja auch das *Kamener Kreuz* mit der Folge, dass übermorgen der Aldi leer ist? Dann wird vermutlich eine ganze Armada von diplomierten Psychologen auf den Plan gerufen und sie werden zumindest einem noch lebenden Täter eine schwere Kindheit oder traumatische Kriegserlebnisse oder auch gleich beides bescheinigen. Die Kaufhauskunden aber, denen die Decke mortal auf den Kopf gefallen ist, die werden der bedauerliche Preis sein für die fröhliche bunte und weltoffene Gesellschaft, die nun mal von uns allen gewisse Opfer fordert.
Lieber Frank,- die von Dir zuvor gerade erwähnten Frauen würde ich eher nicht fragen, weil sie momentan in einer schweren Krise stecken. Über Generationen durch die Sprache schwerstens diskriminiert, gewaltsam von den finanziell reizvollen Arbeitsplätzen verdrängt und vom weißen Mann unter Gebärzwang gesetzt, müssen sie sich erst wieder ein wenig sortieren. Ein Teil von ihnen wird uns verloren gehen, denn sie werden lesbisch und der andere, leider zahlenmäßig geringere Teil, könnte den Unfug beenden. Wir brauchen ein wenig Geduld.
Hellweg hatte Wendler während dessen Redeflusses aufmerksam angesehen und konnte bei ihm keine emotional erwähnenswerte Regung feststellen. Das hatte bei Wendler irgendwie wie der Wetterbericht geklungen.

Doch, sagte Prof. Mendes.

Man kann eine Anthropologie betreiben, welche das Element einer rassischen Zugehörigkeit höher bewertet, als das einer kulturellen. Unter höher wäre hier zu verstehen, dass eine genetische Präformation oder Disposition als vor- oder nachteilig in einem intellektuellen Sinne unterstellt wird. Das klassische historische Beispiel hierfür sind die Nazis. Sie unterstellten bekanntlich ihrer eigenen, verkürzt und fälschlich als ausschließlich germanisch definierten Rasse, einen Herrschaftsanspruch, der ihnen als einer sogenannten Herrenrasse zustünde. Dieser falsche Blick auf Biologie, erfuhr so im politischen Raum eine Ideologisierung, die propagandistisch in Szene gesetzt wurde.
Bin ich denn aus Ihrer Sicht unscharf im Hinblick auf eine eindeutige Distanzierung?
Nein,- um Gottes Willen. Es ist halt nur wegen der aktuellen Stimmung. Wissen Sie, man kann den Begriff von Rasse im Gespräch nicht mehr verwenden, ohne auf erheblichen Widerstand zu stoßen. Mendes wusste was sie meinte, fragte aber trotzdem:

Wie soll ich das verstehen und in welchem Kontext steht das zu dem, was ich vermittele? Es muss Ihnen und den anderen Studierenden klar sein, dass wir ohne diesen Begriff nicht wissenschaftlich korrekt arbeiten können, was übrigens in besonderer Weise auch auf die Humanmedizin zutrifft.
Herr Professor, ich habe daran gedacht, das Studienfach zu wechseln, sagte sie.
Und woran denken Sie alternativ? - fragte Mendes.
Ich weiß es noch nicht, sagte sie.
Volker Mendes wusste, dass er kurz davor war, seiner Studentin das Theater eines Unwissenden vorzuspielen. Mögen Sie noch einen Tee?, fragte er ausweichend.
Danke,- gerne!
Ich will Ihnen etwas sagen, begann er dann, als er merkte, dass die aufkommende Stille ein wenig peinlich wurde.
Es ist nicht so, dass ich die von Ihnen angesprochene und aus meiner Sicht wissenschaftsfeindliche Stimmung nicht spüren würde und das ist ja nicht nur hier so, sondern hat zum Beispiel an einigen französischen Universitäten den Charakter eines Pogroms angenommen. Wer jedoch meinen sollte, dass der Rassebegriff nicht biologisch, sondern in einem quasifaschistischen Sinne nur ideologisch gedeutet werden kann und darf, der ist ein Idiot. Verstehen Sie,- ein kompletter Idiot.
Herr Professor,- es ist im Asta angeregt worden, Ihre Vorlesungen zu boykottieren!
Und deshalb wollen Sie das Studienfach wechseln?
Nein,- nicht deshalb, aber ich wollte, dass Sie das wissen und was mich selbst betrifft, so will ich mich keinem solchen Spannungsfeld aussetzen, weil ich das einfach nicht kann. Vielleicht bin ich ja harmoniesüchtig, mag sein, aber ich brauche in meinem Umfeld etwas Einvernehmliches, was nicht durch ständige Neudeutungen und Ideologisierungen in Frage gestellt wird.
Womit Sie gerade den Kern der Sache angesprochen haben. Wissen Sie was man unter einer Deutungshegemonie versteht? - fragte Mendes.
Na ja,- so etwas wie einen Alleinvertretungsanspruch auf Richtigkeit.
Exakt,- eine bestimmte Zeitgeistgruppe vermittelt uns die Neudeutung oder noch besser, ihre Neudeutung von Welt und Mensch und alle sind begeistert, weil endlich jemand aufgestanden ist, der den Mut aufbringt, grundsätzlich alles in Frage zu stellen...... alles!
Sie sahen sich an und Mendes sah in ihrem gleichmäßig schönen Gesicht einen großen Ernst.
Wollten Sie mich warnen? - fragte er.
Na ja,- ich wusste nicht, inwieweit Sie informiert sind über die Vorgänge im Asta, über die zunächst ja nichts an die Öffentlichkeit dringen sollte, aber daran fühle ich mich nicht gebunden, weil ich das Studienfach ohnehin wechseln will.

Mendes schwieg eine Weile und fragte dann: Kennen Sie den Kollegen Conte? Raul Conte ist Kolumbianer und Gesellschaftswissenschaftler. Ich kann ihn ja mal fragen, ob er in seinen Vorlesungen den Rassebegriff verwendet und vielleicht kann er Sie ja noch unterbringen.
Jetzt habe ich Sie gekränkt, sagte Karin Bruckner.
Warum denn das?- nein - Unfug. Sie fühlen sich bedrängt durch eine für Sie sehr unangenehme Stimmung, deren Ursache die falsche Besetzung eines Begriffes ist, womit er zum Opfer eines Zeitgeistes wird. Vielleicht folge ich Ihnen ja auch noch in ein anderes Fach, wenn man die Anthropologen irgendwann zwingen sollte, sich am aktuellen Umdeutungszirkus zu beteiligen. Da gibt es noch viel Potential. Vielleicht muss ich mir eines Tages vielleicht auch noch die Frage stellen, ob ich überhaupt ein Mann bin. Möglicherweise habe ich das bislang nicht richtig gedeutet....wer weiß?
Sie sehen nicht so aus, als ob Sie tägliche Besuche im Fitness-Center machen, aber wenn Sie mir als Frau die Bemerkung erlauben, so habe ich hinsichtlich einer männlichen Zuweisung ihrer Person eher wenig Bedenken.
Ich bin gerührt und beruhigt, antwortete er und beide mussten herzlich lachen.
Ach ja - und noch etwas, denn wenn Sie es wissen wollen, Sie sind für heute der erste Mensch der mit mir altem Griesgram gelacht hat und ich werde mir für die nächste Vorlesung etwas Heiteres ausdenken, aber dann sind Sie vielleicht ja schon gar nicht mehr dabei, was ich übrigens sehr bedauern würde. Soll ich mal mit Conte reden?
Nein, sagte sie, bitte nicht. Ich muss das noch mal in Ruhe durchdenken und vielen Dank für das Gespräch!

Das war ein schöner Monolog, sagte Frank Hellweg.
Ich frage mich aber wirklich, ob notwendige Lernprozesse nur über katastrophische Erfahrungen möglich sind? Es ist ja auch noch keine Katastrophe passiert und Spohn hat natürlich Recht, wenn er die Dimension einer Sache berücksichtigt wissen will, für die es noch eine Steigerungsmöglichkeit geben muss.
So ein bisschen ist das wie mit dem Begriff der oder einer Moderne, meinte Herbert Wendler. Verstehst Du, denn den kann man nicht mehr steigern. Da ist irgendwie Ende Gelände und man hilft sich mit der Postmoderne.
Bei Belästigungen oder Übergriffen ist das anders, so sie nicht direkt, na ja, sagen wir mal lebensbedrohlich sind.
Und wie bist Du jetzt auf den Begriff der Moderne gekommen?
Es beschäftigt mich schon lange, dass wir unsere Zeit so endzeitlich begreifen wollen, so unübertrefflich gut, so nachahmenswert in einem nahezu geheiligten

Sinne und jeder 14-jährige kann uns vorrechnen, dass unser Weltmodell nicht übertragbar ist und es reicht dabei, wenn er oder sie bis zwanzig zählen kann.
Wenn Du mich fragst, so kommt eine gewissermaßen artifizielle Moderne auf uns zu, eine sich der bösen Welt und ihrer Realität verweigernde Gesellschaft humanoider Angestellter einer vermeintlich künstlichen Intelligenz, die sich in dem von ihr definierten und gewährten Raum bewegen und angemessen zu funktionieren haben.
Glaubst Du an eine solche Möglichkeit? Ist das der angesagte Geist der Utopie?
Nicht im Sinne von Ernst Bloch, der sich dazu viele Gedanken gemacht hatte, aber entscheidend ist doch immer, ob eine Verheißung geglaubt wird, was ja zunächst voraussetzt, dass man hierfür ausreichend viel Propaganda betreibt. Ob sie dann als absurd, anmaßend, wegen mir auch rassistisch oder ein ewiges Leben als Cyborg verheißend in Erscheinung tritt, ist ziemlich egal. Entscheidend ist ein mehrheitlicher Glaube daran.
Magst Du noch einen Kaffee?
Nein,- ich brauche jetzt ein Bier, sagte Herbert Wendler und außerdem wäre ich froh, wenn der Berissa diesen elenden elektrischen Kupferwurm an meinem Auto finden würde. Gewissermaßen als Reminiszenz an eine sog. Moderne, die auf den Mars fliegen will, aber störanfällige Autos baut.

Frau Riedel,- Sie sind bitte so gut

und informieren die Herren Enders und Kurz über die beiden Vorträge, die wir auf jeden Fall angemessen erwähnen müssen. Prof. Raoul Conte ist Kolumbianer und Soziologe und hat an mehreren Universitäten gearbeitet, sowohl in Bogotá, Yeale, Paris und Gießen, bevor er hier bei uns gewissermaßen sesshaft geworden ist. Ein temperamentvoller Zeitgenosse übrigens und als Vertreter eines Landes, welches wir gewöhnlich der sog. 3. Welt zurechnen, unbedingt beachtenswert.
Das sollte Enders auf die Reihe kriegen. Wie war noch mal der Vortragstitel? -ach ja: *Die multikulturelle Gesellschaft als Neo- Idealismus.*
Das andere war eine Buchvorstellung von....na helfen Sie mir mal mit dem Namen der Autorin. Ich glaube, das war eine Fr. Dorothea Niewald mit dem Titel: *Gleichstellung als kulturelle Revolte,* wenn ich mich nicht irre.
Soll ich die beiden Kollegen mobil anrufen, fragte sie. Die sind nämlich gerade beide nicht im Hause, sagte Spohns an schnelle Entscheidungen gewohnte Sekretärin.
Ja, wo sind die denn? Spohn wirkte ein wenig ungehalten, obwohl die gelegentliche Abwesenheit seiner Redakteure weder ungewöhnlich, noch besorgniserregend war. Das waren alles erfahrene Leute, die zudem gut

miteinander auskamen und gelegentlich gemeinsam recherchierten, wenn es um übergreifende Themen ging.
Er kam aber nicht mehr zu weiteren Überlegungen, weil das Telefon klingelte und er konnte sehen, dass sein alter Freund Anton Sawatzky anrief.
Mensch Carsten, dröhnte der durch die Leitung. Du kannst mir nicht erzählen, dass Dein Zeitfenster komplett geschlossen ist. Ich habe den Eindruck, dass immer ich den Anfang machen muss. Habe seit gut drei Wochen nichts mehr von Dir gehört!

Sawatzky hatte polnische Wurzeln,
betrieb ein mittleres Transportunternehmen und war wie viele Osteuropäer von einer ruhigen Beständigkeit, die kaum zu erschüttern war. Das war so eine Eigenschaft, die man als bodenständig bezeichnen konnte, obschon sie oft und fälschlich als spießig denunziert wird und bei Sawatzky hätte das ohnehin nicht gepasst, denn er gerierte sich augenzwinkernd als Lebemann und ließ buchstäblich nichts anbrennen. Er und Spohn waren geschieden und hatten zwei etwa gleichaltrige Töchter, die leidenschaftliche Reiterinnen waren und die beiden Männer hatten sich auf einem nahe gelegenen Reiterhof kennen gelernt, wo Kurse angeboten wurden.

Ich bin zerknirscht, sagte Carsten Spohn, aber Du wirst es vielleicht nicht glauben, denn ich habe hier einen ganzen Haufen Arbeit auch durch zusätzlichen organisatorischen Kram, um den ich mich bekanntlich nicht reiße. Ich mache meine Arbeit eigentlich gerne, aber mir geht es wie einem Förster, der seinen Beruf gelernt hat, weil er gerne in der Natur ist und was passiert? Er sitzt den ganzen Tag am Schreibtisch!
Immerhin bist Du selbstkritisch, meinte Sawatzky und beide mussten lachen.
Lass uns doch mal eine Runde Golf spielen. Das ist gar nicht so langweilig wie Du immer behauptest und außerdem ist die neue Bedienung im Clubhaus ein flottes Modell, um es mal salopp zu formulieren.
Du meinst mit flott jetzt aber für Männer so um die Dreißig?
Carsten, -ich weiß ja, dass Du ziemlich angebunden bist, aber Du hast doch lauter gute Leute um Dich herum wie Du selbst gesagt hast und ich hole Dich ganz einfach um 19 Uhr mit dem Hummer ab und wir essen eine Pizza oder was auch immer. Mit dem Hummer?- da zieht es doch so erbärmlich mit dem halben Tuchverdeck. Mach keinen Wind wo er nicht bläst! Für uns beide ist das ein angemessenes Fahrzeug, weil es ein Anti-Auto ist gegen diesen Spießer-Zeitgeist.
Und gegen die Wirbelsäule, sagte Spohn, aber Du hast mich überredet. So ein bisschen Abwechslung tut mir mal ganz gut.

Ben Berissa hatte jetzt über zwei Stunden lang
die Elektrik von Herbert Wendlers Wagen ausgelesen und war ein Stück weitergekommen, wenngleich um den Preis, einiges tot legen zu müssen und das betraf leider auch die Freisprechanlage. Es war ihm unangenehm, Hellweg den Wagen im Grunde unfertig übergeben zu müssen, aber der brauchte ihn spätestens morgen, weil er heute noch mit dem Kollegen fahren konnte.
Berissas Geduld beim Fehlerfinden war bewundernswert, aber er vertrat zugleich die Meinung, dass die Mutation der Autos zum fahrenden Smart-Phone eine Entwicklung sei, mit der man eine Kultur der Überwachung und der Unzuverlässigkeit programmiere. Man würde solche Fahrzeuge künftig in mechanisch einwandfreiem Zustand irgendwann deshalb verschrotten müssen, weil der Stundenanteil einer kaum noch zu reparierenden Elektronik die Werkstattkosten in schwindelnde Höhen treiben würde.
Berissa war mit einer Deutschen verheiratet und weil er zu der Sorte Mann gehörte, die man als gutaussehend bezeichnen konnte, gab es gelegentliche Anspielungen bis hin zu Unverschämtheiten, die ihm so lange gleichgültig waren, wie man ihm nicht irgend eine Affäre andichten wollte, denn er hatte ja auch weibliche Kundschaft, bei der man nicht immer und mit Sicherheit hätte sagen können, ob sie die Werkstatt ausschließlich und nur wegen seiner Schrauberkünste aufsuchten.
Das hatte ihm schon mal eine Vorstrafe wegen Körperverletzung eingebracht, weil es ein Intrigant darauf abgesehen hatte, ihn gegenüber seiner Frau zu diskreditieren und der Grund war lediglich eine Rechnung, die der Herr nicht begleichen wollte.
Berissa hatte ihn dann zu Hause aufgesucht, an der Tür geklingelt und als er öffnete, ihm einen solchen Kinnhaken verpasst, dass er den Boden bereits à la Schlafwagen erreichte und einen Kieferbruch davontrug. Der Richter hatte das für in der Sache unangemessen gehalten und Berissa hatte nichts dazu gesagt.
Seine Frau war keine anmaßend eifersüchtige Person und sie kannte ihren Ben als aufrichtig und grundehrlich. Seine Reaktion war eigentlich ähnlich wie bei einer Fehlersuche gewesen,- konsequent und zielgerichtet.
Du bist mir einer, hatte sie damals gesagt und musste immer noch lachen, wenn sie daran dachte, dass er schlicht mit „ja" geantwortet hatte.

Wie spät ist es eigentlich? -
fragte Frank Hellweg, denn er hatte ein bisschen Hunger und Ferdis famose Spaghetti waren ein Ausweg aus dem Dilemma, während mittlerweile zu dessen Freude auch einige weitere Gäste hinzugekommen waren.

Die zentralen kulturellen Befruchtungen, die wir von anderen Kulturen erhalten, vermitteln sich eher weniger über die Literatur, sondern fast ausschließlich über den Magen, sagte Hellweg.
Lieber Frank, das ist eine Erkenntnis, der ich eine gewisse Weisheit nicht absprechen würde, wobei Deine Beherrschung der asiatischen Küche, Dir ja wohl eher literarisch vermittelt wurde, wenn man denn bereit ist, Kochbücher als Literatur zu bezeichnen.
Das stimmt, aber die chinesische *No-Musik* und auch die Verehrung eines Gott-Kaisers, sind mir dafür irgendwie fremd geblieben.
Ja,- lass uns was essen, sagte Herbert Wendler. Ich brauche ja auch heute nicht mehr in die Werkstatt, wobei ich denke, dass ich dem Berissa einen Gefallen tue mit der Terminverlängerung, weil er den elenden Elektrokram, den er als Kupferwurm zu bezeichnen pflegt, noch nicht im Griff hat.

Es war nicht allzu viel los gewesen

die ganze Zeit in Ferdis Kneipe. In der Woche war er froh, ein paar Essensgäste zu haben, damit es für die Stromrechnung reichte. Ansonsten waren die Gäste sparsam und hielten sich ewig an einem Bier oder einer Cola fest, wenn sie angstfrei nach Hause fahren wollten. Die Abwesenheit des zu früheren Zeiten allgegenwärtigen Zigarettenrauches war angenehm, aber der Anblick der zwischen Tür und Angel gekrümmt in der Kälte stehenden rauchenden Männer war jämmerlich. Vielleicht würden sie sich irgendwann als diskriminierte Minderheit zusammenfinden und einen geschützten Sonderstatus einfordern. Staatlich finanzierte, geheizte Raucherpavillons oder etwas Ähnliches. Das mit den Minderheiten lag ja gerade im Trend.
Friedhelm Kurz hatte sich vor einiger Zeit mal im Feuilleton darüber ausgelassen und von einer um sich greifenden Lustfeindlichkeit gesprochen, die sich als Vernunft tarne, in Wirklichkeit aber totalitär sei.
Der Beitrag hatte die Frage aufgeworfen, ob es so etwas wie lustfeindliche Trends gibt und worauf sie gründen.
Natürlich kann es sich mit Vernunft begründen lassen, wenn jemand nicht oder nicht mehr raucht oder auch keinen Alkohol mehr trinkt, aber wer immer mal das zweifelhafte Glück hatte, meist älteren und wohlbeleibten Damen beim Verschlingen von Sahnetorten zuzusehen, der wird begriffen haben, dass Vernunft und Genuss schon immer einen fröhlichen Antagonismus gepflegt haben. Das hat die Fraktionen der endzeitlichen Mensch- und Weltenretter stets aufs Neue verunsichert und wohl auch animiert, das Lustprinzip generell in Frage zu stellen. Anderen unter Strafandrohung etwas zu verbieten, bzw. de jure dazu kraft

herrschaftlicher Angemaßtheit imstande zu sein, ist derweil in einem nachgerade hämischen Sinne höchst lustvoll und trägt sadomasochistische Züge.
Frank, sagte Wendler, nachdem sie gegessen hatten. Erstens sollten wir bezahlen und zweitens werden sich vermutlich auch weiterhin höchst unangenehme Dinge im Umfeld kultureller Unverträglichkeiten ereignen. Da wirst Du stets Schuldige finden, entweder auf beiden Seiten oder vermehrt nur auf der einen.
Du meinst also, man sollte einfach ein bisschen warten bis es knallt oder sagen wir mal vorsichtiger, bis es zu erneuten unerwünschten Vorfällen kommt nach dem Motto: Die Zeit arbeitet für den Katastrophenjournalismus.
Nein Frank, denn Du weißt, dass der Spohn kein Idiot ist und wir beide wissen, dass er Angst hat. Was sie im „Rat" beschlossen haben, kann er nicht einfach ignorieren. Man wird ihm vorwerfen, das Blatt bewusst fremdenfeindlich zu positionieren, so absurd übrigens auch dieser Begriff daher kommt, um bestimmten Leserschichten zu gefallen, die normalerweise nicht unsere Leser sind. Verstehst Du,- es geht gar nicht um die Wahrnehmung bestimmter Phänomene, wenn man das mal so nennen will, sondern um ihre Einbettung in ein Konzept möglicher Verständigung. So etwas wie eine integrative Zielfindung.

Martina Riedel hatte zumindest Enders und Kurz
auf dem Mobiltelefon erreicht, aber Kurz war mit einem größeren Beitrag über das österreichische Burgenland beschäftigt und Enders hatte sich den Vortrag von Raoul Conte vorgemerkt, so dass sie zumindest bei ihm offene Türen aufgestoßen hatte.
Der Titel ist ein bisschen sperrig, dachte Kurz. Die multikulturelle Gesellschaft als neo-idealistisches Konzept oder Neo-Idealismus. Er wusste es nicht mehr so genau. Irgendwie klang das professoral, aber ihm war auch aufgefallen, dass Conte den Begriff multikulturell in bewusster Vermeidung des Begriffes multiethnisch verwendet haben mochte, was aus soziologischer Sicht durchaus bedeutsam war.
Ethnisch formierte Gesellschaften bilden ihre Kultur über sehr lange Zeiträume unter der Einwirkung dessen, was sie vorgefunden hatten, der Struktur der Landschaft, den Bedingungen des vorherrschenden Klimas, den Möglichkeiten einer Sesshaftwerdung und Substituierung und aus ihren Erfahrungen miteinander und mit den Fremden, denen sie als Tauschwillige oder als Feinde begegnen.
Der Idealismus, den Conte hier mit dem Multikulturalismus im Blick hatte, berief sich wohl auf die schon seit geraumer Zeit vorherrschende Idee von kosmopolitisch gesonnenen Eliten, deren Bild von Gesellschaft in den verschiedenen Kulturen keine Antagonismen mehr zulassen will. Hegels Staatsbegriff konnte er nicht gemeint haben, denn Hegels Idealismus wäre auf das Konstrukt eines

europäischen Großstaates unter zentraler Leitung via Brüssel kaum in Anwendung zu bringen gewesen. Vermutlich und vor allem deshalb nicht, weil der idealistisch gedachte Staat kein Gebilde von amorpher Kulturvergessenheit sein kann, welche ihm die Möglichkeit entzieht, Bedürfnisse in historischen Dimensionen zu denken.

Wenn Sie den Kollegen Conte doch mal hören wollen,
empfehle ich Ihnen die morgige Abendveranstaltung im Audi-Max, hatte Volker Mendes seiner Studentin noch ans Herz gelegt, bevor sie sein Büro in dem Bewusstsein verlassen hatte, ihm etwas anvertraut zu haben, was sie selbst nur zu dem Teil betraf, der sich auf ihre gewachsene Unsicherheit hinsichtlich des Studienfaches bezog. Der andere Teil hatte den Charakter einer wohlmeinenden Warnung gehabt, die als Hilfskonstrukt in eigener Sache diente.
Ihr war eigentlich nicht nach schwieriger soziologischer Kost zumute, aber ein anderes und durchaus ungewohntes Thema würde sie ablenken. Den Versuch war es allemal wert. Sie hatte Raoul Conte schon einige Male gesehen, aber bei ihm keine Vorlesungen oder gar einen Vortrag gehört.
Das Audi-Max war bereits gut gefüllt, als sie am Abend dort eintraf. Conte und Mendes standen im Flur und unterhielten sich und als sie an ihnen vorbeiging, winkte ihr Mendes freundlich zu.
Kennst Du die Dame? - fragte Conte.
Ja,-natürlich, das ist eine meiner Studentinnen.
Raoul Conte war mittelgroß und hatte lockiges Haar, das an den Rändern und um die Ohren herum ein wenig grau geworden war, aber es war schwer, sein Alter zu schätzen. Bei seinen Hinweisen auf den Kollegen, hatte Mendes darauf auch keinen Bezug genommen. So um die vierzig ist er wohl, dachte sie, während der Rektor der Universität, Dietmar Geisinger, über das Mikrofon darum bat, die Veranstaltung als Gastgeber eröffnen zu dürfen.
Meine sehr verehrten Damen und Herren, begann er. Wir sind in diesem Hause glücklich, einen Kollegen in unserer Mitte zu haben, der nicht nur ein bisschen herumgekommen ist, sondern mit seiner Herkunft aus einem anderen Kulturkreis einen etwas distanzierten Blick auf unsere Gesellschaft geltend machen kann. Distanz ist hier nicht als trennend zu verstehen, sondern als eine Sicht, die aus anderen Quellen schöpfen kann.
Es ist dies eine zugewandte Sicht, welche Unterschiede ausfindig macht, die zugleich keinen Antagonismus beschreiben und damit eine Gesellschaftlichkeit, die in positiver Vielfalt erlebbar wird.
Ich wünsche Ihnen allen einen interessanten Abend!
Nach dieser Vorstellung begrüßte Conte die Anwesenden mit dem Hinweis, dass ihm die erste Zeit in Deutschland keineswegs leicht gefallen sei.

Wissen Sie, sagte er,
es ist für Menschen aus Süd- oder Zentral-Amerika nicht einfach, sich in einem Lande zurecht zu finden, wo Autofahrer und Fußgänger an roten Ampeln stehen bleiben, auch ohne dass außer ihnen weit und breit jemand zu sehen ist. Das ist kein Plädoyer für die Missachtung roter Ampeln, zumal bei uns in Kolumbien die Anzahl der Verkehrstoten exorbitant hoch ist, aber vielleicht verstehen Sie was ich meine. Es geht um das Prinzip von Disziplinierbarkeit, die auch dann noch wirkt, wenn unabhängig aller roten Ampeln eine Politik gemacht werden kann, die sich weder der Wirklichkeit noch der Vernunft erschließt. Und glauben Sie mir, eine wirklichkeitsfremde Politik ist keine südamerikanische Spezialität, wie ich mittlerweile gelernt habe.
Raul Conte vermittelte sich in kurzer Zeit auch denjenigen, die nicht seine Studenten waren, als ein äußerst temperamentvoller, witziger und wortgewandter Redner, der sich seinem Thema ohne Umwege nähern konnte.
Meine Damen und Herren, Sie werden verstehen, wenn man in meinem Falle bei dem Gedanken an ein kulturell-kunterbuntes Allerlei, welches sich im Begriff eines Multikulturalismus findet, die Frage zu beantworten versucht, wes Geistes dieses zugegeben wohlmeinende Kulturverständnis eigentlich ist?
Ich spreche deshalb ganz bewusst von einer multiethnischen Welt-Gesellschaft, als einer Form vorfindlich genetischer Vielfalt, deren höchst unterschiedliche Werteverständnisse über lange historische Abläufe gewachsen, zur Kultur geronnen und deshalb nicht in jedem Falle kompatibel sind.
Vielfalt kann deshalb begrifflich nicht grundsätzlich und in jedem Falle positiv gedeutet werden. Verstehen Sie, denn hier ist ja der Antagonismus noch gar nicht angesprochen, welcher ein anderes Werteverständnis nicht tolerieren will, es bekämpft und dies gelegentlich recht umfänglich auch militant. Auch eine Vielfalt korrespondiert unter gelegentlich schwierigen Bedingungen miteinander, aber sie korrespondiert und versteht sich dabei als säkular und liberal, wobei ich hinzufüge, dass das Thema Liberalismus einen eigenen und ganzen Vorlesezirkel rechtfertigen würde.
Versetzt in ein ganz neues kulturelles Umfeld, mit einer nahezu vollständig fremden Wertewelt, entfallen die letzten affirmativen Gesamtzusammenhänge des Individuums und können vordergründig nur durch historisch tradierte Formen des Zusammenhaltes der Gruppen bzw. Clans und ihrer Vernetzung temporär erhalten bleiben.
Das führt zu einer Regression in gleich mehrfacher Hinsicht, bestehend aus unbefriedigter Sehnsucht nach einem Zurück und in der Folge auch als eine

Verweigerung gegenüber dem Neuen, dem Anderen, das sich kulturell nicht erschließen will und in seiner Unverstandenheit feindliche Form annimmt.
Ich komme aus einem Land, den kein fehlender Sprachzusammenhang mehr plagen kann. Wir sprechen dort alle die Sprache unserer ehemaligen Kolonialisten und sie gestatten mir den Hinweis, dass wir in Mittel- und Südamerika z.Z. nicht beabsichtigen, Chinesisch zu lernen.
Einige lachten, aber es hatte sich auch Unruhe im Saal ausgebreitet. Ein Transparent wurde entrollt, auf dem *„Nieder mit dem weißen Neo-Kolonialismus"* stand, aber Conte blieb ruhig.
Was sich mir jedoch ganz und gar nicht erschließt, sagte er, das ist diese seltsame Servilität, die ich in Deutschland kennen gelernt habe, eine Servilität, die sich den Einwanderern, die ja nur in Ausnahmefällen Flüchtlinge im Sinne der Genfer Konvention sind, buchstäblich anbiedert, als gelte es, mit ihnen etwas gut zu machen, was zuvor einmal schuldhaft angerichtet wurde.
Bitte gestatten Sie mir dabei auch einen Hinweis auf den Kolonialismus, weil ich gerade ihr ausgerolltes Transparent sehe. Der war zweifellos ein Unrecht. Aber erstens war er nie ausschließlich weiß und zweitens erleben wir die aktuellen Probleme in diesen Regionen in der Form hausgemachter Bürger- und Religionskriege.
Der durch internationale Konzerne wie etwa die Royal Dutch Shell in Nigeria angerichtete Schaden, spielt in einer ganz anderen Liga und ist aus kolonialistischer Sicht nicht wirklich zu beantworten, sondern nur aus kapitalistisch-globalistischer.
Der Kolonialismus begründet sich selbst nämlich mit einer kulturellen Überlegenheit und die Konzerne begründen ihr Handeln mit dem Anrecht auf Profite. Das ist ein wesentlicher Unterschied!
Währenddessen war deutlich Unruhe aufgekommen. Rechte Propaganda, rief jemand und Conte wusste, dass nur wenig genügen würde, um die Stimmung kippen zu lassen. Ich erlaube mir in diesem Gesamtzusammenhang eines konstruierten Schuld-Reaktionsschemas auch auf etwas hinzuweisen, was einigen nicht gefallen wird, fuhr er fort.
Die offenkundige und modern gewordene Unterstellung, kulturell benachteiligt zu werden, ist ja längst nicht mehr nur der Habitus von Zuwanderern. Wir finden ihn mittlerweile vermehrt sogar in den eigenen Gesellschaften, wo er begonnen hat, die Sprache zu verunstalten, aber ich bleibe mal im Begründungsmodus der Zuwanderer nach Deutschland. Diese profitieren von einer kompletten sozialen Dauer-Alimentierung, ohne nachweislich mehrheitlich bereit zu sein, die zentralen kulturellen Elemente ihres Gastlandes zu akzeptieren, welche sich in der Tradition der Aufklärung begründen. Zumindest die Muslime fordern ständig Sonderrechte

ein und reagieren im Modus einer gut gespielten Dauerkränkung. Bei uns in Südamerika gibt es auch die mannigfaltigsten Formen von politischer Anmaßung, zum Teil auch von kleinen Gruppen und wenn man die gewähren lässt, dann ist Chaos der ständige Begleiter von Gesellschaftlichkeit.
Auch ein freundliches, will sagen gut gemeintes gewähren lassen, bei gleichzeitiger Ausblendung sichtbarer Antagonismen, kann in bürgerkriegsähnliche Verhältnisse münden und ist Ausdruck eines weltabgewandten Idealismus.
Mittlerweile war es laut geworden. Einer der Studenten drängte sich zum Mikrofon, das Conte ihm belustigt überließ.

Kommilitoninnen und Kommilitonen,
begann er. Wir haben es hier erneut mit einem klassischen Fall von kolonialer Verleugnunsstrategie zu tun.
Aber sie ist ja dann wenigstens nicht so ganz weiß, antwortete Conte und einige lachten.
Ein weiteres Transparent wurde entrollt: *„Kolonialismus und Rassismus als neo-feudale Ideologie der Ausgrenzung"*.
Ich bin gerne bereit, auf Ihre Fragen einzugehen, auch wenn Sie an der wesentlichen Aussage meines Vortrages vorbeigehen, den ich ja noch gar nicht beenden konnte.
Rektor Geisinger bat um Ruhe und versicherte, dass ausreichend Zeit für eine Aussprache bleiben würde.
Kurt Enders hatte an einigen, ihm wichtig erscheinenden Stellen, ein zwar altes, aber gut funktionierendes kleines Tonbandgerät mitlaufen lassen. Über den Referenten hatte er sich sachkundig gemacht und wusste, dass Conte als junger Mann in den Reihen der regierungskritischen kolumbianischen FARC Guerilla zugange gewesen war und eine marxistische Vergangenheit hatte. Dort hatte man es ihm aber verübelt, dass er große Teile von ihnen als theorieferne Desperados bezeichnet hatte, mit denen er nichts mehr zu tun haben wolle. Dass ihn die konservative Presse dann später vor allem im Ausland als Geläuterten bezeichnet hatte, war ihm unangenehm, aber das ließ sich nicht vermeiden. Ihm war ein emanzipatorisch-herrschaftskritischer Blick auf Gesellschaft wichtig und unverzichtbar.
Dass er bei sich selbst einiges hatte korrigieren müssen, war ihm anfänglich mühsam erschienen. Später begriff er es als prozesshafte Vermittlung der Wirklichkeit.
Es war ihm irgendwann klar geworden, dass die in politisch linken Kreisen so oft zitierte Dialektik nicht umfänglich verstanden wurde, was intellektuellen Stillstand zur Folge hatte. Diese Erfahrung hatte er vor allem mit den linken Bewegungen in

West-Europa gemacht, die theoretisch weit hinter ihre Vorgänger in den 70er und 80er Jahren zurückgefallen waren, was sich ihm nicht nur in einschlägiger Fachliteratur vermittelt hatte. Es war im Rückblick auch wichtig, viele der Forderungen aus den 70er Jahren in den Bereich abgehobener Arroganz zu verweisen, zumal ein Kontakt zur viel zitierten Basis nie wirklich vorhanden war.
Mittlerweile hatten sich zwei Gruppen gebildet, die darüber debattierten, ob Conte, seinen Vortrag fortsetzen sollte oder nicht.
Er selbst stand ruhig und etwas amüsiert neben dem Rednerpult und machte keine Anstalten, in irgendeiner Weise einzugreifen, weil er wusste, dass er damit die Lage nur verschlimmert hätte.
Karin Bruckner konnte sehen, wie Prof. Mendes noch vorne ging und mit Conte einige Worte wechselte, zu denen dieser bestätigend nickte.
Mendes ging zum Rednerpult und schlug den Anwesenden vor, dass Conte seinen Vortrag an dieser Stelle zu beenden bereit sei, um in eine gemeinsame Kulturdebatte eintreten zu können.
Das wäre zur Not auch ohne die rassisch formierte Anthropologie und ihre Büttel möglich gewesen-! kam ein Zwischenruf und einige lachten.
Wir fordern ein Ende solcher Zumutungen von quasi-kolonialistischer Sprachführung, die Kulturfremdheiten beschwört und wissenschaftlich zementieren will! Conte solle weiterreden, wurde von anderer Seite geäußert, was dieser auch kurz versuchte, sich aber gegen das Stimmengewirr nicht mehr durchsetzen konnte.

Plötzlich flogen Eier.
Es war klar, dass dieser Eklat geplant war und als es Conte gelungen war, einige aufzufangen und zurückzuwerfen, war dies ein entscheidendes Signal.
Volker Mendes wurde von einem offenbar harten Gegenstand am Kopf getroffen und Karin Bruckner sah, wie er erschöpft auf seinem Stuhl zusammensank. Auch Raoul Conte war das nicht entgangen und er verließ das Rednerpult mit beachtlicher Geschwindigkeit, sah die etwas unschlüssig und verängstigt herumstehende Karin Bruckner und rief ihr zu: Helfen Sie mir mal, Ihr Professor wurde mit irgendwas am Kopf getroffen.
Mendes blutete ein wenig an der linken Augenbraue und jemand hatte wohl auch Kartoffeln im Portfolio gehabt und damit die übliche Lebensmittelmunition aus Eiern und Tomaten recht unfreundlich bereichert. Haben Sie vielleicht Papiertaschentücher? - fragte Conte.
Ja,- natürlich, sagte sie und Conte war daraufhin mit dem Kollegen Mendes in der Toilette verschwunden, aus der nach kurzer Zeit Gelächter erscholl. Mendes hatte nämlich auch einen Tomaten Streifschuss erhalten und da Conte ihm die Reste aus

den Haaren gewaschen hatte, wirkte Mendes ungewohnt komisch mit seinen nassen weißen Haaren und der bekleckerten Jacke, was Conte offensichtlich außerordentlich zu amüsieren schien.
Wissen Sie, sagte er zu Karin Bruckner, blaue Bohnen sind viel schlimmer als Eier und Tomaten und sogar noch schlimmer als Kartoffeln, weil man die in der Regel nicht abwischen kann. Man muss sie nämlich herausoperieren. Wer sind Sie eigentlich? Ich habe Sie schon mal auf dem Campus gesehen.
Ich bin eine Studentin von Herrn Prof. Mendes. Ach ja - und wie heißen Sie?
Ich heiße Bruckner, Karin Bruckner.
Wunderbar, ich heiße Raoul Conte und wissen Sie was? Wir haben hier jetzt so etwas wie eine temporäre Kampfgemeinschaft. Es ist doch erstaunlich, wobei man sich so kennen lernen kann und er lachte, als ob man ihm einen Witz erzählt hätte.

Danke, sagte Volker Mendes
zu seinem Kollegen und auch Ihnen natürlich vielen Dank! Ich hatte keine Papiertaschentücher dabei und Sie haben mich vor der Schmach eines jämmerlichen Äußeren gerettet. Mit sowas hatte ich eigentlich nicht gerechnet.
Wirklich nicht?- warf Conte ein. Dann bist Du leider naiv und ich sage Dir, du wirst der nächste sein den sie fertigmachen wollen.
Das hört sich jetzt aber fast biblisch an, wenn Du noch *„wahrlich ich sage Dir"* hinzugefügt hättest. Habe ich aber nicht und bin trotzdem katholisch und da wir uns jetzt ganz wunderbar aus dem Staube machen können, wenn wir uns anstandshalber vom geplagten Direktor verabschiedet haben, dann mache ich einen Vorschlag:
Du, lieber Volker, Du trittst kurzfristig mit uns den Heimweg an und beseitigst die Spuren des Kulturkampfes, während die gnädige Frau mit dem Namen des von mir sehr geschätzten Komponisten und ich zuvor die Verabschiedung vom Direktor übernehmen, denn wir brauchen einen Grund für die schnelle Entfernung.
Und welchen Grund sollen wir anführen? - sagte Karin Bruckner.
Na ja, wir sagen ihm, dass wir den Herrn Mendes nach Hause fahren müssen, weil er im Rahmen der universitären Kampfhandlungen eine Verletzung davongetragen habe. Oder...was denken Sie? Nein, das war ein Witz und das machen wir natürlich nicht, sagte Conte, weil der sonst unendliche Nachfragen stellen wird und Du Volker mach Geschick, denn ich lade Euch zum Essen nach Südamerika ein, beziehungsweise in ein solches Lokal hier in der Nähe, das ich durchaus empfehlen kann. Und Sie Fr. Bruckner, Sie sind so etwas wie unser Schutzengel und auch ohne alle Kampfhandlungen ein ausreichender Grund für eine Änderung der Tagesordnung. Raoul Conte hatte sie bei diesen Worten durchaus ernst angesehen und sie hatte gemerkt, dass sie rot wurde.

Tags darauf hatte Frank Hellweg
den Kollegen und Freund Herbert Wendler zu Berissas Werkstatt gebracht und sie hatten unterwegs an der Tankstelle noch eine kleine Blechschachtel Zigarillos gekauft, von denen sie wussten, dass Berissa sie gerne rauchte und dabei die Fähigkeit besaß, sie von einem in den anderen Mundwinkel zu rollen, was wohl so etwas wie Abwehr gegen aufkommenden Stress war. Berissa war ein eher mechanisch als elektrisch oder gar elektronisch orientierter Schrauber und hatte sich bei der Fehlersuche große Mühe gegeben, wurde aber nicht vollständig fündig.

Du kannst das Auto aber jetzt ruhig mal 14 Tage lang stehen lassen, was, wie ich Dich kenne, kaum mal passieren dürfte, sagte er zu Wendler. Er wird dann unter der Voraussetzung einer halbwegs intakten Batterie auf jeden Fall anspringen. Eine Rechnung kann ich Dir nicht schreiben, weil mein Stundenlohn den Wert deiner Karre restlos auffressen würde.
Das hatte Wendler befürchtet; aber er kannte Berissas Schwäche für wirklich gutes Werkzeug und er würde ihm einen Satz erstklassiger Schlüssel besorgen, denn in der Nähe seines Wohnortes gab es einen kleinen aber feinen Hersteller, der einen Direktverkauf betrieb und er hatte sich ohnehin vorgenommen, mal ein regionales, mittelständisches Unternehmen im Landkreis etwas ausführlicher zu erwähnen. Da konnte man gleich zwei Seiten glücklich machen. Immerhin war das ein Unternehmen, das Handfestes herstellte und keine Vermittlungsagentur für elektronisches Massengeschwätz mit eingebauter Garantie für mindestens tausend neue Freunde. Es gab in der Umgebung eine ganze Reihe von kleineren, vornehmlich metallverarbeitenden Betrieben, die mit einem relativ hohen Personalaufkommen arbeiteten und sie waren alle entweder direkt oder indirekt von der Autoindustrie abhängig.
Gerade diese stand aber momentan gewissermaßen unter Vorbehalt. An ihrer Bedeutsamkeit zweifelte niemand, aber Hellweg hatte den Eindruck, dass man diese auch ausblenden konnte, wenn es dabei etwa um weltpolitische Zielvorstellungen ging, die einen erlösungstheoretischen Charakter annehmen konnten, wofür nahezu jedes Opfer gerechtfertigt schien. Zumindest das der Anderen. Das eigene steht bekanntlich stets unter Vorbehalt!
Erdacht werden solche Konzepte innerhalb von Parteiblasen, deren Mitglieder ihr Geld zuverlässig vom Steuerzahler erhalten und wo nach zwei Legislaturperioden Ansprüche entstehen, für die sich ein gewöhnlicher Arbeitnehmer mindestens 35 Jahre lang schinden muss.
Der für den Fachbereich Wirtschaft zuständige Kollege Thomas Gebauer, hatte vor etwa zwei Monaten hierzu einen Beitrag geliefert, dem man augenzwinkernd das

Prädikat von Feinsinnigkeit verleihen konnte und Hellweg musste grinsen, wenn er sich an Spohns hierzu geäußerte Anmerkung erinnerte.
Na dann schaun wir mal, wer uns diesmal einer völlig überzogenen Kritik an den uns gnadenreich zuteilwerdenden Führungsqualitäten der politischen Klasse bezichtigen wird, hatte dieser gesagt.
Das ließ erkennen, dass Spohn den politischen Selbstbedienungsladen nicht liebte, wenn er eine Vokabel wie gnadenreich verwendete.
Aber er hatte auch Angst, denn die Methoden der Einschüchterung waren subtiler geworden und Spohn hatte nicht zuletzt seine Anzeigenkunden im Blick und es war ohnehin schwierig geworden, sie bei der Stange zu halten.
Irgendein Getöse zu unpassender Zeit mit einem unpassenden Thema und sie waren weg...unwiederbringlich.

Anton Sawatzky hatte den Hummer in Gang gesetzt
und der 6,5L GM-Diesel nagelte verhalten vor sich hin. Das einst in Diensten der US-Armee stehende Militärfahrzeug, hatte die Eigenschaft einer unaufgeregten, gewissermaßen raumgreifenden Fortbewegung, was seine Dimensionen betraf, wenngleich nicht unbedingt seine Endgeschwindigkeit. Sie war im Falle von Kriegseinsätzen aber von ähnlich zu vernachlässigender Bedeutung, wie eine Euro 5-Zulassung für die Abgasregelung.
Sawatzky war nicht der typische Anhänger von Militarias, aber der Hummer hatte etwas Handfestes. Es gab da keinen elektronischen Firlefanz, sondern nur on und off. Als er langsam durch das Wohnviertel rollte, wo Carsten Spohn eine Eigentumswohnung hatte, war er bereits zum Star für ein paar Kinder geworden, die den Wagen umringten, als er an der Hausnummer 14 stoppte.
Habt Ihr mal auf eure Uhr geschaut? - wandte er sich an die Kinder. Zeit zum Abendessen bei Mama oder gibt's heute nichts?
Dürfen wir mal mitfahren?
Ja, aber erst wenn der Herr Spohn hier eingestiegen ist und dann bis unten an die Ecke. Alles klar? Setzt euch mal hinten auf die Bank, aber nichts anfassen. Ich komme gleich.
Carsten Spohn hatte ihn vom Fenster aus kommen sehen und als er die Kinderschar auf der Rückbank sah, musste er lachen. Du hättest für eine militärische Werbeagentur arbeiten sollen,- am besten im Bereich Früherziehung, war sein Kommentar.
Am unteren Straßenende angekommen, wo sie auf die Hauptstraße abbiegen mussten, ließ Sawatzky die Kinder aussteigen, die sich dann einen Spaß daraus machten ihn mit „Jawohl Herr General" zu verabschieden und dabei militärische Haltung anzunehmen versuchten.

Ich wäre aber ganz froh, sagte Sawatzky nach einer Weile, während der Hummer wenig wirbelsäulenfreundlich ein paar Schlaglöcher genommen hatte, wenn Du darauf verzichtest, einen Deiner Qualitätsjournalisten mit einer kleinen Geschichte z.B. im Feuilleton aufwarten zu lassen, wo dieser sich dann mit einem gewissen Anton Sawatzky beschäftigt, der Kinder militarisiert. Gute Werbung kann ich dagegen immer gebrauchen, wenn Du verstehst, was ich unter gut verstehe.
Ich verstehe sehr wohl, sagte Spohn und beide lachten.
Ist das o.k. für Dich, wenn wir im Golfclub essen? Es muss ja nicht immer Pizza sein, obwohl die das dort auch anbieten.
Dann sehe ich dort wohl auch die von Dir beschriebene Bedienung?
Ja, aber Du wirst lachen, denn diesen konfrontativen Hintergedanken hatte ich gar nicht. Die ganz andere Sache ist nämlich, dass die heute Wildgulasch mit Spätzle und Rotkraut anbieten.
Das hört sich gut an, sagte Spohn und Sawatzky ließ den Hummer mit beeindruckendem Tempo den schmalen Weg zum Clubhaus in der Hoffnung auf ausbleibenden Gegenverkehr hochbrausen.
Ha, sagte er, Du kannst sagen was Du willst, sowas kriegen nur die Amis hin.
Da hast Du jetzt wohl recht und ich sage jetzt auch nichts über den Spritverbrauch und was die Amis angeht, so würde ich mich sehr hüten, mit denen einen Krieg anfangen zu wollen oder auch nur schon daran zu denken und das selbst dann, wenn es Dein tolles grünes Auto gar nicht gäbe.
Als Spohns Mobiltelefon klingelte, befürchtete er das Schlimmste, aber es war nur seine Sekretärin. Frau Riedel,- was gibt's denn? Nichts Herr Spohn, aber ich hatte mich gewundert, dass Sie das Büro so zeitig verlassen hatten und ich dachte, es wäre irgendwas passiert.
Ja, sagte er, es ist was passiert, denn ich bin ja nur mal ausnahmsweise zu einer Zeit aufgebrochen, wo die Mehrzahl aller Arbeitnehmer bereits das Abendbrot beendet hat. Ich bin mit Herrn Sawatzky geschäftlich verabredet und vielen Dank für ihre Sorge!
Sehr geschäftlich, sagte Sawatzky, aber da hatte Spohn das Gespräch schon beendet.

Sie saßen zu dritt in Contes Wagen

und waren auf dem Weg zur Wohnung von Volker Mendes, damit er die Möglichkeit hatte, sich zu waschen und umzuziehen.
Ich werde die Jacke in die Reinigung geben müssen, meinte der und Conte erwiderte lachend.
Wegen mir nicht, aber wir sollten unsere nette Begleiterin nicht mit Deinem ramponierten Anblick schädigen.

Sag mal Raoul, sagte Mendes, hast Du eigentlich gar nichts abgekriegt? Also ich meine, so aus deutschen Landen frisch ins Gesicht.
Ein schöner Spruch, der mir sehr wohl bekannt ist, aber ich komme in Kolumbien aus einer Gegend, wo es auch Hühnerfarmen gibt und mit Eiern kenne ich mich aus und zwar auch was das Werfen damit angeht. Nein,- ich konnte alle Angriffe abwehren,- alte Guerillataktik!
Karin Bruckner war noch nie bei ihrem Professor zu Hause gewesen. Man war als Student schon froh, wenn man seines Professors überhaupt mal habhaft werden konnte, um vielleicht und mit einigem Glück ein persönliches Gespräch organisieren zu können.
Bitte geht nicht ins Arbeitszimmer,- bitte nicht, sagte Mendes. Setzt Euch einen Moment ins Wohnzimmer. Ich bin gleich fertig.
Ich war hier schon mal vor längerer Zeit, als wir uns noch gar nicht so lange kannten, sagte Conte ein wenig wie zu sich selbst und dann sehr ernst an Karin Bruckner gewandt. Der Volker, also ihr hoffentlich geschätzter Professor, ist ein ganz hervorragender Wissenschaftler und er hat etwas, was mir fehlt, nämlich viel Geduld, was man in der Anthropologie wohl auch benötigt. Wissen Sie Karin, streng genommen ist das, was ich da so mache, also Gesellschaftswissenschaften oder nennen wir es Soziologie, nichts weiter als eine Hilfswissenschaft der historischen Wissenschaften. Wie wollen Sie denn das jeweilige gesellschaftliche Sein erklärbar werden lassen, wenn Sie nicht auch rückblickend, also historisch recherchieren, eine Retrospektive betreiben? Sagen Sie mir wie? Wie würden Sie denn die Geschehnisse des heutigen Abends erklären?
Ein bisschen bedrohlich schon, sagte sie.
Volker Mendes hatte sich umgezogen. Er trug ein blaues Hemd, eine hellgraue Jacke und Jeans und sah überraschend jung aus.
Mein Gott Volker, so solltest Du dich immer anziehen! Komm wir hauen ab, denn ich habe, um ehrlich zu sein, einen richtigen Hunger und Conte verließ zielgerichtet die Wohnung.

Kurt Enders hatte sich bei Contes Vortrag

zu seinen Tonaufzeichnungen eine ganze Reihe von Notizen gemacht, die für das von ihm betreute Ressort von Bedeutung waren, weil es dabei auch um thematische Anbindungen an internationale Zusammenhänge ging. Der Professor aus Kolumbien bot dafür schon alleine durch seine Herkunft einige Chancen, auch wenn das von ihm bediente Thema auf Europa bezogen werden musste. Selbstverständlich ist auch Südamerika ein multiethnischer Gesamtkontinent, obwohl außer in Brasilien überall Spanisch gesprochen wird. Der Idealismus, von dem Conte gesprochen hatte, passte hier allerdings nur auf die

revolutionären Bewegungen, wenngleich nicht im Sinne einer europäisch-aufgeklärten Denktradition, so es denn diese in Europa überhaupt noch gab.
Es war schade, dass man Conte auf diese zweifellos dumme Weise unterbrochen hatte und Enders hatte sich über dessen fast amüsiert wirkende Hinnahme des Eklats gewundert. Er sah in Conte einen Altlinken und der musste wissen, dass ihm ein Widerstand entgegenschlug, welcher der aktuellen Linken zugerechnet wurde. Das hätte ihn doch verwirren müssen oder Conte wertete das vielleicht anders und sah hier garkeinen politisch linken Protest, auch wenn dieser selbst sich so verstand.
In dem ganzen Tumult war es ihm nicht mehr gelungen, den Professor ausfindig zu machen, um ihn um ein Interview zu bitten. Wenn es jetzt nämlich mehrere, sich links nennende Fraktionen gab, so war das ein Fass, das er an anderer Stelle würde öffnen müssen und es war möglich, dass Conte hier ein guter Ansprechpartner war. Für diesmal war Enders aber zufrieden, obwohl er so ein richtig dickes Ding aus dieser Veranstaltung zumindest inhaltlich nicht machen konnte und irgendwelche aufgeplusterten Sachen würde Spohn nicht durchgehen lassen. Er musste Conte persönlich interviewen.

Meine Leute denken manchmal,

dass ich übervorsichtig, ja ängstlich bin, wenn ich ihnen einiges nicht durchgehen lasse, sagte Spohn, nachdem sie sich über das wirklich ausgezeichnete Wildgulasch hergemacht hatten.
Ich weiß, sie halten Dich dann für einen Feigling, antwortete Sawatzky und das schmerzt Dich verständlicherweise.
Ich will Dir was sagen. Ich war ja noch jung, als ich, also meine Familie, damals aus Polen in die BRD kam und in Polen konnte man sich vor 1990 gewaltig das Maul verbrennen mit zum Teil ganz üblen Folgen nicht nur für das Maul. Das war ganz einfach auch gefährlich, aber die Leute haben es riskiert. Ihr Deutschen müsstet doch wissen, wie wichtig einige Ereignisse in Polen und in Ungarn auch für Euch waren.
Ich weiß das sehr wohl, sagte Spohn, aber ich habe einen Laden am Hals, den ich nicht untergehen lassen will.
Und wo ist dann bei Dir der berühmte *point of no return*? Wo sagst Du für dich, dass es ab dieser Grenze kein Schweigen, kein Kleinreden und kein Kriechen mehr geben kann und darf vor dieser komischen verordneten Staatsmoral? Bei uns gab es das in anderer Form, weil das, was sie Sozialismus nannten, zu einer Staatsreligion verkommen war und Marx hat vor Scham in seinem Londoner Grab rotiert, dass der Sockel rissig wurde.

Soll ich Dir was sagen? Spohn hatte die Gabel aus der Hand gelegt. Ich weiß es nicht, weil ich mir einrede, dass es so viel Unvernunft nicht geben kann, dass nicht irgendwann korrigierend eingegriffen wird.
Und ich alter Pole sage Dir, dass sie ja sehr wohl schon korrigierend eingreifen, indem sie zum Beispiel das ganze Volk unter Generalverdacht stellen, welches ihr wundervolles multikulturelles Getöse eigentlich gar nicht will und deshalb – so die Korrektur – quasi sabotiert und mit Unwillen begleitet, weshalb man es, also das Volk, umerziehen muss. Hört sich kompliziert an, ist es aber nicht, denn ein Blick in die sog. Leitmedien genügt vollkommen. Das Lustige oder Tragische daran ist, dass Eure Medien sich ausgerechnet von denen korrigieren lassen müssen, die als säkulare und demokratisch gesonnene Menschen hier eingewandert sind und sich schon ein bisschen wundern, wenn den erklärten Feinden des säkularen Rechtsstaates der rote Empfangsteppich ausgerollt wird.
Weißt Du, wenn ich hier keinen ökonomischen Erfolg gehabt hätte, dann wäre ich nicht geblieben. Ich lasse mich nämlich nicht durchfüttern. Das lässt mein Stolz nicht zu! Du hast eigentlich ganz prima Leute in der Redaktion. Das sind keine Spinner und ich merke das, weil ich eigentlich ein ganz bodenständiger Mensch bin.
Für mich bist Du ein intellektueller Fuhrunternehmer, sagte Spohn und der olle Lenin würde sich über Dich freuen, weil er ja der Ansicht war, dass die Arbeiterklasse für alle gesellschaftlichen Probleme die breitesten Lösungen bereithält.
Na ja,- er hätte mich wohl eher der Kleinbourgeoisie zugerechnet und was die Arbeiterklasse angeht, so hält sie gelegentlich auch die breitesten Verweigerungsmöglichkeiten zwischen Fußball, Flaschenbier und dem *Tatort* bereit.
Sowas nennt man Defaitismus. Meinetwegen, aber ein wie ich finde sehr schönes und elegantes Wort für eine solche Schelte, sagte Sawatzky.
Wie gefällt Dir übrigens die Bedienung? meldete er sich nach einer Weile.
Wenn Du es wissen willst.... ausgezeichnet!
Das ist aber eine komische Antwort!
Findest Du?
Na ja,- man kann sowas zum Beispiel über das Essen sagen oder einen guten Wein, aber über Frauen doch eigentlich nicht.
Da hast Du nicht unrecht, denn es hört sich nach ausprobieren an. Du hast mich nur gefragt wie sie mir gefällt und mir ist so schnell kein anderer Begriff eingefallen. Sehr gut wäre ja auch ein wenig zu akademisch gewesen.
Und Du bist sicher, dass das jetzt keine Wortklauberei ist?
Ganz sicher und ich erzähle Dir noch einen schönen Witz:

Da treffen sich zwei ältere Herren irgendwo am Strand und der eine von ihnen fragt plötzlich: Worauf könntest Du am ehesten verzichten,- auf Wein oder auf Frauen? Worauf der andere nach einer kurzen Bedenkzeit antwortet: Das kommt auf den Jahrgang an.

Als Frank Hellweg und Herbert Wendler

in der Redaktion auf Kurt Enders trafen, berichtete dieser von den Vorgängen anlässlich des Vortrages von Raoul Conte.
Da kann ich mir den Schwerpunkt aussuchen, meinte er. Entweder halte ich mich an den Inhalt von Contes leider nicht beendetem Vortrag oder an die Randerscheinungen in dessen Umfeld. Contes Vortrag sei eigentlich nicht angreifbar gewesen, aber ein Kollege von der anderen Presseagentur habe die Position bezogen, Conte habe den Zeitgeist nicht verstanden, womit er in studentischen Kreisen Widerstand provoziere, über den er sich hinwegsetze.
Ihm sei das aber nicht so vorgekommen, was er dem Kollegen auch gesagt habe und er sei entschlossen, einen Artikel zu verfassen, der sich mit diesem sogenannten Zeitgeist auseinandersetzen werde.

Währenddessen waren

Mendes, Conte und Karin Bruckner beim *Ranchero* vorgefahren, wobei genau genommen eher zwei Straßen davor, weil direkt vor dem Lokal wie üblich kein Parkplatz zu finden war.
Ihr seid eingeladen, sagte Conte. Immerhin habt Ihr mir nicht nur zuhören müssen, was ja für einige ganz unerträglich gewesen sein muss, sondern Ihr wurdet auch noch in ein Kampfgetümmel involviert.
Trotz der Parkplatznot war der Betrieb im Lokal eher mäßig und sie hatten kein Problem, sich einen Tisch auszusuchen. Conte kannte den Wirt, einen Peruaner, der schon vor Jahren mit seiner Frau nach Deutschland gekommen war. Er stammte aus Pisco und hatte sich dort bei den Behörden unbeliebt gemacht, weil er nach der großen Erdbebenkatastrophe vor Jahren den Behörden die Veruntreuung von Hilfsgeldern, sowie maßlose Schlamperei und Korruption vorgeworfen hatte, so dass es für ihn und seine Familie gefährlich geworden war,- sehr gefährlich!
So richtig warm geworden war er mit Deutschland nie, aber er und seine Frau waren fleißig und das Lokal hatte einen guten Ruf. Die beiden Männer unterhielten sich auf Spanisch mit der Geschwindigkeit von Maschinengewehren auf Dauerfeuer und Mendes wandte sich an Karin Bruckner mit der Bemerkung:
Wissen Sie, es ist schon von Bedeutung, wenn sich die Leute mal wieder in ihrer Sprache unterhalten können und ich glaube, dass die wie immer auch gut erlernte

fremde oder neue Sprache niemals zu so etwas wie einer Sprachheimat werden kann. Für Anthropologen ist es hilfreich, einige wichtige Sprachen leidlich zu beherrschen, aber die Betonung liegt auf leidlich.
Ja, sagte sie, ich las mal die Einschätzung eines Philosophen, dessen Name mir gerade entfallen ist, dass sich eine Sprache für die Kinder nicht als eine Form von logischer grammatikalischer Abfolge erschließt, sondern eher als Musik und damit als ein Stimmungsträger mit bestimmten Folgen.
Das ist eine sehr kluge Erkenntnis, sagte Mendes, während sich Raoul Conte bereits in die Speisekarte vertieft hatte.
Sie müssen keinen Reis nehmen, wenn Sie den nicht wollen, sagte er nach einer Weile, aber er verträgt sich mit einigen Zutaten deutlich besser als Nudeln oder Kartoffeln. Es gibt so ein paar typische südamerikanische Gerichte, die sich wesentlich dadurch auszeichnen, dass man sie als Arme-Leute-Gerichte bezeichnen kann. Reis und rote Bohnen zum Beispiel oder eine gut gewürzte Maispaste, ebenfalls mit Reis und in Maisblätter eingewickelt. Keine besonders guten Eiweißträger, aber wohlschmeckend. Fleischgerichte, wie man sie hier bevorzugt, sind etwas für wohlhabende Leute, aber diese Rolle dürft Ihr jetzt ohne schlechtes Gewissen spielen.
Nachdem sie bestellt hatten, sagte Conte nach einer Weile zu Karin Bruckner: Nun sagen Sie mal, was hat Ihnen denn an meinem Vortrag nicht gefallen?
Dass Sie ihn so vorschnell beenden mussten, sagte sie.
Na ja, - ich hätte ja einfach weiterreden können bis man in den Zwischenrufen und dem allgemeinen Getöse kein Wort mehr verstanden hätte.
Contes Mobiltelefon klingelte. Er nahm das Gespräch an, nickte ein paarmal und fragte dann: Wann sollen wir das denn am besten machen? Ich hätte morgen ab 16 Uhr ein wenig Zeit so bis sagen wir mal gegen 18 Uhr. Reicht Ihnen das? Ja, prima, ich freue mich auch und dann bis morgen.
Ich bitte um Entschuldigung, aber das war ein gewisser Klaus Enders von der hiesigen Zeitung, der mich um ein Interview gebeten hat. Er wollte ein wenig mehr erfahren und war vorhin beim Vortrag auch anwesend.
Weißt Du Raoul, sagte Volker Mendes. Wir haben es hier aus meiner Sicht mit einer verfahrenen Situation zu tun. Eine ganze Reihe von Phänomenen ist recht einfach zu erklären, aber es wird so getan, als seien die bislang gültigen Begriffe restlos alle wertlos geworden und es bestünde dringender Bedarf, sie zu ersetzen oder umzudeuten.
Ja, sagte Conte, aber sie werden gar nicht ersetzt, sondern verfälscht und in verfälschenden Zusammenhängen ge- oder eher missbraucht.
Sprach der Soziologe, sagte Mendes und dann zu Karin Bruckner gewandt: Da haben Sie noch eine Chance, das Fach zu wechseln.

Conte blickte beide erstaunt an. Moment mal,- sie ist doch Deine Studentin? Ja, -aber sie ist sich nicht mehr so sicher, weil durch die Anthropologie aktuell wohl Irritationen in Szene gesetzt werden, die zu Spannungen führen. Vielleicht ja auch durch mich.
Liebe Karin,- Sie können gerne mal bei mir reinhören, aber soll ich Ihnen etwas sagen. Ich würde mir an Ihrer Stelle die Soziologie nicht antun. Sie ist, wie schon gesagt, eine Hilfswissenschaft der historischen Wissenschaften.
Als Historiker könnte ich mit klaren und beweisbaren Fakten punkten, aber in meinem Falle reicht es gerade mal für eine spekulative Theorie. Ich bin genau so übel dran wie die Astronomen, aber deren Spekulationsbreite ist noch größer. Wissen Sie was, die Anthropologie ist viel exakter, gradliniger, historienbezogener und dann auch noch mit so einem Lehrer.....richtig klasse!
Sie lachten alle, auch weil alle diese Aussagen von Contes Temperament in einer Weise begleitet wurden, die ihn in einem höchst amüsanten Sinne als Vertreter einer anderen Kultur in Erscheinung treten ließen, die nicht gewohnt ist, Emotionen zu verbergen.

Mein lieber Anton, sagte Carsten Spohn

zu Sawatzky. Ich muss einen ganzen Sack voll Flöhe hüten, weil ich diesen Flohzirkus brauche und manchmal habe ich einfach nur Angst, dass mir das nicht gelingt. Ja,- meine Leute sind gut, zuverlässig, fleißig, gebildet und natürlich auch daran interessiert, sich in Szene zu setzen. Jeder der schreibt, ist in einem gewissen Sinne auch eitel, weil er eine Bestätigung für das erhalten möchte, was er geschrieben hat. Der große Enthüllungsjournalismus als revolutionäre Zielvorgabe für das eigene Ego. Versteh mich nicht falsch, denn ich halte das für legitim, jedoch nicht immer für angebracht.
Kann ich verstehen, sagte Sawatzky. Ihr schwimmt ein bisschen gegen den Strom, aber nicht unter vollen Segeln, weil der Skipper nicht ganz unberechtigt befürchten muss, dass das Boot kentert.
Das ist ein schöner Vergleich und ich will Dir was erzählen, aber unterbrich mich, wenn ich Dir auf die Nerven gehe. Ich bin – wie Du selbst gesagt hast – ein intellektueller Fuhrunternehmer der einiges aushält und Sawatzky grinste überzeugend. Sprich!
Ich hatte Friedhelm Kurz gebeten, sich mal den Vortrag einer jungen Frau namens Dorothea Niewald anzuhören, die zum Thema *Gleichstellung als kulturelle Revolte* referieren wollte. Kurz ist bei mir für das Feuilleton zuständig. Du verstehst,- das ist ein angesagt aktuelles Thema über das wir berichten müssen und soll ich Dir sagen was passiert ist. Der Friedel kam in die Redaktion und meinte, dass man hier nur zwei Möglichkeiten hätte, denn er kenne die Dame. Entweder unreflektierte

Zustimmung oder einen Verriss. Ihm sei hier vorab eher nach Verriss zumute, aber das könne er dann nicht bedienen, denn er sei mit der Dame mal befreundet gewesen. Sie würde das zu hundert Prozent als Rache definieren.
Und wo ist das Problem? - fragte Sawatzky.
Verstehst Du nicht,- wir müssen darüber etwas bringen, denn das Thema hat was mit Emanzipation zu tun, mit kulturellem Umbruch, mit neuer Gesellschaftlichkeit.
Ja ja und vielleicht auch noch mit Gedöns, fuhr Sawatzky fort und grinste.
Ich habe mich mal vor einiger Zeit mit Eurem deutschen Grundgesetz ein bisschen beschäftigt und weißt Du was, von Gleichstellung ist dort nirgendwo die Rede, sehr wohl aber von Gleichheit vor dem Gesetz und das ist ein gravierender Unterschied. Stell Dir vor, wir müssten per Gesetz alle Schlüsselpositionen im Transportgewerbe zu 50% mit Frauen besetzen und das selbstverständlich auch dann, wenn hierzu die Qualifikation fehlt. Bei einer solchen Forderung mache ich meinen Laden dicht und Basta!
Carsten Spohn dachte einen Moment lang nach und dann an Sawatzky gewandt: Vorschlag von mir: Ich schicke Dir den Friedhelm Kurz zu einem Interview und Du erzählst ihm den Satz mit Basta. Dann hat er so etwas wie eine Referenzmeinung. Vielleicht fällt es ihm dann leichter etwas daraus zu machen, denn machen müssen wir was.
Wegen mir gerne, sagte Sawatzky, aber sag doch mal ehrlich, die neue Bedienung im Golf-Club ist doch wirklich nicht schlecht oder etwa nicht?

Es goss wie aus Eimern,
als Frank Hellweg zu seinem Wagen sprintete. Er war froh, sich für den Nachmittag die kleine Werkzeugfirma vorgenommen zu haben. Zumindest war er in deren beiden Hallen im Trockenen und es würde wohl ein wenig dauern, bis man ihm alles gezeigt hatte, woraus dann der Bericht über ein regionales Unternehmen entstehen konnte.
Der Kollege Wendler war eigentlich zunächst derjenige gewesen, der sich die Werkzeugfirma vornehmen wollte, aber er plante gerade zusammen mit Thomas Gebauer von der Wirtschaftsredaktion zeitversetzt einen Beitrag zum Thema *Regionaler Mittelstand als Garant für Lebensqualität*. Sie hatten eine ganze Reihe von Titeln erwogen, aber Wohlstand und Fortschritt schienen ihnen begrifflich irgendwie abgenutzt. Gebauer hatte angemerkt, der Begriff Fortschritt tauche ohnehin erst im 18. Jahrhundert auf und beziehe sich mit dem Beginn der Industriekultur auf die menschliche Vorstellung, das Vorherige, das Alte, grundsätzlich hinter sich gebracht haben zu wollen. Fortschritt sei zur Metapher für das Bessere schlechthin geworden. Lebensqualität war aber eine ganz andere und wie sie fanden subtilere Betrachtungsweise im Hinblick auf eine Wertung, auch

wenn es in diesem Falle vielleicht nur um Werkzeug ging oder auch genau deswegen.
Hellweg meldete sich beim Pförtner, passierte eine Halle, die mit Paletten und Kisten gefüllt war, durch die einige Gabelstapler kurvten und klopfte dann auf der rechten Seite an eine Tür mit der Aufschrift Büro.
Herr Fullner wartet schon auf Sie, sagte die Sekretärin und Hellweg erschrak, weil er schon dachte sich verspätet zu haben. Bin ich unpünktlich?, war deshalb seine Frage.
Nein,- um Gottes Willen, alles in bester Ordnung, mögen Sie einen Kaffee?
Ja,- sehr gerne mit Milch und Zucker wenn möglich.
Die Sekretärin klopfte an die Tür des Direktors und Fullner meldete sich sofort mit einem freundlichen: Kommen Sie rein und bringen sie ihren Kaffee mit.
Hellweg schätzte den sportlich wirkenden Mann mit dem Dreitagebart auf etwa 50 Jahre, wobei er sich zugleich wunderte, ihn wissentlich noch nie gesehen zu haben, was aber auch daran liegen konnte, dass Fullner außerhalb wohnte.
Sein fester Händedruck und sein freundliches Wesen ließen ihn jung erscheinen. Setzen Sie sich bitte hier an unseren Gästetisch. Ich hole mir auch mal einen Kaffee und dann komme ich zu ihnen. Haben Sie gewusst, dass Kaffee die gesamte Weltökonomie nicht durch seine Preisgestaltung, sondern durch seine belebende Wirkung maßgeblich beeinflusst? Vermutlich würden die Leute sonst noch vor Feierabend langsam aber sicher eindämmern. Fullner war in der halb offenen Tür stehen geblieben, denn seine Sekretärin hatte ihm bereits einen Kaffee gemacht, den er nur noch entgegennahm.
Sie sehen, sagte er, so wichtig sind gute Sekretärinnen, denn sie verhindern gelegentlich auch das Eindämmern des Chefs. Was die Sekretärinnen aber besser nicht wissen sollten, das ist z.B. sowas: Fullner hatte eine seiner Schreibtischschubladen aufgezogen und entnahm ihr eine flache Dose Kekse aus der Bretagne. Die Franzosen sind meine Konkurrenten, aber das hindert mich keineswegs, ihre ganz wunderbaren Kekse zu bestellen und wenn ich ehrlich bin, liebe ich auch dieses Land.
Aber Sie wissen ja auch, dass die Bretonen eigentlich gar keine richtigen Franzosen sind, warf Hellweg ein, dem der lockere Umgang mit Fullner gefiel. Richtig, das sind eigentlich keltische Gälen, aber mir ist das Französische als Sprache schon schwer genug. Man stelle sich mal vor, man müsste sich dort in einem keltischen Dialekt unterhalten.
Kennen Sie sich ein bisschen aus mit der Metallverarbeitung?, sagte Fullner, als sie beide an ihrem Kaffee geschlürft hatten.
Nicht so speziell, antwortete Hellweg. Ich habe schon Hüttenwerke besucht und einmal eine große Gesenkschmiede. Ja- und auch schon mal eine Walzenstraße,

wo Blech hergestellt wurde, was meine Hochachtung vor diesem Werkstoff begründet hat. Im Alltag hat man natürlich gelegentlich mit Werkzeug zu tun und ist dann froh, wenn es den Belastungen gewachsen ist.
Dann hoffe ich mal, dass wir Sie auch beeindrucken können. Kommen Sie mal bitte mit und dann stelle ich Sie unserem Entwicklungsingenieur vor und der führt Sie dann durch den begehbaren Teil der Produktionshalle. Der andere ist auch begehbar, aber eigentlich nur, wenn hier alles still steht. Ich gebe Ihnen mal einen Helm, obwohl einem hier so schnell nichts auf den Kopf fällt, denn wir produzieren gewissermaßen bodenständig im doppelten Sinne des Wortes. Ach ja,- da kommt er ja gerade der Herr Brenner.
Fullner stellte die beiden Männer einander vor und Brenner gehörte ganz offensichtlich zu den Leuten, die von ihrer Arbeit überzeugt waren. Hellweg vermittelte sich eine gewisse Begeisterung für die unterschiedlich notwendigen Verfahren, die erforderlich waren, sehr leichtes Werkzeug herzustellen, das dennoch großen Belastungen gewachsen war.
Fullner hatte seinem Produkt den Namen Fullrock gegeben und damit seinen Namen mit dem Begriff Fels verbunden, wohl als Synonym für Härte und Beständigkeit. Eigentlich keine schlechte Idee fand Hellweg, der immer schon das Gefühl hatte, dass man Metall auch riechen kann. Das hier verwendete Verfahren bestand darin, dass man vorgefertigte Stahlsegmente in hochfeste Aluminium-Rohlinge einschrumpfte und anschließend sehr aufwändig durch ein *Peeling-Verfahren*, welches auf ein Nachschmieden hinauslief, bearbeitete. Das gesamte Verfahren hatte etwas Faszinierendes und als potentieller Käufer des Produkts hätte Hellweg anschließend sehr genau sagen können, was es mit dem vergleichsweisen hohen Preis auf sich hatte. Der Ingenieur Brenner hatte Hellweg fast 45 Minuten lang begleitet und Hellweg bedankte sich, um sich anschließend auch von Fullner zu verabschieden.
Ich habe zu danken, sagte Fullner, es sei denn, Sie berichten über unsere Firma als Problemfall!
Eher wohl nicht, meinte Hellweg und beide mussten lachen.
Ich verabschiede Sie mit einem bretonischen Keks wenn sie mögen, will das aber nicht als Bestechung verstanden wissen.
Bei der Qualität dieser Kekse ist das eine Gratwanderung, sagte Hellweg.

Der „Rat" war erneut zusammengekommen,

weil einige Ereignisse als Dringlichkeitsstufe zwei gewertet wurden. Carsten Spohn war hier unter lauter Presseleuten, die irgendeine Leitungsfunktion beim Rundfunk, dem Fernsehen oder bei den Printmedien hatten. Er konnte sich hier auch ohne sonderliches Understatement als kleines Licht fühlen. Der

Unterschied war ganz einfach der, dass ihn und sein Unternehmen keine freundlich verordnete Systemrelevanz am Verbreiten einer eigenen Meinung hindern würde. Das wurde auch in allen anderen Fällen bestritten, aber gewisse Bockigkeiten gegenüber dem Mainstream wurden nicht gerne gesehen und solche Blätter wurden dann milieuhaft verortet. Kritischer Journalismus wurde seit geraumer Zeit in den Anruch einer politischen Rechtslastigkeit gesetzt, wobei sich nicht recht erschloss, wie diese substantiell zu deuten war. Wann eigentlich war man „rechts"? Spohn erinnerte sich an Demonstrationen, an denen er als junger Student noch teilgenommen hatte. Die damals rechts verorteten politischen Gegner hatten meist eine nachweisbar positive Affinität zu dem, was sie unter Nazitum verstanden, träumten von alter Burschen Herrlichkeit und jede Herrschaftskritik war ihnen so suspekt, wie der Gedanke an emanzipierte Bürgerinnen und Bürger.
Wenn man es nun aktuell erneut mit einer Verweigerungshaltung gegenüber herrschaftskritischer Emanzipation zu tun hatte, dann musste man sich fragen, wes Geistes Kind dieser Gegner denn war. Die alten Nazis waren ohnehin längst tot und ihre verstörten Nachgeburten bewegten sich seit Jahren im Promille-Bereich. Wo war denn der Grund für das unterstellt exorbitante Anwachsen einer neuen Rechten in Deutschland?
Sowohl in der Hauptstadt, als auch in einigen größeren Städten hatte es handgreifliche antijüdische Aktionen gegeben, wenngleich nur in einem einzigen Falle nachweislich von einem Deutschen. Der Rest ging komplett auf das Konto eingewanderter Muslime, deren Antisemitismus ja von ihnen selbst auch nicht bestritten wird, da sie den Staat Israel hassen und mehrheitlich an seiner Vernichtung interessiert sind.
Das wurde alles nicht geleugnet, aber man war sich im „Rat" darin einig, die Dinge grundsätzlich aus dem Blickwinkel einer positiven Haltung gegenüber den muslimischen Zuwanderern zu beleuchten, um keine, wie man meinte, integrationskritische Sicht zu favorisieren. Deshalb einigte man sich auf diese singuläre Betrachtung des Phänomens. Schließlich seien der oder die Täter in aller Regel irregeleitet, gelegentlich psychopathisch, traumatisiert und in ihrer neuen Heimat noch nicht richtig angekommen.
Die aggressiven Potentiale der letzten Monate müssten auch nicht in jedem Falle antijüdisch konnotiert sein. Eine von Feindbildern geprägte Gesellschaft müsse in ihrer Gesamtheit dargestellt werden. Einzelne Ausfälle, auch von Zuwanderern, könnten hier nicht für alle und alles stehen. Es müsse alles vermieden werden, eine Stimmung zu begünstigen, welche ein integrationsfeindliches Clichée bediene. Die Gesellschaft dürfe nicht in Freund/Feind-Kategorien zerfallen und den Medien käme hier eine besondere Verantwortung zu.

Es hatte dann eine recht emotional geführte Debatte über den Begriff einer sog. gruppenbezogenen Menschenfeindlichkeit gegeben.
Mit dieser Begrifflichkeit vermied man ideologische Zuweisungen und vermittelte ein insgesamt negatives Stimmungsbild vermeintlich unbegründeter Voreingenommenheiten. Man legte großen Wert auf gewisse Vermeidungen. Schon wenn jemand von „den Muslimen" sprach, machte er sich einer Verallgemeinerung schuldig, weil er damit eine ganze Gruppe unter Generalverdacht setze. Sprach man dagegen von einer gruppenbezogenen Menschenfeindlichkeit, so konnten alle Gruppen einbezogen werden, seien es nun Radfahrer, Juden, Öko-Aktivisten oder Briefmarkensammler und vielleicht ja auch gewisse Menschen aus der muslimischen Welt. Diese jedoch seien scharf zu trennen in friedliche und nur religiöse Menschen, politische Moslems, islamistische Moslems und in wenigen Einzelfällen auch terroristische Vertreter des Propheten, die aber wiederum nicht grundsätzlich mit dem *Koran* in Zusammenhang zu bringen seien, da auch das christliche *Alte Testament* keineswegs gewaltfrei sei.
Hierzu gab es einige Vordrucke der *Bundeszentrale für politische Bildung* und der *Friedrich-Ebert-Stiftung*, wobei Spohn sich wunderte, dass in keinem dieser Papiere auf die wissenschaftlichen Arbeiten von Islam-Kennern wie etwa Prof. Tilman Nagel, dessen Kollegen Bassam Tibi, Hamed Abdel Samad, Hartmut Krauss oder Abdel Hakim Ourghi eingegangen wurde.
Er hatte sich deshalb zu Wort gemeldet und angemerkt, dass er einen Rekurs auf deren Arbeiten für wichtig gehalten hätte.
Man kenne das Problem der Islamwissenschaften, wurde ihm beschieden, sei jedoch darauf angewiesen, hier zu praktischen Ergebnissen zu gelangen. Ein wissenschaftliches Ausdifferenzieren sei nicht zielführend, wie wohl man sich zugleich damit beschäftige und hier z.B. im Austausch mit den Islam-Verbänden als den Vertretern der Muslime in Deutschland.
Im Interesse der Sache seien ja nicht die Probleme selbst ein Hindernis, sondern ihre von Rechten und Populisten unterstellte Unlösbarkeit.
Der „Rat" stehe in einem permanenten und fruchtbaren Austausch mit der Bundesregierung. Man sei da auf gutem Wege.
Es gab einige weitere Wortmeldungen und man wollte wissen, wie im Falle größerer terroristischer Attacken journalistisch zu verfahren sei. Wie bedeutsam sei die Anzahl von Toten im Hinblick auf eine Omnipotenz der Darstellung des Themas. Auch bei den zur Anwendung gelangenden Waffen müsse differenziert werden. Schließlich seien ja Autos streng genommen keine Waffen im herkömmlichen Sinne des Kriegsrechts und vor allem Messer wesentlich eher Gebrauchsgegenstände und daher nicht unmittelbar vorbelastet. In einigen Kulturen stünden sie gar für eine emanzipatorische Symbolik der Männer. Es rächte

sich, dass man sich im „Rat“ nicht auf eine Diskussionsleitung geeinigt hatte, denn es entstand ein allgemeines Durcheinander, in dessen Folge einige Beiträge einfach untergingen.
Dennoch konnte man sich – wenngleich ohne eine Abstimmung – auf ein Framing-Verfahren einigen.
Auch bei einem gesellschaftlich inadäquaten Verhalten, habe künftig, vor allem bei der Beurteilung des Verhaltens kulturfremder Zuwanderer, eine Verortung in einem für eine Integration vorteilhaften Klima zu erfolgen, was der Kritik sogar förderlich sei, weil sie die integrationsfeindlichen Tendenzen hierbei einbeziehen müsse.
Verantwortungsvoller Journalismus sei neben der Faktenbezogenheit ein gewissermaßen raumgreifendes Denken, meinte der Vertreter der zur Zeit größten Wochenzeitung. Das Aktuelle dürfe das Künftige nicht aus den Augen verlieren und dieses Künftige müsse etwas beschreiben können, was als gesellschaftliches Futur für ein ganz neues Gesellschaftsbild stehe.
Sehen Sie,- auch unsere Werbekunden haben sich längst damit arrangiert.
Es ist das Ziel, alle optischen Spots im Verhältnis 2 zu 1 zu besetzen. Das heißt, bei drei Personen, die in gruppenbezogenen Zusammenhängen gezeigt werden, kann und sollte nur noch eine von weißer Hautfarbe sein.
Das spiegele zwar aktuell keine deutsche Wirklichkeit und das soll es ja auch gar nicht, weil wir das überwinden müssen. Ich denke, dass man das in einem Gesamtzusammenhang sehen muss.

Dorothea Niewald
war mit den Problemen des Feminismus vertraut und hatte bei der Vorbereitung ihres Vortrages dennoch einige Probleme gehabt. Es war ihr klar, dass sich eine Reihe von Argumentationsmustern nicht ausschließlich aus dem Feminismus begründen und in die aktuelle Debatte zum Thema Gleichstellung übertragen ließen. Zumindest nicht bruchlos.
Auch die Gender-Debatte spielte in diese Sache mit hinein, aber das würde ein neues Fass aufmachen und eigentlich wollte sie das Thema Sprache zwar nicht aussparen, jedoch zugleich nicht favorisiert behandeln. Das war buchstäblich Glatteins, während es draußen immer noch regnete.
Sie dachte in diesem Zusammenhang an die Kritik von Friedhelm Kurz, den sie privat immer Fritz genannt hatte, bis…….Na ja, eigentlich war das immer noch so, wobei sie ihre Beziehung schon vor einiger Zeit auf die Ebene eines freundschaftlichen Umganges reduziert hatten, was nicht an grundsätzlichen Meinungsverschiedenheiten gelegen hatte, aber an einem Mann, der ihr in die Quere gekommen war,- ein verheirateter Mann, der nicht deshalb, aber trotz dieser Tatsache für sie interessant gewesen war. Zuneigung richtet sich

bekanntlich eher selten nach gewissen Rechtsverhältnissen. Das hatte Fritz ihr übel genommen und war ihr aus dem Weg gegangen, obwohl er wusste, dass diese Sache längst vorbei war, aber ihn hatte das gekränkt, obwohl er hinsichtlich seiner eigenen Einmaligkeit eher bescheiden war. Er hatte ihr Verhalten unter der Rubrik Verluste verbucht, ohne sich zugleich neu arrangieren zu können, was aber deshalb von ihm nicht als tragisch empfunden wurde, weil er die Arbeit in der Redaktion als angenehm empfand und von den Kollegen Bestätigung erhielt. Kompensation durch Arbeit nennt man das.
Kurz kannte ihre kämpferische Argumentation, wenn es um Emanzipation und vor allem um frauenspezivische Angelegenheiten ging, aber sie ging ihm da auf einigen Ebenen zu weit. Ein Rechtsanspruch muss sich aus Grundgesetz und Verfassung erschließen und genau hier unterstellte er ihr ein Unschärfe.

Er hatte es nicht weit von seiner Wohnung

bis zum Kolping-Haus, wo der Vortrag stattfinden sollte, weshalb er die Regenjacke anzog und den wunderbar großen Herrenschirm aus dem Ständer zog. Den hatte er sich mal von einem London-Aufenthalt mitgebracht und er erinnerte sich noch sehr genau an die unangenehme Kontrolle am Flughafen Heathrow, wo die sich den Schirm so genau angesehen hatten, als handele es sich um ein Präzisionsgewehr.
Ihm hatte die Bemerkung zu einer britischen Krimi-Serie auf der Zunge gelegen, aber die hatte er sich in weiser Voraussicht verkniffen.
Es waren kaum zehn Minuten Fußmarsch zu bewältigen und er war weitestgehend trocken geblieben. Unangenehm war eher die auf unter zehn Grad gefallene Temperatur.
Friedhelm Kurz hatte das Gebäude kaum betreten, als er Dorothea Niewald auf dem Flur im Gespräch mit einem Ehepaar sah, das er nicht kannte. Er hatte sie schon längere Zeit nicht mehr gesehen, aber sie hatte sich nicht sichtbar verändert. Die Betonung lag hier auf sichtbar und was die geistige Befindlichkeit anging, so würde man ja sehen.
Dann hatte sie ihn auch bemerkt. Schau an der Friedhelm Kurz! Ich hoffe mal, dass ich noch Fritz sagen darf, zumal das einiges vereinfacht.
Aber ja doch, sagte er, aber was möchtest Du denn vereinfachen?
Das brachte sie ein wenig in Verlegenheit und sie fragte: Sag mal, wer hat Dich denn zu diesem Termin verdonnert?
Mein Chef natürlich, aber erstens fühle ich mich nicht verdonnert und zweitens lassen wir uns bekanntlich kein interessantes Thema entgehen und das selbst dann nicht, wenn es dabei um Frauen geht.

Na, dann wart mal ab, denn Du wirst sehen, dass es dabei auch um Männer geht. Vielleicht sogar in erster Linie.
Man hatte ordentlich geheizt und Kurz spürte erfreut, wie seine klammen Finger langsam warm wurden. Das war nicht ganz unwichtig, denn er gehörte zu der etwas umständlichen Spezies von Journalisten, die sich noch auf die Nutzung von Notizblock und Kugelschreiber verstand. Wenn er schrieb, hatte er das Gefühl, den geplanten Beitrag bereits vorzuformulieren und dies auch dann, wenn alles noch unzusammenhängend war.
Als Hausherr stellte der Vorsitzende des Kolping-Vereins Dorothea Niewald als eine Frau vor, die sich seit Jahren überzeugend für die Gleichberechtigung von Frauen und Minderheiten eingesetzt habe. Er wies auf einige ihrer Veröffentlichungen hin und wünschte der Veranstaltung einen guten Verlauf.
Dorothea Niewald wirkte entspannt. Wer immer auch eine verbissene Feministin erwartet hatte, der wurde enttäuscht.
Damit wir uns gleich richtig verstehen, sagte sie, Frauen sind keine Minderheiten, aber sie sind - gemessen an ihrem Anteil an der Bevölkerung - unterrepräsentiert und das ist ein lange Geschichte, die zum Teil auch die Geschichte des Patriarchats ist. Wie Sie wissen, war und ist das ein historischer Vorgang, bei dem sich die Männer schon vor einem Jahrtausend um viel an zuvor möglichem Sex gebracht haben, bloß weil sie partout wissen wollten, wer eigentlich ihre Kinder sind. Das ist doch verrückt....oder?
Das war geschickt! Jetzt hat sie die Lacher auf ihrer Seite, dachte Friedhelm Kurz nicht zu Unrecht. Sie konnte jetzt erzählen was sie wollte. Es würde ihr durchgehen und das machte sie dann auch mit einer Chuzpe, welche Gleichstellung und Gleichberechtigung in Eins setzte, als gäbe es weder Grundgesetz noch Verfassung und da sie es als kulturelle Revolte verkaufte, konnte sie sich politisch links verorten, ohne dass während ihres ganzen Vortrages auch nur an einer Stelle die berechtigte Frage nach einer Befähigung im Zusammenhang mit einer Gleichstellung gestellt wurde.
Friedhelm Kurz notierte einige ihm wesentlich erscheinenden Aspekte und ertappte sich zugleich bei dem Gedanken, sie nicht in Verlegenheit bringen zu wollen. Aber warum eigentlich? Sie hatte ihm immer gefallen mit ihrem Temperament und ihren wachen Augen und aus den seinen hatte er sie seit Jahren irgendwie verloren. Warum hätte er gar nicht mehr sagen können und damals diese Sache mit dem verheirateten Mann....das war alles unendlich lange her.
Sie würde ihm einige Fragen beantworten müssen. Dabei hatte sie sich klar von einer Minderheitendebatte distanziert, die sie für Frauen nicht gelten lassen wollte, aber aus seiner Sicht auch vom Grundgesetz.

Ihr Vortrag hatte fast fünfundvierzig Minuten lang gedauert und sie hatte viel Applaus erhalten. Richtig demoralisieren konnte er sie mit seinen Fragen also nicht mehr.
Es dauerte ein wenig, bis er sie ein wenig beiseite nehmen konnte.
Pass mal auf, sagte er, es gibt diesen Gleichstellungsbegriff zwar umgangssprachlich, aber nicht de jure. Das GG kennt nur die Gleichberechtigung vor dem Gesetz und die von Mann und Frau. Wenn nun aber die erwünschte Gleichstellung jetzt Quoten einfordert, ohne dass von Befähigung gesprochen wird, dann habe ich damit ein Problem. Es kann immer sein, dass jemandem, ob Mann oder Frau, eine faire Chance verweigert wird, aber das ist doch kein typisch weibliches Problem.
Das sind gleich mehrere Aspekte, die Du hier ansprichst, sagte sie, wobei ich, vorab gesagt, nicht davon ausgehe, dass es Frauen grundsätzlich an Befähigung mangelt, sehr wohl jedoch an den von dir benannten Chancen. Man sehe sich doch nur mal die Vorstände in den großen deutschen Dax-Konzernen an oder auch in den Parteien. Es ist doch wohl zugegebenermaßen so, dass die viel zitierte Gleichberechtigung nicht sichtbar zu einer Gleichbehandlung geführt hat und genau darum geht es, wenn wir aktuell eine Gleichstellung einfordern.
Liebe Doro, sagte Kurz,- es ist in Deinem Falle so ein bisschen wie in der Astronomie. Eine halbwegs beantwortete Frage wirft sofort mindestens zehn weitere auf.
Du immer mit Deiner Astronomie, aber ich weiß, antwortete sie und ich danke Dir für die nette Anrede. Schließlich bin ich ein wenig auf Dich angewiesen und wenn das kein unangenehmer Begleitumstand ist, dann werte ich das als ein Stück Lebensqualität.

Da, wo ich herkomme,

haben fast alle Leute zur jeweils amtierenden Regierung ein sagen wir mal gespanntes Verhältnis, sagte Raoul Conte. Als ich vor Jahren nach Deutschland kam, hatte ich von diesem Land die naive Vorstellung einer in sich nicht sehr widersprüchlichen Nation. Die Deutschen erschienen mir als nach fürchterlichen Erfahrungen geläuterte Demokraten mit ruhiger Gangart.
Allerdings hatten recht früh schon einige Gespräche mit Kollegen gewisse Zweifel ausgelöst, wenngleich nicht deshalb.
Raoul Conte war nicht nur Gastgeber des heutigen Abends, sondern er hatte auch den Fahrdienst übernommen und erst den Kollegen Mendes zu Hause abgesetzt und jetzt standen sie bei Karin Bruckner vor der Haustür.

Ich muss offen zugeben, dass ich mich um all diese Dinge bisher zu wenig gekümmert habe, antwortete sie ihm. Wissen Sie, es ist wohl das Maß der Eskalation, das ich so noch nie wahrgenommen habe und das hatte mich auch veranlasst, über mein Studienfach nachzudenken.
Schauen Sie, in der Anthropologie haben Sie doch lauter klare Fakten, die es in der Soziologie zwar auch gibt, aber erstens eher selten und zweitens kann man daraus völlig ungestraft die unterschiedlichsten Schlüsse ziehen. Das ist zum Teil reine Spekulation. Ich kann Ihnen versichern, dass ich den Zirkus, den wir da gerade erleben, nicht für möglich gehalten hätte und wissen Sie was das bedeutet? Das bedeutet schlicht und ergreifend, dass ich da etwas übersehen habe, falsch interpretiere oder was auch immer.
Verehrter Professore, das kann ich aber leider nicht beurteilen und denke mal, dass es für eine qualifizierte Beantwortung schon ein wenig spät ist.

Mein Gott ja, sagte Conte und es wird auch schon wieder kälter hier im Auto. Außerdem sollten wir morgen schon ein wenig ausgeschlafen sein. Ich wünsche Ihnen deshalb eine gute Nacht und bedanke mich für Ihre Geduld!
Und ich bedanke mich für die Einladung und dass Sie mich nach Hause gebracht haben. Nach dem aufregenden Tag war das ein schöner und anregender Abend.
Und ich habe gerade darüber nachgedacht, ob sich das vielleicht wiederholen ließe, sagte Conte. Es müsste dabei ja nicht zwingend so kalt sein und regnen und es müssten auch nicht zwingend Kampfhandlungen vorausgegangen sein.
Das war jetzt aber sehr getlemanlike, sagte sie und fand ihn plötzlich ein wenig umständlich. Sie müssen mir ohnehin noch erklären, welche Rolle Sie dem Idealismus in ihrem leider nicht beendeten Vortrag zugebilligt hatten.
Kann oder darf ich Sie auch mobil erreichen? Conte hatte sein Telefon aus der Jackentasche gezogen und sah sie erwartungsvoll an.
Wie Sie vielleicht wissen, sind zumindest die etwas jüngeren Frauen ohne Mobiltelefon nicht vorstellbar, ja eigentlich gar nicht existent.
In Kolumbien, sagte Conte, hatten wir jahrelang gar kein Telefon. Das kann man heute niemandem mehr vermitteln. Sie lachten beide und Conte speicherte ihre Nummer. Na dann,.....sagte er etwas verlegen, sprang aus dem Auto und öffnete ihr die Tür auf der Beifahrerseite. Ich weiß,- ein wenig bourgeois diese Geste, aber eigentlich doch ganz nett....oder?

Frau Riedel, wenn Sie den Hellweg

zwischendurch mal sehen, dann sagen Sie ihm doch bitte, er soll mal zu mir ins Büro kommen. Martina Riedel wusste, dass Hellweg die Werkzeugfirma *Fullrock* besichtigt hatte, um daraus etwas zum Thema *Kommunaler Mittelstand* zu

machen. Solche Berichte und Artikel schrieb er manchmal von zu Hause aus und sie hielt es für besser, ihn gleich anzurufen.
Was will er denn?, fragte Hellweg. Weiß ich nicht, aber er wirkte nicht irgendwie ärgerlich oder gestresst, sondern allenfalls ein wenig besorgt. Ich kenne ihn ja lange genug und weiß wie er tickt.
Ich bin hier noch an dem Artikel über *Fullrock,* aber sagen Sie ihm, dass ich in spätestens einer Stunde in der Redaktion bin.
Gar nichts sage ich ihm, denn er hat ja nicht ad hoc mit Ihnen gerechnet. Dann rief Hellweg seinen Freund und Kollegen Wendler an, aber der hatte sich mit dem Leiter des Kreisjugendamtes verabredet und meinte, sie sollten sich spätestens morgen mal treffen, denn es gäbe Interessantes zu berichten. Warum Spohn Dich sprechen will? Keine Ahnung, aber er war ja auf dieser Sitzung von „Rat". Mach Dir mal keine Sorgen!

Sagen Sie mal Frank,
haben Sie sich ihren Beitrag zu den sexuellen Übergriffen nochmal vorgenommen? Spohn hatte Hellweg angesehen und dabei ein wenig belustigt gewirkt, was diesen verunsicherte. Wissen Sie,- ich komme gerade vom „Rat" und dabei ist mir etwas klar geworden und wissen Sie was? Hellweg antwortete nicht, weil ihm auf die Schnelle nichts einfiel.
Es gibt in diesem „Rat" so etwas wie die Umdeutung der Welt auf dem Niveau von ängstlichen Provinzlern. Verstehen Sie, nichts stimmt mehr. Alles ist eigentlich immer schon ganz anders gewesen und bloß wir Deppen haben das nicht verstanden und verkaufen vorgestrige Einschätzungen im Hier und Heute. Ich hatte Ihren Beitrag kritisiert, weil ich, wie sich zeigt, berechtigt befürchten musste, dass man uns einen kritischen Standpunkt verübeln würde, was ja noch harmlos genannt werden kann, wären da nicht so ein paar Anmerkungen gefallen, die durchaus bedrohlich sind.
Wie soll ich das verstehen? sagte Hellweg. Ganz einfach, man wird uns als diejenigen bezeichnen, bei denen der sich angeblich dynamisch verbreitende Rechtstrend in der Redaktion angekommen ist. Da die Mehrzahl dieser Leute ganz offensichtlich nicht weiß, was ein Rechtstrend wirklich ist, werden sie nachlegen mein lieber Frank. Es gibt da eine Allzweckwaffe als Gesamtpaket im Sonderangebot, zu beziehen beim Ministerium für angewandte Staatsmoral und verordnetem Wohlverhalten gegenüber renitenten Minderheiten und ausgewiesenen Verfassungsfeinden. Hellweg,- ich will Ihnen was sagen und Sie sind der erste, der es zu hören kriegt. Die können mich mal! Lassen Sie ihren Artikel zu den Übergriffen wie er ist und dann schaun wir mal was dann passiert!

Als Friedhelm Kurz
in Sawatzkys Fuhrunternehmen anrief, war er erstaunt, ihn selbst am Apparat zu haben.
Ach wissen Sie, meinte dieser, meine Sekretärin ist leider krank und dann sollte sie vernünftigerweise auch daheim bleiben. Mein alter Freund Spohn hat mir Ihren Besuch bereits angedroht, aber kommen Sie doch ruhig so gegen 15:30 Uhr und passen Sie in der Hofeinfahrt ein bisschen auf, denn wir mühen uns gerade damit ab, diese wieder in einen ordentlichen Zustand zu bringen. Die schweren Fahrzeuge fordern ihren Tribut.
Kurz rief daraufhin den für die Wirtschaftsredaktion verantwortlichen Kollegen Gebauer an. Thomas, -pass mal auf,- ich habe um 15:30 Uhr einen Termin mit dem Sawatzky. Du weißt ja,- der Fuhrunternehmer, was man heute Logistik nennt. Das Thema Gleichstellung im Beruf ist angedacht. Eigentlich ist das ja eher was für die Wirtschaftsredaktion, aber mir geht es hier gar nicht um ökonomische Zusammenhänge, sondern eher um atmosphärische, die das Mann/Frau-Verhältnis im Berufsleben betreffen, was wiederum besser in mein Ressort passt. Wäre das o.k. für Dich?
Aber klar Alter,- ich wäre Dir sogar sehr verbunden, wenn Du einen Teil von dem Kram übernehmen könntest, den ich mir da gerade ans Bein gebunden habe. Ich erzähle Dir das mal bei passender Gelegenheit und sag dem Sawatzky einen schönen Gruß. Ich kann ihn gut leiden, weil er kein Schwätzer ist und seine Leute ordentlich bezahlt.

Kommen Sie rein,
ich habe es sogar geschafft, selbst Kaffee zu kochen, dröhnte Sawatzky, als Friedhelm Kurz noch nach der richtigen Tür suchte. Wo haben Sie denn geparkt?, wollte er wissen.
An der Straße, da ist ja nur Anliegerverkehr.
Sie haben Menschenverstand. Die Einfahrt und der Platz, wo wir normalerweise die LKWs abstellen, das muss alles fertig werden, zumal da auch eine Anlage montiert ist, wo wir die Fahrzeuge reinigen können und heute ist Herr Berissa bei uns zu Besuch, weil wir an einem Fahrzeug ein Problem mit der Hydraulik haben und wenn wir mit dem Ding zu ihm in die Werkstatt fahren, dann gibt es dort garantiert keine Platzprobleme mehr, weshalb er lieber gleich selbst gekommen ist. Gehen Sie mal mit in die Halle, dann kann ich Ihnen zumindest einen Teil unseres Fuhrparkes zeigen. Einige Fahrzeuge sind halt immer unterwegs.
Ich hätte zwar Schiss, sagte Kurz, aber so eine Zugmaschine wollte ich immer schon mal bewegt haben. Das machen wir, sobald der Hof wieder in der Reihe ist, aber den Artikel hierzu darf ich dann schreiben. Überschrift: *Journalist ohne*

Führerschein zerstört LKW für 150.000 €. Keine Angst,- so ein Ding fährt sich wunderbar, wenn man sich mal an die Dimensionen gewöhnt hat. Von mir wollen sie aber vermutlich wissen, warum ich so wenig Frauen beschäftige, was eigentlich gar nicht stimmt. Meine Sekretärin ist gerade krank, unsere Buchführung ist in weiblicher Hand und meine ja noch sehr junge Tochter macht sich gelegentlich in der hauseigenen Werkstatt und im Büro nützlich.
Eine Fahrerin haben Sie nicht beschäftigt?
Hatte ich mal, aber die Dame wurde schwanger und verschwand im Schoße ihrer Familie, wofür ich volles Verständnis habe. Es gibt eine ganze Reihe von Fahrerinnen, aber na ja, wollen Sie mal alleine bei einem LKW ein Rad wechseln? Laden Sie mal Baumstämme im Wald, wobei Sie zugleich imstande sein müssen, einen aufgesetzten Greifkran zu bedienen. Das ist alles eine ziemliche Plackerei. Wissen Sie,- ich komme aus Polen und im ganzen Osten hatten die Frauen zu Sowjet-Zeiten immer auch klassische Männerarbeit gemacht. Da waren stets einige dabei, mit denen ich mich nicht angelegt hätte.

Wie ist denn so üblicherweise die Stimmung zwischen den Fahrern und den Fahrerinnen?, wollte Kurz wissen. Kommt drauf an, meinte Sawatzky, aber ich glaube zu wissen was Sie meinen. Das geht eigentlich fair zu Es gibt so unausgesprochene Übereinkünfte. Das bedarf keiner Sondervereinbarung mit dem Segen der Berufsgenossenschaft. Da würde keiner und keine den oder die hängen lassen wegen irgendeiner geschlechterspezivischen Unstimmigkeit. Wer da nicht weiß was zu tun ist, dem oder der ist nicht zu helfen. Wir verkehren hier auch nicht mit Gendersternchen und kriegen unsere Schuhe zur Not noch ohne Klettverschluss zu. Die beiden Männer lachten und Kurz erzählte Sawatzky in kurzen Worten, was Dorothea Niewald in ihrem Vortrag als besonders wichtig bezeichnet hatte.
Es gibt doch überall Quoten, sagte Sawatzky nach einer Weile. Sowas kennen wir auch im Transportgewerbe, wo das auch sinnvoll sein kann, aber bei Frauen...? Damit tun sie sich keinen Gefallen. Bei mir können Frauen gerne auch fahren wenn sie wollen, aber da gibt es dann keinen Sonderstatus in irgendeiner Komfortzone, weil das technisch nicht geht. Entscheidend ist, dass die Fracht wohlbehalten und pünktlich ankommt. So einfach ist das!
Wenn dann eine der Damen einen so guten Kaffee kocht wie Sie, dann hat sie gewissermaßen ihre Frau gestanden.
Meine geschiedene Frau hat immer gesagt, ich sei gelegentlich recht schlimm und es ehrt mich deshalb sehr, dass mein Kaffee trinkbar ist, sagte Sawatzky und wirkte ein wenig verlegen.

Wenn er ehrlich zu sich selbst war,
dann hatte Frank Hellweg den Besuch bei Fullner durchaus ein wenig genossen. Es wurde dort etwas hergestellt, was man gebrauchen konnte und zwar in einem doppelten Sinne, weil es sich bei Werkzeugen um Transmitter handelt. Sie sind hinsichtlich ihrer Handhabbarkeit und ihrem Design, welches mehr ist als nur funktional, ein Kulturgut mit langer Tradition. Der Anteil der technischen Kultur an der Entwicklung moderner Werkzeuge, wäre doch ein schöner Titel, sinnierte er. Fast schon philosophisch und er schrieb seinen Beitrag mit einiger Begeisterung. Auch das wäre ja ein Stichwort gewesen, denn wo kann eine Job-Gesellschaft noch Begeisterung generieren. Als es noch Gesellschaften mit auf Dauer angelegten Arbeitsplätzen gab, die als Job zu bezeichnen ruchlos gewesen wäre, hatte Begeisterung auch keine Hochkonjunktur; aber es gab so etwas wie ein persönliches Interesse an der Sache und wenn das nicht reichte, dann fanden sich die Unbefriedigten in ihren Bastelbuden ein, wo sie als zum Teil begnadete Selfmade-Ingenieure zu Leistungen imstande waren, an denen manche Versuchsabteilung scheiterte. Der Gebrauch von gutem Werkzeug zur Konstruktion und Verwirklichung unterschiedlicher und funktionsfähiger Gerätschaften. Das war dem Spielen eines Instruments nicht unähnlich und Hellweg überlegte, ob man das so schreiben konnte, ohne es als übertrieben romantisch abtun zu müssen.

Nach Raoul Contes Vortrag waren
einige Tage vergangen, als bei Karin Bruckner schon um kurz nach 8 Uhr das Telefon klingelte. Ja,- hier Raoul Conte. Bitte entschuldigen Sie die frühe Störung, aber es hat ja wieder so elend zu regnen begonnen.
Ja, das meinte auch gerade der Wetterbericht, sagte sie lachend, aber er benutzte nicht den Begriff elend.
Ja,- ich meine natürlich nein und überhaupt zunächst mal einen guten Morgen, wobei ich aber nur fragen wollte, ob ich Sie gerade, also ich meine weil es so regnet......
Herr Professor,- kann es sein, dass Sie noch nicht gefrühstückt haben? Ich meine ja nur, weil Sie ein wenig zerstreut wirken.
Ein großer Frühstücker bin ich in der Tat nicht, sagte Conte, aber ich wollte Ihnen anbieten, sie zur Uni mitzunehmen, also wegen dem Regen meine ich.
Das ist sehr freundlich, sagte sie und wissen Sie was?, ich nehme an, denn in Ihrem Auto ist es vermutlich trocken....oder? Es dauerte eine Weile, bis Conte sich wieder gesammelt hatte.
Ja, in meinem Auto ist es trocken, wenngleich nicht sonderlich aufgeräumt. Ich bin dann um kurz vor 9 Uhr unten vor Ihrer Haustür und klingele zwei Mal kurz. Ist das o.k.?

Ja, sagte sie und sie musste über seine Umständlichkeit lachen, weil sie irgendwie nicht zu ihm passte. Sie hatte ihrem Professor Mendes ihre Hilfe bei einem Projekt zugesagt, bei dem dieser nachweisen wollte, dass die Etrusker, als eine unterschätzte Hochkultur, ihre Gene bis in die Moderne vererbt hatten, was er an einigen Fundorten in Italien nachweisen wollte und sie sollte ihm beim Zugang zu den parallelen Wissenschaften behilflich sein. Das betraf sowohl die historischen Wissenschaften, als auch die Genetik und es würde unvermeidlich sein, dass in diesem Umfeld der Begriff der Rasse auftauchte, da es ja beim Bezug zu den Etruskern um einen genetischen Code ging, der unverwechselbar nur in diesem Zusammenhang zu verwenden war. Vielleicht konnte man sich ja mit einem solchen Hinweis aus dem Dilemma retten. Ein eindeutiger genetischer Code oder eine Codierung lief zwar auf das Kenntlichwerden einer Rasse hinaus, vermied aber diesen Begriff.

Als es zweimal klingelte, nahm sie ihre Tasche, machte überall das Licht aus, stellte im Hausflur das Fenster auf Kipp-Position, weil irgendjemand sich schon am Morgen Eier mit Speck briet und ging die Treppe hinunter zur Haustür. Conte war nach seinem Klingeln nicht etwa gleich wieder ins Auto gestiegen, sondern stand brav mit einem aufgespannten Schirm vor der Haustür.

Sagen Sie nicht James zu mir,

obwohl ich mir selbst immer einen treuen und verlässlichen Bediensteten gewünscht hätte.

Das mache ich natürlich nicht, aber hinsichtlich eines britischen Bediensteten könnten Sie hier im Hause fündig werden, denn da brät schon morgens jemand Eier mit Speck. Zumindest riecht es mal so. Ansonsten ist Ihr Wunsch ein wenig aus der Zeit gefallen, wenn wir die aktuelle nicht als Feudalismus oder Absolutismus deuten wollen, was ihre Chancen erhöhen würde.

Als Ausländer sollte man im Gastland eigentlich nicht meckern, sagte Conte, aber vom Absolutismus sind wir hier nicht immer so ganz weit weg, wobei ich jetzt nicht polemisieren wollte.

Sondern?- sagte sie.

Manchmal weiß ich gar nicht mehr, was ein entspanntes Gespräch ist,- verstehen Sie? Alles, aber auch restlos alles ist immer ganz problematisch und verdient irgendein idiotisches Fingerspitzengefühl und das nur deshalb, weil sich niemand mehr traut öffentlich laut zu fluchen. Mittlerweile hatte Conte den Wagen langsam in Richtung Uni in Bewegung gesetzt.

Und Sie meinen, dass es dann besser wird,- also durch das Fluchen?

Ja, -es wird besser, weil es sich beim Fluchen um eine ehrliche Kurzanalyse handelt. Das ist dann nicht so schrecklich verstellt und betulich.

Wissen Sie, bei uns in Kolumbien gibt es ein ausgedehntes Bandenwesen, Seilschaften und was auch immer einer Gesellschaft schaden kann, aber so eine spießige Servilität, so ein Anpassertum, so etwas habe ich nur hier erlebt und ich wundere mich sehr, dass man damit offenbar auch politisch so erfolgreich sein kann. Mittlerweile waren sie am Uni-Parkplatz angekommen und Conte hatte den Motor abgestellt.
Karin,- ich entschuldige mich bei Ihnen, denn ich wollte jetzt wirklich nicht polemisieren und ich verspreche Ihnen, dass ich es einen ganzen Abend lang aushalte, auf jeden Fall nicht über Politik zu reden. Es ist halt nur so, dass ich dazu eine Gelegenheit benötige.
Wollten Sie sagen, dass Sie mit mir lieber über Belanglosigkeiten reden, denn ich spüre doch, wie wichtig Ihnen politische Zusammenhänge sind und wissen Sie was,- mir kann man durchaus etwas zumuten.
Nein, keine Belanglosigkeiten! Bitte entschuldigen Sie, aber ich dachte vielleicht an Musik und diese unglaublichen und unerschöpflichen Werke, die nur in Europa entstanden sind. Das hat es sonst nirgendwo gegeben,- warum auch immer. Spielen Sie ein Instrument?- wenn ich fragen darf.
Ja,- ein wenig Klavier, sagte sie. Ich pflege das nicht genug und hier habe ich auch kein Instrument verfügbar und müsste mich mit den Musikern der Uni arrangieren. Außerdem frustriert es mich auch immer wieder, wenn ich mal gute Pianisten höre, weil mir klar ist, dass ich das so nie schaffen werde.

Spielen Sie mir mal etwas vor? Conte hatte sehr leise gesprochen. Fast wie ein Kind, das es nicht wagt, eine Bitte laut zu äußern. Hier gibt es im Musikraum einen schönen Bösendorfer-Flügel und ich kenne den zuständigen Kollegen und könnte ihn mal fragen.
Ich bin aber nicht in Übung, sagte sie und ich kann es ja trotzdem mal versuchen, aber ich bin nicht Hélène Grimaud.
Ach ja,- noch etwas wollte ich Sie fragen. Ich hatte schon vor einiger Zeit ein paar Freunde für den kommenden Samstag zu mir nach Hause eingeladen. Volker, also ihr Professor Mendes kommt auch. Seit dem Tode seiner Frau hat er sich sehr zurückgezogen.
Das wusste ich gar nicht, sagte sie, aber haben Sie mal auf die Uhr gesehen?
Mein Gott - und ich melde mich nochmal wegen Samstag.
Danke für die trockene Regenfahrt, sagte sie.

War mir ein Vergnügen und jetzt kommen Sie schnell noch unter den Schirm für die paar Meter.

Dorothea Niewald war das,
was man eine hübsche Person nennt und sie hatte etwas Unbeschwertes, weit entfernt vom verbissenen Habitus einer Berufsfeministin. Friedhelm Kurz hatte sich mit ihr verabredet und fragte sich, ob es ihr peinlich sein könnte, sich an einige Begebenheiten von vor ein paar Jahren zu erinnern, als sie beide noch was miteinander hatten. Sein Vorname Friedhelm war ihr immer zu lang gewesen und sie hatte stets Fritz zu ihm gesagt, obwohl das ja nicht ganz korrekt war, weil sich die Fritzen vom Friedrich ableiten. Bei ihrem Vornamen war die korrekte Abkürzung einfacher und Kurz versuchte sich daran zu erinnern, was damals eigentlich wirklich zum Ende der Beziehung mit Doro geführt hatte.
Mensch Fritz, sagte sie, als er in ihrer Wohnungstür stand, das ist ja wie gestern. Jetzt sag bloß bitte nicht, dass ich mich nicht verändert habe, weil das nämlich kein Kompliment ist.
Soll ich Dir also Komplimente machen?
Ich weiß, deshalb bist Du nicht gekommen.
Bist Du sicher? - sagte er und sie mussten beide lachen.
Du willst mir – wie man so schön sagt – auf den Zahn fühlen, sagte sie und das wolltest Du schon immer, weil Du eifersüchtig bist, aber damals hattest Du sogar einen Grund. Er sah sie an und konnte nicht ganz vermeiden, dass er ein wenig rot wurde. Und heute muss ich ihn nicht mehr haben.... oder?
Fragt hier ein Anspruchsberechtigter?
Damit hatte er nicht gerechnet und wenn er ehrlich war, dann musste er sich zugestehen, dass er sie mit ihrem Gleichstellungskram auseinandernehmen wollte. Ging das jetzt noch? War er befangen? Auch diese zweite Runde war an sie gegangen.
Es hat irgendwann mit ihm nicht mehr funktioniert, sagte sie. Der Bodo war ein netter Kerl und ich habe ihn mit meinem Engagement wohl auch genervt. Wir sind uns nicht böse und telefonieren manchmal. Und wie ist es bei Dir?
Kurz dachte an seine letzten diesbezüglichen Pleiten und sah in ihnen eine Chance, zur Sache zu kommen.
Mir kommt es in letzter Zeit so vor, sagte er etwas gedehnt, als ob sich die Mann/Frau-Beziehungen zunehmend verkomplizieren. Es gibt da ein schwer zu beschreibendes, aber zunehmendes Misstrauen, das sich eingeschlichen hat und es richtet sich schwerpunktmäßig gegen den Mann als potentiellen Vergewaltiger und herrschaftsaffinen Besetzer des gesellschaftlichen Raumes, wenn Du verstehst was ich meine.
Er hatte eigentlich damit gerechnet, dass sie jetzt in einen verschärften Abwehrmodus wechseln würde, sah sich jedoch getäuscht.

Du hast keinen guten Umgang mit Frauen, sagte sie dann nach einiger Zeit. Außerdem hast Du keineswegs völlig Unrecht. Die jetzt leider und vermutlich unvermeidlichen Missverständnisse ergeben sich aus dem aktuellen Prozess. Nenne mir eine einzige Prozesshaftigkeit ohne Widersprüche!
Doro, sagte Kurz, was Du berechtigterweise einen Prozess nennst, läuft leider auf ein seltsames neues Weltverständnis hinaus oder will zumindest so verstanden werden. Es geht nämlich längst nicht mehr um Gleichberechtigung, zumal man diese in einem Rechtsstaat bekanntlich einklagen kann. Es geht hier um das Konstrukt eines Privilegs, welches grundlos einen Minderheitenstatus beansprucht, als ob denn die Frauen bisher keine Rolle gespielt hätten.
Mein lieber Fritz,- ganz so simpel ist das leider nicht oder hältst Du die Emanzipation im Sinne von Gleichberechtigung für verwirklicht und wenn nicht, dann sag mir mal woran das liegen könnte? Der Grund ist nämlich simpel. Es läuft einfach alles so weiter wie es immer gelaufen ist und fast alle haben sich darin eingerichtet. Dagegen braucht man aus meiner Sicht aber ein Druckmittel, weshalb ich ja von Revolte in einem übergreifend kulturellen Sinne spreche.
Gleichstellung ist aber kein justiziabler Begriff, wandte Kurz ein und Du weißt sehr genau, dass das auch so ist. Und noch etwas läuft ja hier und droht mittlerweile die Sprache zu verunstalten. Das ist die fröhliche Genderei, die sogenannte geschlechterneutrale Sprache.
Ich habe mich – wie Du dich erinnern wirst – mit keinem Wort darauf bezogen und weißt Du auch warum? Sie, also die Genderei von der Du sprichst, hat aus meiner Sicht andere Wurzeln. Sie bedient eine andere Streitebene und ist ein Teil der Moralismus-und Minderheiten-Debatte, an der ich mich nicht beteilige, weil ich von Geschlechterneutralität nichts halte, denn ein Geschlecht ist nicht neutral sondern real, sowie in aller Regel unverwechselbar.
Sie hatte mittlerweile Kaffee gekocht und in einer Schale lagen bunte Zuckerfruchtringe, die er besonders liebte, sowie Kekse, die mit dunkler Schokolade überzogen waren. Friedhelm Kurz war der Verlauf des Gespräches nicht geheuer. Er fühlte sich überrumpelt und es war ihm nicht möglich, eine größere Widerständigkeit zu erzeugen. Will sich denn die Gleichstellung als Sondermerkmal von der Gleichberechtigung entfernen nach dem Motto: Alles egal,- wir brauchen Quote?
Ich will mich nicht zu weit aus dem Fenster hängen, sagte sie, aber wenn Du unausgesprochen Quote gegen Sachkompetenz setzt, dann halte ich Dich für sensibel genug, diese etwa im Umfeld einer Verwaltung nicht zwingend zu verorten, ob nun männlich oder weiblich. Dort funktionieren geölte Seilschaften, ausgewählt nach Parteiproporz und guten Beziehungen und das seit Generationen.

Ein paar Frauen mehr als zuvor, wären aus meiner Sicht irgendwie kein zerstörerischer Akt.

Als Rektor der Universität

heiße ich Sie herzlich willkommen und bitte um Verständnis für diese vielleicht ein wenig ungewöhnliche Veranstaltung. Rektor Dietmar Geisinger hatte die Kollegen zu einer Aussprache in den Konferenzraum gebeten, weil es in der letzten Zeit eine Reihe von Störungen des Lehrbetriebes durch Teile der Studentenschaft gegeben hatte.
Es ging dabei vor allem um an die Adresse von zwei Kollegen gerichtete Vorwürfe, die sich auf Äußerungen bezogen hatten, die als Rassismus und koloniales Gedankengut gedeutet wurden mit der Folge, dass deren Vorlesungen massiv gestört wurden. Es ging um die beiden Kollegen Mendes und Conte.
Wissen Sie, sagte Geisinger, solche Erscheinungen sind kein Novum, wiewohl es hierfür natürlich jeweils ganz unterschiedliche Auslöser geben kann. Zugleich scheint es mir zumindest vordergründig ein paar Ähnlichkeiten mit den Auseinandersetzungen der 70er Jahre des vorigen Jahrhunderts zu geben. Fokussiert wird auch diesmal auf eine unterstellt etablierte Geisteshaltung,- Stichwort Establishment, die im aktuellen Falle offenbar nicht das kapitalistische System im Auge hat, sondern bestimmte Phänomene, die als herrschaftsfestigende Ideologien angeblich Minderheitenrechte gefährden. Zentrale Schlüsselworte sind hier der Rassismus, der von seiner bislang genetischen Konnotierung gelöst wird und der Kolonialismus, der – und das ist der hier zu beachtende Hintergrund – für das Welt-Flüchtlingsdilemma in erster Linie verantwortlich gemacht wird, welches allein der weiße Mann zu verantworten habe.
Verehrte Kollegen,- das ist, wie Sie wissen, nicht meine wissenschaftliche Disziplin, so dass ich mich umfänglich sachkundig zu machen versuche, was mir durch die Kollegen Mendes und Conte sehr erleichtert wurde. Zumindest zwischen uns gibt es Einigkeit darüber, dass wir mit einer sehr verkürzten und in wesentlichen Teilen auch falschen Sicht einiger Studentinnen und Studenten konfrontiert sind. Das wäre für sich betrachtet nicht problematisch, aber wenn in der Presse das Thema Rassismus aufgegriffen und in Zusammenhang mit unserem Haus in keineswegs eindeutiger und unrichtiger Weise kommentiert wird, dann werden Sie verstehen, dass ich davon Notiz nehmen muss und ich benötige hierzu selbstverständlich ihrer aller Einverständnis.
Volker Mendes hatte sich zu Wort gemeldet: Verehrte Kollegen, wir haben hier eigentlich recht gute Kontakte zur regionalen Presse, was zumindest die Printmedien angeht, aber der optisch-mediale Sektor ist omnipotent und das müssen wir bedenken. Ich schlage deshalb vor, dass wir unsererseits ein Angebot

machen und die Bereitschaft bekunden, das angesprochene Thema, das natürlich vielseitig und vielschichtig ist, gemeinsam mit Vertreterinnen und Vertretern des Asta öffentlich zu diskutieren, also auch vor der Kamera, so man uns denn hierzu eine Chance gibt.
Also von mir aus gerne, sagte Geisinger. Sie haben mein volles Vertrauen und es sollte uns niemand den Vorwurf machen, dass wir einem Diskurs aus dem Wege gehen. Die Universität ist kein hermetischer Raum,- sie ist Teil der Gesellschaft.
Man diskutierte fast eine Stunde lang über die möglichen Konsequenzen. Es seien an einigen Universitäten Tendenzen sichtbar, welche Forschung und Lehre einzuhegen beabsichtigten, wo man bestimmten Fächern rassistische oder kolonialistische Tendenzen unterstellt.
Verehrte Kollegen, -wir werden uns schwer tun und dies nicht deshalb, weil wir nicht imstande wären, die Freiheit von Forschung und Lehre zu verteidigen, aber es ist ja ein ganz anderes Problem aufgetaucht sagte Raoul Conte, der sich zwischendurch zu Wort gemeldet hatte. Stimmt denn die klassische Deutung des Rassismus-Begriffes als einer bislang vermeintlich eindeutig genetischen Zuweisung überhaupt mit dem Deutungsmuster eines Teils der Studentenschaft überein? Kann mir jemand von Ihnen mal erklären, was z.B. ein antimuslimischer Rassismus ist, wie ihn diese seltsame neue Linke gerne als ein Grundübel dingfest machen will? Religionskritik oder auch die konsequente Ablehnung von Religion überhaupt, ist ein elementarer Teil der europäischen Aufklärung. Gilt das jetzt nicht mehr? Sie werden es wissen oder nicht. Ich bin katholisch wie die meisten Leute in Mittel- und Süd-Amerika. Es gibt bei uns auch andere Religionsgemeinschaften und eine Reihe von Sekten und wer bei uns schwul oder lesbisch ist, der oder die hat es nicht leicht. Es kommt aber nicht vor, dass man solche Leute aus religiösen Gründen aus dem Fenster hoher Gebäude wirft, um damit Gottes Wort zu erfüllen und man hängt sie auch nicht an Baukränen auf. Ein irrationaler Moralkodex ist bei uns allerdings die Blutrache, hervorragend beschrieben von meinem Landsmann Gabriel García Marques in *Chronik eines angekündigten Todes*, aber sie wird nicht religiös begründet und das ist von elementarer Wichtigkeit, denn ihr fehlt dadurch die höhere Weihe, welche ihr den Makel des Verbrechens nehmen könnte. Hier in Europa und vor allem in Deutschland treten die Leute massenhaft aus der Kirche aus, aber nicht deshalb, weil sie so aufgeklärt sind, sondern weil sie sich nicht ganz unberechtigt über – mit Verlaub – Kinderficker im Priestergewand aufregen. Komischerweise tauchen diese Kritiker nicht mehr auf, wenn es um die im Koran indirekt gesetzte Berechtigung zur Vergewaltigung von Frauen und Mädchen geht. Man schweigt auch zu den üblichen Zwangsheiraten, sowie Kinder-und Mehrfachehen. Da werden sie ganz still und erstarren in Ehrfurcht vor der

unangreifbaren Kulturhoheit der Fremden, die sie am liebsten unter Naturschutz stellen würden.
Der Kollege Mendes und einige andere von ihnen kennen mich ein wenig näher und ich habe auch immer dazu gestanden, dass ich mal Mitglied der kolumbianischen FARC-Guerilla war, die sich als politisch links verstanden hatte, so fragwürdig die gelegentlichen Folgen auch waren. Aber wissen Sie was,- diese deutschen Linken ekeln mich an mit ihrer ganzen weltbewegten Betulichkeit. Früher waren sie mal so etwas wie eine Zornbank mit allen Fehlern und Fehleinschätzungen, die auch dazugehörten, aber heute sind sie nicht mal mehr Papiertiger, weil ihnen dazu der theoretische Fundus fehlt.

Conte hatte sich in Rage geredet
und sein Temperament war mit ihm durchgegangen. Volker Mendes war amüsiert, denn so mochte er den Kollegen, weil er selbst diese aggressive Form entwaffnender Offenheit nicht beherrschte. Hatte er sich am Vormittag getäuscht und war da seine Studentin Bruckner nicht aus Contes Auto ausgestiegen und beide waren dann unter einem Regenschirm schrecklich eilig zum Uni-Gebäude gelaufen? Da war den beiden wohl die Zeit davongelaufen. Es war Mendes nicht entgangen, dass Conte ein Auge auf seine Studentin geworfen hatte, aber eigentlich war das ja wohl auch nicht so schlecht. Entweder würde es ihr gelingen, ihn ein wenig zu zähmen oder – und, das war immerhin auch eine Möglichkeit - sie wurde durch ihn ein bisschen wilder, -politischer. Vielleicht war es dann leichter für sie, mit den wachsenden Spannungen umzugehen. Auf jeden Fall war Conte aber eher kein Mann für ruhige Stunden.
Geisinger hatte auf eine Beschlussfassung gedrungen, was allerdings zur Folge hatte, dass er sich um einen Kontakt zu den Medien kümmern sollte. Man würde parallel ein gemeinsames und von allen unterzeichnetes Papier herausgeben, das den Charakter eines grundsätzlichen Standpunktes einnehmen und die Freiheit von Forschung und Lehre als unveräußerlich darstellen musste.

Ben Berissa klopfte an Sawatzkys Bürotür,
der ihn mit der Aussicht auf einen in diesem Fall polnischen Pfefferminztee begrüßte.
Es ist lustig, sagte Berissa, aber die Leute denken immer, dass ich garkeinen Kaffee trinke. Den hätte ich auch, sagte Sawatzky, auch wenn wir Osteuropäer zumindest früher schon aus Kostengründen Tee bevorzugt haben. Nein,- es ist schon o.k. und weißt Du was die Ursache des Hydraulik-Problems war? Ein Haarriss an einer der starren Zuleitungsverbindungen. Eher selten, kommt aber vor. Man muss solche schwingungsbedingten Schäden im Auge behalten.

Sawatzky war erleichtert, denn das Fahrzeug wurde für einen Hamburg-Transfer dringend gebraucht. Man kann noch froh sein, wenn es nicht mehr ist.
Der wachsende Anteil an Elektronik im Kfz-Wesen hat längst dazu geführt, dass die Zuverlässigkeit der Fahrzeuge erheblich gelitten hat, sagte Berissa. Bei uns in Afrika laufen die ganzen schönen Autos, die man hier nicht mehr haben will noch mindestens zwanzig Jahre lang und der übrige Rest in Ost-Europa. Ein offenbar großer Erfolg für die Umwelt.
Vermutlich wird man mich irgendwann zwingen, meine LKWs elektrisch anzutreiben, sagte Sawatzky. Es gibt einige seriöse und wissenschaftlich fundierte Kommentare, die man sich im Internet ansehen kann, antwortete Berissa. Das scheint die Macher der Energiewende jedoch nicht zu interessieren. Sie haben offenbar so etwas wie eine eigene Physik erfunden.
Ich denke manchmal über alle die Energieformen nach, die wir ja erst seit kurzer Zeit nutzen können und natürlich auch über die noch vorhandenen Ressourcen z.B. im Bereich der schweren Elemente und dann fällt mir ein, dass wir diese dem Zusammenstoß von Neutronensternen zu verdanken haben, lange bevor es diese Erde überhaupt in der vorfindlichen Form gab. Und dann werde ich ganz bescheiden.
Ben Du wärst besser Wissenschaftler geworden.
Irrtum, denn ich schraube.... also bin ich.

Frau Riedel,- wissen Sie

wo der Friedhelm ist? - fragte Thomas Gebauer.
Der war eben noch da. Es kann sein, dass er in Wendlers Büro ist. Klopfen Sie doch einfach mal an. Dort saßen die beiden und als Gebauer sich gesetzt hatte, meinte Herbert Wendler nicht ohne einen besorgten Unterton:
Du siehst irgendwie verschwörerisch aus. Gebauer sah ihn erstaunt an. Wenn Du mir jetzt aber noch sagst, wie man aussehen muss, um verschwörerisch zu wirken, dann bin ich zufrieden, antwortete er.
Ich bin da an einer Sache dran, die ich erst mit dem Friedhelm alleine machen wollte, aber das geht jetzt nicht mehr.
Was geht nicht mehr?
Kurz und Wendler waren augenblicklich hellwach. Was ist denn daran so geheimnisvoll?, wollte Kurz wissen. Das ist eine größere Sache. Ein bisher dem Namen nach unbekannter Immobilienfonds, der offenbar sehr nobel vor allem mit saudischem Geld ausgestattet ist, kauft in deutschen Städten in vergleichsweise großem Umfang Immobilien und das schon seit einiger Zeit. Für einige Mieter sind die Mietpreise in den letzten drei Jahren um sage und schreibe 42% gestiegen, was man dort sehr trickreich begründet hat.

Ross und Reiter kannst Du jetzt aber noch nicht so wirklich zuverlässig benennen?

Nicht namentlich, aber es gibt nachweisbare Verbindungen zu arabischen Clans in Berlin und Dortmund, bis hin zu einem muslimischen Zentralverband.
Und Du bist sicher, hier keine Verschwörungstheorie zu bedienen?
Kommt drauf an, wie man Verschwörung interpretiert, wenn anstelle der herausgepreisten bisherigen Mieter ausschließlich an die muslimische Community zu wesentlich günstigeren Bedingungen als zuvor vermietet wird. Wir haben hier noch nicht ganz begriffen, dass es Kulturen gibt, deren Zusammenhalt sich nicht aus einer individualistischen, also westlichen Kultur heraus erklären lässt. Solche Gesellschaften funktionieren vollkommen anders und sie sind dabei höchst erfolgreich.

Wenn ich Dich recht verstehe, dann siehst Du hier auch so etwas wie einen Wirtschaftskrimi, meinte Herbert Wendler, denn es geht ja zum Teil auch um beträchtliche Summen auf dem Immobilienmarkt. Das Problem, das ich allerdings hinsichtlich eines kritischen Kommentars sehe, besteht schlicht und ergreifend darin, dass man niemandem den Kauf von Immobilien verbieten kann, wenn er oder sie das nötige Kleingeld hierzu beschafft. Es sei denn, der Staat oder die Kommune oder Gemeinde hätten hier ein Vorkaufsrecht, was aber nicht der Fall ist. Schließe Dich mit ein paar wohlhabenden Leuten zusammen, kaufe Immobilien und vermiete sie an diejenigen, die Dir gefallen. Wo ist das Problem?
Thomas,- das ist natürlich in jedem Fall ein ziemliches Ding, meinte Friedhelm Kurz. Woher jemand sein Geld bezieht, ist aber letztendlich seine Sache und saudisches Geld war im Westen noch nie so dreckig, als dass man es nicht gerne genommen hätte. Der Westen und vor allem die USA haben mit den Saudis ganz unsägliche Deals, die zum Teil für eine ganze Reihe von Problemen verantwortlich sind. Ich weiß, dass die Franzosen in Lothringen schon vor längerer Zeit den Verkauf von Grund und Boden oder auch Immobilien an Deutsche begrenzt haben. Dies nicht aus böser Absicht, sondern weil sie einen Ausverkauf befürchten mussten, denn da gibt es paar attraktive Baugrundstücke in einer kleinen Seenlandschaft.
Eine andere Möglichkeit sowas zu verhindern, sehe ich nicht in Zeiten, wo ganze Industrieunternehmen feindliche Übernahmen zu befürchten haben.
Was machst Du denn, wenn die Betreiber solcher Geschäftsmodelle längst einen deutschen Pass haben und den haben sie,- verlass Dich drauf?
Wir sollten das mit dem Spohn besprechen meinte Wendler und Gebauer erklärte sich bereit, den Vorstoß beim Chef zu übernehmen, wobei ihm einfiel, dass er Spohn dann bitten musste, die Sache nicht im „Rat“ zur Sprache zu bringen. Die

Vorstellung, dass man dort eine nicht mehr zu übersehende und wachsende Clan-Kriminalität in die Rubrik Feuilleton verschieben wollte, um sie als ein etwas unerwünschtes Kuriosum zu behandeln, war vielleicht nicht ganz realistisch, aber sicher konnte man sich da nicht sein.

Karin Bruckner wollte der Einladung
Contes am Samstag nicht mit leeren Händen begegnen. Sie wusste nicht, was er gerne trank und mit irgend einer Flasche Rotwein in der Tür zu stehen, gefiel ihr nicht. Soziologen müssen sich im Grunde für alles interessieren dachte sie, aber diese Vorstellung war zugleich auch albern. Ein kleines Buch wäre nicht schlecht, aber dann auch wiederum nicht so schrecklich wissenschaftsbezogen, zumal er sich damit sicherlich besser auskannte. Ihr war ein kleines Buch mit dem Titel *Mein Jahr mit der deutschen Sprache* von einem gewissen *Michael Rumpf* aufgefallen und Conte war jemand, dem die kritische Betrachtung einer Sprache gefallen konnte.
Raoul Conte hatte schon für 18 Uhr eingeladen und als Karin Bruckner mit einer kleinen Verspätung angekommen war, hätte der schöne Vorfrühlingstag eher zu einem Spaziergang eingeladen. Ein solcher wäre sogar unvermeidbar gewesen, wenn sich in der Nähe von Contes Wohnung nicht ein Baumarkt befunden hätte, dessen großer Parkplatz selten ganz besetzt war, was in diesem Falle einen längeren Fußmarsch ersparte. Als sie geklingelt hatte, öffnete ihr eine junge, ihr unbekannte Frau, mit dem eindeutigen Aussehen einer Südamerikanerin.
Ich bin Raouls Schwester Maria, stellte sie sich vor, aber ich wohne natürlich nicht hier, sondern in der Nähe von Frankfurt, wo ich Germanistik studiert habe. Sie müssen entschuldigen, aber mein Deutsch ist nicht immer ganz perfekt. Sie sind sicher Karin Bruckner. Raoul hat mir von ihnen erzählt.
Ich spreche leider kein Spanisch, sagte Karin Bruckner und fragte sich zugleich, was Conte seiner Schwester wohl erzählt haben mochte.
Wir sind hier ja auch nicht in Bogotá, und ich heiße übrigens María. Karin,- sagte Karin Bruckner und erspähte ihren Professor Mendes noch bevor sie Conte ausfindig gemacht hatte. Mendes unterhielt sich gerade mit einigen Landsleuten Contes in einem recht flüssig wirkenden Spanisch.
Dann hatte Conte sie gesehen und kam auf sie zu.
Schön, dass Sie gekommen sind und ich erlaube mir, Sie einigen Freunden vorzustellen, die übrigens außer Patricio alle in Deutschland geblieben sind. Patricio ist Musiker, Gitarrist und möchte in Köln seine Konzertmeisterprüfung ablegen. Dann geht er aber wieder nach Chile, er ist nämlich kein Kolumbianer. Die anderen aber schon,- kommen Sie.

Die Leute waren alle etwa in Contes Alter und sprachen bis auf den von Conte erwähnten Patricio gut Deutsch, nutzen dabei jedoch untereinander jede Gelegenheit, sich muttersprachlich zu verständigen. Die anwesenden Frauen gehörten dazu und hatten sich ein wenig abgesondert, so dass Conte sich mit ihr erst mal zwischen ein paar Stühlen hindurch einen Weg bahnen musste.
Meine Damen, sagte er, das ist la Signora Karin Bruckner und sie studiert bei dem Kollegen Mendes. Wir haben uns anlässlich einer konterrevolutionären militärischen Aktion in der Uni kennen gelernt, wo sie mich vermutlich vor dem Schlimmsten bewahrt hat.
So sind die Männer aus Süd-Amerika, sagte eine der Frauen, welche die einzige außer Contes Schwester zu sein schien, die aus diesem Kulturkreis kam. Sie übertreiben alle maßlos und wissen Sie warum? Damit wir Helden in ihnen sehen,- unerschrockene Kämpfer für die stets gute Sache, die natürlich revolutionär sein muss. Seien Sie also vorsichtig!
Conte hatte zugehört und gewartet, bis alle ausgiebig gelacht hatten. Das ist schon richtig, aber uns bleibt in Mittel-und Südamerika meistens keine andere Wahl, weil distinguierte, zurückhaltende und eher schüchterne Männer bei unseren Frauen keinen Erfolg haben. Das hören sie nicht gerne, schimpfen über die Machos, aber sie lieben sie letztendlich doch. Die Frauen schienen erheitert und eine von ihnen meinte nach einigem Nachdenken: Es ist wohl an beiden Argumenten etwas dran und wir deutschen Frauen haben uns ja auf Männer aus diesem Kulturkreis eingelassen und wisst Ihr was,- ich halte die Situation für durchaus beherrschbar.
Das werde ich Dir nicht vergessen, sagte Conte. Sowas nennt man kulturelle Großzügigkeit.
Ja,- vielleicht, sagte die Angesprochene oder in dem einen oder anderen Falle auch Dummheit, aber Dir darf man sowas ja sagen.
Ihr entschuldigt mich jetzt bitte einen Moment, weil ich Maria in der Küche ein wenig zur Hand gehen werde.
Na,- wer sagts denn, meinte die Südamerikanerin. Im Ausland wachsen unsere Männer über sich hinaus.
Karin Bruckner hatte außer Conte und Mendes niemanden aus der Runde gekannt, empfand die Gesellschaft aber als angenehm und entspannt. Sie fragte sich, wie das vergleichsweise temperamentarme Deutschland auf Menschen aus diesem Kulturkreis wirken musste, wie jene seltsame Disziplin, an den roten Ampeln. Was ist das für ein Land und wie weit reicht diese Disziplin, dieser Gehorsam grundsätzlich?
Zugleich ist es natürlich angenehm, in einem Lande zu leben, in dem das Foltern nicht zur gängigen Verhörpraxis gehört und wo Menschen nicht gleich

dutzendweise verschwinden, ohne jemals wieder aufzutauchen. Auch die ständige Wiederholung von Bürgerkriegen erspart man sich in diesen Ländern, die es in der Folge zu einem gewissen Wohlstand bringen. Sie hatte von den Spanisch-Kenntnissen ihres Professors bislang nichts gewusst und hatte ihn wohl etwas erstaunt angesehen, aber er lachte nur und meinte, sie solle nicht so genau hinhören, denn perfekt sei das keineswegs, aber er sei in diesem Falle ja auch nicht der Wissenschaft verpflichtet,- zumindest nicht direkt.
Ich war hier schon mal als Conte Geburtstag hatte, sagte er und ich hatte früher mal einige Kontakte zu Exil-Chilenen, die nach dem Militärputsch von 1973 auch nach Deutschland geflohen waren und war selbst mal an einem Studienaufenthalt in Chile interessiert, was ein passendes Projekt vorausgesetzt hätte und dann konnte man aber in der Pinochet-Diktatur nicht mehr offen arbeiten. Unsere Damen und Herren von den eher konservativen Fraktionen fanden das Morden und Foltern in Chile im Namen dessen, was sie wohl unter Freiheit verstanden, übrigens ganz in Ordnung. Das habe ich ihnen bei allem gefährlichen Unfug, den auch Linke bisweilen anrichten, nicht vergessen! Da waren weder Conte noch Sie geboren und er ist ja auch Kolumbianer. Dort sind Rauschgiftkartelle und Korruption ein großes Übel. Er ist da mal zwischen die Fronten geraten während seiner Zeit als Guerillero und man hat ihn schwer misshandelt.

Als Mendes sah, dass sie leichenblass wurde, entschuldigte er sich. Verzeihen Sie,- das war jetzt vielleicht nicht der richtige Zeitpunkt, aber ich möchte eigentlich, dass Sie das wissen, weil das ein Teil von ihm ist, ein beschädigter Teil. Ich mag ihn sehr, denn sonst wären wir ja auch nicht befreundet. Zumindest nicht in dieser Weise und noch etwas: Er mag Sie und so froh ich bin dass Sie es sind die er mag, so macht mir das doch auch ein paar Sorgen. Wenn ihn etwas bedrängt, dann macht er manchmal nur Andeutungen in diese Richtung, wenn Sie verstehen. Er bunkert sich dann ein und dieser idiotische Hass, der ihm da gerade in dem Lande seiner Wahl entgegenschlägt, der tut ihm nicht gut. Mir auch nicht, aber ich kann besser damit umgehen. Zumindest meine ich das mal. Jetzt habe ich Ihnen den Abend verdorben ich Trottel.

Sie sind mein Professor und schon gar kein Trottel und ich danke Ihnen sehr, sagte sie und nahm ihn am Arm. Ich bin auch durchaus belastbar, vielleicht ja mehr als ich selber weiß und wenn nicht, dann muss ich es lernen.
Jetzt lachte sie wieder und Mendes fügte hinzu:
Seine Schwester Maria, zu der er ein sehr gutes Verhältnis hat, die kennt ihn sehr genau. Die beiden sind sich sehr nah. Sie werden Maria mögen.

Frank Hellweg hatte sich
sein Konzept zu dem Beitrag über Fullrock nochmal durchgelesen und fand es an einigen Stellen zu pathetisch. Schließlich ging es um ein Unternehmen, dem es gelungen war, durch ein gutes Angebot sowohl einer Insolvenz, als auch einer feindlichen Übernahme zu entgehen. Natürlich wusste man nie, wie lange so etwas gut ging. Was waren denn eigentlich die bedeutendsten Hindernisse oder Ärgerlichkeiten für den Mittelstand, wenn er sie denn nachweislich nicht selbst verursachte? Wo und in welchen ministeriellen Abteilungen saßen denn die bürokratischen Verhinderer unternehmerischer Tätigkeit? Oder, einmal anders gefragt, wie lief es denn sonst wo? Hellweg wusste, dass eine ganze Reihe von Umweltauflagen in der Sache möglicherweise richtig waren, jedoch nicht überall in Europa eingehalten werden mussten. So konnte man zum Beispiel etwa in den Niederlanden Antriebsketten deutlich preiswerter herstellen, weil die Umweltauflagen für den Härtungsprozess weniger aufwändig und damit billiger waren.
Ein riesiges Problem was auch das Verchromen geworden, wovon die Oldtimer-Liebhaber ein Lied zu singen wussten. Bestimmte Prozesse wurden ins Ausland verlagert und hiesigen Anbietern konnte das den Garaus machen. Er wollte Fullrock in einer Weise darstellen, welche dem Unternehmen einen Inselstatus verlieh. Das konnte für das Unternehmen selbst hilfreich sein, aber würden sich andere Interessenten für eine Ansiedlung davon nicht eher abgeschreckt fühlen? Wer will schon ein Inseldasein führen? Die stets wachsenden Industriegebiete mochten vordergründig für Wachstum stehen. Bei genauem Hinsehen wurde aber oft klar, dass sie fast zur Hälfte leer standen. Er klopfte an Wendlers Büro und fand dort ein Triumphirat, bestehend aus Wendler, Gebauer und Kurz in angeregter Runde.
Ich brauche mal einen Tipp von Euch, war seine Begrüßung, wobei er sich die Antwort einhandelte: Und wir von Dir!

Carsten Spohn hatte über den
Nachmittag eine Reihe von Terminen abgearbeitet und wollte eigentlich nur nochmal im Büro vorbeifahren, um einiges an Papierkram loszuwerden. Er war dann erstaunt, als er um kurz nach 21 Uhr noch Licht in Wendlers Büro sah und klopfte vorsichtig an die Tür.
Herein, wenn's nicht der Teufel ist, hörte er Wendlers Stimme und so kam es schließlich, dass sie außer Kurt Enders und der Sekretärin Martina Riedel alle beieinander saßen und Spohn einen Pizza-Service bemühen musste, denn ihnen allen knurrte irgendwann der Magen.

Sage niemand, wir hätten kein Herz für die Pizza Connection, sagte Spohn und gab dem Lieferanten ein ordentliches Trinkgeld, zumal der freundliche Pizza-Bäcker zwei Flaschen Wein spendiert hatte.
Die Pizza-Connection ist nicht mehr zeitgemäß, sagte Gebauer. Wir können jetzt von einem ganz anderen Highlight berichten und Spohn wusste, dass es jetzt ein wenig später werden konnte, während Frank Hellweg eigentlich nur hatte wissen wollen, ob bestimmte Klagen oder Kritikpunkte aus dem Mittelstandsmilieu häufiger zu hören seien.
Sie mussten sich jetzt um diese Immobilienangelegenheit kümmern. Die Branche war nicht beliebt, aber auch nicht durchgängig unseriös. Man musste die Handlanger der Financiers ermitteln. Wer kaufte damit wessen Geld und welchem Ziel? Die Sache war brisant und so lange sich die Justiz noch nicht damit beschäftigt hatte, war das durchaus ein Story wert, die ein Alleinstellungsmerkmal reklamieren konnte.
Während sie die Pizzas verschlangen und dem mitgelieferten Rotwein zusprachen, teilten sie sich mit einem fast kriminalistisch anmutenden Konzept untereinander auf. Alleine war die aufwändige investigative Arbeit nicht zu leisten und die Sache durfte auch nicht dazu führen, dass die klassischen Ressorts auf der Strecke blieben.
Ich werde mich bei den Banken umhören, sagte Spohn, denn ich kenne da ein paar Leute, die zwar der Schweigepflicht unterliegen, aber es würde nach dem, was ich jetzt gehört habe, schon reichen, wenn sie gewisse Sachen einfach nur bestätigen. Hellweg, Sie machen bitte den Fullrock-Beitrag fertig, weil ich das trotz allem auch für wichtig halte. Es wäre auch gut, wenn wir dem hiesigen Möbelrestaurator und unserer Beleuchtungsfirma mal etwas Aufmerksamkeit zukommen ließen. Der Enders soll sich mal über internationale Zusammenhänge von Immobiliengeschäften sachkundig machen. Thomas,- Sie könnten mal herauszufinden versuchen, in welchem Umfange hier überhaupt in Europa und speziell in Deutschland auf dieser Ebene Kapital bewegt wird. Der regionale Bezug ist dabei selbstverständlich bedeutsam, denn schließlich ist es ja nicht gerade wurscht, wem hier was gehört und was dann davon die Folge sein wird. Das brauche ich Ihnen nicht extra ans Herz zu legen. Wir haben jetzt kein Protokoll geschrieben und die Fr. Riedel wollte ich auch nicht um ihren Feierabend betrügen. So muss es aber auch mal gehen und jetzt ist Feierabend oder wollt Ihr mich mit Überstunden ruinieren?

Eigentlich war es schon länger

nicht mehr Dorothea Niewalds Angewohnheit, alleine Spaziergänge im Dunkeln zu machen, wobei das keine Frage von Mut oder Furcht war, sondern eher eine des

Wetters, denn seit langer Zeit war das mal kein verregneter Abend und außerdem war es noch nicht so richtig dunkel. Verstärkt hatte sich das Bedürfnis nach einem Spaziergang durch einsetzende Kopfschmerzen. Frische Luft konnte da eher nicht schaden.
Es waren von ihr aus nur ein paar Schritte bis zu dem nahe gelegenen kleinen Park, der eigentlich ganz hübsch war, aber kaum angenommen wurde. Gelegentlich sah man ein paar spielende Kinder mit ihren Müttern, aber in den Abendstunden war er meistens leer. Sie wunderte sich deshalb, auf einer der dort installierten Bänke, an denen sie unvermeidlich vorbei musste, wenn sie nicht außen an der Anlage entlanggehen wollte, ein paar Leute sitzen zu sehen, die sich zu unterhalten schienen, aber still wurden, als sie sich ihnen näherte. Ihr Warnsystem war geschult auf verbale Angriffe und versagte exakt in dem Moment, als sich eine der Gestalten erhob und auf sie zutrat. Der gutaussehende Mann war etwas größer als sie und hatte einen gepflegten halblangen Bart, griff in seine Tasche und zog ein Klappmesser hervor. Als sie die Situation als bedrohlich erkannt hatte, war es zu spät. Mittlerweile waren die beiden anderen Männer von der Bank aufgestanden und einer von ihnen hielt sie von hinten fest. Dann versuchten sie, sie vom Wege abseits in ein Gebüsch zu ziehen und erst da begann sie zu schreien, da sie wusste, dass das die einzige ihrer verbliebenen Möglichkeit war. Instinktiv schlug sie um sich und hörte, dass sich die Männer in einer für sie unverständlichen Sprache verständigten, während derjenige, der sie mit dem Messer bedroht hatte, den Versuch machte sie auszuziehen und dann ging alles sehr schnell.

Was für ein Glück, dachte Ben Berissa.
Endlich mal kein Regen und es war sogar ein bisschen warm. Ich werde jetzt dieses verfluchte nichtsnutzige Cabriolet überführen, das mich einen Haufen Nerven gekostet hat und mir hier den Platz wegnimmt. Er hatte versucht, Frank Hellweg anzurufen, von dem er wusste, dass er manchmal um diese Zeit noch unterwegs war in der Hoffnung, dass er ihn hätte zurückfahren können, aber der hatte sich nicht gemeldet und Berissa hatte dann seine Frau angerufen und ihr erklärt, wo der Kunde wohnte und wann er dort vermutlich eintreffen würde. Normalerweise vermied er es sie einzuspannen, da sie auch berufstätig war und in einem Labor für chemische Analysen beschäftigt war. Auch dort konnte es vorkommen, dass Überstunden erforderlich waren, aber als er zu Hause anrief, war sie sofort am Apparat.
Ich überlege gerade, wann ich Dich zum letzten Mal irgendwohin gefahren oder von irgendwoher abgeholt habe, sagte sie und Berissa war der leichte Unterton in ihrer Stimme nicht entgangen. Er kam mit einem 8-Stunden-Tag ohnehin nie aus.

Wenn er eine Schrauberei begonnen hatte, dann wollte er vor Feierabend auf jeden Fall Klarheit über die Art und den Umfang eines Schadens haben. Das gelang nicht immer, aber dann schlief er schlecht. Als er jetzt mit dem offenen Wagen leicht frierend in der Dämmerung an dem kleinen Park entlangfuhr, war er im ersten Moment nicht sicher, ob er die Hilferufe einer Frau gehört hatte, aber dann waren sie nicht mehr zu überhören. Berissa stieg auf die reparierte und hervorragend funktionierende Bremse, schaltete die Warnblinkanlage an, zog den Zündschlüssel ab und griff unter den Sitz, wo er für alle Fälle eine Verlängerung für einen Radmutternschlüssel parat hatte, mit dem er nach der Ankunft beim Kunden nochmals die Befestigung der Räder überprüfen wollte. Dann rannte er in das Halbdunkel und konnte später nicht mehr vollständig erklären, wie sich die Dinge in der Folge genau abgespielt hatten. Allerdings wusste er, dass jemand mit einem Messer auf ihn zugesprungen war und dass er zugeschlagen hatte. Einige Leute, die er nicht ausmachen konnte, weil es schon dämmrig war, flüchteten offenbar und dann spürte er einen rasenden Schmerz an der linken Schulter.
Es war plötzlich ganz still geworden um ihn herum und als er sich an die linke Schulter griff, spürte er das Blut auf seiner Hand und dann sah er die junge Frau, die am Boden lag und ihn mit schreckgeweiteten Augen ansah.
Sie sind abgehauen, sagte er zu ihr, als sie langsam aufstand.
Wie kommen Sie denn hierher?, fragte sie noch ganz benommen.
Gnädige Frau, Sie werden es nicht glauben, aber ich bin hier mit dem Auto eines Kunden, das ich überführen wollte am Park entlang gefahren und da hörte ich Sie um Hilfe rufen. Der Kunde wartet auf mich und so wie es aussieht wird er wohl noch eine Weile länger warten müssen. So eine verfluchte Scheiße, was jetzt aber mal nicht so wichtig ist. Sind Sie o.k., also ich meine unverletzt?
Ja, sagte sie, zumindest blute ich ja nicht wie Sie und sie haben mir möglicherweise sogar das Leben gerettet.
Berissa suchte das Mobiltelefon in der Jackentasche, das glücklicherweise dort nicht herausgefallen war und rief seine Frau an, die sofort am Apparat war. Mein Gott Ben,- wo bist du denn? Ich bin hier schon......
Ja, danke Christine, es ist hier was passiert. Bitte rufe die Polizei und die sollen einen Krankenwagen mitbringen. Wohin denn und wo bist Du denn eigentlich? Hattest Du einen Unfall?
Berissa erklärte in kurzen Worten die Sachlage, während sich die junge Frau mittlerweile auf die Bank gesetzt hatte. Sie mussten jetzt eine Weile warten und als sich Berissa neben sie setzte, sagte sie sehr leise: Mir ist jetzt plötzlich ganz schlecht. Dann sprang sie von der Bank auf, ging ein paar Schritte und erbrach sich. Berissa wartete einen Moment bis sie wieder langsam zurückkehrte, setzte sich neben sie auf die Bank und sie begann hemmungslos zu weinen.

Es war wieder kalt geworden und Berissa legte ihr seine Jacke über die Schultern, die er vorsichtshalber in dem Cabrio angezogen hatte. Passen Sie auf, sagte er, wir müssen darauf achten, keine Spuren zu verwischen.
Polizei und Krankenwagen waren in kaum 15 Minuten vor Ort und als man ihm im Krankenwagen einen Verband angelegt und beruhigend versichert hatte, dass es sich nur um eine Fleischwunde handele, fiel ihm ein, dass das Cabriolet immer noch mit eingeschalteter Warnblinkanlage und nicht abgesperrt am Straßenrand stand.
Christine, sagte er zu seiner Frau die inzwischen auch vor Ort war, wir müssen.......

Im Moment müssen wir gar nichts, sagte sie und Berissa sah, dass sie sich im Ambulanzwagen neben die junge Frau gesetzt hatte, die man auf eine Bahre gelegt und ihr ein Beruhigungsmittel verabreicht hatte.
Als sich der Wagen in Bewegung setzte, sagte der anwesende junge Arzt: Herr Berissa, sie können jetzt, also zumindest am heutigen Tag und vielleicht auch etwas länger kein Auto mehr fahren. Bitte beherzigen Sie das. Wir werden sie im Krankenhaus noch genau untersuchen.
Ich muss den Hellweg von der Zeitung oder den Sawatzky erreichen, dachte er. Sawatzky,- das war eine gute Idee, denn der war mobil und konnte weiterhelfen. Tatsächlich erreichte er ihn problemlos und Sawatzky hörte sich Berissas etwas unzusammenhängend vorgetragene Odyssee in Ruhe an und versprach sofortige Hilfe. Es dauerte kaum zwanzig Minuten und er erschien mit einem seiner Fahrer im Krankenhaus.
Mein Fahrer hat seine Motorradjacke mitgebracht, damit er in dem komischen offenen Gefährt nicht erfriert. Mensch Meier, wer fährt denn sowas? Das ist doch kein Männerauto!
Warum, sagte der Fahrer, ich wollte immer schon mal Cabrio fahren.
Das ist was für verhinderte Motorradfahrer, die beim Aufsteigen nicht mehr mit dem Bein über die Sitzbank kommen, sagte Sawatzky.
Dann ließ sich der Fahrer von Berissa den Schlüssel und die Anschrift des Kunden geben und verließ mit dem feixenden Sawatzky die Station, der sich aber in der Schiebetür nochmal umdrehte.
Pass auf Du Edelschrauber,- wir erledigen Deinen Auftrag in Perfektion, Du gibst einen aus und dann erzählst Du mir mal in aller Ruhe war da passiert ist.

Wer ist denn diese junge Frau, also ich meine das Opfer?, wollte Berissas Frau wissen.
Christine,- ich weiß es nicht. Ich habe sie nicht nach ihrem Namen gefragt und eine Kundin hätte ich gekannt. Sie war ja auch ziemlich fertig, aber sie ist

wenigstens nicht mit dem Messer verletzt worden. Ich hätte von allem gar nichts mitbekommen, wenn ich mit einem geschlossenen Wagen unterwegs gewesen wäre und ich gehe mal davon aus, dass die Kerle sie vergewaltigen wollten. Verstehst Du, ich wäre ohne etwas zu hören vorbeigefahren. Die Polizei hast Du ja mitgebracht und die werden jetzt halt ermitteln. Dem Kerl, der mit dem Messer auf mich zugekommen ist, habe ich mit der Schlüsselverlängerung eine übergebraten, aber es ist ihm dennoch gelungen, mich an der Schulter zu verletzen, dieser Sauhund.

Ben,- es gibt keine Sauhunde. Hunde sind eigentlich sehr nette Tiere, wobei sie froh sein können, dass wir sie nicht auch auf der Speisekarte haben.
Wir nicht, aber die Chinesen, aber ich weiß, Du magst meine Flüche nicht. Es ist gut, dass ich so langsam gefahren bin, denn sonst hätte der Fahrtwind auch verhindert, dass ich etwas gehört hätte.

Mittlerweile hatte Christine Berissa
ihren Mann nach Hause gebracht und es war kaum eine Stunde vergangen als es an der Tür klingelte und Sawatzkys dröhnende Stimme zu vernehmen war.
Wo ist denn der Held des Tages? Automechaniker verhindert Vergewaltigung und wird dabei lebensgefährlich verletzt. Bild sprach mit seinem Drittwagen.
Na ja,- so schwer auch wieder nicht, sagte Berissa. Das Problem ist halt nur, dass es mich bei der Arbeit behindern wird.
So richtig seid Ihr beide aber nicht am Schicksal der jungen Frau interessiert-oder? Christine Berissa hatte gemerkt, dass ihr Mann unter Schock stand und dabei den Gedanken an das eigentliche Opfer verdrängte.
Anton,- ich danke Dir für Deine vor allem schnelle und wie immer sachkundige Hilfe. Der Kunde hat ja auf den Wagen gewartet und jetzt hat er ihn noch pünktlich erhalten. Das werde ich demnächst wieder gut machen.
Mach mir keine Angst, sagte Sawatzky, denn das bedeutet ja, dass zuvor eines meiner Autos kaputtgehen muss. Dann lachte er und verabschiedete sich, nachdem er das bei Berissas Frau mit einem Handkuss vollzog. Du kannst sagen was Du willst, sagte sie zu ihrem Mann, aber diese Ost-Europäer können sehr charmant sein.
Das können die Nord-Afrikaner auch, sagte Berissa, aber sie gehen damit nur sparsamer um. Sei so gut und gib mir mal das Telefon. Ich rufe mal die Polizei an, um zu erfahren wie es der jungen Frau geht. Der diensthabende Beamte meldete sich und als Berissa sich ihm vorgestellt hatte und

um Auskünfte bat, wurde er darauf hingewiesen, dass das aus datenschutzrechtlichen Gründen nicht möglich sei. Können Sie mir dann bitte mal ihren Chef geben, wenn er im Hause ist?

Thomas Roth war seit drei Jahren
der leitende Hauptkommissar und kannte Berissa durch ihre gemeinsame Leidenschaft für historische Fahrzeuge. Was muss ich da von meinen Beamten erfahren? Du bist ordnungsdienstlich tätig geworden, aber Du hast meinen Segen. Kann ich Dir helfen, also ich meine über unsere ermittelnde Arbeit hinaus?
Ja,- kannst Du, denn Du weißt vielleicht schon wie es der jungen Frau geht, die da überfallen wurde. Ja Ben, sie hat einige, wenngleich unbedeutende Verletzungen. Vor allem Prellungen, weil sie sich wohl gewehrt hat und sie hat wohl auch eine leichte Gehirnerschütterung. Das ist eine sehr tapfere junge Dame und übrigens auch keine Unbekannte.
Wie,- ermittlungsdienstlich?
Nein nein, sie hat einiges zum Thema Emanzipation und Frauenrechte geschrieben und hält dazu auch Vorträge. Sie war auch schon mal Gast bei uns auf der Polizeischule. Eine gewisse Frau Niewald. Die Ermittlungen laufen natürlich auch in die Richtung, ob der Überfall etwas mit ihrem Engagement zu tun hat, aber sag mal,- bist Du so fit, dass Du morgen mal auf dem Revier vorbeikommen könntest? Am besten so um die Mittagszeit, denn dann werden wir nicht gestört und es ist am ruhigsten.
Sag mal...Niewald,... Dorothea Niewald?
Ja Ben, richtig, aber woher kennst Du sie? Nein nein, ich kenne sie nicht, aber ich kenne den Friedhelm Kurz hier von der Zeitung und von dem weiß ich, dass er mal mit ihr befreundet war.
War?
Na ja, -wie das bei den jungen Leuten so ist, weil sie sich ja auch schon mal trennen. Zumindest habe ich die beiden schon lange nicht mehr gemeinsam irgendwo gesehen.
Das habe ich mir gerade notiert und ich danke Dir, aber ich wäre Dir zusätzlich dankbar, wenn Du morgen vorbeikommen könntest, weil wir das dann ausgiebiger besprechen können und sag Deiner Christine liebe Grüße. Ach ja,-soll ich Dich abholen lassen?
Nein, ich danke Dir,... das geht schon.
Berissa hatte das Telefon auf laut gestellt, so dass seine Frau mithören konnte.
Zumindest ist sie ja mal nicht in Lebensgefahr, meinte diese.

Nein,- aber vielleicht steckt ja auch mehr hinter der Sache als nur eine versuchte Vergewaltigung. Thomas hat das ja eben ein wenig angedeutet von wegen dem Engagement von der Fr. Niewald.
Und wer sollte da was dagegen haben?
Na ja,- extrem konservative Leute vielleicht, wobei das vielleicht die falsche Bezeichnung ist.
Sag mal Ben,- hast Du die Leute, von denen Du gesagt hast, es seien drei gewesen, nicht doch ein bisschen genauer gesehen?
Eigentlich nur denjenigen, der auf mich losgegangen ist und das war zumindest kein Deutscher und auch kein Nord-Afrikaner wie ich.
Na ja,- Du läufst ja auch nicht mit größeren Messern durch die Gegend.

Ja, aber mit einer Schlüsselverlängerung und damit habe ich ihm eine verpasst und die hat gesessen.
Hoffentlich aber auch nicht mehr, meinte seine Frau.
Das weiß ich natürlich nicht, könnte mir aber vorstellen, dass ein Arztbesuch für ihn nicht ganz abwegig ist.

Carsten Spohn hatte seine Leute
zusammengetrommelt und ihnen die Kopie des Artikels einer konkurrierenden Zeitung vorgelegt.
Meine Herren,- wir hatten im „Rat" Einigkeit darüber erzielt, in einem solchen Falle wie in diesem, erst umfängliche Informationen zu sammeln und erst dann tätig zu werden. Dies im Interesse einer unvoreingenommenen Recherche, aber wie man sieht, gibt es Leute, die sich nicht daran halten und wir stehen da, als ob wir geschlafen hätten
Friedhelm Kurz meldete sich zu Wort:
Herr Spohn,- ich kann zu diesem, aus meiner Sicht unüberlegten Vorpreschen nichts sagen, aber schon in der Frühe erhielt ich einen Anruf von Herrn Kommissar Roth und der wusste von irgendwoher, dass ich mit der Überfallenen mal befreundet war. Na ja, war ist jetzt zugegeben auch komisch. Wir haben da zwischenzeitlich ein wenig Distanz eingebaut, was sich bewährt hat und ich war vorhin gerade bei Dorothea, also bei Fr. Niewald im Krankenhaus. Wie die Kollegen der anderen Redaktion auf die Idee verfallen können, hier ein rechtsradikales Tätermotiv zu vermuten, ist mir ein vollständiges Rätsel. Fr. Niewald ist verletzt, schwach, hat eine leichte Gehirnerschütterung und steht unter Schock. Kommissar Roth hat mich wissen lassen, dass er Herrn Berissa, der zufällig vorbeigekommen war und eingreifen konnte, noch anhören wird und bat mich und uns zugleich um

Zurückhaltung. Ob der Kommissar diesen Beitrag hier schon gelesen hat, weiß ich allerdings leider nicht. Einige Zeit lang herrschte Schweigen.
Es muss und kann Zusammenhänge geben, sagte Spohn, aber die müssen begründbar sein. Vermutungen darf man vorsichtig äußern, aber sie sind nun mal keine Wirklichkeit. Herr Kurz,- ich danke Ihnen für diesen ja auch sehr offenen Hinweis, der, wie ich hoffe, auch einiges erleichtern kann und selbstverständlich unter uns bleibt.

Als Ben Berissa

am Polizeirevier anlangte, das er verbotenerweise einhändig und selbst fahrend erreicht hatte, war es etwa 12:30 Uhr und Martina Riedel wäre normalerweise in der Mittagspause gewesen, aber sie mochte den ihrer Meinung nach sehr gut aussehenden Schrauber, wusste dass er avisiert war und hatte sich alle Mühe gegeben, einen starken und süßen Pfefferminztee zu bereiten und Berissa war sichtlich gerührt.
Mein Gott Herr Berissa,- Sie sind ja verletzt. Haben sie große Schmerzen? Nein- sagte Berissa, halb so schlimm alles. Wenn man Autos repariert, ist man kampferprobt.
Ich habe gelesen was passiert ist Herr Berissa und wenn Sie nicht gekommen wären,......
Dann wäre es vielleicht jemand anderes gewesen Frau Riedel. Wissen Sie,-ich war halt zufällig gerade da.
Ja, soll denn hier wirklich ein rechtsradikales Milieu eine Rolle spielen?
Gnädige Frau,- da warten wir mal ab, was die darunter verstehen, wobei es bekanntlich Idioten in allen Fraktionen gibt, aber für mich passt das nicht unbedingt ins Bild, weil ich mich recht gut mit den Jüngern des Propheten auskenne, denn wie Sie wissen, komme ich aus Nord-Afrika und deren Verhaltensmuster sind denen des klassischen Rechtsradikalismus sehr ähnlich, wenn nicht gar identisch. Kennen Sie den Prof. Raoul Conte? Nein,- nur vom Namen her, den ich schon mal gehört habe.
Wenn Sie von dem mal was lesen sollten, der sieht das ganz ähnlich und das ist ein Soziologie-Professor und kein Automechaniker.
Mittlerweile hatte sich Roths vorheriger Gast verabschiedet und Berissa verabschiedete sich von der Sekretärin, indem er sich besonders für den feinen Tee bedankte.
Wie ich sehe, hat Dich meine Sekretärin bereits angemessen verwöhnt, sagte Thomas Roth zur Begrüßung. Was macht denn die Oldie-Szene und wie weit bist Du mit dem wertvollen Lancia Stratos?

Noch nicht weit genug, aber das wird schon. Ich kann da ja immer nur drangehen, wenn ich mit anderen Kundenaufträgen nicht in Druck bin.
Nach dem, was die Regenbogenpresse so von sich gibt, brauchen wir ja nur noch die deutschen Täter zu finden. Es wäre deshalb ganz gut Ben, wenn Du zumindest die Person, von der Du sagst, dass Du sie etwas genauer gesehen hast, ein bisschen beschreiben könntest. Wenn ich Dich auch richtig verstanden habe, dann hattest Du einen alten Freund in Gestalt einer Schlüsselverlängerung mitgeführt. Warum eigentlich?
In der Tat vielleicht ungewöhnlich, sagte Berissa, aber die LKW-Fahrer waren zumindest früher immer dafür bekannt, sowas unter dem Sitz mit sich zu führen. Für alle Fälle oder wenn man mal einem Panzerfahrer weiterhelfen muss. Man weiß ja nie. In meinem Falle war das aber so, dass ich dem alten Faltverdeck nicht getraut habe, weshalb ich ein paar passende sog. Nüsse dabei hatte, die man wie du weißt nicht essen kann, aber für die hätte ich diese Verlängerung gebraucht und auch für die Radmuttern, die ich nochmal anziehen wollte. Dass ich das Ding unter dem Sitz hervorgeholt habe, war wie ein Reflex.
Man könnte aber auch – jetzt nur mal theoretisch – jemandem damit den Schädel spalten.
Eine Axt eignet sich dazu besser wie ich finde, denn eine Schlüsselverlängerung dieser Art ist stumpf aber ich hatte nicht auf den Kopf gezielt.
Und wo meinst Du, dass Du ihn vielleicht getroffen hast?
An der Schulter,- er schrie kurz auf und vermutlich hat das auch seine Kumpane erschreckt und zur Flucht veranlasst. Es würde mich ehrlich gesagt sehr wundern, wenn er am Besuch eines Krankenhauses vorbeigekommen ist.

Pass auf Ben,- ich glaube zu wissen, wo wir suchen müssen. Carsten Spohn, bzw. einer seiner Redakteure von der hiesigen Zeitung, hatte vor kurzem über sexuelle Belästigungen berichtet. Ich glaube, das hatte sein Journalist Frank Hellweg geschrieben. Die Sache war uns selbstverständlich bekannt, aber die Presse war vorsichtig und wollten das Geschehen nicht direkt zuordnen, wenngleich Hellweg immerhin so offen geschrieben hatte, dass man es trotz aller Vorsicht durchaus zuordnen konnte. Die Presse macht sich da ein Problem wo keines ist oder sein sollte. Hast Du Schmerzen?

Ja,- aber nicht so viel.
Ben,- sei bitte sog gut und verreise jetzt gerade nicht!
Ich,- jetzt? Berissa lachte. Nein,- schon verstanden, ich bleibe verfügbar und stelle bei der Polizei einen Antrag auf Erstattung meiner laufenden Kosten.
Die laufenden nicht Ben, aber Du hast Anspruch auf Zeugengeld.

Dorothea Niewald war noch etwas benommen von den Beruhigungs- und Schmerzmitteln, die man ihr verabreicht hatte. Als der Stationsarzt in ihr Zimmer kam, wollte sie zunächst mal wissen, ob man etwas an ihr reparieren musste, aber der Arzt konnte sie beruhigen. Sie haben ein paar Prellungen und eine leichte Gehirnerschütterung. Wir können Sie morgen entlassen, wenn Sie sich ausreichend stark fühlen. Haben Sie denn jemanden, der sich mal um Sie kümmert?

Na ja,- so richtig eigentlich nicht, sagte sie, aber das stimmte nicht wirklich, denn auf Fritz konnte sie sich verlassen und der war ja auch schon kurz nach dem Krankenhausfrühstück gekommen, aber da war sie für ein längeres Gespräch noch zu müde gewesen, denn sie hatte schlecht geschlafen.

Der Stationsarzt mochte vielleicht vor fünfzehn Minuten gegangen sein, als es vorsichtig an der Tür klopfte und Friedhelm Kurz erneut in der Tür stand. Geht es Dir ein bisschen besser? Heute Morgen hast Du mir nicht gefallen.

Komm rein und nimm Dir einen Stuhl, sagte sie. Es geht mir deutlich besser und ich bin auch nicht mehr so müde. Wie geht's denn in der Redaktion? Kurz erzählte ihr vom Vorstoß, den sich ein Konkurrenzblatt geleistet hatte und sie musste fast lachen.

Die Kerle quatschten irgendeinen vermutlich arabischen Dialekt und ich glaube eher nicht, dass es sich um angehende deutsche Arabisten gehandelt hat, die sich mit mir einen Schabernack erlauben wollten. Nur so ein bisschen Ficken halt und Kurz sah, dass sie weinte.

Es war schon einige Zeit her, dass er sie mal in den Arm genommen hatte, aber das hielt er jetzt für angebracht und hatte sich vor ihr Bett gekniet, um das bewerkstelligen zu können.

Doro pass auf,- die Polizei hier ist ziemlich clever und sie werden ordentlich ermitteln, was zur Folge haben wird, dass wir wahrheitsgemäß berichten werden. Der Kommissar Roth hat mich informiert, denn der wusste von irgendjemandem, dass wir beide mal.....na ja,- Du weißt was ich sagen will.

Ich weiß Herr Journalist, sagte sie und jetzt mussten sie beide lachen.

Weißt Du eigentlich wer das war, der Dir da aus der Patsche geholfen hat und dabei selbst nicht unerheblich verletzt wurde?

Nein, aber das war ein sehr netter Mann, der mich aufgehoben hatte und mich zu beruhigen versuchte. Du sagst, er wurde verletzt? Mein Gott,- das habe ich wohl bemerkt, aber irgendwie verdrängt. Wer war das denn und wie geht es ihm?

Das war der Automechaniker Ben Berissa hier aus der Stadt. Er war zufälligerweise mit einem Cabriolet unterwegs, das er zu einem Kunden bringen wollte und dann hat er Deine Hilferufe gehört, als er am Park entlang gefahren ist. Es geht ihm schon wieder ganz gut. Er hat eine Messerwunde am Oberarm oder an der Schulter, aber der hält was aus und läuft schon wieder herum und ärgert sich bloß darüber, dass ihm jetzt die Arbeit nicht mehr so flott von der Hand geht. Ich muss in die Redaktion. Wir sind da an einer riesigen Immobiliengeschichte dran. Ich hole Dich morgen nach dem Frühstück ab und habe schon gefragt ob das geht. Komm mal her, sagte sie, zog sein Gesicht zu sich herunter, weil er bereits aufgestanden war und küsste ihn.

Wir müssten schon irgendwie
reagieren, ich meine berichten, auch wenn wir jetzt nicht letzte Klarheit haben. Frank Hellweg hatte an Spohns Tür geklopft, nachdem ihm Martina Riedel versichert hatte, der Chef sei in guter Stimmung. Das schien auch so zu sein, wobei Spohn ohnehin kein Polterer war. Er war eher besorgt und von der nicht ganz unberechtigten Angst getrieben, dass die relativ aufwändige Redaktion nicht mehr zu finanzieren war. Er musste gelegentlich auf die Bremse treten, aber zugleich mochte er seine Leute. Das war ein grundehrlicher Haufen. Sie nahmen auch die regionalen Geschehnisse ernst und begnügten sich nicht mit ein paar subjektiv eingefärbten Kommentaren. Und für eine vergleichsweise kleine Zeitung war das wichtig.
Mein lieber Frank,- da haben Sie recht, denn unsere etwas dünne Meldung reicht ja gerade mal so für die Informationspflicht. Schlagen Sie mal was vor.
Ich schlage vor, dass wir das Opfer interviewen, was man über Friedhelm Kurz regeln könnte, der mit ihr befreundet ist. Sicherlich ist auch Berissa eine Option und wir können natürlich auch einen Bezug herstellen zu meinem Beitrag, bei dem es zurückliegend um die sexuellen Belästigungen und Übergriffe ging.
Das muss dann aber eine sichere Bank sein, also im Sinne einer rein sexuellen Konnotierung, sagte Spohn.
Na ja, ausgeraubt wurde sie ja nicht.
Ich weiß, aber keine Verdächtigungen ohne zumindest handfeste Aussagen und Beweise, sagte Spohn.
Wissen Sie, sagte Frank Hellweg in die kurz entstandene Stille hinein. Ich bin nicht an Fakes interessiert, das dürfen Sie mir glauben. Mich hat in der letzten Zeit aber so einiges umgetrieben und das habe ich zum Teil sogar gesammelt. Immerhin würde das für ca. 400 Seiten in Buchform reichen. Alles Sachen, die wirklich passiert sind. Dazu will ich irgendwann mal was machen und das könnte glatt ein Krimi werden oder – keine Ahnung - eher ein Report. Die darin erzählte Wirklichkeit toppt zumindest die meisten Krimis.

Damit hatte Carsten Spohn nicht gerechnet. Hellweg wollte also ein Buch schreiben. Zumindest hatte Spohn das so verstanden und Hellweg war fleißig. Sie können auf meine Hilfe rechnen, sagte Spohn und was diese Sache angeht, dann soll der Kurz das machen mit dem Interview, denn er kennt die Frau Niewald ja wohl etwas besser und den Berissa, den besuchen Sie am besten in seiner Werkstatt, wenn er das nicht als Heimsuchung empfindet und wenn, dann halt auch. Wir haben ja noch die Sache mit dem windigen Immobilienfonds an der Backe, aber das soll der Thomas Gebauer vorrangig machen. Das ist zwar auch regional bedeutsam, aber ich tendiere dazu, es in der Rubrik Wirtschaft abzuhandeln.

Als Karin Bruckner

sich vom Gastgeber verabschiedete, war es bereits 1 Uhr in der Nacht und Conte bestand darauf, sie nach Hause zu fahren. Ich tendiere nicht zu übertriebener Ängstlichkeit, sagte er, aber ich bin zugleich dort vorsichtig, wo ich es für angebracht halte. Hat es Ihnen gefallen?

Ja, sagte sie, es war sogar sehr schön. Lauter interessante Leute.

Klar,- lauter südamerikanische Machos!

Nein, niemand ist mir so vorgekommen und noch etwas wollte ich sagen. Ihre Schwester Maria ist ein ganz wunderbarer Mensch. Ich habe mich länger mit ihr unterhalten.

Ja, sie weiß viel von mir, - eigentlich alles. Es war nicht immer so einfach, nicht in Kolumbien und auch nicht danach. Wissen Sie, sagte er, brach aber ab, verbarg das Gesicht in den Händen und begann hemmungslos zu weinen. Es war wie ein Krampf der ihn schüttelte und sie versuchte seinen Kopf in ihren Arm zu nehmen, so gut das im Auto möglich war, denn sie standen mittlerweile vor ihrer Haustür. Ich weiß, sagte sie.

Was wissen Sie?

Das was gut ist zu wissen.

Hat Maria...?

Ja,- Maria hat mir ein bisschen was erzählt und Volker Mendes auch. Sie waren zwischendurch so still. Das ist mir aufgefallen, nachdem Sie sich mit Maria unterhalten hatten.

Ich musste das auf mich wirken lassen.

Mit welchem Ergebnis, wenn ich fragen darf? Conte hatte sich beruhigt, ihr aber seinen Kopf nicht entzogen und sah sie mit geröteten Augen an.

Das Ergebnis ist, dass ich ein bisschen auf Sie aufpassen werde.

Conte schwieg lange, löste sich aber nicht aus ihrer Umarmung und sagte dann ganz ruhig: Jetzt bin ich hier angekommen, jetzt in diesem Moment.

Dank Ihnen bin ich ja sogar wohlbehalten zu Hause angekommen, sagte sie und jetzt mussten sie beide lachen.
Raoul, Sie haben noch Gäste.
Ich weiß, ja natürlich und morgen, aber nein, heute ist ja schon morgen, also heute will mich noch ein gewisser Kurt Enders von der hiesigen Zeitung interviewen. O mein Gott!
Das schaffen Sie locker und danach telefonieren wir. Ist das o.k.?
Ja,- das machen wir in Verbindung mit einer kleinen Bitte, weil ich vorschlagen möchte, dass wir künftig auf die einfachere Anrede übergehen, sagte er.
Sie strich ihm mit den Fingern durch sein kräftiges braunes Haar und nickte. Gerne, sagte sie und dann waren sie für einen kleinen Moment ein wenig verlegen, als er sie schnell auf die Stirn küsste. Als sie ausgestiegen war, startete er den Wagen, der kurz darauf in der Dunkelheit verschwand, in die sich ein leichter Morgennebel geschlichen hatte.

Friedhelm Kurz hatte
Dorothea Niewald im Krankenhaus abgeholt und sie fragte ihn, ob er noch kurz mit ihr bei Ben Berissa vorbeifahren könne, weil sie sich bei ihm bedanken wolle, was sie erinnerlicherweise in all der Aufregung noch nicht gemacht habe. Dort angekommen, fanden sie ihn alleine damit beschäftigt, ein Getriebe auszubauen, was allerdings in seinem verletzten Zustand eher keine gute Idee war. Allerdings verfügte er über eine hydraulische Abstützvorrichtung, so dass zumindest eine größere Katastrophe ausgeschlossen war. Als er die beiden eintreten sah, sagte er zu Friedhelm Kurz gewandt:
Könnten Sie mal gerade hier mit diesem Schlüssel ein bisschen gegenhalten? Ich muss auf der anderen Seite ein wenig lockern, damit sich alles lösen lässt und das war's dann schon, denn ansonsten ist das hier sehr übersichtlich bei diesem Sportwagen. Nehmen Sie hier die Handschuhe, damit Sie sich nicht mit Öl versauen. Es dauerte keine Minute und sie hatten das störrische Getriebe aus seiner Umklammerung befreit.
Gnädige Frau, bitte entschuldigen Sie die Ausbeutung ihres freundlichen Begleiters, aber was kann ich für Sie tun?
Sie haben schon sehr viel für mich getan und mir eventuell sogar das Leben gerettet.
Berissa riss die Augen auf. Mein Gott ja,- Sie waren das! Es war ja schon recht dunkel oder sagen wir mal dämmrig und ich habe natürlich vorrangig diese

Arschlöcher gesehen, zumal ja einer auch auf mich losging. Bei der Polizei konnte ich im Grunde auch nur ein paar dürftige Angaben zu dieser Person machen.
Mir geht es eigentlich genau so, sagte sie.
Ja, aber Sie waren doch im Krankenhaus und da war von einer leichten Gehirnerschütterung die Rede und jetzt laufen Sie schon wieder herum. Jetzt kommen Sie beide mal mit in mein bescheidenes Büro. Berissa rieb sich die Hände an einem Lappen ab und ging zu einem kleinen Spülstein, der so aussah, als ob er mit etwas Glück den zweiten Weltkrieg überlebt hatte. Dort stand eine etwas angerostete Dose, die eine Paste enthielt, die einem Elefanten die Falten aus der Haut getrieben hätte, aber der Erfolg war beeindruckend.
Im Büro war es schön warm und duftete nach Pfefferminztee und einem Hauch von dunklem Tabak, den Berissa gelegentlich in der Form einer bestimmten Rillosorte konsumierte. Sie unterhielten sich fast eine Stunde lang und als sie wieder im Auto saßen, sagte Friedhelm Kurz ein wenig provokant. Das ist ein sehr ansehnlicher Mann Dein Retter....oder?
Was meinst Du damit? Natürlich ist das ein netter und auch sehr ansehnlicher Mann wenn Du das meinst. Dazu bescheiden und höflich, sowie ein Meister im Zubereiten von Pfefferminztee. Da könnte man fast süchtig werden. Und noch was sage ich Dir, denn selbst wenn er kein offenbar auch guter Mechaniker wäre, sondern irgendetwas anderes machen würde, er wäre auch dann genau der nette Kerl, der er nun mal ist. Solche Leute sind in der Tat ein Geschenk.
Andere nicht?
Nein, leider eher selten und deshalb in dieser seltenen Form besonders erfreulich, weil er dem Lande seiner Zuflucht etwas zurückzugeben imstande ist und in diesem Falle mehr als seine Arbeit.
Bist Du da nicht ein wenig hart?
Wem gegenüber und womit bin ich hart?
Doro, Du hast recht, denn wenn ich eine Frau wäre – nur mal so gesagt – dann wäre ich noch viel härter. Da, wo eine ganze Menge Leute in den letzten Jahren hergekommen sind, rangiert die Frau nach dem Hund. Das sage nicht etwa ich, sondern das sagen diejenigen, die sich entweder als Fachwissenschaftler damit auskennen oder als kritische Journalisten längere Zeit in diesen Ländern gelebt haben. Besonders gut wissen das vor allem die Leute, die ihre Länder ja verlassen, weil sie an ihren vormodernen Strukturen und Gesetzen scheitern und eine säkular-demokratische Gesellschaft vorziehen, die sie dann, hier angekommen, interessanterweise gegen ihre ehemaligen Landsleute verteidigen müssen, wenn diese von einem Kalifat träumen. Die wundern sich dann über uns, wenn wir ihr Wissen und ihre Warnungen als nicht hilfreich bezeichnen und ignorieren.

Sie hatte ihm ruhig zugehört. Mein lieber Fritz, es kann gut sein, dass einiges falsch läuft, aber Du kannst analytisch denken und musst herausfinden, ob das in gezielt böser Absicht, also quasi putschistisch geschieht, dieses gewähren lassen meine ich oder in guter Absicht und damit eigentlich naiv. Es gibt einen Unterschied zwischen böser Absicht und guter Dummheit.
Das kann eine wertvolle Erkenntnis sein, sagte er und dazwischen, also in der berühmten gesellschaftlichen Mitte, gibt es den wunderbaren Traum von einem kosmopolitischen Kulturnirwana der ideologiefreien neuen Menschen, als den Substraten einer fortgesetzten, sich linksliberal verortenden Propaganda. Nicht die schwarze Milch des Dichters Paul Celan fließt, sondern die weiße von glücklichen Kühen.
Wenn ich mich recht entsinne, sagte sie, war der Traum von einer besseren Gesellschaft doch immer ein linkes Kulturgut, aber die Begründung war wesentlich ökonomisch.
Vermutlich wird das alles erst besser, wenn überall Frauen in den Chefetagen sitzen, sagte Kurz und das war eine Bemerkung, die er sich nicht verkneifen konnte.
Nein Fritz, sagte sie ruhig, denn wir wissen beide, dass das alles eine Frage des Bewusstseins und nicht eine des Geschlechts ist.

Es waren einige Tage vergangen,
in deren Verlauf man sich in der Redaktion auf eine in der Sache angemessen scheinende Berichterstattung geeinigt hatte, nachdem die vorläufigen Ermittlungsergebnisse der Polizei vorlagen. Kommissar Thomas Roth hatte sich sowohl mit Dorothea Niewald, also mit dem Opfer, als auch mit Ben Berissa unterhalten. Das waren ja keine Verhöre, sondern Ermittlungsgespräche. Zudem hatte er seine Leute angewiesen, bestimmte Bezirke zu bestimmten Zeiten im Auge zu behalten, wobei ihm die personell bedingte Lückenhaftigkeit einer solchen Maßnahme bewusst war. Ein Bekannter, der gelegentlich mit Iran in Geschäftsbeziehungen stand, hatte ihm erzählt, dass man etwa in Teheran auch zu nächtlicher Stunde im Park spazieren gehen könne, ohne irgend einer Gefahr ausgesetzt zu sein. Das hatte ihn gewundert, denn die Vorstellung, dass Frauen in einem islamischen Land nachts alleine im Park unterwegs sind, hatte sich ihm nicht vermittelt. Roth hatte sich auch mit den Leitern der Nachbarreviere besprochen und dabei erfahren, dass der Bürgermeister eines Stadtteiles von Essen, nach einer ganzen Reihe von sog. Vorkommnissen und Übergriffen, der dort angestammt deutschen Bevölkerung nahe gelegt hatte, diesen Stadtteil zu verlassen. Immerhin hatte er nicht gesagt, wem die neue Kultur nicht gefalle, der könne ja das Land verlassen.

Da die Medien nach dem Mord an einem Politiker namens Lorenz, der diesen Rat in einem ähnlichen Zusammenhang erteilt hatte, in ihren öffentlichen Verlautbarungen unterstellten, der Politiker sei bei seinem Einsatz für Flüchtlinge buchstäblich hingerichtet worden, war Roth gewarnt und hatte längere Zeit mit Carsten Spohn telefoniert, den er für ausreichend vorsichtig hielt. Dieser hatte ihm zumindest andeutungsweise von den Gesprächen im „Rat" erzählt. An die dort getroffenen Abmachungen schienen sich jedoch nicht alle zu halten, wie der Vorstoß von konkurrierenden Blättern bewiesen hatte. Als das Telefon klingelte, war der Kollege Ralf Sterzing am Apparat. Sterzing leitete das benachbarte Revier und beide kannten sich von der Polizeischule.
Du hör mal,- haben bei Euch wirklich die Rechten zugeschlagen?
Liest Du die Boulevardpresse?
Nein, obwohl gelegentlich schon mal und deshalb habe ich den Beitrag natürlich gelesen, wenngleich ich mir darauf keinen Reim machen konnte. Aber jetzt pass auf, denn hier ist ein junger Mann afrikanischer Herkunft aufgetaucht. Eigentlich nicht hier auf dem Revier, sondern im Krankenhaus und die haben uns dann informiert, weil seine Angaben irgendwie nicht stimmen konnten.
Und dann?- warf Roth dazwischen.
Na ja, -wir haben ihn aufgegriffen und er behauptete, überfallen worden zu sein und seine Verletzung sieht auch danach aus. Ich rufe Dich aber deshalb an, weil wir herausgefunden haben, dass er in Deinem Zuständigkeitsbereich gemeldet ist und nicht bei uns. Kannst Du die Verletzung mal ein bisschen genauer beschreiben?
Ich bin wie du weißt kein Mediziner, sondern ein unterbezahlter Beamter, aber er wurde wohl mit einem stumpfen Gegenstand an der linken Schulter getroffen. Das Schlüsselbein ist gebrochen und das Schultergelenk ist auch verletzt. Da muss jemand richtig zugeschlagen haben,- ziemlich übel.

Thomas Roth erinnerte sich sofort an Berissas Aussage und in der Tat hatte dieser ja mit einer Schlüsselverlängerung zugeschlagen und offenbar nachhaltig getroffen.
Pass auf, sagte er zu dem Kollegen Sterzing und berichtete ihm in gebotener Kurzform von den jüngsten Vorkommnissen. Wenn wir Glück haben, gehört der angeblich überfallene Herr genau zu dem Trio, das wir suchen und es sind hier auch noch ein paar andere Sachen anhängig, die mit ihm nicht zwingend etwas zu tun haben müssen, aber das werden wir herausfinden.
Soll ich ihn zu Euch überführen lassen?, fragte Sterzing.
Wenn er transportfähig ist gerne, antwortete Thomas Roth.

Raoul Conte hatte die letzten Gäste
verabschiedet und lediglich seine Schwester Maria würde die Nacht auf dem Sofa übernachten.
Sag mal Maria,- hattest Du der Karin etwas erzählt,- also ich meine von mir?

Ja,- ich weiß jetzt schon nicht mehr so genau bei welcher Gelegenheit das war und auch nicht den Anlass, aber ich habe da etwas gemerkt zwischen Euch und das ist ja auch eine ganz reizende Person und mir gefällt sie gut, wenn Du es wissen willst. War das nicht in Ordnung?
Doch,- natürlich, sie würde es ohnehin mal erfahren und Mendes weiß es ja auch und sie ist seine Studentin. Den Mendes muss ich in den nächsten Tagen mal anrufen.
Deshalb?
Nein Maria,- nicht deshalb. Es gibt da ein sozialwissenschaftliches Problem, das in seinen wissenschaftlichen Bereich hineinspielt und das muss ich mit ihm besprechen.
Du bist aber sicher, das jetzt nicht ad hoc noch in dieser Nacht lösen zu wollen?
Ja,- ach Gott, es ist ja fast 2:30 Uhr.
Du hast ja Recht und ich danke Dir für deine wunderbare Hilfe liebes Schwesterlein!

Ist Dir schon mal aufgefallen, dass wir immer häufiger Deutsch miteinander reden, auch wenn wir alleine sind?, fragte sie.
Ja,- aber wir sollten jetzt in keiner Sprache mehr reden, weil morgen auch noch ein Tag ist.
Heute wolltest Du wohl sagen!

Frau Bruckner,- ich habe
ein bestimmtes Budget, das mir für Studienreisen zur Verfügung steht, sagte Volker Mendes. Dabei ist es in einem gewissen Umfange auch möglich, Studentinnen und Studenten zu beteiligen, also auch mitzunehmen. Die müssen sich dann allerdings auch bereitfinden, das Projekt zu betreuen. Böse Zungen sagen dann gelegentlich, sie müssten die Arbeit für ihre Professoren machen, die damit wissenschaftlich reüssieren.
Das ist in einem gewissen Umfang sogar richtig, aber jede und jeder kann ein solches Thema auch für sich selbst und unabhängig vom Professor nutzen.

Das hört sich interessant an, sagte Karin Bruckner, aber wann soll das denn losgehen und wohin übrigens?

Sie werden vielleicht enttäuscht sein, aber es beschränkt sich diesmal auf die europäische Landmasse bis zum Ural, denn danach beginnt – grob gesagt – Asien.
Und wann soll das Projekt starten?, fragte sie.
Also eigentlich in den großen Sommerferien, wenn Sie nicht schon Besseres vorhaben. Es muss da natürlich noch ein Konzept erarbeitet werden und dazu gehört natürlich auch all das, was mit dem technischen Ablauf in Zusammenhang steht. Das große Stichwort heißt in diesem Falle: Zu- und Abwanderung. Für alle Ereignisse dieser Art gab und gibt es Gründe, aber sie sind nicht alle erforscht und alle diese Bewegungen hatten kleinere, größere und vor allem auch genetische Folgen. Also interessant wird das auf jeden Fall. Ich kann zwei Assistenten mitnehmen und dachte in diesem Zusammenhang an Sie und an ihren Studienkollegen Bernd Speicher. Der ist fleißig und belastbar.
Und mich halten Sie auch für belastbar?
Mendes sah sie ruhig an und sagte lediglich...ja.
Bernd Speicher war ein nach außen hin ruhig wirkender Student und Karin Bruckner wusste, dass er in einigen Gruppen organisiert war, die sich für die Probleme der sog. 3. Welt stark machten. Sie hatte ihn auch schon als Teilnehmer an öffentlichen Aktionen wie z.B. Infoständen erlebt, aber er hatte nichts Belehrendes und blieb stets freundlich. Das war also eher kein problematischer Mensch.

Irgendwie war es in der Redaktion

in der letzten Zeit anders als sonst. Es schien ihr etwas Verschwörerisches anzuhaften. Zumindest erschien es Martina Riedel so. Ständig waren Kleingruppen auszumachen, die sich zeitversetzt in dem kleinen Konferenzraum zusammenfanden, literweise Kaffee konsumierten und den Eindruck außerordentlicher Wichtigkeit vermittelten, wenn man ihr z.B. mit vorgehaltener Hand zu verstehen gab, dass die Runde jetzt auf garkeinen Fall gestört werden wollte. Ganz gleich und selbst dann nicht, wenn der Papst persönlich um Audienz bitten sollte. Sie hatte sich dabei kürzlich die Bemerkung nicht verkneifen können, dass sie in der Redaktion eigentlich niemanden kenne, der eine Papstaudienz anstrebe, weshalb dieser sich auch eher nicht in die Redaktion bemühen würde. Dem wurde nicht widersprochen aber das führte dazu, dass die Mehrzahl aller Telefongespräche nicht nur bei ihr ankam, sondern auch bei ihr blieben, da sie nicht weitervermitteln durfte. Die Bandbreite der Anfragen war nicht unerheblich und reichte von durchaus ernsthaften Anfragen über wüste Beschimpfungen, bis hin zu kuriosen Nichtigkeiten, bei denen man sich wunderte, wie sie überhaupt in Bewegung geraten konnten. Die an die einzelnen Redaktionssparten gerichteten Anfragen und Leserbriefe leitete sie in der vorfindlich schriftlichen Form an die

Sachbearbeiter weiter und wenn das nicht nur Bullshit war, dann wurde auch geantwortet. Seriöse Zeitungen machen das in gewissen Grenzen, zumal einige Zuschriften interessant sind und es gelegentlich verdient hätten, auch gedruckt zu werden. Der viel zitierte Souverän erschien Martina Riedel aufgrund jahrelanger Erfahrung gar nicht so inkompetent, wie man ihm medial gerne darstellte. Das mochte sprachlich gelegentlich ein wenig holperig sein, aber es gab ein ziemlich sicheres Gefühl für gewisse Dinge, die einfach nicht zusammenpassten und medial schön geredet wurden. Die Bereitschaft selbst zu denken, ist dann mit etwas Glück der nächste Schritt, wenn sich der Glaube an die Unfehlbarkeit der politischen Klasse auflöst oder ins Wanken gerät. Sie wusste, dass Kant die Befreiung aus selbst verschuldeter Unmündigkeit gefordert hatte, wohl wissend, dass der Mensch zumindest gut daran tut, nicht wider besseres Wissen zu handeln und dies auch noch bewusst und gewollt.
Die Christen kennen sowas als die Sünde wider den heiligen Geist, aber das war genau der Moment, als Martina Riedel aus weiterreichenden Überlegungen durch das Telefon herausgerissen wurde. Die Konkurrenz war an der Leitung und dort wunderte man sich doch sehr über das Schweigen in der Redaktion und wollte wissen, ob es in der Sache denn Neues gebe, denn schließlich befinde man sich ja gewissermaßen vor Ort.
Sie müssen im Moment mit mir Vorlieb nehmen, sagte sie und wenn Sie von der Sache sprechen, dann gehe ich davon aus, dass von dem Überfall die Rede ist. Ich muss Sie aber enttäuschen, denn der Herr Spohn ist im Moment in einer Besprechung mit einem Teil der Kollegen hier im Hause. Der Rest ist an anderen Problemen dran, also gewissermaßen auf Recherche. Ich kann Herrn Spohn aber sagen, dass er Sie zurückrufen soll.

Es war an sich ungewöhnlich, dass andere Redaktionen anriefen. Man kannte sich vom „Rat" und jeder machte so sein Ding im Rahmen der eigenen Möglichkeiten und Präferenzen. Sie berichtete die Begebenheit Kurt Enders, der gerade von Raoul Conte kam, mit dem er sich getroffen hatte, weil ihn der von Conte angesprochene Spannungsbogen von Gesellschaft und Idealismus interessierte.
Was soll ich davon halten, liebe Martina? Die haben für ihre im Grunde abenteuerliche These von einem rechtsradikalen Bezug keinerlei Beweise und schwimmen im Mainstream des verordneten sog. Kampfes gegen rechts. Vielleicht befürchten sie ja, dass wir ihnen eine reinwürgen, was wir natürlich auch machen werden, aber ohne sie direkt zu kritisieren. Das macht man nicht unter Kollegen. An den Beschluss vom „Rat" haben sie sich auch nicht gehalten, aber das ist auch nicht so wichtig, denn bei diesem Beschluss geht es vornehmlich darum, um Gottes

Willen den Muslimen nicht irgend eine Straftat anzulasten, wenn sie denn nicht zuvor laut und deutlich *Allahu Akhba* gerufen haben.
Sieht man das so im „Rat?", fragte Martina Riedel.
Worauf Du einen lassen kannst, aber im Grunde ist das eine logische Folge des sog. Antidiskriminierungsgesetzes. Lang ist dieses Wort und lang sind die Wege der leider mit ihm verordneten Dummheit und Irreführung. Enders wusste, dass man der Sekretärin einiges zumuten konnte. Sie war nicht selten so etwas wie ein Blitzableiter für die Mitarbeiter der Redaktion, für ungebetene Gäste und für den ganzen Rest an Unzufriedenheiten, sowie über zu viel Arbeit, das Wetter und die Undankbarkeit der Leute generell. Sie hatte vorsichtshalber besonders viel Kaffee gekocht und für einen Nachschub bei den Schokoladenplätzchen gesorgt. Das Mittel war bewährt und rettete die Nachmittage, deren Schläfrigkeit und Feierabendsehnsucht ansonsten die Einleitung eines Winterschlafes hätten sein können und dann ging endlich die Tür des kleinen Konferenzraumes auf.

Kommissar Thomas Roth hatte
nochmal versucht, von Berissa eine genauere Beschreibung der Person zu erhalten, welche dieser – wie deutlich oder undeutlich auch immer – gesehen hatte. Hinzu kam, dass er mit der Schlüsselverlängerung zugeschlagen hatte und dadurch war es nach den Aussagen seines Kollegen Sterzing höchst wahrscheinlich, dass der Verletzte auch der Täter war oder einer von ihnen. Man musste auf die Überstellung warten und vermutlich bedurfte es eines ärztlichen Gutachtens im Hinblick auf die Vernehmungsfähigkeit. Das konnte – einiges Pech vorausgesetzt – noch Tage dauern. Gut wäre es schon, wenn Berissa oder die Fr. Niewald den oder die Täter zweifelsfrei erkennen würden, was eine Gegenüberstellung voraussetzte, die auch zu organisieren war. Der Kommissar wäre aber schon froh gewesen, wenn auch nur eine Person zweifelsfrei identifiziert würde. Menschen, die eingewandert waren, genossen kostenfreie antwaltschaftliche Unterstützung und hatten auf dem Rechtsweg eine Fülle von Möglichkeiten, zumindest einer Abschiebung zu entgehen, die ohnehin fast unmöglich geworden war selbst dann, wenn jemand zuvor schon mehrfach straffällig geworden war. Bei Dorothea Niewald war es zudem nicht ganz klar, ob man sie mit demjenigen konfrontieren konnte, der sie offensichtlich zu Boden geworfen und bedroht hatte. Thomas Roth war sich da nicht so ganz sicher, aber er würde sie fragen und ihr die Entscheidung überlassen. Das Telefon klingelte:
Ihr seid es schon. Das ist ja nicht zu glauben und ich bin zumindest vorerst hier im Büro zu erreichen. Bringt den Mann zunächst mal hier in die Orthopädie und einer von Euch muss halt dabei bleiben. Wenn er dann in die JVA überstellt wird, dann seht zu, dass er ordentlich versorgt wird, aber kommt vorher noch kurz hier vorbei,

damit ich Euch schriftlich etwas geben kann. Ich rufe gleich den zuständigen Richter an. Wie bitte? Nein, ist schon klar und ich rechne frühestens in zwei Stunden mit Euch.
Als der Kommissar das Gespräch beendet hatte, klingelte das Telefon erneut. Eine Anwaltskanzlei war in der Leitung. Mein Name ist Werner Tönjes und ich bin der Anwalt von Herrn Abdul Harassek. Ihr Kollege Sterzing hat mich wissen lassen, dass mein Mandant in Ihren Zuständigkeitsbereich überführt wird, weil er dort gemeldet ist. Ich gehe davon aus, dass dadurch seine sofortige Freilassung beschleunigt wird.
Herr Tönjes,- der Kommissar hatte geduldig zugehört - wir werden die Freilassung Ihres Mandanten sofort und unverzüglich in die Wege leiten, wenn sich nicht herausstellen sollte, dass er an einem Vergewaltigungsversuch zumindest beteiligt war. Wir hatten in der zurückliegenden Zeit hier einige, sehr unerfreuliche Vorkommnisse, so dass mich das nicht wundern würde.
Aber finden Sie nicht auch, dass Vergewaltigungen für den oder die Täter eher selten mit einer schweren Schulterverletzung enden?, fragte Tönjes. Doch, das finde ich auch, sagte der Kommissar, aber in diesem Falle ist jemand dazwischen gegangen.
Und da sind Sie sicher?
Ja,- absolut und Sie werden es kaum glauben, denn derjenige ist hier eine sehr angesehene Person und keineswegs unglaubwürdig. Der Richter hat einen Haftbefehl ausgestellt und die Ermittlungen werden – so hoffe ich – bald die nötige Klarheit schaffen. Selbstverständlich haben Sie Zugang zu Ihrem Mandanten.
Thomas Roth wusste um die emsigen anwaltschaftlichen Bemühungen, die einen Rechtsstaat im Grunde auszeichnen, aber hier hatte sich etwas verselbstständigt, eine Eigendynamik erlangt. Es war um die Migranten herum so etwas wie eine Betreuungsindustrie entstanden, in welcher der Rechtsbeistand eine wesentliche Rolle spielte.

Man hatte in der nach 1945 entstandenen Konstituierung des Grundgesetzes genau die Lücken gefunden, die im Rahmen des Asylrechts selbst das Abschieben von Mehrfachstraftätern erschwerte oder verunmöglichte. Die Folge davon sind endlose Rechtswege, die Kohorten von Anwälten ernähren und so lange genutzt werden können, bis an eine Abschiebung gar nicht mehr zu denken ist. Sich darüber öffentlich aufzuregen, bedeutet eine sofortige Verortung im politisch vermeintlich rechten Umfeld. Das wusste der Kommissar und rief den Amtsrichter an, denn den Haftbefehl, den er gegenüber dem Anwalt erwähnt hatte, den musste er erst noch beschaffen, aber das sollte eigentlich kein Problem sein.

Mittlerweile waren ein paar Tage

vergangen und Ben Berissa wunderte sich über einen Brief, der den Absender der Staatsanwaltschaft trug. Er hatte mit dem Kommissar vereinbart, für weitere Aussagen verfügbar zu sein, aber mit einer Anfrage der Staatsanwaltschaft hatte er nicht gerechnet. Noch erstaunter nahm er den Inhalt des Schreibens zur Kenntnis, denn es ging um eine Anzeige wegen schwerer Körperverletzung. Der Kommissar war außer Haus und nicht zu erreichen, weshalb Berissa Anton Sawatzky anrief, bei dem man sicher sein konnte, dass er Absurditäten in kürzester Zeit erfassen konnte.

Was gibt's Neues Ben und was macht Dein beschädigter Arm?

Der Arm braucht noch ein bisschen, aber pass auf,- ich lese Dir mal was vor. Es blieb danach für Sawatzkys Verhältnisse eine recht lange Zeit still in der Leitung, aber dann folgte eine Explosion.

Welche Arschgeige hat denn an diesem Rad gedreht? Der freundliche und zudem verletzte Retter wird zum Angeklagten. Ich fasse es nicht! Sag schon,- soll ich jemandem auf die Schnauze schlagen?

Anton,- Du tröstest meine Seele. Ich habe den Kommissar jetzt nicht erreichen können, aber Du hast ja eine, gemessen an meiner kleinen Werkstatt etwas größere Firma und da kennt man immer auch Anwälte. Ich kann jetzt kein Verfahren wegen Notwehrüberschreitung gebrauchen. Die Leute, die da von weißgottwoher kommen tun mir leid und die Mehrzahl kann hoffentlich nichts für solch üble Typen. Ich selbst bin schließlich ein Migrant.

Lieber Ben,- ich sag Dir jetzt mal was. Meine Familie kommt aus Polen und am Anfang war das hier in Deutschland richtig schwierig, denn so schrecklich beliebt waren wir nicht überall. Es gab auch Diskriminierungen, aber wir haben uns durchgebissen, verstehst Du. Wir haben die Chance genutzt, die sich geboten hat und haben nicht einfach die Hand aufgehalten und gejammert und noch was,- niemand wäre auf die Idee gekommen, religiösen Fanatismus anzuzetteln und die vermeintlich Ungläubigen zu denunzieren oder gar zu attackieren. Wir Polen sind katholisch oder wir sind Atheisten. Basta!

Das ist genau das, was ich an Dir so schätze, sagte Berissa, dieses Basta, mit dem Du eine Frontlinie markierst. Bis hierhin und nicht weiter, denn sonst gibt's was auf die Schnauze.

Der Kommissar hätte

einen seiner Leute schicken können, aber er kannte den zuständigen Richter und es war ihm wichtig, ihn wenn auch nur kurz zu kontaktieren. Ein ganz anderes Problem war aber sein Hochzeitstag. Solche Tage gehören zum Sorgenrepertoire aller Ehemänner, denn ihn zu vergessen kann unangenehmere Folgen haben als

unpassende Kleidung bei Theaterbesuchen. Das wusste auch der Kommissar und deshalb wollte er nach einer anspielungsreichen Karte Ausschau halten, die er dann mit dem Hinweis auf eine bereits organisierte gemeinsame Reise beschriften wollte.
Frauen wollen in aller Regel ans Meer und zumindest die Mehrzahl der ihm bekannten Männer (ihn selbst inbegriffen) zog das Gebirge vor, weil das sich als die aktivere Zone etabliert hatte. Ihm war die Idee zu einem Kompromiss gekommen. Bulgarische Schwarzmeerküste plus einige Besuche im schönen und noch nicht vom Massentourismus zerfressenen mittelgebirgigen Hinterland. Das würde ihr gefallen und ein paar Solo-Ausritte seinerseits würde sie verschmerzen.
Er traf den Amtsrichter Walter Spengler in aufgeräumter Stimmung. Mein lieber Thomas Roth,- was ist denn schon alles wieder passiert? Wir sind doch hier in der Provinz und nicht in Chicago. Ich habe hier Ihren Haftbefehl für die Person Abdul Harassek, so denn dieser Name nicht erfunden ist. Die Papiere sind zwar o.k., aber der Name muss deshalb nicht stimmen, wenn z.B. die ursprünglich ja vorhandenen Papiere bei der Einreise vernichtet wurden. Es gibt da aber noch etwas. Der Anwalt des Herrn Harassek hat Anzeige gegen den Herrn Berissa wegen gefährlicher Körperverletzung erstattet. Berissa habe ihn, also seinen Mandanten, mit einem Metallgegenstand schwer misshandelt. Weiß Herr Berissa schon von der Anzeige?
Der Kommissar war wie vor den Kopf geschlagen und erläuterte dem Richter den Sachverhalt in gebotener Kürze. Das hat er dann wohl schriftlich bereits erhalten.
Hat er Sie da nicht gleich kontaktiert?
Es ist möglich, dass er das versucht hat, aber ich war zwischendurch öfter außer Haus. Meine Sekretärin wird mich informieren, wenn ich wieder im Büro bin. Ich hatte sie angewiesen, mich nur in ganz dringenden Fällen mobil anzurufen.

Nachdem sich der Kommissar

vom Richter verabschiedet hatte und nach einer passenden Karte zum Hochzeitstag auf der Suche war, hatte Anton Sawatzky seinen alten Freund Carsten Spohn angerufen.
Pass mal auf,- Du kennst doch hier den Berissa mit seiner Werkstatt und der war ja zufällig zu der versuchten Vergewaltigung hinzugekommen.
Ja,- ich weiß von der Sache, sagte Spohn. Dem wollen sie eine Anzeige wegen schwerer Körperverletzung anhängen. Langsam Anton,- der Reihe nach. Ich bin informiert, aber wir wollten nach dem Vorpreschen unserer Konkurrenz erst mal seriöse Untersuchungsergebnisse abwarten, bevor wir irgendwas behaupten. Die Sache mit der Anzeige gegen den Berissa, die dann wohl auf Notwehrüberschreitung hinausläuft, die ist mir aber neu. Sowas kann aber

passieren und man kann in guter Absicht in eine Falle tappen. Woher hast Du denn die Information?
Von Berissa selbst und der brauchte wohl gerade jemanden, dem er das sagen konnte. Ich kenne den ja gut, weil er auch hier in meiner Werkstatt manchmal an den LKWs herumschraubt. Er hatte dann wohl versucht den Kommissar Roth zu erreichen, aber die Sekretärin sagte ihm der sei gerade außer Haus.
Pass auf Anton, -ich kümmere mich darum. Das ist ein starkes Stück von diesem Anwalt des Herrn Harassek und natürlich ein Stück Vorne-Verteidigung in allerdings auswegloser Lage, wenn ich mich nicht sehr irre. Ich werde das mit meinen Leuten besprechen und dann fehlt uns nur noch in der Sammlung, dass die Konkurrenz irgendeinen angeblich rechtsradikalen Anschlag auf Flüchtlinge halluziniert.
Und dann?- fragte Sawatzky, schreibt Ihr dann dass die Bullshit verbreiten? Wirklich? Ich kann Dir sagen was passiert. Nichts, was die Dinge ins rechte Licht rücken könnte, weil Du sie alle gegen Dich hast. Den ganzen „Rat“ mit seinem feigen und liebedienerischen Anhang.
Du hast Recht, sagte Spohn, aber wir werden wahrheitsgemäß berichten.

Als das Telefon klingelte,
sah Dorothea Niewald die Nummer von Friedhelm Kurz. Guten Tag Fritz,- was gibts denn Neues in der Sensationspresse?
Liebe Doro, Du weißt, wir haben es nicht so mit den Sensationen, weil die schon von anderen Leuten bedient werden, aber was Neues gibt's immer. So zum Beispiel eine Anzeige gegen Deinen Retter Ben Berissa.
Ist er zu schnell gefahren?
Nein,- er hat eine gefährliche Körperverletzung in Notwehrüberschreitung begangen.
Sie brauchte eine Weile, um den Sinn der Worte zu verstehen. Er hatte ja wohl demjenigen, der mich zu Boden geworfen und ihn dann angreifen wollte, mit einem großen Schraubenschlüssel eine übergezogen.
Ja, -mit einer sog. Schlüsselverlängerung.
Darf man das nicht?
Tja,...es geht hier um den Grundsatz der Angemessenheit. Wenn man angegriffen wird, ist die Form der Verteidigung noch lange nicht gleichgültig. Zumindest nicht für den Richter. So kann der Angegriffene zwar nicht selbst zum Täter, aber zum Angeklagten im Sinne von Notwehrüberschreitung werden und genau das ist die Strategie des Anwalts von Herrn Harassek.
Ich fasse es nicht, sagte sie.
Doch doch, das ist ganz leicht zu fassen. Selbst bei Dir als der direkt betroffenen Person, also beim Opfer, wäre es nicht gleichgültig gewesen, womit Du dich

gewehrt hättest. Deine Hände hättest Du noch gebrauchen dürfen, aber schon nicht mehr zur Ausführung von Handkantenschlägen gegen die Halsschlagader und von Messern oder gar Schusswaffen wollen wir gar nicht reden. Wir leben in einem Land, wo der Besitz einer Schreckschusspistole einen kleinen Waffenschein voraussetzt. Selbst das Herumlaufen mit einem Taschenmesser – in meiner Jugend ein unverzichtbares Requisit – ist höchst verdächtig.
Bei wem?
Auf jeden Fall mal bei der autochthonen Bevölkerung, denn diese muss wissen, dass der Staat sie schützt. Bei Zuwanderern wird es wohl auch nicht gerne gesehen, aber ich hörte kürzlich mal das Argument, Messer hätten für die ja vornehmlich jungen orientalischen Männer auch eine kulturelle Bedeutung.
Fritz,- Du übertreibst jetzt weil Du zornig bist. Was soll ich denn sagen? Ich werde mich mal mit dem Herrn Berissa in Verbindung setzen und dem Herrn Anwalt ist wohl nicht klar, dass freundliches Zureden hier eher nicht geholfen hätte.
Der Anwalt, liebe Doro, weiß das sehr wohl, aber er ist ein Teil der Migrationsindustrie, wo gewaltige Gewinne erwirtschaftet werden. Das reicht von den Schleppern über den gesteigerten Konsum bis zu dem ganzen Heer von Rechtanwälten, die mit diesem willkommenen Zubrot vor einigen Jahren nie gerechnet hätten. Verstehst Du das? Ja,- ruf den Berissa mal an! Der freut sich über ein bisschen Zuwendung, aber übertreibs nicht, denn sonst werde ich eifersüchtig.
Das wirst Du nicht, weil Du es immer warst, sagte sie und lachte.

Frank,- wir waren uns ja

in der Sache einig, dass Sie sich mit dem Kollegen Kurz zusammensetzen, weil der mit der Niewald befreundet war oder ist oder was auch immer und mit dem Berissa sollten Sie auch sprechen, denn da hat sich was ereignet und Spohn berichtete von dem Gespräch, das er mit Sawatzky geführt hatte.
Das wird ja immer besser, meinte Frank Hellweg und war zugleich froh über die Nachricht, weil er damit einen Aufhänger hatte, um noch vor dem endgültigen Ermittlungsergebnissen an der Sache dran bleiben zu können. Damit hatte er so etwas wie eine Fortsetzungsgeschichte der besonderen Art.
Wissen Sie Chef,- ich wüsste auch mal ganz gerne, ob mein Beitrag zu den sexuellen Übergriffen, die nun ja schon einige Zeit zurückliegen, ganz unabhängig von den idiotischen Rassismus-Vorwürfen gegen mich, auch hinsichtlich der Ermittlungen ein wenig weitergeholfen hat.
Diese Sache hat die Staatsanwaltschaft an sich gezogen. Ich habe dort mal nachgefragt. Man ermittele, wurde mir mitgeteilt. Wissen Sie Frank,- das ist hier

alles vergleichsweise harmlos. Ein Kollege, den ich im „Rat" getroffen habe, berichtete mir von rund 800 Messerattacken 2018 in NRW, wobei er sich auf eine BKA-Statistik berief. Wie gesagt,....nur in NRW!
Der „Rat" hatte damals aus Angst vor Fremdenfeindlichkeit entschieden, nur über maximal fünf dieser Ereignisse zu berichten. Verstehen Sie,- es ist halt immer diese Angst. Das ist ja auch der Grund dafür, dass bei den gemeldeten Straftaten das Herkunftsland des Täters nicht mehr genannt werden darf. Wer immer diese Zuwanderung in Frage stellt, der hat schlechte Karten und wissen Sie was? Es hat zu allen Zeiten so etwas wie einen Trend gegeben. Trends sind das Ergebnis anhaltender Manipulation, so wie man das auch aus der Mode kennt. Da laufen dann alle brav mit und fühlen sich ganz wohl dabei. Fragen nach dem Warum und Weshalb sind unerwünscht und werden auch nur selten gestellt. Ein Trend muss sich rational nicht begründen. Sie haben mir mal erzählt, dass Sie über diese Zeit, in der wir da gerade leben, etwas schreiben wollen. Tun sie das! Die Themen kommen Ihnen geradezu zugeflogen. Schreiben Sie einfach drauflos ohne allzu sehr auf die Form zu achten. Das können Sie bei der Korrektur immer noch machen.

Kurt Enders hatte sich

mit Raoul Conte verabredet und der hatte ihm wegen des zwar kühlen, aber sonnigen Wetters einen Spaziergang vorgeschlagen. Der Wald war noch klamm und feucht, atmete aber in der spätwinterlichen oder wenn man so wollte vorfrühlingshaften Sonne eine gute Luft und man hörte eine ganze Menge Vögel, die das zweifelsfrei für den Frühjahrsbeginn hielten.
Herr Professor, wussten Sie, dass Zugvögel ihre Routen ändern, wenn es auf der alten Route Probleme für sie gibt?
Herr Enders,- ich weiß, dass Sie für Internationales verantwortlich sind, aber wenn dazu jetzt auch die Vogelflugrouten gehören, dann überraschen Sie mich.
Sie haben Recht, denn eigentlich wäre das ein Thema für den Kollegen Kurz oder den Kollegen Wendler, wenn das Tierleben auch einen regionalen Bezug hat.
Wissen Sie,- ich finde den deutschen Naturschutz irgendwie rührend, sagte Conte. Da gibt es die Befindlichkeit, eines ökologisch weltgesamtheitlichen Denkens, was bei einem vergleichsweise kleinen Land verwundern muss. Bei uns in Kolumbien werden Sie das nicht finden. Da ist jeder zu sehr mit sich selbst beschäftigt. Es gibt da nur ganz wenige Wohlfühlzonen. Unsere Haustiere füttern wir mit dem was wir übriglassen und gelegentlich wird miserabel mit ihnen umgegangen. Je dreckiger es den Menschen irgendwo auf der Welt geht, umso miserabler gehen sie mit den Tieren um. Schon untereinander sind die Menschen gelegentlich eine Pest.

Herr Professor,- man hat Ihnen vor einiger Zeit im Zusammenhang mit den Flüchtlingen....

Darf ich sie unterbrechen? Ich sprach von Wanderbewegungen und wissen Sie warum? So lange es Menschen gibt, sind sie gewandert, haben versucht ihre Lage zu verbessern und natürlich sind sie auch voreinander geflüchtet, was denn auch sonst. Was man uns aktuell allerdings einreden will, das ist, dass es so etwas wie ein Grundrecht für alle geben soll, sich wann und wo auch immer niederlassen zu dürfen. Wer immer anklopft, was ja noch die höfliche Form wäre, dem soll nicht nur Einlass, sondern auch ein Anrecht auf Sozialversorgung gewährt werden. Soll ich Ihnen mal was sagen? Das war aus historischer Sicht stets ein gewichtiger Grund für Kriege. Jemand sitzt auf einem schönen Stück fruchtbaren Landes und ein anderer will sich dort auch niederlassen. Soll sich der Bewohner dann über die Daueranwesenheit des Anderen freuen und ihm dafür vielleicht auch noch dankbar sein? Aber entschuldigen Sie,- ich hatte Sie unterbrochen!

Die Studenten, von denen Sie kritisiert werden, unterstellen Ihnen aber eine grundsätzliche Verweigerungshaltung im Hinblick auf die Migration.

Herr Enders,- warum bin ich hier? Antwort: Weil ich ein Migrant bin, der hier geblieben ist, weil es ihm hier gut gefällt und weil er, bzw. in diesem Falle ich, in diesem Lande in einem angenehmen Umfeld sehr gut wissenschaftlich arbeiten kann und vor allem nicht verfolgt wird. Bislang jedenfalls noch nicht. Ich hatte und ich habe aber auch nicht vor, auf ewig hier zu bleiben, so sich denn meine Situation nicht gravierend ändert und noch etwas: Ich versuche von mir etwas Positives in die Gastgesellschaft einzubringen, in der ich gerade lebe, so gut ich eben kann. Vor allem bekämpfe ich meine Gastgeber nicht, weil sie christlich oder ungläubig oder anders gesagt eben keine Muslime sind.

Was meinten Sie in ihrem leider gestörten Vortrag mit dem Begriff von der multikulturellen Gesellschaft und dem gedachten Idealismus?

Sehen Sie,- ich mache einen Unterschied zwischen multiethnisch und multikulturell. Multikulturell ist als Begriff eine verhängnisvolle Leerformel, weil er so tut, als ob alle und alles beliebig miteinander kompatibel wäre. Da der Mensch aber ein über Generationen geprägtes Kulturwesen ist, das eine eigene, ich sage mal kulturelle Syntax hat, ist das schon bedeutsam im Hinblick auf zu beachtende und nicht zu bezweifelnde Unterschiede.

Der Idealismus, den ich hier anführe, ist die vermutlich gut gemeinte, aber naive Vorstellung vom Schiller'schen *„Seid umschlungen Millionen."* Das ist ganz wunderschöne deutsche Romantik, wobei wir Schiller zu den Klassikern zählen und trotz ihrer genialen Überführung durch Beethoven in seine 9. Symphonie, ist das in politische Praxis eher nicht zu überführen. Wenn divergierende Leitkulturen aufeinanderprallen gibt es in der Regel großen Ärger, wenn solche Gegensätze

irgendwann ausgefochten werden und sie werden ausgefochten, da dürfen Sie sicher sein. Der Idealismus, von dem ich spreche, den ich kritisiere, will diese jedoch gar nicht gelten lassen und beschwört so etwas wie eine friedliche Auflösung oder Koexistenz aller Gegensätze. Zugleich und aktuell mit einer sehr einseitigen Maßgabe, die da lautet, dass sich die Gastgeber den Gästen anzupassen haben. Seien Sie mir nicht böse, aber das ist einfach nur kurios!
Auf den Waldwegen hatten sich große Wasserpfützen gebildet, die in den Schattenbereichen der Bäume nur langsam verdunsteten, wobei Conte und Enders gezwungen waren, ihnen umständlich auszuweichen.
Sehen Sie, sagte Conte, wir können den Pfützen immerhin ausweichen. Im Zusammenleben der Menschen ist das nicht immer so einfach.
Halten Sie denn die entstandene Situation für so extrem konfrontativ?

Das ist eine Interpretationsfrage. Wenn Sie in einer großen Stadt in einem Stadtteil leben, der sich ziemlich schnell in einer für sie unerfreulichen Weise verändert und dies nicht etwa durch Bausünden, sondern durch gewisse Communitys, die dort auch noch ihre eigene Rechtsprechung praktizieren, dann werden sie möglicherweise vor eine Entscheidung gestellt und die lautet: Bleiben oder abhauen, denn ändern werden Sie das weder alleine, noch mit einigen vielleicht etwas handfesten Leuten. In über 170 französischen Städten, habe ich mir sagen lassen, sind ganze Stadtteile an diese Communitys verloren gegangen. Wissen Sie was das heißt? Im Klartext nicht mehr und nicht weniger, als dass sie verloren sind und bleiben. Es sei denn, Sie sind bereit, sich diese Stadtteile zurückzuerobern, wenn Sie verstehen was ich meine und genau das meine ich.
Enders hatte Conte mit offenem Mund angesehen, aber der lachte und meinte achselzuckend: Stammt nicht von mir diese Bemerkung, aber von dem europaweit sehr angesehenen Althistoriker Egon Flaig. Böse Zungen sagen nicht selten, die Althistoriker könnten nur in den Dimensionen von Kriegen denken, aber ich denke, sie denken im historischen Sinne logisch.
Das heißt, wir können uns seelisch und moralisch auf einen Bürgerkrieg vorbereiten, sagte Enders.
Das wäre die letzte Konsequenz, antwortete Conte.
Krieg als die Ultima Ratio?
Der mit Vernunft zu vermeiden wäre, aber wenn Sie mich fragen, ist sie, also die Vernunft, aktuell kein Leitgedanke. Ein schönes Zitat von Goya lautet: *Wenn die Vernunft schläft gebiert sie Ungeheuer*. Ich kann einiges aushalten, auch in den Auseinandersetzungen, die wir aktuell an den Universitäten führen, aber es gibt eine Grenze, die ich aus Erfahrung ziehen werde, wenngleich erst dann, wenn sich bei mir der Eindruck verfestigen sollte, dass sich Europa restlos aufgegeben hat

und es betrifft noch eine Reihe anderer Probleme. Spätestens dann gehe ich vielleicht wieder nach Süd-Amerika. Dort gibt es klare Freund/Feind Kategorien und Bezüge und noch etwas......man ist bewaffnet.

Karin Bruckner fand das Buch

Schwarzes Meer von Neal Ascherson, das ihr Prof. Mendes ans Herz gelegt hatte, sehr interessant. Die Besiedelung des Schwarzmeer-Raumes war eine lange und bis zum heutigen Tage blutige Geschichte, in welcher dieser Kulturraum ständigen Veränderungen unterworfen wurde. Wer sich dort einmal angesiedelt hatte, mochte gastfreundlich sein, aber er gedachte das nicht zu überdehnen, nicht in ein Daueraufenthaltsrecht münden zu lassen. Die zwischenzeitlich fast trügerische Ruhe nach dem Ende der Sowjetunion, würde wohl keinen ewigen Bestand haben. Sie hatte sich Gedanken über das Angebot der Studienreise gemacht und wollte dem kleinen Abenteuer zustimmen. Zusammen mit dem Kollegen Bernd Speicher wären sie ein überschaubares Team.
Die Kontakte zu den Wissenschaftlern in Ost-Europa waren mit Sicherheit interessant. Mendes war an einem Projekt interessiert, das die europäischen Wanderbewegungen mit ihren ethnologischen und kulturellen Folgen und deren Konsequenzen vor aktuellem Hintergrund beleuchten sollte. Das würde in jedem Falle viel Arbeit bedeuten. Sie hatte sich vorgenommen, gerade der Entwicklungsgeschichte der kleineren europäischen Länder wie Bulgarien und Rumänien besondere Aufmerksamkeit zukommen zu lassen. Das waren eindeutig die Globalisierungsverlierer, weil sie nur schwach industrialisiert waren, keine Finanzreserven hatten und eine nur mäßige Infrastruktur. Ihre Landwirtschaft hatte einen substitutiven Charme und auch damit war weder in Europa noch im Rest der Welt etwas zu verdienen. Sie hatten sich dort aber eine eigenständige Kultur bewahrt, weil weder eine Russifizierung, noch eine Amerikanisierung die alten Rituale eliminieren konnte und in einigen Orten hatte man das Gefühl, in eine rückwärts laufende Zeitmaschine geraten zu sein. Bei gutem Wetter saßen die Alten vor den Häusern auf Bänken und die Männer rauchten, während die Frauen strickten oder Bekleidung ausbesserten. Die Kinder spielten in den kaum befahrenen Straßen die gleichen Spiele wie auch hiesige Kinder vor fast hundert Jahren.

Eine Idylle der Vergessenen, welche die älteren und seltenen Besucher an ihre eigene Kindheit denken ließ, die keine Kindheit einer getriebenen Digitalisierung war. So lange man in diesen Ländern nicht auf Öl, Gas, Goldadern oder seltene Erden stieß, würde sich dort kaum etwas verändern, aber Karin Bruckner fragte sich, ob der Sehnsucht nach solchen Idyllen nicht etwas Verlogenes anhaftete, ähnlich einem komfortablen Blick aus dem Fenster in eine Winterlandschaft, während der Raum, in dem man sich befindet, einen Fernwärmeanschluss hat. Wodurch wird etwas zu einer Idylle? Was ist das denn, dieses vermeintlich einfache Leben? Kann es sein, dass wir den Überblick ein wenig verloren haben, weil die historische Retrospektive kein persönliches Erleben vermitteln kann? Die Vorstellung, mit den Hühnern zu erwachen und mit ihnen den Tag zu beschließen, ist eher pittoresk. Eine Art Folklore, die ein paar spärliche Touristen anlockt, die im Heu übernachten wollen.

Sie suchte die Nummer

von Bernd Speicher und erreichte ihn in der Garage, wo schon sein Vater an Motorrädern geschraubt hatte und dieser Virus war übergesprungen.
Hallo Karin.....sorry, aber es hat ein wenig gedauert, bis ich ans Telefon laufen konnte.
Störe ich Dich?
Ach was, hier ist nichts so wirklich eilig. Zumindest jetzt noch nicht, aber ich will im späten Frühjahr an einer Enduro-Veranstaltung teilnehmen, weshalb ich mich mal ein wenig um die Technik kümmern muss. Was hast Du denn auf dem Herzen?
Hast Du mit Mendes schon gesprochen oder er mit Dir, was ja wahrscheinlicher ist?
Ja,- ich weiß Bescheid wegen dem Projekt und ich mache auch mit in der Hoffnung, dass mir die Terminierung nicht eine oder zwei Veranstaltungen verhagelt. Weißt Du, ich habe da gemeldet und schon Geld überwiesen und natürlich läuft das auch ohne mich, ganz klar, aber es wäre ärgerlich. Das Angebot von Mendes ist natürlich super und würde mir auch sehr entgegenkommen. Es ist wie immer. Die guten Angebote kommen stets dann, wenn man nicht damit gerechnet hat und sich schon anderweitig verplant hat. Aber wie gesagt,...das Studium ist wichtiger.
Ich verstehe Dich, sagte Karin Bruckner, aber ich hoffe zugleich, dass Du mit von der Partie bist. Außerdem haben wir dann jemanden an Bord, der uns die Karre flickt, wenn wir mal liegen bleiben.
Ja,- aber nur wenn's kein Elektronik-Monster ist.
Dann steigen wir auf einen Eselskarren um.
Den fährst aber Du, denn mit dieser Antriebstechnik kenne ich mich nicht aus.

Mensch Karin, das wäre ja ein Ding, wenn ich für diese Tour noch eine leichte Geländemaschine ordern könnte!
Damit Du den ganzen Tag herumfährst und wir machen die Arbeit. Kommt gar nicht in Frage und beide mussten lachen.

Kommissar Thomas Roth war
zur JVA gefahren, wo man Abdul Harassek zumindest vorübergehend untergebracht hatte, um ihn zu vernehmen, wobei er zwischenzeitlich auch medizinisch betreut wurde. Dessen Anwalt Werner Tönjes begegnete ihm im Treppenhaus.
Herr Kommissar,- hat sich der Herr Berissa bei Ihnen gemeldet aufgrund der Anzeige gegen ihn?
Das hat er und der Anwalt von Herrn Berissa wird die Sache übernehmen und dann sehen wir mal weiter.
Thomas Roth hatte kein Interesse an einem längeren Gespräch mit Werner Tönjes, weil er ein gewisses Problem damit hatte, die Anzeige gegen Berissa nicht als dreiste Unverschämtheit zu werten. Man musste auf dieser Ebene einiges ertragen lernen und immerhin waren das nun mal die Möglichkeiten, die ein liberaler Rechtsstaat auch denen bot, die ihn buchstäblich vorführen wollten.
Abdul Harassek war ein junger Mann von vielleicht sechs- oder siebenundzwanzig Jahren. Er war von sportlicher Gestalt und trug einen mittellangen gepflegten Bart. Sein linker Arm hing in einer Schlinge und als der Kommissar eintrat und ihm zur Begrüßung die Hand reichen wollte, verweigerte er ihm den Händedruck. Das war ungewöhnlich und wurde von Muslimen eher gegenüber Frauen praktiziert, wenngleich nicht immer. Der Kommissar überging das Fauxpas und stellte in Gegenwart von Harasseks Anwalt eine Reihe von Fragen im Zusammenhang mit dem Tathergang, dem zeitlichen Ablauf und der Anzahl der Beteiligten. Darauf antwortete der Anwalt mit Verweis auf die noch unzureichenden Deutsch-Kenntnisse seines Mandanten, dessen Gesundheitszustand und auf das Aussageverweigerungsrecht.
Herr Anwalt, sagte Roth, davon sind wir nun aber eigentlich nicht ausgegangen und zwischen Sprachschwierigkeiten und Aussageverweigerung sollten Sie sich entscheiden können. Ich habe nämlich Zeit und kann ein sehr hartnäckiger Ermittler sein und wenn ich mich nicht irre, dann steht die JVA auch morgen noch, so dass Ihr Mandant ein Dach über dem Kopf hat. Ich werde mich mit dem Amtsrichter Spengler in Verbindung setzen, so dass wir eine Vorbeugehaft aufgrund eines dringenden Tatverdachts in Anwendung bringen können und jetzt entscheiden Sie sich bitte. Ich habe die Ehre und Thomas Roth entfernte sich.
Er war sich darüber klar, dass hier eine Verzögerungsstrategie in Anwendung gebracht wurde. Allerdings hatte der Anwalt offenbar kein vernünftiges Konzept und der Richter würde eine Übersetzerin oder einen Übersetzer anfordern. Der Kommissar brauchte die schriftlich verfassten Aussagen von Dorothea Niewald und

Ben Berissa und wenn da keine Widersprüche ausfindig zu machen waren, dann blieb der schweigsame Knabe vorerst in Haft.

Rektor Dietmar Geisinger

hatte Professor Mendes zu einem Gespräch gebeten, das im Zusammenhang mit der geplanten Studienreise stand.

Ich will sehen, dass ich Drittmittel für Sie auftreiben kann, sagte er, denn die Universität kann das nicht alleine stemmen. Da kommt dann natürlich – wenn sie so wollen – auch die Werbung mit ins Spiel, aber so unangenehm das für Sie sein mag, so hat es sich in einigen Fällen doch bewährt. Mir war auch der Gedanke gekommen, das Unternehmen filmisch begleiten zu lassen und man kennt ja sowas aus Sendungen, die dann irgendwann auch für das Fernsehen verfügbar sind.

Dagegen habe ich nichts, sagte Mendes. Er war realistisch genug, den Aufwand angemessen einzuschätzen. Es waren sowohl Bundesmittel, als auch privates Engagement erforderlich, wo ein gewisses Entgegenkommen unvermeidlich war. Entscheidend war für ihn lediglich, keine Einschränkungen im wissenschaftlichen Bereich hinnehmen zu müssen. Das Ziel dieser Arbeit sollte schließlich die Herausarbeitung der biologischen, ethnologischen und ökonomischen Folgen der menschlichen Wanderbewegungen auf dem Wege einer kulturellen Konstitution Ost-Europas sein. Diese Arbeit sollte so beschaffen sein, dass sie das Tor zur Erschließung einer Reihe anderer wissenschaftlicher Felder aufstoßen konnte mit dem Blick auf jene zu beobachtenden Spezialisierungen, die in Europa einen Status von Einmaligkeit erlangt hatten.

Herr Geisinger,- ich mache mir zugleich keine Illusionen, denn es ist ja gerade die von mir favorisierte entwicklungsspezivische Sicht auf die Kulturentwicklung, die bei einem Teil der Studenten und der Medien auf Widerstand stößt, weil mir hier unverständlicherweise eine Vorab-Wertung unterstellt wird, die darauf hinausläuft, ich würde genuine Vorteile setzen und Fähigkeiten als ererbt hypostasieren.

Herr Kollege,- ich weiß das sehr wohl und schätze Ihre Arbeit wie Sie wissen. Wir haben es mit einem etwas störrischen Zeitgeist zu tun, der irgendwann auch mal wieder kippen wird. Machen Sie sich mal keine großen Sorgen.

Herr Direktor,- ich rechne mit Schwierigkeiten. Es ist aber so, dass mir diese Arbeit wichtig ist, weil es genau darum geht, diesem Zeitgeist zu widersprechen, dessen bigotte Relativierungen überhaupt keine Unterschiedlichkeiten mehr, ja neuerdings nicht mal mehr im genetischen Sinne anerkennen will. Es soll plötzlich keine Rassen mehr geben dürfen, obwohl sie offensichtlich vorhanden sind, was ja zugleich kein Ausdruck für eine irgendwie gesetzte intellektuelle oder sonstige Leistungsfähigkeit ist. Was für ein Unfug!

Mendes war in Fahrt geraten. Und noch etwas: Ich sehe mich gegenüber meiner Universität in der Pflicht und beabsichtige eine gute Arbeit abzuliefern und ich werde sie in jedem Falle machen. Wenn nicht hier, dann sonst wo, denn mir ist klar, dass das einigen Leuten nicht ins Kalkül passt.
Herr Kollege Mendes,- ich bin da ganz auf Ihrer Seite und ich werde einer unwissenschaftliche Kritik an ihrer Arbeit angemessen begegnen. Jetzt müssen wir sehen, dass wir liquide werden und dann gehen Sie auf die Reise. Ach ja,-haben Sie sich schon mal Gedanken darüber gemacht, wen Sie eventuell mitnehmen zwecks wissenschaftlicher Begleitung?
Habe ich und dachte an Fr. Bruckner und Herrn Speicher. Letzterer ist auch technisch versiert, was unterwegs durchaus mal von Vorteil sein kann. Das scheint mir eine gute Wahl, sagte Geisinger.

Der Kommissar hatte jetzt

sowohl von Dorothea Niewald, als auch von Ben Berissa eine schriftlich formulierte Aussage, die sich von seinen Befragungen aber nicht wesentlich unterschieden. Es gab keine Widersprüche, aber es wäre schon wichtig, wenn sowohl Frau Niewald, als auch Herr Berissa den Abdul Harassek eindeutig als die Person beschreiben könnten, die als zumindest zentrale Täterfigur in Frage kam. Problematisch war Berissas Einsatz mit der Schlüsselverlängerung. Er würde nicht argumentieren können, dass er diese Gerätschaft ständig zur Beseitigung kleinerer Schäden am PKW mit sich führen musste. Der Kommissar wusste, dass auch einige LKW-Fahrer eine solche Angewohnheit zur Selbstverteidigung hatten, aber die benutzten 36er Maulschlüssel, womit diese, ihrer ursprünglichen Bestimmung enthoben, zur Waffe wurden. Das war ja eine Schlüsselgröße, die vielleicht bei Panzern Anwendung fand und Berissa hatte sich schließlich nur einer Steckschlüssel-Verlängerung bedient, was der Richter wohl ähnlich sehen würde. Es war in diesem Falle noch gut, dass Harassek nur an der Schulter getroffen worden war, was er vielleicht den noch nicht so schlechten Lichtverhältnissen am Tatort zu verdanken hatte. Es würde deshalb gar nicht so leicht sein, Berissa aus der Patsche zu helfen, die ihm seine militante Hilfsbereitschaft eingebracht hatte.
Währenddessen saß Dorothea Niewald in Ben Berissas kleinem Büro und trank Pfefferminztee, während Berissa – ein wenig peinlich berührt von der eigenen Unordnung – mit einem Handtuch herumwischte. Er hatte nicht mit ihr gerechnet, obwohl sie diesmal in Grunde als ganz normale Kundin gekommen war, denn es war ihr aufgefallen, dass die vordere Radaufhängung ihres Wagens beim Überfahren von kleinen Hindernissen mit aufsteigenden Kanten, wie etwa niedrigen Bürgersteigen, leicht knackte. Berissa hatte sie angesehen und lediglich „genial"

gesagt.
Warum genial?- fragte sie.
Na ja,- um ehrlich zu sein, so fahren die meisten Frauen mit einem solchen Schaden einfach weiter bis alles völlig ausgeschlagen ist und ihre Autos nicht mal mehr richtig geradeaus laufen.
Nur Frauen?- hatte sie belustigt geantwortet.
Nein, aber meistens,- es tut mir leid.
Ich habe es ja auch nicht persönlich genommen, sagte sie und so waren sie von der Automobiltechnik auf die Ebene der Emanzipation und ihren Tücken gelandet, wo sich Berissa als ein keineswegs machohafter Betrachter der Realität erwies.
Wissen Sie, sagte er, die Männer werden auch zunehmend unselbstständiger trotz ihrer wochenendlichen Besuche in den Baumärkten, aber vielleicht ist das ungerecht, wenn ich das so autozentriert sehe. Da sorgt schließlich die Industrie, also der Hersteller schon dafür, dass es keiner mehr wagt, auch nur selbst eine Batterie zu wechseln. Das Prüfen des Reifenluftdrucks wird zum Problem. Diese Strategie verbreitet sich bis zu den Fahrrädern, wo es ein kleines Kunststück ist, ein Hinterrad aus der Schaltung zu befreien und vor allem später wieder richtig einzubauen, aber ich langweile Sie.
Ganz und gar nicht, wobei ich aber noch etwas loswerden will. Die Schwierigkeiten, die Sie da mit einer angeblichen Notwehrüberschreitung bekommen haben, von denen habe ich erfahren. Sie kennen vielleicht den Herrn Friedhelm Kurz, der hier bei der Zeitung arbeitet. Wir waren mal etwas näher befreundet und na ja, befreundet sind wir eigentlich immer noch und der hat mir davon erzählt und versprochen, bei einer Eskalation etwas aus der Sache zu machen und dann garantiere ich Ihnen, dass Sie noch nie eine bessere Werbung hatten.
Als Retter oder als Autoschlosser?- fragte Berissa. Sie sind ja fast so resolut wie meine Frau und ich danke Ihnen vorab in der Hoffnung, dass der Richter den Überblick behält. Kommen Sie bitte mal mit in die Werkstatt, denn ich habe vorhin gerade ein Gehäuseteil auf die Wärmeplatte gelegt, um ein neues Lager einzupassen.
Na ja,- der Anwalt des Herrn Harassek, ein gewisser Herr Tönjes, setzt wohl auf eine Verschleppungsstrategie, weil man damit wohl meistens Erfolg bei Straftätern hat, die eigentlich abgeschoben werden müssten, aber sagen Sie mal, was ist denn das für ein Auto? Sowas habe ich ja noch nie gesehen.
Das ist ein italienischer Lancia Stratos. Eigentlich kein Auto zum Brötchenholen, sondern eher ein Rennwagen, der mal für Rally-Einsätze konzipiert war.
Ist er kaputt?

Nicht wirklich,- ein Getriebeschaden und deshalb auch das neue Lager, das jetzt wie Sie sehen wunderbar in den Sitz hineinrutscht. Nächste Woche spätestens läuft er wieder.
Machen Sie damit eine Probefahrt?
Ja, -natürlich, das muss ich sogar und gerade bei diesem empfindlichen Fahrzeug ist es sehr wichtig.
Darf man da mal mitfahren?
Sie dürfen, aber Watte in den Ohren ist da schon angesagt. Soll ich Sie anrufen wenn ich so weit bin?
Ja bitte,- das wäre furchtbar nett!

Als Dorothea Niewald zu Hause die Wohnungstür aufschloss, klingelte das Telefon. Der Kommissar war am Apparat. Frau Niewald, ich würde gerne eine Gegenüberstellung machen, verstehen Sie? Der Täter, also der mutmaßliche, muss ich in vornehmem Amtsdeutsch sagen, den sollten Sie bei der Gegenüberstellung erkennen. Den Herrn Berissa habe ich auch gerade angerufen. Freitag um 17 Uhr. Würde das bei Ihnen passen?
Sie werden lachen lieber Kommissario, aber ich komme gerade von Herrn Berissa. Ihr Anruf hat ihn wohl erreicht, als ich gerade nach Hause gefahren bin.
Hat er denn noch was gesagt in der Sache?- wollte der Kommissar wissen.

In der Sache nicht, aber zu meinem Auto, das ich ihm in den nächsten Tage zur Reparatur vorbeibringen werde. Ansonsten haben wir nur eine Probefahrt vereinbart.
Mit Ihrem Auto? Nein, mit einem Lancia Stratos, den er gerade in der Reparatur und in meinem Beisein ein neues Lager in das Getriebe eingesetzt hat. Das ist mir fast chirurgisch vorgekommen.
Sind Sie schon mal mit dem Berissa Auto gefahren?
Nein, aber warum fragen Sie?
Na ja,- Berissa kommt aus Nordafrika und hat mal an einer Rally in Marokko teilgenommen, die international gut besetzt war, auch mit richtigen Werksfahrern. Er landete mit einem unterlegenen Fahrzeug und trotz eines Reifenschadens auf den 5. Platz. Der fährt wie der Teufel.
Da bin ich ja mal gespannt, denn als mein Retter wird er mich ja wohl nicht umbringen wollen. Ach ja, damit ich es nicht vergesse, der Freitag geht bei mir.
Soll ich dann in die JVA kommen?
Das wäre sehr nett, aber ich kann Sie natürlich auch gerne abholen.

Wenn das keine allzu große Mühe macht, wäre das natürlich nobel, weil ja mein Auto dann bei Herrn Berissa in der Reparatur ist.
Macht es nicht und ich bin dann so gegen 16:30 Uhr bei Ihnen. Wissen Sie, wir müssen irgendwie verhindern, dass Harasseks Anwalt eine Fristüberschreitung geltend machen kann, weshalb das jetzt vielleicht ein wenig eilig wirkt.
Das ist kein Problem sagte sie und wollte den Kommissar eigentlich noch fragen, was er damit gemeint hatte, aber da hatte er schon aufgelegt.

Kurt Enders hatte sich
nach dem Gespräch mit Raoul Conte viele Notizen gemacht und es war ihm dabei aufgefallen, wie sehr der Professor europäisch dachte. Dies nicht im Sinne eines bewussten Herkunftsverdrängens oder Vergessenwollens, sondern wie jemand, der erkannt hatte, dass das Leben in Europa in vieler Hinsicht ein Privileg ist, weil sich damit so viele Möglichkeiten einer Teilhabe verbinden lassen. Dies allerdings nur dann, wenn man die europäische Kultur als etwas Bereicherndes begreift. Wirtschaftliche Stabilität, Frieden und erträgliche Korruptionsraten, waren für sich betrachtet schon mal nicht so schlecht, so man das denn nicht für selbstverständlich hielt. Wer sich mit der kulturellen Tradition Europas über die politische Agenda hinaus beschäftigte, dem vermittelte sich vor allem auf dem Gebiet der Musik ein in Form und Vielfalt einzigartiger Kosmos, wie es ihn auf der Welt kein zweites Mal gibt. Der Kollege Kurz hatte vor einiger Zeit einen Essay zu den – wie er es nannte – musikalischen Pilgerfahrten der Asiaten vornehmlich nach Deutschland geschrieben und dabei auch mit einiger Verständnislosigkeit angemerkt, dass die aktuell mehrheitlich einwandernden Muslime in der Kunstmusik Europas ein Werk des Teufels sehen.

Enders hatte mit Conte darüber gesprochen, wobei dieser sehr vorsichtig anmerkte, man müsse hier den Maßstab einer extremen Verwirrung zugrunde legen. Die erfolgreichen, aber mehrheitlich ungläubigen Europäer und letztendlich die Menschen des Westens überhaupt, seien für die Muslime so etwas wie unbegnadete Begnadete und das sei irgendwie unerträglich. Wenn Allah sie nicht schon gleich sichtbar und ad hoc bestraft, dann muss man eben ein bisschen nachhelfen, in seinem Namen gewissermaßen. Es kann und darf nicht sein, dass die moderne Welt den Ungläubigen gehört.

Kurt Enders hatte überlegt, in wie weit Conte die von ihm für Europa wohl richtig definierte Problemlage mit seinen Erfahrungen in Süd-Amerika verbinden konnte. Die Guerilla in Kolumbien, die FARC, war aber katholisch und empfand dabei den Gebrauch von Waffen eher nicht als Missionsauftrag durch den Apostel Paulus oder wen auch immer. Man war dort auch alles andere als wohlhabend, wenn man sich denn nicht am Kokain-Handel beteiligte. Es gibt dort nämlich nur wenig Auswahl, weil es nur wenig zu verteilen gibt, womit sonst noch zu handeln wäre. Enders wusste, dass Conte mal in den Reihen der FARC aktiv war, aber mehr wusste er nicht.

Bist Du es Fritz?

Ja, entschuldige, ich wollte nur mal fragen wie es so geht?

Danke, -ich arbeite gerade an einer Geschichte, bei der es um den Anteil der Frauen an der Technikentwicklung im 20ten Jahrhundert geht.

Und wie weit bist Du damit gekommen?.

Das ist ein Problem mein lieber Fritz und Du wirst Dir die Hände reiben, denn ihr Anteil ist nominell gering, was ich aber wusste. Kulturhistorisch ist das aber nicht ausreichend erforscht und man weiß zudem, welche unterstützende Funktion sie dort hatten, wo ihre fleißig forschenden Männer sich alleine nicht mal hätten über Wasser halten können. Sie haben sich teilweise geschunden, weil sie erkannten, dass da etwas entsteht, das der Unterstützung wert ist, etwas Bedeutsames.

Ich reibe mir gar nicht die Hände und stimme unumwunden zu, sagte Kurz. Willst Du mich beruhigen?

Nein Doro,- es gibt Fakten die ausreichend belegt sind und diese unterstützende Wirkung der Frauen ist auch im politischen Raum nicht unbedeutend und bisweilen sogar heroisch. Durchaus mächtige Männer wurden nach dem Tode ihrer Frauen zu bedauernswerten Personen, um nicht zu sagen zu Ruinen. Du weißt ja, dass in vorpatriarchalischen Zeiten vieles ganz anders gelaufen ist.

Aber ja doch,- Ernest Bornemann lässt freundlich grüßen, aber wolltest Du wirklich nur fragen wie es mir geht?

Nicht nur, aber man braucht ja einen Anlass, der da wäre, dass man vielleicht mal wieder...

Ja,- können wir

Aber Du weißt doch noch gar nicht, was ich fragen wollte.

Doch und deshalb habe ich ja schon zugestimmt.

Geht es morgen bei Dir?

Nein, aber übermorgen, aber bitte nicht beim Ferdi.

Hab ich ja auch nicht gesagt und dachte eher an den Inder.

Das ist eine sehr gute Idee!

Prima, ich freue mich und hole dich um 19 Uhr ab.

Karin,- hier ist Raoul
störe ich?
Nein,- ganz und gar nicht. Ich mache mir nur gerade ein paar Gedanken über die geplante Studienreise mit Deinem Kollegen Mendes. Außer mir will er noch den Kommilitonen Bernd Speicher mitnehmen, aber es gibt wohl Probleme bei der sogenannten Drittmitteleinwerbung und Mendes ist nicht unbedingt jemand, der gut auf Werbetour gehen kann. Das kann ich mir bei ihm nicht so recht vorstellen.
Ich auch nicht, sagte Conte. Und wenn Du ihm diesbezüglich ein bisschen hilfst?

Daran dachte ich auch schon, aber ich habe damit auch keine Erfahrung.
Ich schon, sagte Conte, wenn auch nicht wirklich viel. Es ist mir aber schon mal in einem kleinen Umfang gelungen. Wir können das ja mal besprechen. Es gibt doch dieses schöne alte Bauernhaus, dessen Name mir jetzt gerade nicht einfällt. Du weißt aber vermutlich was ich meine?
Ja,- Du meinst Pauls Hof.
Genau,- wie wäre es denn gleich morgen?
Ja,- das geht, aber man sollte da recht früh anrücken, wenn man noch etwas essen will. Am besten schon so gegen 18 Uhr.
Machen wir, sagte Conte und fügte hinzu: Ich habe noch eine Überraschung für Dich.

Der Kommissar hatte
Dorothea Niewald abgeholt und als sie an der JVA anlangten, sahen sie dort bereits Berissas alten Toyota Geländewagen, der sein Alltagsfahrzeug war, weil er ihn sowohl für unverwüstlich, als auch für zeitgemäß hielt, weil man mit ihm Geschwindigkeitsbegrenzungen immer als eine Wohltat empfand. Außerdem war er technisch simpel und man kam mit einem Handbuch aus, das sich mit etwa der Hälfte der Seiten begnügte wie die aktuellen Autos.
Berissa hatte im Gebäude auf sie gewartet, obwohl er vor der Tür noch gerne einen Rillo geraucht hätte, aber er hatte schon in dem windigen Führerhaus des Toyotas leicht gefroren, denn es war schon wieder kühler geworden.

Es geht doch nichts über einen Dienstwagen mit funktionsfähiger Heizung, begrüßte er den Kommissar und an Dorothea Niewald gewandt: Er ist fertig zur Probefahrt. Morgen soll es wieder ein wenig wärmer werden und wenn Sie Lust haben, dann kommen Sie so um 15 Uhr in die Werkstatt. Dann drehen wir eine Runde.
Es gibt zwei Möglichkeiten, sagte der Kommissar. Entweder Sie sind danach süchtig oder Sie machen sowas nie mehr wieder. Mittlerweile war der Amtsrichter

Walter Spengler eingetroffen und auch der Anwalt des mutmaßlichen Täters, der sich diesmal reserviert höflich verhielt. Erst wenn Niewald oder Berissa zur Person eine eindeutige Aussage machen würden, konnte Anklage erhoben werden und dies auch dann, wenn Harassek schweigsam blieb.
Bei der Gegenüberstellung war Dorothea Niewald sehr sicher, in ihm denjenigen zu erkennen, der sie bedroht und zu Boden geworfen hatte. Berissa schien etwas unsicher, denn bei dem Versuch, im Halbdunkel Opfer und Täter zu trennen, sei er kurz auch von den beiden anderen angegriffen worden, aber die hätten sich aus dem Staube gemacht, nachdem er in Richtung des Täters mit der Steckschlüssel-Verlängerung zugeschlagen und dieser aufgeschrien habe. Mehr könne er hierzu nicht sagen.
Als Sie etwas gehört hatten bei der Anfahrt zum Park, was war das denn, was hatten Sie gehört?, wollte der Anwalt von Harassek wissen.
Hilferufe, antwortete Berissa.

Und dann haben Sie vorsichtshalber gleich diese Steckschlüsselverlängerung mitgenommen. Was hat Sie denn zu der Annahme veranlasst, sich gleich bewaffnen zu müssen?
Weil ich nicht davon ausgegangen bin, dass es sich in Ermangelung eines Tümpels um einen Badeunfall oder missglückten Selbstmordversuch gehandelt hatte.
Sie sehen das von der sportlichen Seite Herr Berissa, aber ich habe mir sagen lassen, dass Werkzeuge dieser Art eher nicht zur alltäglichen Abwehr benötigt werden und Sie sind damit immerhin das Risiko eingegangen, Herr Harassek auch zu töten.
Jetzt griff der Kommissar ein, denn man würde die Einzelheiten bei der Verhandlung klären müssen. Herr Berissa wird in der Sache selbstverständlich auch anwaltschaftlich vertreten, worüber der zuständige Richter bereits informiert ist, wandte er ein.
Dorothea Niewald hatte die ganze Zeit geschwiegen, wurde aber zunehmend unruhig und meinte dann: Jetzt, wo ich mir hinsichtlich des Täters sicher bin, wirkt es besonders kurios, wenn ausgerechnet derjenige, der mir geholfen hat, selbst zum Beklagten wird. Es ist wohl in solchen Fällen eher anzuraten, den Vergewaltiger höflichst zu bitten, mit der Vergewaltigung doch aufzuhören oder wie soll ich das verstehen?
Anwalt Tönjes schnappte kurz nach Luft, aber der vorübergehend abwesende Amtsrichter kam auf sie zu und übergab dem Kommissar und dem Anwalt jeweils eine Kopie des vorläufigen Haftbefehls gegen Harassek.
Meine Dame,- meine Herren,- ich entschuldige mich zum Zweck der Fortführung weiterer Rechtspflege. Wir werden versuchen, die Angelegenheit nicht auf die

lange Bank zu schieben. Es kann sein, dass wir Herrn Harassek vorübergehend wieder auf freien Fuß setzen müssen, aber halt unter Auflagen. Das wird sich finden.
Ist das ihr Ernst Herr Spengler? Dorothea Niewald war blass geworden.
Gnädige Frau,- so funktioniert der Rechtsstaat mit all seinen Fristen und Vorbehalten. Im Moment kann der Haftbefehl ohnehin wegen der Verletzung des Angeklagten ausgesetzt werden. Der Beschuldigte könnte auch weiterhin Vorteile geltend machen, wenn er uns die Mittäter nennt. Immerhin ist das eine Option für die Verteidigung.

Martina Riedel hatte es
mal wieder geschafft, die Redaktionsmitglieder alle telefonisch zu erreichen und Spohn konnte seine Leute um sich versammeln, nachdem er einen versprochenen Anruf vom Kommissariat erhalten hatte, der zumindest ein wenig Klarheit versprach.
Meine Herren,- im Falle dieser versuchten Vergewaltigung hat das Opfer den Täter erkannt. Zumindest mal einen, wobei der wohl die zentrale Rolle gespielt hat. Wir können daraus nun allerdings keine Vorverurteilung machen, denn die Verhandlung steht ja noch aus und das kann durchaus dauern. Dieser potentielle Täter schweigt beharrlich, aber – und das ist wohl in Ihrer aller Sinne – wir können dem Getöse um einen angeblich rechtsradikalen Überfall den Wind aus den Segeln nehmen. Der Herr Berissa hat jetzt wegen Notwehrüberschreitung eine Klage am Hals, was emotional Empörung auslösen mag, aber das schneidet ja nichts von seiner grundsätzlichen Hilfsbereitschaft ab und vor allem hat er ja nicht im Sinne eines politisch rechten Gesinnungstäters zugeschlagen. Er hätte auch in jedem anderen Täterumfeld so reagiert. Unsere Konkurrenz hat versucht, die Dinge in ihr Gegenteil zu verkehren, weshalb wir es hier nicht nur mit einem kriminellen Akt zu tun haben.
Es gibt eine Irrationalität nicht etwa bei den Tätern, die in ihrem Sinne durchaus rational gehandelt haben, sondern bei der Haltung der Gesellschaft zu diesen Dingen. Die zugewanderten Täter erhalten einen Moralbonus, der für Wiedergutmachung steht, die wie eine Erbsünde daher kommt und sich durch Duldung eine priesterliche Lossprechung von deutscher Erbsünde erhofft. Zugleich ist es wohl falsch, hier nur ein deutsches Problem zu sehen, denn es hat den Anschein, als ob die politische Vernunft auch in anderen Teilen Europas durch Moral ersetzt wird, wobei ich hierbei nicht zuletzt auch an Frankreich denke. Meine Herren, das ist ein durch und durch kulturelles Problem mit ökonomischen Folgen und betrifft die eine oder andere Region in besonderer Weise. Das müssen wir im Blick haben, wenn wir Hintergründe transparent machen wollen und nicht

nur an Phänomenen herumkratzen. Ich weiß,- es war alles mal ein wenig einfacher, aber da irre ich mich vermutlich und müsste einen Historiker fragen.

Frau Niewald,- hier ist Berissa.
Ich hoffe ich störe nicht, aber ich wollte mein Versprechen einlösen, falls sie noch daran interessiert sind. Ich hatte ja 15 Uhr vorgeschlagen, wenn ich mich recht entsinne.
Dorothea Niewald saß an ihrem Schreibtisch vor dem eingeschalteten PC und recherchierte zu dem Thema: *Bedeutende Frauen in der europäischen Politik.* Das erwies sich als ein interessantes Feld von zum Teil sehr widersprüchlichen Akteurinnen, wobei zunächst zu unterscheiden war zwischen dem Bestreben als einem Faktor weiblichen Engagements und der Zielrichtung, als dem Ausdruck intellektueller Zielfindung. Noch viel schwieriger wurde die Arbeit beim Versuch einer Einschätzung von den zum Teil sehr alten und nur fragmentarisch vorfindlichen Zeugnissen über Frauen, die als mittelalterliche Clanführerinnen auch militärisch bedeutsam geworden waren.
Genau an diesem Punkt war sie angelangt, als der Anruf von Berissa sie erreichte.
Herr Berissa,- das ist ja nett, dass Sie mich dran erinnern. Ich komme gerne, weil mich das auch auf andere Gedanken bringt.
Sie meinen wegen der Sache?
Nein nein,- keine Sorge. Ich schlage mich gerade mit der weiblichen Spezies im Umfeld des politischen und gelegentlich auch militärischen Engagements herum und bin ganz dankbar für etwas Abwechslung. Ich bin dann um 15 Uhr bei ihnen.
Sagen wir lieber 16 Uhr, sagte Berissa, denn bis dahin habe ich auch die Spurstangenköpfe an ihrem Auto erneuert, den sie dann mitnehmen können.
Das ist ja prima,- ich freue mich.

Während sie
in ihre Recherche vertieft war, trafen sich Thomas Gebauer und Kurt Enders in der Redaktion, denn Enders hatte in Bezug auf den Immobilienfonds, der von saudischem Geld befeuert wurde, eine Holding-Agentur ausfindig gemacht, an der wiederum einige Banken beteiligt waren und im Aufsichtsrat dieser Banken saßen einige bekannte regionale Politiker. Das zentrale Problem bestand ganz unabhängig von juristisch möglicherweise fragwürdigen Machenschaften einfach darin, dass in zunehmendem Maße nicht nur historisch wertvolle Bausubstanz den Besitzer wechselte, sondern es ging mittlerweile auch um Grundstücke in exorbitant teuren Lagen. Diese waren bislang immer so etwas wie ein Schutzrefugio des autochthonen Geldadels, der sich damit jegliche unerwünschte Nachbarschaft vom Halse beziehungsweise Gartenzaun halten konnte. Fremder Ankauf war nur zu

verhindern, indem man sich zusammentat und diese Grundstücke selbst kaufte, was vorübergehend eine gigantische Preisspirale in Gang setzen würde. Das zu befürchtende Szenario war also nicht mehr und nicht weniger, als das eines überhitzten Marktes, der sich nur auf der Ebene von Spekulationen auf eine Weise regulierte, die man nicht wirklich gut finden konnte. Beim Stand der Dinge war das aber durchaus legal. Das Ganze hatte den Charakter einer Versteigerung ohne Öffentlichkeit angenommen und das war zugleich das entscheidende Stichwort. Hier war nicht nur kein Nutzen für die Allgemeinheit zu erkennen, sondern ein empfindlicher Schaden für den gesamten Sektor.
Insoweit konnte es vorrangig nur darum gehen, eine Öffentlichkeit herzustellen, die dafür ein Problembewusstsein zu entwickeln wusste. Es ging um die Verhinderung des Ausverkaufs ganzer Stadtteile an Spekulanten und in diesem Falle an arabisch-türkische Clans.
Weißt Du, sagte Gebauer, der meist miserable Zustand der kommunalen Kassen treibt die Politiker in den Verkaufsrausch. Da winken plötzlich beträchtliche Summen, mit denen sie schon gar nicht mehr gerechnet hatten und schon stimmen die kläglichen Bilanzen wieder.
Das Phänomen ist strukturell nicht neu, meinte Enders. Du wirst Dich erinnern, wie einige Städte und Gemeinden ganze Teile ihrer Infrastruktur - und dies keineswegs nur in Deutschland - auch über sogenannte Holdings oder auch direkt an private sog. Dienstleister verkauft haben, um dann Jahre später einzusehen, dass man sich dort nicht an Versprechungen hielt und die Infrastruktur vergammeln ließ. Das könnte doch ein guter Entrée für einen Artikel sein, meine Gebauer, denn das ist nicht so abstrakt, wie die reine Argumentation gegen den Verkauf von Immobilien und Grundstücken, was man als einen durchaus alltäglichen Vorgang bezeichnen kann. Die Aufgabe ist im Grunde einfach, denn wir benötigen ein ganz schlichtes und für jeden nachvollziehbares Argument gegen eine Entwicklung, die vordergründig legal ist, aber auf kommunale Prostitution hinausläuft.

Als Dorothea Niewald

in Berissas Werkstatt anlangte, hatte sie zuvor bei dieser Gelegenheit mal wieder Bekanntschaft mit dem öffentlichen Personennahverkehr gemacht, der sie für gerade mal 3 km um 3,50 € erleichtert hatte. Besonders umsteigefreundlich im stets lautstark beschworenen ökologischen Sinne war das nicht.
Ihr Auto ist fertig, begrüßte sie Berissa, der einen für seine Verhältnisse ungewöhnlich sauberen Overall mit einigen Aufnähern angezogen hatte. Sie können sich freuen, denn die Teile für Ihren Wagen sind billig und ich war in einer knappen Stunde damit fertig. Möchten Sie einen Tee? Ich gehe mir nur noch gerade mal die Hände waschen.

Ja gerne,- in der Hoffnung, dass es nicht mein letzter ist. Es war ihr nämlich aufgefallen, dass Berissa zwei Helme auf dem Schreibtisch platziert hatte. Seien Sie unbesorgt, hörte sie seine Stimme aus der Ecke mit dem renovierungsbedürftigen Waschplatz. Wir fahren jetzt keinen Wettbewerb und wir trainieren auch für keinen. Das ist zudem ein teures Kundenauto und ich habe ihn vorhin schon mal kurz ausprobiert. Es funktioniert alles und ich lasse den Motor schon mal laufen, damit er sich erwärmt.
Was macht denn Ihre Schulter?, fragte sie ihn. Behindert das nicht beim Fahren?
Doch,- ein bisschen noch. Meine Frau hat mir einen Verband gemacht und den Oberarm zusätzlich mit Tape Band stabilisiert. Kürzere Strecken sind kein Problem. Eine Tagesetappe würde ich nicht durchstehen. Jetzt noch nicht. Schaun Sie mal welcher von den beiden Helmen ihnen passt. Meiner liegt hier irgendwo in der Werkstatt auf dem Regal wo die ganzen alten Pokale stehen, die ich mit weit schlechterem Material ergattert habe. So ein tolles Auto wie diesen Stratos hatte ich nie. Ich fuhr immer mit mühevoll getunten Normalautos.
Der Wagen war vollkommen aufgeklappt, eine technische Besonderheit bei diesem Modell und sie konnte den in der Mitte platzierten Motor sehen, der verhalten vor sich hin grollte.
Setzen sie sich schon mal und ziehen sie den Hosenträgergurt über den Kopf. Zwischen den Beinen ist die Rastung unten in der Sitzmitte. Passt der Helm? Na prima!
Berissa hatte seinen Helm gefunden, klappte das komplette Oberteil des Wagens herunter, was es in dieser Form nur bei diesem Fahrzeug gab und befestigte es an den hierfür vorgesehenen Stellen und mit zwei kleinen Gurten an der Frontseite. Dadurch wurde es jetzt im Innenraum deutlich lauter, begleitet von einigen Nebengeräuschen, die der Leichtbauweise geschuldet waren. Hier durfte man kein zentnerschweres Dämm-Material erwarten.
Wir werden uns gleich kaum noch verständigen können, weil es zu laut wird. Machen Sie sich ein bisschen Ohropax in die Ohren und ich verzichte jetzt mal auf die Funkverbindung, die man bei Wettbewerben immer zum Beifahrer oder zur Beifahrerin haben muss. Es geht jetzt nach ein paar Kilometern auf Bundesstraßen nur über gut überschaubare Feldwirtschaftswege. Das ist alles ein bisschen schmal, aber keine Sorge, denn dafür ist das Ding gebaut und auf keinen Falle für die Autobahn auch wenn's flott aussieht.
Das kurze Stück über die Bundesstraßen bewältigten sie verhalten und begleitet von einigen staunenden Blicken auf das ungewöhnliche Fahrzeug, aber als sie dann auf den von Berissa angekündigten Feldwirtschaftswegen angekommen waren, eröffnete dieser ein Konzert als Allegro Furioso.

Aus dem verhaltenen Grollen des Motors war ein zorniges Brüllen geworden und dieses italienische Ensemble aus Stahl, Aluminium und Kunststoff, in dessen Mitte ein Ferrari-Motor werkelte, schoss wie von einem Katapult geschnellt vorwärts. Während Berissa in Sekundenschnelle hochschaltete, wobei jeder Schaltvorgang von einem kleinen Knall begleitet wurde, näherten sie sich einer Linkskurve. Dort schien es ihr, als ob Berissa den Wagen erst leicht nach rechte steuerte und während des noch andauernden Bremsvorganges nach links einlenkte und entschlossen aufs Gas stieg.
Dorothea Niewald sah plötzlich den Kurveninnrand auf sich zuschießen, während Berissa den Wagen ausschließlich mit dem Gas in einen kontrollierten Drift steuerte, der wieder in eine Geradeausrichtung mündete. Der Motor verursachte einen Höllenlärm, den man jedoch nicht als Krach hätte bezeichnen können. Es war das Inferno einer losgelassenen und geliehenen Kraft, die Mensch und Maschine zu einer Einheit verschmolz und auf einem schmalen Grat agieren ließ. Sie wusste, dass es hier sogar ein etwas längeres Stück gab, wo sich die schmale Asphaltstraße in eine Mulde absenkte, aus der heraus es in eine lange Rechtskurve überging.
Die zitternde Tachonadel des weiß hinterlegten Veglia-Rundinstruments lag bei 180 km/h als sie in die Mulde gepresst wurde und sie hatte kurz das Gefühl, dass der Wagen aufgesetzt hatte, aber Berissa schien unberührt und ruhig konzentriert.
Die Landschaft flog auf unwirkliche Weise heran, so dass der Eindruck entstand, keine Bremskraft der Welt könne rettend vor der nächsten Kurve eingreifen und trotzdem wirkte alles spielerisch.
Als sie dann langsam wieder in Richtung von Berissas Werkstatt rollten und der Motor eher unwillig auf das Langsam fahren zu reagieren schien, meinte er, vorsichtig zu Dorothea Niewald hinblickend:
Ich habe Ihnen jetzt hoffentlich keinen Höllenschrecken eingejagt. Meiner Frau habe ich das mal zugemutet, aber sie drohte mir mit langfristigem Liebesentzug. Sie mussten beide herzlich lachen, obwohl sie hätte lügen müssen, wenn sie zwischendurch nicht doch gelegentlich ein bisschen Angst gehabt hätte. Das ist wohl auch eine Sache der Gewöhnung, sagte sie.
Ja,- das auch. Es mischen sich hier ein technisches Interesse mit der Freude am schnellen Fahren in einer Weise, dass man es gut machen will. Es ist eine Grenzerfahrung, die sich mit sogenannten Vernunftargumenten so wenig erschließt wie das Bergsteigen.
Auch, wissen Sie, sagte sie, wenn die Frauen ehrlich wären, dann würden sie zugeben, dass ihnen die Männer genau in diesen unvernünftigen Momenten am besten gefallen. Das hat etwas Archaisches, etwas Wildes, auch wenn es mit der Hilfe einer quasi geliehenen Kraft zustande kommt.

Hmmm,- und das sagt mir eine Frau, die sich mit Arbeiten zum Thema Emanzipation einen Namen gemacht hat. Sie haben viel Mut, alle Achtung! Auch wie Sie mit dieser ganzen elenden Sache umgegangen sind. Das habe ich still bewundert, weil man dazu viel mehr als nur Mut braucht. Ich glaube, in der deutschen Sprache nennt man das Format.
Als sie sich von Berissa verabschiedet hatte und wieder in ihr eigenes Auto gestiegen war, wollte sie so bald wie möglich bei Friedhelm Kurz anrufen, aber sie wusste nicht, ob er jetzt außerhalb der Redaktion war, was sogar ein Vorteil gewesen wäre, denn sie vermied es, wenn irgend möglich, ihn dort zu stören.

Berissa hatte den Stratos

währenddessen abgestellt und wollte gerade den Kunden anrufen, um einen Übergabetermin zu machen, als das Telefon klingelte. Sawatzky war am Apparat.
Ben,- Du brauchst ja einen Anwalt und ich sprach gerade mit demjenigen, der gelegentlich für mich Rechtsfälle erledigt. Wie Du dir denken kannst, sind das aber bei mir ganz andere Sachen. Ich habe den mal gefragt und der nannte mir dann einen Kollegen namens Antonio Repetto. Dessen Eltern sind mal vor langen Zeiten aus Italien eingewandert. Er hat dann in Deutschland – jetzt frag mich nicht wo – also irgendwo Jura studiert und betreut vor allem solche Sachen wo es um Körperverletzung geht. Ich gebe Dir mal dessen Nummer und dann berufst Du dich bitte auf Helmut Eller. Das ist der Name meines Anwalts und die beiden kennen sich halt – keine Ahnung – wohl von der Uni und sind befreundet.
Auf Dich ist Verlass, sagte Berissa und berichtete noch kurz von der kleinen Probefahrt mit Dorothea Niewald.
Was?, schrie Sawatzky in der Hörer, die ist mit Dir gefahren? Die ist ja wahnsinnig, aber na ja,- Mut hat sie mal auf jeden Fall. Nicht schlecht die Dame trotz ihrem Emanzenkram.
Dann fiel Berissa ein, dass er Herbert Wendler anrufen wollte, dem er versprochen hatte, sich nochmals mit dessen elendem Kupferwurm zu beschäftigen und er bedankte und verabschiedete sich von Sawatzky.
Das ist aber nett von Ihnen, sagte Wendler, als Berissa sich gemeldet hatte. Auf Sie ist Verlass!
Das gleiche habe ich gerade zu Herrn Sawatzky gesagt, der mir einen Anwalt empfohlen hat.
Das ist gut, sagte Wendler, wobei das ja alles irgendwie nicht zu fassen ist. Wir beschäftigen uns mit dieser Sache ja auch in der Redaktion und Sie können sicher sein, dass wir da auch dran bleiben und über die Entwicklung berichten werden. Unsere Sympathien sind Ihnen schon mal sicher.

Berissa musste lachen. Na, dann drücken Sie mir den Daumen, denn ich werde den mir empfohlenen Anwalt gleich mal anrufen.
Darf ich vorwitziger weise mal fragen wer das ist?
Sie dürfen gerne, denn das ist ein gewisser Antonio Repetto.
Der Toni?- was?- den kenne ich. Das ist ein prima Kerl und mit dem werden Sie ihren Spaß haben trotz allem Ärger!
Warum das denn?
Der macht gerne gefährliche Sachen. Er hat mal versucht, den Makalu zu besteigen und zuvor irrsinnig trainiert. Er und seine Gruppe kamen aber in schlechtes Wetter und das hat ihn fast das Leben gekostet und dann ist er mal mit irgendjemandem als Beifahrer bei Paris-Dakar unterwegs gewesen.

Karin Bruckner hatte lange
darüber nachgedacht wie es sein würde, das Studienfach zu wechseln. Mit Raoul Conte war eine besondere Situation entstanden, von der sie sich ein wenig überrumpelt fühlte, aber das war zunächst nichts, was eine solche Entscheidung vielleicht begünstigt hätte. Es war vielmehr sein Vortrag gewesen, in dessen dramatischem Verlauf ihr klar geworden war, wie sehr sich ein gesellschaftlicher Riss in einem Studienfach spiegeln konnte. Es gab so gut wie nichts, was davon nicht hätte betroffen sein können. Es gab kein gesellschaftlich neutrales Thema mehr.
Diesem Riss war nicht zu entrinnen. Es gab gewisse Meinungsführerschaften, die von den sog. städtischen Eliten inszeniert wurden und einen sichtbar gewordenen Trend bestimmten. Dabei war es ihnen gelungen, die Substanz aller verfügbaren gesellschaftlichen Moral für ihre Agenda einer vermeintlich kosmopolitischen neuen Gesellschaftlichkeit zu instrumentalisieren. Neu war ein solcher Anspruch nicht, aber er wurde während früherer Dekaden schon mal theoretisch deutlich anspruchsvoller referiert.
Als das Telefon klingelte, war es etwa 21:30 Uhr und Conte entschuldigte sich für die späte Störung.
Du störst keineswegs, aber ich hatte gerade einen Gedankengang, der mich ziemlich beschäftigt hat und aus Deiner Sicht wohl soziologisch angelegt war.
Mit welchem Ergebnis?, fragte Conte.
Na ja,- bei dem Gedanken an die gerade aktuellen Meinungsführerschaften, auch hier an dieser Uni, kommt es mir so vor, als ob so etwas wie eine politische Mode entstanden ist. Da kann man sich anschließen und mitmachen oder man kann das ablehnen. Letzteres führt dann zum Ausschluss aus der Gesellschaft der Wahren und der Guten, der Gerechten und Fortschrittlichen.

Das ist fast druckreif, sagte Conte, aber Du denkst bitte an das, was ich Dir zum Thema Soziologie gesagt habe und wenn ich das trotz der späten Stunde noch darf, so wollte ich eigentlich etwas ganz anderes sagen.
Das wäre?
Ich habe mal mit dem Geisinger, also mit dem Rektor im Zusammenhang mit einer möglichen Fremdbenutzung des Bösendorfer-Flügels gesprochen und der hat da kein grundsätzliches Problem gesehen und halt nur gemeint, man müsse sich mit der musikwissenschaftlichen Fakultät ins Einvernehmen setzen, was mir schon klar war, aber ich wollte ihn dabei nicht übergehen und werde das natürlich noch machen.
Dann hat er mich – also der Geisinger – noch lange aufgehalten, denn er will, dass ich mit dem Volker, also mit Deinem Prof. Mendes ein Papier erstelle, auf dem die Freiheit von Forschung und Lehre gefordert wird, wie wir das ja auch schon beschlossen hatten. Das soll dann so etwas wie eine Grundlage sein, über die man im Auditorium abstimmen lassen will.
Werdet Ihr das machen?
Ich habe mit Volker noch nicht gesprochen, aber ich bin mir fast sicher, dass er mit sowas gerechnet hat. Der Geisinger will auf keinen Fall, dass der Ruf der Uni Schaden nimmt, was ich auch verstehe.
Und wie geht das weiter mit dem Konzertflügel?- wollte sie wissen. Soll ich deshalb bei den Musikern vorsprechen?
Nein Karin, ich kläre das und ich traue mich gar nicht das zu sagen, denn ich habe da noch eine Idee. Du hast doch Patricio an dem Abend bei mir kennen gelernt. Das ist ein Gitarrenvirtuose vom Allerfeinsten. Er ist zwischendurch immer mal wieder hier, weil er in Köln eine Konzertmeisterprüfung anstrebt, aber mal eine konkrete Frage: Gibt es konzertante Stücke für Gitarre und Klavier?
Lieber Raoul, -das kann schon sein und ist durchaus wahrscheinlich, aber ad hoc weiß ich das nicht und noch etwas: Wenn der Patricio im Grunde ein Profi ist, dann bin ich das noch lange nicht.
Ja ja,- ich habe halt keine Ahnung, aber ich dachte ja nur, dass sich das gut anhören müsste, sagte er. Als er sie lachen hörte, war er irgendwie erleichtert. Ach ja,- wir sehen uns ja ohnehin in Pauls Hof, wo Du gemeint hattest, dass man besser ein wenig früher anrücken sollte wegen der begrenzten Zahl der Tische. Ist das in Ordnung, wenn ich um 17:45 Uhr bei Dir bin?
Das ist in Ordnung und bis dahin weiß ich vielleicht schon, welcher Komponist die verwegene Idee hatte, ein Stück für ein sehr lautes und ein sehr leises Instrument zu komponieren.

Ich bin es Fritz, -

störe ich? Nein, ich mache mir nur gerade ein paar Gedanken zu Feuilleton-Themen, die interessant sein könnten und man denkt ja eher, dass das kein Problem sein dürfte. Die Leute sind dankbar für etwas anspruchsvollere Unterhaltung, aber zu anspruchsvoll dann wieder auch nicht. Eine zu beschreibende Landschaft oder Gegend hat immer eine Geschichte die dazugehört. Die Frage ist aber, wie weit man sie erzählen sollte. Bis zu welcher Jahreszahl darf man das historische Interesse beanspruchen oder vielleicht ja auch das biologische. Von allem nur ein bisschen in feinen Dosen verteilt, um störungsfreies Wohlfühlen zu garantieren.

Das kriegst Du hin und die Leser werden es Dir danken. Ich habe heute mit dem Herrn Berissa eine Probefahrt gemacht.

Wie, - in diesem Lancia, der bei ihm gestanden hat?

Genau und weißt Du was? Ich hatte gelegentlich zwar gehörigen Respekt, aber zugleich hat sich mir diese Faszination vermittelt, die von solchen Fahrmaschinen ausgeht, denn als Auto im klassischen Sinne kann man sowas wohl nicht bezeichnen.

Wie man's nimmt, sagte Kurz, denn historisch betrachtet waren die ersten zumindest kräftigeren Autos samt und sonders Rennwagen. Das Automobil als Massenverkehrsmittel war völlig unvorstellbar. Aber ich höre bei Dir heraus, dass es gar nicht so schrecklich war.

Nein,- dieser Berissa ist konzentriert und umsichtig gefahren. Ich hatte nie das Gefühl, dass er sich selbst überfordert.

Weißt du Doro, das und noch so ein paar andere Sachen gehören zu den letzten männlichen Refugien. Die Mehrzahl der Frauen lehnt das ab bis hin zu offener Aggression, denn sie wissen sehr genau, dass das nicht mehr in die Unisex-Gesellschaft passt, in der demnächst die Männer vermutlich gebären werden und sich in ihrer Malgruppe treffen.

Bist Du sicher Fritz, dass nur die Frauen so reagieren? Du weißt, dass ich mich an der ganzen verlogenen Moral-Debatte nicht beteilige und die mir zugehörige weibliche Spezies halte ich in der Regel für ziemlich verlogen. Sehr viel Selbstreflexion und Selbstbewusstsein ist nirgendwo mehr auszumachen in einer Gesellschaft, die offenbar fest entschlossen ist, nicht mehr genussvoll zu leben.

Liebe Doro,- das war ganz ausgezeichnet formuliert und Du gestattest, wenn ich das bei passender Gelegenheit zitiere!

Ich gestatte!

Hier Repetto! Herr Berissa,- sind sie es selbst? Ja, prima und ich bin bekannt mit dem Anwalt, der gelegentlich für Herrn Sawatzky arbeitet. Der Helmut Eller und ich waren Studienkollegen. Ich habe von Ihrer Sache schon erfahren aber worum geht

es genau und wie kann ich Ihnen helfen? Berissa erzählte Repetto den Hergang der Dinge so kurz wie möglich, aber der ließ ihn ruhig ausreden.
Passen Sie auf, sagte er dann. Sowas wird immer wieder versucht, um Fristen zu überschreiten. Die Anwälte haben in solchen Fällen auch kaum andere Möglichkeiten, die sie für ihre etwas seltsamen Mandanten in Anwendung bringen können. Wenn der Herr Harassek behauptet, von Ihnen überfallen worden zu sein, was natürlich Bullshit ist, dann bräuchte er als Zeugen seine Kumpane und die kann er uns dann ja mal vorstellen. Kein Problem,- das kriegen wir hin.
Berissa war erleichtert.
Der Helmut Eller,- ja, ich weiß, dass er für Sawatzky gelegentlich arbeitet und wenn ich jetzt für Sie arbeite, dann bleibt der Ärger gewissermaßen in der Familie. Was ist denn heute für ein Tag? Warten Sie mal,...ach ja, -ich bin am Mittwoch ohnehin in ihrer Nähe und komme dann zwischendurch einfach mal vorbei. Ist das o.k.?
Prima, sagte Berissa! Willkommen dann in der Bastelbude!

Dietmar Geisinger hatte vorsichtig

an der Tür des Kollegen Mendes geklopft und hörte zu seinem Erstaunen ein zweistimmiges „Herein bitte."
Mendes und Conte saßen zusammen und brüteten an der gemeinsamen Erklärung für die Freiheit von Forschung und Lehre.
Liebe Kollegen, bitte lassen Sie sich nicht stören, aber ich bin aufgrund der Nachrichten die ich gehört habe ein wenig beunruhigt.
Meinen Sie vielleicht diese Sache mit der ansteckenden Infektion, die wie zu hören aus China kommt und offensichtlich auch tödlich enden kann, sagte Conte.
Beide sahen Geisinger an, der offensichtlich erstaunt darüber schien, dass Mendes und Conte so gelassen reagierten.
Ja,- natürlich, ich muss selbstverständlich und wenn erforderlich irgendwelche Maßnahmen treffen. Im Fernsehen wurde von einer Seuche gesprochen, die sich – so wird behauptet – von China ausgehend ausbreite.
Herr Kollege Geisinger, das habe ich vorgestern schon gehört und ich denke mal, dass wir uns entsprechend der Maßgaben verhalten sollten, wobei bisher nicht viel Konkretes zu hören war, sagte Mendes. Der Kollege Peter Delius hat als Mediziner vermutlich mehr Durchblick als wir alle zusammen und ich persönlich würde den mal fragen, bevor da irgendein Alarmismus die Runde macht, aber den wird man vermutlich leider ohnehin nicht verhindern können.
Raoul Conte war aufgestanden und stand am Fenster, von wo man auf den Parkplatz blickte. Wissen Sie, bei uns in Zentral- und Südamerika gibt's unentwegten Alarmismus, meistens wegen marodierenden Banden und

gelegentlich stirbt ein ganzer Haufen Leute aus irgendwie unerklärlichen Gründen, weil sie sich mit irgendetwas infiziert haben. In Westeuropa desinfizieren sich die Leute mittlerweile schon vor dem Geschlechtsverkehr, aber krank werden sie auch und soweit ich weiß wird hier auch gestorben, zumindest gelegentlich und im Gegensatz zu Südamerika statistisch exakt nachvollziehbar.
Ich weiß nicht, sagte Geisinger. Ich habe mit dem Kollegen Delius schon gesprochen und der wirkte besorgt.
Sie schwiegen eine Weile, bis Volker Mendes sagte: Wir haben doch alle Jahre eine mehr oder weniger schlimme Wintergrippe in Europa. Der volkswirtschaftliche Schaden ist beträchtlich und die Todesrate eigentlich auch. Bislang hat das zu nicht mehr geführt, als zu rechtzeitigen Impfempfehlungen. Die Frage wäre ja zu klären, ob es sich diesmal um etwas Neues und noch nie Dagewesenes handelt oder halt um eine Mutation, mit deren Stamm wir schon lange leben.
Meine Herren, ich wollte Sie nicht stören, aber das lag mir auf der Seele und ich wollte ihre Meinung dazu hören.
Ich kann das natürlich medizinisch nicht einschätzen, sagte Mendes, aber für Anthropologen sind Seuchen, Pandemien oder wie immer Sie das nennen wollen, eine feste Größe in der Geschichte der Menschheit. Das hat schon ganze Länder entvölkert, ist aber als Phänomen in den entwickelten Ländern eher selten geworden. Gott sei Dank!

Kommissar Roth am Apparat!
Ach Du bist es, lieber Kollege Sterzing. Wie geht's denn und was gibt's Neues?

Na ja,- mir geht es vermutlich so wie Dir, wobei ich jetzt mal gewisse körperliche Gebrechen außen vor sein lasse, aber was Neuigkeiten angeht, so kann ich dienen. Im Zusammenhang mit dem Herrn Harassek, der jetzt bei Euch bis zur Verhandlung in der JVA einsitzt und der ja wohl kein Einzeltäter war, gab es doch vor einiger Zeit in der Presse einen Artikel zu sexuellen Übergriffen in eurem Landkreis, wenn ich mich recht erinnere.
Ja,- hier bei uns in der Regionalzeitung.
Genau und da habe ich mal in der Redaktion angerufen, wobei mich der Redaktionsleiter, ein gewisser Herr Spohn, an den Journalisten verwies, der den Beitrag geschrieben hatte. Mit diesem Herrn Hellweg hatte ich ein längeres Gespräch, wobei klar wurde, dass die Täter jetzt hier bei uns eine ähnliche Masche fahren.
Wenn ich Dich richtig verstehe, dann ist jetzt bei Euch etwas Ähnliches vorgefallen.
Das kann man so sagen, aber das Gute ist, wir haben sie!
Thomas Roth war hellwach. Ihr habt sie?

Ja,- sie waren so dreist, dass sie in aller Öffentlichkeit zudringlich wurden. Bei der Festnahme ist uns dann aufgefallen, dass sie......
Moment mal, fragte Roth dazwischen. Was heißt eigentlich „sie"? Wie viele sind es denn?, aber bitte entschuldige, denn ich habe dazwischen gequatscht.
Es sind genau zwei gewesen und bei denen sind mehrere Identitäten festgestellt worden. Bei einem von ihnen immerhin fünf und das heißt im Klartext und unabhängig von der Straftat über die wir gerade reden, dass er auch mehrfach kassiert. Es darf hier also zusätzlich noch Sozialbetrug vermutet werden, was so neu ja nicht wäre. Da die beiden bei Euch zumindest nicht gemeldet sind, will ich sie Dir auch nicht auf den Hals binden. Allerdings liegt der Verdacht ziemlich nahe, dass es sich um die Komplizen des Herrn Harassek handelt, was allerdings erst mal zu beweisen wäre und wir beide telefonieren dann wieder.
Mein lieber Ralf, ich danke Dir und wünsche noch einen möglichst ereignisschwachen Tag.
Sehr feinsinnig, antwortete Sterzing.

Carsten Spohn hatte seine Leute
um sich versammelt, denn die Konkurrenz hatte erneut und ohne vorherige Absprache eine Balkenüberschrift platziert: *Europa wird von tödlicher Infektionskrankheit bedroht*
/Leute,- ich will da nicht falsch verstanden werden, weil wir denen natürlich nicht ihre Überschriften vorschreiben können, die ich persönlich zwar für Panikmache halte, aber ich weiß ja nicht wie es Euch geht, denn mich verunsichern diese Nachrichten schon und wir müssen uns in der Sache natürlich positionieren.
Wir könnten ja mal jemanden fragen, der was von Medizin oder Virologie oder besser noch von beidem was versteht, meinte Herbert Wendler.
Sie sagen es und ich habe gleich am Morgen Prof. Peter Delius von der hiesigen medizinischen Fakultät sogar zu Hause angerufen, was er mir glücklicherweise nicht übel genommen hat. Der war, wie nicht anders zu erwarten, außerordentlich vorsichtig. Die Faktenlage bezeichnete er als dünn, etwa im Hinblick auf die jetzt gerade eingeforderte sog. Maskenpflicht, zumal man bei Grippeepidemien jahrelang den Standpunkt vertreten habe, dass die Masken wirkungslos seien. Wenn es aber stimme, dass eine Reihe von Erkrankten beatmet werden müsse, dann sei das eine ernste Sache.
Kurt Enders hatte sich gemeldet: Die Konkurrenz schreibt, die Seuche käme aus China und hätte was mit Fledermäusen zu tun.
Herr Enders, das kann sein und schon die Ebola-Seuche soll angeblich mal zustande gekommen sein, weil die Leute dort Affen verspeist haben. Der Prof. Delius hat vor solchen Zuweisungen gewarnt. Er sei zwar kein Virologe, aber ein

Virus könne unter jeweils unterschiedlichen Bedingungen auch unterschiedlich mutieren. Es müsse genau geklärt werden, ob es sich wirklich um einen neuen Erregertypus handele. Er habe daran einige Zweifel.
Und wenn wir das einfach mal so zitieren?- warf Friedhelm Kurz ein.
Das dürfte kein Problem sein, zumal der Delius mir das nicht unter irgendeinem Vorbehalt gesagt hat.
Enders und Wendler,- könnten Sie das übernehmen? Macht bitte eine Überschrift, die sich auf das Prinzip der Besonnenheit und Faktenrelevanz beruft und nicht auf Schuldzuweisungen an irgendwelche anderen Völker wie vorzugsweise die Chinesen oder die Russen. Es gibt noch was anderes zu besprechen. Die Professoren der hiesigen Uni haben ein Papier zur Verteidigung der Freiheit von Forschung und Lehre verfasst. Hintergrund sind die Ihnen sicher bekannten Unstimmigkeiten nicht zwischen den Professoren, aber einem Teil der Studentenschaft mit ihnen. Das Problem besteht darin, dass die Gegenseite, in diesem Falle also die Studenten, dann auf Gleichberechtigung pochen und von uns verlangen werden, dass wir auch ein Statement von ihnen veröffentlichen. So weit so gut, aber wir sind auch nicht der Pressedienst der beiden sich streitenden Lager, wiewohl es unsere Aufgabe ist, darüber angemessen zu berichten.
Thomas Gebauer war diesmal lange still gewesen, aber sein Vorschlag, die Freiheit von Forschung und Lehre vom Streit an der Uni zu trennen, schien einsichtig.

Die Freiheit von Forschung und Lehre ist ein hohes Gut in jeder halbwegs funktionierenden Demokratie, sagte er. Die oder eine Debatte zu aktuellen Problemen mag kontrovers sein, meinetwegen auch streckenweise falsch, ja sogar verletzend, aber eine Debatten-Verhinderungsstrategie ist antidemokratisch und antiaufklärerisch. Ich schlage vor, dass wir das unabhängig vom aktuellen Streit ein für allemal klar stellen. Über den Streit sollten wir berichten, aber nicht auf der Ebene des Abdruckens der wechselseitigen Streitschriften.
Ich schließe mich dem an, sagte Spohn. Wir sollten uns hinsichtlich eines bereits mit Sicherheit vorhandenen Beitrages hierzu, vielleicht aus der Feder eines Gesellschaftswissenschaftlers umsehen, der natürlich nicht gerade von unserer Uni kommt und in Wissenschaftskreisen seit einiger Zeit eine gewisse Reputation hat. Da wird man uns eine gezielte Absicht unterstellen, aber damit können wir gut leben, weil die Bedrohung von Forschung und Lehre nichts Neues ist.

Es war nicht viel los

in Pauls Hof, aber Conte war pünktlich gewesen, so dass sie schon kurz nach 18 Uhr dort angelangt waren.

Hattest Du einen anstrengenden Tag, fragte Karin Bruckner, denn Conte sah ein wenig müde aus.
Wie mans nimmt, sagte der. Wir hatten uns innerhalb der Professorenschaft auf ein gemeinsames Papier zur Verteidigung von Forschung und Lehre geeinigt und hatten gehofft, dass die Presse das drucken würde, aber zugleich nicht die Sensationspresse.

Wollten die das nicht?
Die schon, aber die seriöseren Leute meinten, das führe zu einem über ihre Köpfe ausgetragenen Dauerstreit, der sie im Grunde verpflichte, abwechselnd die Statements der einen oder der anderen Seite zu drucken. Ich verstehe das sogar.
Und was macht Ihr dann jetzt?
Das wissen wir noch nicht. Ich weiß aber zumindest jetzt, dass ich eine kleine Überraschung für Dich mitgebracht habe. Conte griff in seine Jackentasche und zog ein kleines, rechteckiges Kästchen hervor. Als er es öffnete, sah sie darin einen knapp 2 cm langen geschliffenen mehrfarbigen Achat an einer schmalen Goldkette.
Dieser Stein gehörte mal meiner Mutter, aber sie hat ihn nie getragen, weil keine Kette dran war. Bevor sie starb hatten wir mal die Rede davon und sie meinte, ich solle ihn mal jemandem schenken, den ich, also den ich gerne mag.
Als sie sah, dass er jetzt nur still zu Boden blickte, nahm sie das Schmuckstück, öffnete den Verschluss und hängte es um ihren Hals.
Ich fühle mich sehr geehrt und beschenkt, sagte sie, aber Ich wäre froh, wenn Du nicht zu viel in mich hineininterpretierst, weil mich das überfordern wird. Vielleicht beruhigt es Dich wenn ich Dir sage, dass ich mich bei Dir und mit Dir sehr wohl fühle. Eigentlich mehr, als ich mir gelegentlich selbst eingestehe. Aber jetzt sagst Du mir erst mal, wie das mit eurem gemeinsamen Papier weitergeht.
Conte sah sie einige Sekunden wortlos von der Seite an und dann sagte er: Du bist ein unglaublich beherrschter Mensch, aber nicht in diesem verdrießlichen Sinne krampfhafter Gefühlsvermeidung, sondern als kontrollierte Emotionalität. Das ist etwas, was wir in Süd-Amerika nicht können oder nur ganz selten. Aber ja,- das Papier. Dazu will die Zeitung selbst einen Beitrag machen, damit sie der Situation entgeht, zum Sprachrohr irgendeiner Seite zu werden. Wir können natürlich Plakate und Flugblätter drucken lassen und auch die sog. alternativen Medien nutzen. Also umsonst war die Arbeit selbstverständlich nicht.
Das ist doch schon mal sehr gut, sagte sie und es gelang ihnen, herzlich und entspannt zu lachen.
Mittlerweile hatten sie auf der Speisekarte ein offenbar leckeres Gemüse Omelett ausfindig gemacht und Conte hatte einen halben Liter Grauburgunder bestellt. Er schien jetzt gelöster als zuvor.

Karin,- dieser Achat, der kommt zwar aus Süd-Amerika, aber in diesem Falle aus Peru. Zu seiner Entstehung bedarf es vulkanischer Aktivitäten.
Zu unserer offenbar auch, antwortete sie. Ich sah kürzlich eine interessante Sendung über das segensreiche Wirken vulkanischer Aktivitäten, was sich verrückt anhört, wenn man zugleich an die Verheerungen denkt.
Euer Philosoph Karl Marx hätte hier wohl von einer Dialektik der Entstehungsgeschichte gesprochen, sagte er.
Wovon der Herr Soziologe vermutlich mehr versteht als ich.
Ach weißt Du, manche Erkenntnis erschließt sich relativ einfach beim Liegen auf einer Wiese in Betrachtung der vorbeiziehenden Wolken, wobei man sich dann fragt, ob auch Napoleon sie schon so oder ähnlich gesehen hat oder Homer oder Aristoteles, Karl der Große, Goethe, Neruda, Danton vor seiner Hinrichtung oder Marie Curie bei einem Blick aus dem Fenster, während ihr Körper von der Strahlung der sie ständig umgebenden radioaktiven Isotope zerfressen wurde. Das einzig Tragische an unserem Leben ist doch, dass wir das bisschen gewonnene Erkenntnis im Alter mit uns ins Grab nehmen.
Du hast etwas vergessen, sagte sie! Das, was der große argentinische Dichter Jorge Luis Borges gesagt hat, als er mal meinte, *„Das einzige, was wir mit uns ins Grab nehmen, sind die Geschichten, die wir uns nicht erzählen."* Aber jetzt sag mal,- gibt es oder gab es bei Euch bei den FARC Guerilleros auch Dichter?
Das hat mich noch niemand gefragt, sagte er.
Es gibt in ganz Zentral-und Südamerika eine alte Tradition, die nur noch rudimentär erhalten ist. Die Bauern z.B. brachten ihre Eingaben und Wünsche bei den Latifundistas, also den Großgrundbesitzern oder der Regierung oft in Gedichtform vor. Das ist ganz anders als in Europa und speziell in Deutschland, wo Dichtung so eine Art von romantischer Welterklärung oder Weltverweigerung ist. Als ich so viel Deutsch verstand, dass ich mich glaubte an Goethes Faust wagen zu können, war ich tief gerührt, weil schon alleine die Dialoge zwischen Faust und dem Mephisto ein Fenster zum Erkennen der ganzen menschlichen Tragik sind, die Goethe hier ganz wunderbar auch persifliert.
Ich habe mal Neruda gelesen, sagte sie.
In Spanisch?
Nein, das hätte ich nicht verstanden und ich hatte zugleich das Gefühl, dass man sowas auch nicht übersetzen kann. Neruda nicht, Goethe nicht und auch nicht den Waliser Dylan Thomas.
Ja,- sagte Conte, denn dort wo Sprache in sich selbst schön ist, da ist sie intim. Da fällt mir im Zusammenhang mit der Dichtung auch die Musik ein und der Geisinger hat gemeint, wir sollten uns mit der musikwissenschaftlichen Fakultät

absprechen, denn der Bösendorfer-Flügel sei durchaus auch mal von Gästen bespielbar. Es gebe hier ja gelegentlich auch mal Gastkonzerte.
Ja Raoul, das hattest Du schon mal erwähnt und ich habe mich in der musikalischen Literatur umgesehen. Viel gibt er nicht für Klavier und Gitarre aber von Antonio Diabelli eine *Grande Sonate brillante Op 102*. Da wäre für mich auch der Klavierpart nicht so schwierig. Es gibt auch von Carl Maria von Weber ein *Divertimento für Gitarre und Klavier Op 38*. Das musst Du mit dem Patricio besprechen, weil ich halt kein Spanisch kann.

Als Antonio Repetto
Berissas Werkstatt erreichte, war es kurz nach 14 Uhr und Berissa war zunächst nicht zu sehen, bis er schließlich vor Repettos Augen als über einen Laptop gebeugte Gestalt auftauchte, die sich an einem verkabelten Auto zu schaffen machte. Berissa hatte ihn mittlerweile aus den Augenwinkeln kommen sehen, wusste nicht um wen es sich handelte und fragte ob er irgendwie helfen könne.
Was gibt's denn da für ein Problem?- wollte der Besucher wissen und Berissa berichtete von seinem bislang erfolglosen Versuch, den Kupferwurm an Wendlers Auto zu orten, um ihm einen angemessenen Garaus zu bereiten. Da Repetto weitere dezidierte Fragen stellte, hatte Berissa nicht angenommen, dass er hier mit seinem künftigen Anwalt redete.
Übrigens, Repetto mein Name, stellte dieser sich vor. Wir hatten ja via Vermittlung über Herrn Sawatzky schon mal miteinander telefoniert. Wie ich hörte, hatten Sie kürzlich einen Lancia Stratos auf dem Hof.
Ja,- mit Getriebeschaden, aber das ist gemacht und der Kunde hat ihn wieder abgeholt und jetzt suche ich hier in dieser elenden Elektrik herum. Das Auto gehört einem Journalisten von der hiesigen Regionalzeitung und da darf ich mich nicht blamieren. Jetzt gehen wir aber erst mal ins Büro. Mögen sie Pfefferminztee?
Ich habe im Gegensatz zu ihnen italienische Wurzeln und frage mal vorsichtig: Gibt's auch Cappuccino?
Aber ja doch,- pulverisiert und aus der Dose!
Sagen Sie mal Herr Berissa, stimmt es, dass Sie mal mit einem Mitsubishi Lancer bei der Monte teilgenommen hatten und in der 2er Klasse den 6. Platz belegt hatten? Nein, nicht bei der Monte, sondern bei Paris Dakar und da nur einen undankbaren fünften Platz, aber wir hatten einen Reifenschaden und noch ein paar andere Probleme. Mehr war damals nicht drin.
Und jetzt?
Wie,- und jetzt? Berissa war verunsichert.
Ich meine, fahren Sie nicht mehr?

O Gott, sagte Berissa. Meine Frau erschlägt mich und hier frisst mich die tägliche Arbeit auf.
Vielleicht ja mal mit mir als neuem Bündnispartner, aber zunächst klären wir mal Ihre Angelegenheit, zu der ich mich im Vorgriff schon ein wenig sachkundig gemacht habe. Der Leiter der hiesigen Dienststelle, ein gewisser Herr Roth, ist ein vernünftiger Mensch und wir kennen uns von einer Weiterbildungsmaßnahme, wo ein ganz bunter Haufen aus Polizeibeamten, Rechtsanwälten, Notaren und auch paar Richter teilgenommen hatten. Dabei ging es um die Verbesserung der Kommunikation untereinander, um die es leider nicht gut bestellt ist. Mit dem Roth ist das aber kein Problem. Jetzt seien Sie mal bitte nicht beleidigt wegen dieser Frage, aber hatten Sie mal eine Vorstrafe? Irgendwas mit Bankraub, Entführung, Mord oder......?
Nein,- ich bin ganz und gar nicht beleidigt und Berissa erzählte, wie es damals zu der Anzeige wegen Körperverletzung gekommen war und Repetto schien außerordentlich amüsiert.
Wissen Sie, wie man sowas bei uns in Italien regelt?- und er machte eine eindeutige Handbewegung, wie sie vornehmlich zum Abtrennen der Gurgel taugt. Ihre Methode war die Soft-Variante. Ich hätte auf Freispruch plädiert. Machen Sie sich keine Sorgen. Ich brauche von Ihnen nur eine Unterschrift, mit der ich dann komplette Akteneinsicht erhalte. Was halten Sie eigentlich von den ganzen Hiobsbotschaften?
Meinen Sie die Sache mit der Seuche? Ich weiß nicht so recht und kann mir kein Bild machen. Mit den Viren kommt es mir ein bisschen so vor wie mit den Schäden an modernen Kraftfahrzeugen. Das Übel um das es geht zeigt sich nur als Auswirkung, als Folge einer meist irren Elektronik. Der Grund ist jedoch meist schwer zu ermitteln.
Sehe ich auch so, meinte Repetto und noch was,- ich heiße Toni. Ben, sagte Berissa und Repetto verabschiedete sich.

Herbert,- was würdest Du

auf die Frage antworten was ein Virologe ist?
Ich würde gar nicht, sage aber Dir, dass es sich bei dieser Spezies um Biologen handelt. Also zunächst einmal, was ja nicht ausschließt, dass einige daran noch ein Medizin-Studium angeschlossen haben.
Das heißt aber zugleich, dass deren weiser Ratschlag nicht immer eine medizinisch nachprüfbare Qualität haben muss, sagte Kurt Enders.
Richtig,- mit einer Betonung auf nicht immer. Weißt Du,- ich habe mal ein bisschen recherchiert und bin auf eine interessante Sache gestoßen. Ich glaube, es war beim vorletzten Weltwirtschaftsforum in Davos. Da hatte man versuchsweise das

Szenario einer sogenannten Pandemie durchgespielt. Frag mich mal warum. Oder anders: War das zu diesem Zeitpunkt naheliegend und warum eigentlich? Komisch ist auch, dass die WHO schon in 2016 den Pandemiebegriff nach unten korrigiert hatte. Zuvor war es nämlich so, dass mindestens 10% einer Bevölkerung nachweislich erkrankt sein musste, um diesen Begriff in Anwendung bringen zu können. Jetzt gibt es hierfür keine Richtgrenze mehr.
So wie Du das jetzt sagst, klingt das nach Verschwörung!
Nein,- das ist es nicht, denn es gibt einen wesentlichen Unterschied zwischen einer Verschwörung und dem, was ich eine Agenda nenne.
Welche Agenda?
Im schlimmsten oder übelsten Falle wäre das eine Agenda des Durchregierens unter angemaßten Notstandsbedingungen, also von im weitesten Sinne ausgesetzten Grundrechten.
Und Du meinst, dass das möglich ist?
De jure nein, aber de facto schon, denn ich gehe zumindest hier davon aus, dass sich der Souverän nicht wehren wird.
Jetzt mal mal den Teufel nicht an die Wand, denn nach den vorliegenden Informationen ist das Virus zwar mit geographisch unterschiedlicher Heftigkeit auf dem Vormarsch, aber die gerade beschlossenen Einschränkungen sind noch nicht wirklich gravierend.
Noch nicht,- da hast Du recht, aber wir sollten bei unserem Beitrag hierzu keinen schönfärberischen Optimismus verbreiten.
Aber auch keinen düsteren Pessimismus!
Recht hast Du, denn der liegt uns beiden noch weniger, weil wir rechtzeitig in den Sarkasmus flüchten. Ich denke mal, wir sammeln beide unterschiedliches Material und fügen es zusammen, - verstehst Du? Einer von uns versucht sich hinsichtlich der verordneten Maßnahmen sachkundig zu machen und der andere behält die gesellschaftliche Entwicklung kritisch im Focus. Mit einigem Glück gelingt es uns dann, eine Entwicklung transparent werden zu lassen, die vielleicht umfänglicher ist, als es die Bekämpfung dieser sogenannten Pandemie scheinen lässt.
Mein lieber Fritz,- gemessen an Deiner Kritik zu meinem Vortrag, kann ich eigentlich zufrieden sein. Du hast deine grundsätzlichen Bedenken hinsichtlich des Gleichstellungsbegriffes deutlich gemacht, aber ich bin dabei nicht zu einem feministischen Monster mutiert....
Was ja auch nicht meine Absicht war, fiel Friedhelm Kurz ihr freundlich ins Wort. In seiner frühen Phase hatte der Feminismus einiges bewegen können und ich sehe sowohl durch die Quotendebatte, als auch den sich epidemisch ausbreitenden Genderismus, den ich für ein Kind des Moralismus halte, genau diese zunächst progressiven Erfolge auf dem Rückmarsch.

Das sehe ich nicht so hart wie Du, aber dazu hatten wir uns ja schon mal ausgetauscht.
Was gibt's eigentlich Neues in der anderen Sache?, wollte er wissen. Es wäre ganz gut, wenn Du mich da ein wenig auf dem Laufenden halten könntest. Hat sich der Kommissar Roth mal wieder bei Dir gemeldet?
Ja,- hat er und sein Kollege aus dem Nachbarlandkreis hat ihm wohl erzählt, es sei auch dort zu sexuellen Übergriffen gekommen und in diesem Zusammenhang seien zwei Leute festgenommen worden. Es könnten – wie Roth meinte – eventuell die Komplizen des Angreifers gewesen sein.
Hatte er eine Nationalität genannt?
Nein,- aber zumindest einer von ihnen hatte nach seiner Aussage schon fünf verschiedene Identitäten. Zumindest das ist mal bekannt, aber hör mal Fritz,- der Kommissar hatte mich gebeten, dass das unter uns bleibt.
In Gottes oder auch meinem Namen. Man kann daraus ohnehin nicht viel machen, es sei denn, man betreibt ein Revolverblatt, das von Vermutungen lebt. Ansonsten hatten wir doch geplant, mal beim Inder essen zu gehen, wobei wohl Eile geboten ist, wenn die jetzt ernsthaft die Gaststätten und Restaurants schließen wollen, was ja in einigen anderen Ländern schon geschehen ist. Wenn erst mal die Angst regiert, weil Intensivstationen mit auf dem Bauch liegenden schnaufenden Patienten zum Nachrichtenhit werden, dann geht alles. Oder zur Abwechslung auch ein paar Leichentransporte durch die Armee ohne vernünftige Hintergrundinformation. Die machen natürlich Angst, weil sich dann viele schon in der Kiste sehen, obwohl doch der nächste Urlaub auf Malle schon gebucht war.
Aber sag mal Fritz,- wenn Du jetzt gar nicht verunsichert bist, dann wundert mich das auch.
Liebe Doro,- ich sehe hier kein Intensivbettenchaos, keine Särge auf den Straßen, keine mühsam nach Luft ringenden Menschen vor den Krankenhäusern, was nichts dagegen sagt, dass ein Virus gefährlich sein kann. Es geht aber um ein vernünftiges Abwägen. Welche Maßnahmen sind vor dem realen Hintergrund notwendig und vertretbar?
Fritz,- ich bin ganz ehrlich und sage Dir, dass ich Angst habe.
Was Du real in dem kleinen Park erlebt hast, das ist als Gefahr viel wahrscheinlicher als das, worum gerade eine unglaubliche Hype veranstaltet wird. Mich beschleicht das unangenehme Gefühl, dass die politische Klasse eine besondere Form der Gefahrenbeschwörung betreibt, wobei andere Gefahren klein geredet werden. Zugleich wird den Leuten weisgemacht, das ganze Land sei plötzlich mehr oder weniger aus heiterem Himmel voller Nazis und Rassisten, über deren vielleicht mögliches massenhaftes Sterben man sich doch freuen müsste, aber statt dessen verordnet man Quarantäne. Eine seltsame Logik.

Das war jetzt aber Sarkasmus, den ich an Dir übrigens mag, mein lieber Fritz, weil dieser Schuss an Übertreibung auf mich sogar beruhigend wirkt. Soll ich uns für morgen einen Tisch beim Inder bestellen?, sagte er. Ja,-mach das, ich freue mich.

Hier ist Ralf Sterzing,- störe ich Dich?
Das kommt darauf an wie man Störung definiert, denn ich wollte mir gerade einen Kaffee eingießen.
Eingießen oder eingießen lassen?
Wenn Du mir jetzt erzählen willst, dass bei Dir ständig eine Sekretärin nur darauf wartet, dem Herrn Dienststellenleiter einen Kaffee zu verabreichen, dann platze ich wirklich vor Neid! Ich mache hier nämlich das, was mein Vater schon nach dem Kriege gemacht hatte, bevor er mit dem Fahrrad auf die Arbeit fuhr. Er hat sich nämlich ein oder zwei Butterbrote gemacht und eine Thermoskanne mit Kaffee gefüllt, sofern der überhaupt vorhanden war, weil man sich nach dem Kriege über längere Zeit mit etwas begnügen musste, was im Volksmund als Muckefuck bezeichnet wurde, wenn Du weißt was ich meine.
Ist das so ein Gebräu aus geröstetem Getreide?
Du sagst es! Thomas jetzt trink Deinen Kaffee, aber pass zugleich mal kurz auf, denn ich will die beiden Verdächtigen verhören, die wir im Zusammenhang mit den sexuellen Übergriffen festgenommen haben. Wenn Du das zeitlich erübrigen könntest, dann wäre es vielleicht ganz gut, wenn Du mit dabei wärest. Ich meine dabei wegen dem möglichen Zusammenhang mit dem bei Euch inhaftieren Harassek.
Mach ich, wenn's nicht ausgerechnet der nächste Dienstag ist.
Nein,- es ist der Montag.
Der ist auch schrecklich, aber nicht wegen eines anderen Termins, sondern weil Montage immer schrecklich sind. Ich hasse Montage!
Aber wenn Du den Montag abschaffen willst, so wirst Du künftig den Dienstag hassen usw. usf.
Das ist eine umwerfende Dialektik mein lieber Ralf. Wann soll ich denn vor Ort sein?
Um 10 Uhr wenn's beliebt.
Es beliebt, sagte Thomas Roth und beide verabschiedeten sich lachend.

Währenddessen hatte Martina Riedel
eine Unmenge an Kaffee gekocht, die in der Regel stets dann benötigt wurde, wenn das komplette Redaktionsteam bei längeren Sitzungen im Wachzustand gehalten werden musste. Sie hatte über die Jahre ein untrügliches Gefühl dafür

entwickelt, das jeweils anstehende Thema in ein kongruentes Verhältnis zur benötigten Kaffeemenge zu setzen. Die Verteidigung der Freiheit von Forschung und Lehre war in diesem Falle eine Angelegenheit von mindestens 5 Litern.
Carsten Spohn hatte sich eine längere Begrüßung erspart und gab gleich zu verstehen, dass er sich in dieser heiklen Angelegenheit schon mal sachkundig gemacht habe. Es gebe da einen interessanten Dualismus, denn der Deutsche Wissenschaftsrat habe kürzlich die Regierung Orban in Ungarn deshalb kritisiert, weil dort keine Gender-Studies mehr stattfinden sollen. Er, also Spohn, halte diese Kritik für nicht gerechtfertigt, denn bei den Gender-Studies handele es sich nicht um Wissenschaft, weshalb auch die Freiheit von Forschung und Lehre nicht betroffen ist. Umso verwunderter sei er, dass der gleiche Wissenschaftsrat kein kritisches Wort – zumindest bisher nicht – im Zusammenhang mit den an einigen deutschen Universitäten durch einen Teil der Studentenschaft verhinderten Vorlesungen, vor allem durch Gastdozenten gefunden habe, welche eine internationale Reputation hätten. Offensichtlich sei man hier entweder sprachlos oder vielleicht sogar einverstanden.
Meine Herren, Sie sehen, dass sich hier ein weites Feld bietet und ich danke ihnen nochmals, dass wir uns zuvor schon darauf einigen konnten, nicht zum Sprachrohr der unterschiedlichen Interessengruppen an unserer hiesigen Universität zu werden.
Ist eigentlich mal jemandem aufgefallen, dass die Konkurrenz bisher mit keiner Zeile auf die jüngsten Vorkommnisse an der hiesigen Uni eingegangen ist? Frank Hellweg hatte sich zu Wort gemeldet.
Na ja, sagte Herbert Wendler, das kann ja noch kommen und man darf gespannt sein, ob sie dann dem Geist der Gegenaufklärung huldigen, wo Religionskritik zu Rassismus wird.
Ist das denn abwegig, wenn wir uns dem Thema über diesen Hebel der Ungarnschelte nähern, die man ja als einen Teil der EU gepuschten Kampagne gegen die aufsässigen Ost-Europäer begreifen muss?
Carsten Spohn hatte sich in diese Idee ein wenig verbissen und erhielt Rückendeckung von Thomas Gebauer, der ressortbezogen auf die ständigen ökonomischen Drohgebärden durch die EU verwies und anmerkte, es wundere ihn, dass sich einige in Ungarn ansässige deutsche Unternehmen nicht schützend vor die dortige Regierung stellen, die sich stets als sehr kooperativ und entgegenkommend gezeigt habe.
Wir sollten das vielleicht nicht überfrachten, denn die Spannungen zwischen der EU und den osteuropäischen Staaten sind alleine schon ein ganz großes Thema, zu dem ich zurückliegend einiges Material gesammelt habe, warf Kurt Enders ein.

Dass wir aber im Hinweis auf die Ungarn-Schelte gleich auch eine Kritik an dem Gender-Zirkus unterbringen können, halte ich für außerordentlich charmant.
Carsten Spohn schien erleichtert. Dann kann ich auf Sie rechnen, sagte er und zum guten Schluss noch ein Hinweis, um den wir seitens des „Rates" gebeten wurden. Hierbei geht es um eine regelmäßige Seuchen- bzw. Pandemie-Berichterstattung.

Und wer ist in diesem Falle der Zuträger der Informationen?, wollte Kurt Enders wissen.
Tja,- das habe ich mich auch gefragt, sagte Spohn, denn mit einer eigenen Recherche ist das nicht zu schaffen.
Möglicherweise ist die ja auch gar nicht erwünscht, fügte Enders süffisant hinzu. Man wird uns an die Leine nehmen, um den Faktor Angst aufrecht zu erhalten und dabei ist es gleichgültig, wie ernst oder weniger ernst die Lage wirklich ist. Noch ein paar Fotos von auf dem Bauch liegenden und an Beatmungsgeräte angeschlossenen Menschen und das Ziel ist erreicht. Soweit ich informiert bin, gibt es bisher keine exorbitant gestiegene Todesrate. Bisher jedenfalls nicht!
Ja,- man müsste das mal mit den ganz realen Todeszahlen der letzten zwei drei Jahre vergleichen, sagte Friedhelm Kurz.
Meine Herren, das wird uns noch eine Weile beschäftigen und begleiten und zwar auf gleich mehreren Ebenen, sagte Carsten Spohn.
Einmal ist das ja ein medizinisches, dann ein wirtschaftliches und weiterhin ein gesellschaftliches Problem. Damit werden zugleich drei wissenschaftliche Ebenen angesprochen, die zu unterschiedlichen Vorstellungen hinsichtlich des weiteren Geschehens führen werden. Ich schlage vor, dass wir ein Interview mit Herrn Prof. Delius von der hiesigen Uni machen, womit wir zumindest die vordergründig medizinische Problematik in den Griff bekommen.

Anton Sawatzky hatte

den Hummer auf die Bühne gefahren, denn selbst bei Militärfahrzeugen gab es gelegentlich die Notwendigkeit von Inspektionen selbst dann, wenn mit einem solchen Fahrzeug in der Regel nur sehr wenig gefahren wurde. Als er gerade mit dem erforderlichen Werkzeug in die Grube gestiegen war, klingelte das Telefon, das er in weiser Voraussicht gleich mitgenommen hatte.
Hier ist Berissa und ich wollte mich bedanken wegen der Vermittlung des Anwalts.

Ach ja,- hat das geklappt?
Ja,- wir haben erst miteinander telefoniert und der Herr Repetto hatte dann angekündigt, dass er zwischendurch mal bei mir reinschaut, damit wir in Ruhe über die Sache sprechen können, was wir mittlerweile auch getan haben.

Na prima und ich habe mir hier gerade den Hummer auf die Bühne gefahren. Es ist nichts kaputt, sondern ich mache nur eine Routineinspektion.
Daran zu arbeiten ist geradezu himmlisch, sagte Berissa. Nichts ist verbaut,- alles ist leicht zugänglich und nirgends irgendein überflüssiger Spielkram.
Ist der Lancia noch im Hause? wollte Sawatzky wissen.
Nein, der Kunde hat das gute Stück abgeholt. Ich hatte zuvor noch mit der Fr. Niewald eine Probefahrt gemacht.
Was,- die Frauenrechtlerin?
Die ist eigentlich in Ordnung, sagte Berissa und ziemlich furchtlos.
Ja - und bei mir war jemand von der Zeitung und hat ein Interview gemacht. Ich denke mal, das war im Zusammenhang mit dem Thema, das sie da bearbeitet, die Fr. Niewald. Der wollte wissen, wie viele Frauen ich beschäftige und ich habe ihm gesagt, dass ich damit kein Problem habe, aber es gibt halt keine Sonderrechte. Quoten gibt's bei uns auch, aber nicht wegen den Frauen.
Anton,- bitte entschuldige, aber ich muss Schluss machen, denn gerade ist wohl der Toni Repetto nochmal gekommen, wenn ich mich nicht irre, denn so ein bisschen italienisch sieht er ja schon aus.
Nur kein Rassismus, dröhnte Sawatzky und ließ beste Grüße ausrichten.
Du hast Recht, denn ein bisschen italienisch sehe ich schon aus. Repetto grinste, denn er hatte den letzten Teil der Unterhaltung mitbekommen. Von Dir weiß ich immerhin, dass Du aus Nord-Afrika kommst, aber das sind schon ein bisschen andere Dimensionen und man könnte jetzt nicht zwingend sagen, Du siehst ein bisschen nordafrikanisch aus.
Das ist in Afrika wirklich nicht so einfach, sagte Berissa und wenn wir nicht wenigstens mit der französischen Sprache als kolonialem Erbe gesegnet wären, dann würden wir uns gegenseitig nicht mal verstehen. Zumindest nicht in dem Teil, den man so ungefähr als den Norden bezeichnet. Ich hatte gerade ein Gespräch mit Anton Sawatzky.
Ach ja,- der Toni aus Polen, mein Vornamensvetter. Der ist schwer in Ordnung und absolut zuverlässig, sagte Repetto. Ein bisschen was von seinen Eigenschaften wünsche ich mir für meine ehemaligen Landsleute in Deutschland.

Warum ehemalig?, wollte Berissa wissen.
Na ja, in wieweit ist denn Italien z.B. noch deren Heimat? Wo haben sie die meisten Freunde und Bekannten und wo liegen ihre Toten?
Das ist eine interessante Heimatdefinition, sagte Berissa, aber Du hast wohl recht und ich bin ja auch noch zusätzlich mit einer Deutschen verheiratet, was mich ganz schrecklich deutsch hat werden lassen, wobei schrecklich nicht als abwertend zu verstehen ist, sondern als ein Verhalten, das mich hier hat kompatibel werden

lassen mit dieser natürlich durchaus speziellen Kultur. Die Deutschen können unglaublich genial sein, ganz furchtbar traurig, zwischendurch offensichtlich und gelegentlich auch grausam und aktuell wollen sie nur gut sein, ganz egal zu wem auch immer, aber auf jeden Fall gut.
Repetto sah ihn nachdenklich an. Weißt Du,- ich wollte Dich eigentlich gerade fragen, was Du mit dem Wagen machst, der offensichtlich für Wettbewerbe hergerichtet ist oder war, aber was Du da zu den Deutschen gerade gesagt hast, ist interessant. Vielleicht ist die Sicht darauf für uns nicht-Bio-Deutsche auch einfacher, aber manchmal denke ich, dass sie sich aufführen, als wollten sie einen Krieg gegen das Weltunrecht gewinnen. Zwei Kriege haben sie verloren, aber den dritten wollen sie gewinnen und das ist der Krieg um die bessere Moral. Und trotzdem will ich noch wissen, was Du mit diesem Auto vorhast?
Nichts oder besser nichts mehr, sagte Berissa. Das ist ein Mitsubishi Lancer Evo 5 und mit diesem Modell ist heute kein Blumentopf mehr zu gewinnen. Das ist im Grunde ein Familienkutsche. Viel zu groß und zu unhandlich gegenüber den aktuellen rasenden Kleinwagen, wie ich sie immer despektierlich nenne. Ich komme zu sowas auch gar nicht mehr und bräuchte dann auch einen Beifahrer. Das ist mir alles zu aufwändig und zu teuer geworden und meine Frau ist froh, dass ich das gelassen habe.
Na ja, sagte Repetto, so eine Beifahrerausbildung habe ich ja und finanziell könnte ich mich beteiligen, aber erst mal zur Sache mit Deiner offenbar strafwürdigen Hilfestellung. Wir hatten ja schon kurz darüber gesprochen und da ich mich ein wenig sachkundig gemacht habe, müssen wir eine kleine Klippe umschiffen, die mit Deiner Vorstrafe zusammenhängt.
So eine Schlüsselverlängerung ist eine kräftige Gerätschaft, aber wir berufen uns in diesem Falle auf ein reflexhaftes Verhalten, weil dieses sich vom vorsätzlichen unterscheidet und anders beurteilt wird. Dabei ist es wichtig, dass Du zuerst angegriffen wurdest und nicht umgekehrt. Da sind wir auf klare Aussagen angewiesen, wobei dieser Tathergang auch unter Eid gesetzt werden kann. Das glaube ich zwar nicht wirklich, aber möglich ist das schon. Der Kommissar Roth will sich nach meinem Kenntnisstand und ich glaube am Montag, mit seinem Kollegen Sterzing treffen, was der Klärung eines möglichen Tatzusammenhanges mit der versuchten Vergewaltigung durch den Herrn Harassek dienen soll. In wie weit das dann gut oder schlecht ist, wenn sich der Verdacht als berechtigt erweisen sollte, das werden wir dann sehen.
Ich will Dir nichts vormachen, denn es kann schon sein, dass wir wegen dem Gebrauch des Schraubenschlüssels bzw. dieser Verlängerung Ärger bekommen; aber schließlich bist ja auch Du verletzt worden und hattest zudem einen ganzen Haufen Scherereien und Probleme mit der Firma, da Du nicht voll arbeitsfähig

warst. Versteht Du,- der Richter wird nicht kritisieren dass Du dich gewehrt hast, aber er wird einwenden, dass Du den Delinquenten mit einem Werkzeug dieser Größe auch hättest töten können.
Wollte ich aber nicht und so viel ich weiß, können Messer auch tödlich sein.

Stimmt, aber mach Dir mal keine Sorgen und ich darf mir mal den Rally-Kalender anschauen.
Du hast Sorgen, sagte Berissa, hätte aber lügen müssen, wenn ihm der Gedanke mal wieder zu fahren ganz außerordentlich missfallen hätte. Das hatte er ganz und gar nicht.

Karin,- hast Du am Mittag

ein bisschen Zeit? Also nicht am frühen, sondern am späteren Mittag? Der Patricio hat nämlich angerufen und war total begeistert von der Idee, mit Dir zusammen etwas spielen zu können.
Seine Begeisterung wird sich in Grenzen halten, wenn er hört wie ich spiele, aber wann will er denn hier sein oder wie war das gemeint?
So gegen 17:30 Uhr,– geht das?
Ja,- wenn ich den Bösendorfer kurz zuvor schon mal anspielen kann.
Das ist mit der musikwissenschaftlichen Fakultät besprochen und Du musst nur dem Hausmeister Bescheid sagen.
Ja,- ich bin zuvor noch bei Deinem Kollegen Mendes wegen dem Projekt mit den Etruskern. Mir machen aber einige Meldungen zunehmend große Sorgen, denn wenn weiterreichende Einschränkungen folgen, dann können wir nicht nur dieses Projekt vergessen.
Da ist ein aus meiner Sicht ganz katastrophaler Sturm entfacht worden, sagte Conte. Ein Wind hätte nämlich auch gereicht, aber mach Dir keine Sorgen,- wir sehen uns dann später wenn ich den Patricio mitbringe.
Karin Bruckner hatte Glück, weil sie dem Hausmeister bereits auf dem Flur begegnete und als er ihr den Musikraum geöffnet hatte, empfand sie das Alleinsein mit dem großen Flügel fast wie eine leichte Angst. Sie wusste, dass Hélène Grimaud schon auf ihm gespielt hatte, öffnete ihn und brauchte einige Sekunden, bis sie sich gesetzt hatte und vorsichtig die Tastatur anschlug.
Franz Schubert: *Impromptu G Moll Op 90.* Es war seltsam, aber trotz der langen Abstinenz lief die Musik aus ihr heraus wie eine Befreiung. Ihre Bedenken schmolzen und weil sie ungestört war, spielte sie das Stück fast fehlerlos. So ist es immer, dachte sie. Man kann sich der Musik nicht mit einem Kraftakt nähern, einer verordneten Fehlerlosigkeit für das Tonstudio. Musik ist ein emotionales Erlebnis und kein Wettbewerb. Als sie aufstand und in den Raum blickte, zu dem sie schräg

gesessen hatte, erblickte sie Raoul und einen anderen Mann, in dem sie Patricio erkannte.
Conte hatte seine beiden Hände vor dem Gesicht gefaltet und sah nicht zu ihr empor, als sie bei den beiden Männern angelangt war und Patricio sie herzlich begrüßte.
Un juego grande, esta interpretación de Franz Schubert. Fantastico y muchas grácias!
Conte war auch aufgestanden und blickte sie mit großem Ernst an. Du hast mich sprachlos gemacht, sagte er ganz leise. Ich kann das nicht kommentieren. Diese europäische Kunstmusik nimmt mir die Sprache. Das ist die nonverbale Vermittlung einer Empfindung, die nur in diesem Kulturraum in dieser Weise künstlerisch umgesetzt wurde. Dass Du das spielen kannst ist einfach wunderbar.
Raoul,- wo wollt Ihr denn jetzt hingehen? Die Mensa ist geschlossen wegen der Seuche und wenn wir hier ohne Masken im Dreierpack über den Campus laufen kriegen wir Ärger.
Ich weiß, sagte Conte. Wir gehen in mein Büro. Dort angekommen übersetzte er, was hinsichtlich des geplanten kleinen Konzerts zu organisieren war. Patricio kannte keines der beiden Stücke für das Klavier und die Gitarre, welche Karin Bruckner vorgeschlagen hatte, aber er schien sich mit dem Gedanken an Antonio Diabellis *Grande Sonate brillante Op 102* anzufreunden.
Ich habe so etwas noch nie versucht, sagte er.
Ich ja auch nicht und Karin Bruckner fügte hinzu, dass der Klavierpart in diesem Falle auch nicht so schwierig sei.
Als Conte das übersetzt hatte, sah Patricio sie ungläubig an, um dann ganz fest zu sagen:
No hay problemas,- nunca! Er wolle sich ein wenig revanchieren, denn Schubert habe auch einige Stücke für die Laute geschrieben und es gebe eine ganze sog. Schubertiade für die Interpretation mit der Gitarre.
Kommen Sie, wir gehen nochmal in den Musikraum und ich spiele Ihnen etwas vor.
Mittlerweile waren ein paar Studenten von der musikwissenschaftlichen Fakultät hereingekommen und lauschten erstaunt der Interpretation dieses ihnen unbekannten Solisten.
Als er geendet hatte, brach ein richtiger kleiner Jubel aus und Patricio war fast ein wenig irritiert und bedankte sich.
Conte übersetzte, soweit das in dieser improvisierten Situation möglich war und als dabei herauskam, dass ein kleines Konzert mit einem nicht alltäglichen Arrangement geplant war, vermittelte sich so etwas wie Begeisterung und man wollte eine richtig große Sache daraus machen, wenn mal wieder halbwegs normale Zeiten angebrochen seien.

Raoul,- bitte sage ihnen, dass das doch gar nicht als größere Sache geplant war. Ich fühle mich überrumpelt.
Sei unbesorgt, meinte dieser, denn so groß kann die Sache schon aus organisatorischen Gründen gar nicht werden. Ich passe schon auf, dass Du nicht in die Musikwissenschaft wechselst, aber eigentlich,- also eigentlich ist das auf jeden Fall immer noch besser als die Soziologie. Ganz sicher! Außerdem habe ich so meine Bedenken hinsichtlich der Seuchenentwicklung. Wenn jetzt die sog. Kontaktbeschränkungen ausgeweitet werden, dann wird kaum noch etwas möglich sein. Der Geisinger war heute ziemlich alarmistisch unterwegs und steht natürlich unter Druck. Wie gesagt,- ich weiß es ja auch nicht!

Ralf Sterzing und Thomas Roth

trafen sich in Sterzings Dienststelle, wo sich ein angenehmer Kaffeeduft verbreitet hatte. Sterzing war etwas älter als Roth und in seinem Zuständigkeitsbereich gab es anhaltende Probleme mit einer bestimmten Sorte von Jugendlichen, die sich einen Spaß daraus machten, Teile der öffentlichen Einrichtung zu zerstören. Sterzing war zugleich klug genug, das nicht zu verallgemeinern. Er hatte bei der Verwaltung schon mehrmals ein konkretes Modell für die Jugendarbeit eingefordert und traf sich gelegentlich mit den verantwortlichen Leitern, aber irgendwie schien das an höherer Stelle nicht populär.
Ralf,- bei uns gibt's auch ähnliche Probleme, aber da hatte sich mal die Presse drangehängt und man war in der Verwaltung genötigt etwas zu unternehmen, bevor es peinlich wurde.
Das hatte die Presse hier auch, sagte Sterzing, aber sie sind nur über die Jugendlichen hergezogen mit der klaren Forderung, dass die Polizei es richten möge und Du weißt, dass das nicht gehen kann.
Fast zu gleicher Zeit berichteten sie über die sexuellen Übergriffe unglaublich verhalten, als handele es sich um ein Kavaliersdelikt. Was gibt's denn Neues bei euch in Sachen Seuche?
Na ja,- wir sollen die Einhaltung sog. Hygienevorschriften möglichst kontrollieren, was ja eigentlich nur größere Menschenansammlungen betreffen kann und was ich daran überhaupt für verwunderlich halte ist, dass man uns jahrzehntelang erzählt hat, dass solche Masken im Grunde wirkungslos seien. Jetzt sind sie plötzlich die Rettung. Einige Leute aus dem Innenministerium wollen gehört haben, dass vorübergehend ganze Industriebetriebe geschlossen werden sollen.
Ich bin mal sarkastisch, sagte Sterzing,- ab wie vielen Toten denn?
Du meinst, - wie viele müssen zuvor nachweislich an der Seuche gestorben sein, um das zu rechtfertigen?

Gute Frage, denn die habe ich mir auch gestellt? Es hört sich vielleicht ein bisschen komisch oder wegen mir auch pragmatisch an, aber es gibt in einem solchen Falle, so wir ihn denn ernst nehmen müssten, ein gewisses und notwendiges Abwägen zwischen der Anzahl der Toten und einem gesamtgesellschaftlichen Schaden mit massenhaft vernichteten Existenzen, einer veritablen Selbstmordrate und einer ganzen Menge weiterer sehr unangenehmer Nebenerscheinungen.
Und Du bist der Ansicht, dass man das auch laut denken darf?
Nein,- bin ich nicht und wenn doch, dann wirst Du in die Kategorie der sogenannten Leugner eingereiht. Dabei findet sich der vermeintliche Seuchenleugner zu seiner Überraschung auch in der Kategorie der angeblichen Holocaustleugner, was mir die ganze Angelegenheit ein wenig verdächtig macht, denn mein Misstrauen gegen politische Rundumschläge ist groß. Sehr groß!
Ja,- vor allem ist das verantwortliche Personal mit großer Vorsicht zu genießen, weshalb ich vorschlage, dass wir unseren Kaffee austrinken bevor er kalt ist und dann schaun wir mal, wie sich unsere beiden Frauenfreunde positionieren und dies auch im Hinblick auf ihre mögliche Kumpanei mit dem Herrn Harassek.

Das war wohl für einige Zeit

das letzte Mal, sagte Friedhelm Kurz. Hat es Dir geschmeckt?
Du weißt doch, dass ich sowas immer gerne esse. Ich esse übrigens deutlich lieber indisch als dass ich mich freiwillig durch den indischen Straßenverkehr bewegen würde.
Du bist doch sonst so abenteuerlich drauf und bist sogar mit dem Berissa gefahren.
Ja schon, aber man muss unterscheiden zwischen einem kalkulierbaren Risiko und einem anarchischen Chaos, welches dort ein ganz wesentlicher Teil der Wirklichkeit ist. Dort macht der Staat längst auch ansatzweise keinen Versuch, die Bürgerinnen und Bürger angemessen zu schützen und die Frauen schon gar nicht. Vermutlich geht das auch nicht in Massengesellschaften.
Ja Doro,- ich denke auch. Die Situation der Frauen in den verschiedenen indischen Bundesstaaten ist unterschiedlich schlecht, aber dennoch nicht so beschissen wie in den islamisch formierten Ländern, was den Großteil unserer Feministinnen nicht zu interessieren scheint.
Wenn Du mich nicht damit gemeint hast, gebe ich Dir recht, aber was meintest Du mit deiner Bemerkung von dem letzten Mal für einige Zeit?
Weil sie die Gastronomie komplett schließen wollen. Zumindest erschien dieser Hinweis auf unserem Presseverteiler.
Und das werden sich die Leute einfach so gefallen lassen?

Nicht einfach so, sagte Kurz, aber die Folge einer medial inszenierten Angstkampagne wird Gehorsam sein. Angst legt alles lahm.

Das Gegenteil wäre dann wohl Mut?
Richtig Doro, aber wofür sollte der stehen? Für einen Ungehorsam gegen die verordneten Maßnahmen? Es müsste ja erst mal erkannt werden, dass sie zu weit gehen. Ich glaube in der aktuell erlebten Gesellschaft nicht mehr an Mut. Das Selbstverständnis eines Vertrauens auf eine eigene, sorgsam durchdachte und verteidigenswerte Meinung ist verloren gegangen.
Warum?
Na ja,- wir leben schon sehr lange in so einer Art von Wohlfühl oder wenn du so willst auch Verwöhngesellschaft, die nicht mehr viel von ihren Mitgliedern einfordert und wo es nicht mehr nötig scheint, etwas verteidigen zu müssen, was *man für selbstverständlich hält. Selbstverständlich ist aber gar nichts. Die politische* Klasse hat sich währenddessen durch ihre vor allem mediale Macht zu einer fast unangreifbaren Elite stilisiert. Wozu Ihr euren Teil aber wohl mit beitragt, sagte sie.
Ja,- das ist ja das Schlimme, dass ich diesen Vorwurf nicht mal zurückweisen kann. Konsequent gedacht müssten wir so etwas wie eine revolutionäre Gegenpresse machen. Hast Du eine Ahnung wer das finanzieren könnte? Ich nicht und unsere Anzeigenkunden und Leser auch nicht.
Man würde Euch medial niederbrüllen. Vermutlich ja und weißt du,- manchmal träume ich von der handstreichartigen Besetzung einer Sendeanstalt, um dann wenigstens nur einen Tag lang mal keinen Bullshit zu senden, sondern aktuelle und der Wirklichkeit verpflichtete Fakten.
Ich verstehe Dich Fritz, aber wir Frauen hätten im Hinblick auf die Medien schon viele Gründe für einen Aufstand gehabt.
Das glaube ich Dir gerne, aber jetzt ist dieser Aufstand aufs falsche Minderheitengleis geraten, das in den Genderismus mündet und das ist einfach nur noch jämmerlich, vor allem aber unwissenschaftlich.
Du weißt, dass ich da nicht mitmache, zumal ich befürchte, dass der Schuss nach hinten losgeht, was wohl schon passiert ist. Vor lauter Antidiskriminierung machen sie sich in die Hosen und wechseln hinterher das Hemd.
In China werden gesellschaftliche Trends von der kommunistischen Partei gemacht und in Szene gesetzt, was sowohl eine weitere Moralisierung, als auch Wahlen überflüssig macht.
Was jetzt aber wieder sehr sarkastisch ist mein lieber Fritz und außerdem stehen wir schon geraume Zeit hier vor meiner Tür herum. Rein oder raus?
Draußen stehen wir ja schon. Ich komme noch mit rein, aber....

Ja ja,- Du willst es nicht gewesen sein Du Feigling! Die Rolle des Verführers steht Dir ohnehin nicht und ich habe noch einen sehr guten Rotwein. Schade, dass es hierzu keine Statistik gibt.
Welche Statistik?
Wie oft hat das Vorhandensein eines guten Weines schon als Alibi herhalten müssen?
Wofür?

Dafür, dass man eines finden wollte, obwohl es von niemandem eingefordert wurde. Von mir schon gar nicht, weil die Sache so ist, dass ich will dass Du bleibst und den Rotwein bekommst Du als Draufgabe.

Carsten Spohn hatte
Martina Riedel gebeten mindestens 3 L Kaffee zu kochen und diese Schokoladenplätzchen zu besorgen, deren Namen er stets vergaß, aber sie wusste was er meinte und sah dem Kommenden gefasst entgegen, denn für eine Nachtsitzung war die Menge in keinem Falle ausreichend.
Meine Herren, - nur ganz kurz: Wir bringen jetzt unser Statement zum Thema Freiheit von Forschung und Lehre. Das wäre dann mal diese Sache und was diese Geschichte mit der Vergewaltigung betrifft, so steht das Interview mit der Fr. Niewald noch aus. Herr Kurz.......
Das ist schon in der Mache Chef, aber ich wollte mich nochmal mit dem Kommissar in Verbindung setzen, um vielleicht erfahren zu können, wie es um die potentiellen Mittäter steht, die von Fr. Niewald und dem Herrn Berissa leider nicht ausreichend beschrieben werden konnten.
Alles klar,- sagte Spohn, Sie machen das. Was war noch? Ach ja,- das Conte-Interview haben wir gebracht, wobei es in diesem Zusammenhang ein paar sehr vernünftige Leserzuschriften gegeben hatte. Offensichtlich ist einigen Leuten klar geworden, was die Freiheit des Wortes essentiell bedeutet und dem Conte kann nun niemand wirklich vorwerfen, er argumentiere als Bio-Deutscher, wenn ich mir diesen windigen Begriff mal erlauben darf. Kommen wir mit der Recherche hinsichtlich dieser Immobiliengeschichte und den Saudis weiter? Enders und Gebauer,- gibt's da was grundsätzlich Neues?
Kommt drauf an, wie man den Begriff des Grundsätzlichen definiert, sagte Gebauer, denn ganz grundsätzlich können wir feststellen, dass immer mehr städtische Immobilien und auch solche, sie bislang in den sogenannten besseren Vierteln zu verorten waren, in die Hände arabischer und türkischer Großfamilien gelangen. Grundsätzlich ist das unter dem Blickwinkel einer Geschäftsabwicklung

ohne wesentlichen Befund, sehr wohl jedoch unter dem der Geldbeschaffung und dem eines, ich sage mal generösen Entgegenkommens der Verwaltung.
Haben Sie oder der Kollege Enders einen Verdacht, der sich begründen lässt?

Ja,- haben wir und auch das Finanzamt und einige Maklerbüros und ein Zuträger aus dem Bereich der Verwaltung, den wir verständlicherweise nicht nennen, das heißt schützen werden.
Und die Polizei?- wollte Spohn wissen.
Die Polizei ist involviert, sagte Kurt Enders. Nach deren Meinung handelt es sich um einen europaweit agierenden Ring, der in großem Umfange Immobilien ankauft. Das Problem ist hierbei das stringente und im Prinzip korrekte Vorgehen der Makler und Käufer. Die Geldgeschäfte, beziehungsweise die Geldbeschaffung, sind eine andere Sache und könnten ein Hebel sein, aber der Rest ist hoch politisch, weil man sich entscheiden muss, an wen man vielleicht besser nicht verkauft. Da nach neuester Lesart alle Menschen gut sind und Respekt verdienen, ist das ein eher umfängliches und wenn man so will auch kulturelles Problem. Ich versuche mir gerade vorzustellen, wie man sowas begründen kann, ohne sich übermorgen im Range eines Fremdenfeindes wiederzufinden. Auf jeden Fall müssen wir da dran bleiben und alles sauber aufarbeiten und es scheint mir richtig und vertretbar, dass man Entscheidungen auch kulturell begründen kann. Spohn hob die Hand, weil er noch etwas loswerden wollte.
Man ist im „Rat" der Meinung, die Presse müsse die Vorgaben des Innenministeriums umsetzen. Man vertritt dort die Ansicht, die Angst müsse aufrecht erhalten bleiben und das zur Not auch mit dramatischen Fotos von Menschen, die an Beatmungsgeräte angeschlossen sind. Es wurde hierzu eine eigene Leitstelle eingerichtet, die einen fortlaufenden Informationsfluss garantiert. Das wird die Kollegen von der aufgeregten Konkurrenz natürlich freuen oder auch nicht, denn jetzt brauchen sie sich die Dramatik nicht selbst zu erfinden. Sie wird frei Haus geliefert.
Ich werde mich mit Prof. Delius in Verbindung setzen, aber die Frage ist halt auch, in wie weit er sich als Mediziner positionieren kann oder darf. Das wird man halt sehen.
Wir sollten vielleicht darauf hinweisen, dass Virologen keine Mediziner sind, sondern Biologen. Ihre Hypostasierung in einer Aura von Allwissenheit durch die Medien halte ich schlicht für anmaßend, sagte Herbert Wendler.
Der Rektor unserer Universität, Herr Geisinger, steht allerdings nach meiner Einschätzung voll hinter den verordneten Maßnahmen der Bundesregierung, warf Friedhelm Kurz ein. In deren Reihen muss es offensichtlich sehr schlecht bezahlte

Leute geben, was ein wenig verwundert, aber sonst hätten sich wohl nicht vierzig von ihnen beim Maskeneinkauf zu bereichern versucht.
Es kam Gelächter auf und Spohn drängte auf die Einhaltung des 3 L Kaffeezeitraumes. Damit ich es nicht vergesse,- es bahnt sich ein zusätzliches Thema zur Verhinderung unserer Arbeitslosigkeit an, denn der Rektor der hiesigen Hauptschule, das ist ein gewisser Lutz Freiberg, der erzählte mir beiläufig, es gebe hinsichtlich des muslimischen Schüler-Bestandes an seiner Schule gelegentliche Probleme und das seien keineswegs nur Einzelfälle, wo die Lehrer von den Eltern aufgefordert würden, bestimmte Lehrinhalte nicht zu vermitteln. Das werde – wie er mir sagte – von Drohungen begleitet. Betroffen seien Fächer wie Biologie, Geschichte oder interessanterweise sogar die Musik, sowie selbstverständlich auch die Vermittlung der allgemeinen Menschenrechte. Hinzu käme die Verweigerung von sportlichen Aktivitäten vor allem bei den Mädchen, sowie die Teilnahme an Schul-Ausflügen. Das ist in Frankreich alltäglich.
Ich habe Freunde und Bekannte dort, sagte Kurt Enders und die halten mich so ein bisschen auf dem Laufenden über La Grande Nation, die mir eher ein bisschen jämmerlich vorkommt mit ihrer sich auf die koloniale Vergangenheit berufenden schuldbeladenen Servilität gegenüber einer zugewanderten Kultur, die zur Kultur Frankreichs so gut passt wie ein Nachthemd zum Theaterbesuch. Ich empfehle hierzu mal die Ausführungen von Jean Pierre Obin.
Meine Herren, sagte Spohn, das ist eine sehr ernste Sache. Wie ich hörte, hat das hessische Kultusministerium die Lehrer angewiesen, nicht mit Mohammed-Karikaturen zu arbeiten. Ich bin persönlich ein grundsätzlicher Gegner jedweder überflüssiger Kränkungen und dies auch auf religiöser Ebene. Dabei kann es allerdings auch nicht sein, dass teilweise sehr geschmacklose Diffamierungen des Christentums unter dem Schutz der Meinungsfreiheit stehen, während wir bei Karikaturen des Propheten auf Zehenspitzen gehen. Das kann nicht sein!
Einen Moment lang herrschte betretenes Schweigen, welches durch das Eintreten von Martina Riedel unterbrochen wurde, die freundlich den verbliebenen Kaffeerest anbot. Frau Riedel,- Sie sind ja noch da!
Herr Spohn,- Sie werden es nicht glauben, aber ich konnte eine ganze Reihe irrsinniger Telefonate abwimmeln und habe mir erlaubt, zumindest fragmentarisch so etwas wie Ordnung herzustellen, aber seien Sie unbesorgt, denn ich habe weder etwas verräumt, noch bekritzelte Zettelchen weggeworfen, weil ich deren weltbewegende Wichtigkeit kenne.
Das war ein unerwarteter Befreiungsschlag, der sich in Gelächter auflöste. Einige waren aufgestanden, klatschten und riefen im Chor: Martina, Martina, Martina....

Herr Kommissar,-
hier spricht Tönjes, der Anwalt von Herrn Harassek. Ich verweise auf die Fristüberschreitung für die U-Haft meines Mandanten und denke mal, dass Sie ihn vorübergehend auf freien Fuß setzen müssen.
Herr Tönjes,- ich denke mal, dass Sie sich irren, denn es wurde Haftbefehl erlassen, weil ein dringender Tatverdacht besteht.
Der aber noch nicht bewiesen ist, sagte Tönjes.
Herr Tönjes,- ich war bei meinem Kollegen Sterzing im Nachbarlandkreis und wir haben dort gemeinsam zwei Personen vernommen, von denen wir sehr sicher sind, dass sie die Komplizen des Herrn Harassek sind.
Was ja auch erst noch zu beweisen wäre.
Ja,- vermutlich auch dann, wenn mal wieder keiner der angegebenen Namen stimmt, keine Herkunft belegt ist und nicht einmal geklärt ist, woher die Leute eigentlich und gelegentlich gar nicht mal so schlecht mit Geld versorgt sind.
Tönjes schwieg einige Sekunden. Herr Roth,- wir müssen da auf einer vernünftigen Ebene zueinander finden.
Das werden wir, sagte der Kommissar und dies vor allem dann, wenn der Herr Harassek ein wenig hilfsbereit und kooperativ ist. Ich gehe nämlich davon aus, dass er nicht freiwillig in sein Herkunftsland zurückkehren will, weil man dort nämlich sehr froh ist, ihn los zu sein. Hier brauchen wir ihn zwar auch nicht, aber wir werden ihn wohl auch leider nicht mehr los.

Als Rektor dieser Universität
sehe ich mich in der Verantwortung für die Einhaltung der Hygieneverordnungen in diesem Hause und auf dem Campus. Meine Damen und Herren der Professorenschaft und der studentischen Vertretungen,- ich bitte Sie dringend, die am schwarzen Brett, auf den Handzetteln und die in den Fluren ausgehängten Informationen und Vorschriften zu beachten. Es hat weltweit eine große Anzahl von Toten gegeben und wir erleben auf den Intensivstationen in den Krankenhäusern ein beängstigendes Szenario. Die Bundesregierung hat sich mit international renommierten Virologen kurzgeschlossen, so dass eine jeweils aktuelle Lagebesprechung möglich sein sollte. Bedauerlicherweise muss ich Ihnen in diesem Zusammenhang mitteilen, dass alle ausländischen Studienprojekte, sowie auch die geplanten Veranstaltungen in diesem Hause zumindest so lange auf Eis liegen müssen, wie die Bundesregierung entsprechend der Lage solche Einschränkungen verfügt.
Herr Kollege Delius,- Sie haben ums Wort gebeten.
Ja, liebe Kolleginnen aus der Verwaltung und liebe Kollegen. Ich habe mir mal sagen lassen, der erste Nachkriegsbundeskanzler der Bundesrepublik Deutschland

war ein gewisser Konrad Adenauer und der pflegte in seinem typischen Kölner Dialekt gelegentlich zu sagen: „Meine Damen und Herren, „de Laare is ernst" (die Lage ist ernst). Ich schließe mich dem Herrn Adenauer hinsichtlich der aktuellen Lage posthum an, gebe aber vorsichtig zu bedenken, dass das sich mir aktuell erschließende Infektionsgeschehen keineswegs katastrophal genannt werden kann. Die mir vorliegenden Zahlen weisen zumindest momentan keine Übersterblichkeit aus, was sich ganz einfach aus der natürlichen Todesrate ergibt. Eine ganz andere Sache ist die oder eine umfänglich medizinische Sicht auf das Phänomen, welches auch nicht ausschließlich ein virologisches ist. Bitte bedenken Sie – bei aller Achtung vor den Kollegen – dass Virologen im Grunde Biologen sind und keine Mediziner, also zumindest nicht grundsätzlich, weshalb es nicht möglich sein kann, eine ausschließlich virologische Sicht auf das Geschehen mit Konsequenzen zu verbinden, wie Verboten, Anweisungen, Strafandrohungen und Einschränkungen der Grundrechte. Das halte ich beim Stand der Dinge für hoch problematisch. Sie Herr Geisinger stehen hier in der Verantwortung, weshalb nicht der Eindruck entstehen soll, dass ihre Sorge unberechtigt ist. Das ist sie nicht und man wird uns ohnehin von regierungsamtlicher Seite wissen lassen was wir dürfen und was nicht.
Zumindest vom Kollegen Mendes weiß ich, dass er zwei Studienprojekte geplant hatte und ich selbst hatte geplant, einige Kollegen in den USA aufzusuchen, denn es gibt neue Behandlungsmethoden im Bereich der Erkrankungen des Zentralnervensystems, aber das nur am Rande. Es ist natürlich zu hoffen, dass sich die Lage baldmöglichst bessert, wobei ich da einige Bedenken habe. Nicht wegen einer wirklich exorbitant wachsenden Gefahr, sondern wegen der sichtbaren Getriebenheit unserer Politiker, die jetzt die Chance für einen Orden sehen. Das ist ein sehr unangenehmes Spannungsfeld.
Peter Delius gehörte zu den schon älteren Professoren und war von achtunggebietender Statur, stets unauffällig aber gut gekleidet und bei jeder sich bietenden Gelegenheit mit dem Rad unterwegs, mit dem ihm vor zwei Jahren sogar eine Alpenüberquerung gelungen war.
Weil er gerne Mützen trug, war sein komplett weißes Haar in aller Regel in einer gewissen Unordnung befindlich, was ihm etwas Abenteuerliches verlieh. Zugleich sorgte seine eher bedächtige Art etwas vorzutragen für wenig Angriffsfläche, so dass er ein seriöses Umfeld vermittelte.

Herr Freiberg,- der Lehrer meines Sohnes

hat mich freundlicherweise an Sie verwiesen und auch Ihnen sage ich in aller Ruhe, was ich dem Herrn Lehrer gesagt habe: Mein Sohn ist kerngesund und wird im Unterricht keine Maske tragen. Dies aus dem einfachen und juristisch

ableitbaren Grund, dass das verordnete Maskentragen in diesem Falle den Tatbestand der Körperverletzung erfüllt. Verstehen Sie das?
Ich verstehe Ihrer Ärger Herr Schuman, aber bitte bedenken Sie, dass wir als Schule an die Vorgaben des Kultusministeriums gebunden sind. Da kann ich keine Sonderregelungen geltend machen, zumal ich diese mit der Gesundheit Ihres Sohnes nicht begründen könnte.
Dann nehmen Sie zur Kenntnis, dass mein Sohn bis zur Beendigung dieses Maskenballs zu Hause bleibt und von mir unterrichtet wird.
Herr Schumann,- Sie nötigen mich in diesem Falle, der Schulaufsichtsbehörde eine Meldung machen zu müssen.
Tun Sie, was Sie nicht lassen können und die hochnotpeinliche Schulbehörde kann mich samt ihren verbeamteten Schranzen am Arsch lecken.
Ich werde es ausrichten Herr Schumann, aber bitte rechnen Sie nicht mit der Befolgung ihres freundlichen Angebots.
Karl Schumann hatte Lutz Freibergs Büro verlassen und die Tür mit der Aufschrift Schulleitung geräuschvoll geschlossen, als ihm Frank Hellweg über den Weg lief, und eigentlich ein wenig Material zu einem Beitrag über Seuchenbekämpfung an den Schulen zusammentragen wollte. Als er Karl Schuman erblickte, verriet ihm seine Erfahrung, dass es hier Ärger gegeben hatte.
Entschuldigen Sie bitte,- Hellweg ist mein Name und ich bin von der hiesigen Zeitung. Kann es vielleicht sein, dass Sie ein Kind haben, das an die hiesige Schule geht?
Das war eine Steilvorlage für Karl Schuman und Hellweg ahnte, dass der hier wohl noch eskalierende Ärger weit interessanter zu werden versprach, als die wohlfeilen Beteuerungen der Schulleitung, wirklich alle verordneten Maßnahmen akribisch einzuhalten. Hellweg kannte den Schulleiter und Freiberg tat ihm leid, denn bei ihm kam der ganze Ärger zusammen. Verrückte muslimische Väter, die ihn ernsthaft bedrohten, was er stets recht locker mit dem Hinweis parierte, er habe einen Jagdschein und jetzt auch noch dieser Zirkus, von dem ein Ende nicht in Sicht war.

In diesem Moment läutete sein Mobiltelefon und der Chef war in der Leitung.
Frank,- bitte entschuldigen Sie, aber mir ist noch eingefallen, dass wir eine kleine Reportage über die Firma bei uns machen wollten, die Möbel renoviert. Das hatten wir denen schon mal vor einiger Zeit versprochen und wollten diesen Bericht eigentlich direkt nach dem über die Werkzeugfirma bringen. Die haben mich aber gerade angerufen und gesagt, man habe ihnen vorübergehend die Weiterarbeit verboten und er wäre ganz froh, wenn er mal jemanden von uns sprechen könnte.

Mach ich, sagte Hellweg. Ich bin gerade hier in der Schule wo sich einiger Ärger mit den Maßnahmen anbahnt, aber ich kümmere mich darum.
Wie hieß denn der Möbelrestaurator noch? Ich habe den Namen vergessen.

Theo Eicher, aber vergessen Sie es ruhig nochmal, denn wir sehen uns ja zwischendurch noch.
Bitte entschuldigen Sie Herr Schmuman, aber das war mein Chef. Wenn Sie ihren Ärger vielleicht bei mir loswerden wollen, was vielleicht nicht das Schlechteste ist, dann lade ich sie zu einem Kaffee ein, wenngleich die Atmosphäre ein wenig unfreundlich daher kommt, da wir mit Pappbechern draußen stehen müssen.
Schumann musste lachen. Ich war eben ein wenig grob in der Schule, aber ich finde die Vorstellung, dass gesunde junge Leute, ja sogar Kinder zum Maskentragen verpflichtet werden nicht einfach nur kurios, sondern kriminell. Jetzt will mir der Direktor die Schulaufsicht auf den Hals hetzen und ich habe ihm gesagt, dass die mich mal.....na,- Sie wissen schon.
Herr Schuman, sagte Hellweg, nachdem sie an einem kleinen Stehtisch Platz genommen hatten, auf den sie ihren Kaffee stellten,- es gibt so einige Momente im Leben, wo man von den Militärs was lernen kann.
Wie soll ich das verstehen?, sagte Schuman.
Na ja,- Sie müssen die Situation strategisch sehen. Wie viele haben Sie auf ihrer Seite, die bereit sind, mit einem relativ hohen Risiko eine Front gegen die Verfügungen zu bilden?
Also eigentlich bisher niemanden, aber.......
Nein,- nicht aber, denn darauf kommt es an. Entweder gelingt es Ihnen, eine respektable Menge von Mitstreitern zu gewinnen oder es gelingt Ihnen nicht. Verstehen Sie mich nicht falsch, denn ich teile im Grunde Ihre Meinung, weil ich das mit den Masken auch für übertrieben halte. Immerhin können wir beide das sogar wenn nötig laut sagen und man wird uns nicht einsperren, aber tätiger Widerstand ist eine andere Sache, weil es dann ernst werden kann.
Ich habe schon einiges durchgefochten, sagte Schuman, aber hier geht es um meinen Sohn und seine Gesundheit, die ich durch einen Maskenzwang in Mitleidenschaft gezogen sehe.
Herr Schumann,- ich hatte gestern einen ziemlich eiligen Termin und musste dabei durch eine fast 3 km lange 30er Zone fahren, was vollständiger Schwachsinn war, also ich meine die Beschränkung. Ich war noch nicht richtig an deren Ende und fuhr in die Falle. Das schadet jetzt nicht meiner Gesundheit, aber meinem Geldbeutel und vor allem kann ich hier keinen Sinn erkennen. Versuchen Sie mal alle Sinnlosigkeiten zu addieren und zu notieren, die Sie in nur einer Woche wahrgenommen haben. Sie werden ein halbes Notizbuch füllen.

Schön und gut, aber was soll ich jetzt Ihrerseits vernünftigerweise machen? Sprechen Sie doch mal zuerst mit ihrem Sohn, denn es vermittelt sich jetzt zumindest mir nicht zwingend, dass er das Problem genauso sieht wie Sie. Die kleineren Kinder machen sich mit den Masken sogar einen Spaß und Sie werden vielleicht schon mal in Filmen über Asien gesehen haben, dass dort die Menschen sehr oft mit Masken zu sehen sind, was dann nicht unbedingt einer virologischen Bedrohung, aber der schlechten Luft geschuldet ist. Als Schumann schwieg fügte Hellweg hinzu:
Ich mache Ihnen einen Vorschlag, weil ich ohnehin etwas über die in den Schulen entstandene Situation schreiben wollte und dabei werde ich Ihre Bedenken aufgreifen und angemessen referieren. Den Herrn Freiberg hier an der Schule kenne ich persönlich und kann Ihnen sagen, dass das kein krummer Hund ist, aber glauben Sie mir wenn ich Ihnen sage, dass er von sehr vielen Seiten Druck bekommt und als Beamter kann er nicht so einfach zur Tagesordnung oder zu dem, was er dafür hält, zurückkehren. Das ist manchmal gar nicht lustig.
Ja,- wie war noch mal Ihr Name,- ach ja, Herr Hellweg. Ich danke Ihnen sehr, denn ich war jetzt ziemlich in Fahrt und hätte wohl noch länger gebraucht, um mich zu beruhigen. Sie haben Recht und ich werde das mit meinem Sohn besprechen und er sieht das vielleicht nicht so verbissen wie ich.

Ich kenne Sie vom Sehen

hier im Club, sagte Anton Sawatzky und Sie erlauben, dass ich mich ihnen vorstelle, bevor die uns auch noch den Club dicht machen. Mein Name ist Anton Sawatzky.
Sehr angenehm,- Theo Eicher der meine und ich betreibe hier in der Stadt eine Möbelrestauration, wobei man uns zur Wochenfrist gerade die Weiterarbeit verboten hat.
Ja, sagte Sawatzky, auch wir können im Moment nur noch die Inlandsaufträge bedienen und das vielleicht ja auch nicht mehr lange.
Halten Sie das denn für angemessen?- wollte Eicher wissen.
Ach wissen Sie,- ich komme aus Ost-Europa und wenn es dort mal halbwegs funktionierte, dann fanden wir das ganz wunderbar. Von da bis zum gar nichtmehr gehen war der Weg oft nicht weit, aber bis zu den wirklichen Katastrophen hat es immer noch gedauert. Der deutsche Staat ist ja so etwas wie ein Sozialkapitalist. Zumindest entspricht diese Bezeichnung der Erwartungshaltung seiner Bürgerinnen und Bürger an ihn. Eine solche, ich will mal sagen Grundhaltung ihm gegenüber, erzeugt eine gewisse Lethargie. Man selbst ist grundsätzlich für nichts mehr verantwortlich, wenn man nicht so wie wir beide einen Laden am Hals hat. Man hat mal die Grippe und ruft nach dem Staat. Ich habe Krebs und der Staat bzw.

sein Gesundheitssystem soll mich vor dem Tod retten. Ich fahre 36 statt 30 km und der Staat zeigt mir wo der Hammer hängt.
Ja, sagte Eicher, das ist ein seltsamer Widerspruch, der aber wohl mehrheitlich nicht erkannt wird. Der freundlich sorgende Sozialstaat trägt nicht nur gelegentlich die Maske des gnadenlosen Abzockers. Ich brauche nur an meine Steuererklärung zu denken, die deshalb ein wenig kompliziert ist, weil ich sowohl im direkten Kundenauftrag, als auch gewissermaßen indirekt arbeite, weil ich wertvolles Material im Ausland einkaufen muss, welches dann erst mal bei mir herumsteht. Nicht immer, aber das kommt schon mal vor. Das ist dann eine teure Fahrerei mit undurchsichtigen Zollvorschriften, wo man nie so richtig weiß, wie man wieder übers Ohr gehauen wird.
Kommen Sie,- wir spielen noch ein paar Löcher, sagte Sawatzky, denn wenn wir uns nicht ein bisschen bewegen, dann erfrieren wir in dieser famosen Klima-Erwärmung und beide mussten lachen, denn es war wieder kühl geworden.
Passen Sie mal auf,- ich habe ja ein Fuhrunternehmen und wenn wir irgendwo abladen, dann ist das zugleich und leider nicht immer so, dass wir für den Rückweg eine Ladung bekommen. Wenn Sie mich dann zwischendurch einfach mal anrufen und wir die passende Richtung haben, dann schaun wir doch mal ob wir noch Platz haben, bevor Sie selber mit einem Mini-Van oder mit dem Anhänger durch die Gegend fahren.
Mensch, sagte Eicher, das ist ja wirklich nett! Ich warte übrigens auf einen Reporter von der hiesigen Regionalzeitung. Die machen manchmal Berichte über Unternehmen aus der Region.
Ja, sagte Sawatzky, so wie kürzlich über Fullrock.
Das hatte ich auch gelesen, sagte Eicher, aber jetzt habe ich das Problem, dass ich dem Journalisten ein Unternehmen in Ruhestellung vorstellen muss.

Na ja,- sagen wir mal temporäre Ruhe. Das Handwerk hat sich immer durchgesetzt, weil die Roboter noch nicht erfunden sind, die sowas machen könnten. Machen Sie sich mal keine Sorgen. Ich war bei denen auch schon mal dran und habe ausgiebig gejammert, was bei dem Beitrag gut rübergekommen ist.
Werden Sie denn jetzt auch angemessen bedauert?
Sawatzky lachte,- aber nein, zumindest aber auch nicht beneidet, was gelegentlich ganz hilfreich ist.
Als das Telefon klingelte, erkannte Thomas Gebauer, dass Kurt Enders am Apparat war.
Pass mal auf Thomas,- ich habe da über eine undichte Stelle, die in keinem Falle rauskommen darf erfahren, dass mindestens fünf namentlich bekannte Politiker,

die in den Aufsichtsräten der beteiligten Banken sitzen, in diese Immobiliensache zumindest qua Amt verwickelt sind.
Aktiv oder inaktiv?
Wie meinst Du das?
Na ja,- einfach laufen lassen oder zustimmen ist zwar hinsichtlich der Wirkung das Gleiche, aber ich denke an persönliche Bereicherung, also schlicht und einfach an Schmiergeld, was dann aber erst mal zu beweisen wäre.
Da hast Du Recht, denn das müsste erst mal sauber geklärt werden. Gibts denn was Neues bei Dir?
Wie man´s nimmt, denn diese ganze, das gute Geld verwaltende Holding, ist kein ganz neuer Verein, sondern ein alter Bekannter unter neuem Namen. Die hatten zuvor mit ihren alten Seilschaften schon mal versucht, in einigen Städten ganze Teile der öffentlichen Infrastruktur zu kaufen und in einigen Fällen auch schon kleinere Unternehmen. Damals sind sie auch nur über einen Bestechungsskandal gestolpert und der Rest war leider vollständig legal und genau das ist das Problem. Wir müssen sie also entweder bei sowas oder im Zusammenhang mit einer anderen Sache erwischen.
Hast Du da was in Petto Thomas?
Nicht so direkt, aber Du kennst doch den Anton Sawatzky, den Fuhrunternehmer oder auf neudeutsch auch Logistikbetreiber. Der hat polnische Wurzeln und lässt so schnell nichts anbrennen, was wiederum bedeutet, dass er über das hiesige Rotlichtmilieu einiges weiß. Der erzählte mir kürzlich und beiläufig an der Theke beim Ferdi, er wisse von seinen polnischen Leuten definitiv, dass es einen von arabischen Clans betriebenen Menschenhandel gebe, in den auch einige Kosovo-Albaner verwickelt seien. Aber – und das ist für uns interessant – in dieser sauberen Gesellschaft findet sich auch ein Mann aus Berlin und der sitzt auch in dieser Holding-Gesellschaft.
Ein Mann ist aber ein bisschen vage...oder?
Ich verhalte mich Dir gegenüber jetzt mal wie unsere Qualitätsmedien, wenn sie von einem Mann sprechen, der irgendwas angestellt hat. Verstehst Du was ich meine? Wäre das nämlich der Fritz Müller oder Hannes Hinterwald gewesen, dann wäre zwar auch nicht der Name, aber zumindest die Nationalität genannt worden.
Ich verstehe,- sagte Enders und beide schwiegen eine Weile. Dann brauchen wir jemanden, der sich im Milieu umsieht, sagte Enders. Kunststück unter den aktuellen Bedingungen, aber wie wär's denn mit Dir?
Wie...mit mir?
Na ja,- die Rolle als Freier muss einem nicht auf den Leib geschrieben sein, aber wie immer kann man was dazulernen.
Du meinst also......

Ja,- das meine ich und da Du für Internationales zuständig bist, ist das auch nicht zu viel verlangt. Es entstehen natürlich gewisse Kosten, aber das klären wir redaktionsintern mit dem Spohn.
Wenn ich Dich richtig verstehe, dann zahlt mir die Redaktion einen Bordellbesuch oder gleich mehrere?
Nicht das Vögeln mein Lieber, aber die Recherche im Milieu.

Herr Kurz,- mit einer Zugmaschine

fährt man nicht wie mit einem PKW. Jetzt legen Sie mal den zweiten oder wegen mir auch den dritten Gang ein und lassen die Kupplung kommen. Nein,- kein Gas geben! Genau und schon setzt sich die Fuhre in Bewegung. Da können sie der Fr. Niewald später erzählen, dass Sie einen Vierzigtonner mit 550 PS gefahren haben und das ist schon eine Nummer. Passen Sie auf und lenken Sie erst ganz nach links, denn es kommt ja gerade niemand. Immer noch dritter Gang und jetzt rechts herum. Klappt doch prima auf unserem renovierten Firmengelände. Ich glaube ich mache hier noch eine Fahrschule auf, wenn sie uns jetzt das Transportgewerbe kaputtmachen.
Friedhelm Kurz schwitzte. Die erhöhte Sitzposition war übersichtlich aber ungewohnt und zugleich hatte er noch niemals so gut in einem Auto gesessen. Sawatztky war in erstaunlich guter Stimmung und ließ ihn einige Runden mit dem Fahrzeug drehen. Ich bin jetzt nicht gemein sagte er, denn sonst würde ich Ihnen zumuten, die ganze Fuhre wieder in die Reihe zu den anderen zu stellen.
Warten Sie mal und lassen Sie mich kurz ran und dann trinken wir bei mir noch einen Kaffee.
Das war respekteinflößend gewesen, wobei man sich vor Augen halten musste, dass das für die Fahrer ja ein Arbeitsplatz ist und manchmal auch in der Nacht ein Schlafplatz, stets besetzt von der Angst, durch einen Unfall oder eine Panne aufgehalten zu werden. Es konnte auch passieren, dass man mit den vorgeschriebenen Pausen nicht zurecht kam, weil der nächst gelegene Parkplatz schon voll war und dann wurde es knapp und konnte zu richtigen Problemen führen.
Sawatzky hatte Kaffee gekocht und schien ansonsten auch ein Freund von bretonischem Gebäck zu sein.
Wissen Sie,- sagte er nach einer Weile, während er in seinem Kaffee herumrührte, mal unabhängig von der aktuellen und für uns im Grunde mörderischen Situation, verfolge ich, wie Sie sich vielleicht denken werden, die Umweltdebatte mit großem Interesse. Der elektrisch fahrende LKW ist nämlich eine irgendwie irre Vorstellung zumindest für die Techniker.

Ein Bekannter von mir arbeitet bei Volvo im Versuch und dort probiert man es alternativ mit einem Gasantrieb, was aber so einfach auch nicht ist, denn die im Diesel-Prinzip laufenden Motoren benötigen auch weiterhin einen gewissen Anteil an Diesel-Kraftstoff für den Startvorgang, weil der alleine mit Gas nicht funktioniert. Außerdem ist die benötigte Gasmenge im Vergleich zum Diesel-Kraftstoff deutlich größer, so dass man beim aktuellen Stand der Dinge mit einem vollen Gastank gerade mal 600 km weit kommt. Das wäre ausreichend für einen PKW, aber für einen LKW ist es zu wenig. Für uns wäre es ein Segen, wenn die Medien solche Probleme mal aufzeigen würden, ohne ständig die Illusion zu nähren, dass der elektrische Antrieb lediglich am bösen Willen der Hersteller und der Mineralölkonzerne scheitert. Das ist nämlich leider ein vollständiger Unfug.

Ich glaube,- sagte Friedhelm Kurz, der ganze und offensichtlich weiter wachsende LKW-Verkehr, ist sowohl der „just in time"- Ideologie, als auch dem Selbstverständnis einer Verbrauchermentalität geschuldet, welche heute bestellt und morgen beliefert werden will und nicht erst übermorgen.
Sie sagen es und dann natürlich so billig wie möglich. Meine Lastwagen laufen fast eine Million Kilometer. Bis dahin hat ein normaler PKW-Fahrer schon fünf Mal sein Fahrzeug gewechselt, wozu es ja auch erst mal hergestellt werden musste. Offensichtlich ist das aber kein Gegenstand der Diskussion in öko-bewegten Zeiten.
Ach wissen Sie Herr Sawatzky, bei einer auch nur ansatzweise wissenschaftlichen Betrachtung des ökologischen Weltgeschehens, wird ein bisschen vernachlässigt, dass die menschliche Vermehrungswut ein wesentlicher Antrieb des Ressourcenverbrauches ist. Alle, die da auf die Welt gesetzt werden, wollen wenn möglich angenehm leben, was bei realistischer, das heißt desillusionierter Betrachtung des Ganzen leider nicht gelingen kann. Alleine die Bevölkerung Afrikas wächst alle 12 Tage um 1 Million. Die anderen, ähnlich großen Länder, sind da noch nicht mitgezählt. Das bedeutet aber, dass, vorsichtig geschätzt, die Weltbevölkerung wöchentlich um mindestens eine Million wächst, was nicht ganz richtig ist, weil man die Todesquote einrechnen müsste. Beängstigend bleibt das Szenarioa aber dennoch.
Das hat mir noch nie jemand in solcher Deutlichkeit gesagt, antwortete Sawatzky nach kurzem Schweigen.
Und mir haben Sie mit der Möglichkeit mal ein solches Monster zu fahren eine große Freude gemacht und meine Achtung vor denen gestärkt, die damit täglich unterwegs sind.

Weißt Du Raoul,
ich habe mir oft vorzustellen versucht, wie es bei Euch in Kolumbien zugegangen ist oder zugeht. Karin Bruckner und Raoul Conte waren sich auf dem Campus über den Weg gelaufen und saßen in Contes Büro. Durch Autoren wie Gabriel García Márquez oder Mario Vargas Llosa, hat sich zumindest ihren Lesern in Europa ein Bild dessen vermittelt, was sich als Kulturverständnis beschreiben lässt, obwohl für die wohlbehüteten Europäer einiges sicher ganz unglaublich daher kommt.
Wir sind in ganz Mittel- und Südamerika eigentlich ganz fürchterliche Romantiker, sagte Conte. Bei uns ist alles dramatisch und alles ist stets voller Magie. Daher ja auch die literarische Zuschreibung als magischer Realismus. Ich lernte mal einen norwegischen Ethnologen kennen und der erzählte mir viel über sein Land und die vielen Geschichten, in denen es seltsame mythische Gestalten und Trolle gibt. Diese Mythologie gedeiht stets dort am besten, wo es einen Rest an Unerklärlichem gibt oder zu geben scheint. Die großen Wälder Norwegens sind dunkel, die Besiedelung ist bis auf die paar größeren Städte dünn und die Winter dauern lang. Bei uns ist das auf andere Weise ähnlich, obwohl es keine Jahreszeiten in einem europäischen Sinne gibt, aber bei uns verschlingen die Regenwälder alles, was man eine Zeit lang belässt, nicht vom Bewuchs befreit und damit einem Kreislauf überantwortet, zu dem man zwar auch gehört, aber halt nicht immer tätig verändernd, sondern auch in der Form etwas hinnehmen zu müssen, das man nicht ändern kann und dieser Kreislauf wird auch noch funktionieren, wenn wir längst nicht mehr sind.
Du bist so nachdenklich Raoul!
Nicht mehr als sonst, aber ich habe jetzt eine Freistunde und werde noch kurz zu Volker rübergehen.
Was machst Du zwischendurch?
Eigentlich hätte ich etwas für die Arbeit zu den Etruskern für ihn vorbereiten sollen, aber jetzt wird ja vermutlich nichts aus den ganzen Reiseplänen. Ich habe mir aber überlegt, ob man eine solche Arbeit nicht thematisch anders besetzen kann.
Wie meinst Du das?
Angesichts der Zuwanderung, die wir aus dem Nahen und Mittleren Osten, sowie auch aus Afrika haben, ist doch offenkundig geworden, dass wir es bei der Anzahl der Menschen nicht oder nur zu einem geringen Teil mit Flüchtlingen im Sinne der Genfer Konvention zu tun haben, sondern um Menschen, die in ihren Heimatländern nicht mehr an eine Änderung zum Positiven glauben, weshalb sie sich dort nicht mehr einzubringen gedenken. Sie haben aufgegeben. Aber warum? Woraus nährt sich dieser totale Fatalismus?
Das ist eine einleuchtende Überlegung, sagte Conte. Soll ich Volker mal darauf ansprechen?

Nein, vielen Dank,- ich versuche mich mal an einem Konzept für dieses Thema, so dass sich daraus eine Vorgehensweise erschließt und dann kann er ja immer noch nein sagen.
Ja,- bis bald, sagte Conte, aber sie spürte, dass er etwas mit sich herumschleppte.
Conte hatte bei Mendes angeklopft, weil er etwas loswerden wollte und dieser hatte sehr schnell erkannt, dass Conte in einer sehr privaten Situation befindlich, auf keinen Fall etwas machen wollte, was als Fehler gedeutet werden konnte.
Weißt Du, sagte er zu Mendes,- bei uns in Kolumbien ist alles einfacher, aber manchmal eben auch nicht. Diese ganzen Mann-Frau-Angelegenheiten erledigen sich mit ein paar Worten und hier hat sich mir das Gefühl vermittelt, dass eine wochen- oder monatelange Kopf-Annäherung notwendig ist, um irgendwie nicht gerade eine Bruchlandung zu machen.
Das hört sich ein bisschen frustriert an und warum eigentlich, wenn ich mal fragend darf?
Ich weiß ja auch nicht!
Was weißt Du nicht?
Na ja,- ich habe einfach Angst einen Fehler zu machen...Du weißt schon.

Ich weiß und das hört sich für mich nach ganz wunderbarer, klassischer und höchst romantischer Liebe an. Ich beneide Dich! Das Problem dabei ist lediglich, dass Dich dein Gefühl verwirrt und Dir einzureden scheint, dass da etwas schief geht, wenn Du irgendetwas machst, wovon Du später sagen könntest, dass Du es besser nicht gemacht hättest. Mir kommt meine Studentin übrigens gar nicht so schrecklich kompliziert vor.
Nein,- aber das ist es ja gerade. Irgendwie passiert ja auch gar nichts Schlimmes oder was weiß ich Unerklärliches. Sie macht keinen Stress, ist offen und humorvoll. Und genau das ist das Verdächtige, denn Du kannst Dich mit ihr auf deinem Niveau unterhalten, was ja eigentlich angenehm ist und dann kommt eine ganz komische männliche Voreingenommenheit ins Spiel, die eigentlich eine Angst ist. Eine Angst vor der klugen Frau.
Merkst Du was Raoul? Merkst Du wie verhängnisvoll wir manchmal ticken – ja, auch ich, wenn uns mal jemand begegnet wo es doch wirklich passt und dann kriegen wir es mit der Angst zu tun. Das ist die Chronik einer selbst prophezeiten Katastrophe, frei nach deinem Landsmann Márquez und wenn Du sie lange genug herbeisehnst, dann weiß ich natürlich auch nicht was daraus wird. Ich will Dir was sagen:
Die Karin hatte ja vor ihrem Studium, also nach dem Abitur, zunächst eine Ausbildung als pharmazeutische Assistentin gemacht und ihre Tante wollte immer eine Musikerin, eine Pianistin aus ihr machen, aber dann hat sie sich zu diesem

Studium entschlossen. So genau weiß ich auch nicht warum, aber das wäre ja mal eher zu ergründen, als sich über eigene mögliche Fehler, ja welche denn beim Teufel, Gedanken zu machen. Sie ist ja deshalb auch ein bisschen älter als ihre Kommilitoninnen, was aus meiner Sicht doch auch ganz gut ist Herr Kollege....oder?
Was soll ich denn Deiner Meinung nach machen?
Das, was Du die ganze Zeit gemacht hast. Sei freundlich und charmant und versuche aus dem albernen Seuchentheater das Beste zu machen. Solche Situationen sind ja in Eurem Falle auch kleine Prüfungen und es wird sich zeigen, wie Ihr ohne außerhäusige Ablenkungen klar kommt. Sie selber kommt mir übrigens gar nicht so besorgt vor, sondern ziemlich entspannt.
Ja ja,- ich habe sie ja vorhin gerade noch getroffen und wir hatten uns ein wenig unterhalten, wobei sie mich gefragt hatte, was ich denn hätte, weil ich so ernst auf sie wirken würde.
Was sag ich denn, Du verzweifelter Guerillero und weißt Du was, die kann man gar nicht so leicht in Verlegenheit bringen, was einen ganz einfachen Grund hat, der mir aufgefallen ist. Conte sah ihn erstaunt an.
Und was ist das für ein Grund?
Sie mag Dich...so einfach ist das! Glaube einem alten Anthropologen.

Kurt Enders ertappte sich dabei,
wie ein Tier nach allen Seiten zu sichern, stets gewärtig, von irgend einer Seite angegriffen zu werden. Seine Erfahrungen im Rotlichtmilieu waren bescheiden, aber es war dieses komische Gefühl, von wem auch immer dabei gesehen zu werden, einem im Prinzip völlig normalen Bedürfnis nachzukommen, dem auf der sogenannten freien Wildbahn eventuell nicht nachzukommen war, aber warum bei allen Teufeln eigentlich nicht? Was hindert Männer und Frauen daran, sich mit ein bisschen Sex zu erfreuen, auch ohne dass daran ein unglaubliches Konvolut von Verpflichtungen angehängt wird, für die es allenfalls kulturelle Zwangsbegründungen gibt, die sich einer lustfeindlichen Moral überantworten. Wafür ein Schwachsinn, dachte er.
Die Beleuchtung des Innenflurs erinnerte ihn an Kellerräume, in denen stets Funzeln in die Fassungen geschraubt waren, als ob man sich die meiste Zeit des Tages dort aufhielte und entsprechend sparen müsse. Eine etwas zu kräftige Dame, die für diese ihre Verhältnisse einen deutlich zu kurzen Rock trug, öffnete ihm die Tür zu einem Raum, in dem sich eine Couch, zwei Sessel und ein Tisch befanden und bat ihn, einen Moment zu warten. Auf dem Tisch lagen ein paar ältere Playboy-Ausgaben und an der Decke drehte sich trotz der kühlen Außentemperaturen ein großer Ventilator, wenngleich im Zeitlupentempo. Dann

hörte er Stimmen und Gekicher, während sich eine Seitentür öffnete und vier durchaus ansehnliche Damen den Raum betraten. Das war die zu erwartende Situation, denn jetzt musste man möglichst in Sekundenschnelle eine Entscheidung treffen. Dies nicht deshalb, weil zu solcher Eile gedrängt würde, aber diese Wahl, die eine Auswahl ist, trifft eine Entscheidung, die nur eine der Frauen begünstigen kann. Es ist dies die Offensichtlichkeit einer Situation, die im Alltag selbstverständlich eine Entsprechung hat, aber ohne diese Offensichtlichkeit, die einer gewissen Öffentlichkeit geschuldet ist und deshalb ein Stück Kränkung transportiert, welche ungewollt ist. Hier zahlte man für eine sog. Dienstleistung und wusste zugleich, dass das nicht ganz stimmte, weil die gewollte und unvermeidliche Nähe eine Intimität erzeugt, der man sich nicht entziehen kann. Enders hatte sich für die kleinste von ihnen entschieden, während die anderen kichernd den Raum verließen, denn sie verachten die Freier, weil sie es nur so schaffen, mit der doppelten Kränkung fertig zu werden. Gefragt, warum er sich für diese Frau entschieden hatte, wäre ihm die Antwort sogar leicht gefallen, denn es war ihr langes, dunkelbraunes Haar, das ihr bis zum Po reichte. Das hatte eine magische Erotik.

Komm, sagte sie, nahm in an der Hand und ging vor ihm eine Treppe hoch, was ihm einen bemerkenswerten Blick auf jenen Körperteil bot, den ihr Haar erreichte. Mein Gott,- dachte er, wann habe ich eigentlich zum letzten Mal mit einer Frau geschlafen und warum war er jetzt in diese Situation gekommen, die für eine Recherche im Milieu auch vermeidbar gewesen wäre, wenn er bereit war sich nichts vorzumachen, aber das schaffte er jetzt nicht mehr.

Wieviel?, sagte sie und hielt ihre kleine Hand auf. Fünfzig Euro ist normal GV und wenn Du länger bleiben willst, dann kommt es darauf an wie lange das ist, verstehst Du? Sie rollte das R ein wenig und dehnte das E. Das machen alle Menschen, die aus Ost-Europa kommen, wenn sie denn nicht schon ewige Zeiten im Westen gelebt haben, aber manchmal auch dann.

Zieh Dich schon mal aus,- ich komme gleich, sagte sie.

Enders zog sich bis auf die Unterhose aus und wartete. Das Zimmer war sauber aber wiederum so dunkel, dass selbst 25 Watt-Funzeln ein Gewinn gewesen wären und es war dabei in eine Art von Bonbonrot getaucht. Als sie wieder in das Zimmer kam, hatte sie nur ein Höschen und ein kurzes T-Shirt an, das ihren Bauch und den unteren Brustansatz freigab.

Zieh mich aus, sagte sie und hob die Arme und als er ihr das T-Shirt über den Kopf zog, knisterten ihre langen braunen Haare, die sich elektrisch aufgeladen hatten und ihre kleinen festen Brüste wurden sichtbar. Geschafft, sagte sie lachend und hüpfte ein wenig empor, so dass ihre Brüste wippten. Sie stand direkt vor ihm und er überrage sie um Kopfes Länge.

Und was ist das hier?, sagte sie und zog das Gummiband seiner Unterhose zu sich hin. Du bist ja schon so weit. Mit Dir hat man ja garkeine Arbeit. Komm, gib mal her und sie bearbeitete sein bestes Stück so gut, dass er sich von ihr zurückzog, weil er sie einiges fragen wollte und er konnte es nicht gebrauchen sofort zu kommen, weil sie ihn dann herauskomplimentiert hätte, wie das in solchen Fällen auch immer der Fall war.

Komm,- leg Dich mal auf den Bauch, sagt er, denn dann kann ich Dich ein bisschen massieren. Magst Du das?

Ja,- das mag ich, sagte sie, drehte sich auf den Bauch und bleib ganz still, während er sie sehr sanft massierte.

Du hast ganz weiche Hände, sagte sie nach einer Weile. Das ist schön und jetzt dreh ich mich noch um zu Dir. Als sie da vor ihm lag in ihrer ganzen Pracht und er ihre weichen Rundungen streichelte, sagte sie ganz plötzlich und unerwartet:

Warum hast du denn keine Frau? Was ist mit Dir? Oder hast Du doch eine und die ist nicht nett zu Dir?

Damit hatte er nicht gerechnet. Als er schwieg, und nur den Kopf schüttelte, nahm sie einen Pariser aus der Schublade und zog ihn mit großem Geschick über seinen prallen Schwanz.

Komm her, komm in mich... bist ein ganz Lieber.

Die Sache entgleitet mir, dachte er und dann dachte er nichts mehr, weil er von einer Archaik überrollt wurde, die mit dem Bedürfnis völliger Entäußerung das Geschehen bestimmte.

Sie hatte seine Küsse nicht zurückgewiesen und als er langsam wieder aus ihr herausglitt, zog sie den Pariser ab, betrachtete ihn prüfend und sagte dann: Du hast aber viel. Kommst Du mal wieder?

Mach ich, sagte er.

Wirklich?

Ja wirklich und was sagst Du wenn ich Dich einlade?

Das geht hier nicht,- weißt Du. Das gibt Probleme mit Chef.

Wer ist denn der Chef? -wollte er wissen.

Wir müssen Schluss machen,- war schon zu lange. Vergiss keine Sachen hier und komm mal wieder.

Hellweg,- ich habe da was

für den Regionalteil, sagte Carsten Spohn. Die Polizei hat angerufen, aber es war nicht Kommissar Roth, sondern jemand vom Ordnungsamt und der meinte, wir sollten uns vielleicht mal um die Leute kümmern, die sich nicht an die verordneten Hygiene-Abstandsregeln halten.

Hatten die einen besonderen Anlass, was in diesem Falle ja auch als konkreter Aufhänger von Vorteil wäre?
Ja,- den hatten sie, denn eine kleine Gruppe von Damen, die sich normalerweise in einer Yoga-Gruppe treffen, die hatten sich wohl am Wochenende mit einem Klapptisch und Klappstühlen auf dem Marktplatz niedergelassen und eine Brotzeit gemacht.
Und dann, wollte Hellweg wissen. Wie haben denn die anderen Leute reagiert?
Die haben zum Teil Beifall geklatscht, aber dann kam halt die Polizei, hat erst ein bisschen unschlüssig herumgestanden und dann haben sie Verstärkung und dann einen Mannschaftswagen angefordert und die Damen dann einzeln abgeführt, nicht ohne sie zuvor vor dem Hintergrund einer hellen Hauswand zu fotografieren, also erkennungsdienstlich zu behandeln.
Wie bitte? Hellweg glaubte nicht richtig gehört zu haben. Mal eine Frage Chef. Von wem wissen Sie den ganzen Ablauf denn so genau?
Nun,- ich kenne eine der Damen seit Jahren recht gut und halte sie für vertrauenswürdig.

Und das Ordnungsamt hätte jetzt wohl gerne von uns einen Kommentar zwecks Rückendeckung für ihr spießiges Vorgehen?
Na ja,- es handelt sich hier wohl um einen Vergehens Tatbestand im Sinne der aktuellen Rechtslage und irgendwie kann ich mir ganz gut vorstellen, dass die da lieber keinen Wind draus machen, weil sie in den viel zitierten sozialen Netzwerken bereits Sturm geerntet haben.
Klar, -verstehe...und was könnten dann die Folgen sein?
Eine Geldstrafe ist zumindest angedroht worden.
Dann könnten wir eine Provokation draus machen. Mein Vater hatte mir mal vor langer Zeit erzählt, sagte Hellweg, sie hätten früher in den 68ern sogenannte Happenings veranstaltet, die wohl eher nicht so oft auf die Zustimmung der Bevölkerung gestoßen waren, zumal es um Themen ging, die für die einfachen Leute ohne Belang waren.
Da wäre ich jetzt gar nicht drauf gekommen, sagte Spohn, aber bitte denken Sie daran, dass wir uns hier nicht grundsätzlich contra Staat positionieren können. Ein Schelmenstreich dieser Art kann allerdings nicht ernsthaft mit Geldstrafen geahndet werden. Das ist einfach lächerlich. Hellweg, Sie kriegen das hin!
Ja,- hier Wendler! Auch Du bist es Frank. Wo bist Du denn gerade?
Da wo ich hingehöre und wo steckst Du eigentlich?
Ich hatte mich mit dem Verantwortlichen für die Landkreis-Jugendarbeit getroffen und denen dienen sie jetzt gerade Weiterbildungsmaßnahmen an, in denen ihnen

vermittelt wird, was Kabarettisten noch sagen dürfen und wie man Verschwörungstheoretiker entlarven kann.
Ist das jetzt sehr speziell auf die virale Krisensituation fokussiert?
Das denke ich eher nicht, denn wenn sie in solchen Weiterbildungsmaßnahmen allen Ernstes mit einem Rechtsanwalt anrücken, der dann zu vermitteln hat, wo vielleicht der feine Unterschied zwischen Beleidigung und Diskriminierung ist, dann haben diese Leute etwas grundsätzlich missverstanden und das ist die Freiheit des Wortes. Worte können verletzend, ungerecht, beleidigend und ja auch diskriminierend sein, was sehr übel sein kann, aber wenn wir jetzt z.B. anfangen das politische Kabarett zu zensieren, damit alles ganz fein abgewogen in das neue Antidiskriminierungsraster passt, dann gute Nacht.
Und was soll das mit den Verschwörungstheoretikern?
Ja,- das habe ich mich auch nicht deshalb gefragt, weil es sie vielleicht nicht gibt. Die gibt es sehr wohl und es gab sie immer. Man wird aber aktuell den Verdacht nicht los, dass sie vor dem Hintergrund einiger völlig überzogener Maßnahmen in den Rang von Staatsfeinden gesetzt werden und hier unterstelle ich eine Strategie der Entmündigung zwecks einfachen Durchregierens.
Das halte ich auch keinesfalls für abwegig. Daran kann man sich auch gut gewöhnen und mir missfällt dieses ganze Theater um Verschwörungstheorien, Hassbotschaften und dieser ganze aufgeblasene Kampf gegen rechts, als ob die SA durch die Straßen zöge und Juden aus den Häusern prügelt. Es ist langsam nicht mehr möglich eine herrschaftskritische Haltung einzunehmen, ohne in den Anruch der Rechtslastigkeit zu gelangen, Was ist das denn für ein Unfug? Diese Leute von der Jugendarbeit sind unheimlich engagiert und fleißig, aber sie merken nicht, wie sie hier instrumentalisiert werden und wähnen sich auf der Seite des Guten, das sich ihnen als Trend offenbart, angefangen von der Willkommenskultur, das kosmopolitische Europa ohne Grenzen, die Rettung des Weltklimas und der in Aussicht gestellten Rettung von 70 oder gar 700 Millionen Afrikanern. An was erinnert uns das denn wohl? Wenn man da nicht schon wieder die DDR bemühen will, dann vielleicht an China, aber dort ist man effektiver, weil man sich das Wählen spart.
Was hältst Du von einem besonderen Happening, wenn wir schon gerade dabei sind und zwar die Gründung des Institutes zur Verbreitung von Hassbotschaften und gruppenbezogener Menschenfeindlichkeit?
Du überschätzt die Humorfähigkeit der politischen Klasse, denn man würde Dich erkennungsdienstlich behandeln, aber ich wollte Dich wegen einem anderen Happening anrufen und Hellweg berichtete, vom häufigen Gelächter des Kollegen unterbrochen, von den Ereignissen auf dem Markt und den Damen mit dem Klapptisch.

Mein lieber Frank,- Du hast mir den Tag gerettet. Selten so gelacht, aber was meinte denn der Spohn dazu?
Na ja,- ich solle nicht unbedingt antistaatlich argumentieren, aber gegen Satire hatte er nichts, obwohl er den Begriff nicht gebrauchte.
Sehr gut und ruf den Friedhelm bitte auch an, denn mal unabhängig von der regionalen Verortung wäre das doch ganz herrlich im Feuilleton. Die Damen werden wohl leider kein Foto gemacht haben, aber vermutlich die Polizei. Auch eine kleine Karikatur hierzu wäre nicht schlecht.
Ach ja,- Stichwort Karikaturen. Hattest du die Meldung mitbekommen, dass das hessische Kultusministerium die Lehrer angewiesen hat, keine Mohammed-Karikaturen zu verwenden?
Wie,- hatten die denn sowas geplant?
Na ja,- eher wohl nicht und warum auch. Es geht wohl eher die Angst um in einigen Ministerien, denn die Situation ist schon länger kritisch, aber eine genaue Beschreibung der Wirklichkeit passt dort nicht ins Kalkül, zumal sie sich davor ja wohl auch fürchten müssten.
Und in unseres?
Wir müssen uns ja vielleicht auch fürchten, sollten aber klugerweise die Situation in Frankreich ungeschminkt beschreiben und das wäre der passende Part für den Kurt Enders. Das ist doch ohnehin ein frankophiler Käselutscher der zudem in Frankreich Bekannte hat, die ihn ständig informieren.

Verehrte Kolleginnen und Kollegen,-
ich sehe mich gezwungen, nach Maßgabe des Kultusministeriums den Präsenz-Unterricht vorübergehend auszusetzen, sagte Lutz Freiberg. Wir haben die Möglichkeiten eines digitalen Unterrichts nach Lage der Dinge noch nicht im Griff und sind jetzt erst mal froh, wenn wir mit der aktuell verfügbaren Technik halbwegs klarkommen. Ich habe einen Fachmann engagiert, der im Falle von Schwierigkeiten verfügbar sein wird, wenngleich nicht immer ad hoc, wenn es mal an einigen Stellen zugleich brennt. Ich bitte um Ihr Verständnis. Es gibt in einer der Grundschulklassen Probleme mit einem Schüler, dessen Vater den Maskenzwang als unsinnige Körperverletzung bezeichnete und androhte, seinen Sohn selbst unterrichten zu wollen. Ich hoffe mal, dass sich solche Fälle nicht häufen, was bei digitalem Unterricht auch nicht passieren wird. Leider kann ich niemandem Sonderrechte einräumen. Das betrifft den Umgang mit den Seuchenvorschriften einerseits und insbesondere auch den Umgang mit den Inhalten unserer Lehrpläne. Es kann nämlich nicht wahr sein, dass Teile der Zuwanderergesellschaft mit einer aufdringlichen Penetranz eine Abwehrhaltung gegen Teile des Biologie-, des Sozialkunde, des Sport und auch des

Musikunterrichtes kultivieren und sich in Stellung bringen. Ja sogar gemeinsame Klassenfahrten sind davon betroffen. Ich teile den Rat des hessischen Kultusministeriums, im Unterricht keine Mohammed-Karikaturen zu verwenden und wüsste eigentlich auch nicht warum wir das tun sollten. Niemand wird hier aufgrund seiner Religionszugehörigkeit ausgegrenzt oder beleidigt. Ich werde das nicht dulden. Zugleich dulde ich keine Drohungen gegen das Lehrpersonal durch Teile der Elternschaft und dabei ist mir vollkommen egal, wo die Leute herkommen. Bitte wenden Sie sich sofort an mich, wenn so etwas vorkommen sollte, weil ich dann sofort....
Herr Freiberg bitte entschuldigen Sie, aber das ist hier schon vorgekommen. Es hatte sich ein noch junger Lehrer aus dem Kollegium gemeldet.
Wie soll ich das verstehen?
Nun,- ich hatte im Sozialkunde-Unterricht auf die Gleichberechtigung von Mann und Frau hingewiesen und die hierfür wichtigen historischen Persönlichkeiten erwähnt. Ich gebe zu, dass das möglicherweise ein wenig provokant rübergekommen ist, aber mit den daraufhin folgenden Reaktionen einiger Schüler hatte ich nicht gerechnet.
Welcher Art waren denn diese Reaktionen Herr Kollege?
Es folgten Bemerkungen wie: Deutsche Frauen alles Nutten oder gleiches Recht für Frau macht alles kaputt. Das liegt jetzt schon eine Weile zurück und wir waren mit dem Detail dieses Themas eigentlich schon durch. Ich habe damals kein Theater machen wollen, erhielt aber von Bekannten aus Frankreich ein Video, wo offenbar muslimische Schüler zu sehen waren, die ein Klassenraum vollständig auseinander nahmen, also zerstörten. Viel ist davon nicht mehr übrig geblieben.
Ich bin auch schon körperlich, allerdings von einem deutschen Schüler bedroht worden, meldete sich eine Kollegin.
Ich erinnere mich, sagte Freiberg und wir konnten ihn ja damals auch von der Schule entfernen, was übrigens nicht so einfach war und im Grunde ja auch nicht wünschenswert ist, wenn da noch irgendeine Hoffnung gegeben ist. Ich bitte Sie alle sehr, solche Vorkommnisse nicht alleine bewältigen zu wollen. Mir ist aus Frankreich bekannt, dass eine große Zahl von Lehrerinnen und Lehrern eine Frühverrentung anstrebt, weil sie sich von den zuständigen Behörden im Stich gelassen fühlen. Das kann natürlich nicht der richtige Weg sein und ich will auf jeden Fall vermeiden, dass hier in dieser Schule irgendwelche Hahnenkämpfe ausgetragen werden, die dann anschließend in der Regenbogenpresse breitgetreten werden. Das müssen wir gemeinsam verhindern.
Wo Sie gerade diese Art von Presse erwähnen, sagte jemand aus dem Kollegium, so las ich gerade die kleine Story von den Damen die sich mit den Klappstühlen und dem Klapptisch auf den Marktplatz gesetzt hatten, um das zu machen, was

man in Bayern eine Brotzeit nennt, wobei man da wenig Gutes an den Damen ließ. Ich fand das aber eigentlich ganz lustig und auch mutig. Die Polizei wohl eher nicht.
Herr Kollege,- ich finde das vordergründig auch lustig; aber uns hilft hier eine Provokationskultur nicht weiter, weil hier bei uns jetzt eher eine sehr intelligente Diplomatie gefordert ist. Der Ton ist rauer geworden und ich finde es sehr interessant, dass sich wohl einige Fronten grundlegend verschoben haben. Hätte man früher die Auslieferung der Bild-Zeitung vor dem Springer-Haus zu verhindern versucht, sagte mir ein Bekannter, so würde er heute lieber die Auslieferung des *Spiegel* verhindern, denn dieser sei ein Denunzianten Blatt, das im Gegensatz zu früheren Zeiten keine regierungskritische Haltung mehr einnehme, sondern die Verächtlichmachung des kritischen Geistes betreibe. Sie sehen, sagte Freiberg, die Gesellschaft polarisiert sich, wird aber wohl auch künftig noch ziemlich ähnliche Schulen besuchen. Zumindest vermute ich das mal.

Als Enders dem Kollegen Gebauer

von seiner Recherche im Milieu berichtete, brauchte dieser einige Zeit, bis sich alles mal ein wenig gesetzt hatte.
Das heißt also, dass Du dort wieder hin musst, um über den Geschlechtsverkehr eine Vertrauensbasis herzustellen, welche dann für eine Recherche taugt. Wenn Du mich fragst, ein hervorragendes Mittel, das leider viel zu selten gepflegt wird, weil man ja schon seit längerer Zeit die Meinung vertritt, man müsse sich als gebildeter Mensch den Frauen ausschließlich über den Kopf annähern. Ein großer Schwachsinn, der seine Entsprechung in sterilen und aseptischen Mann-Frau-Beziehungen findet, die auf sog. Freundschaften hinauslaufen, während sich die Beteiligten – wieder alleine – frustriert einen runter holen. Ist Dir denn sonst noch etwas aufgefallen außer der hübschen Langhaarigen, die Du wieder käuflich zu begatten gedenkst?
Da ist ein Typ rumgelaufen, den ich nur kurz gesehen habe, aber der sah nicht wie ein Orientale aus. Jedenfalls nicht wirklich.
Sondern?
Ich weiß nicht so recht und ich bin schließlich kein Völkerkundler. Woher kam denn die Dame, wenn ich fragen darf?
Sie sprach recht gut Deutsch und mein ganz vorsichtiger Eindruck ist, dass sie irgendwoher aus ex-Jugoslawien kommt.
Hmmm--ja, einfach so und natürlich aus freien Stücken.
Kaum, denn mit den freien Stücken ist es im Rest Europas auch nicht immer so weit her, aber ob Du es jetzt glaubst oder nicht, aber ich bin mir nicht wie ein Schuft vorgekommen.

Wie denn alternativ? Und jetzt sag bloß nicht wie ein Ermittler!
Wenn Du es wissen willst auf jeden Fall mal viel jünger als ich es aktuell bin. Ich habe mich daran erinnert, wie ich als knapp 18-jähriger mal in einen Puff geschlichen bin und die Kohle hatte ich mir wirklich abgespart. Die Mädchen die ich kannte waren furchtbar zugeknöpft und irgendwie war ich auch nicht gerade der angesagte Typ und dann ist es mir zu blöd geworden. Ich hatte mir damals auch eines der Mädchen ausgesucht, das mir besonders gut gefallen hatte und schon damals habe ich unter dieser komischen Situation gelitten, die entsteht, wenn sie dir praktisch zur Auswahl vorgeführt werden. Dieser Warencharakter war mir absolut peinlich und ich hatte wohl das Gefühl das gutmachen zu wollen.
Und wie hast Du das angestellt?
Dreimal darfst Du raten.
Ja und was dann?
Sie war erst ganz still und hat dann leise gestöhnt und irgendwann meinen Kopf ganz fest auf ihre Pussi gedrückt, wo er sich natürlich bereits befand. Das lassen diese Frauen meistens gar nicht zu, aber sie war so jung wie ich und wohl noch unerfahren. Als ich dann mit dem Rad nach Hause gefahren bin, habe ich mich unglaublich beschissen gefühlt.
Na ja,- ich verstehe, aber Du warst doch nicht unfair oder gemein.
Nein,- aber ich war das Arschloch, das es nur auf diese Weise geregelt hatte und ich konnte das nur kompensieren, indem ich mir einredete, sie sei nur zu mir so besonders zuvorkommend, weshalb ich auch noch ein paar Mal bei ihr war.
Und dann,--ich meine später?
Dann halt nicht mehr, weil ich mir erfolgreich eingeredet hatte, dass das unter meiner Würde sei und das ist jetzt wieder hoch gekommen und wieder war die Begegnung im Grunde nur angenehm, wenn man davon absieht, dass man einem gewissen Zeitstress ausgesetzt ist.
Weißt Du was, sagte Thomas Gebauer, das sind Materialien zu einer Dialektik der Beziehungen zwischen Männern und Frauen, aus denen man mal was machen sollte.
Keine Chance, sagte Enders. Das Vorurteil gegen die Entfremdung über den Faktor Geld, welcher in diesem Falle solche Übereinkünfte konterkariert, die sich aus dem sogenannten „verbindlichem" Geschlechtsverkehr zwanghaft ergeben, ist unerschütterlich, lebt von einer falschen Moral und generiert einen Hass gegen alles Lüsterne. Vergiss es!

Das Miteinander in schwierigen Zeiten

Herr Direktor Geisinger,

ich bin ja noch nicht so lange hier wie einige andere Kollegen und erlebe Sie unter den aktuellen Bedingungen als berechtigt besorgt. Peter Delius hatte um ein Gespräch mit Geisinger gebeten, denn er spürte sowohl dessen Besorgnis, als auch seine Angst, irgendetwas falsch zu machen oder zu gefährden.

Ich kann Ihnen aus meiner langen Erfahrung bei der Erforschung von Seuchen natürlich auch kein Zertifikat über erwiesene Harmlosigkeit ausstellen, zumal die Folgen von Virusinfektionen überall anders ausfallen können und dabei spielt der gesamtgesundheitliche Standard und Zustand der Bevölkerung eine große Rolle. Eines kann ich Ihnen aber mit Sicherheit sagen, denn alle die neudeutsch als Lockdowns und Shutdowns bezeichneten Maßnahmen werden am Gesamtgeschehen nichts oder nur wenig verändern und ich sage Ihnen noch etwas: Diese ganze Geschichte wird mal als ein großes und leider sehr teures Missverständnis in die Geschichte eingehen. Das hört sich jetzt ein bisschen komisch an, aber sie merken vielleicht, dass ich niemandem etwas Böses unterstellen will. Es entsteht eine Situation des Getriebenseins. Das ist in einem gewissen Sinne verständlich aber gut ist es zugleich nicht.

Ja,- aber was soll ich denn machen mit all den sich zum Teil widersprechenden Anweisungen?

Vorerst mal beachten, würde ich sagen. Sie werden es bei der Beachtung ohnehin nicht zu einer Perfektion bringen oder laufen sie mit dem Maßband durch die Gegend, um den Personenabstand zu kontrollieren. Ich schlage vor, dass wir uns hier nicht verrückt machen lassen. Berufen Sie sich auf mich, wenn Sie da von irgendeiner Seite angegriffen werden sollten. Da braucht man sich gar nicht auf die politische Ebene zu begeben, denn die medizinische ist mir näher und ist auch völlig ausreichend für die erforderlichen Argumente hinsichtlich eines vernünftigen Umganges mit dem, was wir da gerade erleben.

Ich weiß was Sie meinen, aber meine Position ist natürlich sofort politisch brisant, sagte Geisinger, wenn ich mich oder das mir anvertraute Haus nach vorliegender Lesart einer Gefährdung aussetze, die aber möglicherweise gar nicht gegeben ist, was wiederum die Kontrollorgane nicht interessieren wird.

Das verstehe ich sehr wohl, sagte Delius, denn was eigentlich gelingen müsste, das wäre ein breit angelegter Diskurs, bei dem auch diejenigen ihre Meinung sagen können, die das Problem durchaus auch sehen, jedoch anders beurteilen. Das wäre

zumindest in einer demokratischen Gesellschaft zu fordern, weil mich das sonst eher an chinesische Verhältnisse gemahnt.
Wissen Sie,- ich würde hier an der Uni sogar für ein Testzentrum plädieren, wenn ich denn die angebotenen Testmethoden für problemlos hielte, aber das sind sie nicht. Sie sind ganz und gar irreführend.
Sobald ich eine aus meiner Sicht besonders bedrohliche Lage verorten kann, werde ich mich umgehend bei Ihnen melden, so dass wir gemeinsam die erforderlichen Maßnahmen einleiten können. Wir werden aber beide leider erleben, dass uns ein überzogener Alarmismus das Heft aus der Hand nimmt. Sollte dann eine Mehrzahl der Ansicht sein, dass das der richtige Weg ist, dann stellt sich wie immer die delikate Frage, ob man als Demokrat einem nachweisbaren Irrtum folgt, weil eine Mehrheit ihn gut heißt.

Entschuldigung,- aber

sind Sie nicht die Frau Niewald?
Dorothea Niewald war etwas überrascht, aber dann erinnerte sie sich an das Gesicht, ohne dass ihr dazu sofort ein Name eingefallen wäre.
Bitte entschuldigen sie, aber ich bin Christine Berissa.
Ach ja,- Sie haben mich jetzt so überrascht, dass ich regelrecht blockiert war.
Das ist doch nicht schlimm, aber wie geht es Ihnen denn?
Wenn Sie auf diese Sache anspielen, dann bin ich ein guter Verdränger. Ich bin aber seitdem zumindest gegen Abend nicht mehr in dem kleinen Park gewesen, ohne mir jetzt darüber Rechenschaft zu geben. Ich denke ganz einfach mal, dass ich Angst habe.
Sonst sind Sie aber offenbar couragiert, wie ich von meinem Mann gehört habe.

Ach wissen Sie,- ihr Mann hat etwas was Vertrauen einflößt und als er mir da geholfen hatte, da hat er ja einen ganzen Haufen riskiert und ist ja auch verletzt worden.
Ja,- manchmal habe ich auch Angst um ihn. Wissen Sie,- er ist ja schon einige Zeit lang keine Rallys mehr gefahren, aber in dieser Beziehung traue ich ihm nicht. Da ist er verführbar. Das ist wie eine Sucht, weil sich die Technik-Begeisterung mit der Freude am schnellen Fahren verbindet. Er kann das,- ja, ich weiß, aber unverwundbar ist auch er nicht. Wer ist denn der nette junge Mann, mit dem ich Sie kürzlich in der Stadt gesehen habe?
Ein gewisser Friedhelm Kurz, zu dem ich immer Fritz sage. Wir kennen uns schon sehr lange und ich hatte ihn wohl mal enttäuscht, aber ich denke mal, da ist er mittlerweile drüber weg. Ich hoffe ich zumindest.

Kommen Sie uns doch mal zusammen besuchen mit ihrem Fritz. Wir sind nicht in ständiger Ansteckungs-Todesfurcht und ich denke mal, dass wir ziemlich gesund sind bis auf die gelegentlichen Winterschnupfen. Ich werde das mit meinem Mann besprechen und dann rufen wir Sie an.
Ja,- gerne und vielen Dank! Ich habe hier auch noch ein Kärtchen mit meiner Telefonnummer und der Fritz ist als Journalist für Abwechslung immer zu haben.
Ach ja,- ist er bei der hiesigen Lokalzeitung angestellt?
Ja,- schon recht lange und wir kennen uns auch über diese Presseachse, aber ich hörte zwischendurch, dass Ihr Mann jetzt auch einen Anwalt hat. Sie glauben gar nicht wie peinlich mir das ist. Der kommt angerannt, weil er mein Gejammer gehört hat, begibt sich selbst in Gefahr, muss sich wehren und dafür muss er sich verteidigen.
Machen Sie sich mal keine Sorgen, denn mein Mann hat schon ganz andere Sachen durchgestanden. Er ist ja nicht deshalb in Deutschland geblieben, weil er mich kennen gelernt hat. Das kam erst später und da war er schon einige Zeit lang hier. Nein, ihm gefiel diese deutsche Verlässlichkeit, die technische Kompetenz und das, was man eine Ordnung der Dinge nennt, um es mal so allgemein zu sagen. Ansonsten ist er zwischendurch schon mal wieder gerne in Nord-Afrika und mir hat es dort übrigens auch gut gefallen, wenngleich ich in diesem Land vor allem als Frau nicht dauerhaft leben möchte.
Warum,- wenn ich quasi von Berufs wegen fragen darf?
Weil man auf Schritt und Tritt eine üble männliche Dominanz spürt, die sich auf nichts anderes beruft, als auf ein nirgends festgeschriebenes Vorrecht, welches als dreiste Unverschämtheit in Erscheinung tritt. Ich habe sowas bei meinem Mann nie gespürt, aber er hatte ein relativ liberales Elternhaus und sein leider verstorbener Vater war ein grundanständiger Mann. Der Ben bedauert vielleicht ein bisschen, dass ich ihm mit seiner Motor und Rally-Leidenschaft nicht folge, weil mir bei dem Tempo einfach übel wird, aber das ist ja auch sein Metier. Da kennt er sich aus, hat seine Kontakte und ist natürlich stolz auf ein gewisses Ansehen, das er sowohl als Techniker als auch als Fahrer hat. Also wir würden uns wirklich freuen, wenn Sie mal kommen und wenn Sie keine Vegetarierin sind, dann mache ich Cous Cous.
Bin ich nicht und mir läuft jetzt schon das Wasser im Munde zusammen.

Meine Herren,- wir sind uns

im „Rat“ darin einig gewesen, dass die zunehmende Zahl von Verleumdungen in den sog. sozialen Medien ein gravierendes Problem geworden ist und es wurde empfohlen, dass auch die Printmedien im Rahmen ihrer Möglichkeiten dagegen halten müssen.

Herr Spohn, sagte Frank Hellweg, Sie entschuldigen bitte, aber ich verfolge das auch schon deshalb mit großem Interesse, weil ich, wie Sie wissen, auch für ein Buchprojekt sammele, wobei ich darunter sowohl Ereignisse, als auch Stimmungen verstehe. Nicht nur mir muss aber klar sein, dass ein offenes Netz zugleich ein öffentlicher, wenngleich virtueller Raum ist. Darin tummeln sich natürlich immer auch diejenigen, denen der bürgerliche Anstand eher nicht mit auf den Weg gegeben wurde oder sie haben ihn auch einfach wieder vergessen. Was mich bei aller Kritik am Tonfall einiger Leute aber wundert, das ist die neue Empfindsamkeit.

Wie meinen Sie das?, wollte Spohn wissen.
Wenn Sie mich fragen, warf Friedhelm Kurz ein, dann gibt es gewisse Kriterien auf der nach oben offenen Arschlochskala und der Mensch hat neben seinen Kriegsgelüsten stets nichts lieber getan, als sich gegenseitig zu beschimpfen und dies gelegentlich auch sehr unflätig. Das ist nicht schön, aber auch nicht so furchtbar schrecklich wie aktuell getan wird. Mir erzählte eine Bekannte kürzlich, ihr sei auf Facebook ein Heine-Zitat wegen Unbotmäßigkeit gelöscht worden. Ich denke mal,- hier läuft eine ganz besondere Masche.
Ich stimme dem Friedhelm zu, sagte Kurt Enders, denn die Kritik an den sog. Hassbotschaften kommt mir inszeniert vor. Teile der Medien stürzen sich dann auf sowas und das macht es noch verdächtiger. Wer mich wüst beschimpft, der kann nicht auf höfliche Antwort hoffen, aber Kritik muss auch nicht immer auf Samtpfoten daherkommen. Was ist das denn für eine seltsame Betulichkeit wenn jede und jeder sofort unendlich gekränkt ist, wenn der Ton mal ein wenig rauer war, ein bisschen mehr Nordost?
Es fragt sich ja auch, was wir dazu beschwichtigend beitragen wollen oder sollen, meinte Thomas Gebauer und goss sich den letzten Kaffee aus der Thermoskanne.

Meine Herren,- das habe ich mich auch gefragt und sehe gerade, dass der Kaffee zur Neige gegangen ist, weshalb ich zum Aufbruch mahne. Ich denke mal es reicht, wenn wir an Fairness und die Notwendigkeit einer offenen, jedoch nicht bewusst beleidigenden Diskurskultur erinnern.
Das schon, sagte Thomas Gebauer, aber zu dieser Fairness gehört natürlich auch, dass Kritiker und Querdenker gleich welcher Art auch immer, nicht auch in erwiesen unfairer Manier von den öffentlich-rechtlichen Medien, auf die sie keinerlei Einfluss nehmen können, denunziert und zu neurechten Verschwörungstheoretikern gemacht werden. Ich denke, das gehört zu dieser kritischen Sicht auf Beschimpfungen in jedem Falle dazu, weil sich die Gesellschaft sonst in Kritikberechtigte und nicht-Kritikberechtigte aufteilt. Eine Analyse, die eigentlich nicht schwer fällt.

Anton Sawatzky brauchte
etwa eine halbe Stunde bis er das Gefühl hatte, dass es wieder rund lief. Es war das erste Mal, dass seine beiden Fahrer krank waren und ein Ärger, der in seinem Falle normal gewesen wäre, war dennoch nicht aufgekommen, weil er von Besorgnis verdrängt wurde. Sawatzky hatte ein gutes Verhältnis zu seinen Leuten und er hatte einem Kunden die pünktliche Lieferung von Metallprofilen versprochen, wobei er wusste, dass eine Verzögerung dort einen beträchtlichen Schaden anrichten konnte. Mal wieder selber fahren war dabei durchaus nicht unangenehm und nach dieser Eingewöhnungsstunde war er entspannt. Es war alles wie früher, wenngleich die Fahrzeugbedienung einfacher war, was nicht so ganz stimmte, aber sie war zumindest komfortabler. Man fuhr auch angstfreier wegen der gestiegenen Leistung der Motoren, die nicht schon an schwachen Steigungen verhungerten. Aber Ängste gab es dennoch sowohl vor Unfällen, die einen stundenlang aufhalten konnten, als auch hinsichtlich den einzuhaltenden Pausen, wenn man mal etwas knapp dran war. Dann konnte es passieren, dass auf dem angesteuerten Rastplatz kein Platz mehr vorhanden war und dann wurde es schwierig.
Eines steht fest, dachte er, diese ganze unglaubliche Ansammlung von LKWs auf den Autobahnen ist eine Pest. Damit verdiene ich zwar mein Geld, aber das kann ich mir damit nicht schönreden. Diese riesige Menge von Gütern, die über die Straßen transportiert werden, das ist offensichtlich so gewollt, denn sonst könnte man es ja abstellen. Dann müssten die Transportkapazitäten an anderer Stelle wie z.B. auf der Schiene wachsen. Das, was er sah, war eine unglaubliche Verschleißwirtschaft. Dieser ganze Einsatz eines teuren, meist privaten Maschinenparks, der mit Diesel befeuert wurde, während eine alles am Laufen haltende man-power bis an die Grenzen der Erschöpfung strapaziert wurde. Ein irgendwie auch kurioses Phänomen! Elektrisch fahren, dachte er, das wäre nicht schlecht, ist aber vorerst technisch nicht möglich. Auch mit Gas wäre es nicht einfach, weil ständig eine gewisse Menge an Diesel-Kraftstoff zumindest für den Startvorgang eingespritzt werden müsste. Da die Deutsche Bahn AG längst eine eigene LKW-Flotte betrieb, schien deren Interesse an einer Favorisierung der Schiene auch nicht überwältigend groß.
Sawatzky erinnerte sich an ein paar Urlaubstage, die er sich vor Jahren in einem kleinen Ort hinter dem Brenner-Pass gegönnt hatte. Dort gab es nicht weit entfernt eine Brücke über die Brenner-Autobahn und auf dieser hatte er gestanden, während unter ihm endlose LKW-Kolonnen in beide Richtungen unterwegs waren. Damals wollte er ein bisschen gute Luft tanken und war sich der Schizophrenie seiner Situation bewusst geworden.

Herr Eicher,- zunächst mal
vielen Dank, dass Sie sich die Zeit genommen haben!
Ach Gott Herr Hellweg,- ich bin ja ganz froh für ein bisschen Zuwendung, denn wie Sie sehen können, bin ich alleine zugange. Normalerweise sind wir zu dritt oder auch schon mal zu viert und hier in der Halle ist ja nun wirklich auch ausreichend Platz, um sich aus dem Wege zu gehen, zumal das hier für unseren Bedarf eigentlich viel zu groß ist. Ich konnte aber durch freundliche Fürsprache günstig mieten und bin mit der Situation auch zufrieden.
Wenn ich Sie richtig verstehe, dann ist Ihre Auftragslage stabil; aber aufgrund der angekündigten Schutzmaßnahmen konnten Sie ihre Angestellten nicht weiter beschäftigen.
Genau so ist das leider, obwohl wir nicht nur viel Platz haben, sondern ohnehin den lieben langen Tag wegen der Holzbearbeitung mit Gesichtsmasken herumlaufen. Wir sind auf sowas gewissermaßen trainiert.
Denken Sie denn, dass Sie, wenn das mal wieder vorbei ist, zu einem normalen Arbeitsablauf zurückkehren können?
Das denke ich leider nicht, denn die Kundschaft zieht sich zurück und sucht andere Wege im Ausland. Hinzu kommt, dass meine laufenden Kosten nicht gerade gering sind und ich habe auch Kredite, die ich bedienen muss. Die versprochenen Stützungsgelder sind nämlich zumindest bei mir noch nicht eingetroffen und meine Gläubiger kann ich nicht unbegrenzt warten lassen.
Wir werden erleben, dass die eigentliche Pleitewelle erst offensichtlich wird, wenn die Maßnahmen wieder gelockert werden. Einige kleinere Unternehmen haben schon zuvor auf Messers Schneide gewirtschaftet, um mich mal vorsichtig auszudrücken. Die haben keine Reserven und werde schließen....unwiederbringlich!

Frank Hellweg sah sich um, denn man konnte aus Eichers kleinem, halbrundem und verglastem Büro in die Halle blicken, die früher mal ein Lager für Paletten und Kartonage gewesen war.
Kommen Sie,- ich zeige Ihnen mal ein paar Maschinen für die teilweise ja sehr aufwändige Holzbearbeitung. Es ist nämlich viel einfacher, einen neuen Schrank zu bauen, als einen alten wieder verwendungsfähig zu machen, so sich das denn lohnen sollte. Da kann schon die Beschaffung des passenden Holzes ein richtiges Problem sein.
Von dieser etwas außergewöhnlichen Situation bin ich eigentlich auch ausgegangen und ich wollte Ihre Firma im Lichte eines kommerziellen Kulturerhalts erscheinen lassen.
Das haben Sie aber jetzt ganz wunderbar gesagt, sagte Eicher und musste lachen. Sehen Sie,- ich hatte mal einigen Restauratoren am Dresdner Zwinger zugesehen,

aber da handelte es sich ja um Steinarbeiten, vor denen ich den Hut ziehe. Allerdings haben wir es hier manchmal auch mit Holz-Einlegearbeiten zu tun, die zweihundert und mehr Jahre alt sind. Wenn daran Beschädigungen zu reparieren sind, dann hat man es – um bei dem Begriff Kulturgut zu bleiben – mit einem solchen zu tun und das kann dann schon mal gut und gerne 70 000 € wert sein. Ein richtiger Fehler darf Ihnen da nicht passieren.
Hellweg machte sich Notizen und ein paar Fotos.
Wissen Sie Herr Hellweg,- ich finde das gut, dass kleinere und mittelständische Unternehmen in ihrer Zeitung erwähnt werden. Wir sind hier natürlich ein wenig exotisch, aber retten wird uns das auch nicht. Das Beste, das Sie für uns alle tun können, das ist der Verweis auf eine Situation, die zumindest aus meiner Sicht völlig überzogen gehandhabt wird und der gesamten Gesellschaft einen kaum wieder gut zu machenden Schaden zufügt. Selbst wenn man meine Meinung nicht teilt, dann muss sich doch jedem halbwegs kritischen Geist vermitteln, dass das Gießkannenprinzip, mit dem man die Ökonomie auch dort einschränkt und verhindert, wo dies ohne jede medizinisch nachvollziehbare Begründung ist, für uns das Aus bedeuten kann. Wir bekommen unser Geld nämlich nicht vom Steuerzahler in gleichmäßigen Chargen monatlich auf unser Konto.

Man könnte am positiven Beispiel des Kulturerhalts durch Ihre handwerkliche Arbeit aktuell leider von einem Kulturverfall sprechen, der sich als Form von Dekadenz äußert und gerade die Gestalt verordneter Todesangst angenommen hat, mit der man jede Gesellschaft beliebig steuern kann. Und wissen Sie was, sagte Hellweg, ich halte das nicht mal für eine Verschwörung! Bitte verstehen Sie mich nicht falsch, aber hier ist ein großer Mangel an kulturellem Bewusstsein zu beobachten.
Was mir am Handwerk gefällt ist, dass es sich der Wirklichkeit verpflichtet weiß, sagte er. Ich las mal ein lustiges Buch mit dem Titel: *Ich schraube,- also bin ich* und da dachte ich erst, es sei so etwas wie eine Anleitung für Schrauber, aber dem war keineswegs so. Der US-Soziologe und Motorradmechaniker Matthew Crawford erzählt dort im Grunde seine Geschichte und bei aller Weiterbildungswut zum Soziologen, war es doch immer wieder die für ihn wichtige Erdung in der handwerklichen Tätigkeit. Die Maschine läuft oder eben nicht oder auch nicht richtig und dann muss etwas getan werden was Hand und Fuß hat. Und wenn sie dann wieder richtig läuft, dann hat man ein Erfolgserlebnis.
Eicher lachte,- ach ja,- das ist lustig und nachvollziehbar, wobei die von uns restaurierten Möbel ja nicht laufen müssen oder sollen. Es ist bei uns eher so ein bisschen wie bei den Veteranenfreunden, denn die legen in der Regel Wert auf Authentizität, möglichst noch auf einen Originalzustand und das ist halt auch unser

Problem, wenn wir einen Zustand herstellen sollen, der sich dem Betrachter auch schon vor über hundert Jahren so und nicht anders vermittelt hat. Ein stilistisch einzuordnendes Möbelstück hat so etwas wie eine eigene Architektur, die auch durch das verwendete Material – in diesem Falle Holz – bestimmt wird. Aber jetzt habe ich Ihnen nicht mal einen Kaffee angeboten und das, obwohl ich sogar noch Kuchen im Angebot habe, den meine Frau gestern gebacken hat.

Als Kurt Enders geklingelt hatte

und den ihm bekannten nur schwach erleuchteten Hausflur betrat, der sich nach ein paar Metern verbreiterte und eher so eine Art Vorraum war, an dessen Ende sich eine Tür befand, da wurde ihm klar, dass er bei seinem ersten Besuch einiges übersehen hatte. Diese ganze Recherche war natürlich – vorsichtig ausgedrückt – sehr ambitioniert und dies in einem sehr persönlichen Sinne. Er war jetzt darauf angewiesen, die Dame mit den schönen langen Haaren wieder ansprechen zu können und ging davon aus, dass sie ihm vielleicht etwas erzählen würde, weil er sein Versprechen wiederzukommen eingelöst hatte. Bei Licht betrachtet war das aber eine sehr naive Vorstellung. Als ihm die zweite Tür geöffnet wurde, sah er einen Mann, der mindestens eine lichte Höhe von 1,90 m hatte und mit einer beachtlichen Schulterbreite aufwarten konnte. Dieser hatte ihn durchaus zuvorkommend hineinkomplimentiert, aber Enders war sich ziemlich sicher, es nicht mit einem Orientalen zu tun zu haben und dann sah er sie im Halbdunkel an der Theke zusammen mit einer Kollegin, lachte ihr zu und sah, dass sie ihn erkannt haben musste.

Der Mann mit den weichen Händen, sagte sie. Komm- und sie nahm ihn bei der Hand und während sie die Treppe emporgingen, um zu ihrem Zimmer zu gelangen, versuchte er sich daran zu erinnern, wann eine Frau mal „komm" gesagt und ihn an der Hand genommen hatte, wobei ihm fatalerweise nur seine Mutter einfiel. Zugleich war ihm klar, dass er dabei war die Kontrolle zu verlieren.

Sag mal,- kann man hier nicht ein bisschen heller machen. Ich kann Dich ja kaum richtig sehen.

Ich auch nicht, sagte sie und lachte während sie sich wieder auf diese unglaublich elegante Art ausziehen ließ, so dass ihre kleinen festen Brüste wippten und auch ihr Haar hatte wieder geknistert, als er ihr das knappe T-Shirt über den Kopf zog.

Was hast Du,- warum kuckst Du mich so an? Hör mal,- setz Dich bitte mal zu mir!

Warum ziehst Du dich nicht aus?, fragte sie.

Ich wollte Dich einfach mal was fragen?

Kannst Du auch ohne Hose und uns läuft die Zeit davon.

Sag mal,- der Mann da unten – war das der Chef?

Ja,- aber nicht nur. Manchmal ist da noch jemand, also ein anderer Mann den ich nicht kenne. Sag mal,- bist Du ein Bulle?
Bin ich nicht!
Ehrlich?
Ja,- ganz ehrlich!
Der Mann den Du gesehen hast, zu dem sagen wir Silvio, aber ich weiß nicht ob das sein richtiger Name ist. Warum interessiert Dich das wenn Du kein Bulle bist?
Weißt Du,- ich will mal einen Krimi schreiben und da brauche ich eine spannende Geschichte mit Leuten aus verschiedenen Ländern und aus verschiedenen Milieus, die sich irgendwo treffen, etwas planen. So oder so ähnlich halt.
Was ist das, ein Milieu?- fragte sie.
Ach weißt Du, jeder macht doch irgendetwas, arbeitet, organisiert und ist von bestimmten Leuten umgeben. Da hat man Kolleginnen und Kollegen und manchmal auch Freunde. Verstehst du?, das ist etwas, wo man dazugehört und das nennt man dann Milieu.
Ist das dann so etwas auch wie Heimat?- fragte sie.
Enders sah sie einen Moment lang erstaunt an.
Ja,- sagte er dann, denn es gibt so etwas wie ein heimatliches Milieu.
Jetzt verstehe ich, sagte sie und mit Silvio kann ich sogar ein bisschen in meiner Landessprache sprechen, denn ich komme aus dem Kosovo.
Und Silvio,- kommt der auch daher?
Nicht so ganz richtig, denn das ist ein halber Albaner.
Was willst Du denn machen?
Wie machen,- was meinst Du?
Ich meine Du und ich. Soll ich Dir einen blasen?
Nein,- komm, ich massiere Dich wieder ein bisschen.
Weißt Du was? Du bist ganz komisch,- also heute mal auf jeden Fall. Hier kommen manchmal Leute noch spät in der Nacht mit dem Taxi vorgefahren und die wollen gar nicht reden und die gehen auch nur zu den Mädchen aus dem Ausland, weil sie nicht erkannt werden wollen und soll ich Dir sagen warum? Die sind alle verheiratet und machen Politik. Deshalb darf das niemand wissen, aber wir wissen es natürlich und es ist uns egal.
Bist Du sicher, dass das Politiker sind?
Ganz sicher und soll ich Dir auch sagen warum sie zu uns kommen?
Ja,-sag mal!
Weil ihre Frauchen zu dumm oder zu fein sind, ihnen mal einen zu blasen. Dazu sind sie sich zu fein und sie selber kommen dann natürlich auch zu kurz. Einer kommt immer, der kann ganz wunderbar lecken. Der ist richtig gut, aber wenn Du

mich massierst mit Deinen weichen Händen, dann ist das auch sehr schön. Das hat noch niemand gemacht. Die wollen immer gleich ficken.
Als sie einige Zeit lang nichts mehr gesagt hatte, beugte Enders sich zu ihr herab und küsste sie in den Nacken.
Da drehte sie sich langsam um, lag vor ihm in ihrer Schönheit und sagte ganz ernst: Du machst mir bisschen Angst. Weißt Du, wenn Männer sich in eine wie mich verlieben, dann gibt es Probleme.
Für wen?- sagte Enders, streichelte ihre Brüste und wäre jetzt doch froh gewesen, wenn sie ihm einen geblasen hätte.
Für mich – nur für mich. Ich darf mich nicht verlieben. Das ist ganz einfach, weil es schlecht für das Geschäft ist,- verstehst Du?
Wegen Silvio?
Wegen ihm und wegen anderen Sachen. Ich will Dir etwas sagen, was Du jetzt nicht glaubst, aber ich habe hier auch sehr nette Männer kennen gelernt, mehr als in allen Jahren zuvor als ich diesen Job noch nicht gemacht habe. Es gibt auch unangenehme Männer, aber die meisten sind eigentlich nett und alle ein bisschen traurig.
Aber so viele Jahre vorher können das doch gar nicht gewesen sein? Manche Jahre zählen doppelt, sagte sie. Hast du das schon mal bemerkt? Manche sind ganz schnell vorbei und das sind meistens die schönen und manche gehen gar nicht vorbei, weil sie immer gleich sind und ganz schlimm langweilig wie die langen dunklen Tage im Winter.
Du musst jetzt gehen – bitte! Komme ich in Deinem Krimi-Buch auch vor wenn Du es schreibst?
Ja,- sagte er,- als die Geliebte der Kommissars.

Hast Du eine Ahnung

wie alt diese Bäume sind?
Mit sowas ist die Anthropologie in der Regel überfordert, sagte Karin Bruckner, aber wenn Du mich schon fragst, so schätze ich sie mal ganz vorsichtig auf dreihundert Jahre.
Das heißt nach Deiner Meinung also, sie haben schon Napoleon kommen und gehen sehen?
Lieber Raoul, der umstrittene Herr aus Korsika wäre mir jetzt gar nicht in den Sinn gekommen, aber ja,-- natürlich und selbstverständlich auch einige Kriege, gescheiterte Revolutionen und schon viele Soziologen, wenn sie sich denn mal hierher bemüht haben.
Das hat gesessen, sagte Conte, aber so viele sind es ja gar nicht, wenn man es auf diesen Wissenschaftszweig bezieht, denn die Soziologie ist ja vergleichsweise jung.

Aber Gedanken über Gesellschaft hat man sich doch wohl immer schon gemacht?
Natürlich,- im Athen der Antike waren das die Philosophen, aber das waren keine Detaildenker, weil sie ein universelles Verständnis vom Sein und vom Dasein anstrebten, wobei sie da bis heute nicht übertroffen wurden. In den langen Dekaden der europäischen Herrschaftsbegründung waren das natürlich auch die Staatenlenker, Kaiser, Könige und Fürsten. Keineswegs alles Dummköpfe, aber mit Soziologen hätten sie sich Läuse in den Pelz gesetzt, denn die sind ja – streng genommen – alles Kinder der modernen Sozialstaaten. Die Soziologie ist eine kritische Wissenschaft. Im Feudalismus oder Absolutismus wäre sie gar nicht möglich gewesen und beliebt war sie nie!
Wie meinst Du das?
Warum sollten Kritiker beliebt sein? Bei den Herrschenden doch in keinem Falle und beim Volk nur in Ausnahmefällen. Das kann man doch vor allem aktuell ganz wunderbar beobachten.
Willst Du damit sagen, dass die Bevölkerung kritikfeindlich ist?
Nicht grundsätzlich und zumal dann nicht, wenn eine Bedrohung erkannt wird, was aber voraussetzt, dass diese Erkenntnis zuvor prozesshaft geleistet werden muss. Dann kommt es, wie euer Dichter Brecht geschrieben hat, zu den Fragen eines lesenden Arbeiters. Übrigens ein sehr schwieriger Prozess, weil die Erkenntnisfindung Misstrauen voraussetzt, ein Misstrauen gegenüber der offiziellen Vermittlung. Verstehst Du was ich meine?
Ja,- Du traust den Medien nicht!
Ja,- und ich staune, wenn ich in Deutschland erleben muss, dass die sich klar vermittelnde Wirklichkeit in einer Weise auf den Kopf gestellt wird, die das exakte Gegenteil von richtig ist.
Und warum ist das Deiner Meinung nach möglich?
Hier gelange ich – typisch für einen Soziologen – zu einer Vermutung. Die jetzt an den Hebeln der Macht befindliche politische Klasse hat, gemeinsam mit ihren Jahrgangskohorten und erst recht mit deren Kindern, seit dem Ende des 2. Weltkrieges keine ernsthafte Krise mehr erlebt, zumindest keine, die lebensbedrohlich gewesen wäre. Sie sind nicht krisengewohnt und sie sind auch nicht krisenfähig. Es kann doch nicht sein, dass plötzlich eine große, ja vielleicht sogar überwiegende Anzahl der Bevölkerung der Meinung ist, von einem Klimanotstand bedroht zu sein. Wo ist welcher Notstand?
Aber Raoul,- hältst Du denn die Klima-Debatte nicht für wichtig?
Nein,- zumindest nicht im Sinne einer Priorisierung. Viel gefährlicher ist doch der Finanzzirkus im Umfeld des Euro, das Problem der Altersarmut und gefährlich ist auch eine besondere Sorte von Zuwanderern, die das Wort ihres Propheten über die Werte von Verfassung und Grundgesetz stellen. Da sitzen einige Leute

wohlversorgt auf ihrer Blase und machen sich Gedanken darüber, wie es in 50 Jahren aussehen könnte und ob es dann den Aletschgletscher noch gibt, während andere mit armseligen Gehältern aus prekärer Arbeit und Mini-Renten über die Tage, Wochen und Jahre kommen müssen. Genau diese Sicht wird aber nur gelegentlich und ansatzweise mal vermittelt, während man zugleich die Welt retten will. Das kritisiere ich, weil ich darin eine überspannte Elitenhybris sehe. Und was das Klima angeht, so befinden wir uns in den Resten der sog. Kleinen Eiszeit. Seit über 15 000 Jahren wird es wärmer und der Mensch tut seinen Teil dazu.
Es hatte zwischendurch ein paar Tropfen geregnet, hellte aber wieder auf und sie hatten sich zu diesem Spaziergang entlang des Flusses mit seiner
bemerkenswerten Parade aus alten Bäumen verabredet, die in dem ansonsten offenen Gelände besonders beeindruckend wirkten. Zusammen mit den ersten sonnigen und wärmeren Tagen hatte das etwas Versöhnliches und die ersten Kanu-Fahrer hatten sich auf den Fluss gewagt, während Vögel wie aus dem Nichts auftauchten.

Weißt Du,- mit Deiner Anmerkung zu den nicht mehr krisenfesten Generationen hast Du wohl recht. Ich sehe es ja auch an mir selbst, wenn mich solche Auseinandersetzungen wie aktuell an der Uni schon verunsichern. Was würde ich in Süd-Amerika machen, wenn man mich aus welchem Grund auch immer anhaltend bedroht? Ich weiß es nicht.
Karin,- hör mal,- was ganz anderes, denn so wie es aussieht, können wir unser kleines geplantes Konzert nun doch nicht in der Uni machen. Das habe ich nicht vorausgesehen und bitte entschuldige den Gedankensprung!
Ich weiß, aber meine Tante Martha wohnt ein paar Kilometer von hier. Die hat zwar keinen Bösendorfer, aber einen Yamaha-Flügel, auf dem ich schon mal gespielt habe.
Ja,- aber der steht doch bei ihr oder etwa nicht?
Doch - und meine Tante hat jahrelang Musikunterricht gegeben und wenn ich der ein Hauskonzert vorschlage, dann wird sie kaum nein sagen.
Ich fasse es nicht,- das hast Du mir ja noch nie erzählt!
Vielleicht ja deshalb, weil ich sie so enttäuscht habe, denn sie wollte immer, dass ich Musik studiere und das habe ich dann nicht gemacht, weil mich das aus meiner Sicht überfordert hätte. Sie hat damals viel für mich getan und in mich investiert, wenn man das mal so sagen will und dann habe ich sie halt enttäuscht.
Das wäre natürlich toll, auch wenn das nur ein kleiner Kreis wäre, aber Patricio würde sich riesig freuen.
Du wolltest aber noch etwas über die nicht mehr krisenfeste Gesellschaft sagen.

Aber ich wollte uns nicht die Laune verderben, obwohl ich das vermutlich nicht immer vermeiden kann, wobei ich eine gute Entschuldigung wiederum mit eurem Dichter Brecht habe. Der meinte nämlich mal, es gäbe Gelegenheiten, wo ein Gespräch über Bäume ein Verbrechen sein könne, weil es das Schweigen um so vieles einschließe, was gesagt werden müsse.
Hat er das wirklich gesagt?
Hat er---ganz wirklich!
Weißt Du was, sagte sie, das ist ganz schrecklich. Das ist, als müsse das Schöne ständig ein Anlass für schlechtes Gewissen sein. Ich habe mich auch schon gefragt, ob das einer der südamerikanischen Dichter hätte sagen können. Da gibt es viele sehr kämpferische Aufrufe, etwa von Pablo Neruda, aber dieser Satz Brechts wäre ihm nicht über die Lippen gekommen, denn er hat etwas Apodiktisches, etwas Zwanghaftes, etwas vom Anbefohlenen, das zur Staatsraison führen kann und das ist etwas, wovor auch ich mich mindestens genau so fürchte wie vor einer Diktatur. Genau da ist er mir gelegentlich unheimlich,- der Herr Brecht.

Herbert,- also wie immer auch,
aber ich mache das nicht nochmal, weil mich das in Verlegenheit bringt. Das musst Du mit dem Chef ausmachen!
Na klar, aber der sprach von Recherche und nicht vom Vögeln.
Du stimmst mir aber hoffentlich zu, wenn ich sage, dass man in späteren Zeiten in aller Regel ohnehin nicht mehr so genau weiß, warum man mit der oder jener gevögelt hat und sag mir jetzt bloß nicht, dass Du das immer ganz genau weißt.
Ja,- nein,- natürlich nicht, aber hier bringt mich das in Verlegenheit und außerdem habe ich festgestellt, dass das Etablissement offensichtlich von einem oder auch mehreren Kosovo-Albanern betrieben wird und ich kann mir nicht vorstellen, dass deren Clans freiwillig und freundlich mit arabischen Clans teilen.
Ich auch nicht, aber wenn Du dir so sicher bist, dann war es das ja auch. Das Ziel war doch schließlich, herausfinden zu wollen, in wie weit die am Immobilienskandal beteiligten arabischen Clans noch sonstwo ihre Finger drin haben.
Nicht so ganz lieber Herbert, denn ich erfuhr nebenbei, dass gelegentlich dort zu sehr vorgerückter Stunde Taxis vorfahren, deren Inhalt einen Teil der männlichen politischen Klasse repräsentiert, die bevorzugt von ausländischen Mädels bedient werden, um nicht erkannt zu werden.
Und Du meinst, dass man daraus vielleicht was machen kann?
Ich meine gar nichts, denn daraus kann man nicht viel machen, so man denn nicht für die Regenbogenpresse schreibt. Du kannst nämlich nicht wirklich was beweisen, wenn es Dir nicht gelingt, Dich mit den Herren zum Gruppensex oder zu einem Gangbang zu verabreden.

Wenn ich recht informiert bin, sind doch auch die Kontaktbeschränkungen ausgeweitet worden, so dass auch Deine Freier-Karriere beendet sein dürfte. Die von Dir jetzt nicht namentlich dingfest zu machenden Herren werden sich vermutlich irgendwann gegenseitig ans Messer der Moral ausliefern, das sie auf anderen Ebenen ständig wetzen, - verstehtst Du? Die sind so gut wie alle verheiratet oder sie haben eine Lebensabschnittspartnerin oder......Verzeihung, einen Partner. Wenn die trotzdem gelegentlich im Milieu abtauchen, dann heißt das nicht mehr und nicht weniger, als dass sie zu Hause unterversorgt sind.
Interessant was Du sagst, denn das hat die Dame von der ich das erfuhr auch gemeint, aber drastischer ausgedrückt.
Siehst Du,- das ist so etwas wie eine Lebensweisheit, wobei erschwerend hinzukommt, dass die Damen im Milieu zum Teil sehr hübsch sind, zumindest deutlich hübscher als der angestammte Hausdrache.
An dieser Stelle kommt mir der geniale Gedanke, ganz einfach Dich mal zu interviewen.

Lieber nicht, denn meine Meinung ist vielleicht unter Männern durchaus repräsentativ, aber damit ist sie noch lange nicht gesellschaftsfähig, wenn Du verstehst was ich meine.
Ich verstehe, aber wie repräsentativ sind denn aktuell unsere Ermittlungen in der Immobiliensache? Was meint denn der Thomas?
Der braucht gar nicht mehr viel zu meinen, denn es gibt mittlerweile eine ausreichende Faktenlage bis zu den sog. Randgebieten, die gelegentlich auch mal ganz interessant sein können, aber wie Du gerade erfahren hast, ist das mühsam und verschlimmert das alles zugleich nicht wesentlich.
Wir wissen jetzt sehr genau, woher das Geld kommt und wie es über die Holding verteilt wird. Wir kennen auch die Zwischenhändler, einige involvierte Baufirmen, aber wir wissen nicht, nach welchem Muster die priorisierte Vergabe von Grundstücken oder Immobilien erfolgt. Nach der Landes-Herkunftsfarbe mal auf alle Fälle, aber das ist es nicht alleine. Es gibt da wohl Leute, die sich „verdient" gemacht haben und wir dürfen rätseln womit. Mit vernünftigen Beiträgen zum Wohle der Gesellschaft eher nicht!
Dann können wir ja loslegen!
Na ja,- noch reden wir zumindest de jure nicht über nachweisbar kriminelle Machenschaften. Das ist ein Marktgeschehen mit bevorrechtigten Teilnehmern und damit wiederum kein richtiges Marktgeschehen. Was da passiert, ist eine stückweise, aber offenbar in Grenzen legale Enteignung, aber auch nur dann, wenn man argumentiert, es handele sich um wichtige kommunale oder gar nationale Bestände.

Damit haben wir zurzeit schlechte Karten, weil nationale Bestände sehr schlecht notiert sind in Zeiten, wo man das Nationale selbst zur Brutstätte des Bösen erklärt hat. Hinzu kommt, dass die überwiegende Mehrzahl der hier handelnden Personen einen deutschen Pass haben. Noch Fragen?
Dann machen wir also am besten gar nichts?
Als Frage formuliert weiß ich darauf offen gestanden keine Antwort, aber als Journalisten sollten wir die Augen offen halten, weil die irgendwann einen Fehler machen werden.
Der wird aber vermutlich nicht gleich das ganze Haus zum Einsturz bringen, sondern für ein bisschen Aufschub sorgen,- wenn überhaupt. Was meint denn der Spohn zu der Sache?
Na ja,- im „Rat" hat er das nicht erzählt und offenbar hatte die Konkurrenz bisher keinen Wind von der Sache, was mich gewundert hat. Der Spohn will halt keine Schnellschüsse, aber so ein Ausverkauf wäre ja auch dann ein Problem, wenn eine autochthone Gruppe ein solches Spiel betreiben würde, um sich ganze Stadtviertel unter den Nagel zu reißen. Da würde man ja auch mal genauer hinsehen. Und in diesem besonderen Falle will man vielleicht ganz bewusst nicht hinsehen. Könnte das vielleicht sogar das eigentliche Thema sein?
Ja,- das könnte, aber wir transferieren das Problem dann von seiner faktischen Seite hin zu einer emotionalen. Da wird zwar etwas mit dem Anschein des Legalen gemacht, ist aber trotzdem nicht in Ordnung, zumindest nicht aus marktwirtschaftlicher Sicht. Schwierige Sache! Wenn einige Politiker hier nicht nachweisbar kassieren, sondern gewisse Leute nur legal begünstigt haben, worunter ich verstehe, dass sie bei so viel Kohle für die klamme Gemeindekasse schwach geworden sind, dann ist das leider auch kein Thema, das uns Katholiken in den Rinnstein schleudert. Allerdings kann ich mir das so recht nicht vorstellen, weil es im Gegensatz zu allen Erfahrungen steht, die man mit sowas bisher gemacht hat.

Dass die beiden

in seinem Revier inhaftierten mutmaßlichen Sexualstraftäter darauf hereingefallen waren, als man sie gefragt hatte, ob sie bestätigen könnten, dass der Herr Harassek angegriffen worden sei, damit hatte Ralf Sterzing eigentlich nicht gerechnet. Zugleich bestätigte dies aber vermutlich zugleich die Richtigkeit des Täternamens, auch wenn dieser vielleicht schon ein paar andere hatte. Sterzing hatte deshalb den Kollegen Roth sofort informiert, denn den ursprünglich geplanten weiteren Verhörtermin hatte er verschieben müssen, so dass Roth die beiden gar nicht weiter zu Gesicht bekommen hatte. Außerdem waren noch die beiden Rechtsanwälte und das Opfer zu informieren. Repetto hatte daraufhin

Berissa angerufen und hätte wohl geschmunzelt, wenn er gesehen hätte, dass dieser am seinem in die Jahre gekommenen privaten Rally-Fahrzeug arbeitete, von dem er ja der Ansicht war, dass mit ihm kein Blumentopf mehr zu gewinnen sei.
Ben,- Du brauchst nicht extra persönlich zu erscheinen, wenn der Gerichtstermin angesetzt ist.
Das müsste aber gehen!
Bist Du denn so sicher, dass dann alles glatt geht?
Glatt ist relativ, denn sie werden wohl alle in die Pfanne gehauen, zumal sich herausgestellt hat, dass noch einige andere Sachen gegen die Herren anhängig sind. Das einzige Problem sehe ich im Strafmaß. Es kommt nämlich immer wieder vor, dass Jugendstrafen ausgesprochen werden und die müssen mit dem wirklichen Alter der Betroffenen nicht immer korrespondieren. Einige Richter haben ihre z.T. sehr milden Urteile aber auch schon kulturell begründet. Es hieß dann z.B., dass ein bestimmter Umgang mit Frauen ein Stück ihrer verinnerlichten Kultur sei, was man durch das mildere Strafmaß berücksichtige.
Was denkst Du denn, wie Fr. Niewald vor Gericht auftreten wird?
Lieber Toni,- das ist eine sehr gefasste und ruhige Person, die eher nicht auf Rache sinnt.
Braucht sie ja auch nicht, aber sie sollte auch keine besondere Freundlichkeit auf den Plan rufen. Diese Leute missverstehen freundliches Entgegenkommen nämlich als Schwäche und so verhalten sie sich dann ja auch. Das habe ich schon unzählige Male so erlebt.
Werden Kommissar Roth und sein Kollege Sterzing der Verhandlung auch beiwohnen?, wollte Berissa wissen.
Das müssen sie streng genommen nicht, da ja ihre Berichte vorliegen, aber ich denke mal, dass sie kommen werden.
Na ja,- dann danke ich Dir erst mal für das freundliche und meine Arbeitszeit schonende Angebot, aber ich werde wohl auf jeden Fall selbst kommen in der Hoffnung, dass das die Dinge erleichtert.

Herr Roth,- hier ist das

Innenministerium und mein Name ist Spiegler. Uns ist zu Ohren gekommen, dass in ihrem Zuständigkeitsbereich die verordneten Seuchenregeln nicht eingehalten werden. Das betrifft gleich einige Bereiche wie z.B. das Rotlichtmilieu, aber auch die Universität, was jetzt vielleicht ein wenig provokant klingt, aber ich muss Sie bitten, diese neuralgischen Punkte zu überwachen bzw. überwachen zu lassen.

Ja,- aber einen kleinen Moment mal, denn ich möchte schon ein wenig genauer wissen, wem hier wo was aufgefallen ist, dem ich jetzt mit meinen paar Leuten

nachgehen soll! Können Sie das ein wenig präzisieren, was da z.B. an der Uni passiert sein soll?
Na ja,- die Angaben waren nicht so exakt und betrafen die Situation auf dem Campus, wo wohl größere Gruppen beisammen gestanden haben. Auch einige Professoren wurden dabei beobachtet, wie sie ohne den verordneten Abstand und ohne Gesichtsmaske miteinander geredet hatten.
Herr Roth,- wir müssen die besagte Person, also unseren Informanten nicht preisgeben,- auch nicht gegenüber der Polizei, aber ich kann Ihnen sagen, dass unser Informant offensichtlich gut über die Situation an der Universität informiert ist und es war auch vom Marktplatz die Rede, wo sich Jugendliche entgegen der Anweisungen versammelt hatten.
Sie erwähnten aber noch zusätzlich das Milieu und dort scheint sich ihr Informant ja auch gut auszukennen.
Ich höre bei ihnen eine gewisse Häme heraus Herr Roth und habe dafür ein begrenztes Verständnis, was jedoch zugleich kein hinreichender Grund ist, der Sache nicht nachzugehen.
Das mit dem Marktplatz ist uns bekannt, sagte Roth und wir sind da auch schon eingeschritten, wobei einer der jüngeren Leute, der eigentlich kein Jugendlicher im klassischen Sinne mehr war, meine Beamten mit den im Grundgesetz verankerten Bürgerrechten konfrontierte und meine Beamten mussten sich durchaus etwas einfallen lassen, denn de jure hatte der junge Mann recht und das wissen Sie so gut wie ich.
Herr Roth,- ich verlasse mich auf Sie und überlasse es Ihnen, mit dem Rektor der Universität in Verbindung zu treten, weil das unter den gegebenen Bedingungen Ihr Part ist, wenn Sie verstehen. Der Herr Geisinger scheint mir ein vernünftiger Mann zu sein und ich kann mir nicht vorstellen, dass er sich Ihnen gegenüber sperren wird.
Herr Spiegler,- ich habe verstanden und Sie dürfen sicher sein, dass sich niemand sperren wird. Ich verweise aber zugleich darauf, dass ich mögliche Anzeigen gegen meine Person oder gegen irgendeinen meiner Beamten an das Innenministerium mit einem entsprechenden Verweis versenden werde.
Was meinen sie mit Verweis?
Damit meine ich, dass das Innenministerium aufgrund einer zweifelhaften Rechtslage die Exekutive in die Pflicht genommen hat. Das kann aus meiner bescheidenen Sicht in eine Verfassungsklage münden.
Herr Roth,- machen Sie sich nicht lächerlich! Sie überschätzen die Klagefreudigkeit der Menschen, denen wir natürlich etwas zumuten, aber im Sinne ihrer körperlichen Unversehrtheit und das ist der entscheidende Passus.

Richtig, sagte Thomas Roth und dies stets dann, wenn die Umstände eine solche Einschätzung hergeben, was allerdings zu beweisen wäre.
Ich denke mal, dass wir uns verstanden haben und gehe davon aus, dass Sie keine Begünstigungen zulassen werden.
Keineswegs Herr Spiegler, denn die Begünstigung im Amt wird mit Gefängnis bestraft. Ich habe Ihre Drohung verstanden und wünsche Ihnen einen guten Tag!
Thomas Roth war ein eher ruhiger Zeitgenosse, aber jetzt kochte er, sah auf die Uhr und stellte fest, dass er längst hätte zu Hause sein können.
Dann rief er bei der Universität an, obwohl er wusste, dass auch dort eher keiner mehr im Büro sein konnte, aber er hatte sich getäuscht und erschrak fast ein wenig, als sich Prof. Volker Mendes meldete
Bitte entschuldigen Sie die Störung Herr Professor, aber ich wollte eigentlich Herrn Direktor Geisinger sprechen.
Der ist leider außer Haus, aber mit wem habe ich denn die Ehre, wenn ich vorsichtig fragen darf?
Mein Gott und ich entschuldige mich gleich nochmal, denn mein Name ist Roth von der hiesigen Polizeidirektion. Ich bin ein bisschen unter Dampf, weil ich eben einen Anruf vom Innenministerium hatte, weshalb ich dann auch Herrn Geisinger sprechen wollte.
Wenn es Ihnen nichts ausmacht, dann können Sie es mir auch sagen, denn ich gebe es weiter, zumal ich ihn heute und morgen ohnehin vertreten muss.
Nein,- es macht mir nichts aus, ist mir aber unangenehm sie jetzt bei der Arbeit zu stören.
Sie wird mir nicht weglaufen, zumal mir gerade meine Projekte gestrichen wurden.

Dann erzählte Roth, was er sich gerade hatte anhören müssen und dann war es einen Moment still in der Leitung und er fragte vorsichtig: Sind sie noch dran Herr Professor?
Ja,- sorry,- ich habe nur einen kurzen Moment nachgedacht. Wissen Sie, unser Direktor Geisinger ist ein sehr exakter Mensch und gelegentlich eher ein wenig zu sehr besorgt. Gerade jetzt will er keinen Fehler machen und es ist eigentlich gut, dass sie mich jetzt erwischt haben und nicht ihn, denn ich werde das Ganze mal auf eine ruhige Schiene legen. Dann erzählte er dem Kommissar einiges über die Stimmung an der Uni, weil er vermutete, dass es einen Maulwurf geben müsse, der sich mit seinem Denunziantentum ein wenig aufbläst, was man natürlich nicht klein reden dürfe. Es muss hier wohl jemanden geben, die oder der den Behörden gelegentlich etwas steckt, wobei wir hier ja nicht den großen Ungehorsam proben, weshalb mich das zugleich ein wenig verwundert.

Machen Sie sich mal keine Sorgen, denn etwas Schuldhaftes muss bekanntlich nachgewiesen werden. Das ist wie in der Wissenschaft, wo man auch nicht irgendwas behaupten kann ohne Beweise dafür zu haben.
Die beiden Männer redeten noch fast 20 Minuten miteinander und Mendes meinte zum guten Schluss, er würde sich sehr über einen Besuch an der Uni freuen. Und wissen Sie was,- das machen wir mit richtig großem Bahnhof, damit Denunziant und Öffentlichkeit oder wegen mir auch beide, hinterher was zu mutmaßen haben und beide mussten herzhaft lachen.
Welch ein Glück, dass ich dort noch angerufen habe, dachte Roth auf dem Heimweg und war das komische Gefühl los, dass er seinen Ärger irgendwie bei seiner Frau abladen musste. Das war restlos überflüssig und er geriet in heitere Stimmung. Solche Anrufe vom Innenministerium verhießen in der Regel nichts Gutes, aber es musste verdammt gute Gründe geben, wenn man die Grundrechte massiv einschränkte. Dazu bedarf es einer sehr stabilen Faktenlage und wenn es sie nicht gab, dann war Ärger programmiert. Ich mache mich nicht zum Vollstrecker einer auch gut gemeinten Willkür, dachte er, als er endlich zu Hause ankam.

Hallo Karin,-
ich bin hier unten vor Deiner Tür.
Geht meine Klingel nicht?
Doch,- vermutlich schon, aber ich sitze hier auf einem Motorrad, das keinen Ständer hat und von selber bleibt das nicht stehen, weshalb ich aus Faulheit das Handy bemüht habe.
Warte,- ich komme runter!
Bernd Speicher saß auf einer Maschine, die leicht aussah, aber einen ziemlich großen Tank hatte. Ich wollte Dir nur mal das Ergebnis meiner fast fertigen Bastelei vorstellen, wobei ich die Maschine zu meiner Verwunderung problemlos zulassen konnte. Sag mal,- weißt Du definitiv, dass aus der geplanten Studienreise jetzt nichts wird?
Nach Lage der Dinge ist das wohl so und Du bist doch sicher sogar ganz froh darüber.
Na ja,- so wie es aussieht ist zur Freude kein Anlass, denn die Wettbewerbe wurden uns auch verboten, als ob wir denn so etwas wie rasende Virenschleudern wären.
Wenn ich mir Deine Reifen so ansehe, dann seid Ihr eher rasende Dreckschleudern.

Ja,- lach mich nur aus. Ich hatte mich so gefreut und wenn das noch ein paar

Monate so weitergeht, dann kann ich die Sache vergessen und im kommenden Jahr geht das zumindest bei mir gar nicht mehr. Ich muss mit dem Studium fertig werden.
Ich auch Bernd, aber jetzt warte doch erst mal was passiert. Noch wissen wir ja alle nicht wie das weitergeht. Ich hatte mich nämlich auch auf die Studienreise gefreut, weil ich mal ein bisschen Abstand brauche.
Wie,- Abstand?- hast Du Sorgen?
Das ist nicht das richtige Wort dafür.
Dann lass mich mal raten---Du bist verliebt!
Ach Bernd,- da ist was passiert, was mir ein bisschen zu schnell gekommen ist.
Du sprichst in Rätseln, aber jetzt sag schon mal.....
Der Raoul Conte und ich.....
Ha,- ich fasse es nicht! Ich hatte Euch mal zusammen gesehen, wo Ihr auf dem Campus miteinander gesprochen habt, aber ich hatte mir nichts dabei gedacht. Mensch Karin,- der ist doch klasse. Ich finde den ganz prima mit seinem südamerikanischen Flair und der hat auch richtig was drauf, aber Du hast ja wohl ein Problem.
Nicht so richtig, aber mir ist das alles ein bisschen zu schnell. Bernd Speicher hatte die Wettbewerbsmaschine an die Hauswand gelehnt und sogar eine ganze Reihe älterer Leute bewunderten das leichtgewichtige Wettbewerbsfahrzeug. Sie hatten sich beide auf die Treppenstufen am Hauseingang gesetzt, weil er die Maschine nicht absperren konnte und im Auge behalten musste.
Jetzt mal ehrlich Karin,- der ist doch nett. Ja schon, aber ich brauche ein bisschen Zeit.
Mein Gott,- er wird Dir ja nicht gleich einen Heiratsantrag gemacht haben?

Hat er nicht, aber ich befürchte, wenn ich ihn fragen würde ob er mich heiratet, dann würde er sofort zustimmen und ich will jetzt nicht heiraten. Nicht jetzt,-- verstehst Du?
Liebe Karin,- kann es sein, dass Du ein Problem siehst wo keines ist? Ja,- schon möglich, aber für mich ist es halt eines.
Das ist ja herrlich,- der ja immerhin noch junge Professor aus Kolumbien verliebt sich offensichtlich in eine Studentin, die nicht mal in seiner Fakultät zugange ist, aber die hat damit ein großes Problem. Jetzt stell Dir mal vor, einer der wirklich älteren Herren an dieser Uni hätte sich in Dich verliebt, könnte vom Alter her locker Dein Vater sein und Du müsstest zu allem Elend bei dem auch noch einen Abschluss machen. In diesem Falle würde ich verstehen, dass Du ein Problem hast!

Jetzt musste sie selber lachen und es war befreiend, weil ihr Kommilitone recht hatte. Nur sie selbst hatte sich unter Druck gesetzt und sonst niemand. Ich friere ein bisschen, sagte sie.
Und ich mache mich aus dem Staub, der hier ja gar nicht vorhanden ist, sagte Bernd Speicher, wobei ich Dir den Genuss meines furiosen Starts gewähre.

Er trat kräftig auf den ausklappbaren Kickstarter und der Zweitaktmotor antwortete mit einem hochfrequenten Stakkato, das in ein sägendes Geräusch überging, während er sich mit angehobenem Vorderrad davon machte und dabei eine kleine Wolke verbrannten Öls zurückließ, die durchaus angenehm roch, während sich Karin Bruckner die Frage zu beantworten versuchte, ob sie bei den kolumbianischen FARC-Rebellen auch solche Maschinen hatten, was wohl eher nicht der Fall war.

Es war wenig los

im Gerichtsgebäude, aber zumindest zwei Vertreter der Presse und eine Hand voll Studenten der juristischen Fakultät waren neben den Angeklagten, den Zeugen, den Anwälten und den Vertretern der Polizei gekommen. Der Hauptangeklagte Abdul Harassek war allerdings nicht anwesend und wurde von seinem Anwalt Werner Tönjes vertreten. Sein Fernbleiben wurde mit gesundheitlichen Problemen begründet, welche auf die Verletzung zurückgeführt wurden, die ihm von Berissas Schlüsselverlängerung zugefügt worden war. Die beiden weiteren Angeklagten wurden von einem anderen Anwalt vertreten, der auf das Schweigerecht seiner Mandanten verwies. Sie seien – wie er befand – der deutschen Sprache nicht ausreichend mächtig und wollten sich nicht in Widersprüche verwickeln lassen.
Der Richter Walter Spengler verwies auf die dem Tathergang zugrunde liegende Dringlichkeit. Er werde nicht zögern, gutachterliche Kenntnisse einzuholen, was sich nicht zugunsten der Angeklagten entwickeln müsse, zumal ihnen schon zuvor auch andere Straftaten nachgewiesen worden seien. Ihre Lage könne sich nur bei einer Beendigung ihres fortgesetzten Schweigens verbessern. Da die Verteidigung des Herrn Abdul Harassek davon ausgehe, dass dem Mandanten durch das Eingreifen von Herrn Ben Berissa eine die Notwehr überschreitende Verletzung zugefügt worden war, könne auch hier bei einer Rekonstruktion des Tatherganges Klarheit geschaffen werden.
Dies allerdings nur dann, wenn Kooperationsbereitschaft vorhanden sei. Das mir vorliegende vorläufige Untersuchungsergebnis geht davon aus, dass die beiden hier anwesenden im Verdacht einer Mittäterschaft stehen, zumal sie für den Tatzeitpunkt kein Alibi haben und während einer Vernehmung geäußert hatten, dass Herr Harassek von Herrn Berissa angegriffen worden sei. Entweder ist das

real, das heißt während ihrer Anwesenheit vor Ort von ihnen so wahrgenommen worden oder es handelt sich um eine Erfindung, was in beiden Fällen nicht gut ist. Ich schlage eine Pause von 15 Minuten vor mit der Bitte, dass wir uns danach auf einen neuen Verhandlungstermin einigen, bei dem wir uns dann mit allen relevanten Personen zusammenfinden sollten. Spengler war erfahren genug, das auf Zeitverzug setzende Spiel der Verteidigung zu durchschauen und als er sah, dass Antonio Repetto und Werner Tönjes sich durch Zeichensprache verständigte, wusste er zumindest, dass sich die beiden auf ein vertretbares Auftreten beim nächsten Termin einigen wollten, zumal beide ja wussten, dass Harasseks wohl zuerst erfolgter Messerangriff als Totschlagsversuch gewertet werden konnte, so die Beteiligten denn unter Eid würden aussagen müssen.

Dass Berissa dann ein bisschen sehr beherzt zugeschlagen hatte, konnte der Richter als bereits abgegoltenen Teil der Strafe werten, denn dieser war ja selbst nicht unerheblich verletzt worden. Was in jedem Falle blieb, das war der Versuch einer Vergewaltigung und Tönjes wusste, dass sein Mandant gut daran tat, ein wenig gesprächsbereit zu sein. Alle drei hätten sie sehr schlechte Karten, wenn sich herausstellen sollte, dass sie in dem kleinen Park nur deshalb und vorab mit dem Ziel einer Vergewaltigung auf der Bank gesessen hatten. Er würde versuchen, seinen Mandanten als Opfer einer Mutprobe darzustellen, die eigentlich nicht wirklich hätte eskalieren sollen. Schlecht war nur, dass sie es zuvor ja schon mal an anderer Stelle versucht hatten. Man würde ja sehen.

Nach den verflossenen 15 Minuten sagte Richter Spengler: Meine Herren,- ich beende unsere kleine Pause und frage die Herren Anwälte, zu welchem Ergebnis sie gelangt sind?

Herr Repetto und ich machen den Vorschlag - meldete sich Tönjes zu Wort, wie vorgeschlagen einen neuen Termin zu vereinbaren und werden bemüht sein, für das Erscheinen unserer Mandanten zu sorgen.

Ich danke Ihnen Herr Tönjes! Gibt es noch weitere Wortmeldungen? Das ist nicht der Fall und ich biete ihnen vorerst den 17.April zur gleichen Zeit an. Sollte das dann aus irgendeinem Grunde nicht möglich sein, werden Sie von mir schriftlich bzw. per Mail informiert, worum ich umgekehrt auch bitte. Ich danke Ihnen vorerst allen und schließe die Verhandlung für heute. Kommen sie alle gut nach Hause!

Dorothea Niewald hätte an der Verhandlung teilnehmen können, wollte sich das aber ersparen und da sie am folgenden Abend mit Friedhelm Kurz bei den Berissas eingeladen war, würde sie ohnehin erfahren was gelaufen war. Sie hatte alle ihre relevanten Aussagen zu Papier gebracht und Kommissar Roth hatte gemeint, dass der Amtsrichter in solchen Fällen ein persönliches Erscheinen des Opfers gar nicht zwingend befürworte, weil das sowohl eine unnötige Belastung darstelle und

zudem für das Opfer nur in Ausnahmefällen ein neuer Aspekt hinzukomme, der zu berücksichtigen sei.
Sie dachte an ihre letzte Arbeit zu dem Projekt *Frauen als Erfinderinnen in Europa* und daran, dass Fritz sich wohl ein wenig darüber freuen würde, dass sie da nicht sonderlich fündig geworden war. Sie wusste aber auch, dass Kurz gegenüber Frauen keine Häme empfand und es eher kritisch sah, wenn sie es für unbedingt erstrebenswert hielten, in den männlichen Formenkreis einzudringen, wie er das nannte. Wenn sich dann in letzter Konsequenz alles fast ununterscheidbar angenähert hatte und nahezu austauschbar geworden sei, dann würden die beiden ja nicht einfach verschwindenden biologischen Geschlechter erkennen, dass etwas in die falsche Richtung gelaufen ist.

Nein,- das geht nicht!

Der permanente und aktuell offenbar gerade moderne Habitus einer Opferrolle, kann für die Frauen keine emanzipatorische Qualität haben und mit Gleichberechtigung hat es auch nichts zu tun. Weitergedacht führt es allenfalls zu einer Art von Versehrtenausweis für Frauen, der als Antidiskriminierungsanweisung daher kommt und das ist einfach lächerlich. Sie hatte sich ein paar Notizen gemacht und rief im Sekretariat der Universität an.
Wen möchten Sie denn gerne sprechen, hörte sie die Sekretärin? Ja,- Niewald ist mein Name und ich bin nicht von der Presse, sondern ich betreue das Gleichstellungsthema, wobei mich interessiert hätte, wie und ob das bei Ihnen referiert wird.
Bitte warten Sie einen Moment. Ich verbinde sie mit Herrn Direktor Geisinger. Eigentlich wusste sie jetzt gar keine konkrete Frage mehr zu stellen, zumal ihr bekannt war, dass Prof. Raoul Conte den Bereich Soziologie betreute und der Fachbereich der Politikwissenschaften aktuell verwaist war. Sie hätte sich auch an Prof. Klaus Ludwig wenden können, aber der hätte ihr hinsichtlich des differenziert unterschiedlichen Frauenbildes in allen Kulturen vor allem mit Beispielen aus der römischen Gesellschaft dienen können, denn da kannte er sich besonders gut aus.
Geisinger,- meldete sich der Direktor. Hier Niewald und ich bitte um Entschuldigung, weil es schon so spät ist! Keine Sorge,- denn ich bin nicht der einzige, der hier noch ein bisschen machen muss, aber worum geht es denn,- was kann ich für Sie tun?
Geisinger schien im Gegensatz zu ihrer Erwartung sehr aufgeräumt und sie erzählte ihm über ihre Arbeit vor allem vor dem Hintergrund des weiblichen Engagements in der Moderne. Dabei entpuppte sich Geisinger keineswegs als Bürokrat im Range eines Direktors, wie sie zu Unrecht vermutet hatte.

Wissen Sie, sagte er, ich habe mich mit neuerer deutscher Geschichte beschäftigt, aber das ist zu diesem Thema nicht erschöpfend. Sie sollten auf jeden Fall mit Raoul Conte sprechen, zumal dieser die Sicht eines Südamerikaners mitbringt. Der Kollege Klaus Ludwig kennt sich in der griechischen und römischen Historie aus, denn Sie müssen ja bedenken, dass wir in Europa griechisch denken und unser Recht ist in etwas gewandelter Form römisch, zumindest im Wesentlichen. Wissen Sie was,- ich helfe Ihnen ein bisschen und frage die beiden mal, ob und wann sie ein wenig Zeit erübrigen können.
Sie machen mich verlegen, sagte sie, denn damit hatte ich gar nicht gerechnet.
Jetzt aber!- sagte Geisinger. Die Universität ist ein Wissensvermittler und in diesem Sinne auch verpflichtet. Das macht uns sogar die geringsten Sorgen, denn wir haben im Moment ganz andere.
Und die wären,- wenn ich fragen darf?
Na ja,- diese ganze verrückte Situation mit der Seuche, die ich hier im Hause nun mal besonders ernst nehmen muss, wobei dann solche Sachen passieren, dass uns jemand bei der Polizei verpfeift, weil wir irgendwelche Regeln nicht eingehalten hätten, aber Sie sagten ja meiner Sekretärin, dass Sie nicht von der Presse sind.
Ich nicht,- aber ich bin mit einem Journalisten befreundet, der an seriöses Arbeiten gewöhnt ist und wenn Sie wollen, dann schicke ich ihn mal vorbei und Sie berichten ihm von dem Hergang. Es war einen Moment lang still in der Leitung und dann sagte Geisinger:
Das ist eigentlich eine gute Idee, denn so wie die Stimmung ist, besteht eine hohe Denunziationsgefahr, die ich nicht brauchen kann. Sagen Sie ihrem Bekannten, er soll sich mal zwischendurch bei mir melden. Das wäre sehr nett und ich werde mich meinerseits mit den Kollegen Conte und Ludwig besprechen und Sie dann zurückrufen. Ist versprochen!
Das ist ganz lieb und nett von Ihnen!
Ach Gott,- wie lange habe ich das schon nicht mehr gehört, denn als Direktor ist man so etwas wie ein reaktionärer Ordnungsfaktor und deshalb meistens unbeliebt. Ich muss mich für die Einhaltung der Regeln einsetzen, auch wenn mir das gelegentlich selbst missfällt.
Vielleicht ist das ja eine Frage des Charmes, sagte sie und Geisinger antwortete ein wenig geheimnisvoll aber lachend:
Ja ja,- der sanfte Charme der Unterdrückung, an die sich alle irgendwann gewöhnt haben.

Hallo Herr Eicher,-

nein, kein Problem, aber Sie erwischen mich gerade unterwegs, also im LKW, denn ich muss mal wieder selber ran, weil meine beiden Fahrer krank sind. Was gibts denn? Ja,- warten Sie mal,- ich habe Flugzeugteile für Frankfurt geladen und komme gerade aus Hamburg, wobei ich Glück hatte, diese Rückfracht zu bekommen. Schränke sagen sie und wo stehen die? In Darmstadt,- das ist kein Problem, denn so viel Platz habe ich auf jeden Fall, denn wenn ich in Frankfurt entladen habe, ist die Karre eigentlich leer, wenn nicht irgendwer noch etwas zu transportieren hat. Geben Sie mir mal die genaue Adresse und sagen Sie denen, dass mindestens bis 18 Uhr jemand da sein muss. Nein,- kein Problem, denn ich habe ja gesagt dass ich das mache, wenn noch Kapazitäten frei sind.

Anton Sawatzky hatte sich wieder an die LKW-Umgebung gewöhnt, die mit der gegenüber einem PKW deutlich erhöhten Sitzposition eine besondere Rundumsicht gewährte. Begleitet vom beruhigenden Knurren des Diesel-Motors, vermittelte sich so etwas wie ein Gefühl von Unangreifbarkeit und Unverwundbarkeit, was jedoch eine Illusion war und Sawatzky hatte schon LKW-Kabinen gesehen, die so verformt waren, als wären sie aus mindestens hundert Metern abgestürzt, aber er wusste, dass schon 60 km/h tödlich sein konnten vor allem dann, wenn sich beim Aufprall die Ladung in die Kabine schob. Es war ohnehin erstaunlich, dass so wenig passierte, weil der Verkehr eine kaum noch zu verantwortende Dimension angenommen hatte und das war völlig unabhängig von der Antriebsart der Fahrzeuge. Auch wenn sie alle irgendwie elektrisch oder mit Wasserstoff unterwegs wären, so würden sie sich dennoch gegenseitig behindern und gefährden. Vierundachtzig Millionen Leute, dachte Sawatzky und mindestens ein Drittel davon sitzt ständig in irgendeinem Auto ob groß oder klein. Eine völlig absurde und zugleich reale Vorstellung.
Mittlerweile hatte er das Frankfurter Flughafengelände erreicht, das sich durch eine wie er fand keineswegs sehr logische Kennzeichnung auszeichnete. Es war nicht ganz klar, zu welchem Cargo-Terminal er sollte. Irgendwo hatte er mal gelesen, dass alle 4 Sekunden auf der Welt ein Airbus startet oder landet. Da sind dann nicht die Boeings, die Focker, die Tupolew, die Iljuschin, die Antonow, die Bombardier oder die werweißwas mitgezählt. Mit anderen Worten hieß das nämlich, dass mindestens alle etwa zwei Sekunden irgendwo auf der Welt ein Flugzeug startet oder landet. Ein großes wohlgemerkt, denn die vielen kleinen zählt man gar nicht. Es ist also offensichtlich nicht nur auf den Straßen eine beengte Situation entstanden, aber wo er jetzt gerade war, gab es immerhin einen Einweiser für die Fracht, die am Ort verbleiben musste und nur knapp zwei Stunden später war Sawatzky wieder auf der Autobahn. Jetzt darf ich die Schränke für den Eicher nicht vergessen, ging es ihm durch den Kopf, als der erste Hinweis auf die Ausfahrt nach Darmstadt auftauchte und dann läutete das Telefon.
Hier ist Carsten,- wo treibst Du dich denn herum?

Herumtreiben ist gut gesagt mein lieber Ober-Zeitungsmacher. Ich fahre mal wieder selbst, war erst in Hamburg Spanplatten abliefern und hatte für den Rückweg glücklicherweise noch Flugzeugteile für Frankfurt. Jetzt fahre ich gerade nach Darmstadt und hole für den Möbelrestaurator, den Du ja auch kennst, also für den Theo Eicher, zwei antike Schränke und wenn ich das hinter mir habe, dann kannst Du sicher sein, dass ich so schnell wie möglich einen Rastplatz aufsuche. Ich könnte theoretisch durchfahren, würde mir aber eine Zeitüberschreitung einhandeln und das ist zu riskant.
Wenn Du wieder wohlbehalten daheim bist und wenigstens einer Deiner Fahrer wieder fit, dann melde Dich bitte.
Gibt's was Besonderes?
Nein,- nur einfach mal wieder ein Gespräch unter Männern, die alleinerziehend halbwüchsige Töchter haben.
Mach ich und jetzt muss ich mich hier erst mal zurechtfinden, weil es mal wieder elend eng zugeht wie immer, wenn man nicht gerade ein Industriegebiet ansteuert.

Herr Dr. Geisinger,-
ich bitte um Entschuldigung und es ist mir auch ein wenig peinlich, aber bei uns liegt eine Anzeige vor, wonach an der Universität die verordneten Hygieneregeln nicht eingehalten werden.
Ja, das ist schon bis zu mir durchgesickert, aber von wem denn in Gottes Namen?

Das darf ich Ihnen leider nicht sagen! Der Kommissar hätte sich vor diesem Anruf gerne gedrückt, aber die Anzeige war aus dem universitären Bereich gekommen und das konnte er nicht einfach ignorieren. Gar keine Ermittlungen einzuleiten wäre Begünstigung im Amt gewesen.
Herr Roth,- ob Sie es glauben oder nicht, aber ich hatte mit ihrem Anruf gerechnet,- wenn nicht jetzt, dann später. Der Kollege Mendes hatte mich bereits informiert. Hier herrscht nämlich ein munteres Denunzianten Klima, das von einem sich offenbar selbst progressiv dünkenden Teil der Studentenschaft ausgeht. Da gibt es einen Furor vor allem gegen zwei Professoren, vor die ich mich schützend gestellt habe und damit bin natürlich auch ich als der verantwortliche Direktor direkt in den Fokus geraten.
Wenn ich Sie richtig verstehe, dann sehen Sie in dieser Anzeige so etwas wie einen Racheakt? Ach ja,- welch gewaltiges Wort, aber Sie haben recht, denn die wollen mir eins auswischen und ich glaube auch zu wissen, wer das angezettelt hat.
Herr Dr. Geisinger,- ich mache Ihnen einen Vorschlag! Wir machen jetzt einen Termin oder sagen wir einen Ortstermin und wie der Zufall es so will, wird auch

jemand von der Presse anwesend sein. Sie verstehen,- ganz zufällig und der kann dann was über die lebensgefährlichen Umstände an der Uni schreiben, während wir das Umfeld selbstverständlich angemessen kontrollieren müssen.
Ich bin Ihnen dankbar und Sie können mir glauben oder nicht, denn ich gehe bezüglich meiner eigenen Kontrollmaßnahmen hier vor Ort meinen Leuten gewaltig auf den Geist und das vermutlich deutlich mehr als denjenigen, die mir Schlamperei unterstellen wollen.
Das glaube ich Ihnen gerne und kann Sie beruhigen, denn das, was sich meine Beamten im Zuge der von uns durchgeführten Kontrollen anhören müssen, hat gelegentlich eine besondere Qualität. Sie mussten beide lachen und der Kommissar erinnerte sich an eine Veranstaltung, die vor Jahren auf dem Uni-Campus stattgefunden hatte. Da waren sich Teile der Studentenschaft wegen einer Veranstaltung der Burschenschaften in die Wolle geraten. Diese standen traditionell im Anruch einer politischen Rechtsaußen-Positionierung, waren in diesem speziellen Falle aber nur zusammengekommen, um der deutschen Reichsgründung von 1871 zu gedenken, was ja ein Stück deutsche Geschichte ist und den Nationalstaat begründete. Das hatte damals für eine riesige Randale gesorgt und die Uni-Leitung hatte sich schwer damit getan, die Polizei auf den Plan zu rufen, deren Auftauchen dann als quasifaschistische Okkupation gewertet wurde.
Die Dinge waren schon seit einiger Zeit aus dem Ruder gelaufen wie es schien und drohten in einen Kollaps der gewohnten Verständnis- und Verständigungskategorien zu münden. Es ist wirklich schwierig, dachte der Kommissar, nachdem er sich mit Geisinger auf einen Termin geeinigt hatte. Es schien ihm, als ob es einige generationsübergreifende Missverständnisse gebe, die auf dem besten Wege waren, die gesellschaftliche Wirklichkeit als einen Irrtum begreifen zu wollen.
Und während er noch darüber nachdachte, klingelte das Telefon auf seinem Schreibtisch.

Ralf Sterzing hier,- wie geht's?
Danke,- bescheiden! Ich hatte hier eine Anzeige aufnehmen müssen, die sich gegen den Rektor der Universität richtet und ihm einen unzureichenden Umgang mit den Hygieneregeln unterstellt, weshalb ich gerade mit ihm telefoniert habe.
Und was meinte der zu dem Vorwurf?
Er vermutet einen Racheakt aus Teilen der Studentenschaft, die es ihm übelnehmen, dass er sich schützend vor zwei seiner Professoren stellt, von denen diese Studenten offenbar der Meinung sind es seien sog. Rechte.
Was,- um wen geht es denn da?

Um den Soziologen Raoul Conte und den Anthropologen Volker Mendes. Man wirft ihnen Rassismus vor!
Lieber Thomas,- der Sohn eines Kollegen hier auf meiner Dienststelle studiert bei Conte und Conte war mal Mitglied der FARC-Guerilla. Was immer man von denen halten mag, aber politisch rechts sind die garantiert nicht und der Sohn dieses Kollegen hält Conte darüber hinaus für einen profunden Kenner gesellschaftlicher Zusammenhänge. Wie gesagt,- das ist jetzt nicht meine Meinung und ich gebe das nur mal so weiter. Weshalb ich aber eigentlich angerufen habe, ist die Angelegenheit mit unseren drei netten Jungs, denn wie mir der Amtsrichter auf Anfrage mitgeteilt hat, haben die beiden, die wir im Verdacht haben, mit dem Harassek gemeinsame Sache gemacht zu haben, für den fraglichen Zeitraum kein Alibi oder, besser gesagt, sie hatten eines, was nicht wasserdicht war und sitzen jetzt in einer doppelten Klemme, da sie ja zuvor schon mal übel aufgefallen waren.
Ralf,- ich danke Dir, aber in Abwesenheit des Hauptangeklagten und beim beharrlichen Schweigen der beiden Mitangeklagten, haben sich die beiden Anwälte ausgetauscht und der Richter hat für den 17. April einen neuen Verhandlungstermin anberaumt. Immerhin haben wir hier noch keine französischen Verhältnisse und sind glücklicherweise in der Provinz. Dafür haben wir Berliner, Essener, Dortmunder, Duisburger und Hamburger Verhältnisse, aber vielleicht sind die nicht so schlimm und die Polizei übertreibt nur ein wenig.
Nein,- sind sie wirklich nicht, denn wir haben weniger Tote als die Franzosen.
Mag sein, sagte Sterzing, aber einer der Essener Bürgermeister hatte seinen deutschen Landsleuten empfohlen, aus einem bestimmten Stadtteil von Essen vorsichtshalber auszuziehen. Eine andere Empfehlung könne er ihnen nicht geben.
Ja, das hatte ich zwischendurch schon mal gehört. Das ist dann allerdings ein Kapitulationsszenario, das sich noch verstärken wird. Von uns wird aber der Schutz der Bevölkerung erwartet, wenn ich mich nicht irre---oder?
Du irrst nicht, aber es mutet in diesem Zusammenhang ein wenig seltsam an, wenn man das Heil in einer verstärkten Verkehrsüberwachung sucht, die allerdings den Vorteil hat, dass man dabei die Bürger abkassieren kann.
Bist Du eigentlich ganz sicher, dass uns niemand zuhört?- fragte Sterzing.

Nein,- nicht wirklich. Telefone kann man schon lange überwachen und das sog. offene Netz erst recht. Es gibt aber trotzdem eine gewisse Sicherheit bei der Weitergabe von Informationen und die besteht darin, dass sie natürlich nicht so laut zugeben dürfen, dass sie dich abhören.
Die Frage ist auch, was sie letztendlich mit den ungeheuren Datenmengen machen, denn ihr ständiges weiteres Anwachsen ist ein Problem hinsichtlich

möglicher Verwendbarkeit. Erlösung wird mit fortschreitender Digitalisierung versprochen, aber alle unsere Anträge müssen weiterhin den Papierweg gehen und dies von der Wiege bis zur Bahre----Amen.
Alleluja,- sagte Sterzing, aber damit ich es nicht vergesse. Wenn da ein paar Fristen im Zusammenhang mit der U-Haft überschritten werden, dann ist der Harassek vorübergehend, wenngleich mit Auflagen, auf freiem Fuß.

Können wir das ändern, fragte Roth.?
Nein, sagte dieser, das können wir nicht.

Martina Riedel hatte nur
drei Liter Kaffee gekocht, obwohl das angesichts der Tatsache, dass die heutige Sitzung mit gewissen Unwägbarkeiten verbunden war, auch riskant sein konnte. Der Chef war jedoch in aufgeräumter Stimmung, aber auch das konnte als verdächtig gedeutet werden.
Meine Herren,- im Zusammenhang mit der Immobiliengeschichte müssten wir wenigstens so etwas wie einen Stand der Dinge fixieren,- verstehen Sie. Wir haben es ja offensichtlich mit einem zu kritisierenden Fakt zu tun und wir kennen mittlerweile auch die Beteiligten, wenngleich offenbar nicht alle. Das sollte uns aber nicht daran hindern, etwas zu der Sache zu berichten. Was mich auch mal interessieren würde, ist die Angelegenheit mit der Schule, wo es Probleme mit einigen Eltern muslimischer Schüler gegeben hatte. Dazu hat mich die Polizei wissen lassen, dass Schulverweigerung durchaus nicht nur ein Problem der muslimischen Community ist, was hier zu berücksichtigen wäre. Das mit der permanenten Information zur Seuchenlage klappt eigentlich ganz gut und wir tun gut dran, wenn wir uns einerseits korrekt, zugleich aber auch gegen Panikmache positionieren. Wo es keine belastbaren Fakten gibt, müssen sie auch nicht erfunden werden. Jedenfalls nicht von uns. Die geplante Vorstellungsreihe regionaler mittelständischer Unternehmen scheint mir gerade jetzt aber auch besonders wichtig. Damit machen wir natürlich unbedingt weiter. Ach ja,- das hätte ich fast vergessen im Zusammenhang mit den Schulen. Herr Enders, sie wollten dazu doch einiges über die Situation in Frankreich zusammentragen.

Da bin ich dran, sagte Enders und ich kann zur allgemeinen Unterhaltung auch noch auf ein Video verweisen, wo ein Klassenzimmer in kürzester Zeit und nach der Flucht der Lehrerin in ein Trümmerfeld verwandelt wurde. Die Lehrerin hatte sich im Biologieunterricht mit der Darwin´schen Evolutionstheorie beschäftigen wollen, womit sich Muslime selbstverständlich nicht

abfinden wollen und vermutlich auch nicht können. Wenn ich dies und noch ein paar weitere Schmankerl auf dieser Ebene ungefiltert weitergebe, dann haben wir bald ein Problem.
Ich weiß was Sie meinen, sagte Spohn, aber der Vergleich mit Frankreich ist unverzichtbar, denn sie sind uns ja hinsichtlich der migrantischen Problemlage um einiges voraus. Man könnte ja mal von einem gelungenen Integrationsprojekt sprechen bzw. berichten, so es denn eines gäbe. An uns soll das nicht liegen. Das Problem ist, dass es viele solcher Projekte gibt, die jedoch offensichtlich nur mit den Nicht-Muslimen erfolgreich sind. Mit sehr viel Glück erreicht man Leute, die bereits in ihren Herkunftsländern angemessen verfolgt und drangsaliert wurden, wobei sie ihre ehemaligen Peiniger gelegentlich hier wiedersehen. Wenn sie sich dann kritisch und warnend zu Wort melden, dann wirft man ihnen vor, sie seien Wasserträger der Rechten.
Ja Herr Spohn, aber vielleicht noch etwas zu diesem offensichtlichen Netzwerk im Zusammenhang mit der Immobiliensache, meldete sich Thomas Gebauer zu Wort. Es gibt da eine Gemengelage von Begünstigungen und Geschäften in einem Umfeld, das sich ganz legal zu verkaufen weiß. Die kommunalen Kassen sind bekanntlich leer und da wird nicht so genau hingeschaut, woher und von wem das liebe Geld kommt. Ich sage mal knallhart, dass man die Kontenbewegungen bei einigen Leuten kontrollieren müsste, aber damit sind wir als Presse wohl überfordert.

Richtig, sagte Spohn, aber wir könnten von einer solchen Notwendigkeit sprechen, wenngleich natürlich nicht im Sinne einer grundsätzlichen Forderung, sondern eingrenzend und faktenbezogen. Ich weiß, dass polizeiliche Ermittlungen laufen, aber da besteht z.Z. Geheimhaltung. Ich halte da eine Absprache auch für sinnvoll und werde mich mit Herrn Roth besprechen. Es ist mir auch zu Ohren gekommen, dass eine Anzeige gegen den Rektor der hiesigen Universität vorliegt. Dem Herrn Geisinger, also dem Rektor, wird vorgeworfen, sich nicht ausreichend um die Erhaltung der Hygieneregeln in seinem Verantwortungsumfeld gekümmert zu haben. Kommissar Roth hat mich wissen lassen, dass man der Sache nachgehen muss und uns gebeten, darüber zu berichten. Er meinte aber auch, das hänge wohl alles mit der schlechten Stimmung an der Universität zusammen und Geisinger habe zudem dem Ordinarius für Medizin, Herrn Prof. Peter Delius, sehr breiten Raum für eine Gegendarstellung zur offiziellen Seuchenpolitik eingeräumt. Offensichtlich sind sich die aktuellen Linken in der Unterstützung der Regierungspolitik einig, was schon ein wenig verwundern muss, war es doch in den 70er und 80er Jahren komplett umgekehrt.
Herr Hellweg, das könnten Sie doch übernehmen.

Mach ich, sagte der Angesprochene.
War noch was?
Ach ja, die anstehende Verhandlung in der Sache mit der versuchten Vergewaltigung, die musste auf den 17. April verschoben werden, aber das macht ja der Kollege Kurz, wobei mir noch einfällt, dass das Opfer, also die Fr. Niewald, uns einen interessanten Skript zu dem Thema: „Gleichstellung ist keine Quote" zugesandt hat. Ich fand, dass das eine interessante Sichtweise ist und wir sollten uns mal überlegen, in welchem Zusammenhang wir das bringen könnten. Die Wogen schlagen ja auf der Ebene dieses Themas ohnehin recht hoch. Das Umweltministerium arbeitet zudem an einer Studie, welche die Grundlage für eine Verfügung sein kann, mit deren Hilfe ein sog. Klimanotstand handhabbar werden soll.
Wann ist denn dann ein solcher Klimanotstand gegeben, wollte Herbert Wendler wissen.
Das ist exakt das Problem, antwortete Spohn. Man wüsste ja zur Not, dass man bei Hochwasser besser mit dem Boot als mit dem Auto fährt und wenn es brennt, sollte man vielleicht die Feuerwehr rufen. Hier geht es aber wohl um so eine Art Lockdown. Eine solche Hybris gab es schon mal um die Ozonwerte, zu denen ich in den letzten Jahren nichts mehr gehört habe.
Es gab doch vor vielen Jahren mal große Demonstrationen gegen die Notstandsgesetze in Deutschland, sagte Wendler.
Ja,- sagte Spohn, aber damals begriff man das als Teil einer unterstellten Kriegstreiberei. Heute reichen offenbar vierzehn heiße Sommertage, um den Notstand verkünden zu wollen oder auch mal zu warme und nasse Winter. Es ist nicht verboten das so sehen zu wollen, aber was ist die Folge der Verordnungen und Beschlüsse? Bleiben dann alle zu Hause und essen nur noch Haferflocken? Herr Kurz, wenn sie das im Feuilleton vielleicht ein wenig satirisch behandeln könnten, wäre das nicht schlecht.
Das kriege ich hin und denke mal, wenn schlechtes Wetter jetzt schon für den Notstand reicht, dann ist das aus meiner Sicht auch ein Stück dieser neuen Moral, die uns alle zu Schuldigen an was auch immer werden lässt.

Als Dorothea Niewald und Friedhelm Kurz

bei den Berissas anlangten, war es exakt 19 Uhr. Man musste, um zum Hausgang zu gelangen, zunächst durch einen Innenhof, in dem sich auch die Werkstatt befand, die zu früheren Zeiten mal ein Abstellplatz für landwirtschaftliche Maschinen war, mit deren Reparatur sich Berissa anfangs einen Namen gemacht hatte, bevor sich seine Autowerkstatt etablieren konnte. Die Berissas waren ein schönes Paar. Das war ein Eindruck der sich sofort vermittelte, wenn man sie

zusammen sah und Berissa ohne den gewohnten Overall zu sehen, war alleine schon bemerkenswert.
Es ist noch zu kühl, um draußen sitzen zu können, sagte Christine Berissa. Wir haben hinter dem Haus noch einen Garten, den wir bei wärmeren Temperaturen gerne nutzen. Im Hause waren die Räume nicht allzu groß, aber gemütlich eingerichtet und auf einem der Schränke standen eine ganze Menge Pokale, die Berissa in früheren Jahren erstritten hatte. Auch einige Fotos aus diesen Tagen hingen an den Wänden, aber Dorothea Niewald erblickte auch einige Kohlezeichnungen, die in Afrika entstanden sein mussten und den unverwechselbaren Alltag einer anderen Kultur zeigten.
Das stammt von einem befreundeten Franzosen, sagte Berissa, als er ihren Blick sah. Sein Vater war noch Kolonialbeauftragter in Algerien und ich habe seinen Sohn mal kennengelernt, als er sich für die Dialekte der Berber-Stämme interessierte, allerdings auch für die dortigen Frauen, die von großer Schönheit sind und mit einer dieser Frauen ist er dann später wieder nach Frankreich zurückgekehrt. Ich glaube aber, dass nicht er, sondern seine Frau das wollte, denn er hatte sich in Afrika verliebt, weshalb er auch zu malen begonnen hatte.
Wie wäre es mit einem Aperitif?- sagte Christine Berissa.
Wobei wir vielleicht klären sollten, wer später nach Hause fährt, meinte Dorothea Niewald. Man sollte den Männern gelegentlich etwas gönnen, weshalb ich das übernehme und mich angemessen zurückhalte, aber warum meinten Sie, dass die Frau Ihres französischen Bekannten die treibende Kraft war, also im Hinblick darauf, Afrika zu verlassen?
Ach wissen Sie,- ich war mal mit den beiden unterwegs und weiß nicht mehr so genau, wo wir da eigentlich waren und da begann diese junge Frau zu erzählen von ihrer Kindheit und Jugend, von den subtilen Quälereien, die Frauen dort zu ertragen haben und von dem Tag, als ihr Vater ihre Mutter tötete und anschließend auf dem Dach des Hauses verbrannte.
Dorothea Niewald hatte Friedhelm kurz von der Seite angesehen und sah, dass er leichenblass geworden war, während er fragte:
Wie war es denn dazu gekommen?
Nun,- das war das keineswegs spektakuläre Ende einer muslimischen Frau in Nord-Afrika, sagte Berissa, aber es war bei weitem nicht das Ende des Leidensweges dieser jungen Frau, die in die Obhut ihrer offensichtlich sadistischen Tante geriet.
Wie geht es den Leuten denn aktuell?- wollte Friedhelm Kurz wissen. Ich habe schon einige Zeit lang nichts mehr von ihnen gehört, aber die junge Frau hat wohl ein Buch über ihre Zeit in Afrika geschrieben. Das habe ich jedenfalls mal gehört.
Sowas kann hilfreich sein, sagte Dorothea Niewald.

Von meinem Mann habe ich gehört, dass Sie sich mit Fragen und Problemen der Emanzipation auseinandersetzen und auch darüber referieren, sagte Christine Berissa.
Ja,- und gelegentlich ein wenig korrigiert von meinem journalistischen Begleiter.....

Der ja nicht etwas das Thema korrigiert, wandte Friedhelm Kurz ein.
Ich würde jetzt gerne die Örtlichkeit wechseln, sagte Christine Berissa, denn der Tisch war bereits im Esszimmer gedeckt.

Das Cous-Cous-Gericht schmeckte ausgezeichnet und nach einer Weile der Stille sagte Berissa:
Das ist z.B. ein ganz wesentlicher Unterschied zwischen Europa und Afrika. In Europa wird es immer ganz still, ja fast feierlich wenn die Leute essen, in Afrika aber keinesfalls. Das hat mich in der ersten Zeit in Deutschland immer sehr verunsichert.
Könnten Sie sich vorstellen nochmal in Afrika zu leben?- wollte Friedhelm Kurz wissen.
Meinen Sie zwangsweise?- sagte Berissa und lachte. Das könnte ich schon, denn ich kenne die Sitten und Gebräuche, von denen nicht alle unangenehm sind, aber es gibt etwas ganz Wesentliches, was mich immer gestört hat und das ist diese Opfermentalität vieler Leute, die ich gekannt habe. Jeder ist an ihrem Unglück schuld, aber sie selbst natürlich nicht. Der gerade wieder viel zitierte Kolonialismus ist rund 70 Jahre vorbei, aber es ist das immerwährende und immer wiederkehrende Menetekel, welches die eigene Unfähigkeit und den eigenen Unwillen als Folge erlittenen Unrechts darstellen will. Das war mir stets das Unerträglichste und leider muss ich sagen, dass mich die aktuellen Debatten auch hier in Deutschland daran erinnern.
Wie meinen Sie das?- fragte Friedhelm Kurz.
Es ist ein bisschen anders herum als in Afrika, denn hier pflegt man keine Opfer, sondern eine Täterkultur, die als fortwährende Schuldgebärde zu immerwährenden Verbeugungen, Entschuldigungen und natürlich zu einem massiven Geldtransfer führt. Das hat was von einem religiösen Opfergang.
Aber der Kolonialismus war...
Jawohl Fr. Niewald, eine arrogante Anmaßung und insoweit nicht zu entschuldigen. Da man ihn aber besiegen konnte, hätte dieser Sieg zur Besinnung auf die eigenen Möglichkeiten und Fähigkeiten führen müssen und auch dazu, keine eigenen indigenen Despoten heranzuzüchten. Genau das ist aber leider nicht passiert. Ein Fünftel allen landwirtschaftlich nutzbaren Bodens der Welt befindet sich in Afrika,

aber was ist die Folge? Können Sie sich selbst ernähren? Wo entsteht denn die erforderliche Unabhängigkeit?
Ja, sagte Friedhelm Kurz,- ich glaube mich erinnern zu können, dass der Thomas Gebauer für unser Blatt mal recherchiert hat, wo es um dieses Thema ging. Dabei hatte er festgestellt, dass sich der gesamte deutsche Außenhandel mit Afrika auf gerade mal 4% beläuft und es wären vermutlich nur 2%, wenn nicht der Handel mit Südafrika und der Ölimport aus Nigeria den Löwenanteil ausmachen würden. Das ist in der Tat eine niederschmetternde Bilanz.
Sehen Sie,- und das ist der Grund, warum ich eine antikoloniale Haltung richtig finde, aber die offenbar erwünschte koloniale Schuldkultur für verlogen halte. In Deutschland weiß man doch seit Jahren, dass nur ganz wenige Entwicklungshilfe-Projekte erfolgreich waren, aber Deutschland macht einfach weiter damit und will nebenbei gleich auch noch die Welt retten. Das übersteigt zumindest das Verständnis eines Automechanikers.
Damit hatte Berissa für einige Heiterkeit gesorgt und Friedhelm Kurz fiel ein, dass Carsten Spohn seinen Freund Sawatzky stets als intellektuellen Fuhrunternehmer bezeichnete, was er dann zum Besten gab.
Was, das hat ihr Chef von Sawatzky gesagt? Das ist ja herrlich! Ich bin ja gelegentlich mal bei dem in der Werkstatt, weil er seine großen Autos bei mir gar nicht reinfahren kann und ich kenne ihn auch schon einige Jahre mit seiner ruhigen und bedächtigen Art. In Polen war ich eigentlich noch nie, aber wenn die Leute dort so sind wie der Anton, dann kann man dort gut leben.
Na ja Ben, sagte Berissas Frau Christine. Er wird wohl auch seine Gründe gehabt haben und ist mit dem damaligen Regime nicht klargekommen.
Da hast Du recht, aber die Polen jammern ja in ihrem Land auch nicht ständig darüber, dass ihr Land mal geteilt war und von den falschen Herren regiert wurde, sondern sie packen kräftig zu.
Kann es vielleicht sein, dass es in Teilen Afrikas für eine bestimmte Form von Arbeit einfach zu heiß ist?- fragte Dorothea Niewald.
Ja, an einigen Orten auf jeden Fall, aber nicht überall. Es gibt klimatisch gemäßigte Zonen wie z.B. in Uganda mit einem maritimen Klima, aber auch da passiert ja nicht viel, wenn denn nicht die Chinesen die Sache in die Hand nehmen.
Was ich nicht für ungefährlich halte, sagte Christine Berissa.
Und ich auch nicht sagte Kurz. Der Kollege Enders ist da recht gut informiert und beklagt die Zuschauerrolle Europas, wie er es nennt.
Mir ist beim Betrachten Ihres Weinglases eine gewisse Leere aufgefallen, sagte Christine Berissa und da Sie ja in weiblicher Obhut befindlich sind und gut nach Hause kommen werden, gieße ich Ihnen noch etwas nach.

Anton Sawatzky hatte
in seiner Führerhaus-Schlafkabine übernachtet und überraschend gut geschlafen, was vielleicht auch daran gelegen hatte, dass er zu seiner Verwunderung auf einem Autobahn-Parkplatz eine verhältnismäßig ruhige Stelle gefunden hatte. Alles war eigentlich verdächtig gut gelaufen und sogar die Kaffeemaschine funktionierte einwandfrei. Die Trucker hatten alle ein ähnliches Morgenritual, das sie absolvierten und die Dinge liefen eigentlich nur dann aus dem Ruder, wenn sie – aus welchen Gründen auch immer – über Gebühr aufgehalten wurden, was die verschiedensten Ursachen haben konnte. Besonders beliebt waren Streiks an irgendwelchen Landesgrenzen, neue, undurchsichtige bürokratische Verordnungen oder auch schon mal so etwas wie eine Seuche, aber Sawatzky hatte Glück und er dachte an einige Kollegen in den USA die nirgendwo mehr einen festen Wohnsitz hatten, weil sie in ihren LKW´s buchstäblich lebten. Das sind Besonderheiten, die in Ländern vorkommen, wo tausend Kilometer keiner Erwähnung wert sind, aber das wäre ihm eine Nummer zu groß gewesen und er machte sich auf einen unfallfreien Heimweg.
Theo Eichers Möbel-Restaurationsbetrieb war leicht anzufahren und als Sawatzky dort wie angekündigt um die Mittagszeit anlangte, überraschte Eicher ihn mit einem Drei-Gänge-Menü, das er beim Italiener bestellt hatte und Sawatzky war gerührt.
Menschenskind, sagte er, ich müsste ja lügen, wenn ich behaupten wollte, keinen Kohldampf zu haben, aber damit habe ich natürlich nicht gerechnet. Eicher war hoch erfreut, denn die beiden angelieferten Schränke erwiesen sich als substantiell gut und ihre Renovierung lief deshalb nicht auf einen kompletten Neuaufbau hinaus. Eicher war überhaupt in guter Stimmung, weil die Regionalzeitung einen schönen Beitrag über seinen Betrieb gebracht hatte und dabei war das Thema Restauration als Gegenkultur zur Wegschmeißgesellschaft in Erscheinung getreten. Sawatzky war derweil ganz dankbar für ein bisschen Gespräch, zumal er zu denjenigen gehörte, die auch bei längeren Fahrten so gut wie nie das Radio einschalteten. Er war von der fixen Idee besessen, stets eine akustische Kontrolle über das Fahrzeug haben zu wollen. Nebengeräusche, gleich welcher Art auch immer, konnten gefährlich sein, wenn man sie überhörte und dann fiel ihm ein, dass er versprochen hatte, Carsten Spohn anzurufen. Nichts Großes mehr am Abend, aber vielleicht ein Absacker in Ferdis Kneipe, wo man immer auch das gerade Neueste erfahren konnte und alles mal in der Hoffnung, dass seine beiden Fahrer bald wieder fit waren. Das Fräulein Tochter tendierte neuerdings vom Pferd zum Motorrad und Sawatzky vermutete einen männlichen Hintergrund. Sie war jetzt 17 Jahre alt und mit sowas musste er rechnen. Das würde für ihn und Spohn dann ein dankbares Thema sein.

Heinz Wundrak war eigentlich
nicht das, was man einen kuriosen Einzelgänger nennen würde. Zumindest hätte man ihm diesbezüglich nicht die hierfür nötige Inkompatibilität bescheinigen können. Dass er ständig einen großen Herrenschirm mit sich führte, war vielleicht einer besonderen Regenangst zuzuschreiben, aber diese ist in der Psychoanalyse keine Kategorie. Vielleicht war es auch nur der Ausdruck eines ehrenden Andenkens an eine Familiendynastie, die mit dem Verkauf von Schirmen und ihrer Reparatur gelebt hatten. Nein,- zu einem Sonderling reichte das nicht und es hätte auch dem aktuellen Zeitgeist nicht entsprochen, weil dieser schon eine geraume Zeit lang keine Sonderlinge mehr verkraftete. Man konnte darüber streiten, ob das einem zunehmenden Mangel an Humor geschuldet war oder dem Zeitgeist selbst, dessen eigene Kuriosität vielleicht ja auch keine weitere Steigerung mehr zuließ. Wird der Versuch dennoch gemacht, so erkennen die Subjekte sehr schnell, dass die von ihnen selbst inszenierten Kuriositäten feindlich interpretiert werden und wer will sich schließlich so etwas zumuten. In den 70er Jahren kannte man die sog. Happenings, aber sie wurden auch eher selten als eine Bereicherung des Alltags wahrgenommen.
Es ist natürlich auch immer eine Frage des persönlichen Ermessens, wann oder ab wann man ein Ereignis als kurios begreift.
In den 20er Jahren des vergangenen Jahrhunderts und während der Weimarer Republik, waren die Menschen durchschnittlich gut, ja sogar elegant gekleidet. Es wäre irgendwie unvorstellbar gewesen, mit einer ungewaschenen Hose zu erscheinen, die man zuvor noch mutwillig zerstört oder schon so gekauft hätte. Natürlich gab es auch schlecht gekleidete Leute, aber sie waren arm und es wäre unschicklich gewesen, über sie zu lachen. Allerdings gab es im Rückblick für diejenigen, die eine Nachkriegskindheit hatten, die Erinnerung an einige Leute, die meist unter ihrem Spitznamen bekannter waren als unter dem, der in ihrem Ausweis zu lesen war.
In einem etwas bekannteren Falle handelte es sich um eine schon damals nicht mehr junge Dame, die zu allen Jahreszeiten auffallend bunt gekleidet war und ein Mann, an den sich einige noch erinnerten, trug stets einen Lederhut und ein abgetragenes Jackett. Er sammelte Zigarettenkippen, die andere weggeworfen und nicht ganz zu Ende geraucht hatten. Dieses traurige letzte Ende von Zigaretten, die ein ausgesprochener Luxus waren in Zeiten, als das Rauchen noch nicht als unerwünschte Gewohnheit bekämpft wurde, sondern als Ausdruck einer gehobenen Lebensart galt, fungierte als ein Stück bessere Welt. Weitaus unerwünschter war nämlich das Kaugummikauen. Es galt als amerikanisch, wie auch die in Mode gekommenen Bürstenfrisuren.

Das war wohl ein Reflex auf den Habitus der Vertreter einer großen Siegermacht, die beim Kaugummikauen manchmal ein wenig überheblich wirkten und schließlich auch bewaffnet waren, was der Überheblichkeit gelegentlich Vorschub leisten konnte.
Nein, man hätte nicht sagen können, dass Heinz Wundrak nun besonders elegant oder besonders unaufmerksam gekleidet wäre. Soweit bekannt rauchte er nicht, was damit zusammenhängen konnte, dass das Schirmgeschäft der Familie einmal abgebrannt war und die Gründe hatten sich nie ermitteln lassen. Wundrak trank Alkohol in kleinen Mengen, bevorzugte eine besondere Sorte italienischen Kaffee und sammelte natürlich keine Kippen. Lediglich sein Requisit, ein außerordentlich stabil wirkender Herrenschirm, unter dem im Falle von Regen gut zwei Personen Platz gefunden hätten, war etwas ihm Zugehöriges und wie gesagt, wohl der Familiendynastie geschuldet, die über immerhin zwei Generationen von Schirmen gelebt hatte. Das war zu einer Zeit, als bestimmte, sehr nützliche und sorgfältig hergestellte Gegenstände des allgemeinen Bedarfs, ausschließlich in Fachgeschäften zu bekommen waren. So ein Schirm war nicht billig und deshalb seine Reparatur wiederum lohnend für beide Seiten. Historisch betrachtet war das auf heutige Verhältnisse nicht mehr anwendbar, weil man bekanntlich Alltagsgegenstände nicht mehr repariert, sondern wegwirft, was der Ausdruck einer Kultur der Postmoderne ist.
Schließlich sammelt ja auch niemand mehr Kippen und auch krumme gebrauchte Nägel werden nicht mehr gerade gehämmert, was vor der Postmoderne durchaus üblich war. Nein,- bis auf den ihn stets begleitenden Schirm war Heinz Wundrak unauffällig und tauchte in der Stadt eher selten auf, so er denn nicht den Hausarzt oder ein möglichst umfangreich sortiertes Schreibwarengeschäft aufsuchte. Solcherlei Erledigungen pflegte er mit einem Besuch in Ferdis Kneipe zu beschließen, wobei er sich zuvor zwei Zeitungen kaufte, von denen die eine aus der Schweiz kam. Die andere entstammte dem großbürgerlichen deutschen Blätterwald und Heinz Wundrak, der sich zuvor mit einem Schreibblock versorgt hatte, pflegte dann eine seiner Lieblingsübungen, indem er die Berichte der beiden Blätter verglich und sich Notizen machte, wo ihm wesentliche Unterschiede auffielen. Besonders sorgfältig achtete er dabei auf Unterlassungen. Darunter verstand er das schlichte Negieren von für ihn offensichtlichen und wichtigen Vorkommnissen. Er hatte sich angewöhnt, hierzu eine Liste zu führen. Erwähnenswert ist vielleicht auch, dass Heinz Wundrak außer an warmen Sommertagen einen hellen Trenchcoat trug, in den er an kühleren Tagen mit einem Reißverschluss ein Futter einsetzen konnte, so dass dieses etwas aus der Mode gekommene Kleidungsstück ganzjährig verwendbar war und seinen Nutzer unter heutiger Betrachtung als nachhaltig auswies.

Ferdi trug heute

ein grün kariertes Baumwollhemd und hatte die Ärmel hochgekrempelt, denn der Frühling begann sich durchzusetzen. Es wäre überflüssig gewesen, Heinz Wundrak nach seinem Begehr zu fragen, denn er trank bei seinen Besuchen regelmäßig drei Milchkaffee und drei Glas Wasser. Stets dann, wenn Ferdi ihm etwas an seinen Tisch brachte, gerieten die beiden Männer in ein kurzes Gespräch, wobei sich der Eindruck des Verschwörerischen vermittelte. Für einen Wirt oder eine Wirtin ist der persönliche Kontakt zu den Gästen natürlich wichtig, aber es war in diesem Falle nicht eindeutig auszumachen, ob Ferdis Interesse an Wundraks Zeitungsvergleichen wirklich ernst gemeint war. Ferdi hatte mal eine Zeit lang in Frankreich gelebt und gearbeitet und aus dieser Zeit war ihm ein passables Französisch geblieben und er kannte die dortigen Verhältnisse aus der Sicht des Alltäglichen. Politisch hielt er sich zurück, denn er wusste, dass ein diesbezüglicher Streit mit auch nur einem einzigen Gast sehr viele Gäste kosten konnte. Das wäre sehr undiplomatisch und alles, was nach solchen Kneipenstreitereien, in die ein Wirt verwickelt war, hinterher erzählt wurde, das konnte für ihn nur schlecht sein, weil der Vorwurf der Parteinahme im Raume stand. Hier ist neben kluger Diplomatie eine profunde und psychologisch geschulte Menschenkenntnis unverzichtbar.

Als Anton Sawatzky

und Carsten Spohn beim Ferdi anlangten, saß Heinz Wundrak noch an seiner Zeitungslektüre, war jedoch schon beim dritten Kaffee angelangt und hatte schon einige Male auf die Uhr gesehen, denn er benutzte schon längere Zeit kein Auto mehr und war auf öffentliche Verkehrsmittel angewiesen.

Die Seuchensituation hatte sich zwischenzeitlich wieder etwas entspannt, so dass man bestimmte Einrichtungen unter Einhaltung einiger Regeln nutzen konnte, aber als Ferdi bei Spohn und Sawatzky anlangte, um die Bestellung aufzunehmen, gab er auf die Frage nach dem Fortgang der Dinge, im Hinblick auf die Öffnungszeiten seiner Lokalität, eine relativ düstere Antwort.

Er traue der ganzen Sache nicht und erwarte das Schlimmste. Einen Dauer-Ausnahmezustand werde er nicht überleben, wenn sich denn nicht der Staat als Sponsor betätige, was er ja gelegentlich täte, jedoch nicht unbedingt bei Leuten, die hier schon immer brav ihre Steuern gezahlt hätten. Er habe entfernte Verwandte in Ungarn. Dort sei es natürlich auch nicht besser, auf jeden Fall aber billiger und das war für Ferdi eine ungewohnt lange politische Aussage.

Spohn und Sawatzky hatten sich bewusst nicht im Golfclub verabredet. Beim Ferdi war man an bestimmten Wochentagen ungestörter, was für alleinerziehende Väter gut sein konnte. Sawatzky hatte sich zurückliegend schon mal mit Ferdi über

Wundrak unterhalten und als er ihn jetzt wieder sah, bemerkte er zu Spohn gewandt:
Dieser Herr vergleicht nicht unbedingt täglich, aber zumindest wenn er hier ist, stets eine deutsche und eine Schweizer Zeitung, worüber er sich dann ausgiebige Notizen macht. Wäre der für Euch nicht als inoffizieller Mitarbeiter zu gebrauchen?
Gar keine so dumme Idee, sagte Spohn, aber ich bin schon froh, wenn unsere Leser uns die Treue halten, weil sie uns seriös einschätzen.
Das schafft Ihr leichter, als ich es im Moment schaffe, meine Angst zu besiegen.
Wovor?- fragte Spohn.
Meine Tochter hat offenbar einen Motorrad fahrenden Freund, der sie dann gelegentlich auch mal mitnimmt.
Das hört sich aber eher wie eine Vermutung an.
Na ja,- ich merke das halt, weil das plötzlich mit dem Reiten nicht mehr so interessant zu sein scheint. Jetzt dreht sie sich nach allen Motorrädern um und ich darf eigentlich nicht mal was sagen, weil ich in Polen damals ja auch Motorrad gefahren bin. Ich hatte eine kleine WSK, eine der vielen Kopien der 125er DKW aus Deutschland.
Pass mal auf Anton,- mir fällt da was ein. Wir haben ja keine Sportredaktion. Das macht bei uns der Hellweg unter Regionales, aber wir hatten kürzlich mal eine Initiative begleitet, die ein Trainingsgelände für Trial und Enduro-Fahrer ausweisen wollte. Ein ziemlicher Zirkus und es wäre fast schief gegangen, wobei sie Auflagen erfüllen müssen, die man keinem Fußballverein zumuten würde. Da hatte der Hellweg auch ein paar Fotos gemacht und auf einem davon hatte ich den Eindruck, dass Deine Tochter im Gespräch mit einem der Fahrer zu sehen ist. Ich war mir halt nicht sicher und habe dem auch keine Bedeutung zugemessen.
Und wer ist dieser Fahrer?- wollte Spohn wissen.
Mein Gott, das weiß ich nicht und kenne mich in dieser Branche auch nicht aus, aber ich frage den Hellweg, denn der hatte auch ein paar Interviews gemacht.
Au ja,- das wäre nett, meinte Sawatzky, aber Spohn war noch nicht fertig.
Wenn wir schon mal am Sorgenverteilen sind, dann sag ich Dir auch mal was. Du machst Dir Gedanken, dass Deine 17, ja fast schon 18-jährige Tochter vielleicht einen Freund hat. Meine ist zwar erst 17, aber die sehe ich immer nur mit Mädels.
Und welche Befürchtung verbindest Du damit? Meinst Du, sie ist vielleicht lesbisch? Das willst Du doch sagen....oder?

Wenn ich ganz ehrlich bin, dann ja,- ich vermute das. Spohn wirkte besorgt.
Aus meiner männlichen Sicht, sagte Sawatzky, also wenn ich das mal so sagen darf, also aus dieser meiner Sicht, würde ich, um einige Jahrzehnte jünger, einen solchen Fakt auf jeden Fall sehr bedauern und dies zumal dann, wenn es mir

passiert wäre, dass ich mich in Deine Tochter verliebt hätte. In diesem also speziellen Falle wäre Deine Tochter dann im Umfeld der begattungsfähigen Damen als Verlust zu beklagen.
Du machst Witze!
Mache ich gar nicht, aber Du solltest Dir mal keine so großen Sorgen machen. Erstens ist sie ja gerade erst 17 Jahre alt und zweitens weißt Du nicht wirklich, was sie vielleicht schon mal probiert hat. Der erste Mann ist für die Frauen meist eine Enttäuschung.

Der letzte vermutlich auch, meinte Spohn und beide mussten lachen.
Nein,- jetzt halt mal den Ball flach, denn was wäre denn so schrecklich, wenn sie sich vom eigenen Geschlecht mehr angezogen fühlt? Spohn wirkte unglücklich.
Lieber Carsten,- die Welt ist rund und buckelig und in jeder Population gibt es ungefähr 10%, die sich dem eigenen Geschlecht näher fühlen. Wenn das nun wirklich so sein sollte, dann wirst Du halt kein Opa. Du wirst er verschmerzen und wenn Deine Tochter sich nicht plötzlich wie eine Salatgurke fühlt, also irgendwie divers, dann ist alles in bester Ordnung. Ich komme wie Du weißt aus Polen, einem erzkatholischen Land, aber nur wenige Leute wissen, dass das, was früher mal in Deutschland der Paragraph 175 war, also die gleichgeschlechtliche Beziehung, in Polen sogar eher straffrei wurde als damals in Deutschland. Der Zirkus den sie aktuell hier machen, also im Spannungsfeld zwischen Intersexualität und Transsexualität, was sie nicht mal richtig verstehen und auseinanderhalten, das ist dekadentes Theater und befreit niemanden. Das passt zu ihrem ganzen moralischen und kitschigen Gedröhn.
Spohn war jetzt deutlich entspannter und blickte zu dem Tisch, an dem Heinz Wundrak gesessen hatte, aber der war mittlerweile leer und Wundrak saß im Bus, der ihn in zehn Minuten nach Hause bringen würde. Hellweg sammelte ja Material für ein Buch und der könnte doch auch mal diesen Wundrak erwähnen und seine Marotte mit dem Vergleich von Zeitungen, dachte Spohn. Vielleicht könnte er sich ja mal mit ihm treffen und was seine Tochter anging....nein, wie eine Salatgurke fühlte die sich nicht,- ganz und gar nicht. Beide hätten sie aber nicht geahnt, dass Heinz Wundrak im Moment gerade dabei war, jemanden mit seinem sehr stabilen Schirm zu vermöbeln, der versucht hatte, vor dem Aussteigen einer älteren Dame die Handtasche zu entreißen. Wundrak verteile seine Schläge derweil so professionell, dass der Dieb zu Boden ging. Es konnte später bewiesen werden, dass Wundrak auf den am Boden liegenden nicht mehr eingeschlagen oder getreten hatte. Er hatte sich lediglich mit dem Ausspruch „scheiß Rattenpack" entfernt und war nach Hause gegangen.

Als Karin Bruckner

und Raoul Conte bei Tante Martha eintrafen, was Patricio schon vor ihnen angekommen, was eigentlich nicht beabsichtigt war, aber wie sich herausstellte, hatte er sich in der Zeit vertan und es war ihm und der Tante gelungen, die Sprachbarrieren irgendwie zu überwinden und ein munteres tète à tète zu pflegen, denn sie saßen entspannt beim Tee und die Tante meinte, was das doch für ein ganz reizender junger Mann sei aus Chile, wo der ihr wohl bekannte große Dichter Pablo Neruda gelebt habe.

Liebe Tante,- darf ich Dir Prof. Raoul Conte vorstellen.

Aber ja doch Kindchen,- Du hast mir ja schon von ihm erzählt und ich weiß sogar noch, dass er nicht aus Chile, sondern aus Kolumbien kommt, aber vermutlich nicht aus Aracataca.

Tante Martha,- wie kommst Du auf Aracataca?, fragte sie, aber da musste Conte an sich halten, weil er sonst losgeprustet hätte.

Liebe Karin,- sie hat recht, denn ich komme nicht aus Aracataca, aber dorther kam Gabriel García Marques'. Deine Tante ist offensichtlich eine Kennerin der südamerikanischen Literatur.

Nein, sagte die Tante, zu einer Kennerschaft reicht es nicht, aber ich liebe diese Literatur, die man als magischen Realismus bezeichnet. Und jetzt setzt Euch mal alle, denn ich mache noch frischen Tee oder möchte jemand lieber Kaffee? Aber was ich Sie fragen wollte Herr Professor....

Raoul bitte,- das reicht vollständig.

Ja, Herr Raoul, ich weiß ja von der Karin, dass Sie sich mit Gesellschaftswissenschaft beschäftigen. Ist das nicht frustrierend auf Dauer?

Doch, sagte Conte zu Karin Bruckners Überraschung. Manchmal bin ich regelrecht verzweifelt.

Sehen Sie, sagte die Tante, deshalb ist Musik so wichtig. Das Klavier, die Musik, das hat mich immer vor Verzweiflung bewahrt und deshalb wollte ich ja auch immer, dass die Karin Musik studiert.

Seien Sie beruhigt, denn sie ist eine der besten Studentinnen bei meinem sehr geschätzten Kollegen Mendes.

Wenn Sie das sagen, dann bin ich wirklich beruhigt, sagte die Tante. Währenddessen hatte Patricio ganz leise zu spielen begonnen. Es war ein transkribiertes Schubert Stück und die Tante hatte sofort kein Wort mehr geredet und still zugehört und als Patricio geendet hatte, sagte sie an Conte gewandt:

Bitte sagen Sie ihm, dass ich sehr bewegt bin. Ich habe Schubert noch nie auf der Gitarre spielen hören. Wie sagt man auf Spanisch? Encantado! Das weiß ich noch und jetzt wartet mal, denn ich habe noch Kuchen und dann bin ich mal auf das Diabelli-Stück gespannt, das ich nicht kenne.

Ich verstehe immer mehr Deutsch, sagte Patricio plötzlich und die Tante antwortete ganz ruhig:
Sie verstehen Franz Schubert und deshalb verstehen sie Deutsch.
Tante Martha,- Du hast immer die Schubertsche A-Moll-Sonate so gut gespielt.

Nein mein Kind, denn das hier ist kein Hammerklavier und nur auf einem solchen kann man das gut spielen.
Was heißt Hammerklavier?- wollte Patricio wissen und die Tante wandte sich hilfesuchend an Conte. Geht nicht doch auf normalem Klavier?- wollte er wissen.

Da stand die Tante auf, setzte sich ans Klavier und begann zu spielen. Als die geendet hatte, was Patricio aufgestanden und hatte sie umarmt. Deshalb bin ich hier, -sagte er. Nur in Deutschland ist diese Musik,- sie verstehen, diese große Klassik und Romantik.
Mit der späteren Probe des Diabelli Stückes war sogar die Tante zufrieden, aber es wäre nicht Tante Martha gewesen, wenn sie nicht noch ein paar Verbesserungsvorschläge gehabt hätte. Zudem konnte sie sich die Bemerkung nicht verkneifen, sie sei auch heute noch der Meinung, dass Karin eine gute Musikerin geworden wäre und erhielt Unterstützung von Patricio. Für die Aufführung schwebte ihr zudem ein illustrer Personenkreis vor und es sei ihr völlig gleichgültig, wer da nun wegen dieser Seuche irgendetwas begrenzen wolle, da sie sich nicht daran halten werde, wie sie relativ überzeugend ausführte. Conte hatte eine ganze Zeit lang geschwiegen und die Tante auf sich wirken lassen und jetzt musste er doch lachen.
Gnädige Frau,- wir hatten in Kolumbien, als ich noch als Guerillero unterwegs war, auch eine schon etwas ältere Dame in unseren Reihen und niemand hätte es gewagt ihr zu widersprechen, denn sie hätte notfalls auch gnadenlos von der Schusswaffe Gebrauch gemacht.
Ich bin zwar nicht bewaffnet, sagte die Tante,- aber Respekt ist ja etwas, was man nicht einfach hat, so wie etwa ein Menschenrecht, auch wenn einige Schwätzer das meinen. Respekt muss man sich gelegentlich mühsam erwerben. Sehr mühsam!

Kommen wir ungelegen?

Nein, sagte Geisinger, obwohl ich gerade jetzt nicht mit Ihnen gerechnet hatte, aber das macht nichts. Dem Kommissar war die Sache ein wenig peinlich, aber er hätte die ihm durch die Anzeige aufgenötigte Kontrolle nicht absprachlich regeln können. Das ging nicht und Geisinger hatte bei ihrem letzten Gespräch vorsorglich alle maßnahmenrelevanten Einzelheiten im Uni-Umfeld persönlich geprüft und korrigiert, wo dies nötig schien. Da er relativ sicher war, wer ihn angeschissen

hatte, war ihm der Gedanke gekommen, genau diesen Studenten zu bitten, die Polizei auf ihrem Rundgang zu begleiten, um jedem Vorwurf einer Vetternwirtschaft aus dem Wege zu gehen.
Der besagte Student war Mitglied des Asta, der politisch linksgrün positioniert war und Geisinger wusste, dass er bei Prof. Peter Delius und damit in der medizinischen Fakultät eingeschrieben war. Delius wusste, dass einige seiner Studenten die staatlichen Anweisungen gerne noch verschärft hätten, wovon sie sich vermutlich irgendwelche Vorteile erhofften, die sie nicht bekommen würden,- zumindest nicht in erhoffter Weise.
Der Student war dann vom Ansinnen des Direktors sichtlich überrascht, aber Geisinger spielte ein absolut überzeugendes Theater und der Kommissar brauchte ein wenig Anstrengung, um nicht lachen zu müssen.
Währenddessen hatte es erneut an der Tür geklopft und als Frank Hellweg und Herbert Wendler eingetreten waren, wusste Geisinger, dass der Kommissar sein Wort gehalten hatte und weil dieser bereits, begleitet von einem seiner Beamten und dem Studenten den Raum verlassen hatte, empfahl er den beiden Journalisten, die Vorhut wenn möglich einzuholen und angemessen zu berichten.
Wie kam es denn eigentlich zu dieser Anzeige gegen Sie als Person?, wollte Wendler noch wissen. Ach wissen Sie,- das hatte mich auch erst geärgert, aber hier im Hause ist die Stimmung leider aus ganz anderen Gründen nicht die beste und ich bin das letzte Glied in der Kette,- gewissermaßen der Idiot vom Dienst.
Das haben aber jetzt Sie gesagt und wir werden es in unserem Beitrag nicht wiederholen.
Selbst wenn,- sagte Geisinger, dann hätten die Leute was zum Lachen. In Zeiten wie diesen ist das doch zu begrüßen!
Ja,- der Kollege Kurz hatte sich mal mit der Stimmungslage beschäftigt und der ist von uns auch der einzige Germanist, weshalb wir ihm das auch überlassen werden.
Wobei die Problemlage insgesamt eher etwas für die Soziologie ist, fügte Geisinger hinzu und vielleicht steckt hinter der aktuellen Zeitgeistigkeit auch noch viel mehr, was dann allerdings philosophisch zu ergründen wäre. Das ist das Stichwort, denn mir fällt gerade ein, dass ich die Fr. Niewald anrufen wollte und das darf ich nicht vergessen.
Dorothea Niewald?- fragte Hellweg.
Ja,- genau diese Dame.
Das ist die Freundin des Kollegen Kurz.
Ach ja,- sie wollte, dass ich ihr zwei Termine, den einen bei dem Kollegen Conte und den anderen bei Herrn Ludwig reservieren lasse, womit sich Hellweg und Wendler freundlich hinauskomplimentiert fühlten.

Sag mal,- der Kurt, der Enders, der hat doch Politikwissenschaften studiert, sagte Hellweg.
Ja,- wobei er bei diesem Thema stets anmerkt, dass Politik keine Wissenschaft sei, sondern ein psychoneurotischer Zustand.
Na ja, besonders wissenschaftlich ist Journalismus ja auch nicht!
Hat auch niemand behauptet! Studieren kann man es zur Not aber.

Da hast Du Recht und vielleicht ist das ja der Grund für die Menge an Fehlinformationen?

Du wolltest sagen für die Ansammlung von Bullshit!
Mittlerweile hatten sie sich dem Triumphirat, bestehend aus dem Kommissar, dem ihn begleitenden Beamten und dem Studenten genähert und Hellweg machte ein paar Fotos, was dem Studenten sehr peinlich zu sein schien. Zusätzlich machten die beiden Journalisten ein paar Interviews auf dem Campus, was wegen der Maskenpflicht ein wenig umständlich war, aber immerhin machbar.
Du hast Dir bewusst die hübschesten Studentinnen ausgesucht, die Du finden konntest, sagte Hellweg.
Was ich keineswegs bestreite und was immerhin auf meine Fähigkeit schließen lässt, Schönheit auch unter Masken ausfindig machen zu können.
Und wie würdest Du diese Gabe definieren?
Ich bin ein am griechischen Schönheitsideal orientierter Ästhet.

Silvio war verärgert.

Es hatte Probleme mit neuen Mädchen für das Etablissement gegeben. Sie wurden meistens aus Ost-Europa mit einer Reihe von falschen Versprechungen angelockt. In der Regel war von Gastronomie und Hauswirtschaft die Rede, was bei den gelegentlichen aber seltenen Razzien auch schlankweg von den Betreibern als vorrangige Tätigkeit genannt wurde. Einer von ihnen hatte die Dreistigkeit besessen, einer Mehrzahl der privat beschäftigten Hauswirtschafterinnen zu unterstellen, dass sie ja mit den sie beschäftigenden Ehemännern auch Geschlechtsverkehr hätten, ohne hierfür gesondert entlohnt zu werden. Er gerierte sich dabei als Wohltäter, da seine Mädchen von ihm schließlich nur Zimmer mieteten und frei darüber entscheiden konnten, mit wem sie es machen und mit wem nicht. Theoretisch war das sogar richtig, aber die Zimmer waren teuer, was die Auswahlkriterien für die Mädchen begrenzte. Die Miete schuldig zu bleiben war ganz schlecht, aber ein guter Zuhälter schlug seine Mädchen nicht. Er machte sie abhängig.
Silvio war vorsichtig und er war am Erhalt einer guten Stimmung interessiert. Dies

sowohl im Hause, als auch gegenüber den Ordnungsorganen. Er wusste natürlich auch von den nächtlichen Besuchern aus der Polit-Szene und blieb dann stets im Verborgenen, was bei diesen Besuchern den Eindruck erweckte, sie seien inkognito unterwegs.
Irgendetwas preiszugeben wäre selbstmörderisch gewesen, weil sie dann völlig parteiübergreifend gegen ihn vorgegangen wären. Sie waren eine Klasse und zumindest als solche solidarisch. Sie hätten die Moralschiene bemüht, diese Pharisäer, weil das bei ihnen zum guten Ton gehört, wenn sie mit der Gebärde frauenrechtlerischer Impertinenz sofort alle Bordelle schließen wollen. Sofort und unverzüglich! Alles brav skandiert von ihren nicht mehr ganz taufrischen Ehefrauen, die sich ernsthaft einreden, ihren Männern damit nur noch tugendhaften Beischlaf abzugewinnen. Ein zur Frigidität tendierender Feminismus – und das wusste Silvio – war gewissermaßen die Geschäftsidee für käuflichen Sex. Silvio wusste, dass zur Leitung eines vermietbaren Harems gewisse Führungseigenschaften gehören, die man sich mit Gewalt oder mit Einfühlungsvermögen erwerben kann. Der letztere Weg ist riskanter, da die Methode auch als Schwäche ausgelegt werden kann.
Er war deshalb schon lange dazu übergegangen, sich die jungen Frauen genau anzusehen und er legte Wert darauf mit ihnen zu schlafen, wobei er sein ganzes und bemerkenswertes Erfahrungsrepertoire einbrachte So leckte er die Mädchen hingebungsvoll so lange, bis sie einen kompletten Wohnblock zusammenstöhnten, denn er wusste, dass eine Mehrzahl von ihnen von den Kunden nicht geleckt werden wollte. Das hätte die nötige Distanz gebrochen, auf die sie angewiesen waren, wenn sie dieser Sache auf Dauer gewachsen sein wollten. Mit einigen von ihnen schlief er auch öfter und den ganz jungen unter ihnen, die so gut wie keine Ahnung hatten, denen erklärte er den seiner Meinung nach angemessenen Umgang mit einem männlichen Schwanz, was, wie er fand, nicht einfach war und viele Männer an ihren Frauen buchstäblich verzweifeln ließ. Die einen rieben wir irr daran herum und andere wiederum trauten sich nicht mal das Ding richtig in die Hand zu nehmen, als ob sie etwas von ihm zu befürchten hätten.
Manchmal veranstaltete er deshalb regelrechte Schwanzkurse. Eines der schon erfahreneren Mädchen musste ihm langsam und genussvoll einen runter holen, während die neuen, noch unerfahrenen, sich das kichernd ansahen. Seine Devise war, dass ein guter Handjob besser sein kann als mancher Blowjob, der sich darin genügte, den Schwanz nur durch die Lippen zu ziehen, was wenig Wirkung erzielte.
Kurz und gut, Silvio war bemüht, nicht kleinlich und er kam unter dem Strich gut weg bei der Sache. Über dem „Strich" dann auch, weil er diskret war und offenen Menschenhandel ablehnte. Das Problem mit der Seuche zwang ihn allerdings,

vorübergehend ohne seine Schwanzkurse auszukommen und er musste seine Mädchen ermahnen, die Hygieneregeln einzuhalten.
Sie hatten Angst, denn die Kunden waren manchmal ungeduldig und er musste gelegentlich einschreiten, wobei er in solchen Fällen höflich blieb, aber wenn jemand übergriffig wurde, dann reichte Silvios körperliche Präsenz in der Regel, um über jeden Zweifel erhaben zu sein.
Manchmal wunderte er sich über die aus seiner Sicht sehr junge männliche Kundschaft. Warum fand ein 20 – 30jähriger gut aussehender Mann keine Frau, mit der er auch mal schlafen konnte? Er kannte solche Fälle aus Italien, aber entweder waren diese Männer schwul oder irgendwie komisch. Was sonst auch könnte denn der Grund sein in dieser sexuell angeblich doch so freien Gesellschaft? Er selbst hatte längst seine eigenen Hygieneregeln erlassen und verbot den Mädchen grundsätzlich den Verkehr ohne Gummi und er drohte ihnen widrigen Falles mit Kündigung.
Die Gäste hatten sich zuvor selbstverständlich ihren Schwanz ordentlich zu waschen und wer schon verdreckt oder angetrunken erschien, der flog raus. Einmal in der Woche gab es einen Striptease-Abend, der sich großer Beliebtheit erfreute. Vor allem eine der Tänzerinnen hatte einen absolut perfekten Busen. Ihre Brüste hingen nur minimal trotz ihrer beachtlichen Größe und ihre Brustwarzen saßen nicht genau mittig, sondern leicht nach oben zeigend, was unglaublich aufreizend wirkte. Wenn sie sich auszog, wurde es still in dem zur Diskothek umgebauten Raum. Komisch,- dachte er manchmal, diese ganze Brust-Begeisterung, die er sehr wohl teilte, konnte nicht immer so gewesen sein. Mit der weiterführenden Schule, die er abgebrochen hatte, hatten sie mal eine Gemäldegalerie besucht und die Schönheitsideale der Renaissance schienen ihm damals eher nicht brustzentriert, weil um das weibliche Gesäß ein sichtbar größerer Aufwand betrieben wurde. Es musste da irgendwann eine Umorientierung von hinten nach vorne stattgefunden haben. Vielleicht ähnlich wie die Umpolung des Erdmagnetfeldes sinnierte er.
Das war eine bemerkenswerte Überlegung, die vielleicht nur möglich war, weil Silvio vielleicht kein klassischer Zuhälter war, zumindest genau so wenig, wie Kurt Enders ein klassischer Freier und jede auch nur durchschnittliche Milieustudie kam zu dem Ergebnis, dass bestimmte gesellschaftliche Sphären einen besonderen Typus erzeugen, von dem sie repräsentiert werden. Das ist so etwas wie ihr Gesicht, ihr Erkennungszeichen, aber in diesem Windschatten tummeln sich stets jene Mitläufer, die auch sonst wohin gepasst hätten, denn bei ihnen war das lediglich die Mode einer Zugehörigkeit ohne inneren Anteil, dem die letzte Konsequenz fehlt. Das sind meist Leute, die ihre indifferente Haltung als Großzügigkeit verkaufen und ein fehlendes Bekenntnis als Tugend. Es gibt

allerdings auch schwierige Milieus vor allem dort, wo die schöngeistige Aura von großbürgerlichen Intellektuellen zu den allergrößten Schweinereien imstande ist. Dagegen ist die mögliche Handgreiflichkeit eines Türstehers, welcher diese Absicht nicht verbergen würde, so etwas wie eine positive Offenbarung.
Die miesesten Verräter haben meistens keine Halunkenvisagen und das Fatale ist, dass man sich ihr Gesicht deshalb nicht dauerhaft einprägt, zumindest nicht im Zusammenhang mit dem angerichteten Schaden, dessen Gesamtumfang in der Regel eine Reihe von Beteiligten voraussetzt, die im Hintergrund agieren. Das ist für die Mit- und Umwelt in der Regel dann ein bisschen zu viel und man wendet sich resigniert ab, was deren strafloses Überleben vereinfacht.

Meine Herren,-
das, was ich über ein paar intakte Kanäle zu einer gewissen Bank erfahren habe, müsste eigentlich ausreichen, zusammen mit den Recherchen von Herrn Gebauer und Herrn Wendler, diese Immobiliensache ein wenig zu lüften. Zudem konnte ich erfahren, dass die Polizei in einigen Fällen ermittelt, wo nachweislich krimineller Druck ausgeübt wurde.
Was für ein Druck?, wollte Gebauer wissen.
Sowohl auf die Besitzer privater Grundstücke, als auch zumindest auf ein Immobilienunternehmen. Zudem hatte man bei der Polizei gerätselt, warum plötzlich so viele Friseure eröffnen, aber auch das hat seinen tieferen Sinn. Ich schlage vor, dass wir das vorhandene Material sammeln und dann dezidiert berichten. Es muss hierbei auch nicht nur einen einzigen zentralen Zusammenhang geben, den man in einem Rundumschlag aufdecken kann. Wir haben es hier mit komplexen Clan-Strukturen zu tun, wie wir das vor Jahren allenfalls von der Mafia kannten, die zum Glück nicht hier beheimatet war. Mittlerweile haben wir aber solche Clans gewissermaßen importiert und einigen Leuten wird so langsam klar, was das für Folgen haben kann. Ich betone kann und nicht muss!
Martina Riedel hatte vier Liter Kaffee gekocht, was auf eine mittlere Sitzungsdauer schließen ließ.
Herr Spohn,- ich hatte auf eigene Faust mal im Milieu recherchiert, aber zumindest im Hinblick auf die Immobilienangelegenheit konnte ich keinen Zusammenhang feststellen.
Enders kicherte und fügte hinzu, es sei ja immerhin bemerkenswert, dass es sowas überhaupt noch gebe und Spohn schien ein wenig konsterniert.
Meine Herren,- ich hatte Sie eigentlich nur wegen dieses durchaus bedeutsamen Themas nochmal sprechen wollen und wenn sich dabei wie zu vermuten einige periphere Felder von Zugehörigkeiten ergeben, dann besprechen Sie das

untereinander. Ich vertraue Ihnen natürlich und wollte fragen, ob es sonst noch etwas von regionalem Interesse gibt?
Ja, sagte Frank Hellweg. Ein gewisser Heinz Wundrak hat mich angerufen.

Das ist ja interessant, sagte Spohn, der sich an den Zeitung lesenden Mann in Ferdis Kneipe erinnerte, auf den ihn Sawatzky aufmerksam gemacht hatte, aber fahren sie bitte fort.
Also,- dieser Herr Wundrak ist fest entschlossen, keine Rundfunk und Fernsehgebühren mehr zu bezahlen, wie er mir glaubhaft versicherte. Er habe den Rechtsweg eingeschlagen und hat mich gefragt, ob wir den Fortgang der Ereignisse begleiten könnten.
Wie begründet er denn sein Verhalten?- wollte Spohn wissen.
Nun, er behauptet, die Medien kämen ihrem gesetzlichen Informationsauftrag nicht nach, was jedoch nur die eine Seite der Sache sei, denn er könne zudem nachweisen, dass die öffentlich-rechtlichen Medien massive Lügen verbreiten. Er vergleiche die internationale Medienlanschaft und eine Reihe von alternativen Medienportalen und mache sich entsprechende Notizen, auf die er zurückgreifen könne.

Na ja,- wenn er uns dann nicht auch noch der Lüge bezichtigt, dann meinetwegen. Vielleicht ist das ja auch mal ganz interessant, weil es sich um einen Präzedenzfall handelt, denn es gab zurückliegend in diese Richtung zwar schon einige Versuche, aber sie sind wohl alle gescheitert.
Die Rundfunkgebühren sind eine Zwangsabgabe, welche sich durchaus in Frage stellen lassen muss, denn sie begründet sich aus dem demokratischen Auftrag der Medien und wenn sie diesen nachweislich nicht mehr erfüllen, dann.....na ja, dann ist das schon eine Angelegenheit, die den Souverän betrifft und der darf sich hierzu auch kritisch äußern.
In Ordnung Herr Hellweg,- Sie machen das und dann schaun wir mal wie sich das entwickelt. Ich könnte das Thema ja auch mal im „Rat" zur Sprache bringen.
Herr Spohn,- ich würde das lassen, sagte Hellweg und grinste.

Karin,- ich bin es,
Deine Tante Martha. Hör mal, ich hatte von Herrn Conte gehört, dass der junge Herr, der so gut Gitarre spielt....
Du meinst Patricio Fernández.
Ja natürlich, den meine ich und der Herr Conte hat gemeint, dass der Herr Fernández eine Wohnung oder ein Zimmer sucht, wenn er zwischendurch hier zu tun habe.

Ja,- das weiß ich, aber was meinst Du damit?
Na ja,- also ich könnte ihm einen Teil im Obergeschoss ausräumen.
Liebe Tante,- das ist natürlich ganz nett von Dir, aber wie willst du Dich denn mit ihm verständigen?
Ach Kindchen,- ich kann doch ein bisschen Italienisch und das wird er wohl verstehen.

Eher leider nicht, aber ich werde Raoul, also Raoul Conte informieren und der kann das dann an Patricio weitergeben.
Das ist nett, aber bitte sag mir doch mal, also ohne dass ich Dich jetzt ausfragen will, wie ernst ist das denn mit Euch beiden?
Liebe Tante,- ich werde jetzt nicht heiraten, nicht ihn und auch sonst niemanden.
Aber hat er Dir denn keinen Antrag gemacht?
Hat er nicht!
Da siehst Du, das ist doch ein vernünftiger junger Mann, der eine Frau nicht gleich in Verlegenheit bringt.
Na ja,- wie man´s nimmt liebe Tante. Ich habe ihm nämlich bisher auch noch keine Gelegenheit dazu gegeben, also jedenfalls noch nicht so richtig. Sie hörte, wie die Tante kicherte und dann sagte:
Weißt Du, Männer mögen gelegentlich ein wenig sprunghaft sein, aber wenn ich ehrlich bin, war ich das als junge Frau auch. Mir ist natürlich aufgefallen, wie er Dich angeschaut hat und weißt Du was, Du brauchst ihm garkeine weitere Gelegenheit zu geben, denn die braucht er nicht mehr und jetzt rufst Du ihn bitte an wegen der Sache mit dem Herrn Patricio.

Conte hatte sich

zu Hause gerade in Niklas Luhmanns *Soziologie des Risikos* vertieft. Er hatte einen großen Respekt vor diesem Wissenschaftler, der Gesellschaft als etwas begriff, das sich kommunikativ immer wieder neu erschafft, so denn die Kommunikation eine raumgreifende Chance hat und er hätte wohl die Hände über dem Kopf zusammengeschlagen, wenn er das aktuelle gesellschaftliche Getöse erlebt hätte, das umso lauter wurde, je weiter sich die behandelten Themen von den realen Problemen und damit von der Wirklichkeit der Menschen entfernten. Wie lange konnte so etwas gutgehen? Man hätte andersherum auch fragen können, was denn aktuell zu tun sei, um eine weitere Entwicklung zum Schlechten zu verhindern oder aufzuhalten. Welche Risiken sind bei welchen gesellschaftlichen Ereignissen am wahrscheinlichsten und wie sind ihre Bewegungen einzuschätzen? Sind bei einer historischen Betrachtung die Anlässe stets sehr ähnlich und nur durch die Folgen einer technischen Entwicklung unterscheidbar oder gibt es neue,

noch unerforschte Phänomene? Wie war das Phänomen einer sog. künstlichen Intelligenz einzuschätzen, wenn bereits bestimmten Formen von digitalen Kombinationen begrifflich eine Intelligenz zugebilligt wurde. Er hatte sich vorgenommen, in einem Vortrag, das Erklärungsmodell Luhmanns zum Ausgangspunkt weiterer Überlegungen zu nutzen und in diesem Moment klingelte das Telefon.
Hier ist Karin.- was machst Du denn gerade?
Ich habe gerade Niklas Luhmann am Wickel und mich dabei in die Idee verrannt, einen Vortrag zum Thema *Demokratie und Risiko* zu halten, denn bei Luhmann gibt er sehr kluge Überlegungen zur Soziologie des Risikos. Du kannst Dir natürlich denken, dass da auch einige neue Phänomene eine Rolle spielen und beachtet werden müssen, wie z.B. die sog. künstliche Intelligenz.
Hat sich Luhmann denn damit auch beschäftigt?
Meines Wissens nicht dezidiert, aber hier entsteht eine noch unerforschte Gefahr im Diskursraum, weil ich den Begriff von einer künstlichen Intelligenz für falsch halte und dies in einem sehr grundsätzlichen Sinne.
Was Du heute unbedingt noch erarbeiten willst?
Nein Karin,- keine Angst. Das kriege ich heute nicht mehr hin und morgen vermutlich auch nicht. Worum es mir in letzter Konsequenz geht, das ist die nicht so neue Erkenntnis, dass eine demokratische Gesellschaft immer und in jedem Falle eine Risikogesellschaft ist und vor allem auch bleiben muss. Das scheint einigen Leuten aber nicht ganz klar zu sein!
Mir schon,- sagte sie aber ich muss Dich trotzdem mit einer kleinen Banalität belasten und sie erzählte ihm von Tante Marthas Vorschlag.
Ja,- aber das ist doch ganz toll! Patricio hat als Musiker oft schon Probleme gehabt, denn die Vermieter gehen natürlich berechtigt davon aus, dass ein Musiker auch mal üben muss.
Aber die Gitarre ist doch ein leises Instrument.
Ja,- die klassische Gitarre, aber das wissen die Leute in der Regel nicht, weil sie davon ausgehen, dass Gitarristen grundsätzlich in einer Band spielen und dies natürlich mit elektrischen Gitarren, die man nicht zu Unrecht gelegentlich auch als Jammerholz bezeichnet. Auf jeden Fall ist das eine gute Nachricht und ich werde Patricio informieren!
Und dann?
Wie—und dann?
Ich dachte nur, wir könnten uns bei mir noch einen Film ansehen. Es kommt nämlich einer von der Sorte der französischen Spielfilme aus den Zeiten, wo alle noch rauchten und wie verrückt mit Autos herumfuhren, die heute vermutlich Oldtimer sind.

Meinst Du die Filme, wo die Männer die darin vorkommen, mehrere Verhältnisse zugleich unterhalten und dies so überzeugend diskret, dass man es fast für angemessen halten könnte?
So so,- das kann man also für angemessen halten?
Na ja,- natürlich nur in solchen Filmen von denen doch jeder weiß, dass das nicht der Wirklichkeit entspricht.
Aber vielleicht einer Wunschvorstellung?
Liebe Karin,- wir Südamerikaner haben eine große Schnauze und geben manchmal mächtig an, wobei wir so wenig überzeugend sind, dass wir von den Frauen gar nicht mehr durchschaut werden müssen. Wir haben deshalb nur eine Chance.
Und die wäre?
Dass wir uns zivilisieren und dies in einer möglichst zivilisierten Umgebung, von der wir wissen sollten, dass sie uns die nicht allzu üblen faux pas verzeiht, weil die nicht zu ihrer Kultur passen.
Was voraussetzt, dass Du es in diesem Falle mit kultivierten Menschen zu tun hast.
Davon ist auszugehen, sagte Conte und ich schließe die Frage an, ob Du schon etwas gegessen hast?
Das nenne ich eine sehr zivilisierte Frage und ich erlaube mir die Bitte, eine etwa wagenradgroße Pizza zu besorgen, auf dass wir sie gemeinsam vernichten.

Es ist mir eine Ehre und ich bin gleich da, sagte Conte.
Als sie aufgelegt hatte, wurde ihr bewusst, dass sie ihn zum ersten Mal zu sich nach Hause eingeladen hatte. Sie trafen sich ansonsten eigentlich nur im Umfeld der Universität oder auf neutralem Boden, wenn man von der Einladung absah, die ja nicht ihr allein gegolten hatte und Conte hatte auch nicht versucht, dem von sich aus eine Wendung zu geben, zumindest nicht nachdrücklich. Er war jemand, der mit sich selbst in Klausur gehen konnte und ihr war das durchaus angenehm gewesen. Sie war sich nicht sicher, ob der Anruf der Tante etwas bei ihr ausgelöst hatte, aber sie hatte einfach das Bedürfnis verspürt, diesen angekündigten Film nicht alleine sehen zu wollen.
Conte klingelte bereits 20 Minuten später und hatte zu der erwünschten Pizza auch einen Rotwein aus dem Languedoc mitgebracht.

Der Film mit Gérard Dépardieu
war eine etwas traurige Geschichte vom ehemaligen Freund einer Familie, der bei dieser in Ungnade gefallen war, am Rande des Existenzminimums lebte, jedoch trotz zunehmender Vergesslichkeit, als ein profunder Verteidiger einer kulturellen Lebensart in Erscheinung trat, die mehr und mehr in Vergessenheit geriet und

stattdessen einer kulturellen Verelendung Vorschub leistete, welche zunehmend den Alltag bestimmte.
Weißt Du, sagte Conte, diese modernen Gesellschaften ertragen keine Sonderlinge mehr. Sie passen nicht ins verordnete Konzept und sie taugen nicht als Vermarktung für neue Minderheiten, was ihnen ja einen umworbenen Status sichern würde. Dépardieu spielt ja nicht zum ersten Mal einen Sonderling und das passt auch privat zu ihm. Allerdings ist es bei ihm auch so, dass er sich das erlauben kann. Er kann sogar einen Kult daraus machen. Das wird dann ein paar Leute gegen ihn aufbringen, aber mehr auch nicht.
Ich habe an der Uni von einigen Studenten gehört, dass sie es gut fänden, wenn politisch rechts stehende Schauspielerinnen oder Schauspieler keine Rollen mehr bekommen, sagte Karin Bruckner.
Womit wir erfahren, wie es um die viel zitierte Meinungsfreiheit bestellt ist, antwortete Conte. Eine rechtskonservative Meinung muss einem ja nicht gefallen, aber für die Qualität einer Schauspielerin oder eines Schauspielers dürfte sie unerheblich sein. Sag mal,- wie spät ist es eigentlich?
Es ist kurz nach Mitternacht und wir haben schon ein wenig mehr als Deinen mitgebrachten Languedoc getrunken. Du fährst jetzt nicht, sagte sie mit einer Überzeugung, die sie selbst verwunderte und als er nichts erwiderte, hatte sie den CD-Spieler eingeschaltet und Schuberts C-Dur Fantasie aufgelegt. Sie hatten anschließend sogar noch ein wenig aufgeräumt und waren dann ins Bett gegangen, als wäre dies die größte Selbstverständlichkeit.
Als sie dabei seinen Rücken sah, gewahrte sie die dort hinterlassenen Folterspuren und sie erschrak.
Ja ja,- nicht so schlimm, sagte er. Das ist der Rest von vorgestern und damit vorbei und vergessen, aber dann sah er, dass sie weinte und zog sie an sich heran, während er spürte, wie ihre Tränen an seinem Arm entlangliefen und weil sie beide sehr müde waren, schliefen sie in der Umarmung ein und erst der schon mit früher Helligkeit verwöhnende April-Tag weckte sie mit Sonnenstrahlen, die sich ihren Weg durch die Fensterladenritzen bahnten. Als sie erwachte, sah sie, dass Conte schon vor ihr aufgewacht sein musste, aber er hatte seine Umarmung nicht gelockert, obwohl ihm dabei zumindest ein Arm eingeschlafen sein musste. Er hatte sie ruhig und auch ein wenig konzentriert angesehen und sagte dann ganz ruhig:
Was immer auch geschehen mag und was Du selbst für Deine Zukunft bestimmen magst,---ich liebe Dich.
Und was immer Du auch sonst so von mir denken magst, sagte sie, so habe ich das Gefühl, dass es mir sehr ähnlich geht. Magst Du Erdbeermarmelade zum Frühstück, denn viel mehr habe ich gerade nicht anzubieten?

Ich bin begeistert, sagte Conte, denn die mag ich besonders.
Als das Telefon klingelte, war Prof. Mendes in der Leitung.

Frau Bruckner,- bitte entschuldigen Sie,
aber ich kann den Kollegen Conte nirgendwo erreichen. Hat er sich vielleicht bei Ihnen irgendwohin abgemeldet?
Nein, sagte sie, ich muss mich entschuldigen, denn ich habe seine Abwesenheit wohl verursacht und reiche ihn mal an Sie weiter.
Guten Morgen Volker! Was kann ich für Dich tun?
Na ja, zunächst mal, dass Du weiterhin nett zu meiner Studentin bist und dann sollten wir uns mal zusammensetzen, denn ein Teil der Studentenschaft ist offensichtlich fest entschlossen, unsere Vorlesungen künftig zu boykottieren, aber wir haben jetzt Rückendeckung beim gesamten Kollegium. Der Geisinger ist als Schlichter überfordert, aber jetzt ist wohl dem ansonsten ja eher sehr ruhigen Kollegen Klaus Ludwig der Kragen geplatzt und er hat eine philosophische Philippika verfasst, die ihren lächerlichen Moralismus als Neo-Biedermeier entlarvt.
Das ist gut, sagte Conte und ich komme gleich nachher bei Dir vorbei, wenn wir hier gefrühstückt haben.
Ich wünsche Euch guten Appetit, sagte Mendes und legte auf.
Da kannst Du sagen was du willst Karin,- er hat uns zusammengebracht und jetzt holt er uns noch gemeinsam aus dem Bett.
Nicht ganz,- sagte sie, denn aufgestanden wären wir wohl auch ohne ihn, aber was ich Dich fragen wollte,- was macht eigentlich Deine Schwester Maria?
Gute Frage, sagte Conte. Sie wirkt äußerlich immer sehr selbstständig und abgeklärt, aber das ist sie nicht. Diese Gesellschaft hier ist ihr zu temperamentlos. Ich weiß auch nicht, was ich ihr da sagen soll. Mit den deutschen Männern hat sie es auch nicht so, obwohl sie da mal jemanden kannte, den zumindest ich für sehr nett gehalten habe. Das war ein Handwerker, der Estrichböden gemacht hat. Sie hatten sich mal kennen gelernt, als ihr Auto auf freier Strecke stehen geblieben war. Der Mann hatte angehalten und konnte ihr weiterhelfen. Na ja,- sie hatten wohl die Adressen ausgetauscht und sich wohl auch getroffen. Wie oft weiß ich nicht, aber sie hat ihn dann nicht mehr erwähnt. Soll ich Dir was sagen, auch wenn Du jetzt vielleicht lachst? Der Volker, also Dein Prof. Mendes, der würde ihr gefallen mit seinen Spanisch-Kenntnissen und so ein Tänzchen schlägt er ja auch nicht aus, aber der Volker ist nach dem Tode seiner Frau erstens noch nicht frei im Kopf und er ist halt auch deutlich älter. Das sind immerhin zwanzig Jahre und er hat ihr auch nie irgendwelche Avancen gemacht. Das würde er nicht machen.
Ob sie ihm gefällt, hast Du aber nicht mal gefragt?

Nein,- das hab ich nicht. Das stand irgendwie nicht zur Debatte,- zumindest bis jetzt nicht, aber ich sage Dir mal, was mich an meiner Schwester durchaus stört. Sie meint nämlich, sie müsse unbedingt einen Akademiker ehelichen. Da wäre sie mit einem netten Handwerker, der keine zwei linken Hände hat, durchaus besser bedient, zumal dessen Bodenständigkeit auch weniger Weltschmerz verbreitet.
Und Du unterstellst dem Volker, dass er so voller Weltschmerz ist und damit für die Maria eine Belastung wäre?
Nein,- er ist zumindest nicht depressiv aus meiner Sicht, aber eben doch sehr europäisch im Sinne dieser kontemplativen Nachdenklichkeit, die hier weit verbreitet ist.
Und Du hast als Südamerikaner keinen solchen Weltschmerz?
Doch,- eigentlich schon, aber er ist aktuell sehr gemildert, um nicht zu sagen ganz erheblich.

Die Verhandlung hatte

am 17. April pünktlich um 10 Uhr begonnen und neben einer Reihe von Jura-Studenten, waren sowohl der Angeklagte, die beiden Mitbeschuldigten, Ben Berissa, Dorothea Niewald, Friedhelm Kurz für die Presse, Kommissar Roth, sowie die beiden Anwälte Tönjes und Repetto anwesend. Richter Walter Spengler hatte die Verhandlung eröffnet und auf das Ergebnis des vorangegangenen Gerichtstermins und die sich daraus ergebende Sachlage hingewiesen. Der Anwalt des Hauptbeschuldigten, Werner Tönjes, hatte klug erkannt, dass er keinen Freispruch erwirken konnte und plädierte auf mildernde Umstände. Herr Harassek habe sich dem Opfer zweifellos unsittlich genähert, habe aber die ihm unterstellte Vergewaltigung nicht wirklich vollziehen wollen und sei zudem durch das Einschreiten von Herrn Berissa nicht unerheblich verletzt worden. Tönjes hatte darauf geachtet, nicht von einer Verhinderung der Vergewaltigung durch Berissa zu sprechen, um den Eindruck zu erwecken, der Angeklagte sei mehr oder weniger halbherzig vorgegangen und er verzichtete dabei interessanterweise auf die Durchsetzung der von ihm in Aussicht gestellten Anzeige gegen Ben Berissa wegen gefährlicher Notwehrüberschreitung, was Richter Spengler mit Genugtuung zur Kenntnis nahm, denn das ersparte ihm viel Ärger.
Im Gegenzug erwähnte Berissas Anwalt Repetto zwar die Verletzung, die seinem Mandanten bei der Hilfsaktion zugefügt wurde, aber auch er verzichtete auf das Geltend machen des Straftatbestandes der schweren Körperverletzung. Dorothea Niewald erhielt daraufhin das Wort und sie war darauf vorbereitet, indem sie ihre persönliche Betroffenheit zurückstellte und auf die große Mühe und die enormen Kosten verwies, welche die Integration von Menschen aus nicht europäischen Kulturen verursache. Es zeige sich aber leider zunehmend, dass man

hier nicht nur in Deutschland einer Fehleinschätzung unterliege, welche die Sicherheit der Bürgerinnen und Bürger gefährde.
Eine vormoderne und ihrem Wesen nach vor allem frauenfeindliche Herrschaftskultur, sei hier offensichtlich nicht zu integrieren und habe hier auch nichts verloren. Sie habe diesmal Glück gehabt und verdanke dem mutigen Einsatz von Herrn Berissa möglicherweise sogar ihr Leben. Sie werde künftig auch in einem sie nicht selbst betreffenden Wiederholungsfalle eine Verfassungsklage anstrengen. denn der Staat verletze aus ihrer Sicht beim Import dieser Kultur seinen Sicherheitsauftrag gegenüber den Bürgerinnen und Bürgern.
Richter Walter Spengler hatte sie nicht unterbrochen, obwohl es sich hier streng genommen um ein politisches Statement gehandelt hatte, aber man musste anerkennen, dass eine fortgesetzte Migration von Menschen aus dem muslimischen Kulturraum einen nicht unerheblichen sicherheitsrelevanten Aspekt hatte. Er bat deshalb um eine 15-minütige Pause und hatte sich mit seinen beiden Beisitzern zurückgezogen.
Man war gespannt auf die Urteilsverkündung und dann sogar überrascht, denn Spengler verhängte gegen Harassek zwei Jahre ohne Bewährung und für die beiden Mittäter jeweils acht Monate ebenfalls ohne Bewährung.
Spengler begründete dies mit der erwiesenen Mehrfachtäterschaft aller drei Angeklagten und drohte Harassek zugleich mit Ausweisung, wobei er wusste, dass damit kaum zu rechnen war.
Werner Tönjes hatte mit dem aus seiner Sicht strengen Urteil des Richters für seinen Mandanten nicht gerechnet und kündigte Revision gegen das Urteil an, dem er unterstellte, alle weiteren Integrationsbemühungen zunichte zu machen.
Herr Anwalt, sagte Spengler,- ich verweise in diesem oder ähnlichen Fällen stets darauf, dass unser Strafvollzug sogar einige Möglichkeiten der Aus- und Weiterbildung bereithält, was in zwei Jahren unter Obhut gut zu leisten ist. Ich bitte deshalb um Verständnis vor allem im Interesse des Angeklagten.

Harassek hatte wie die beiden Mittäter während der Verhandlung beharrlich geschwiegen, obwohl eine Übersetzerin anwesend war, was seine Lage natürlich nicht verbessern konnte. Geld war von ihnen auch nicht zu holen und für Berissa kam nicht einmal ein Schmerzensgeld bei der Sache heraus. Repetto war aber zugleich ganz froh, dass man sich die Sache mit der Notwehrüberschreitung gespart hatte, weil das eine komplizierte Geschichte werden konnte, bei der unter dem Strich lediglich viel Papier beschrieben wurde.
Für Friedhelm Kurz war das Ergebnis vor allem deshalb gut, weil sich das Opfer in Grenzen auch politisch geäußert hatte und daraus war durchaus etwas zu machen. Hier war es nämlich nicht nur um drei Straftäter gegangen, sondern um ein

zunehmendes gesellschaftliches Problem, welches sich aus einer Agenda erschloss, die für sich gerne eine hoch moralisch aufgeladene kosmopolitische Zukunftsbezogenheit reklamierte.

Als Frank Hellweg sich
mit Heinz Wundrak beim Ferdi traf, trug dieser ein blau kariertes Flanellhemd. Ferdi verband mit der farblichen Auswahl - wie er stets betonte - keine politischen Aussagen. Es war ihm aber ein Bedürfnis, nicht als jemand angesehen zu werden, der auf eine Farbe festgelegt ist. Dabei hatte er nichts gegen ein Bekenntnis zu Lieblingsfarben, aber ein Hemd war schließlich kein Auto, in das man sich nur ungern setzt, wenn man seine Farbe nicht mag.
Hellweg kam nicht umhin, Spohn still zu loben, denn er war bereits nach kurzer Zeit mit Wundrak in ein interessantes Gespräch vertieft und hatte schnell erkannt, dass dieser vielleicht ein wenig sonderlich sein mochte, was z.B. das ständige Mitführen eines respektablen Herrenschirms betraf oder sein Ganzjahrestrenchcoat, aber als ein Kuriosum ging dieser Mann nicht durch. Seine vergleichenden Zeitungsstudien beschäftigten sich vor allem mit den aktuellen politischen Schwerpunkten in Europa und es war gelegentlich schon erstaunlich, zu welchen sehr unterschiedlichen Einschätzungen man in den schweizer Redaktionen im Vergleich zu deutschen Presseorganen gelangen konnte. Die Schweiz war zwar kein EU-Mitglied, aber sie befand sich auf europäischem Boden, was immerhin für räumliche Nähe stand. Gelegentlich konnte sich der Eindruck einer gewissen Gegenpresse vermitteln und dies in einer Weise, die zumindest in deutschen Medien nicht möglich gewesen wäre.
Carsten Spohn ließ seinen Leuten wo immer möglich eine lange Leine, aber es gab im „Rat" bestimmte Beschlüsse, über die man sich nicht einfach hinwegsetzen konnte. Es war auch nicht unbedingt so, dass die Beschlüsse stets das Ziel gehabt hätten, bewusste Falschinformationen zu lancieren. Es war wie immer in solchen Fällen, wo es um Zensur ging. Sie war ein nicht wegzudenkender Fakt. Etwas wegzulassen, nicht zu senden oder zu berichten, war zum Teil eine der Sendezeit oder dem Umfang einer Zeitung geschuldete Notwendigkeit, aber es gab den berühmten Unterschied zwischen einer Verbreitung von Fehlinformationen in Unkenntnis der wirklichen Zusammenhänge und dem, was man als Lüge bezeichnen muss, weil den Verbreitern die Wahrheit bekannt ist.
Wundrak wirkte nicht unbedingt sportlich, versicherte aber glaubhaft, mit seinem massiven Regenschirm schon zwei Mal einen Überfall abgewendet zu haben. Dabei hätten beide Überfälle gar nicht ihm selbst gegolten, sondern in beiden Fällen einer etwas älteren Dame, der man die Handtasche hatte entreißen wollen. Da die Räuber in einem Falle auf einem Moped gesessen hatten, mit dem sie sich vom Ort

der Tat angemessen flott hatten entfernen wollen, war es Wundrak gelungen, im buchstäblich letzten Moment mit dem Schirm zuzuschlagen. Dabei verfehlte er einen der Täter, aber der Schirmgriff war am oberen Bügel des Moped-Gepäckträgers hängen geblieben und Wundrak hatte nicht losgelassen. Das führte dazu, dass der Fahrer den schwindsüchtigen Motor abwürgte, der mit dem Transport von zwei ausgewachsenen Männern ohnehin überfordert war. Das Moped kippte samt Besatzung um, wobei selbige das Weite suchte und dies ohne die zuvor erbeutete Handtasche.

Der Schirm war dabei im Gegensatz zu dem Moped heil geblieben, was Wundrak, wohl berechtigt, seiner Qualität zuschrieb.

Der aktuellen China-Ware wollte er dennoch die Qualität nicht grundsätzlich absprechen. Er meinte allerdings, dass die in China schon sehr alte Schirmtradition nicht so sehr den vor Regen schützenden Gebrauchsgegenstand im Auge habe, sondern das traditionelle Design stehe im Zusammenhang mit der meist weiblichen Nutzung als Schutz vor der Sonne. Er habe China schon mal besucht, aber ihm seien dort nur sehr wenige Menschen aufgefallen, die Regenschirme mit sich geführt hätten. Allerdings habe es dort während seines Aufenthaltes auch nur ein einziges Mal kurz geregnet.

Sie bringen mich mit China auf eine Idee, sagte Hellweg.

Wie meinen Sie das?

Na ja,- gerade auch im Zusammenhang mit Schirmen, die man auf zahlreichen chinesischen Gemälden sehen kann, wo sie offenbar eine eher dekorative Funktion haben.

Das ist wohl richtig, sagte Wundrak, aber mir ist in China ein unglaublicher Gegensatz zwischen traditioneller Kultur und aktueller Lebenswirklichkeit vor allem in den größeren Städten aufgefallen. Wenn Sie den Schirm als Symbol des Schutzes sehen wollen, dann hat die chinesische Regierung eine ganz eigene Vorstellung vom Schutz der Bevölkerung. Sie überwacht sie nämlich wo immer möglich flächendeckend. Das ist gewissermaßen ihr Schutzschirm.

Hatten Sie den Eindruck, dass es dagegen so etwas wie Opposition gibt?

Ach wissen Sie, es gibt überall auf der Welt eine Hand voll kritische Intellektuelle, die meist in den westlichen Ländern ein paar Semester studiert haben. Die sehen sowas dann manchmal kritisch. Dem Rest ist das egal oder man begreift es tatsächlich als positiv für die eigene Sicherheit. Ich finde übrigens, dass es hier nicht so sehr viel anders ist.

Wie,- die flächendeckende Überwachung?

Nein,- das dauert noch ein bisschen; aber ich denke an das seltsame Einvernehmen einer offensichtlichen Bevölkerungsmehrheit, wo es um nicht wirklich begründbare Einschränkungen und Bürgerrechte geht. Sie können auch

ein paar andere Themen nehmen, wo die Bürgerinnen und Bürger nicht etwa erkennbar geschützt werden, sondern im Gegenteil sogar gefährdet.
Wie meinen sie das?
Ganz einfach, denn wenn hier munter und mit medialer Unterstützung, problematische, antisäkulare und antidemokratisch sozialisierte Leute einwandern, die sich als weitestgehend nicht integrierbar erweisen, was jedoch zugleich nicht kritisiert werden darf, dann sind das sicher keine chinesischen Verhältnisse, aber es sind auch nicht solche von gelebter Demokratie. Ich bezweifele z.B., dass sie offen darüber berichten können, weil das längst nicht mehr möglich ist. Die durchaus zahlreichen, jedoch im Grunde schwachen alternativen Medien gelten samt und sonders als rechtsradikal oder zumindest doch als politisch rechts verortet. Hier sehe ich chinesische Verhältnisse auf dem Vormarsch, was sich auch im Umgang mit der einzig sichtbar vorhandenen Oppositionspartei spiegelt, bei der man so tut, als handele es sich um den Aufguss einer neuen NSDAP. Auch hinsichtlich des Umganges mit parteilosen Oppositionellen, wird einem angeblichen Rechtsradikalismus auch noch Rassismus und Antisemitismus hinzu addiert, ohne auch nur in einem einzigen Falle eine empirische Beweisführung zu bemühen. Exakt so wird in China und vermutlich in jedem totalitären System mit Regimekritikern verfahren, die man dort allerdings vorsichtshalber gleich wegsperrt.

Dorothea Niewald hätte später

nicht sagen können, ob es die beiden Gespräche mit Raoul Conte und Klaus Ludwig waren, die sie zu ihrem Artikel veranlasst hatten. Sie war zumindest mit einem sehr temperamentvollen Soziologen und einen Philosophen konfrontiert gewesen, wobei sie vergeblich versucht hatte, den Letzteren einer bestimmten Denkrichtung zuzuordnen, um ihn irgendwie handhabbar werden zu lassen. Sie wusste, dass zumindest einige Philosophen ganze Denkrichtungen begründet hatten, aber bei Prof. Ludwig war es ihr nicht so erschienen, als ob es außer einem enormen Wissens Pool so etwas wie eine bestimmte Richtung gäbe. Allerdings hatte er sich mit dem aktuellen Zeitgeist im Sinne einer vergleichenden wissenschaftlichen Betrachtung aus historischer Sicht beschäftigt und wusste um gewisse Parallelen vor allem im Umfeld der römischen Gesellschaft zum Hier und Heute.
Wissen Sie, hatte er ihr gesagt, der Mensch der Moderne redet sich offenbar erfolgreich ein, so etwas wie ihn habe es noch nie gegeben. Na ja,- er fährt jetzt mit dem Auto und hat immer elektrischen Strom verfügbar und so erfährt er sich als etwas noch nie Dagewesenes. Das ist ein verhängnisvoller Irrtum, weil

zweitausend Jahre an ihm oder ihr nicht sehr viel ändern, zumindest mal nicht substantiell.
Conte wiederum hatte der Gesellschaft aus soziologischer Sicht so etwas wie eine vernunftgetriebene Zweckrationalität unterstellt, wobei er betonte, dass die hier unterstellte Vernunft zugleich ihr dialektisches Gegenteil sei, wenn eine Verweigerungshaltung gegenüber der realen Wirklichkeit, wie man sie aktuell bei der politischen Klasse und ihren Heloten beobachten könne, den Anspruch auf Rationalität erhebe.
Beide Wissenschaftler sahen eine Dekadenz auf dem Vormarsch, die sich selbst als progressiv im Sinne eines Zeitenwandels definiere, in Wirklichkeit aber weitestgehend blind und wesentlich reaktionär sei. Das in diesem Umfeld referierte Thema von Gleichheit und Gleichstellung, werde dabei zum Teil des Problems, wenn es zum Egalitarismus einer Beliebigkeit werde.
Die aktuell angesagte Hype um alles, was mit sog. Minderheiten in Verbindung stand oder gebracht werden konnte, sei an einem Punkt angekommen, wo weißhäutigen Übersetzerinnen und Übersetzern unterstellt werde, sie hätten keinerlei Berechtigung, Lyrik oder Prosa-Texte von schwarzen Autorinnen und Autoren zu übersetzen. Sie seien nicht imstande, die Intentionen dieser Autorinnen und Autoren angemessen zu erkennen und zu referieren.
Raoul Conte hatte ihr gegenüber ein solches Beispiel erwähnt und darauf verwiesen, dass eine Haltung, die ein Kulturverständnis von der Hautfarbe abhängig mache, selbst durch und durch rassistisch sei. Es sei-wie er meinte- nicht nachvollziehbar, dass das offensichtlich nicht erkannt werde.
Sie hatte sich mit Fritz besprochen, aber der sah hier einen riesigen Themenkomplex, der auch den Gleichstellungsbegriff selbst überfordere. Das ist dann für eine umfangreiche Arbeit kein Aufhänger mehr, meinte er und das alles entferne sich deutlich von dieser reinen Mann/Frau-Problematik, in die ständig mehr hineininterpretiert wird, als es die Sache hergibt.
Bist Du dir da sicher?, fragte sie.
Nein, aber es ist mein Eindruck, der ja nicht umfänglich richtig sein muss.
Sie hatte sich daraufhin in aller Ruhe hingesetzt und einen langen Beitrag geschrieben, den sie mit: *„Das Missverständnis in den Geschlechtern*" überschrieben und den Redaktionen zugesandt hatte, die von ihr normalerweise bedient wurden. Nur eine davon hatte den Beitrag leicht gekürzt abgedruckt und die anderen hatten, ohne dies zu begründen, abgelehnt. Als der Artikel dann erschien, was das Echo eine mehrheitlich ablehnende Haltung, die sich mit dem Vorwurf verband, sie habe die Seiten gewechselt.
Welche Seiten?, dachte sie, denn sie hatte sich bei der Recherche viel Mühe gegeben und nichts ohne entsprechende Verweise behauptet, aber man war über

eine Woche lang über sie hergezogen und unterstellte ihr ein gestörtes Verhältnis zur Emanzipation und zur Geschlechtergerechtigkeit. Damit hatte sie eigentlich nicht gerechnet, aber eines Abends klingelte das Telefon und Prof. Conte war am Apparat.

Gut gemacht Fr. Niewald, hatte er gesagt und sie brauchte einen Moment, bis sie wusste was gemeint war und Conte schien auch schon über einige Reaktionen im Bilde.
Ich will Ihnen jetzt nicht empfehlen, dass Sie sich nichts draus machen sollen, denn das wäre albern. Natürlich macht man sich etwas daraus, aber Sie dürfen sich nicht verwirren lassen. Ihr Standpunkt ist grundsätzlich korrekt. Respekt hat mit Beliebigkeit nichts zu tun, so wenig wie Quoten mit Gerechtigkeit. Also mir hats gefallen!
Das war eine nicht zu unterschätzende Aufmunterung, aber ihr war auch klar geworden, dass sie sich ein Umfeld schaffen musste, das sie wissenschaftlich weiterbrachte. Sie musste das mit dem Fritz besprechen, denn schließlich gab es an der hiesigen Universität mit Volker Mendes auch einen Anthropologen, der sich mit der Entwicklung der Mann/Frau-Beziehungen im historischen Kontext auskennen musste. Unter verbesserten Bedingungen müsste es möglich sein, das ganze Thema gewissermaßen zu defragmentieren und wesentlich ganzheitlicher zu betrachten.

Während sie gerade

über solche Möglichkeiten nachdachte, befand sich Volker Mendes auf dem Weg in eines der städtischen Cafés, wobei er fest entschlossen war, trotz der aus seiner Sicht nicht nachvollziehbaren Seuchenregelungen, genussvoll einen Milchkaffee zu trinken und sich ein paar Gedanken zu einem vielleicht doch noch möglichen Italien-Aufenthalt zu machen, der ihn seinem Problem mit den Etruskern näher bringen konnte. Als er am Zeitungskiosk vorbeikam, kaufte er eine Tageszeitung und dann tat er etwas, was er gemeinhin bei anderen Leuten stets kritisierte, denn er begann beim Weitergehen die Überschriften zu lesen, wobei er mit einer Dame zusammenstieß, die zwar nicht durch eine Zeitung, jedoch durch die Auslagen eines Geschäftes abgelenkt war. Der Zusammenprall war nicht sonderlich heftig, aber beide kamen immerhin zum Stillstand und sahen sich erstaunt an.
Als Mendes erkannte, dass er mit Karin Bruckners Tante zusammengestoßen war, hatte diese ihn schon mit einem „Guten Morgen Herr Professor" begrüßt und ihm wurde plötzlich peinlich klar, dass er den Familiennamen der Tante nicht wusste. Sie war ihm nur mal als Tante Martha vorgestellt worden und er hatte sie bislang auch nur einmal gesehen.

Sie müssen gleich doppelt entschuldigen, sagte er, denn ich kenne durch meine Studentin leider nur Ihren Vornahmen.
Machen Sie sich keinen Kopf. Ich bin ja die Schwester von Karins viel zu früh verstorbener Mutter und heiße Reger, wenngleich ohne verwandtschaftliche Beziehungen zu Max Reger, den ich sehr schätze.
Ich hoffe vor allem, dass ich Sie jetzt nicht aufgehalten habe. Normalerweise schimpfe ich immer auf die jungen Leute, wenn sie auf ihre Smart-Phones starren und dabei über die Straße laufen. Jetzt habe ich alter Esel mit der Zeitung das Gleiche gemacht.
So jung sind wir beide nicht mehr, sagte die Tante, aber wie ein Esel sehen Sie eher nicht aus. Sind Sie denn jetzt in Eile?
Nein,- ich, nein, eher nicht. Ich wollte mal ein bisschen unter Leute, was ja im Moment nicht so einfach ist und irgendwo einen Milchkaffee trinken, wo man mich nicht zwingt, selbst mit einem Kaffeefilter auf der Nase herumzusitzen. Es gibt da auch ein Problem, über das ich ein bisschen nachdenken muss, aber das ist ausschließlich fachbezogen.
Worum geht es denn, wenn ich mal fragen darf?
Ach Gott,- durch diese ganze Seuchengeschichte brechen uns die Projekte weg und ich wollte mich eigentlich den Etruskern ein bisschen zuwenden und dazu wäre ein Italien-Aufenthalt notwendig, der jetzt natürlich auch gefährdet ist. Man muss halt sehen was noch zu retten ist.
Italien sagte die Tante,--ich konnte schon lange nicht mehr Italienisch sprechen. Das fehlt mir sehr.
Ich kann nur etwas Spanisch, sagte Mendes, aber das nutzt mich in Italien nicht viel, aber sagen Sie mal, darf ich Sie zu einem Kaffee einladen? Ich schlage das *Kosmos* vor, wobei sich dort keine intergalaktischen Weiten offenbaren, denn es ist eher gemütlich und mit etwas Glück und unter Vermeidung des Kaffeefilters vor der Nase kann man vielleicht auch draußen sitzen.
In diesem Falle bin ich verführbar sagte die Tante.
Dass Karins Tante eigentlich eine sehr attraktive Person war, hatte sich Mendes bei der ersten Begegnung irgendwie nicht vermittelt, was ihn jetzt verwunderte. So kam es denn, dass sie den ganzen Vormittag verplauderten, um die Mittagszeit beim Italiener noch eine Kleinigkeit aßen, wo die Tante eine kleine Kostprobe ihrer Kenntnisse bot, was den Inhaber begeisterte und eine Flasche Chianti spendieren ließ. Dass sie sich dann mit einer Selbstverständlichkeit erneut verabredeten, als sei dies bereits eine alte Gewohnheit, verwunderte Mendes anschließend ein wenig.
Sogar das Etrusker-Projekt schien in Bewegung zu geraten, denn die Tante erwies sich als nachhaltige Befürworterin und vertrat die Ansicht, dass man sich

hinsichtlich der Seuche auch mal wieder beruhigen werde und dies sogar im stets etwas aufgeregt wirkenden Italien.

Carsten Spohn hatte

Kommissar Thomas Roth angerufen und war erstaunt, dass ihn dessen freundliche Sekretärin sofort mit ihrem Vorgesetzten verbunden hatte.
Lieber Kommissario, sagte Spohn, als Roth sich gemeldet hatte, gibt es vielleicht etwas von Bedeutung, das der Lückenpresse entgangen sein könnte?
Verehrter Herr Chefredakteur, konterte Roth. Es ist normalerweise eher so, dass die Polizei die Vorfälle meist erst aus der Presse erfährt, da sie natürlich mit den üblichen Nichtigkeiten überfordert ist, welche die Bürgerinnen und Bürger für komplett überflüssig halten. Aber diesmal kann ich punkten, denn wir wissen von einer bereits amtlich genehmigten Demonstration am Wochenende.
Wie,- an welchem Wochenende?
Am kommenden!
Und worum soll es dabei gehen?
Gute Frage, aber es ist wohl so eine Art von Rundumschlag geplant gegen Rassismus, Antisemitismus, Antiislamismus, Antifeminismus und Antieuropäismus, aber von Antikapitalismus war so weit ich weiß keine Rede, was mich ein bisschen gewundert hat.
Warum wundert Sie das?
Nun,- ich denke, der Kapitalismus ist für die aktuelle Linke nur noch eine Metapher, die sie gar nicht mehr entschlüsseln können. Ihre Väter, so sie Linke waren, konnten das noch wesentlich besser, wenngleich auch ohne alternatives Ergebnis. Wissen Sie, die vermeintlich linken Kritiker unserer Tage sind quasireligiöse Moralisten und Egalitärsten. Sie schimpfen zwar auf die christlichen Kirchen was das Zeug hält, haben aber eine Ersatzreligion mit Erlösungsanspruch in petto.
Wir werden das Ganze halt wie immer so gut wie möglich begleiten, sagte der Kommissar.
Ich werde den Eindruck nicht ganz los, sagte Spohn, dass das hohe Gut der Meinungs- und Demonstrationsfreiheit vornehmlich und zunehmend nur noch für diejenigen gilt, die den regierungsamtlichen Mainstream vertreten und bedienen.
Da haben Sie recht, denn die Entwicklung ist in der Tat verwunderlich, wenn z.B. bedeutende Teile der angeblich kritischen Studentenschaft auf Regierungskurs fahren. Das finde ich außerordentlich verstörend.
Wer hatte die Demo denn angemeldet?
Der Asta der hiesigen Uni. Die werden sich aber nicht wie in den 70ern ein paar regierungskritischen Intellektuellen anschließen, sondern sie werden ihre regierungskritischen Professoren ausbuhen.

Was könnte denn rein technisch, also für die Polizei zum Problem werden?

Schwer zu sagen, denn es gibt die sog. Antifa, die grundsätzlich gewaltbereit daherkommt, da sie offensichtlich einen neuen Faschismus im Entstehen sehen und dann gibt es eine ganze Menge linke Splittergruppen, die sich untereinander nicht mögen und dann natürlich diejenigen, die wir als Trittbrettfahrer bezeichnen. Eine Randale kann bei unseren begrenzten Möglichkeiten immer zum Problem werden.
Und wenn Sie Verstärkung aus den anderen Landesteilen anfordern?

Das ist schwierig, weil deren Personaldecke auch nicht dicker ist.
Ich werde von unserer Redaktion jemanden abstellen und der sollte das ganze Geschehen aufmerksam beobachten, denn es kann im Falle einer Eskalation durchaus bedeutsam sein zu wissen, von wo der erste Stein geflogen ist.
Ach Herr Spohn, das ist zum schlechten Ende dann auch nicht mehr so wichtig, denn es wird heißen, dass die Sicherheitskräfte nicht mehr Herr der Lage waren oder man ist sich bei der Presse einig, dass man sowas nicht mehr sagen darf.
Das verstehe ich jetzt nicht so genau lieber Thomas Roth, sagte Spohn, aber der Kommissar lachte.
Das sollte ein Witz auf die neue Sprachregelung sein. Da kann man nämlich in keinem Falle mehr „Herr" der Lage sein, weil das diskriminierend für die Frauen ist, die an der Lagebereinigung beteiligt waren oder man stelle sich mal vor, es sind auch Menschen daran beteiligt, die sich keinem Geschlecht zugehörig fühlen. Wie willst man da noch Herr der Lage sein?
In der DDR wurde früher alles abgekürzt. Man könnte bei einer Lagebereinigung sagen, man sei MFD der Lage. Soll heißen: Männer, Frauen und Diverse.
Und Sie sind sicher, dass das jetzt nicht ein bisschen zu viel des Guten ist?
Bin ich nicht, denn ich hörte kürzlich, dass in irgend einer Stadt die Erich Kästner-Straße umbenannt werden soll.
Wie denn,- ich denke, das war doch ein notabler Antifaschist, dessen Bücher verbrannt wurden.
Das mit den Büchern ist schon richtig, aber man hat argumentiert, er habe ja in der Nazi-Zeit dennoch weiter geschrieben und das geht halt gar nicht. Also zumindest heute nicht mehr. Alles klar?
Ich könnte mir vorstellen, dass wir das redaktionell mal ein bisschen persivlieren.
Das wäre mutig und zumindest ich würde mich köstlich darüber amüsieren, sagte Roth.
Dann warten wir mal das Demonstrationsgeschehen ab und je nach Lage der Dinge werden wir angemessen und gendergerecht darüber berichten.

Karin,- hier ist Raoul.

Was machst Du denn gerade, wenn ich mal fragen darf?

Du weißt ja, dass dein Kollege das Etrusker-Projekt gerne retten würde und das bedeutet, dass ich mich hier mit allen möglichen Stellen in Verbindung setzen muss, weil ich ihm meine Hilfe angeboten habe. Dabei mache ich gerade die Erfahrung, dass die zuständigen italienischen Behörden auf Anschreiben in Englisch nicht reagieren, also zumindest nicht erkennbar.

Da gibt's möglicherweise eine Neuigkeit, sagte Conte.

Und die wäre?

Na ja,- Volker oder besser gesagt: Ich traf Volker am gestrigen Nachmittag im Vorbeigehen zufällig im Café Kosmos und hatte dabei das komische Gefühl, dass er mich irgendwie los werden wollte. Ich weiß ja, dass ihm seine Projekte wichtig sind und dass er auch gerne mal alleine über Probleme nachdenkt. Deshalb habe ich mich auch gleich von ihm verabschiedet und bin kaum dreißig Meter weit gegangen, als ich Deine Tante Martha traf.

Und was hat das mit Volker zu tun?

Ja,- pass auf! Deine Tante war wie immer sehr höflich und charmant und meinte nach unserer Begrüßung augenzwinkernd, sie habe noch ein kleines Rendezvous im Café Kosmos.

Jetzt wird's interessant, sagte Karin Bruckner.

Bei dieser Aussage hatte ich mir noch gar nichts gedacht, musste aber auf dem Rückweg von meinen Erledigungen wieder am Kosmos vorbei und da saßen die beiden, also deine Tante und Volker höchst angeregt beieinander und ich habe natürlich so getan, als ob ich niemanden gesehen hätte.

Und Du meinst jetzt?

Ja,- genau das meine ich, sagte Conte und beide prusteten los. Weißt Du, meine Tante spricht ja recht gut Italienisch und so abwegig ist das nicht, wenn sie sich im Zusammenhang mit dem Projekt einbringen könnte, aber wundern tue ich mich schon.

Worüber?

Na ja,- sie haben sich doch schon mal gesehen.

Klar, sagte Conte, als wir das kleine Konzert mit Dir und Patricio arrangieren wollten.

Irgendwie hatte das aber keine sichtbar direkten Folgen, sagte Karin Bruckner.

Nein,- mir war da auch nichts aufgefallen, aber ich denke mal,dass wir uns keine Sorgen machen müssen.

Um meine Tante sicher nicht und ich weiß ja nicht, welchen weiblichen Bezug mein werter Professor nach dem Tode seiner Frau in den letzten Jahren noch hatte.

Schaden wird ihm das jetzt eher nicht, aber hast Du gehört, was da bei der für das Wochenende geplanten Demonstration laufen soll, die der Asta angemeldet hatte?
Nein,- ist mir nicht exakt bekannt, aber das wird sich finden und außerdem ist das ja o.k., wenn auch mal demonstriert wird. Über den Inhalt darf gestritten werden inklusive der Feststellung, dass einige offensichtlich verrückt geworden sind. Hast Du was dagegen, wenn ich noch kurz vorbeikomme?
Natürlich nicht! Komm vorbei und bring vom Italiener noch zwei Cannelloni und einen Roten mit und was meine Tante und meinen geschätzten Professore angeht, so werden wir das im Auge behalten müssen.

Ben Berissa und Antonio Repetto

saßen in Berissas in die Jahre gekommenen Lancer Evo 5. Das Fahrzeug war in gutem Zustand, aber ohne ernsthafte Chance gegen die modernen Fahrzeuge, die kleiner, leichter und leistungsstärker waren. Das war fahrerisch nicht auszugleichen; aber beiden war klar, dass die Beteiligung an einem Meisterschaftslauf für sie eher ein Stück Nostalgie transportierte. Man würde sich irgendwo im Mittelfeld wiederfinden und konnte froh sein, wenn man das ganze Geschehen heil überstanden hatte.
Repetto war ein außerordentlich souveräner Beifahrer mit klaren Ansagen, die einen nicht in Verlegenheit brachten und Berissa fühlte sich verpflichtet. Er erinnerte sich an Dorothea Niewalds Freund Friedhelm Kurz, den sie immer Fritz nannte und hatte beide angerufen, um über das beabsichtigte Vorhaben zu berichten. Kurz hatte einen Aufkleber der Regionalzeitung besorgt und damit sogar ein kleines Sponsoring zustande gebracht, während Dorothea Niewald immerhin in Erfahrung bringen konnte, dass auch eine Fahrerin an der Veranstaltung teilnehmen würde und Berissa konnte ihr deren Mail-Anschrift beschaffen. Sabine Ellner hatte einen nicht mehr ganz taufrischen Peugeot 205 GTI gemeldet und Berissa hatte ihr geholfen, das gesamte Bremssystem wettbewerbstauglich zu machen.
Der Kontakt zu ihr ließ sich überraschend schnell herstellen, wobei sich herausstellte, dass sie die Veranstaltung absagen wollte, weil ihre Beifahrerin erkrankt sei.
Ja, Frau Niewald, so kann es gehen und ein Ersatz ist schwierig, weil man so ein Roadbook verstehen und so vorlesen muss, dass keine Missverständnisse entstehen.
Das kann man aber irgendwo lernen---oder?
Kann man, aber das ist schon ein Problem, weil man im Fahrzeug auch Erfahrung miteinander haben muss und hinzu kommt, dass man nicht allzu ängstlich sein sollte.

Also wenn ich das lernen könnte, würde ich das gerne mal versuchen.
Es war eine Zeit lang still in der Leitung und dann kam ganz vorsichtig ein: Sind Sie sicher? Dann sollten wir uns baldmöglichst treffen.
Zugleich erschrak Dorothea Niewald ein wenig über sich selbst, denn sie kannte diese Frau Ellner nicht und der Fritz würde die Hände über dem Kopf zusammenschlagen. Daraufhin reif sie erneut bei Ben Berissa an und ließ sich von dem die Nummer von Antonio Repetto geben.
Mensch Fr. Niewald, sagte der, sie sind ja richtig gut drauf. Ich erkläre ihnen den Hokuspokus und mit der Sabine können sie allemal fahren. Die baut keinen Mist und war schon mal Regionalmeisterin.
So kam es denn bei Friedhelm Kurz zu einiger Besorgnis und bei Dorothea Niewald zu einer Reihe von Unterweisungen, sowie im Anschluss zu einigen Testfahrten mit Sabine Ellner. Diese kannte offensichtlich die gleichen kleinen und kaum befahrenen Feldwirtschaftswege wie Berissa und sie ließ den Peugeot ordentlich fliegen. Einfach war das nicht mit den richtigen und rechtzeitigen Ansagen, aber es war kein Hexenwerk.

Nach einer zwischenzeitlichen

Beruhigung mit sinkenden Infektionszahlen verbreiteten die Medien erneut jene diffuse Angst, die einen beschleicht, wenn man mit einem noch unbekannten Gegner konfrontiert ist, der sich nicht offenbart, nicht wirklich einschätzbar und hinsichtlich einer wirksamen Gegenstrategie auch nicht wirklich angreifbar ist. Verwirrend waren vor allem die sehr unterschiedlichen Einschätzungen aus medizinischer Sicht. Wer der politischen Klasse keine bewusste Desinformation unterstellen wollte, war in einer problematischen Lage, weil man sich aus den zum Teil sehr widersprüchlichen Statements keinen Reim machen konnte.
Es hatte ein offensichtlich pseudowissenschaftlicher Marathon um die glaubwürdigste Theorie eingesetzt, begleitet von angeblich überfüllten Intensivstationen, düsteren Leichenzügen und einer massiven Einschränkung der bürgerlichen Freiheiten im Gewande eines Daueralarmismus. Fraktionen von Gläubigen und Ungläubigen standen sich gegenüber, wobei letztere offenbar in der Minderzahl waren. Der Typus des Leugners wurde zwar nicht geboren, weil es ihn in der Gestalt eines missverstandenen Antifaschismus als sog. Holocaustleugner bereits gab, aber er erfuhr so etwas wie eine Steigerung im Sinne seiner Verweigerung kollektiven Gehorsams. Der Leugner wurde zur Plattform, zum Synonym für alle, die Zweifel am medial verabreichten Kontext hatten.
Von den Grundlagen einer aktuellen Seuchentheorie, über einen primär menschengemachten Klimawandel, dem Zweifel am Gelingen einer sich nur auf erneuerbare Energien stützenden Energiewende und dem Erfolg einer Integration

von Menschen aus vormodernen Kulturen, entsteht die Gestalt des Holocaust-, Corona- und Klimaleugners, dem man, weil man gerade dabei ist, auch noch eine Phobie gegenüber dem schützenswerten Islam unterstellt. Damit ist diese Gestalt jedoch noch nicht ausreichend als Staatsfeind definiert, weil sie sich nach geltendem Deutungswillen zugleich als Gegner eines geplanten EU-Bundesstaates offenbart.
Dieser so definierte Typus ist der Aussätzige unserer Tage. Ihm gebührt Verachtung und Ausgrenzung. Der Diskurs mit ihm ist – so die ehemalige Dauerkanzlerin – nicht hilfreich. Da es mittlerweile zwar eine Reihe durchaus problematischer Impfmittel zu geben schien, die bisher nicht wirklich auf ihre Gefährlichkeit hin untersucht werden konnten, weil dazu die Zeit nicht gereicht hat, wurde mit der Verheißung weiterer Einschränkung bürgerlicher Freiheiten, ein Quasi-Impfzwang installiert, welcher allerdings weder die Klimaleugner, noch die angeblichen Europafeinde heilen dürfte, denn diese haben zumindest etwas gemeinsam, weil erstere keine Leugner im Sinne einer von ihnen nicht bestrittenen Erwärmung sind, und die EU-Kritiker sind auch keine Gegner eines europäischen Staatenbundes und damit eines vernünftigen europäischen Miteinander. Allerdings kritisieren sie die aktuelle EU-Agenda als ihrem Wesen nach undemokratisch.

Kurt Enders hatte sich viele Gedanken um einen Beitrag gemacht, mit dem er die aktuelle Lage einfangen wollte, aber ihm war klar, dass vor allem sein Hinweis auf eventuell problematische Impfmittel einen Sturm auslösen konnte. Hier war in letzter Konsequenz eine Klage der Pharma-Lobby zu befürchten. Er hatte daraufhin Carsten Spohn angerufen, der das ähnlich sah und um Zurückhaltung bat.
Herr Enders, wir werden uns hier selbstverständlich zu Wort melden, aber wir sollten ein bisschen abwarten. Es kann immerhin sein, dass das Impfen erfolgreich ist, wobei mir die Anmerkung von Prof. Delius im Kopf herumgeistert, wo er ja meinte, man dürfe in eine Pandemie nicht hineinimpfen, sofern es sich denn überhaupt um eine solche handelt.
Sie haben da so etwas wie einen Rundumschlag im Kopf und das verstehe ich, aber ich bin mir zugleich nicht sicher, wie unsere Leser mit einer redaktionellen Gesellschaftsanalyse umgehen, wenn wir sie nicht zugleich an ein besonderes Ereignis anbinden, aus dem sich ein Zusammenhang erschließt.
Sollen wir denn auch weiterhin den Holocaustleugner, also jene verschwindend geringe Zahl von Unbelehrbaren im Gleichschritt mit denen marschieren lassen, die am ausschließlich menschengemachten Klimawandel zweifeln?
Nein,- das sollten wir nicht, weshalb ich Sie auch bitten würde, hier für eine erklärende Zäsur zu sorgen, denn das ist eine kaum zu überbietende Verleumdung von Teilen der kritischen Öffentlichkeit.

Die Professoren

Conte, Mendes, Delius und Ludwig hatten sich zur Herausgabe eines gemeinsamen kritischen Statements entschlossen, das sie anlässlich der angekündigten Demonstration verteilen wollten. Auch die Themen Kolonialismus und Rassismus sollten zumindest in Kurzform einen Niederschlag finden. Die Presse konnte dann im Nachhinein die Statements der verschiedenen Gruppierungen aufgreifen und das Geschehen redaktionell referieren.

So konnte auch der Eindruck einer Vorab-Parteinahme vermieden werden. Die vier Wissenschaftler aus unterschiedlichen Disziplinen waren sich darüber klar, dass es so etwas wie eine gesellschaftliche Zustandsbeschreibung gibt, die nicht von allen geteilt wird. Sie ist immer der Ausdruck der gerade deutlich gewordenen Verunsicherungen, die für ein Grundgefühl stehen. Es ist dieses Grundgefühl, das sich als Zeitgeist offenbart und einen Gefühlsüberhang aufzeigt, dessen jeweilige Richtung das Handeln der gesellschaftlichen Akteure bestimmt. Ob man das, als ein in die Zeit gestelltes Individuum, mit der jeweils gebotenen Distanz erfassen kann, ist eher fraglich. Wie so oft, ist der Blick zurück der klarere, aber davon haben die mittlerweile Verstorbenen in der Regel keinen Nutzen mehr,- allerdings auch keinen Schaden.

Ferdi trug interessanterweise

ein gelb/blau-kariertes Flanellhemd, aber auch das war völlig bedeutungslos, denn er war bekanntlich lediglich daran interessiert, seine Hemden gleichmäßig aufzutragen oder wenn man so wollte auch abzunutzen. Er kannte den Kommissar, nicht jedoch die mit ihm eintretende Person. Umgekehrt ging es Otto Spiegler nicht anders, aber Ferdis Kneipe gefiel ihm und wie er dem Kommissar sagte, erinnere sie ihn an seine Jugend, wo sie zu dieser Zeit in einer Szene-Kneipe komplette Weltrevolutionen durchgespielt hatten, dann aber vorsichtshalber brave Handwerker, manchmal Beamte und in Einzelfällen auch selbstständige Unternehmer geworden waren.

Ich habe von der Pieke auf gedient, sagte Spiegler und bin durch die Polizeiarbeit im Innenministerium gelandet. So ein bisschen wie ein Kontaktpolizist bin ich verantwortlich für den Kontakt der Sicherheitsbehörden in den Regionen zum Innenministerium. Wir hatten natürlich von der geplanten Demonstration erfahren und dann entsprechend unseren Möglichkeiten ein wenig recherchiert. Dabei sind uns sowohl einige Personen als auch Gruppierungen aufgefallen, von denen wir im Grunde nicht viel wissen. Das betrifft übrigens auch Teile des Lehrkörpers der hiesigen Universität.

Wie soll ich das verstehen?, sagte der Kommissar.

Schauen Sie, sagte Spiegler, wir wissen z.B., dass Raoul Conte in Kolumbien ein Mitglied der FARC Guerilla war, einer eindeutig linksradikalen Bewegung.
Unterstellen Sie ihm denn auch weiterhin solche Ambitionen?
Das ist eine unbekannte Größe im Umfeld unserer Ermittlungen. Also zumindest hier an der Uni hat es ja eher den Anschein, als ob sich in diesem Falle nicht nur Prof. Conte, sondern auch der überwiegende Teil des Lehrkörpers mit den Linken angelegt haben, also ich meine mit denjenigen, die sich dafür halten.
Das ist mir auch zu Ohren gekommen, sagte Spiegler, aber wir müssen hier eine grundsätzliche Bereitschaft zur Radikalität im Auge behalten, sei sie nun rechts- oder linkslastig. Dabei verrate ich Ihnen vermutlich kein Geheimnis, wenn ich Ihnen sage, dass wir uns gelegentlich ein wenig wundern.
Wie meinen Sie das?, fragte Roth.
Na ja,- nennen Sie es ruhig Verunsicherung. Auf unseren Dienststellen in der ganzen Republik sitzt ja längst eine Generation auf den Stühlen, die nichts mehr von dem weiß, was in den 70er Jahren als politisch links galt und das war ja eine Gemengelage aus hoch komplexer Theoriediskussion, einer Strategie des sog. Antiimperialismus und eines vermeintlichen sozialistischen Internationalismus, um es mal vereinfachend auf eine Kurzform zu bringen. Die Frage nach sozialer Gerechtigkeit hatte einen omnipotenten Stellenwert und man sah die Möglichkeit einer Verwirklichung nur in der Überwindung des vorfindlich kapitalistischen Systems.

Betrachten Sie jetzt mal vor diesem Hintergrund die Agenda der aktuellen Linken, dann werden Sie feststellen, dass es gravierende Unterschiede gibt.
Die Situation in den 70er und 80er Jahren war zumindest aus meiner Sicht deutlich brisanter, wenn man das auf die damals oppositionellen Kräfte bezieht.
Wir werden beim Staatsschutz gelegentlich dafür kritisiert, dass wir bei den sog. Linksradikalen nicht hart genug durchgreifen und ich will Ihnen etwas sagen, denn das stimmt sogar und wissen sie warum? Wir halten diese Leute für ungefährlich, denn sie wollen im Grunde keinen anderen Staat im Sinne eines Systemwechsels. Ihr Antifaschismus ist die Hybris eines gravierenden Missverständnisses gegenüber denjenigen, die sie für Neo-Nazis halten. Das ist alles völlig verrückt und wir wissen das natürlich,- zumindest einige von uns. Zugleich sehen wir, dass diese Hybris, wie ich sie mal nennen will, der aktuellen EU-Agenda in die Hände spielt, auch wenn diese eine völlig andere Idee zur Grundlage hat, von welcher ich denke, dass das zumindest den Alt-Linken hätte auffallen müssen. Denen geht es aber mittlerweile wie den ehemaligen Nazis, denn sie sterben aus, verstehen Sie,- das Problem erledigt sich biologisch, schafft dabei aber neue Probleme.

Als Anton Sawatzky

gerade dabei war den Hof zu queren, um von seinem Büro in die Halle zu gelangen, wo die Reparatur und Pflegearbeiten an seinen LKW´s vorgenommen wurden, hörte er das aggressive Geräusch eines Hochleistungszweitakters und dann sah er auch schon die Maschine, auf deren Rücksitz sich eine ihm wohl bekannte junge Frau befand und es schien eher so, als ob das Zusammentreffen mit ihm in der Planung der beiden nicht vorgesehen war, denn der Fahrer startete ein abruptes, aber gekonntes Bremsmanöver. Sawatzky war beeindruckt und wäre um diese Zeit normalerweise in der Mittagspause gewesen, um bei den örtlichen Anbietern, die er gelegentlich wechselte, etwas zu essen. Dringende Reparaturarbeiten hatten das diesmal verhindert.

Er war stehen geblieben und verfolgte belustigt den Abstieg der beiden von diesem recht hochbeinigen Gerät, das eher ein Wettbewerbsfahrzeug war. Er registrierte zufrieden, dass seine Tochter immerhin einen Helm auf dem Kopf hatte und als der junge Mann die Maschine in Ermangelung eines Ständers an die Hauswand gelehnt hatte, zog er seinen Helm aus und ging auf Sawatzky zu.

Bernd Speicher ist mein Name und ich hoffe, dass wir Sie nicht erschreckt haben.

Seien sie beruhigt, sagte Sawatzky, denn mich kann so schnell nichts mehr erschrecken und ich denke dass Sie das verstehen würden, wenn Sie meine Energiekostenrechnung sehen würden. Sie schreckt mich zwar nicht mehr, aber beängstigend ist sie schon. Was ist denn das für eine tolle Maschine?

Das ist eine 360er KTM mit ein wenig Umbau von meiner Seite.

Mein lieber Alter, sagte Sawatzky. Wissen Sie,- ich habe es hier eher mit großen Dieselmotoren zu tun und was den Sport angeht, so halte ich mich in meinem Alter ans Golfen, wenngleich auf niedrigem Niveau.

Bernd Speicher musste lachen. Sawatzky gefiel ihm und dann sagte er: Ich habe Sie hoffentlich nicht gestört und ihre Tochter meinte, Sie seien längst in der Mittagspause.

Jetzt lachte Sawatzky und sagte: Immerhin hat das dazu geführt, dass meine Tochter mir ihren Freund nicht dauerhaft vorenthalten konnte. Was machen Sie denn sonst so außer Motorradfahren?

Ich studiere Anthropologie hier an der Uni bei Prof. Mendes.

Stelle ich mir interessant vor, sagte Sawatzky. Wissen Sie, ich bin durch den Fernverkehr, als ich noch jünger war, viel herumgekommen, aber jetzt gehen wir mal in mein Büro und ich koche uns einen Kaffee oder Tee. Wo ist eigentlich meine Tochter?

Ich sah, wie sie ins Büro ging, sagte Bernd Speicher.

Das ist gut, meinte Sawatzky, dann hat sie schon Wasser aufgestellt.
Darin hatte sich Sawatzky nicht geirrt und die umfängliche Verlegenheit seiner Tochter wich bald einer deutlichen Entspannung als sie merkte, dass die beiden Männer gut miteinander auskamen.
Papa,- Du bist doch mit dem Herrn Spohn von der Zeitung befreundet.
Ja,- warum?
Die könnten doch mal was schreiben über das Enduro und Trial-Projekt, das Bernd mit ein paar Leuten organisiert hat.
Ich kann mich eigentlich nur wenig darum kümmern, sagte Bernd Speicher. Das machen hauptsächlich ein paar Freunde, denn mein Studium hat jetzt Vorrang und durch den Seuchenzirkus verliere ich ohnehin einige Zeit.
Noch was Papa!
Ich höre!
Meine Freundin, also die Tochter vom Herrn Spohn, die hat jetzt auch einen Freund.
Sawatzky blies die Backen auf und sowohl seine Tochter, als auch Bernd Speicher sahen ihn einen Moment lang verständnislos an.
Sorry, sagte er, aber ich weiß eigentlich nicht so recht wie ich Euch das jetzt erklären soll oder darf. Kann ich mich auf eure Diskretion verlassen?
Beide nickten und grinsten, nicht wissend, worum es eigentlich ging. Also,- begann Sawatzky und musste wieder lachen. Der Spohn, also für mich der Carsten, der erzählte mir kürzlich, er sei ein wenig besorgt darüber, dass seine Tochter nur Freundinnen habe.
Jetzt war es an seiner Tochter und an Bernd Speicher, dass sie befreit lachten, denn es war so, dass Spohns Tochter diesen Freund schon ein wenig länger hatte.
Ja mein Gott,- warum weiß das denn der Carsten nicht? Ist das jetzt eine Mode, dass alleinerziehende Väter nichts mehr erfahren dürfen? Sind sie gefährlich, inkompetent, nicht vertrauenswürdig oder bösartig?
Alle schwiegen einen Moment bis Bernd Speicher sagte:
Herr Sawatzky,- ich kann nur für mich selbst sprechen und ich hatte so ein bisschen Angst.
Vor mir?
Nein,- ganz allgemein. Ich bin nicht so selbstsicher und mit alleinerziehenden Vätern habe ich keine Erfahrung.
Aber jetzt vielleicht ein bisschen....oder?
Bernd Speicher lachte,- ja, vielleicht.
Als er sich verabschiedete, bot er Sawatzky an, mal eine Runde mit der Maschine zu drehen, was dieser auch nicht ablehnte. Er hatte dann einige Mühe, das hochbeinige Gefährt zu besteigen, schaffte es aber auf Anhieb, den Motor per

Kickstarter zum Leben zu erwecken und so sah ihn seine Tochter verwundert um die Halle herum entschwinden, während Bernt Speicher nur sagte: Dein Alter ist große Klasse!

Heinz Wundrak hatte

das kleine Büchlein mit dem Titel „Bullshit" mit großem Vergnügen gelesen, denn der Autor, der US-Philosoph Harry G. Frankfurt, war darin zu einer interessanten Erkenntnis gelangt. Der Lügner, so seine These, muss die Wahrheit kennen, der er sich nicht etwa nur verweigert, sondern er kehrt sie in ihr Gegenteil durch die Unterstellung eines anderen, entgegengesetzten Sachverhalts zum Zweck der Täuschung.

Ganz anders verhält es sich jedoch mit Informationen, die nachweislich einer Prüfung nicht standhalten, von den Informanten jedoch nicht in bewusst lügnerischer Absicht in die Welt gesetzt werden. Dies entweder in bewusster Unterlassung des Gebots einer Nachprüfbarkeit oder unbewusster Schlamperei.

Nun ist es in Einzelfällen natürlich auch möglich, sich auf Hypothesen einzulassen. So etwas kennen wir aus dem Bereich der Astronomie. Sehr verwunderlich sind dagegen Behauptungen, die völlig gegen jeden empirisch nachvollziehbaren Sachverhalt stehen und von ihren Trägern trotz zahlreicher Verweise auf entsprechende wissenschaftliche Literatur immer wieder argumentativ in Szene gesetzt werden, um damit eine Agenda zu bedienen, die sich der Wirklichkeit verweigert.

Heinz Wundrak waren seine eigenen und aus seiner Sicht unvermeidlichen Korrekturen noch durchaus in Erinnerung und er fragte sich manchmal, welcher Anstöße es in seinem Falle bedurft hatte, um eine solche korrigierende Bewegung in Gang zu setzen. Daran konnte er sich nicht mehr in jedem Falle erinnern, wusste aber, dass der Prozess schmerzhaft war. Sich ihn zu ersparen, war in der These von Harry G. Frankfurt der Ausgangspunkt für die unvermeidliche Produktion von Bullshit.

Wie er fand, war das sogar eine eher freundliche Beschreibung für eine Verweigerungshaltung gegenüber verfügbarer Wissensvermittlung, welche Züge des Bösartigen trägt.

Selbst der Katholizismus kennt in der „Sünde wider den heiligen Geist" als einem Handeln wider besseres Wissen, eine streng zu bewertendes Vergehen. Heinz Wundrak fragte sich jedoch auch, in wie weit einer Gesellschaft wertvolle Substanz verloren gehen kann, auf die sie sich dann auch nicht mehr zu berufen imstande ist und zunehmend Belanglosigkeiten in den Rang von ganz wesentlichen Problemen erhebt. Man spricht in einem solchen Falle gemeinhin von Dekadenz als einem Zustand, in dem auch bislang klare Begrifflichkeiten ihre Bedeutung

verlieren, weil ihr Inhalt nicht mehr angemessen rezipiert und in der Folge beliebig umgedeutet wird.
Eine solche Gesellschaft verliert ganz substantiell die Fähigkeit zum Diskurs und damit in einem gesellschaftlich relevanten Sinne ihren demokratischen Habitus. Es ist wohl so, dachte er, dass die modernen, sich demokratisch nennenden Staaten und Gesellschaften, den politischen Menschen eigentlich gar nicht wollen. So wird aus demokratischer Gesellschaftlichkeit eine Art von Gefolgschaft, die beliebig manipulierbar ist.
Heinz Wundrak war schon öfter gedanklich an diesem Punkt angekommen und er fragte sich auch nicht zum ersten Mal, wie man damit längerfristig umgehen kann ohne verrückt zu werden.
Auf der Toilette ertappte er sich dabei, dass er, stehend pinkelnd bemüht war, kleine Kot Reste, die sich in der Toilettenschüssel angesammelt hatten, mit seinem Pinkelstrahl zu entfernen. Auch das war eine alte Übung und gestattete gewisse Rückschlüsse auf den Zustand der Harnwege ebenso, wie auf das eigene Prinzip gegenüber Reinigungskreisläufen, die man für sinnvoll hielt. Ferdis Flanellhemdfarbe war dabei übrigens ebenso wenig erhellend, wie jeglicher Versuch jenseits biochemischer Vorgänge auf Kneipentoiletten eine Gesellschaftlichkeit erschöpfend zu erklären.

Raoul Conte und Karin Bruckner

wollten sich dem Demonstrationsgeschehen nicht entziehen. Einige der Professoren hatten es vorgezogen, das Wochenende auf dem Lande zu verbringen, aber Conte hatte gegenüber der medialen Berichterstattung mittlerweile einige Reserven und obschon er spürte, dass Karin lieber etwas anderes unternommen hätte, mischten sich die beiden unter die Zaungäste, während sich gut einhundertfünfzig Studentinnen und Studenten mit Transparenten und Sprechchören in Bewegung setzten. Einige der skandierten Parolen hatte man offensichtlich eingeübt wie etwa: „Weißer Kolonialismus ist blutiger Rassismus" oder „Rassenwahn und weißer Mann geht die ganze Welt was an" oder „Nationaler Rassenwahn ist das Kind vom weißen Mann" oder „Weiße homophobe Brut tut der neuen Zeit nicht gut". „Kolonialer Restbestand – schaff dich raus aus diesem Land", war auch nicht schlecht und Conte meinte:
Weißt Du Karin, bei uns in Kolumbien ist das alles viel einfacher. Da muss man keine Professoren zu Feinden stilisieren, denn dort hat man mit dem Militär, in dessen Hände man nicht geraten sollte, einen ganz klar zu definierenden Feind, dessen Untaten nicht erst aus einer falsch verstandenen Historie herbeigeredet werden müssen, denn sie sind stets aktuell, konkret und vor allem grausam. Die Linke in Deutschland hat es nicht drauf, die Arbeitnehmer hinter sich zu bringen,

weil sie hoch moralisierte Nebenkriegsschauplätze bedienen, die mit den Bedürfnissen der Arbeiterklasse, um mal bei diesem Begriff zu bleiben, nichts zu tun haben. Gar nichts!
Was ist das denn für eine seltsame Fahne, die da geschwenkt wird?, wollte Karin Bruckner wissen.
Wenn ich mich nicht irre, sagte Conte, dann ist das die Fahne der palästinensischen Hamas- Bewegung, also einer mehrheitlich terroristischen Organisation.
Darf man die denn zeigen?
Nein,- eigentlich nicht, weil sie ja vor allem für Terror gegen Israel steht. Und warum greift die Polizei nicht ein?
Weil sie nicht konsequent handelt und offensichtlich auch nicht soll.
Plötzlich tauchte ein Transparent auf mit der Aufschrift:
„Mendes und Conte vor dem Wagen des Neo-Rassismus“ und dahinter zog jemand einen kleinen Leiterwagen, auf dem zwei Pappköpfe mit den Namen Raoul Conte und Volker Mendes montiert waren. Das war zweifellos originell, zumal die Pappköpfe eine gewisse Ähnlichkeit mit den Personen aufwiesen, aber Conte war nicht bereit das einfach hinzunehmen und sie hörte, wie er in die Richtung des Wagens rief:
„Mit linker deutscher Studentenschaft wird Aufklärung bald abgeschafft“. Sie sah, dass er zornig geworden war, wusste aber auch nicht so recht, wie sie ihn hätte beruhigen können und in diesem Moment tauchte Volker Mendes auf, der den Kollegen Klaus Ludwig im Schlepptau hatte. Conte hatte das nicht mitbekommen, weil er auf den Demonstrationszug konzentriert war und so hatten Mendes und Ludwig ausreichend Gelegenheit, ihren temperamentvollen südamerikanischen Kollegen beim Absondern von Beschimpfungen zu beobachten, denen eine gewisse Klasse nicht abzusprechen war. Als er merkte, dass er beobachtet wurde, lachte er ein wenig verlegen und der Kollege Ludwig bot ihm an, ein gemeinsames Seminar zum Thema „Aufklärung als nicht vollendetes Projekt“ anzubieten.
Wenn ich jetzt richtig darüber nachdenke, dann kommen wir gar nicht daran vorbei, sagte er.
Sie waren also doch nicht alle aufs Land geflüchtet und solchermaßen vereint stieg die Stimmung spürbar an.
Leute, was machen wir denn, wenn der Zauber hier vorbei ist?, sagte Mendes.

Na ja, sagte Conte, noch ist er ja nicht vorbei und er wirkte ein wenig erschöpft. In diesem Moment gab es einen ziemlichen Lärm. Eine große Schaufensterscheibe war zu Bruch gegangen und irgendwo brannte etwas. Man konnte erkennen, dass

es unter den Protestierenden zu einem Streit gekommen war. Eine kleine, offenbar gewaltbereite Gruppe, versuchte eine Randale in Szene zu setzen und es dauerte keine fünf Minuten, bis die Polizei mit einem Mannschaftswagen zur Stelle war, den man vorsichtshalber in der Nähe postiert hatte.
Jetzt wird's interessant, sagte Klaus Ludwig, aber Conte hatte nur den Kopf geschüttelt.

Ich könnte mich ja freuen, sagte er nach einer Weile, aber das tue ich nicht. Das Demonstrationsrecht ist zu wertvoll und wer es verletzt, ist ein Feind der Demokratie.
Du hast Recht, sagte Ludwig und die Situation eskalierte deutlich.
Eine ganze Reihe von Geschäften war beschädigt worden und irgendwelche brennenden Gegenstände lagen auf der Straßenoberfläche.
Dass sie in diesem Durcheinander ihrer Tante begegnen würde, hatte Karin Bruckner eigentlich nicht gedacht, aber ihr Auftritt wirkte souverän und sie hatte sich sofort an Raoul Conte gewandt, um ihm mitzuteilen, dass das Zimmer für den Herrn Patricio geräumt sei und er könne sich bei ihr melden, sobald er wieder hier zu tun habe und übernachten müsse. Ansonsten gebe es wie sie befand wenig Neues und sie wisse ihre Enkelin Karin ja in guten Händen angesichts der turbulenten Verhältnisse, von denen sie meinte, dass man sie nicht überbewerten sollte. Jede Generation habe das Recht auf gut gemeinte Weltverbesserung, ja auch auf Unfug, dessen Abwehr natürlich berechtigt sei, aber stets in der Erkenntnis der eigenen Unzulänglichkeit.
Klaus Ludwig, der die Tante nicht kannte, hatte sie interessiert angesehen. Gnädige Frau,- ich erlaube mir die Anmerkung, dass sie die Unzulänglichkeit richtigerweise als evident voraussetzen und damit keine Wertung als absolut gelten lassen. Das hat sich bei meinen Studentinnen und Studenten leider noch nicht herumgesprochen.
Mein lieber Klaus, sagte Mendes, für die Anthropologen ist der Mensch ja auch ein Mängelwesen mit ungewissem Entwicklungsausgang. Gewiss ist allerdings, dass ich Euch die Fr. Reger jetzt vorübergehend entführen werde in der Hoffnung, dass es irgendwo ein Café gibt, wo man ohne Kaffeefilter auf der Nase draußen sitzen kann.

Mittlerweile hatte sich das Eskalationsgeschehen
auf den Straßen ein wenig beruhigt. Die Polizei konnte die verantwortlichen Rädelsführer der völlig überflüssigen Zerstörungen isolieren und es kam glücklicherweise auch nicht zum Einsatz von Wasserwerfern, denn diese waren

entgegen landläufiger Meinungen keineswegs ungefährlich und konnten zudem großen materiellen Schaden anrichten.
Wer war eigentlich diese interessante Dame?, wollte Klaus Ludwig wissen.

Meine Tante Martha, sagte Karin Bruckner.
Bemerkenswert und offensichtlich mit dem Kollegen Mendes bekannt, der mir davon noch nie etwas erzählt hat.
Lieber Klaus, sagte Conte,- der Volker und die in der Tat bemerkenswerte Tante kennen sich erst seit kurzer Zeit, was wiederum damit zusammenhängt, dass ich Volkers Studentin Karin Bruckner im Zusammenhang mit jener Dir bekannten, etwas militant endenden Veranstaltung an der Uni kennen lernte, welche nicht zuletzt auch der Auslöser für das heutige Geschehen war.
Es ist komisch, sagte Klaus Ludwig ein bisschen wie zu sich selbst, aber ich habe den Eindruck, als ob das richtige Leben manchmal an mir vorbeigeht. Da passieren die tollsten Sachen, einfach so und ich erfahre davon allenfalls durch günstige Zufälle.
Jetzt beschwer Dich mal nicht, konterte Raoul Conte. Immerhin hat Dich ein gütiges Schicksal hier mit uns zusammentreffen lassen, wo Du nicht nur aus erster Hand erfahren kannst, was Du für ein vorgestriger und reaktionärer Geisteswissenschaftler bist, sondern Du erfährst auch ganz nebenbei noch den neuesten Klatsch.
Den Begriff hast Du jetzt gebraucht. Ich interessiere mich selbstverständlich und rein menschlich für mein direktes Umfeld und da ist es natürlich nicht ganz unbedeutend zu wissen, wer sich da gerade mit wem arrangiert. Schon in der griechischen Polis war es so…
Dass man natürlich vorwitzig war, beendete Conte Ludwigs angefangenen Satz und weißt Du was,- es gab mal einen Nicht-Griechen, der das ganz wunderbar und für jeden verständlich auf den Punkt gebracht hat und bei diesem gewissen Herrn Wilhelm Busch heißt es an einer Stelle: "*nein, man ist in diesen Sachen auch gespannt was andre machen*".
Frau Bruckner,- bitte helfen Sie mir! Der Kerl lässt mich nicht mal meine Sätze zu Ende bringen.
Ich schlage vor, dass wir jetzt mal nach einem Café Ausschau halten, das es mit den sog. Hygieneregeln nicht so ernst nimmt, sagte Karin Bruckner und Ihnen Herr Prof. Ludwig kann ich versichern, dass sich Ihr Kollege bei Kaffee und Kuchen durchaus entspannen kann.
Das gelingt mir normalerweise ganz gut beim Pfeife rauchen, sagte Ludwig, aber in der Öffentlichkeit geht das ja nun auch schon geraume Zeit nicht mehr.

Wie Du siehst, sagte Conte, wird die Gesellschaft zunehmend clean. Alles, was wie ein Überschuss aussehen könnte, etwas vielleicht wirklich Überflüssiges, das zugleich aber auch für Genuss und Lebensfreude stehen kann, das wird verboten. Das damit verbundene Ziel ist offensichtlich das Erzeugen eines permanent schlechten Gewissens. Was immer man auch tut, man nimmt dabei anderen etwas weg, übervorteilt sie, schädigt ihre Gesundheit, kolonialisiert sie und macht sie rassistisch herunter. Dein ganzes Verhalten wird zu einem einzigen zu kritisierenden Gesamtskandal.

Hältst Du das für so etwas wie den neuen Zeitgeist?, fragte Ludwig.

Ja,- das ist er in seiner ganzen biedermeierlichen kleinlichen Verbohrtheit. Das ist nicht der Geist einer konkreten Utopie, sondern der von moralischer Onanie und er geht mir gewaltig auf den Senkel.

Ich werde mir Deine schöne Wortschöpfung zu Eigen machen, sagte Klaus Ludwig und lachte.

Sie waren mittlerweile in der Stadt angekommen und eines der Cafés am Marktplatz hatte einen noch nicht vollständig besetzten Außenbereich und an einem der etwas größeren Tische sah Karin Bruckner ihren Studienkollegen Bernd Speicher mit einem noch recht jungen Mädchen.

Der hatte die kleine Gruppe auch schon gesehen und winkte freundlich, wobei er vorsorglich noch ein paar Stühle besorgte.

So war es denn an Karin Bruckner die Leute einander vorzustellen. Die junge Begleiterin von Bernd Speicher hieß Ela Sawatzky und als Prof. Ludwig den Namen hörte, stutze er einen Moment und fragte dann:

Kann es sein, dass Sie polnische Wurzeln haben?

Ja,- sagte sie, mein Vater ist in Breslau geboren.

Das ist ja interessant, sagte Ludwig, denn dort habe ich einen ganz großartigen Kollegen, mit dem ich häufig korrespondiere. Nein, so ein Zufall aber auch und Ela Sawatzky konnte zu diesem Zeitpunkt noch nicht ahnen, dass Klaus Ludwig einmal ihr Mentor werden und sie einige Semester in Breslau verbringen würde.

Sag mal,- hast Du den Prof. Mendes irgendwo gesehen?- fragte Karin Bruckner ihren Studienkollegen.

Ja,- schau mal da hinten, schräg gegenüber von uns in Begleitung einer sehr charmanten Dame.

Die Dame ist meine Tante, sagte Karin Bruckner.

Was,- sag das nochmal!

Einmal reicht, denke ich, denn Du hast ja gute Ohren.

Sachen passieren, sagte Bernd Speicher und ich kriege irgendwie nichts mit.

Junger Mann, sagte Ludwig, beruhigen Sie sich,- ich nämlich auch nicht und ich habe heute schon mehr erfahren als sonst in einem ganzen Monat.

Conte lachte und meinte: Wenn wir früher bei der FARC Guerilla irgend ein Ding gestartet hatten, konnten wir danach leider nicht in ein Café gehen. Sowas gabs nur in Städten oder mal in größeren Gemeinden und wenn man Pech hatte, saßen dort ausgerechnet die Leute, die man absolut nicht treffen wollte.
Herr Prof. Conte, sagte Bernd Speicher, waren Sie zwischendurch eigentlich mal wieder in Kolumbien?
Ja,- vor etwas mehr als drei Jahren. Leider gibt es das Abkommen zwischen der Regierung und der FARC nicht mehr und das heißt, es wird wieder sinnlos herumgeballert. In Kolumbien gibt es nicht viel zu holen und wer da zu etwas kommen will, ist im Drogengeschäft unterwegs. Alles natürlich illegal und hoch gefährlich.
Darf ich Sie etwas fragen?, meldete sich Ela Sawatzky.
Nur zu,- ich bin ja noch da.
In dem Roman „Der Oberst hat niemand, der ihm schreibt", erwähnt Marquez einen Ort namens Macondo. Gibt es den wirklich?
Na ja,- vielleicht irgendwo, sagte Conte, aber Marquez schreibt natürlich auch autobiographisch und meint wohl seinen Geburtsort Aracataca. Wissen Sie, dort gibt es kleine Nester im Hochland, wo die Welt zu Ende ist und die Einsamkeit zu Selbstgesprächen und Geistererscheinungen führt. Irgendein armer Hund sitzt dort auf einem verlassenen Außenposten und versucht verzweifelt, darin so etwas wie einen Sinn zu sehen. Er kann dann von Glück sagen, wenn es ihm gelingt, sich ins Schreiben zu flüchten. Meistens dröhnen sich die Leute mit Kokain zu, aber damit können sie immer noch besser umgehen als die Leute in den USA und in Europa. Stattdessen ist für sie der Alkohol etwas, was sie in kürzester Zeit kaputt macht.
Ich finde Südamerika total spannend, sagte Ela Sawatzky, aber ich war ja noch nicht da und wo ich jetzt gerade mein Abitur gemacht habe, hätte ich große Lust, zumindest einige dieser Länder zu bereisen.
Tun Sie das, sagte Conte! Kolumbien hat eine alte und interessante Kultur, aber es ist arm und gelegentlich ist es dort richtig gefährlich. Fliegen sie doch nach Chile und fahren sie die Panamericana entlang. Auf der rechten Seite die endlose und von Neruda bedichtete Küste und links von ihnen die Andenkette. Chile ist ein wirtschaftlich entwickeltes Land und die Korruption hält sich in Grenzen.
Mit dem Motorrad entlang der Panamericana, sagte Bernd Speicher. Das stelle ich mir traumhaft vor.
Ist es auch, sagte Prof. Ludwig. Ich bin vor Jahren mal mit meiner Frau dort gewesen, denn sie kannte den ehemaligen Vorsitzenden des nationalen Lehrerverbandes zu Zeiten der Regierung der Unidad Popular, die 1973 hinweggeputscht wurde. Ein gewisser Manuel Miranda-Sallorenzo, der selbst auch Schriftsteller war und nach dem Putsch in Deutschland Zuflucht gefunden hatte.

Das war übrigens gar nicht so einfach, denn es gab in Deutschland damals wenig Aufnahmebereitschaft für diese ja nun wirklich geringe Zahl von Menschen, wenn Sie das z.B. mit der aktuellen Situation vergleichen.
Und warum war das so?, wollte Bernd Speicher wissen.
Na ja,- die Unidad Popular war eine sog. Linksregierung, wenngleich als ein breites Bündnis aufgestellt und in Deutschland wurde mediale Angst vor einwandernden Kommunisten geschürt. Ein unglaublicher Schwachsinn, während die Medien heute das Einwandern einer grund- und menschenrechtswidrigen Herrschaftskultur in der Gestalt des Islam offensichtlich begrüßen.
Das mit den Chilenen wusste ich gar nicht, sagte Bernd Speicher.
Können Sie ja auch gar nicht, weil Sie damals noch nicht auf der Welt waren. Und dass man mit den zuwandernden Muslimen jetzt angeblich kein Problem haben will, hat mich auch schon sehr gewundert, weil sich das aus gleich mehreren Gründen nicht erschließt, sagte Bernd Speicher. Das sind zwar mit Sicherheit keine Kommunisten, aber offenbar immerhin Menschen, denen ihr koranischer Glaubensgrundsatz den Jihad vorschreibt, was ja nicht mehr und nicht weniger bedeutet, als die Bekämpfung all derer, die sie als Ungläubige bezeichnen und damit zugleich natürlich alle Nicht-Muslime.
So ist es, sagte Conte und ich kann nur zustimmen, aber Sie sehen und hören ja gerade mal heute wieder, wie an den Universitäten auch von Teilen der Studentenschaft gedacht wird. Hier und heute ging es ja weniger um das Problem von Flüchtlingen, aber um die immerwährende und auf ewig festzuschreibende Schuld des alten weißen Mannes. Selbst die jüngeren unter ihnen haben künftig wohl schlechte Karten.
Wie entstehen eigentlich so komische Stimmungen oder nennt man das Zeitgeist?- fragte Ela Sawatzky.
Klaus Ludwig hatte sie etwa eine Sekunde lang erstaunt angesehen und dann ganz ruhig geantwortet: Das ist die zentrale Frage, die nach der Wurzel des Übels greift. Ausgezeichnet gedacht und ich wäre froh, wenn meine Studenten gelegentlich so grundsätzlich denken würden. Was wollen Sie denn mal studieren?- wenn ich fragen darf?
Mein Papa hätte natürlich gerne, dass ich in sein Transportgeschäft einsteige und das kann ich auch verstehen. Er hat ja nur mich und meine Eltern leben getrennt. Ich bin mir selbst halt noch nicht schlüssig, was ich machen soll.
Kann ich nachvollziehen, sagte Ludwig, aber ich lade Sie und ihren Freund, der beim geschätzten Kollegen Mendes eingeschrieben ist, zu einem kleinen Seminar über Aristoteles ein, denn da kann man erfahren, was man unter grundsätzlichem Denken zu verstehen hat. Keine Angst,- man muss das vorher nicht gelesen haben. Es ist aber einfach so, dass seine Art zu denken fast unsere ganzen

Verständniskategorien zumindest in Europa geschaffen hat. Wenn wir denken, dann denken wir griechisch, aristotelisch. Ich bin sicher, es wird ihnen Spaß machen!

Die Veranstaltung war gut organisiert.
Überall standen Streckenposten und es gab ausreichend viele Abgrenzungen für die Sicherheit der Zuschauer. Um die Voraussetzungen für die Durchführung einer Rally zu gewährleisten, hatte es eine unglaubliche Menge an Auflagen gegeben und der Veranstalter musste garantieren, dass das komplette genutzte Gelände für die Wertungsprüfungen, die auf Zeit gefahren wurden, danach wieder in den ursprünglichen Zustand versetzt wurde. Berissa hatte einen guten Kontakt zum städtischen Straßenbauamt und hatte schon Tage zuvor in Eigenarbeit einige besonders üble Löcher auf einigen Asphaltetappen ausgebessert, denn sie konnten für ein Fahrzeug gefährlicher sein als manche Schotteretappen. Der Zeitgeist stand gegen solche Veranstaltungen. Sie galten als anachronistisch, als Verherrlichung einer Fortbewegung mit Verbrennungsmotoren und als ein schlechtes Beispiel mit der zentralen Begründung, es würde völlig unnötig Treibstoff verbraucht. Antonio Repetto hatte das aufgegriffen und der Presse hierzu einen Beitrag aus der Sicht eines Teilnehmers zugesandt, wobei es ihm nicht darum gegangen war, den Motorsport einer Kritik zu entziehen. Er verwies aber auf das sehr grundsätzliche Prinzip von Einschätzungen, die stets interessengeleitet waren.
Die Dinge liefen dann darauf hinaus, dass ein gesellschaftlicher Trend und seine Träger, bestimmten Erscheinungen in nötig oder unnötig einzuteilen wussten und damit jene zu akzeptierende Vernunft in Szene setzten, die gerade erwünscht war. Außen vor blieb dabei stets all das, was sich dem Trend entzog, einen durchaus ähnlichen Aufwand verursachte, aber unter politischen Schutz gestellt wurde. Genau das erschien ihm verdächtig und er war imstande, das angemessen zu verbalisieren.
Berissas Lancer Evo 5 war indessen wieder in Topform und er war zugleich entschlossen, ihn nicht um jeden Preis zu opfern. Es gab eine ganze Reihe deutlich stärkerer Fahrzeuge und auch der von ihm kürzlich reparierte Lancia Stratos war gemeldet und obwohl auch der längst nicht mehr taufrisch war, reichte es allemal, um mit ihm auf Sieg zu fahren.

Repetto hatte sich gut vorbereitet und war im Grunde die treibende Kraft gewesen und er hatte ihrer beider Namen vorschriftsmäßig und kunstvoll an der hinteren linken Seitenscheibe angebracht, wobei es für die Zuschauer eher unmöglich war, diese beim Vorbeifahren zu erkennen. Eigentlich ist das alles durch Fr. Niewald zustande gekommen, sinnierte Berissa. Wäre diese nicht überfallen worden, dann

hätte es den Kontakt zu Repetto nicht gegeben, der beim Anblick des Fahrzeuges ins Schwärmen geraten war, was wiederum zu Aktivitäten geführt hatte, die eigentlich nicht mehr geplant waren.
Dass nun die Fr. Niewald die Veranstaltung mit der ganz ausgezeichnet fahrenden Sabine Ellner unter die Räder nehmen würde, das hatte dann wohl nicht Repetto, sondern er zu verantworten, was wiederum der Grund dafür war, dass seine Frau Christine nicht gerade in Begeisterung ausbrach. Nicht ganz zu Unrecht vermutete sie aber, dass Dorothea Niewald das Trauma des Überfalles noch nicht überwunden hatte. Das höchst konzentrierte und zweifellos nicht ganz ungefährliche Geschehen bei einer Rally, konnte in diesem Falle aber hilfreich sein, wenn, ja wenn denn nichts passierte und aus Gründen die sie selbst nicht recht erklären konnte, schien ihr das durch die Teilnahme ihres Mannes gesichert. Er war die letzten Tage auch gut gelaunt und die verletzte Schulter schien keine Schwierigkeiten mehr zu machen.
Christine Berissa wusste um die kulturhistorische Befindlichkeit der männlichen Psyche, die sich von ihrer Jahrtausende alten Festlegung auf ein Dasein als Jäger getrennt hatte, aber gelegentlich darauf angewiesen war, diesem immer noch vorhandenen Urtrieb in verkleideter Form zu folgen. So entstanden Verfolgungsspiele mit geliehener Kraft.

Bei einer Rally werden die schnellsten Fahrzeuge zuerst auf die Strecke geschickt und so sah Dorothea Niewald auch den Lancia wieder, in dem sie mit Berissa gesessen hatte. Das war das schnellste Fahrzeug gewesen, aber sein Fahrer war nicht begeistert, denn die ersten Fahrzeuge waren immer die, welche die Strecke frei fahren mussten.
Da es keine gesonderte Damenwertung gab, wurde der von Ellner/Niewald gemeldete Peugeot 205 GTI erst nach gut zehn Minuten zum Start beordert. Jetzt war sie doch nervös und hatte auch ein bisschen Angst, wenngleich hauptsächlich davor, einen Fehler bei den Streckenansagen zu machen. Die beiden hatten aber in der verfügbaren Zeit sehr konzentriert zusammen trainiert und als der Wagen mit durchdrehenden Rädern in Bewegung kam, zwang sie sich zu ruhigen und deutlichen Ansagen.
Der kleine Wagen flog dahin und Sabine Ellner tat alles, um dem Vorderradantrieb die Chance zu einem kontrollierten Drift zu geben.
Währenddessen war auch das Team Berissa/Repetto an der Lichtschranke vorgefahren und Berissa ließ den an modernen Fahrzeugen gemessenen eigentlich zu schweren und etwas behäbigen Wagen von der Leine, der mit dem typischen Auspuffknall beim Schalten in einer Staubwolke verschwand.

Warum hast Du mir
denn Deinen Freund nicht schon mal vorgestellt?, wollte Anton Sawatzky von seiner Tochter wissen.
Ich dachte, Du meckerst wegen der Motorradfahrerei.
Ganz wohl ist mir nicht dabei Ela, aber ich darf nicht meckern.
Warum das denn?
Weil ich früher selbst wie der Teufel mit sowas gefahren bin und eigentlich wollte ich sogar mal Rennen fahren.
Und warum hast Du es nicht gemacht?
Weil ich Deine Mutter kennen lernte und die war von sowas nicht begeistert. Na ja- und dann warst Du unterwegs und ich musste mich vernünftigeren Dingen zuwenden. Du wirst Dich vielleicht wundern oder nicht, aber als kürzlich Fred, Du weißt, einer von den Fahrern krank wurde, da musste ich wieder einspringen und weißt Du was,- es hat mir richtig Spaß gemacht auch mit alle den anderen Truckern auf den Rastplätzen. Das ist sowas wie eine Fahrerlager-Atmosphäre im Rennzirkus.

Aber ein Rennfahrzeug ist doch so ein Lastwagen eigentlich nicht!
Ist es nicht, aber es hat seine eigene Faszination, ein solch großes Fahrzeug exakt zu bewegen.
Weißt Du was Papa?
Was soll ich wissen?
Wir sollten uns gelegentlich einfach mal öfter unterhalten wir beide. Ich fand das jetzt richtig schön und außerdem finde ich das gar nicht gut, dass Du immer so alleine bist.
Ich hab doch Dich und meine Leute hier in der Firma und Du weißt doch auch, dass ich mit dem Carsten Spohn befreundet bin und mit dem treffe ich mich doch öfter.
Papa,- Du weiß aber, was ich wirklich gemeint habe!
Doch, das wusste er, aber er hatte von seiner jungen Tochter diesen Hinweis nicht erwartet, jedenfalls noch nicht.
Schau mal, die Mama hat sich doch auch wieder arrangiert.
Ja, ach Gott, natürlich, aber sowas muss sich halt finden. Das kann man nicht so einfach auf die Reihe kriegen.
Weißt Du, was mir der Bernd erzählt hat?
Nein,- wie sollte ich!
Die Uni macht demnächst ein Fest, bei dem auch die Bürgerinnen und Bürger eingeladen sind und da gibt es immer auch ein paar interessante Leute. Stell Dir

vor, der Philosophie-Professor Klaus Ludwig von der hiesigen Uni hat den Bernd und mich zu einer Vorlesung über Aristoteles eingeladen.
Wie,- einfach so?
Ja,- einfach so.
Ela, Du überforderst mich jetzt ein bisschen. Wir sollten wirklich öfter miteinander sprechen, aber sag mal, weißt Du wer das ist? Also ich meine den Freund von Deiner Freundin.
Du meinst den Freund von Franziska? Der ist ganz lieb und macht eine Ausbildung als Installateur.
Und wie haben die sich kennen gelernt, wenn ich mal fragen darf?

Ganz einfach, denn die Schulen bieten doch geraume Zeit schon einige Praktika an und da hat sie gemeint, sowas wie Installation wäre doch interessant und als sie dann in diese Firma kam,-na ja, das war es dann wohl.
Sawatzky lachte dröhnend und meinte dann: Da kann sich der Carsten ja beruhigen, denn der dachte schon, seine Tochter wäre lesbisch.
Was? --im Ernst?—hat er das gesagt?
Nein, hat er nicht, das musst Du mir glauben. Er hat lediglich gesagt, er sähe sie immer nur mit anderen jungen Frauen.
O mein Gott, sagte Ela Sawatzky.

Meine Herren, sagte Carsten Spohn,-
ich möchte mich bei Ihnen rückversichern, denn es gab eine Sitzung im „Rat", deren Ergebnis darauf hinausläuft, die Kriminalitätsstatistik in Bezug auf die Zuwanderer in einer besonderen Weise zu behandeln.
Kann es sein, dass diese besondere Weise der Behandlung eher auf eine Nicht-Behandlung hinausläuft?, fragte Kurt Enders.
Sagen wir mal so: Es gibt eine projektbezogene Gefolgschaftserwartung, sagte Spohn.
Welche Projektbezogenheit?- wollte Herbert Wendler wissen.
Meine Herren, sagte Spohn, wir dürfen uns hier nichts vormachen, aber eine offene Berichterstattung über Zuwandererkriminalität ist schlichtweg nicht erwünscht und dies aus gutem Grund. Ich habe mich mal in der durchaus und für jeden im Internet zugänglichen BKA-Statistik sachkundig gemacht und habe nachgefragt wie es sein kann, dass in Rundfunk und Fernsehen von sinkenden Kriminalitätsraten die Rede ist, wenn sie zugleich sichtbar steigen.
Marina Riedel hatte etwa 3L Kaffee gekocht. Das war aus ihrer Sicht ein Kompromiss zu einem Thema, dass sie hinsichtlich seiner möglichen Länge nicht beurteilen konnte.

Carsten Spohn hatte sich derweil einen Beitrag ausgedruckt, den er auf der Seite des Hintergrund-Verlages gefunden hatte, wo man sich, bezogen auf das Zahlenmaterial, im Wesentlichen auf die BKA-Statistik stützte, jedoch zugleich ein Erklärungsmodell anbot. Dieses lief darauf hinaus, dass man innerhalb der Bundesregierung an ein Gelingen der Integration schon einige Zeit lang selbst nicht mehr glaubte und nun die Schuldigen in der eigenen Bevölkerung auszumachen sucht.

Man konnte sich der Tendenz dieses Beitrages anschließen oder auch nicht. Letzteres führte dann aber auch nicht zu einer Erhellung des Szenarios, das in einem gewissen Sinne gespenstisch anmutete. Ein Staat, der die kriminellen Handlungen der in ihm lebenden Gruppen zumindest nicht öffentlich zur Kenntnis nehmen wollte, musste hierfür ganz wesentliche Gründe geltend machen können. Wenn er die Gleichheit vor dem Gesetz durch die Ungleichbehandlung von Gruppen oder Personen in Frage stellte, dann konnte er nicht mehr demokratisch genannt werden, weil er damit die zentrale Grundlage des Rechtsstaates in Frage stellt.

Es ist interessant, sagte Frank Hellweg, dass man so etwas offensichtlich nur dadurch erfahren kann, dass man es selbst hinterfragt, obwohl doch im Bundes-Medienvertrag festgelegt ist, dass es eine Informationspflicht gibt und die ist nicht selektiv.

Die Frage ist aber, was wir daraus machen, sagte Carsten Spohn. Es gibt zumindest in unserem direkten Umfeld keinen konkreten Anlass, an dem wir dieses sehr umfängliche Thema festmachen könnten, um es ausgiebiger zu referieren. Das ist schon eher etwas für große überregionale Zeitungen.

Wobei mir gerade die Niewald-Sache einfallt, sagte Kurt Enders. Gibt es da ein endgültiges Urteil? Friedhelm, Du weißt da doch Bescheid.

Ja, beziehungsweise nein, sagte der Angesprochene. Es gibt zwar ein Urteil, aber das dürfte nicht endgültig sein, da die Verteidigung des mutmaßlichen Täters in Revision gegangen ist, also Einspruch erhoben hat. Der Herr Harassek will jetzt nämlich nicht der Hauptschuldige gewesen sein.

Daran könnten wir doch vielleicht vorsichtig anknüpfen, meinte Enders und niemand wird uns vorwerfen können, dass wir eine regionale Exklusivität beanspruchen.

Ferdi trug heute

ein gelb kariertes Flanellhemd, als sich Frank Hellweg und Heinz Wundrak dort erneut verabredet hatten. Hellweg brauchte einen Anstoß für eine geplante Satire und dies nach Möglichkeit von jemandem, der nicht zum Redaktionsteam gehörte. Vielleicht ließ sich ja aus Wundraks kämpferisch vorgetragener Verweigerung der

Rundfunkgebühren etwas machen, aber schon nach dem zweiten Kaffee war Wundrak irgendwie von diesem Thema abgekommen.
Sie halten mich vielleicht für ein bisschen verrückt, sagte er, aber sagen Sie selbst: Welche Möglichkeit hat man denn als einfacher Bürger oder Bürgerin, so einem gesellschaftlichen Trend auf den Zahn zu fühlen? Ich sage ja nicht, dass der öffentlich-rechtliche Rundfunk prinzipiell schlecht ist und etwa durch private Anbieter ersetzt werden sollte. Das unterstellt man mir, aber es ist Unfug. Ich reklamiere als beitragszahlender Bürger mein Recht auf eine nachprüfbar richtige und umfängliche Information und das ist nicht zu viel verlangt....oder?
Nein, sagte Hellweg, das ist es nicht, aber man wird Ihnen entgegenhalten, dass die Medien ihren Auftrag erfüllen und dass Sie davon lediglich ein falsches Bild haben.
Dann befinde ich mich aber in einer höchst illustren Gesellschaft von Falschdeutern, sagte Wundrak. Die Medien haben aus meiner Sicht ihren Informationsauftrag in einen Erziehungsauftrag gewandelt. Sie sagen nicht mehr was ist, sondern was ihrer Meinung nach sein sollte. So ein bisschen erinnert mich das an die Argumentation von Linken in der 70er Jahren, wenn sie vom neuen Menschen sprachen, der da noch zu erzeugen wäre. Sie hatten damals aber wenigstens noch das ökonomische Primat vor Augen und da ging es um weit mehr als um moralischen Egalitarismus. Es ging um emanzipatorische Teilhabe, was etwas mit Beteiligung, mit Mitbestimmung und mit dem Faktor Arbeit zu tun hat, weshalb es ja leider nicht funktioniert, weil es eine hoch motivierte Mitmach-Gesellschaft voraussetzt.
Sind Sie denn der Meinung, dass diese Idee gescheitert ist?
Wundrak sah ihn lange an und sagte dann nach einer Weile: Der Mensch ist reform- und handlungsfähig, wenn er sichtbar unter Druck gerät. Sonst leider eher nicht!
Wenn das eine Anspielung auf einen möglichen Sozialismus war, meinte Hellweg, dann wäre vorab ja mal zu klären, wie wir unser aktuelles Modell nennen wollen?
Ja, sagte Wundrak, es kommt wie immer darauf an wen Sie fragen. Wenn Sie mich fragen, so ist das aktuell erlebte System längst keine frei agierende Konkurrenzwirtschaft mehr. Ich halte das zugleich auch nicht mehr für klassischen Kapitalismus, weil sich das System zwecks Selbsterhalts, wenn auch nicht ganz freiwillig, zum Sozialkapitalismus gewandelt hat, dessen Wirksamkeit allerdings auf wohlhabende Länder beschränkt bleibt. Verstehen Sie, denn eine Agrargesellschaft kann nicht auf dem gleichen Niveau wie eine Industriegesellschaft leben, aber ich bin kein Ökonom. Und noch was will ich ihnen sagen: Der neue Mensch ist stets der alte und der macht sich gerade sorgenschwere Gedanken über seinen Treibstoff- Heizöl- und Gasverbrauch, seinen Fleischkonsum, seinen Verbrauch an

Bekleidung und über das Vermeiden von Flugkilometern, während Teile der etwas seltsamen neuen Linken ihm klar machen, was er für ein elender Nazi und Rassist ist und dass er auf dem Grunde seiner düsteren Seele ein unendliches Schuldkonto abzuarbeiten hat.
Sind Sie sicher, dass es nur die vermeintlichen Linken sind, die uns das sagen?, fragte Kurz.
Nein, sagte Wundrak,- es sind ihre wohlfeilen Kollaborateure in den Blockparteien. Wissen Sie,- ich bin ein kleines Licht und war niemals privilegiert. Unsere Familie auch nicht selbst zu Zeiten, als das Herstellen von Schirmen und deren Reparatur noch ein Geschäft war. Unsererseits hat es nie einen Grund für irgendwelche Überheblichkeiten oder Besserwissereien gegeben und Nazis gab es in unserer Familie auch nicht, aber Mitläufer.
Diese Sorte Mensch ist zugleich der Mensch des Alltags und dies hier und überall. Der neue Mensch, von dem da gerade geträumt wird, ist in seiner Selbstverleugnung eine nachgerade lächerliche Figur, zu der diejenigen, die ihn einfordern, längst schon geworden sind, wie man an ihrem saturierten und biedermeierlichen Alltagsverhalten leicht sehen kann. Das sind die Leute, die ihr Geld regelmäßig von der Post bekommen und wo man keinen Gedanken daran verschwenden muss, ob man die nächst Miete oder Stromrechnung noch bezahlen kann. Wissen Sie was ich von diesen Latte Macciato-Linken und ihrem Anhang halte? Nichts,....gar nichts!
Ich befürchte, dass ich Ihnen jetzt nicht weitergeholfen habe, denn Sie wollten sicher etwas aus meiner Zahlungsverweigerung machen. Wissen Sie was? Die werden mich in die Pfanne hauen. Die und ihre Verfassungsrichter, denn meine Klage wird einfach nicht angenommen. So einfach ist das. Bei mir reicht es gerade mal für ein bisschen Aufhebens, das ich erzeuge.
Frustriert Sie das?
Wundrak blieb einige Zeit lang still und dann lachte er. Hab ich mich auch schon gefragt, aber eine Antwort darauf wäre in jedem Falle ohne die geringste Bedeutung.

Immerhin hatte die Seuche

dem Asta den geplanten Vorlesungsboykott erspart und man war bemüht, den Kontakt im Rahmen der noch vorhandenen Möglichkeiten nicht zu gefährden. Das hatte die Stimmung sogar insgesamt verbessert, denn die Professorenschaft ließ ihrerseits kein Interesse erkennen, irgendwelche argumentatorischen Revanchen zu reiten und war im Gegenteil sehr bemüht, den Studierenden so weit wie möglich über Internet-Kontakte entgegen zu kommen.

Schließlich lag es im Interesse der Studierenden, in einem überschaubaren Zeitrahmen fertig zu werden. Die vorerst abgesagten Studienaufenthalte im Ausland waren bedauerlich, aber daran war nichts zu ändern. In den Medien war zu hören, man arbeite konzentriert und zielgerichtet an der Herstellung eines verbesserten Impfmittels, aber Peter Delius hatte die Kollegen gewarnt. Selbst wenn es das in absehbarer Zeit geben sollte, argumentierte er, so gäbe es ja keinerlei Erfahrung hinsichtlich einer Langzeitwirkung und selbstverständlich auch nicht hinsichtlich möglicher Schäden.

Volker Mendes hatte das Etrusker-Thema derweil keineswegs begraben und als er sich zwischendurch erneut mit Karin Bruckners Tante Martha getroffen hatte und ihr eher beiläufig von diesem Projekt erzählt hatte, war er zu seiner Überraschung auf Begeisterung gestoßen.

Wissen Sie,- ich spreche leidlich Italienisch, hatte sie gesagt und wenn es darum gehen sollte, organisatorisch etwas zu regeln, was in der Landessprache bekanntlich immer der einfachere Weg ist, dann mache ich das gerne.

Damit hatte er nicht gerechnet, sondern mit einem vorsichtigen Hinweis auf die gerade in Italien offensichtlich noch kompliziertere Lage und eine mögliche Quarantäne bei der Rückreise, aber jetzt war er fast ein wenig konsterniert. Seit dem Tode seiner Frau, war der etwas intimere Kontakt zu Frauen vorübergehend abgebrochen und auf eben jenes Minimum geschrumpft, wo dies mit der Arbeit zusammenhing oder sich bei Einkäufen und Arztbesuchen ergab. Er neigte ein wenig zu Bluthochdruck, der sich bei ihm meistens am Spätnachmittag einstellte, aber dagegen hatte er ein Kombi-Präparat, mit dem er gut zurechtkam. Einige Zeit lang war er nachts regelmäßig gegen 3:30 erwacht und spürte dabei eine diffuse Angst, die er nicht näher hätte beschreiben können, aber da half ihm ein schwaches Antidepressivum.

Karins Tante schien so etwas nicht zu benötigen, denn sie war durchaus temperamentvoll, ohne dass das zugleich aufdringlich gewesen wäre. Er hatte durch sie auch erstmals erfahren, warum seine Studentin seit ihrem 14. Lebensjahr bei ihr gewohnt und gelebt hatte. Ihre Eltern hatten sich getrennt und ihr Vater hatte für ein britisches Konsortium in Neuseeland gearbeitet und sei dann von dort nicht mehr zurückgekehrt. Ihre Mutter sei zu diesem Zeitpunkt schon krank gewesen und kurze Zeit später gestorben.

Warum sind Sie eigentlich alleine geblieben?- wollte Mendes wissen.

Das war nicht immer so, aber ich habe halt nicht geheiratet. Dazu ist es nicht gekommen. Ich war längere Zeit mit einem Agraringenieur befreundet, aber der ist mit einem Sportflugzeug bei Landschaftsaufnahmen tödlich verunglückt. Es war ein technischer Fehler, wie sich herausgestellt hatte, aber diese Einsicht hat es halt auch nicht mehr geändert.

Aber sagen Sie mal Frau Reger, die Sache mit Karins Vater ist doch auch komisch. Hat er sich denn gar nicht mehr für seine Tochter interessiert?
Doch,- das hat er wohl von Neuseeland aus versucht, aber als seine geschiedene Frau, also meine Schwester noch lebte, da hat sie das unterbunden, was aus meiner Sicht nicht richtig war, aber ich konnte es halt auch nicht ändern. Als die Karin dann ganz bei mir gelebt hat, da hat sie ihren Vater halt irgendwann auch nicht mehr erwähnt. Vermutlich hat sie sein unfreiwilliges Schweigen als Zurückweisung oder Kränkung empfunden.
Sagen Sie mal,- weiß ihr Kollege Raoul Conte das eigentlich?
Er erzählte mir mal, dass er sie nach ihren Eltern gefragt habe und sie habe geantwortet, dass sie tot seien ohne einen weiteren Kommentar. Wissen Sie, Conte kommt aus einer Region, wo zerrüttete Familienverhältnisse zum Alltag gehören. Die Männer machen den Frauen ein paar Kinder und dann sind sie es leid und hauen ab oder sie kommen bei Bürgerkriegs-Auseinandersetzungen ums Leben. Das Chaos ist dort die vorfindliche Lebensform. Den kann man mit sowas gar nicht schockieren trotz seiner ganzen Europäisierung, weshalb er wohl auch nicht genauer nachgefragt hat.
Ich finde ihn nett und charmant, sagte die Tante.
Das ist er ja auch und ich kenne ihn ja ein wenig und außerdem ist er rettungslos in die Karin verliebt.
Ja, sagte sie, ich weiß und was ich auch noch fragen wollte: Macht es Ihnen etwas aus, einfach Martha zu mir zu sagen?
Nein,- macht es nicht und da Du meinen Vornamen ja auch kennst, werden wir diesbezüglich keine Probleme haben.
Ich besorge uns mal ein bisschen Kuchen, sagte sie. Das Betreten von Bäckereien ist ja zumindest mit dem Schnüffel auf der Nase noch möglich.
Wie nennst Du das?
Schnüffel ist doch ein schönes Wort, was sprachmelodisch vom Schniefen abgeleitet werden kann. Mendes musste herzhaft lachen. Nein,- Karins Tante war eigentlich ein Geschenk, aber er würde noch ein wenig Zeit benötigen, um sich das zu vergegenwärtigen.

Das gibt's doch gar nicht,

fluchte Sawatzky! Wer will denn hier jetzt vorbeifahren, wo doch klar ist, dass man es günstigstenfalls mit einem Geländewagen schafft, wenn man über das Wiesengelände ausweichen will? Sawatzky saß selbst am Steuer des LKW, weil einer seiner Fahrer immer noch krank war. Es war nicht schlimm, aber man hatte das Virus bei ihm festgestellt und er musste in Quarantäne bleiben. Passiert war hier, was halt zwischendurch immer mal wieder passierte, wenn sich ein Unfall

ereignet hatte und man musste einfach die nötige Geduld aufbringen. Immerhin saß er hier nicht auf der Autobahn fest, was gelegentlich deutlich unangenehmer werden konnte.
Sawatzky war ausgestiegen, denn er hatte gesehen, dass die offenbar junge Frau, die er gerade aus luftiger Höhe beschimpft hatte, nun regelrecht fest saß und das wollte er sich aus der Nähe ansehen und wäre um einige hämische Bemerkungen nicht verlegen gewesen.
Sagen Sie mal,---geht's noch?- fragte er. Sie müssen doch gesehen haben, dass hier alle zum Warten verdonnert sind.
Ja, sagte sie, das hätte ich sehen müssen, aber ich bin so in Eile, dass ich das verdrängt habe und dachte, dass ich da noch durchkomme. So ein Mist!

Sawatzky wurde milder. Jetzt lassen Sie die Karre mal stehen wo sie steht und dann kommen Sie mal hoch in mein Führerhaus, denn das kann hier noch dauern. Sie hatte ihn groß angesehen, aber nicht widersprochen. Als sie sich emporgehangelt hatte und in der für sie völlig ungewohnten Umgebung angekommen war, hatte Sawatzky bereits die Kaffeemaschine angestellt. Mögen sie Milch und Zucker?
Nein danke, sagte sie. Ich trinke ihn schwarz wie den schwarzen Tee.
Da ich selbst ein Zugewanderter bin, darf ich Sie vielleicht fragen, wo sie herkommen.
Ich komme aus Kolumbien, sagte sie.
Was?- sagte Sawatzky, aber so schrecklich viele andere Möglichkeiten außer vielleicht einem anderen Land in Südamerika hätte es jetzt nicht gegeben.

Oder vielleicht noch Spanien, sagte sie und lachte, was Sawatzky den Blick auf zwei intakte Zahnreihen freigab.
Nein, sagte er,- irgendwie nicht, wobei ich das jetzt nicht genau erklären kann.
Und Sie,- woher kommen Sie?
Ich habe polnische Wurzeln, bin aber hier mehr oder weniger aufgewachsen also sozialisiert worden. Ich denke mal, dass sich die polnischen und die deutschen Leute äußerlich nicht wesentlich unterscheiden....oder?
Nein,- Sie haben recht, sagte sie.
Die Anthropologen würden sich vielleicht den oberen Jochbeinfortsatz ein wenig genauer anschauen, weil es da gewisse Unterschiede geben mag, aber das sind Feinheiten. Unsere Völker haben ja eine große kulturelle Nähe und das ist entscheidend für ein gedeihliches Miteinander.
Sagen Sie mal,- ich bin jetzt aber in der Führerkabine eines Truckers oder höre ich gerade eine Vorlesung und sie lachte schon wieder.

Ach du Scheiße, dachte Sawatzky,- wenn sie lacht, vergesse ich das ganze Elend hier und es tat ihm leid, dass er so grob gewesen war.
Nein nein, Sie sind schon in der richtigen Umgebung, aber man hat als Trucker viel Zeit zum Nachdenken und trifft ja auch die unterschiedlichsten Leute, wenn man so in Europa unterwegs ist. Ich vertrete heute einen meiner Fahrer, den leider das Virus erfasst hat, wenngleich nicht mit schlimmen Folgen und ob Sie es glauben oder nicht, aber manchmal fahre ich gerne mal wieder selber zwischendurch. Die Büroarbeit ist eher nicht mein Ding und was die Praxis angeht, so fahre ich Ihnen ihr Auto nachher vorsichtig die kleine Böschung hinunter und dort hinten habe ich einen Feldweg erspäht, auf dem Sie wieder auf die Straße kommen, während ich den LKW zuvor etwas nach rechts manövriere. Mögen Sie noch einen Kaffee?

Ja,- gerne!
Haben Sie denn noch Verwandte aus Kolumbien hier in Deutschland?
Ja,- mein Bruder, der arbeitet hier an der Universität.
Wie,- hier bei uns? Sagen Sie mal, ist das vielleicht Raoul Conte?
Ja,- das ist mein Bruder!
Ich fasse es nicht, aber die Welt ist wirklich ein Dorf. Wissen Sie, ich bin mit dem Chef der hiesigen Regionalzeitung seit Jahren befreundet. Das ist ein gewisser Carsten Spohn und der hat ihren Bruder schon öfter mal erwähnt und Sie sind tatsächlich seine Schwester? Was machen, bzw. was arbeiten Sie denn hier?
Ich mache vor allem Übersetzungen und Lektorate und manchmal schreibe ich auch kleinere Beiträge für die spanische Zeitung El País, aber das ist leider kein dauerhaftes Engagement.
Wissen Sie, ich habe auch Kunden in Spanien und es ist schon oft vorgekommen, dass es durch die auf beiden Seiten nicht beherrschte Sprache zu Unstimmigkeiten und Verwicklungen gekommen ist.
Was sich ändern ließe, sagte sie und lachte schon wieder auf diese besondere Weise, die Sawatzky aus dem Tritt brachte.
Mittlerweile war das Unfallgeschehen so weit geräumt, dass er den LKW leicht nach rechts bewegen konnte. Maria Conte sah gebannt zu, wie Sawatzky das riesige Gefährt exakt so positionierte, dass er im Anschluss ihren Wagen mit einem gehörigen Schwung sowohl daran vorbeilenken, als auch das Stück über die Wiese bis zu dem glücklicherweise vorhandenen Feldweg bewegen konnte, von wo aus man die Straße problemlos wieder erreichen konnte. Sie war mittlerweile auch ausgestiegen und als Sawatzky ihr wieder ihren Wagenschlüssel in die Hand drückte, sagte sie:

Melden Sie sich doch mal, wenn es Probleme mit den Übersetzungen und den spanischen Kunden gibt. Ich gebe Ihnen mal meine Karte und ganz lieben Dank für ihre Hilfe und den übrigens ausgezeichneten Kaffee!

Hat der Berissa eigentlich

Deinen Kupferwurm gefunden?, fragte Frank Hellweg, als sie in Wendlers Auto saßen.
Nicht so wirklich, denn er hat mir geraten, ich solle jetzt mal ein paar Versuche machen.
Welche Versuche?
Na ja,- wenn ich den Wagen länger als eine Woche stehen lasse und er springt dann wegen zu schwacher Batterie nicht mehr an, dann ist das Problem halt immer noch vorhanden. So lange kann ich ihn aber gar nicht stehen lassen, weshalb das Problem vermutlich gar nicht zum Problem wird.
Sie waren unterwegs zu einer Konzertveranstaltung unter freiem Himmel, die der Veranstalter nicht hatte absagen wollen; aber die Auflagen waren schwierig umzusetzen, was die Anzahl der Gäste deutlich reduzierte, so dass zumindest aus kaufmännischer Sicht eher ein Desaster zu erwarten war. Allerdings war das Interesse der Allgemeinheit an Konzerten mit klassischer Musik ohnehin gering. Entweder konnte sich ein Veranstalter das leisten oder es gab ein umfangreiches und großzügiges Sponsoring aus dem Umfeld großbürgerlicher Kreise, die auf diese Weise Steuern vermieden und ihr Ansehen erhöhten.
Das Wetter könnte zum Problem werden, sagte Hellweg.
Ach weißt Du, sagte Wendler, das Wetter war wohl immer ein Problem und das wohl auch zu Zeiten, als es im Focus einer noch vornehmlich bäuerlichen Gesellschaft stand. Es ist nämlich damals so gewesen, dass auch der weitsichtigste und klügste Landwirt nie eine gute Ernte haben konnte. Ein Zustand, dass Sonne und Regen in einem stets gedeihlichen Verhältnis zueinander gestanden hätten, war so unvorstellbar, wie später der massenhafte Import von Lebensmitteln oder Saatgut.
Sind sie denn heute zufriedener?- - die Baueren meine ich.
Nein,- sind sie nicht, denn erstens hat man ja das Wetter irgendwie abgeschafft und zur klimatischen Gesamtkatastrophe erklärt und zweitens ist die EU-Agrarpolitik noch katastrophaler als das Klima. Wir haben es hier also mit einem zusätzlichen Verursacher zu tun.
Willst Du damit sagen, dass die EU-Agrarpolitik ein Problemverursacher ist?
Ja,- das will ich!
Sehen das die Bauern auch so?

Es gibt wie immer Profiteure, aber der Rest hält die Agrarpolitik mit Sicherheit für ein Desaster. Wobei doch daran eher etwas zu ändern wäre als am Klima.
Na ja,- das dürfte strittig sein, denn wenn Deutschland sich nur noch aus erneuerbaren Energien substituiert und Diesel-Autos weder hergestellt, noch benutzt werden dürfen, dann ändert sich nach offizieller Lesart das Weltklima zumindest nur so lange, wie man sich einen Blick auf den Globus erspart. Das scheint schon öfter nicht stattgefunden zu haben.
Was?
Ja,- der Blick auf den Globus, wobei mir dazu nämlich ein Witz aus dem 3. Reich einfällt: Da sitzt ein kleiner Junge vor einem Globus und fragt seinen Vater: „Papa, wo ist denn hier Großdeutschland?" Darauf der Vater nach einer kurzen Orientierung: „Ei genau hier". Darauf der Sohn: „Papa,- ist denn das nicht größer?" Darauf der Vater: „Nein,- ist es nicht!" Darauf wieder der Sohn: „Papa,- weiß das der Führer auch?"
Na ja,- die bange Frage wäre ja heute, wie viele Leute eigentlich an eine ökologische Weltrettung durch Deutschland glauben?
Das vielleicht nicht unbedingt mehrheitlich, aber es ist ja zugleich nicht falsch, an die Möglichkeiten einer grundsätzlichen Energiewende zu glauben, ein ja recht ehrgeiziges Projekt.
Das sehe ich auch so, aber der fatale Bruch in der Gedankenkette scheint mir dort gegeben, wo man den Leuten einreden will, es werde sich dabei an ihrem Lifestyle im Grunde nicht viel verändern und es wird ja nur sehr feinsinnig um die Einschränkungen herumgeredet, die man bei Bedarf in Szene zu setzen gedenkt, ohne sie als dirigistisch in Erscheinung treten lassen zu wollen. Das gabs schon mal im Kleinformat bei autofreien Sonntagen und dem Ozonalarm, um den es sehr still geworden ist.
Weißt Du sagte Wendler, ich würde auf der Stelle elektrisch fahren, wenn das denn bezahlbar wäre und befriedigend funktionieren würde, was aber dauern dürfte, denn nicht mal das Problem der Deutschen Bahn AG ist auch nur ansatzweise gelöst und die fährt ja elektrisch.
Das sagst Du so, denn man könnte es durchaus auch zum Normalfall stilisieren, was in der Bahn-Werbung ja versucht wird und wer das dann anders sehen will, dem wird man eine falsche Sicht der Dinge bescheinigen, während sich der Bahn-Vorstand goldene Nasen verdient.
Am meisten stören mich diese apodiktischen Behauptungen ohne jede technische und gesellschaftliche Relevanz. Die treiben mir gelegentlich den Blutdruck in Höhen, die ausreichen würden, meinen fahrbaren Untersatz auch damit anzutreiben.

Das würde ich mir allerdings patentieren lassen, sagte Hellweg, während sie auf der zum Parkplatz hergerichteten Wiese angekommen waren.

Antonio Repetto hatte korrekt angesagt,
aber Berissa war einfach einen Tick zu schnell gewesen. Der Wagen war in einer Rechtskurve zu weit nach links gedriftet und in einen glücklicherweise nicht allzu tiefen Graben geraten, wobei er sich für einen kurzen Moment mit den beiden kurveninneren Rädern von der Fahrbahn abhob und nur ein wenig mehr hätte für einen Überschlag gereicht, aber Berissa hielt die Lenkung gerade, ging kurz vom Gas, wartete einen kurzen Moment und zog den Wagen dann vorsichtig wieder in die Kurve; aber das hatte einige Zeit gekostet, wenngleich spektakulär ausgesehen und sie erhielten von den hier positionierten Zuschauern Szenenapplaus. Berissa wusste aber, dass sie das nicht mehr aufholen konnten, denn die Abstände der Fahrzeuge in seiner Kategorie waren gering bis auf den führenden Lancia, der ihnen allen hinsichtlich seiner Leistung überlegen war. Beide blieben sie ruhig und kontrolliert und auf einer folgenden längeren Geraden zischte Berissa ein Sorry durch die Zähne und beide lachten.
Alles in bester Ordnung sagte Repetto, der einen riesen Spaß hatte, in das Gebrüll des Motors hinein. Wir haben ja nur noch 3000m bis zum WP-Ende.

Währenddessen waren Sabine Ellner und Dorothea Niewald im 205 GTI absolut fehlerlos unterwegs. Der kleine Wagen lief hervorragend und es gelang ihnen zwischenzeitlich auf einer der etwas winkeligen Wertungsprüfungen sogar die schnellste Zeit in ihrer Klasse. Zum Abschluss der Veranstaltung wurde noch eine Synchronprüfung auf einem dafür hergerichteten Rundkurs gefahren, der durch ein Industriegebiet führte. Dabei mussten drei Runden sowohl schnell, zugleich aber auch gleichmäßig absolviert werden und das war nicht einfach. Es waren überhaupt die Einzelprüfungen, die dazu zwangen, das Material eher schonend aber effektiv einzusetzen, denn es musste bis zum Veranstaltungsende halten, während der Veranstalter einen unfallfreien Verlauf herbeisehnte, der ihm eine gute Presse bescheren würde.
Friedhelm Kurz war kein trainierter Sportfotograf, aber es gab eine Stelle, wo die Fahrzeuge aus einer Mulde beschleunigend über eine Kuppe fuhren, die sie im Fluge nahmen, um über zehn Meter weiter wieder auf dem Boden zu landen. Auf diese Entfernung konnte man die Kamera exakt einstellen und mit einer 500stel fotografieren, so dass ein Foto des kleinen Peugeot bei seinem Flugversuch mit ausgefedertem Fahrwerk in der Zeitung landete, was die Gegner solcher Veranstaltungen darin bestärkte, dass es sich um Verrückte handeln müsse und die

Befürworter sahen hier die letzten Matadore, die im Falle des Peugeot sogar weiblich waren.
Trotz aller Einschränkungen hinsichtlich der zulässigen Personenzahl, hatte es der Veranstalter geschafft, für die Teilnehmer und ihre Familien ein kleines Abschlussfest zu organisieren.
Das Team Berissa/Repetto landete trotz des kleinen Ausfluges noch auf dem dritten Platz, was durchaus beachtlich war, wenn man den schon etwas in die Jahre gekommenen Evo 5 zum Maßstab nahm. Ellner/Niewald landeten einen Klassensieg und positionierten sich in der Gesamtwertung auf Rang 8. Das war letztendlich nicht nur beachtlich, sondern auch deshalb eine enorme Leistung, weil das Team zuvor noch nie zusammen gefahren war. Die Stimmung war bestens und es war spät geworden bis man sich voneinander verabschiedet hatte. Friedhelm Kurz hatte seine Freundin nach Hause gefahren und jetzt wirkte sie sichtlich entspannt.

Weißt Du, sagte sie, ich bin mir nicht so sicher, ob ich sowas nochmal mache und das habe ich auch zu Sabine gesagt, aber ich müsste lügen, wenn ich behaupten wollte, dass es mir keinen Spaß gemacht hat. Als Beifahrer sitzt du in einem normalen Auto ja nur herum, aber hier ist die Fahrerin auf deine exakten Ansagen angewiesen, denn sonst wird das alles zum russischen Roulette. Die Sabine ist übrigens eine ganz nette Person und vor allem technisch sehr gebildet. Sie hat an der TU in Darmstadt Maschinenbau studiert, was ja für Frauen eher ungewöhnlich ist und nebenbei betreibt sie noch eine Bienenzucht.
Wie bitte?
Ja,- Du hast richtig gehört.
Dann versteht sie wohl auch ganz generell was von Insekten und Du kannst sie ja mal fragen, was sie von Grasmilben hält.
Wie kommst Du denn darauf?
Na ja,- bei uns in der Redaktion wurde schon einige Male angerufen, weil die Leute gemeint haben, wir müssten unbedingt etwas zu dem Thema machen.
Und was bitte soll daran so interessant sein?
Die Leute behaupten, es gebe eine Grasmilbenplage und sie seien nach Spaziergängen oder sonstigen Freiluftaufenthalten überall voller juckender Stellen, die durch diese lieben Tiere angeblich verursacht werden. Und das ist zuvor noch nie passiert?- fragte sie.
Mir jedenfalls nicht, aber ich bin ja auch kein Maßstab für unsere Leserinnen und Leser. Also wenn ich ehrlich bin, dann habe ich zuvor noch niemals in meinem Leben irgendwas von oder über Grasmilben gehört.

Liebe Doro,- Du bist ja auch noch nicht so alt und immerhin ist festzuhalten, dass Du jetzt gerade etwas von ihnen gehört hast. Sollten sie in den späteren Jahren Deines Lebens mal wieder Bedeutung erlangen, dann bist Du vorbereitet.
Und was soll ich dann, also ich meine was soll ich dagegen tun?
Weiß ich ehrlich gesagt auch nicht, aber die Tierchen sind halt gerade im Trend und man kann mitreden wenn alle sich kratzen.
Weißt Du, sagte sie nach einer Weile, das ist so ein bisschen wie mit der Ehe für alle.
O Gott,- wie kommst du denn jetzt darauf?
Weil ich das auch für einen Trend halte, wobei sich das nicht wie bei den Grasmilben auf eine Spezies beschränken wird.
Sondern?, fragte Kurz etwas konsterniert.
Du glaubst doch nicht, dass sich das auf Schwule und Lesben begrenzen lassen wird, wenn von einer Ehe für alle gesprochen wird, wobei der eigentliche Hintergrund der Debatte ja das Adoptionsrecht ist, um das es letztlich geht.
Oder denk doch mal an unsere neubürgerlichen fröhlichen Bigamisten, deren Kultur wir zu achten und nicht zu ächten haben. Unser Respekt vor ihnen schließt natürlich aus, dass wir ihnen die Kinderehe verbieten, wobei der Koran den „Vollzug" an die Geschlechtsreife bindet, also an den Zeitpunkt der ersten Periode. Noch Fragen?
Nein,- liebe Doro und ich denke, dass sie ohnehin schon beantwortet sind.
Von wem, wenn ich fragen darf?
Von dem französischen Autor *Michel Huellebecq*, der in seinem Roman *Unterwerfung* beschreibt, wie sich die europäische Kulturschickeria schrittweise zumindest in dem Sinne islamisiert, wie sie bereit ist, ein paralleles Recht zuzulassen, welches der Ausdruck einer vormodernen Clanstruktur ist. Ihr serviler Untertanengeist nimmt dies nicht etwa schmerzhaft zur Kenntnis, sondern macht mit einer gewissen Häme sogar Vorteile ausfindig.
Wobei Du hinzufügen müsstest, lieber Fritz, dass es sich hierbei ausschließlich um männliche Wesen handelt, denn für mich erschließen sich da keine Vorteile für Frauen.
Richtig, sagte er und hier stimme ich Dir unumwunden zu. Wie sind wir denn eigentlich darauf gekommen?
Ich weiß nicht mehr, aber ich weiß mit Sicherheit, dass ich jetzt sehr müde bin, aber ich habe meine abenteuerliche Abwechslung sehr genossen. Weißt Du, das mit der Ehe für alle kann auch noch ganz andere Folgen haben.
Um Gottes Willen welche denn?
Was willst Du machen, wenn jemand partout seinen Hund oder seinen Esel heiraten will?

Ist das eine ernst gemeinte Frage?
Ja,- ist es!
Zumindest beim Esel würde ich abraten. Schlaf gut!

Das Uni-Fest war
wie zu befürchten abgesagt worden, aber Karin Bruckners Tante hatte eine Idee, denn sie vertrat die Meinung, dass ihr im wesentlichen aus Wiese und ein paar Bäumen bestehender großer Garten ein seit Jahren ungenutztes Gelände sei, wenn man den ständigen pflegenden Eigenanteil nicht als notwendige körperliche Ertüchtigung werten wollte. Zumindest gegenüber Volker Mendes war sie zu einem umfangreichen Gartenfest entschlossen, bei dem sie sich von keiner Behörde hineinreden lassen wollte. Der Personenkreis sei leicht einzugrenzen und käme sich auf dem großen Gelände nicht in die Quere.
Liebe Tante, sagte Karin Bruckner, bitte lass uns das mal ganz vorsichtig zusammenrechnen an wen Du da alles gedacht hast. Ich gehe mal davon aus dass es nicht die gesamte Uni ist.
Na ja,- da bist ja mal Du und der Raoul Conte. Der Patricio kommt hinzu, da er ja zumindest temporär hier wohnt und der Volker natürlich und ich dachte auch an die beiden Herren Klaus Ludwig und Peter Delius, weil die doch den meisten Kontakt mit Raoul und Volker haben.
Hättest Du was dagegen, wenn mein Studienkollege Bernd Speicher und seine Freundin hinzukämen?
Nein, wenn das doch nette Leute sind und wir müssen das natürlich gemeinsam finanzieren oder es bringt halt jeder einen Salat mit, wie man das doch heute so macht. Denk bitte auch an Raouls Schwester Maria.
Aber ja,- natürlich. Hat die eigentlich einen Freund?
Das weiß ich nicht, aber Raoul meint eher nein.
Könnte man vielleicht auch mal ändern sagte die Tante ein wenig wie zu sich selbst.
Womit wir vorerst mal bei 9 Personen wären, aber Du weißt liebe Tante, dass hier kein Familienfest geplant ist und auch nicht unbedingt ein Ersatz für das abgesagte Uni-Fest, denn das ist einfach nicht zu leisten.

Das ist mir klar, aber Du weißt auch, dass ich immer gerne Leute zusammengebracht habe und wenn das so ein bisschen auch ein gesellschaftliches Ereignis wird, dann finde ich das doch ganz attraktiv.

Ich weiß, sagte Karin Bruckner und sehe schon die Überschrift in der Presse: „Private Gartenparty mit Honoratioren trotz Kontaktbeschränkungen"

Ach was, sagte die Tante,- wir halten uns doch an die Vorgaben und außerdem laden wir die Presse auch ein.
Ach ja,- nicht schlecht, denn die kann dann live berichten.
Kindchen,- das ist jetzt alles ein bisschen viel auf einmal. Ich werde mich mit Volker, also Deinem hoch geschätzten Professore in der Sache besprechen.

Tante Martha, das kannst Du selbstverständlich machen, aber der Volker organisiert nicht gerne und wenn Du ihn nicht quälen willst, wovon ich ausgehe, dann lass das mal Raoul machen. Wir holen uns den Bernd Speicher dazu, denn der kennt sich mit Sponsoring durch seinen Motorsport aus und dann schaun wir mal, was wir aus Deiner Idee machen, denn ein Motto brauchen wir schon für das Sponsoring. An die große Glocke würde ich das jetzt übrigens noch nicht hängen.
Und warum bitte?
Weil Du sonst schlafende Hunde weckst und vermutlich laden wir am besten auch gleich noch die Polizei mit ein.
Das ist eine gute Idee, zumal der Thomas Roth ein alter Freund von mir ist.

Liebe Tante,- das ist jetzt der Moment, wo mir das auch ein bisschen zu viel ist. Wir kriegen das hin, aber ich brauche da auch ein bisschen Ruhe und zumindest zwei gute Organisatoren.

Ela,- was ist denn eine SA?

Wie,- die SA oder eine SA?
Eine natürlich!
Das ist so weit ich weiß eine unternehmerische Organisationsform in Spanien so wie bei uns z.B. eine GmbH.
Aber es ist nicht das Gleiche?
Nein, wohl eher nicht!
Also ich weiß nicht, ob ich denen trauen kann. Sie haben mir so etwas wie eine Zusammenarbeit angeboten, sagte Sawatzky.
Papa,- Du hast doch schon ein paar Spanien-Touren im Jahr.
Das ist es ja, weil sich das vielleicht ausdehnen ließe. Sie haben sogar angeboten, sich mit ihren Fahrzeugen zu beteiligen, wenn sie unsere Verbindungen nutzen dürfen, aber so richtig verstanden habe ich das ehrlich gesagt nicht.
Wer hat Dir das denn überhaupt übersetzt?
Der Repetto, der Anwalt. Du weißt doch, dass meine Sekretärin gekündigt hat, weil sie mit ihrem derzeitigen Lebensabschnittspartner in ein anderes Bundesland gezogen ist.

Ich weiß, aber die konnte ja auch kein Spanisch und der Repetto ist doch Italiener oder sehe ich das falsch?
Ja,- hat er auch selbst nochmal betont und hinsichtlich seiner Übersetzung zur Vorsicht gemahnt.
Hat er das? Ja,- hat er!
Und Du hast trotzdem nicht die Absicht, in dieser Sache ein Übersetzerbüro zu kontaktieren?, denn sowas gibt's nämlich. Zumindest macht das Sinn, wenn Du antworten willst.
Warte mal, sagte Sawatzky und suchte nach seinem Geldbeutel, wo er die Karte verstaut hatte. Hier,- wer sagt's denn und Sawatzky griff zum Telefon, während seine Tochter seit gut über einer Stunde bemüht war, eine gewisse Ordnung in die Frachtpapiere und die bereits bezahlten Rechnungen zu bringen.
Ja,- äh,- hier Anton Sawatzky. Spreche ich mit Fr. Conte?
Ja,- verehrter Retter aus der Not mit dem guten Kaffee aus der Führerhauskabine. Hier ist Maria Conte und was kann ich denn für Sie tun?
Sie werden es nicht glauben, aber ich habe hier ein kleines Problem mit dem Anschreiben einer spanischen Firma. Einiges habe ich verstanden, aber nicht alles, weshalb ich darauf nicht angemessen antworten kann.
Dann gibt es zwei Möglichkeiten, sagte Maria Conte oder sagen wir mal vier: Entweder Sie faxen mir den Text einfach zu oder Sie scannen ihn und senden ihn per Mail. Wenn Sie Smart-Phones lieben, dann fotografieren Sie damit den Text und senden ihn mir per Whats-App. Die erforderlichen Nummern gebe ich Ihnen. Die vierte Möglichkeit ist folgende: Ich habe meinem Bruder versprochen, einen größeren Text für ihn abzutippen und bin dann buchstäblich in Ihrer Nähe, wenn ich mich nicht irre.
Nein nein, Sie irren sich nicht, denn von hier bis zur Uni ist es nicht weit.
Gut,- sagte sie, dann könnte ich so um 15 Uhr bei Ihnen sein.
Ja,- das wäre natürlich toll, aber haben Sie denn die Postanschrift von meinem Firmensitz?
Sie werden es nicht glauben, aber ich hatte mich nach unserer ersten Begegnung schon mal sachkundig gemacht. Also 15 Uhr hatten sie gesagt? Sie müssen dann hier durch den ganzen Hof an der Halle vorbei und vorab schon mal ganz lieben Dank, sagte Sawatzky, während er merkte, dass seine Tochter ihn schon eine Weile aufmerksam betrachtet hatte.
Papa,- das war aber kein Übersetzerservice. Wer ist denn diese Frau Conte?
Jetzt hör mal, Du bist aber vorwitzig und Sawatzky erzählte seiner Tochter von der Begegnung mit Maria Conte, wobei er peinlich bemüht war, dieSache völlig normal erscheinen zu lassen.

Du hast gesagt, sie muss ohnehin in die Stadt, um ihrem Bruder einen Text abzutippen und der Bruder heißt dann nicht zufällig auch Conte oder, besser noch, Raoul Conte?
Ja, das hat sie gesagt.
Dann handelt es sich bei Eurer Begegnung vermutlich um die Schwester von Prof. Raoul Conte, denn so viele von der Sorte wird es ja wohl auch nicht geben. Der Bernd, also der Bernd Speicher, der hat mir mal erzählt, dass sein Prof. Mendes und der Conte befreundet seien und Conte käme aus Kolumbien und sei mal ein Guerillero gewesen.
Ela, Du überforderst Deinen alten Vater schon wieder mit einer Informationsflut. Ich bin froh, wenn sie mir das Schreiben von dieser spanischen SA übersetzt und das war's dann.
Auf diesen Übersetzerservice bin ich mal gespannt, sagte Sawatzkys Tochter und kicherte.
Und ich bin mal gespannt auf die von Dir versprochene Ordnung in den Papieren hier, sagte Sawatzky und war bemüht, das Gespräch zu beenden. Papa,- hast Du dir mal Gedanken um ein bisschen Werbung gemacht?, sagte sie nach einer Weile.
Wie?---Werbung?
Ich meine eine Werbung, die in die Zeit passt.
Das verstehe ich jetzt nicht ganz, denn unsere beste Werbung ist, wenn wir pünktlich liefern!
Und das mit der Umwelt ist Dir egal.
Ist es mir gar nicht, aber was soll ich bitte machen? Soll ich elektrisch fahren und wenn ja----wie?
Papa,- jetzt mal im Ernst, Du könntest es z.B. mal mit klimaneutralen Lieferungen versuchen.

Sawatzky starrte seine Tochter fassungslos an. Also per Luftpost geht es noch nicht oder was meinst Du mit neutral?
Pass auf,- das geht folgendermaßen: Du lieferst Deine Fracht zum Kunden. Dafür brauchst Du ungefähr 300 L Diesel, um mal eine Zahl zu nennen.
Und dann?
Dann kompensierst Du den Spritverbrauch, indem Du steuerbegünstigte Klimaprojekte unterstützt.
Aber ich zahle doch wegen dem Klima schon eine geraume Zeit lang mehr für den Diesel, weiß aber nicht, was daran neutral sein soll! Sag mir mal, wann eine Sache Deiner Meinung nach neutral ist, aber komm mir nicht mit den Neutrinos aus der Quantenphysik.

Papa,- das ist jetzt Spiegelfechterei, denn Du weißt doch was gemeint ist. Nein,- weiß ich gar nicht, denn ich brauche für einen neutralen Wert mindestens zwei Referenzwerte nach oben und nach unten, damit ein „Dazwischen" entstehen kann, das übrigens deshalb noch keineswegs neutral ist. Wir können den LKW-Verkehr auch aufgeben und Schiff und Bahn bevorzugen, aber ich sehe in Zeiten von „just in time" hierzu wenig Bereitschaft. Wenn die Post jetzt nur noch mit elektrischen Lastenfahrrädern herumfährt, dann ist das o.k.. Ich werde es aber mit dem Lastenrad und 20 Tonnen Gewicht im Rücken eher nicht bis nach Flensburg schaffen und mir ist vollständig unklar, mit welchem Referenzwert ich mir meine Klimaneutralität erkaufen kann. Das ist nämlich ähnlich wie bei den CO^2-Zertifikaten die verkauft werden, wobei dafür gesorgt wird, dass der Dreck nun anderswo gemacht wird.
Papa,- Du bist zu pessimistisch.
Kann sein, aber ich bin nicht uneinsichtig. Eine Idee muss mich aber auch technisch überzeugen, weil ich das ansonsten glauben kann oder auch nicht. Was übrigens den Glauben angeht, so empfehle ich in diesem Zusammenhang eher die Zuständigkeit der Kirche, weil sie in dieser Frage eine 2000-jährige Erfahrung hat.
Und warum gehst Du dann nicht öfter mal in die Kirche?
Weil ich mich meines Glaubens nicht immer neu versichern muss. Und woran glaubst Du, wenn ich mal fragen darf?

Sawatzky schwieg eine Weile und sagte dann:
Ich kann Dir zumindest sagen, woran ich nicht mehr glaube und das ist eine ganze Menge und hat vielleicht auch mit meinem zunehmenden Alter zu tun.
Und woran glaubst Du nicht mehr?- fragte sie und Sawatzky spürte den Ernst ihrer Frage.

Ich glaube schon einige Zeit lang nicht mehr daran, die Gesellschaft in der ich lebe, als ein Ganzes zu verstehen und erfassen zu können. Verstehst Du was ich meine? Da ist z.B. diese seltsame Betulichkeit, die uns einzureden versucht, dass wir bislang uns selbst und den ganzen Rest immer völlig falsch verstanden und interpretiert haben, was wir deshalb jetzt schnellstmöglich ändern müssen.

Papa,- wenn der Prof. Ludwig seinen Aristoteles-Vortrag hält, könntest Du doch mitgehen. Sawatzky hatte die ganze Zeit gestanden, weil er schon seit geraumer Zeit auf die Toilette gehen wollte, aber jetzt ging er wortlos zu seiner Tochter und als sie aufstand, nahm er sie in die Arme. Du wirst das im Gegensatz zu mir alles einmal viel besser verstehen, sagte er.

Die koreanische Pianistin

Yeol Eum Son spielte das 1. *Klavierkonzert von Brahms* mit der von den Asiaten gewohnten Brillanz und als Zugabe nach einem Tanz von Prokofjeff und eine wilde Interpretation von Mozarts *Türkischem Marsch.*
Ist Dir aufgefallen, sagte Wendler zu Hellweg, dass mal ganz unabhängig von der charmanten Dame mit ihrem höchst gewagten Kleid, der olle Brahms hier etwas komponiert hat, womit er sich fast zwanghaft von seinen Zeitgenossen unterscheiden will.
Du denkst hier vermutlich schon an den ungewöhnlichen Beginn mit dem Trommelwirbel.

Ja,- daran auch, aber es gibt auch ganze Passagen, wo der Klavierpart nicht wirklich festgelegt scheint. Er hat etwas Suchendes, etwas Experimentelles, etwas, was der Beethoven´schen Apodiktik widerstreitet.
Widerstreiten ist ein schönes Wort, sagte Hellweg, ein Wort der alten Sprache, welches kaum noch genutzt wird. Du hast überhaupt eine alte Sprache. Ist Dir das schon mal aufgefallen?
Nein,- mir ist das nicht so präsent, sagte Wendler, aber im Umfeld der Beschreibung von klassischer Musik, die im Falle von Brahms ja zugleich Romantik ist, da macht es doch durchaus einen Sinn. Es sind ja gerade die Töne, deren ständiges Miteinander als nonverbale Kommunikation auch widerstreitend in Erscheinung treten. Denke doch nur mal an Bachs Kontrapunktik. Sie ist vermutlich das, was in alle Ewigkeit nicht vergehen kann und damit so eine Art von Gottesbeweis.
Du bist optimistisch, sagte Hellweg, denn die Pessimisten gehen eher davon aus, das von uns höchstens der Atommüll übrig bleiben wird.
Der natürlich auch, sagte Wendler und lachte. Sie waren eigentlich in redaktionellem Auftrag unterwegs, aber beide verband eine große Liebe zur klassischen Musik, so dass dieser Spätnachmittag für sie nicht ernsthaft unter der Rubrik Arbeit verbucht werden konnte.
Weißt Du, sagte Hellweg, die europäische und gerade auch sehr speziell deutsche Kunstmusik hat einerseits kein Pendant, aber ich gehe nicht so weit, die gesamte sog. U-Musik als Müll zu bezeichnen.
Wie kommst Du jetzt darauf?
Na ja,- ich sah vor einiger Zeit einen Film über das Leben von Frank Sinatra und mir war eigentlich nicht bewusst, dass ich bei weitem nicht alle seine Songs je gehört hatte. Da gibt es bei ihm viele gelebte und besungene Traurigkeiten, wobei Sänger und Text eine Symbiose eingehen, die sich dem Kitsch verweigert. Man spürt bei einer Reihe seiner Lieder, wie dieses Amerika sich mal verstand und

vielleicht immer noch versteht. Das ist dieser sehr spezielle Sound-Track einer im Grunde optimistischen Gesellschaft, die noch an sich glaubt und dabei dem unvermeidlichen Schmerz die Chance melodiöser Bewältigung einräumt. Zur Sprache kam in dieser Sendung auch Sinatras Engagement gegen den zu seiner Zeit noch sehr virulenten Rassismus in den USA, wo ja nicht mal die eingewanderten Italiener als Weiße galten
Bist Du der Meinung, dass sie das überwunden haben?
Das weiß ich nicht, bin aber sicher, dass die aktuellen Zuspitzungen als *Black Lives Matter*-Ideologie wenig hilfreich sind. Wir Deutschen haben ja ein vom Nazi-Faschismus geprägtes Bild dessen, was wir unter Rassismus verstehen,- zumindest dachte ich das mal. Wenn jetzt aber Kulturkritik zu Rassismus mutiert, dann läuft etwas aus dem Ruder.
Ich denke, Amerika ist eine Nation der Großzügigkeit, wenn man mal von ihrem pathologischen Kommunistenhass absieht, der dort ein Teil der Kultur ist und ich denke auch, dass man als qualifizierter Zuwanderer immer noch gute Chancen hat, wenn man schlicht und ergreifend bereit ist, Amerikanerin oder Amerikaner zu werden. Vielleicht geht es ja auch anders, aber dann wird es wohl schwierig mit dem *American Dream.* Außerdem bist Du für deine Krankenversicherung und Deine Altersvorsorge auch selbst verantwortlich. Das muss man nicht gut finden, ist aber Teil der Tradition.
Weißt Du, sagte Wendler, der um sein überwundenes Rauchbedürfnis zu befrieden einen Zahnstocher zwischen den Lippen hin und her bewegte,- ich habe hinsichtlich des Selbstwertgefühls der Amerikaner als Nation mittlerweile einige Bedenken.
Und warum?
Na ja,- sie gewinnen schon seit einiger Zeit ihre Kriege nicht mehr und ihre Drohgebärden werden schwächer,- unglaubwürdiger. Das ruft neue Player auf den Plan, die zugleich ein völlig anderes Werteverständnis als das der bisherigen westlichen Führungsmacht und ihrer Verbündeten artikulieren, was dauerhaft nicht ohne Folgen bleiben wird und kann.
Sie hatten schon geraume Zeit in Wendlers Auto gesessen, ohne den Motor zu starten. Es war angenehm warm und die Seitenscheiben waren heruntergelassen, während ein Trupp von Bühnenbauern bereits dabei war, die Holzkonstruktion der Bühne zu zerlegen, was wohl noch eine Weile dauern konnte.
Worauf hat sie eigentlich gespielt, die kleine Koreanerin?- sagte Wendler nach einer Weile.
Es war ein Stainway & Sons, sagte Hellweg. Immerhin noch nicht in China gebaut.
Und wenn irgendwann doch?- sagte Wendler.

Dann werden längst auch chinesische Interpretinnen und Interpreten den europäischen Kulturraum erobert haben und sie werden ihn im Gegensatz zu den Europäern verteidigen, weil sie, von weither kommend, von seiner Einmaligkeit überzeugt sind.

Volker Mendes wusste nicht mehr,
wann es das letzte Mal gewesen war, dass er das Auto zu einer Spazierfahrt genutzt hatte. Die Reisen zu gelegentlichen Vortragsveranstaltungen waren allerdings auch nicht immer nur anstrengend gewesen. Man traf in der Regel nette Kollegen, die ein wenig herumgekommen waren und die Veranstalter waren gelegentlich auch um ein kleines Rahmenprogramm bemüht. Er hatte es oft vorgezogen, sich die ihm unbekannten Städte zu Fuß, zumindest aber ihren historischen Kern zu erschließen. Das hatten sie damals immer so gemacht, als seine Frau noch gelebt hatte.
Warum er zuvor noch nie in Bremen war, hätte er nicht sagen können, aber Tante Martha war bestens gerüstet und fest entschlossen, ihrem Begleiter die Stadt zu präsentieren, wenn er denn den Part des Transportes und der Unterbringung übernehmen würde.
Das waren irgendwie vertraute Rollen. Schließlich hatte er sich ja auch nicht erst auf etwas einlassen müssen, denn der Vorschlag war von ihm gekommen. Martha Reger wusste um seine Unsicherheit, aber sie hatte auch gespürt, dass sie ihm nicht gleichgültig war. Beide hatten sie sich als Mann und Frau nicht aufgegeben und deshalb entsprechend wahrgenommen.
Dieser gemeinsame Ausflug konnte ein bisschen auch als Test herhalten, wenn es denn tatsächlich dazu kommen sollte, dass sie sich beide in Italien auf die Spuren der Etrusker begeben sollten. Das war aktuell aus einer ganzen Reihe von Gründen noch nicht einzuschätzen. Mendes hatte es geschafft, ein Doppelzimmer in einer Pension zu buchen, die es mit den Vorschriften nicht so genau nahm, wobei er sie beide als Ehepaar hatte ausgeben müssen. Da war er einen Moment lang unsicher gewesen, fast wie ein Verräter, aber das war albern und er wusste das, weshalb er es verdrängen konnte.
Bedenken hatte er eher wegen der Fahrerei. In den letzten Jahren hatte er bei sich eine gewisse Unlust am Fahren ausfindig gemacht. Das war nicht immer so gewesen; aber es lag vielleicht auch daran, dass er zurückliegend mehrfach wegen zu schnellen Fahrens ein Strafmandat erhalten hatte, was ihn nicht geärgert hätte, wenn er bewusst zu schnell gefahren wäre, aber es war in allen Fällen jeweils außerhalb geschlossener Ortschaften gewesen, wo sich für ihn erinnerlicherweise kein Grund hatte finden lassen, nun plötzlich nur noch 70 km/h zu fahren. Er empfand nicht alle Begrenzungen als ärgerlich, aber einige schon und ihn störte

das hohe Strafmaß, das sich auf nicht nachvollziehbare Kleinigkeiten bezog und als Gängelung zu interpretieren war.
Er hatte mit Raoul Conte drüber diskutiert und der sah darin einen Teil des vorfindlichen Erziehungsmoralismus, den die Betroffenen als Kränkung empfinden mussten. Immerhin unterstellt man ihnen ja eine Gefährdung der öffentlichen Ordnung und Sicherheit, was in einer Vielzahl der Fälle nicht nachvollziehbar ist. Mendes hatte deshalb nur noch wenig Interesse an individueller Fortbewegung, hätte liebend gerne die Bahn vorgezogen, hatte das auch mehrfach versucht und war mehrfach gescheitert.
Andererseits würde mit Martha eine Situation entstehen, wie er sie vor Jahren ähnlich mit seiner Frau erlebt hatte, als sie sich den einen oder anderen Teil der Republik oder Europas zu erschließen suchten, aber damals war es einfacher, hatte er sich eingeredet. Sein Wagen war in die Jahre gekommen und hatte schon lange keine zusammenhängende Strecke mehr unter den Rädern gehabt. Genau genommen hatte er mit einer solchen Möglichkeit nicht mehr gerechnet, nahm sie aber an, weshalb es eigentlich keinen Anlass für größere Bedenken gab. Was konnte denn passieren? Der Wagen konnte stehen bleiben. Dann würde er den Automobilclub anrufen. Sie konnten sich streiten, aber warum und worüber? Das Wetter konnte sich verschlechtern, aber die Erde würde sich vermutlich immer noch drehen.

In diese Überlegungen hinein klingelte das Telefon.
Volker,- hier ist Raoul. Wir machen bei mir am Abend ein Käsefondue und wollten Dich fragen, ob wir Dich in Begleitung einladen dürfen?
In welcher Begleitung?
Volker, Deine Schauspielkunst hält sich in überschaubaren Grenzen. Wir erwarten Euch um 19 Uhr oder auch schon früher und wenn die Martha nicht kann, dann komm halt alleine.

Währenddessen hatte Karins Tante mit Patricio ein Gespräch in mindestens drei Sprachen geführt, was sich bei beiden mittlerweile zu einer multilinguistischen Übung gestaltet hatte, an der beide einen gewissen Gefallen fanden; aber Patricio wollte am folgenden Tage gleich wieder nach Köln weiterreisen und war ein wenig besorgt, weil es um ein wichtiges Seminar ging, für das er einen Abschluss benötigte und er brauchte eine sichere Verbindung und wollte schon gegen 6 Uhr in der Frühe losfahren, um ganz sicher pünktlich anzukommen.
In diesem Moment klingelte das Telefon und es zeigte sich, dass es der Tante nicht an Flexibilität mangelte.

Ach ja,- da freue ich mich aber. Holst Du mich dann ab Volker?, fragte sie. Aber natürlich, - ich bin so gegen 18:45 bei dir.

Sawatzky hatte gerade

einen Blick in die Zeitung geworfen, als es an der Bürotür klingelte. Es war exakt 15 Uhr und als er die Zeitung weglegte und gerade öffnen wollte, war ihm seine Tochter schon zuvorgekommen. Mein Gott, dachte er, die sollte doch auf ihrem Zimmer sein und arbeiten, aber der Vorwitz hatte sie geplagt und sich mit einer gewissen Ahnung vermischt, denn ihr Vater war ihr bei seinem Bericht über das Zusammentreffen mit dieser Frau Conte seltsam verlegen erschienen. So kannte sie ihn gar nicht, zumal er sonst eine äußerst knappe Telefonkultur pflegte.
Als sie die Tür geöffnet hatte und Maria Conte sah, erinnerte sie sich einer freundlichen spanischen Begrüßungsformel: Buenos dias adelante, sagte sie und Maria Conte sah sie überrascht an.
Ich dachte, ich solle hier etwas übersetzen, aber mir ist wohl jemand zuvor gekommen. Sie sind doch bestimmt die Tochter von Herrn Sawatzky, denn so ganz verleugnen können Sie das nicht.
Ja,- mein Name ist Ela. Ich heiße Maria und wo haben Sie denn Spanisch gelernt?

Nur ein bisschen mal in einem Spanien-Urlaub, als meine Eltern noch zusammen waren, aber das ist auch schon einige Zeit lang her.
Bei uns in Kolumbien und überhaupt in Südamerika, da verschluckt man gerne nicht nur ganze Silben, sondern manchmal ganze Worte. Soll ich Ihnen mal sagen wie Sie dort begrüßt werden?: Buenodiadelante! Zusammenhängend und das auch nur genuschelt.
Mittlerweile war Sawatzky im Flur erschienen und jetzt wusste seine Tochter, dass sie sich nicht geirrt hatte, denn ihr Vater wirkte unsicher und zugleich irgendwie hoch konzentriert.
Ich habe vorsichtshalber schon mal Kaffee gekocht, sagte er, aber ich kann auch Tee machen.
Nein,- vielen Dank! Kaffee ist schon o.k. Mein Gott, was haben Sie denn da alles in der großen Halle untergebracht. Ich habe schon gedacht sie nimmt kein Ende als ich da vorbeigefahren bin.
Na ja,- meine LKW´s halt. Die sind natürlich selten alle zusammen in der Halle, aber ich kann Ihnen das ja später mal zeigen. Einen von den Ungetümen kennen Sie ja schon.
Ja, sagte sie, dass ist der mit der guten Kaffeemaschine im Führerhaus und sie lachte wieder auf diese Weise, die Sawatzky an ihr so mochte.
Seine Tochter hatte sich still zurückgezogen, wobei ihr eingefallen war, dass es

beim Bäcker um die Ecke ausgezeichnete Schokoladen Croissants gab. Papa,- soll ich uns drei Croissants besorgen, sagte sie.
Du bist ein Schatz, antwortete Sawatzky, dem der Vorwitz seiner Tochter zwar peinlich war, aber ihre Idee mit den Croissants war zumindest aufmerksam. Maria Conte hatte sich mittlerweile das Schreiben vorgenommen und um ein Blatt Papier und einen Kugelschreiber gebeten. Als Sawatzky sie beim Schreiben beobachtete, fiel ihm ihr sehr schwungvolles Schriftbild auf und ihm war vor Jahren schon einmal bei einer ihm bekannten Französin diese im Grunde sehr romantische Schreibweise aufgefallen. Es kann schon sein, dachte er einen Moment, dass es im Süden eine andere ästhetische Konstitution gibt, eine besondere, jeweils indigene Ästhetik. Es musste sich da etwas entwickelt haben, was etwa die Italiener dazu gebracht hat, besonders schöne Autos und Motorräder zu bauen.
Also,- sagte Maria Conte nach einer Weile etwas gedehnt. Das hier ist ein wenig umständlich formuliert, aber die Zusammenarbeit, die man Ihnen da freundlicherweise anbietet, möchte an Ihrem prozentualen Gesamtergebnis beteiligt werden. Wenn Sie mich fragen, so gefällt mir das gar nicht. Die wollen das wie ein Genossenschaftsmodell aussehen lassen, aber das ist es in diesem Falle nicht, weil das eine ganz andere Organisationsform voraussetzt.

Was sollte ich denen denn antworten?, sagte Sawatzky.
Dann brauche ich ein neues Blatt Papier oder lassen Sie mal,- ich nehme einfach die Rückseite. Können Sie meine etwas romantische Schrift lesen?
Kann ich, sagte Sawatzky, aber sagen Sie mal, wer hat den Begriff romantisch gebraucht?
Mein Bruder natürlich. Der will ja immer nur ganz konkret sein als Soziologe, ist aber selber ein Romantiker, was er natürlich nicht gerne hört.
Sie schrieb ein paar Sätze und sagte dann: Tippen Sie das auf Ihr Geschäftspapier oder senden sie es als Mail. Das ist dann höflich und bestimmt, jedoch in der Sache ablehnend. Also zumindest ich würde mich darauf nicht einlassen.
Sie kennen sich im Geschäftsleben aus, sagte Sawatzky. Das ist hier in meiner Firma der Schwachpunkt, denn ich mache das alles selbst, weil meine Sekretärin in ein anderes Bundesland gezogen ist, wobei mir meine Tochter allerdings hilfreich zur Seite steht und natürlich auch die Steuerberaterin. Das muss ich wirklich sagen.
In diesem Moment klingelte Maria Contes Telefon. Ja, - Raoul, was gibts? Wo ich gerade bin? Hier im Ort bei der Firma Sawatzky und dann komme ich wegen Deiner Sache. Ich habe Dich nicht vergessen. Warum nein? Was?,- Käsefondue wollt Ihr machen. Nicht schlecht, aber ich komme dann schon ein bisschen vor 18 Uhr, weil das hier nicht so lange dauert. Du bist aber vorwitzig. Hier geht es

gerade um eine Übersetzung. Keine große Sache, aber der Herr Sawatzky hatte mich kürzlich aus einer etwas unangenehmen Situation befreit und so kann ich mich wenigstens ein wenig revanchieren. Du weißt wer das ist? Ja,- genau und in dessen LKW´s gibt's sogar eine hervorragend funktionierende Kaffeemaschine. Wie? Da muss ich ihn mal fragen.
Maria Conte hielt das Telefonmikrofon mit der Hand bedeckt, sah Sawatzky lachend an und sagte dann: Mein Bruder ist der Meinung, dass ich Sie unbedingt mitbringen soll, wenn sie denn Käsefondue mögen und wissen Sie was, die Idee ist klasse und ich werde Sie als Überraschungsgast vorstellen.
Ja,- das geht schon sagte Sawatzky ein wenig unbeholfen und bevor er weiterreden konnte, hatte Maria ihr gemeinsames Treffen zugesagt. Er würde noch ein paar Telefonate abzuwickeln haben, würde sich umziehen müssen, im Keller einen guten Rotwein suchen und sich auf ein Abenteuer einlassen, mit dem er nicht gerechnet hatte, wobei er ein wenig vergaß, dass das Wesen aller Abenteuer im Bereich von Unberechenbarkeiten liegt.
Na ja,- sagte Maria Conte, mein Bruder scheint es nicht so eilig zu haben mit den Sachen, die ich da für ihn abtippen soll. Das sind ja meist lange und komplexe Texte und ich bin dabei schon selbst fast zu einer Soziologin geworden. Zeigen Sie mir mal noch ihren Fuhrpark?, sagte sie.
Sawatzkys Tochter hatte mittlerweile die Schokoladencroissants besorgt und Sawatzky selbst entspannte sich etwas, durfte aber seine Tochter nicht ansehen, weil er das Gefühl nicht loswurde, dass sie unentwegt grinste. So ein Grinsen, dachte er, ist bei Politikern in der Regel ein Ausdruck von Dummheit oder Verschlagenheit, aber er hielt seine Tochter weder für dumm noch für verschlagen. Allerdings schien sie es zu genießen, ihren sonst sehr souverän wirkenden Vater etwas verunsichert zu erleben und das war irgendwie verständlich.
Diese Maria Conte war eine typische Südamerikanerin im besten Sinne des Wortes und es tat ihrem Vater offensichtlich ganz gut, mal zur Abwechslung von einer Frau verunsichert zu werden. Er vergrub sich ja meistens in seine Arbeit, was für die Firma nicht schlecht war, aber ihr war aufgefallen, dass sein gelegentlich etwas vordergründiger Humor eigentlich Sarkasmus war, der einen emotionalen Charme nur vortäuschte. Das konnte er unter diesen Umständen nicht in Anwendung bringen und das machte ihn unsicher.
Was machen Sie denn mit diesem Militärfahrzeug?, fragte Maria Conte.
Ich fahre ein bisschen damit herum und mache mich nicht nur beliebt damit.

Der sieht sehr amerikanisch aus, sagte sie.
Ja, das ist ein Hummer, wie er von den Amis in fast allen Kriegs- und Krisengebieten eingesetzt wird, in denen sie zugange sind. Eine sehr einfache und

logische Grundkonstruktion und dadurch auch sehr einfach zu reparieren oder umzubauen. In die Zeit und vor allem nach Deutschland passt so ein Auto natürlich nicht und dies nicht nur wegen seiner ursprünglich militärischen Bestimmung, sondern weil ich damit zu jemandem werde, der den Weltuntergang angeblich empfindlich beschleunigt.
Sagen Sie mal,- könnten wir mit diesem Auto nachher zu meinem Bruder fahren?

Das können wir gerne, sagte Sawatzky und lachte.

Meine sehr verehrten Damen und Herren,

sagte Professor Peter Delius. Ich bitte zunächst einmal um Entschuldigung für die angeordnete Video-Konferenz, wobei ich jeden technischen Fortschritt begrüße, der eine Kommunikation auch unter erschwerten Bedingungen ermöglicht. Ich bin deshalb hier und heute nicht nur über den Server der Uni zu empfangen, sondern es sind auch zumindest einige Schulen und Behörden zugeschaltet, wobei ich um Verständnis dafür bitte, dass ich jetzt keine Vorlesung aus wissenschaftlich-medizinischer Sicht halte. Ich bin aber gebeten worden, im Zusammenhang mit der Verfügbarkeit von Impfmitteln, von denen es nun ja einige gibt, die in und aus verschiedenen Ländern angeboten werden, ein paar Worte zum Stand der Dinge zu sagen. Dabei möchte ich ganz ausdrücklich betonen, dass es sich hierbei um meine ganz persönliche Sicht handelt, die niemand teilen muss.
Ich erlaube mir zuvor nochmals auf einen wichtigen Sachstand oder nennen wir es eine Erklärung hinzuweisen.
Diese Erklärung betrifft die Weltgesundheitsorganisation WHO, die in 2016 den bisherigen Pandemie-Begriff für obsolet erklärte. Wie sie vielleicht wissen, war es zuvor nämlich so, dass mindestens 10% einer Bevölkerungspopulation nachweislich erkrankt sein musste, damit von einer Pandemie gesprochen werden konnte.
Dies ist nun aber nicht mehr der Fall und das bedeutet, dass im Grunde jede Regierung im Falle gehäuft auftretender Erkrankungen, gleich welcher Art auch immer, von einer Pandemie sprechen kann. Warum die WHO das gemacht hat, entzieht sich meiner Kenntnis. Ich weise aber darauf hin, dass die WHO keine unabhängige Organisation der UN ist. Hier gibt es eine ganze Reihe philanthropisch oder auch anders gesonnener Beteiligter, deren Wertung ich Ihnen überlasse. Nach meinem Wissensstand und mit Bezug auf Deutschland ist es so, dass zu keinem zumindest mir bekannten Zeitpunkt, bisher mehr als 1% der Bevölkerung erkrankt war. Bei aller gebotenen Skepsis auch hinsichtlich der Genauigkeit von Tests, war allerdings ein größerer Teil vorübergehend positiv infiziert. Warum

dieser größere Teil dann zum Teil nur geringe oder gar keine Symptome aufwies, wissen wir nicht.
Was wir seit vielen Jahren wissen, ist der überaus große Erfolg, den das Impfen im historischen Kontext auf die Volksgesundheit hatte. Wenn also jetzt ein oder mehrere Impfstoffe verfügbar sind, denen eine immunisierende Wirkung unterstellt wird, dann ist das zunächst eine gute Nachricht.
Zugleich muss ich hinzufügend sagen, dass alle bisherigen Tierversuche mit sog. RNA Impfstoffen unbefriedigend waren. Die jetzt zugrundeliegende sehr kurze Zeit für die Entwicklung eines neuen Impfstoffes, birgt ein Restrisiko, das derzeit kaum einzuschätzen ist.
Vielleicht hilft es, wenn ich Ihnen sage, dass ich mich impfen lassen werde, denn – und auch das gehört zur Wirklichkeit – es gibt bei jeder Impfung ein Restrisiko.
Die politischen Verlautbarungen, Statements, Verfügungen und Einschränkungen der bürgerlichen Freiheiten, sind aber zugleich in gleich mehrerer Hinsicht problematisch. Erstens machen sie auf mich den Eindruck einer großen Getriebenheit ohne einen echten katastrophischen Hintergrund und zweitens münden sie in einer ganzen Reihe von Fällen in den Bruch der geltenden Rechtsstaatlichkeit, aber dieses Thema überlasse ich den anderen Fakultäten. Ich bin als Mediziner zu einem Statement gebeten worden. Als Wissenschaftler hat sich mir eine pandemische Gesamtlage bisher nicht wirklich erschlossen. Zugleich bedeutet das nicht, dass die bewiesene Existenz eines in einer Reihe von Fällen gefährlichen Virus kein Grund zur Besorgnis wäre. Selbst wenn dabei eine auch nur kleine Population ernsthaft in Gefahr gerät, ist ein Teil des Aufwandes gerechtfertigt, der uns gerade sehr belastet, aber - und das ist wichtig - eben nur im Rahmen einer unanfechtbaren Nachweisbarkeit der Bedrohungslage.

Was die Impfmittel selbst anbelangt, so ist es verständlich, dass sich die Hersteller einen Gebrauchsmusterschutz sichern wollen. Im Falle einer unterstellt weltweiten und gefährlichen Pandemie, wie sie medial dargestellt wird, kann eine solche Rezeptur jedoch nicht kostentreibend zurückgehalten werden. Falls doch, so werte ich das als kriminellen Akt und noch etwas, wo ich schon wieder auf fremden Pfaden wandele: Wer sog. Testzentren betreibt und dabei die Dreistigkeit besitzt, sich mit hinzugeschwindelten Tests zu bereichern, der sollte mit Gefängnis bestraft werden, womit ich am Ende meiner Ausführungen angelangt bin.
Ich danke Ihnen für die Aufmerksamkeit und stehe noch für Fragen zur Verfügung.

Herr Professor, wenn ich Sie richtig verstanden habe, dann sind Sie von der Gefährlichkeit dieses Virus nicht unbedingt überzeugt, meldete sich jemand aus dem Kreise der zugeschalteten Teilnehmer.

Wissen Sie, sagte Delius, ich würde keinem Virus ein Unbedenklichkeitsbescheinigung ausstellen, zumal es sich ständig verändern kann. Ich nehme aber zur Kenntnis, dass unsere Krankenhäuser bislang zu keinem Zeitpunkt überlastet waren und auch eine Übersterblichkeit ist statistisch nicht nachweisbar,- zumindest aktuell nicht.
Sind Sie sich dann auch bewusst, dass Sie damit das Geschäft derjenigen betreiben, die das Virus leugnen?
Wer leugnet dessen Existenz? Ich bitte Sie, denn Sie müssten in diesem Falle auch Namen nennen, wenn Sie mich in eine solche Ecke rücken wollen.

Na ja,- was heißt hier Namen? Sie wissen doch, wer hier nur gemeint sein kann.
Nein, das weiß ich nicht, aber ich will Ihnen sagen, worin ich sehr sicher bin, auch ohne implizit Namen zu nennen. Es gibt nämlich ganz offensichtlich Nutznießer dieses Ereignisses, um mich mal so auszudrücken und die haben nicht das geringste Interesse an der Beendigung katastrophischer Berichterstattung.
Sie nennen jetzt ja auch keine Namen Herr Professor, aber wen meinen Sie denn mit den Nutznießern?
Das will ich Ihnen auch sagen, denn ich meine damit z.B. die großen Digitalkonzerne und ihre Derivate in erster Linie, sowie auf dem Fuße folgend die Hersteller medizinischer Produkte. Denken Sie doch nur mal an das Theater im Zusammenhang mit der Maskenpflicht im öffentlichen Raum.
Ich kann mich – wie noch vor Jahren geschehen – als Mediziner nicht hinstellen und deren Nutzlosigkeit proklamieren, um einige Zeit später dazu aufzurufen, diese Dinger massenhaft anzuschaffen. Verstehen Sie,- da macht man sich unglaubwürdig.
Und wenn Sie sich in der Sache irren Herr Professor?
Dann irre ich mich eben und stehe bei ausreichender Beweislast auch dazu!

Peter Delius tat sich schwer mit Videokonferenzen dieser Art. Ihm fehlte die körperliche Präsenz derer, mit denen er sich auseinandersetzte und deren virtuelle Wiedergabe auf dem Bildschirm hatte etwas Unwirkliches.
Herr Professor,- Sie haben gesagt, dass Sie sich impfen lassen werden, aber wie passt das denn zu ihrer eher beschwichtigenden Einschätzung der Lage?
Das will ich Ihnen auch gerne sagen, denn ich gehe als Mediziner zunächst einmal von den grundsätzlich positiven Erfahrungen aus, die wir historisch betrachtet mit dem Impfen gemacht haben. Deshalb unterstelle ich auch zumindest zum derzeitigen Zeitpunkt nicht, dass uns bewusst etwas grundsätzlich Schädliches verabreicht wird, was wiederum nichts über mögliche Nebenwirkungen sagt. Der andere Teil Ihrer Frage hat eine eher politische Dimension. Wäre nämlich die

Anzahl der möglichen Impfverweigerer sichtbar sehr groß, dann könnte die Politik Einschränkungen der bekannten Art gar nicht erfolgreich durchsetzen ohne Revolten zu riskieren. Sie weiß aber die Mehrzahl auf ihrer Seite dank medialer Dauerpropaganda.

Wie stellen Sie sich die künftige Entwicklung der Dinge vor?, lautete eine andere Frage.

Auch diese Frage birgt in sich zwei Ebenen. Aus medizinischer Sicht wird das Virus weiter mutieren, sich also verändern, um damit seiner Bekämpfung etwas entgegenzusetzen mit schwer einschätzbaren Folgen. Allerdings ist dieser Fakt auf alle Viren anwendbar. Die zweite Ebene ist wiederum eine politische, denn was heißt denn weitere Entwicklung außerhalb der viralen Bewegungen? Ein Dauerkatastrophenmodus ist aus meiner Sicht so wenig gerechtfertigt wie ein Dauerkrisenmodus. Da sind die Langzeitfolgen für eine Gesellschaft, die doch eigentlich demokratisch sein will, schon nicht ganz unerheblich, aber für eine soziologische Sicht der Dinge empfehle ich Ihnen meinen geschätzten Kollegen Raoul Conte.

Der Vorteil solcher Video-Veranstaltungen war immerhin, dass man bei fehlender körperlicher Präsenz der Teilnehmer auch nicht körperlich attackiert werden konnte, aber wenn Peter Delius ehrlich war, dann konnte er sich nicht beklagen, denn im Grunde war die Veranstaltung nicht schlecht gelaufen. Die Menschen waren verunsichert und gleichzeitig nur wenig bereit, der amtierenden politischen Klasse grundsätzlich zu misstrauen. Es fehlten in der Gesellschaft die Vermittler in Gestalt der zeitkritischen intellektuellen Neinsager. Solche Leute gab es natürlich, aber es waren derer zu wenige. Man bräuchte so etwas wie einen eigenen Sender, dachte er nach einer Weile und war sich zugleich bewusst, dass er sich schon wieder auf fremdem Terrain bewegte.

Als Frank Hellweg

und Friedhelm Kurz mit der Maske im Gesicht durch das fast leere Museum gingen, kamen sie sich idiotisch vor, aber das Personal war dringend gehalten, die Gäste bei Missachtung unverzüglich des Hauses zu verweisen. Das Thema der Ausstellung war hingegen interessant, denn gezeigt wurden vornehmlich französische Maler der Gegenwart, die sich der gegenständlichen Malerei verschrieben hatten. Das waren alles weitgehend unbekannte Namen, wenn man kein Fachmann war und damit natürlich auch für die Mehrzahl der Besucherinnen und Besucher. Es vermittelte sich bei diesen Bildern aber eine motivische Sehnsucht, die Suche nach einem erkennbaren Thema als einer Variation des Bekannten und Einschätzbaren.

Ich fühle mich jetzt keineswegs wie ein Nostalgiker, sagte Hellweg, sondern eher ein wenig befreit von diesem stets unausgesprochenen Anspruch, etwas verstehen zu sollen und zu müssen, was sich nicht erschließen will und kann.
Wie meinst Du das?, sagte Kurz. Ich war kürzlich in einer Arztpraxis und im Wartezimmer hing ein großes rechteckiges Wandgemälde, das in der Länge nach unten hing. Zu sehen waren je ein großer roter und ein schwarzer, das Querformat nicht vollständig nutzender, etwa 10 cm breiter und offenbar mit einem sehr breiten Pinsel aufgetragener Farbverlauf, der sich etwa mittig kreuzte. Darüber war in etwa 2 cm Abstand ein sich ebenfalls kreuzender brauner Faden an Metallstiften befestigt. Ich gebe zu, dass mich das zu längerem Hinsehen veranlasst hatte, aber eigentlich ausschließlich wegen der Kuriosität der Idee, die weiter keinen Inhalt transportierte.

Das ist eine der zentralen Fragen der modernen Malerei, welche die Inhaltsleere selbst als Inhalt beansprucht und sich dadurch jeglicher möglichen Kritik entziehen kann, sagte Kurz. Was immer jemand malt oder installiert,- es hat seinen Sinn in sich und reklamiert einen Respekt. Wird dieser verweigert findet sich der Verweigerer im Kreise vorgestriger Reaktionäre mit kryptofaschistischem oder wahlweise auch stalinistischem Kunstverständnis.
Wie nennst Du denn das, was wir hier gerade sehen?, sagte Hellweg, denn immerhin sollen wir ja auch etwas darüber schreiben.
Ich nenne das eine Art von Sehnsuchtsmalerei, die sich mit der erlebten Welt wieder versöhnen will und nicht in einer Groteske enden möchte, denn deren Aussage lautet: Ihr habt es nicht anders gewollt und jetzt könnt ihr herumdenken und interpretieren bis ihr schwarz werdet.
Die Städte, die wir sehen wollen, besuchen wir ja auch nicht wegen ihren kubistischen Mietskasernen, sondern wegen einer Baukultur, die einen, den Zweck des Wohnens nicht verdinglichenden ästhetischen Anspruch geltend macht, in dem wir uns als Kulturwesen wiederfinden. Und dabei gibt es sogar noch etwas Geheimnisvolles.
Und das wäre?, fragte Kurz.
Es gibt so etwas wie eine naturgeschaffene Ästhetik. Warum z.B. finden wir ein Gebirge schön?. Es ist meist zerklüftet und zerrissen, teilt Landschaften und Kontinente und ist nur mühselig zu überwinden. Warum begeistert uns ein besonders knorrig gewachsener, eigentlich unförmiger Baum? Zugleich aber finden Männer Frauen erwiesenermaßen dann besonders schön, wenn sie ein gleichförmig modelliertes Gesicht haben.
Friedhelm Kurz lachte. Ich wäre geneigt, diesen Fragenkomplex einer Philosophie der Ästhetik zuzuweisen, aber Du hast Recht. Das Schöne ist ein ganz

grundsätzliches Problem und es ist in sich auch beweglich, nicht starr, nicht festgelegt, wenngleich temporär als Ästhetik seiner Zeit wirksam.
Das Schöne in der Natur trägt wohl immer den Mythos des Überwältigenden in sich, dessen wir uns vermitteln wollen als ein Teil von alldem. Dabei kann eine Gebirgsformation genau so überwältigend sein wie eine Blüte oder ein Insekt. Es ist wohl das Staunen selbst, das wir ästhetisieren und das machen wir seit mehr als 30 000 Jahren wie an den Höhlenmalereien in der Dordogne leicht nachzuvollziehen. Dabei ist die Malerei dieser Zeit an einigen Stellen bereits abstrakt im Sinne ihrer das Wesentliche betonenden Dynamik.
Die Frage ist aber, was wir jetzt aus unserem Museumsbesuch machen?, sagte Hellweg.
Ganz einfach, sagte Kurz. Wir maulen ein wenig über die Maskenpflicht in nahezu leeren Räumlichkeiten, denen wir zugleich mehr Besucher wünschen und loben den Mut der Aussteller, die sich offenbar nicht haben einreden lassen, dass es völlig out ist, gegenständlicher Malerei einen Platz zu gewähren. Weiterhin habe ich Durst und schlage einen Besuch beim Ferdi vor.
Genial sagte Hellweg.
Was ist genial?
Na ja,- irgendwie alles was Du gesagt hat und der Vorschlag mit dem Ferdi verrät zudem gesunden Menschenverstand. Sei vorsichtig, sagte Hellweg, auch der ist nicht erst seit gestern in Verdacht geraten.

Sawatzky gefiel ihr.

Er hatte etwas Zupackendes ohne jede Hektik und Maria Conte beobachtete, wie er das Faltverdeck des Hummers befestigte. Es ist ja nicht wirklich kalt, sagte er, aber wenn ich Sie später wieder zurückbringe, dann ist es mit Sicherheit deutlich kühler, um mich mal vorsichtig auszudrücken. Ich habe hier auch noch ein Hardtop, aber wir machen es mal sportlich und er lachte.
Sie überlegte, wie alt er wohl sein mochte, kam aber zu keinem schlüssigen Ergebnis. So ein bisschen über 50 ist er schon, dachte sie, denn seine Tochter ist ja auch schon eine junge Frau.
Darf ich Sie einen Moment alleine lassen, sagte Sawatzky?, denn ich muss mich noch umziehen. Kein Problem, sagte sie, aber schalten sie doch schnell mal den PC an und dann schreibe ich Ihnen den Brief an die spanische SA. Haben Sie einen Geschäftspapiervordruck?
Ja, sagte er, einen kleinen Moment, aber das ist ja wirklich nett von Ihnen. In diesem Moment kam Ela Sawatzky mit dem Rad, schien in Eile und rief zu ihrem Vater gewandt: Ich fahre noch zu Bernd und bin dann dort zu erreichen, falls etwas sein sollte.

Ist o.k., sagte er, hatte die Maske mit dem Geschäftspapier gefunden und verzog sich in Richtung Bad, um sich ein bisschen zu waschen und umzuziehen. Dabei wurde ihm bewusst, dass er die Leute, zu denen er so plötzlich eingeladen wurde, gar nicht kannte und er griff zum Telefon, das er ins Bad mitnahm.
Carsten,- gut dass ich Dich erreiche. Pass mal auf,- ich bin gleich bei Prof. Conte eingeladen, was mir seine hübsche Schwester eingebrockt hat. Du kennst doch alle Leute und ich wüsste gerne mal, was ich da am besten anziehe.

Na,- eine Hose wäre schon mal nicht schlecht, sagte Spohn. Mensch Mann,- der Conte ist doch gut drauf und wer ist denn da noch eingeladen?
Wohl einige von seinen Bekannten. Ich weiß das nicht genau.
Dann zieh mal eine saubere Jeans an und ein Jackett. Sowas nennt man eine Kombination und auf keinen Fall einen Schlips. Jetzt bin ich aber vorwitzig, wie Du an Contes Schwester geraten bist. Ist sie hübsch?
Carsten, ---ein Traum, vor allem wenn sie lacht.
Ja sowas! Ich beneide Dich und wir müssen uns unbedingt so bald wie möglich wieder treffen.
Als der Hummer an Raoul Contes Wohnung vorfuhr, sorgte er für gewisses Aufsehen. Es waren wie immer vor allem die Kinder aus der Nachbarschaft und Sawatzky sagte lachend:
Manchmal dachte ich schon, ich mache den gleichen Wirbel mit dem Ding wie ein Saurier, aber eine Gegenüberstellung ist wohl leider nicht mehr möglich.
Der Gastgeber öffnete persönlich und Sawatzky erinnerte sich sofort, ihn schon mal gesehen zu haben, vermutlich ja auf einem Foto in der Zeitung. Conte begrüßte dann seine Schwester und zu Sawatzky gewandt bemerkte er:
Das ist ja ein unglaubliches Auto. Bisher kannte ich diese Fahrzeuge nur von Kriegsfotos und bei uns in Mittel- und Südamerika gibt es nur kleinere Geländefahrzeuge, was auch mit der Landschaft zu tun hat. Schmale Wege vertragen keine breiten Fahrzeuge. Kommen Sie rein in die gute Stube. Maria hatte mir schon von Ihrer Begegnung erzählt und wenn Sie mich fragen, dann war sie wieder mal so eilig, dass sie ihre Karre in eine unmögliche Position manövriert hat. Hab ich Recht?
Na ja,- so kann man das sehen, sagte Sawatzky, aber ich war zuerst ja auch grob zu ihr.
Was,- davon hat sie mir gar nichts erzählt.
Nein,- es hat mir ja auch sofort leidgetan, sagte Sawatzky.
Sollte es aber nicht, sagte Conte, denn manchmal muss man sie ein bisschen bremsen. Dann stellte er die Anwesenden einander vor und Klaus Ludwig sagte zu Sawatzky gewandt: Ihre Tochter habe ich schon flüchtig kennen gelernt und sie

hat mir Ihre Herkunft verraten, was ich total spannend finde und ich hatte Ihrer Tochter von meinem netten Kollegen im schönen Breslau erzählt.
Ja,- sagte Sawatzky, sie erzählte mir von der Begegnung mit Ihnen und wollte sich eine Vorlesung über Aristoteles anhören.
Na ja,- das ist streng genommen keine Vorlesung im klassischen Sinne, sagte Ludwig. Ich will den alten Herrn aus Griechenland nur ein bisschen populärer werden lassen. Nennen Sie mich deshalb ruhig einen Populisten, zumal diese zu Zeiten von Aristoteles angesehene Leute waren.
Den Kollegen aus der medizinischen Fakultät muss ich Ihnen heute vorenthalten, sagte Conte zu Sawatzky. Der Peter Delius wird im Moment ein bisschen herumgereicht wegen dem ganzen Seuchentheater und er macht sich ein wenig unbeliebt, weil er die Leute zu beruhigen versucht. Unser Treffen hier hält er übrigens für unbedenklich. Das hier ist Fr. Karin Bruckner. Sie studiert bei dem Kollegen Volker Mendes Anthropologie. Wir sind seit einiger Zeit befreundet und die Dame, mit der sich der Kollege Mendes gerade so angeregt unterhält, das ist Fr. Martha Reger, die Tante von Karin, also von Fr. Bruckner.
Ach, Herr Sawatzky, sagte Martha Reger, Sie wundern sich vielleicht wenn ich sage, dass ich Sie kenne, was vielleicht zu viel gesagt ist, aber ich hatte bei Herrn Eicher, dem Möbelrestaurator, einen Schrank in Auftrag gegeben, den sie dort abgeliefert hatten, als er noch unrestauriert war und der Herr Eicher hatte mich wissen lassen, dass er Ihnen den flotten und unkomplizierten Transport verdankt.
Sie bringen mich in Verlegenheit, sagte Sawatzky, denn mit Ihrem Personengedächtnis kann ich nicht konkurrieren.
Das kann ich übrigens auch nicht, sagte Mendes, obwohl ich es von Berufes wegen können müsste.
Sehen Sie, sagte Karin Bruckner und ich habe Ihre Tochter durch meinen Studienkollegen Bernd Speicher kennen gelernt, der mit ihr befreundet ist.
Selbst wenn man es wollte, sagte Sawatzky, an Geheimhaltung wäre in dieser Stadt eher nicht zu denken und alle mussten herzlich lachen.
Das Schöne am Fondue ist, dass man es sich durch Eigenleistung buchstäblich verdienen muss, sagte Conte.
Man kann das aber auch als Sadismus interpretieren, sagte Tante Martha.
Was auf keinen Fall sadistisch ist, das ist der wunderbare Burgunder Rote, den uns der Herr Sawatzky mitgebracht hat, warf Klaus Ludwig ein.
Ich habe da eine gute Quelle, sagte Sawatzky. Wir haben einen Kunden in Burgund, den wir regelmäßig beliefern und dessen Schwiegervater vertreibt diese Weine.
Sie kommen sicher viel herum, sagte die Tante. Das schon sagte Sawatzky, aber der enge Zeitplan erlaubt mir nur kleine touristische Stippvisiten. Nur in wenigen

Fällen reicht die Zeit, um sich irgendetwas von Bedeutung anzusehen. Ich kann nicht wirklich sagen, dass ich die Orte kenne, an denen ich schon mal war.
Was sind denn so Ihre weitesten Fahrten, wollte Maria Conte wissen.
Portugal, sagte Sawatzky und hier muss ich sogar eine Ausnahme geltend machen, denn Lissabon habe ich mir durchaus ein wenig genauer angesehen mit der Folge einer vermutlich ewigen Liebe.
In eine Frau?- fragte Maria und wurde ein bisschen rot.
Nein, sagte er und blickte sie von der Seite an, denn sie hatte sich neben ihn gesetzt. Nein,- es ist diese Stadt, mit der großen Brücke über den Rio Tejo mit ihren winkeligen Altstadtgassen, die es noch gibt, obwohl ein großer Brand vor Jahren vieles unwiederbringlich vernichtet hatte. Ich mag auch den Geruch dieser Stadt und diese etwas behäbig wirkende Lautmalerei des Portugiesischen, das ich aber leider nicht verstehe. Es gibt auch andere schöne südliche Städte, wie etwa Sevilla in Spanien, aber Lissabon hat es mir angetan.
Solche Eindrücke kann ich bestätigen sagte Volker Mendes und bei mir führt das dazu, dass ich bestimmte Gerüche immer mit bestimmten Bildern verbinde.
Das nennt man wohl eine aromatische Assoziation, sagte Klaus Ludwig, aber Tante Martha wollte es dabei nicht bewenden lassen. Sie sei vor vielen Jahren mal in Kairo gewesen und diese Stadt stinke an einigen Stellen schlicht nach Fäkalien, weil die Kanalisation aus dem Jahre 1911 stamme, was bei ihr aber dennoch nicht dazu geführt habe, diese Stadt nicht zu mögen, denn ihr Flair sei absolut einmalig.
Wie riechen denn die Städte im Osten?, wollte Karin Bruckner wissen.
In Polen riecht es im Winter immer ein bisschen nach Kohlefeuerung, weil das ein Energieträger ist, der in Polen preiswert verfügbar ist und in Russland riecht es nach einem seltsamen Spritgemisch das sie dort fahren, wobei es darauf ankommt, wie weit man nach Osten fährt, sagte Sawatzky. Ein Bekannter von mir kommt aus dem Ural, aus Nishnetargil. Es gibt dort Landschaften wie in Kanada und es riecht nach guter Luft, Wasser und Erde.
Fahren Sie zwischendurch mal wieder nach Polen?, wollte Klaus Ludwig wissen.
Ja,- sogar mit dem PKW, denn meine Tochter Ela hat dort noch ihre Oma an der sie sehr hängt und ich will auch nicht, dass sie uns wegstirbt ohne dass wir nochmal bei ihr waren. Wenn ich Fracht in diese Richtung bekomme, fahre ich natürlich mit dem LKW, aber warum fragen sie Herr Professor?
Na ja,- wegen meinem Kollegen in Breslau. Wir kommunizieren immer auf Englisch, denn er ist Ire, obwohl er auch leidlich Deutsch versteht.
Also, wenn wir mit dem PKW fahren, wäre das kein Problem Sie mal mitzunehmen. Mit dem LKW geht es auch, aber halt ein bisschenlangsamer. Mit dem PKW haben wir allerdings auch immer eine Übernachtung eingeplant und gehen abends ein bisschen raus, damit man Land und Leute kennen lernt. Wenn ich alleine mit dem

LKW fahre, mache ich natürlich die einfache Version und schlafe auf Rastplätzen.

Das würde mich nicht schrecken, sagte Klaus Ludwig. Ich habe mich während meiner Studienzeit durch einige WGs hindurchgearbeitet und glauben Sie mir,- schlimmer kann es nicht mehr kommen. Wissen Sie,- ich könnte ja fliegen. Hab ich auch schon gemacht, aber irgendwie ist mir das unheimlich.
Es war spät geworden als Sawatzky wieder mit Maria im Hummer saß und den Heimweg angetreten hatte. Das Faltverdeck bewährte sich und knatterte leicht vor sich hin, denn es war empfindlich kühl geworden, regnete aber zum Glück nicht.
Maria,- was haben Sie denn getrunken, wenn ich fragen darf wegen Ihrer Heimfahrt.
Nicht viel sagte sie, aber haben Sie nicht noch ein Sofa im Büro? Ich erinnere mich so etwas gesehen zu haben.
Hab ich, sagte Sawatzky, aber das werde ich dann benutzen.
Nein,- bitte, sagte sie,- es macht mir wirklich nichts aus.
Als sie angekommen waren und noch im Auto saßen sagte sie plötzlich: Wie rieche ich denn und woran erinnert sie das?
Sawatzky sah sie ein wenig verwundert an, nahm ihren Kopf in beide Hände und Vergrub seine Nase in ihrem Haar. Gut, sagte er, so ein bisschen nach einer bestimmten Holzsorte, auf deren Namen ich jetzt nicht komme. Da streckte sie ihre Arme nach ihm aus, drehte ihren Kopf nach oben und küsste ihn ganz schnell auf den Mund.
Ich bin jetzt sehr müde, sagte sie, aber das war ein schöner Abend.
Das fand ich auch sagte Sawatzky und spürte, dass er auf seine alten Tage wohl knallrot geworden sein musste. Das sind alles ganz tolle und interessante Leute.
Was ist denn das für eine komische Wurst hier auf dem Sofa, sagte sie, als sie Sawatzkys Büro betreten hatten.
Was für eine Wurst? Ach das,- ja das ist der olle Schlafsack den ich immer dabei habe, wenn ich länger unterwegs sein muss, was ja nicht mehr so oft vorkommt, denn ich habe ja zwei Fahrer.
Her damit, sagte sie, zog ihre Hose und ihre Jacke aus, kroch hinein und machte es sich auf dem Sofa bequem. Das riecht nach Dir, sagte sie nach einer Weile und war schon eingeschlafen, als Sawatzky sich die Zähne geputz hatte und das Licht ausmachen wollte.

Fritz, was machst Du denn

heute nach Deinem offiziellen Dienstschluss?, wollte Dorothea Niewald wissen.
Mal unabhängig vom meinem Dienstschluss, der eigentlich so etwas wie eine Ereignisabhängigkeit ist, könnte ich ja mal ein Buch lesen, das einfach nur einen

guten Unterhaltungswert hat, aber solltest Du mich einladen wollen, dann ist das auch eine gute Lösung, wenn Du dich zugleich damit befrieden kannst, dass mir heute nicht nach Problembewältigung zumute ist.

Das ist interessant, sagte sie, denn mir war heute so, dass ich etwas Zorniges verfassen wollte und ich hatte still gehofft, dass Du meinen Zorn noch steigern könntest.

Liebe Doro,- ich kenne Dich lange genug um zu wissen, dass Du auch ohne mich imstande bist, einigen Zorn zu entwickeln. Stattdessen könnte ich Dir ein bisschen was von meinem Besuch der Gemäldeausstellung erzählen, die ich mit dem Kollegen Hellweg besucht hatte. Wir sollten darüber etwas schreiben und weißt Du was,- wir trafen auf eine Kunst, die versöhnlich stimmt, was uns beiden zur Abwechslung mal gut getan hat. Ich kann in zwanzig Minuten bei Dir sein, habe aber noch nichts gegessen, was die Frage aufwirft, ob ich etwas mitbringen soll.

Das ist nicht nötig, sagte sie, denn ich werde Deinen Hungertod auch so zu verhindern wissen. Eigentlich war das schön mit dem Fritz in der letzten Zeit. Sie fühlte sich von ihm angenommen aber nicht bedrängt. Dabei ertappte sie sich gelegentlich bei eifersüchtigen Gedanken, denn er konnte sehr charmant sein und war ein erstklassiger Gesprächspartner. Beides zusammen kam bei Frauen gut an, aber er bot ihr keinen Hinweis für einen diesbezüglichen Verdacht. Ob bewusst oder unbewusst, war dabei nicht zu ermitteln. Pünktlich war er auch und zwanzig Minuten später klingelte er an der Haustür.

Würdest Du lieber etwas Warmes essen?, fragte sie ihn, als er es sich in der Küche bequem gemacht hatte. Sie hatten in ihrer Wohnung immer in der Küche gegessen, denn erstens war sie groß genug für zwei Personen und zweitens verhielten sie sich dabei durchaus traditionell, waren die Küchen doch vor einigen Jahrzehnten meist der einzige warme Raum im Winter und die Wohnzimmer blieben ganz besonderen Anlässen vorbehalten und galten als „gute Stube", in welcher sich in einem meist verglasten Schrank besonders kostbares Geschirr und die früher beliebten Sammeltassen nebst einigen kristallenen Kerzenhaltern ein Stelldichein gaben.

Nein,- sagte er, vielen Dank, ich esse wie Du weißt ganz gerne Brot, wenn es denn nicht so dicht gebacken ist, dass man sich schon von ein paar Bissen wie zugestopft fühlt.

Damit kann ich dienen, sagte sie und ich mache uns noch einen kleinen Tomatensalat.

Was hat Dich denn so auf die Palme gebracht?, wollte er wissen.

Na ja,- erstens hatte ich der Redaktion, also jetzt nicht Deiner, sondern der von dieser Frauenzeitung, zwei Texte geschickt, wobei man mich dann freundlich

darauf hinwies, dass die Texte nur halbherzig gegendert seien.
Und was meinen die mit halbherzig?
Ich mache das nicht mit diesen Sternchen und Querstrichen, weil es die Frauen nicht weiterbringt. Selbst wenn ich den Unfug mitmache, werden deshalb wohl kaum mehr Frauen technische Fächer studieren. Die Kernaussage von Diskriminierung ist doch, ob nun Männer oder Frauen betreffend stets die, dass die diskriminierte Person an der Ausübung der ihr zustehenden Rechte und an ihrer Weiterentwicklung gehindert wird, dass Zugänge bewusst verbaut werden oder wie siehst Du das?
Ich sehe das exakt genauso. Die Diskriminierung ist eine negative Vorab-(Ent-)Wertung. Sie ist eine Voreingenommenheit mit Verhinderungscharakter.
Klasse Fritz,- das gefällt mir, aber hattest Du in diesem Zusammenhang die Sache in Berlin verfolgt?
Welche Sache?
Nun,- die Uni-Berlin suchte eine oder einen Diskriminierungsbeauftragten, wobei es mit Bezug auf die Bewerbung hieß, dass weiße Bewerberinnen und Bewerber keine Chance hätten.
Womit die Diskriminierung gewissermaßen höhere Weihen erhält, sagte er. Das ist mir entgangen und wenn ich jetzt nicht vollständig schief liege, dann bedeutet das, dass weißhäutigen Bewerberinnen und Bewerbern vorab die Fähigkeit abgesprochen wird, den Sachverhalt einer realen Diskriminierung angemessen zu deuten.
Du sagst es und an einer französischen Universität gab es einen Streit darüber, ob man als Weiße oder Weißer überhaupt imstande sein kann, das Buch eines oder einer Farbigen zu rezensieren. Da sich sowas im Hochschulbereich ereignet, kann man es nicht einfach als alltäglichen Schwachsinn abtun und das stimmt bedenklich.
Liebe Doro,- damit unterstellt Du, dass es an einigen Universitäten so etwas geben könnte, was sich nicht als Weltgeist à la Hegel, sondern eher als Ungeist ohne Regel definieren ließe. Vermutlich ist es aber der aktuelle Zeitgeist der sein Unwesen treibt.
Der, um mit Goethe zu sprechen, jedoch „der Herren eigner Geist" ist, sagte sie.
Ich kenne einen notablen Geisteswissenschaftler, der mir mal offen und frei sagte, er habe den Eindruck gewonnen, an den Universitäten werde den Leuten der Geist verbogen. Er selbst würde – erneut vor eine Lebensplanung als junger Mensch gestellt – sich heute eher für ein gutes Handwerk entscheiden. Das hat mich ehrlich gesagt ziemlich betroffen gemacht.
Aber das ist doch mal ein grundehrliches Statement von jemandem der es eigentlich wissen muss, sagte sie.

Weiß er wohl auch als mittlerweile emeritierter Literaturwissenschaftler und Historiker.
Weißt Du, sagte sie, ich habe mich schon oft gefragt, was man aktuell unter einem umfänglich gebildeten Menschen zu verstehen hat. Was muss und was sollte ein solcher Mensch eigentlich wissen?
Das mit dem „umfänglich" würde ich gleich mal mit der gebotenen Vorsicht streichen, sagte er. Ich glaube es geht eher um etwas, was ich ein wenig überhöht als Weltverständnis bezeichnen würde. Mir fällt gerade kein besserer Begriff ein für die Fähigkeit, eben nicht auf jeden Schwachsinn hereinzufallen. Es wäre dies ein durchaus mühsam erworbenes Wissen, um die grundsätzliche Erklärbarkeit der Dinge, die man deshalb nicht alle selbst erklären können muss. Mit etwas Glück erwächst daraus eine emanzipatorisch-kritische Grundhaltung und damit so etwas wie eine eigene Anti-Bullshit-Agenda für den täglichen Gebrauch.
Aber das setzt natürlich voraus, dass man sich angemessen informiert, sagte sie.
Aber ja doch, sagte Kurz. Der alte Bloch hat immer gefordert, dass man dabei lernen muss „gegen den Strich" zu lesen. Also genau das Gegenteil dessen, was man bei der aktuell üblichen Meinungsbildung beobachten kann, wenn etwa kritische Literatur und kritische Statements als nicht hilfreich bezeichnet werden. Umgekehrt bedeutet das nämlich, dass nur das hilfreich ist, was den Mainstream bedient. Mit demokratischer Willensbildung hat das nichts, aber auch gar nichts zu tun.

Die Hausdurchsuchung bei Prof. Delius

hatte etwa anderthalb Stunden gedauert und er hatte im Gegensatz zu seiner empörten Frau belustigt und mit einer Tasse Kaffee in der Hand zugesehen. Man war seitens der Beamten um Contenance bemüht und verwies auf die Anordnung, lehnte aber eine Einladung zum Kaffee ab. Deliuis konnte es sich dann doch nicht verkneifen, in Anwesenheit des noch anwesenden Stoßtrupps für die Einhaltung der Volksgesundheit, zwei Telefonate zu führen. Eines davon mit Rektor Dietmar Geisinger, der sich entsetzt zeigte und von Gestapo-Methoden sprach und das andere mit einem ihm bekannten Anwalt, der ihm empfahl Ruhe zu bewahren und genau zu notieren, was die Beamten aus seinem Büro mitnehmen würden. Er werde sich noch heute bei ihm melden und Peter Delius beschloss, erst nach diesem angekündigten Gespräch die Presse zu kontaktieren, aber das sollte ihm nicht ganz gelingen.
Der Zufall wollte es nämlich, dass Frank Hellweg mit dem Auto am Anwesen von Peter Delius vorbeifahren wollte, als er die beiden Polizeifahrzeuge vor dessen Haustür sah und dabei zunächst eher an einen Einbruch dachte. Er nahm reflexhaft den Fotoapparat aus dem Wagen und gerade als er das Auto abschließen wollte,

kamen ihm die drei Herren aus der Haustür entgegen, wobei sie zwei Pappkartons und einen Laptop mitgenommen hatten und Hellweg drückte vorsichtshalber mehrfach auf den Auslöser, während ein entspannt wirkender Peter Delius immer noch mit der Kaffeetasse in der Hand in der Tür erschienen war und den Herren einen guten Tag wünschte.
Delius sah Hellweg und winkte ihm freundlich zu.
Bitte entschuldigen Sie, sagte dieser, aber ich kam hier gerade vorbei, obwohl das normalerweise gar nicht mein Weg ist und ich dachte erst, es sei ein Einbruch passiert, aber das sah jetzt gerade ein wenig anders aus.
Wie man´s nimmt, sagte Delius. Einbruch wäre eine eher verharmlosende Formulierung, denn wenn die Meinungsfreiheit unter Verdacht gerät und Hausdurchsuchungen rechtfertigt, dann ist das eher ein Fall für die Justiz. Kommen Sie ruhig rein, wenn sie schon mal da sind und Kaffee ist auch noch da, denn die Herren hatten freundlich verzichtet. Wissen Sie,- mit Hausdurchsuchungen hatte ich bisher keine Erfahrungen, aber man soll ja immer dankbar sein, wenn man was dazulernen kann. Mittlerweile hatte auch Fr. Delius den Gast begrüßt und sie schien deutlich aufgebrachter als ihr Mann.
Ich bin jetzt mal ganz dreist Herr Professor und frage geradeheraus, was hier eigentlich gespielt wird?
Das ist eine Frage der Interpretation, sagte Delius. Ich sage mal, es ist nichts weiter passiert, außer meinem auch über die Universität hinausreichenden Vortrag zur aktuellen Gesundheitslage.
Den habe ich auch interessiert gehört und mir erschließt sich daraus aber kein Grund für eine Hausdurchsuchung.
Mir auch nicht, sagte Delius, aber wie Sie sehen, kann man das auch anders interpretieren.
Sind Sie denn sicher, dass es sich nur um diesen Vortrag gehandelt hat?

Na ja,- ich habe in der letzten Zeit sonst nicht viel mehr verbrochen außer dem langwierigen Lesen unterschiedlicher wissenschaftlicher Literatur zur Virenproblematik, denn Viren sind schwierige Zeitgenossen, die sich ständig verändern und von Stillstand nicht viel halten.
Hätten Sie etwas dagegen, wenn ich aus der Sache gleich etwas mache, damit wir es spätestens übermorgen bringen können?
Nein,- habe ich nicht, aber bitte zitieren Sie mich nur hinsichtlich meines Erstaunens über diesen Vorgang. Mein Anwalt wird erstens herausfinden, wer das veranlasst hat und wie der Vorwurf gegen mich konkret formuliert ist. Ich habe lediglich meine private Meinung als Wissenschaftler geäußert und wie Sie wissen werden, gibt es auch in der Wissenschaft selbstverständlich unterschiedliche

Standpunkte. Das ist auch so lange in Ordnung, wie diese ordentlich empirisch begründet werden.
Herr Professor, mir scheint das eher so zu sein, dass es hier um den Verrat an dieser sehr speziellen Agenda der Bundesregierung geht, die sich über jeden Zweifel erhaben glaubt.
Ja,- die Rolle des Verräters ist relativ neu für mich, aber mein Anliegen ist ja nur, dass hinsichtlich der verordneten Gesundheitsagenda keine wissenschaftlich seriöse Nachvollziehbarkeit steht. Nicht das Bestreben um einen Gesundheitsschutz kritisiere ich, sondern die für mich nicht nachvollziehbare Methodik. Ich habe niemanden der Lüge bezichtigt und erwarte für meine abweichende, jedoch wie ich hoffe gut begründete Meinung, den ihr zustehenden Respekt. Nicht mehr und nicht weniger.
Aber die Bundesregierung zitiert doch ständig aus medizinischen Quellen.
Das stimmt, sagte Delius, aber sie unterschlägt dabei die Gegenstimmen, die es ja auch gibt. Ich will niemandem eine böse Absicht unterstellen, aber es gibt auch unter Medizinern so etwas wie eine Karriereleiter, die bei sich bietender Gelegenheit gerne genutzt wird. Solche Karrieren sind manchmal die bürgerlichen Schwundstufen einer eigentlich notwendigen Fähigkeit zu fortführendem Erkenntnisgewinn. So etwas vermeidet die Bekanntschaft mit sich selbst, die offenbar zu langweilig ist. Eine Beförderung als Preis für Gefälligkeitswissenschaft wird gerne genommen. Das schlechte Gewissen wird dabei nicht auf den Plan gerufen oder auf die Probe gestellt, denn man hat ja im Interesse der vermeintlich guten Sache gehandelt. Ich mache Ihnen den Vorschlag, Sie in der Redaktion nochmal anzurufen, wenn ich mit meinem Anwalt gesprochen habe.

Was zu erwarten ist

Frank Hellweg hatte
Friedhelm Kurz nicht erreichen können, von dem er wusste, dass dieser an einem Artikel über die möglichen neuen Notverordnungen bastelte, während sich Kurt Enders die Klima und Holocaustleugner zur Brust genommen hatte, da er, wie er sagte, eine solche Zusammenführung, für so unglaublich idiotisch hielt, dass man das eigentlich nur in der Form einer Groteske verarbeiten könne. Hellweg erreichte aber seinen alten Freund und Kollegen Herbert Wendler, dem er von seinem Besuch bei Delius berichtete.
Wendler hatte sich das aufmerksam angehört und dann leise durch die Zähne gepfiffen. Das hätte ich eigentlich nicht gedacht, sagte er dann.
Was hättest Du nicht gedacht?
Dass es mal so weit kommen könnte mit dem Misstrauen. Man muss sich ja mal vorstellen, dass der Delius lediglich auf das Missverhältnis der Menge der wirklichen Erkrankungen im Verhältnis zu den für ihn überzogenen Maßnahmen hingewiesen hat. Was will er denn jetzt machen?
Na ja,- er kontaktiert seinen Anwalt, was er jetzt wohl schon gemacht hat und ich denke mal, dass er auch seine Kollegen an der Uni in Kenntnis setzen wird.
Mich hat er um etwas Zurückhaltung gebeten und im Hinblick auf seine Kollegen wird es wohl so sein, dass die das eher nicht schweigend hinnehmen werden. Insoweit wäre der Kontakt in diese Richtung sinnvoll, so dass man das zum guten Schluss zusammenführen kann.
Das würde ich auch vorschlagen, sagte Wendler. Ruf mal den Geisinger an, denn der muss sich ja für die Uni positionieren. Der Conte explodiert wenn der das hört und dürfte, wie ich ihn kenne, auf die Nähe zu südamerikanischen Bananenrepubliken verweisen.
So falsch liegt er dann ja auch nach Lage der Dinge wohl nicht. Wir sollten das im Auge behalten, denn das ist eine größere Sache, die umfänglich das Prinzip der Rechtsstaatlichkeit berührt.

Als Anton Sawatzky erwachte,
war es etwa 7:20 und da er um ins Bad zu gelangen zunächst den Raum mit dem Sofa durchqueren musste, sah er, dass Maria Conte bereits angezogen auf seinem Drehhocker saß und sie Zeitung las.

Es gab eine Hausdurchsuchung bei Prof. Delius, sagte sie, ohne den Blick von der Zeitung zu wenden und Sawatzky hatte den Eindruck, dass sie ihn in seinem noch unaufgeräumten Morgenzustand nicht in Verlegenheit bringen wollte.
Ich komme gleich, sagte er und dann schaun wir mal, ob die Ela uns frische Brötchen besorgt. Hat sie schon, sagte Maria Conte und Sawatzky brachte gerade noch ein „ich fasse es nicht" über die Lippen, bevor er endgültig unter der Dusche verschwand. Sie ist erstaunlich fit, dachte er, denn er hatte mitbekommen, dass sie gestern mehr als er selbst getrunken hatte.
Seine Tochter Ela hatte die Situation durchschaut und Sawatzky wusste das. Und wenn schon,- dachte er, denn schließlich hatte sie ihm erst kürzlich empfohlen, sich neu zu orientieren und es war ja auch offensichtlich nicht so, dass sie eifersüchtig reagierte. Es war eher das genaue Gegenteil zu beobachten. Außerdem war ja auch nichts passiert. Es waren sich zwei Menschen begegnet, die sich sympathisch fanden. Das passiert unentwegt auf der Welt und bleibt in der Regel ohne nachhaltige Bedeutung.
Jetzt kennen Sie ja schon einen Teil meiner hiesigen Großfamilie, sagte sie lachend. Wissen Sie, wir Südamerikaner haben gerne ein bisschen Betrieb um uns herum und das kann gelegentlich auch mal anstrengend sein.
Ich habe es als amüsant und bereichernd empfunden, zumal ich ja ansonsten entweder mit meinen Geschäftspartnern zu tun habe oder mit den Truckern, wenn ich zwischendurch selbst fahre muss, was aber nicht mehr so oft vorkommt, sagte Sawatzky.
Als wir uns begegnet sind, da war das wohl so eine Gelegenheit, sagte sie, aber mal noch was zwecks Vereinfachung der Angelegenheiten: Ich heiße Maria und es wäre nett, wenn wir es dabei belassen könnten.
Das ist ein schöner und vor allem zeitloser Name, sagte er. In meinem Falle kommt es immer darauf an, wo ich mich gerade befinde. In Spanien z.B. würde niemand Anton zu mir sagen. Das klingt für Spanier oder Italiener irgendwie abgehackt und kalt. Dort werde ich immer zu Antonio. Im Osten wo ich herkomme und auch hier in Deutschland begnüge ich mich mit Toni.
Ich werde Tonio zu Dir sagen, meinte sie nach kurzem Nachdenken. Ist das in Ordnung?
Ist es!
Papa, sagte Ela Sawatzky, die plötzlich auftauchte. Ich treffe mich später noch mit der Franziska Spohn auf einer Baustelle. Wir wollen beide dann mal zusehen wenn ihr Freund eine Installation verlegt und später treffe ich mich gerne noch mit dem Bernd wenn das o.k. ist. Was macht Ihr denn noch, also du und die Fr. Conte?
Wir?,- na ja, die Fr. Conte, also die Maria hat wohl sicher einiges zu erledigen und ich hoffe sehr, dass Du mir die Frachtpapiere geordnet hast.

Habe ich, während ihr genüsslich gefrühstückt habt.
Ich fasse es nicht, sagte Sawatzky und sah Maria Conte fast ein wenig ratlos an.
Ich werde mich in der Tat auch noch ein wenig mit Arbeit beschäftigen, sagte sie, fände es aber eigentlich ganz nett, wenn wir in der Woche was unternehmen könnten. Die Tage sind ja mittlerweile schon deutlich länger geworden und Spaziergänge sollen überaus gesund sein. Sawatzky lachte,-
Du bist fast wie mein schlechtes Gewissen, nur wesentlich charmanter und ihm wurde bewusst, dass er ihr zum ersten Mal ein Kompliment gemacht hatte.

Thomas, sagte Friedhelm Kurz,-
ich wollte die aktuellen Dauernotverordnungen der Regierung eigentlich der Satire überantworten, bin aber zu der Ansicht gelangt, dass wir uns hinsichtlich der ökonomischen Folgen dieser ganzen Sache vielleicht etwas umfänglicher positionieren sollten.
Und dabei hast Du freundlicherweise an den gedacht, der für den Wirtschaftsressort verantwortlich ist, aber weißt Du was: Ich kann Dir beim besten Willen noch nichts über die möglichen Folgen sagen, denn die werden sich frühestens in den nächsten beiden Jahren einstellen. Außerdem gibt es dabei ein hoch komplexes statistisches Problem.
Und worin besteht das?- wollte Friedhelm Kurz wissen.
Das besteht darin, dass man möglichst alle nicht seuchenbedingten Faktoren herausrechnen und im Hinblick auf ihre negative Wirkung beleuchten muss. Denk doch nur mal an die Automobil- und Zulieferindustrie, die angehalten ist, künftig elektrisch betriebene Fahrzeuge herzustellen. Da wird nur noch ein Bruchteil der bisher benötigten mechanischen Teile und kaum noch die Hälfte der bisherigen Belegschaften benötigt, was wiederum mit irgendeiner Seuche nichts zu tun hat. Anders ist das natürlich, wenn ganze Lieferketten ausfallen, weil sie zwischendurch willkürlich gestoppt wurden. Das würde ja die rechtlichen Grundlagen berühren, welche für die Geltendmachung einer Pandemie stehen.
Das ist schwierig, sagte Kurz, zumal sich mir das bei nicht mal einem Prozent der erkrankten Bevölkerung nicht erschlossen hat, also die Dringlichkeit meine ich, von der da ständig und katastrophisch die Rede war.
Ich verfüge über ein Video, sagte Thomas Gebauer, aus dem hervorgeht, dass die veröffentlichten Zahlen einer ernsthaften Prüfung nicht standhalten, weil ganz wesentliche Fakten nicht berücksichtigt werden, die man zugleich aber erfragen und erfahren kann.
Das ist dann aber ein ziemlich dickes Ei, das wir da legen müssten, sagte Kurz und Gebauer nickte.

Meine Freundin Dorothea Niewald kennt sich gut aus mit Statistiken. Könntest Du das Video, von dem Du gesprochen hast, mal an ihre Mail-Anschrift senden?
Mach ich, sagte Gebauer und wenn sie zu den beiden Statistikern einen Kontakt herstellen könnte, dann wäre das natürlich ausgezeichnet und als Frau hat sie ja vielleicht einen besseren Zugang.

Sag mal Thomas,- machen wir in dieser dubiosen Immobilienangelegenheit nochmal etwas, nachdem unser erster Beitrag ja ein bisschen allgemein gehalten war?
Das mit dem „nachdem" finde ich gut, sagte Gebauer, denn nachdem der Kurt Enders sogar mit körperlichem Einsatz im Rotlichtmilieu recherchiert hatte, wobei leider nicht allzu viel herausgekommen ist, sind wir schon ein bisschen schlauer, aber ich kann Dir sagen, wo das Problem ist. Du kannst nämlich irgendwelche Bieter zumindest in Deutschland nicht am Kauf von Immobilien hindern und letztendlich auch keinen arabischen Familienclan.
Wenn ich das richtig verstehe, dann darf oder muss man zusehen, wie der Immobilienmarkt in fremde Hände gerät, wobei ich sehr empfehlen würde, den Begriff „fremde Hände" nicht öffentlich zu verwenden, weil einem sowas neuerdings als Rassismus ausgelegt werden kann. Fremde darf es nämlich überhaupt nicht mehr geben in Zeiten eines eingefordert kosmopolitischen Weltverständnisses, sagte Kurz.
Weißt Du, die Leute in den angesagt etwas besseren Wohnvierteln, die werden sich eines Tages über ihre neuen Nachbarn wundern, die halt ein etwas anderes Verständnis vom Tagesablauf und von der Nachtruhe haben, sagte Gebauer.
Es gibt relativ neue Wohnsiedlungen, wo die Leute, die dort wohnen, alle ähnlich alt bzw. jung sind und ähnlich alte Kinder haben. Diese Siedlungen werden durch den Tod ihrer Erbauer und das Wegziehen ihrer Kinder irgendwann mehr oder weniger leer sein, was natürlich nicht passieren wird, weil sich dort zuvor diejenigen einkaufen werden, wo die Stammes- Clan- und Familienzugehörigkeit als tribale Grundlage noch wirksam und in diesem Falle hoch effizient ist. Man könnte vor einer solchen Entwicklung warnen, aber das wäre vermutlich nicht zeitgemäß, unerwünscht und um mit den Worten der verflossenen Fr. Merkel zu sprechen, wohl auch nicht hilfreich.
Wenn ich Dich richtig verstehe, sagte Kurz, dann siehst Du in dieser Immobilienaffaire lediglich den Auswuchs einer Entwicklung, welche durch die Fokussierung auf diesen besonderen Fall, um es mal so zu nennen, kaum oder gar nicht aufzuhalten sein wird.
Exakt so sehe ich das, sagte Gebauer.

Anton,- ich bin einfach zu ungeschickt,

also für das Golfen, sagte Carsten Spohn.

Das ist ein Eindruck, den ich nicht zwingend teile, sagte Anton Sawatzky, aber Du bist nicht richtig bei der Sache und weil ich das sehe, machen wir jetzt eine ausgiebige Kaffeepause im Clubhaus, denn ich muss Dir auch was erzählen. Du wirst es zudem kaum glauben, aber Deine hoch geschätzte Schokoladen-Sahnetorte ist heute im Angebot.

Anton,- Du bist wie eine Oase in der Wüste, wobei Du zugleich ein wenig geheimnisvoll klingst und ich hoffe mal in einem guten Sinne.

Die beiden Männer hatten sich auch des guten Wetters wegen mal wieder auf dem Golfplatz verabredet, aber Sawatzky hatte gleich bemerkt, dass Spohn irgendwie abwesend war und er hatte einen Verdacht, weshalb er, kaum dass sie bei Kaffee und Kuchen angekommen waren, seine Frage fast wie belanglos platzierte.

Sag mal Carsten, wie geht es denn Deiner Tochter?

Spohn blickte ihn erstaunt an.

Warum fragst Du, sie ist ja mit Deiner Ela befreundet und mit noch ein paar etwa gleichaltrigen Damen. Darauf scheint sie zu stehen.

Ich hörte von der Ela, sagte Sawatzky, sie macht gerade ein Praktikum in einer Installationsfirma.

Ja,- das macht sie und das finde ich auch gut, wenn sich Frauen auch mal handwerklich und ein bisschen technisch orientieren.

Klar sagte Sawatzky und das vor allem bei guter männlicher Orientierungshilfe.

Ja ja,- dort arbeiten soviel ich weiß nur Männer, sagte Spohn, aber warum fragst Du?

Ach,- nur so, denn meine Tochter Ela erzählte mir von einem sehr netten jungen Mann, mit dem deine Tochter gelegentlich gemeinsam etwas unternimmt, was ich halt weiß, weil die Ela auch manchmal zusammen mit ihrem Freund Bernd mit dabei ist.

Spohn sah ihn ungläubig an.

Und noch was, sagte Sawatzky - ich hatte meiner Tochter mal so beiläufig von Deinen Sorgen erzählt, was jetzt hoffentlich nicht allzu indiskret war, wobei wir überhaupt, also die Ela und ich, seit einiger Zeit gemeinsam über bestimmte Probleme sprechen. Weißt Du, das sind ja junge Frauen und längst keine Kinder mehr.

Ja,- was hat denn Deine Tochter über die Franziska gesagt oder gemeint?

Na ja,- zuerst hat sie mal gelacht und dann ganz ruhig gesagt: Die Franzi ist nicht lesbisch und wenn, dann wäre das ja wohl nicht der Weltuntergang, aber aktuell ist sie verliebt in einen der Installateure, wo sie gerade das Praktikum macht.

Und warum weiß ich sowas nicht?- sagte Spohn.
Weil es sein kann, dass Du dich gegenüber Deiner Tochter mal hinsichtlich einer von Dir favorisierten Partnerwahl geäußert hast und zweitens kann es sein, dass Du das Erwachsenwerden Deiner Tochter ein wenig übersehen hast.
Spohn schwieg eine ganze Weile und rührte in seinem Kaffee herum. Das kann ich jetzt weder bejahen noch bestreiten. Man will ja, dass es den Kindern mal gut gehen soll und die eigene Tochter sollte keinen Hallodri ehelichen.

Lieber Carsten,- Installateure sind in aller Regel keine Hallodris, so wenig übrigens wie gestandene Trucker, LKW-Mechaniker oder auch Redakteure.
Jetzt mach mich nicht verlegen, sagte Spohn und es kann natürlich sein, dass die Franzi mir ihren Freund deshalb nicht vorstellt, weil sie meint, ich hätte was dagegen, aber das ist ja Quatsch.
Richtig, sagte Sawatzky und wie ich Dich kenne, würdest Du es auch nicht kritisieren, wenn ein Trucker mit einer Dipl.-Übersetzerin anbandelt.
Nein,- natürlich nicht, aber wie kommst Du denn jetzt darauf?
Du darfst raten, sagte Sawatzky. O mein Gott Anton, was hast Du angerichtet, wovon jetzt Deine Tochter vielleicht nichts erfahren sollte.
Ach was,- diese Vorwitztüte weiß es natürlich schon und ich hätte es auch gar nicht verheimlichen können. Sie hat mich buchstäblich ertappt und Sawatzky erzählte ausführlich von der ganzen Begebenheit.
Da soll mal einer sagen, es gäbe nur schlechte Nachrichten, sagte Spohn; aber irgendwie muss ich das alles erst mal verdauen und Du sagst, dass diese Maria Conte die Schwester von Prof. Raoul Conte ist?
Ja,- so ist es und ich war dort auch schon eingeladen, wo ich Dich zuvor noch angerufen hatte, was übrigens ein sehr angenehmer Abend mit lauter interessanten Leuten war.
Du bist ein Phänomen, sagte Spohn und wie ich immer wieder betone ein intellektueller Fuhrunternehmer.
Einverstanden, sagte Sawatzky und ich werde Dich demnächst mal klimaneutral abschleppen.
Das wirst Du nicht, sagte Spohn, denn sonst müsste ich den Intellektuellen wieder zurücknehmen.

Martha, Du verkennst,

dass ich gelegentlich furchtbar langweilig sein kann. Dem ganzen Wesen von Wissenschaft ist eine habituelle Langweiligkeit eigen, die primär mit Recherche zu tun hat. Dieses Hinterherlaufen hinter allen nur denkbaren, in der Sache aber nützlichen Informationen, die notwendigen Abstimmungen auch mit anderen

Wissenschaftlern und zum dicken Ende das Korrekturlesen, das man niemandem sonst überlassen kann und selbstverständlich auch die Probleme mit den Verlagen und damit letztendlich die Herausgabe einer Arbeit, wie man sie von einem Wissenschaftler erwarten darf.
Das glaube ich Dir ja, aber bei der notwendigen Recherche in Italien könnte doch mein wie immer auch holperiges Italienisch manches vereinfachen, sagte die Tante.
Das könnte es durchaus, sagte Mendes, aber insgesamt ist das Ganze eine Zumutung für einen Nicht-Wissenschaftler, sowie in diesem Falle für eine Nicht-Wissenschaftlerin und das verursacht mir ein schlechtes Gewissen.

Deinen Studentinnen und Studenten hättest du es doch auch zugemutet.
Das stimmt, aber die können dabei auch für ihre eigene Arbeit noch einen Profit ziehen. Dann hätte ich alles aber viel umfangreicher anlegen und planen müssen, was nach Lage der Dinge nicht möglich war, weshalb wir beide das ja auch als Italien-Urlaub verkaufen, wobei wir natürlich beide wissen, dass das nicht ganz stimmt.
Ich weiß, sagte sie und ob Du es glaubst oder nicht, aber ich beruhige damit sogar mein Gewissen. Dem Zeitgeist der allgemeinen und besonderen Weltrettung folgend, sind ja Auslandsaufenthalte nur noch schwer zu rechtfertigen, wenn sie denn nicht gerade einem ökonomischen oder wissenschaftlichen Zweck dienen.
Und daran hast du wirklich gedacht? Mendes sah sie ein wenig ungläubig an.
Na ja,- sagen wir mal, ich habe einen solchen Gedanken zugelassen.
Eigentlich eine interessante Überlegung, aber ich glaube, wenn ich Raoul damit konfrontieren würde, dann platzt er. Der hat nämlich ohnehin eine starke Aversion gegen jedwede Vorschriften. Er predigt keine Gesetzlosigkeit, aber einen Schuss Anarchie bringt er schon mit.
Das Leben nach dem geltenden Recht ist eine Sache, aber das unhinterfragte Befolgen von oft völlig sinnlosen Vorschriften, ist einfach entwürdigend. Aktuell gilt wohl die Formel: devot, hygienisch, ökologisch und kulturrelativistisch.
Vielleicht ja auch ein bisschen geschlechtslos, sagte Martha und beide brachen in Gelächter aus.
Volker,- jetzt sag mir aber bitte mal genau, wohin Du eigentlich willst. Vielleicht ist dann unsere geplante Verbindung von Urlaub und Arbeit die überhaupt genialste Kombination.
Alleine in der Toskana gibt es sechs Städte, die man sicher nicht nur wegen ihrer etruskischen Hinterlassenschaften besuchen sollte, sagte Mendes. Diese etruskische Periode ist zugleich eine der wichtigsten historischen Perioden in einem Zeitraum vom 9. - 1. Jahrh. v. Chr. Die Etrusker siedelten in Umbrien, in Latium

und sie erweiterten ihr Territorium auf Kampanien, die Emilia Romagna und die Lombardei. Dank vieler architektonischer Spuren, ist es zwar gelungen, wichtige Aspekte ihrer Kultur zu rekonstruieren, aber aus meiner Sicht halt sehr unvollständig. Für mich als Anthropologen ist es wichtig zu wissen, welche kulturellen und genetischen Kontakte zu welchen Veränderungen geführt haben. Ich habe Kontakte zu einem Kollegen in Italien, aber das ist ein Archäologe. Allerdings ist dessen wissenschaftlicher Schwerpunkt die Erforschung der Alltagskulturen, soweit sich diese aus den Funden erschließen lassen. Also wenn Du mich fragst, dann sollten wir uns die Städte Populonia, Chiusi, Arezzo, Cortona, Fiesone und Volterra ein bisschen genauer ansehen.
Du wirst es nicht glauben, sagte sie, aber ich habe bereits zwei nagelneue und vor allem aktuelle Italien-Karten gekauft.
Das ist sehr weitsichtig, sagte Mendes, aber ich hoffe natürlich auch auf die Ortskenntnisse von Rodolfo Covi, meinem italienischen Kollegen. Die Ausgrabungsfelder sind eher selten in der Nähe der Hauptstraßen und oft irgendwie in der Pampa, wo man ein Navigationsgerät auch nicht brauchen kann, weil es nur auf exakte Orts- und Straßennamen reagiert. Wollen wir mal hoffen, dass die Schwierigkeiten nicht wesentlich zunehmen. Mit dem Auto dürfte es noch am einfachsten gehen und wie die Italiener mit dem Problem umgehen weiß ich nicht. Eine gewisse südländische Schlamperei wäre in diesem Falle wünschenswert, aber verlassen kann man sich darauf leider auch nicht immer.
Nein, sagte Martha, es ist wohl ähnlich wie mit dem revolutionären Geist in Frankreich, bei dem es sich nach aktuellem Stand der Dinge wirklich nur um einen Geist handeln kann, denn er ist sowohl unsichtbar, als auch in hohem Maße flüchtig, ähnlich einer verdunstenden Flüssigkeit. Gelegentlich scheint er mal ein wenig zu kondensieren, dieser Geist und dann kommt ein bisschen was in Bewegung, aber allzu stürmisch darf es nicht werden, weil das zu Unbequemlichkeiten führen kann, die man in Frankreich überhaupt nicht liebt.
Liebe Martha, sagte Mendes,- wenn ich ehrlich sein soll, dann machen mir die selten sichtbar werdenden, revolutionär körperhaft gewordenen Geister aber auch Angst. Es ist nämlich in aller Regel so, dass sie den von ihnen beschworenen Geist nicht befriedigend in Praxis überführen, denn diese wäre dann die Gestalt des Geistes im Sinne seiner Erfüllung. Hinzuzufügen wäre auch, dass es selbst den Geistern gelegentlich erheblich an Geist mangelt. In solchen Fällen werden die Geister zu Gespenstern.
Hast Du das dem Raoul auch mal in dieser Weise gesagt?
Ja,- das habe ich!
Und, was hat er geantwortet?
Er hat düster genickt.

Martina Riedel hatte
reichlich 5L Kaffee gekocht und die glänzenden Metall-Thermoskannen standen aufgereiht auf einem kleinen Beistelltisch, während es gelungen war, alle Mitarbeiter der Redaktion zu versammeln.
Carsten Spohn hatte keinen Zweifel daran gelassen, dass es der Unterstützung aller bedürfe, wenn man dem im „Rat" beschlossenen Vorgaben etwas entgegensetzen wollte. Es waren dies streng genommen auch keine Beschlüsse, aber wohlmeinende Vorgaben für ein dem neuen Lebensgefühl verpflichtetes Journalistentum. Eine solche Formulierung wäre im „Rat" als verleumderisch zurückgewiesen worden, denn dort fehlte zumindest im Vorstand jede Vorstellung vom Habitus eines klassischen intellektuellen Nein-Sagers als einer Gestalt, die für eine Demokratie unverzichtbar ist. Natürlich konnte es nicht darum gehen, etwa das Impfen als eine bewährte medizinische Praxis in Zweifel zu ziehen, aber beim Stand der Dinge waren aus zwei ganz wesentlichen Gründen Zweifel angebracht. Der eine ergab sich aus einem nicht ausreichenden Erfahrungshintergrund mit RNA-Impfstoffen und der andere hatte eine politische Dimension. Diese ergab sich aus einer ganzen Reihe von Maßnahmen, die allesamt darauf hinausliefen, die juristisch nicht vorhandene Impfpflicht mehr oder weniger durch die Hintertür einzuführen.
Meine Herren, sagte Spohn, wir sollten auf jeden populistischen Unterton verzichten, denn es geht um das Recht auf körperliche Unversehrtheit, das nicht durch die moralische Diskriminierung von Impfverweigerern aufgeweicht werden kann. Eine andere Sache ist wiederum der mögliche Zugang zu Räumlichkeiten und den dort stattfindenden Veranstaltungen. Hier spielen auch die Interessen der teilweise privaten Betreiber eine Rolle.
Das ist richtig, meldete sich Herbert Wendler zu Wort, aber es geht ja nicht nur um private Betreiber, sondern um die Verweigerung einer Normalität vor dem Hintergrund dessen, was medial als Pandemie bezeichnet wird.
Nach meinen Informationen, sagte Kurt Enders, hat es zu keinem Zeitpunkt und zumindest nicht in Deutschland, die beschworene hoch gefährliche Situation gegeben. Wir haben es hier aus meiner Sicht mit einem gigantischen Missverständnis zu tun, wobei ich das für eine sehr freundliche Umschreibung halte, denn man kann es auch anders sehen.
Könnten Sie das etwas präzisieren mit dem Missverständnis?, sagte Spohn. Kurt, bevor du präzisierst - und bitte entschuldigen Sie die Einmischung in die Frage Herr Spohn, sagte Thomas Gebauer:
Wir, also zumindest die älteren von uns, die wissen ja noch, was man normalerweise mit den sog. 68ern verbindet, aber da will ich jetzt gar nicht hin. Es

gab nämlich in 68/69 die sog. Hongkong-Grippe mit ganz massiven Todesfolgen und einer tatsächlich auch teilweisen Überlastung von Krankenhäusern. Was aber war davon die Folge? Gab es eine Maskenpflicht? Gab es Lockdowns oder Ähnliches? Nein, das gab es alles nicht!
Das ist ein sehr guter Einwand, sagte Enders, aber ich will das doch noch präzisieren, denn es gibt bei dieser von mir freundlich als Missverständnis bezeichneten Situation keinen zumindest sichtbaren Anlass für das Veranstalten einer kollektiven Panik und noch etwas: Gesunde Menschen zum Tragen von Gesichtsmasken zu zwingen ist schlicht und ergreifend Körperverletzung! Diese Masken sind so etwas wie ein zentrales Symbol für die Pandemie geworden. Indem sie das Fehlen des Symptoms und damit das Ausbleiben eines natürlichen Krankheitszeichens kompensieren, hypostasieren sie zugleich das ganze Theater. Sie verleihen einer angeblich epidemischen Notlage die erwünschte Sichtbarkeit und stehen für eine suspendierte Normalität. Sie entmündigen, da kein Protest mehr zulässig ist und sie uniformieren, indem sie Physiognomien unlesbar machen. Als Synonym für eine Solidarität der Gleichgeschalteten, sind das Zeichen jenes gefährlichen Missverständnisses, wenn ich das mal so sagen darf.
Meine Herren, sagte Spohn, wenn wir das so drucken, dann geht es uns wie einem österreichischen Mediziner, der auch zu den öffentlichen Zweiflern gehört, was ihm eine Hausdurchsuchung und den vorübergehenden Entzug seiner Approbation einbrachte.
Die Frage ist doch, ob wir zwingend Angst haben müssen, sagte Friedhelm Kurz. Mir ist nämlich zu Ohren gekommen, dass auch bei Prof. Peter Delius eine Hausdurchsuchung stattgefunden hat. Wobei ich hier lediglich und zufällig zum verspäteten Zeugen beim Abzug einiger Schlapphüte geworden bin, die aus der Wohnung von Herrn Delius zwei Kisten und einen Laptop mitgenommen hatten. Der Herr Professor hat mich und uns gebeten, vorerst zurückhaltend zu reagieren, da er sich zunächst mit seinem Anwalt kurzschließen wolle.
Das sollten wir berücksichtigen, sagte Spohn und noch etwas meine Herren: Ich habe sie schon mal wissen lassen, dass ich bereit bin auf Risiko zu fahren. Wenn jetzt die Einschläge so dicht kommen, so dass das unser direktes Umfeld betrifft, dann werden wir einigen Leuten mal zeigen, wie man Qualitätsjournalismus auch interpretieren kann. Wir werden dann unvermeidlich einen Sturm entfachen und auf hoher See muss sich der Kapitän in einem solchen Falle auf seine Mannschaft verlassen und ich weiß dass ich das kann. Ich danke Ihnen allen!

Ferdi trug heute ein

schwarz/weiß kariertes Flanellhemd und wenn er ehrlich zu sich selbst war, dann hätte er lügen müssen, wenn es ihm nicht doch um eine gewisse Originalität gegangen wäre. Eine Logik der jeweils anderen Farbe ergab sich aus der unbestreitbaren Tatsache, dass man Hemden gelegentlich wechselt. Bleibt man hinsichtlich des eigenen Sortiments aber stets bei der gleichen Farbe, dann würde ein Wechsel von Außenstehenden nicht unbedingt bemerkt. Er selbst war sich aber sicher, die unterschiedlichen Farben nicht deshalb zu bevorzugen, um dem Verdacht aus dem Wege zu gehen, er wechsele die Hemden nicht oder zu selten oder möglicherweise nur an kirchlichen Feiertagen. Letzteres wäre besonders fragwürdig gewesen, denn Ferdi war nicht fromm, wenn man darunter jemanden versteht, der die Sonn- und Feiertage durch Kirchgang ehrt. Da er seine Kneipe auch an Sonntag-Vormittagen ab 10 Uhr öffnete, war dies natürlich einem eigenen Kirchgang hinderlich, aber er hatte schon vor einiger Zeit beschlossen, den Kirchgang nicht überzubewerten. Ob man sich nun in wohlwollender Absicht dem Ritual eines Kirchganges überantwortete oder einer ebenso friedvollen Frühschoppengemeinschaft, war aus seiner Sicht Geschmackssache und in letzter Konsequenz für ihn eine gute Lösung. Das Problem war nur, dass er seinen Gästen aktuell einen umfänglichen und von ihm gehassten Zirkus zumuten musste. Die jeweils gültigen Seuchenregelungen waren in vieler Beziehung absurd und nicht begründbar. In den Kirchen wurden sie auch eingehalten und dies trotz mehr als großzügiger Abstandsregeln. Die Zumutung war also auch dort gegeben.

Allerdings war es durch anhaltende Propaganda in den Medien gelungen, die Bevölkerung in einer Weise einzuschüchtern, die kaum noch Widerspruch ermöglichte. Er selbst hatte mit ein paar Kollegen versucht, ein akzeptables Regelwerk durchzusetzen, das sie zuvor mit einem befreundeten Arzt erarbeitet hatten, der Jahre zuvor in den Tropen gearbeitet hatte und mit Infektionskrankheiten vertraut war.

Man hatte ihnen aber unmissverständlich zu verstehen gegeben, dass ihre Betriebe bei Nichtbefolgung der Richtlinien sofort geschlossen würden. Es kam nicht einmal zur Prüfung ihres Antrages und demgemäß auch nicht zu einer übergreifenden Solidarität, weshalb es unklug gewesen wäre, die eigene Existenz massiv zu gefährden. Je nachdem wie lange der Maßnahmenkatalog noch Gültigkeit haben würde, war Ferdis Existenz aber auch ohne Strafandrohungen gefährdet und er machte sich hinsichtlich der versprochenen Hilfsmaßnahmen keine Illusionen.

Es war ein fast frühsommerlicher Tag, als Frank Hellweg und Heinz Wundrak auftauchten. Zwischen beiden hatte sich ein Vertrauensverhältnis entwickelt und Wundrak wusste sehr wohl, dass Hellweg irgendwann mal etwas schreiben wollte, was nicht direkt mit seiner journalistischen Tätigkeit zusammenhing. Er, also Heinz Wundrak, würde darin vermutlich irgendeine Rolle spielen und Hellweg hatte bisher nicht versucht, ihn in eine solche zu drängen. Er hatte ihn reden lassen und sich gelegentlich ein paar Notizen gemacht und Wundrak empfand das ihm entgegengebrachte Interesse nicht als aufdringlich. Wenn er manchmal fast beiläufig etwas erwähnte, was Hellweg für interessant hielt, dann fragte er nach und Wundrak war gelegentlich erstaunt, weil es dabei oft um etwas ging, was zumindest er nicht für erwähnenswert gehalten hätte.

Sie hatten im Außenbereich

Platz genommen und waren deshalb von der Maskenpflicht befreit, tranken Milchkaffee und Hellweg hatte einem Rosinenbrötchen nicht standhalten können, das sich Ferdi von einem befreundeten Bäcker liefern ließ, der dafür seine Nachtruhe geopfert hatte.

Wissen Sie, sagte Wundrak plötzlich, ich habe zu Tieren ein entspanntes Verhältnis. Ich besetze sie nicht im Sinne menschersatzlicher Funktion und dabei kommen mir Katzen sehr entgegen.

Wie meinen Sie das?, sagte Hellweg.

Nun,- sie bleiben im Grunde immer wild. Jeder ihnen gewährte Vorteil wird gerne genommen, aber sie sind nicht dankbar im Sinne von Unterwürfigkeit wie etwa Hunde und sie sind deshalb auch nicht opportunistisch, sondern auf eine fast befreiende Art asozial, wenn man hier eine menschliche Verständniskategorie zugrunde legt.

Warum sprechen Sie von einer befreienden Asozialität?- wollte Hellweg wissen.

Na ja,- sagte Wundrak, das Soziale ist eine ganz wesentliche Klammer menschlicher Gesellschaftlichkeit und bedarf ständiger Pflege. Das funktioniert so lange, wie es einen Konsens zwischen den Gewährern und den Nutzern gibt und dieser wird gestört, wenn die Nutzer als Forderer in Erscheinung treten und zugleich eine angemessene Gegenleistung ausschließen. Wenn Sie eine Katze nicht mehr füttern und frei herumlaufen lassen, dann wird ihr das nicht gefallen, aber sie wird sich zu helfen wissen. Bei einem freigelassenen Hund ist das wesentlich problematischer, denn er bequemt sich nur in Ausnahmefällen zur Wiederaufnehme substituierender Jagdtätigkeit. Er ist abhängig von uns und uns sehr ähnlich in unserer Abhängigkeit vom Staat, der uns als sorgender Sozialstaat in eine sehr ambivalente Abhängigkeit versetzt hat, die uns nicht oder nur selten bewusst ist.

Halten Sie das für problematisch?- fragte Hellweg.

Ja,- sagte Wundrak, denn in einem fortgeschrittenen Zustand solcher verklärter Abhängigkeiten entsteht das, was man Dekadenz nennt. Diese Dekadenz ist der Habitus einer antiemanzipatorischen Illusion von Entscheidungsfreiheit im Umfeld eines zunehmend totalitären Gebarens staatlicher Instanzen oder dessen Komplettausfalls.

Ist sie nicht auch so etwas wie eine angemaßte Haltung gegenüber der gesellschaftlichen Kausalität und den daraus abzuleitenden Bedürfnissen?, sagte Hellweg.

Ganz sicher im Sinne einer Bestimmung dieser Probleme. Das sehen Sie doch gerade jetzt, wo der Themenfocus auf Dinge wie das Klima, einen angeblich ausufernden Rassismus und die Digitalisierung gerichtet ist.

Ist das denn falsch Ihrer Meinung nach?

Na,- ich bitte Sie. Fragen sie mal die Leute, die mit 1500 – 2000 € ihre Familien über Wasser halten müssen oder fragen Sie mal den Ferdi, wie wichtig ihm irgendwelche Fortschritte wie das selbstfahrende digitale und natürlich elektrische Auto sind. Beim Rassismus ist es ja ähnlich, weil die Leute berechtigt den Kopf schütteln, weil ihnen das angeblich exorbitante Anwachsen einer Population von Rassisten mit Verlaub am Arsch entlang geht, denn sie wissen sehr wohl, dass es so etwas in dem ihnen bekannten Umfeld nicht gibt, selbst wenn es dort gelegentlich etwas derb zugehen kann, aber niemand will einen Führerstaat mit reinrassigen Germanen und Lagern für Juden und Andersdenkende. Wer,- bitte, wer will denn sowas? Was ist das denn für ein Irrwitz, wenn den Kindern erzählt wird, sie dürften den Begriff Indianer nicht gebrauchen, weil er abwertend sei. Da waren wir als Karl May-Leser schon mal wesentlich emanzipierter oder irre ich mich da? Sowas ist der Ausdruck einer fortgeschrittenen Dekadenz. Und noch was will ich Ihnen sagen, wo ich gerade so schön dabei bin: Das inszenierte Geschrei, etwa im sog. „Kampf gegen rechts" als dem Synonym für die Beseitigung des vermeintlich Bösen, ist im Grunde ein Feldzug gegen Andersdenkende, wie wir ihn schon lange nicht mehr in einer sog. Demokratie erleben durften und der ganze zentrale Hintergrund ist das Scheitern der Migrationspolitik, wofür Schuldige gesucht und benannt werden müssen. In Berlin weiß man um dieses unvermeidliche Scheitern zumindest an einigen Stellen, aber es wird einfach weitergemacht, weil nicht sein kann was nicht sein darf. Es wird gegen die Interessen einer Bevölkerungsmehrheit gehandelt. Und wissen Sie wie man sowas nennt?

Ich weiß es, sagte Hellweg, aber darüber schreiben heißt, einen Text verschlüsseln zu müssen, weil die Wirklichkeit eine unerträgliche Sache zu sein scheint.

Karin Bruckner und Raoul Conte

saßen im Garten von Pauls Hof, dessen gepflegtes botanisches Arrangement vergeblich den Eindruck einer Zufälligkeit zu vermitteln suchte, aber ähnlich den Anstrengungen der Kammermusiker, die sich dort in der oberen Etage des Gebäudes gelegentlich ein Stelldichein gaben, war Pauls Garten in diesem besonderen Falle den Anstrengungen seiner Frau geschuldet, die sich ein

beträchtliches Wissen über das gedeihliche Miteinander von Pflanzen angeeignet hatte. Dieser Garten war kein Sammelsurium, sondern er war ein Ereignis.
Früher waren mir Pflanzen höchstens als Nutzpflanzen von Bedeutung und wir Kinder wussten immer, was irgendwie essbar war. Später bei der FARC gab es spezielle Farne, die wir zur Tarnung benutzten, sagte Conte. Ich besuchte mal einen Kollegen in der Grafschaft Kent in Südengland und wenn man dort, von Wales kommend, die Grenze zur Grafschaft überquert, dann wird man darauf hingewiesen, dass man sich im „Garden of England" befindet und in der Tat ist das sehr beeindruckend.
Da war ich noch nie, sagte sie, aber ich las mal etwas über den Fürsten Pückler und die von ihm geschaffenen Parklandschaften z.B. im Grenzbereich zum heutigen Polen in Muskau. Das sind alles sehr aufwändige Arrangements, bei denen der Eindruck menschlicher Vermittlung nicht in den Vordergrund treten darf. Es gibt dort nicht so etwas wie ein Gartendecor und erst recht keine gestalterische Willkür.
So habe ich das in Kent auch empfunden, sagte Conte, wobei mir natürlich auch klar ist, dass es ohnehin keine Naturlandschaften mehr gibt, die einem klassisch-archaischen Naturbegriff entsprechen. Das, was wir als Natur bezeichnen, ist längst eine vom Menschen gemachte Künstlichkeit, wenn es denn nicht gerade um die letzten, vergleichsweise kleinen europäischen Urwaldreste geht.
Aus der Luft betrachtet erschließt sich das vermutlich leichter, sagte sie und das sind ja nicht nur die wie sorgfältige Grafiken wirkenden agrarischen Nutzflächen, sondern auch die Waldgebiete, die über weite Strecken ein Nutz Wald sind.
Ja,- sagte Conte, der moderne Mensch fühlt sich zunehmend für den Waldbestand, also für den Schutz des Waldes verantwortlich, weil er auch glaubt, ihn heute besser zu verstehen, aber er weiß auch, dass er – also der Mensch – sich in Europa nicht hätte erfolgreich ausbreiten können, ohne den Wald zu dezimieren, zumindest einiges davon.
Ich finde die aktuelle Debatte ohnehin verlogen, sagte sie, denn das Wohlstandsversprechen, vor allem in den sog. Schwellenländern, wie etwa Brasilien, ist stets auch das unausgesprochene Versprechen den Wald abzuholzen. Erst kassieren sie für das Holz und dann für den Ertrag ihrer Palmölplantagen.

Weißt Du, sagte er, die Vorstellung, die sich weltweit mit dem Begriff Wohlstand verbindet, ist zerstörerisch. Die notwendige Rigorosität einer Distanzierung hiervon, ist allerdings mit keinem Parteiprogramm kompatibel, weil man potentiellen Wählerinnen und Wählern notwendigen Verzicht nicht als attraktiv verkaufen kann. Wer einen Wohlstand ankündigt, welcher den Standards der

westlichen Welt entspricht und dabei die Schonung der natürlichen Ressourcen verspricht, ist nichts weiter als ein jämmerlicher Lügner.
Und wenn er oder sie das trotzdem ernsthaft glaubt?- fragte sie.
Dann ist er oder sie verrückt geworden, sagte Conte.
Das war jetzt aber sehr apodiktisch!
Ich weiß,- sagte er, aber ich erwarte nun mal von der politischen Klasse ein Mindestmaß an Informiertheit, gewissermaßen als Pflichtübung.
Für Deinen Kollegen Mendes sind die Etrusker aber mehr als eine Pflichtübung.

Das war jetzt aber ein gewaltiger Gedankensprung, sagte Conte, aber Du hast recht, wobei ich ziemlich sicher bin, dass er die Reise längst in den Wind geschrieben hätte, wenn Deine Tante nicht wäre. Weißt Du, mal unabhängig davon, dass das ja auch irgendwie eine lustige Sache ist, also mit Volker und Deiner Tante, bin ich mit der Situation sehr froh so wie sie ist. Der Volker ist mit dem Tode seiner Frau zwar zurechtgekommen, weil er ein rational denkender Mensch ist, aber mental hatte er abgerüstet. Ich hatte bemerkt, dass er zunehmend entschlußschwächer geworden ist. Alles schien beschwerlicher geworden zu sein und aktuell wirkt er deutlich flotter, was ich richtig gut finde.
Was sagst Du denn zu Deiner Schwester Maria und ihrem Anton?
Conte musste schallend lachen. Karin,- ob Du es glaubst oder nicht, aber ich finde das einfach klasse. Dieser Antonio, wie wir in Kolumbien sagen würden, das ist ein ganz handfester und gestandener Mann. Aus meiner Sicht ganz klar im Kopf und genau so jemanden braucht die Maria. Um Gottes Willen keinen Intellektuellen vom Stamme der Empfindsamen. Das hatte sie schon mal und es ist schief gegangen. Sie hätte ihn nicht zu uns mitgebracht, wenn er ihr nicht gefallen würde, obwohl er ja ein bisschen älter ist und sie wollte dabei natürlich auch sehen, wie wir alle miteinander klar kommen.
Ich fand ihn auch sehr nett, sagte sie und seine offene Art hat mir gut gefallen. Mit dem kann man getrost nach Portugal fahren.
So so,- sagte Conte und wohin fahren wir denn mal wenn sich der ganze Zirkus vielleicht wieder beruhigt hat und nicht zur Dauerbeglückung wird?

Ich kenne Europa nur sehr ungenügend, sagte sie und ich möchte es ein bisschen besser verstehen lernen in der Hoffnung, dass ich dann auch anderes besser verstehe.
Mich darfst Du natürlich fragen und meine Antwort wird immer sein, dass ich diesem Europa unendlich viel verdanke, sagte er, was wiederum dazu führt, dass ich bestimmte Vorkommnisse mit großer Sorge sehe. Verstehst Du,- ich weiß wie eine kaputte Gesellschaft aussieht.

Die Grande Sonate brillante

für Gitarre und Klavier Op. 102 von Antonio Diabelli wurde in Tante Marthas Wohnung im kleinen Kreise gespielt und Patricio hatte es sich nicht nehmen lassen, im Anschluss einige Bravourstücke für die Solo-Konzert-Gitarre zum Besten zu geben, als man es sich bereits im Garten bequem gemacht hatte, denn es war schönes Wetter. Zur Feier des Tages hatte die Tante einen Erdbeerkuchen gebacken und Plätzchen aus der Bretagne angeboten. Maria hatte Sawatzky mitgebracht, der Patricios Solostücken mit einiger Fassungslosigkeit zugehört hatte.
Maria, sagte er nach einer Weile, bitte sag ihm mal, dass ich früher in einer Band die Bassgitarre gespielt habe, aber so etwas wie heute habe ich noch nicht gehört.
Maria übersetzte und Patricio wollte genau wissen, was sie alles gespielt hatten in seiner Band, kannte sich offensichtlich auch in der Rock und Pop-Musik aus und als Sawatzky seine anfängliche Scheu überwunden hatte, packte er sogar ein paar Spanisch-Kenntnisse aus, die er sich auf seinen Langstreckenfahrten auf der Iberischen Halbinsel erworben hatte und irgendwann saßen die beiden zusammen und schienen sich mit einem Gemisch aus Deutsch und Spanisch leidlich zu verstehen.

Mein Lieber Tonio, sagte Maria, Du hast mir etwas verschwiegen und ich werde in Zukunft wohl aufpassen müssen, wenn ich ins Spanische ausweiche, weil ich nicht mehr sicher sein kann, dass Du das eventuell verstehst.
Karin Bruckner hatte die Szene interessiert beobachtet und als Conte sie von der Seite ansah, da konnte sie sich eine Bemerkung nicht verkneifen, die eigentlich eine Frage war.
Nun,- bist Du zufrieden?
Conte lachte – und womit, wenn ich fragen darf?
Ach, Du weißt schon was ich meine.
Ja, das weiß ich und als Bruder meiner Schwester bin ich damit sehr zufrieden, denn der Antonio ist ein wirklich prima Kerl. Dass sich die beiden zufällig begegnet sind, ist eine ganz famose Sache im Sinne eines positiven Zufalles.
Auch ohne daraus einen philosophischen Diskurs zum Thema Zufall machen zu wollen, sagte sie, haben mich einige der jüngeren Ereignisse schon überrascht, weil sie irgendwie in geballter Form aufgetreten sind.
Da man sie aber insgesamt als positiv begreifen kann, sagte Conte, besteht eigentlich kein Anlass zu Besorgnis.
Nein, sagte sie,- nicht in dieser Beziehung.
Später würde sie sich an diesen Satz erinnern und darüber wundern, warum er ihr gerade bei dieser Gelegenheit eingefallen war. Auf der linken Seite des

Gartenendes stand eine kleine Laube, die nur wenigen Personen Platz bot. Volker Mendes und die Tante waren aus dem Schatten herausgetreten, welche die beiden dort befindlichen Akazienbäume verursachten und wirkten dabei fast ein wenig feierlich, als sie, um Aufmerksamkeit bittend, auf ihre bevorstehende gemeinsame Italienreise hinwiesen.

Mein Lieber Volker, sagte Conte,- der Seuche sei Dank konntest Du eine völlig ungezwungene Mitarbeiterwahl treffen.
Konnte ich gar nicht, sagte Mendes und Martha wäre in jedem Falle mitgekommen schon wegen ihren Italienisch-Kenntnissen und wir beide reisen immerhin auf eigene Kosten-----und Gefahr ergänzte die Tante, was Heiterkeit auslöste. Karin Bruckner musste lachen.

Welche Gefahr liebe Tante?
Na ja, sagte Mendes, ein leider schon vor Jahren verstorbener italienischer Kollege wusste aus den 50er Jahren des vergangenen Jahrhunderts von Hinweistafeln im südlichen Italien zu berichten, auf denen zu lesen stand: Attentione Bandidos.
Ich kann Sie beruhigen, sagte Sawatzky, der die Unterhaltung verfolgt hatte. Das Banditenwesen in Italien hat sich gewissermaßen verlagert, von der Straße in einige nobel eingerichtete Büros. Wer etwas will, muss nur die richtigen Leute zur richtigen Zeit bestechen, aber ich füge hinzu, dass das nicht nur in Italien so ist.
Italien ist und bleibt ein Sehnsuchtsort, sagte die Tante,- ob mit oder ohne Mafia und hat sogar schon große Komponisten inspiriert, die nicht einmal selbst dort gewesen sind.
Und wie geht das denn?, sagte Karin Bruckner.
Aber Kindchen,- der große französische Komponist Hector Berlioz hatte einen Freund namens Harold und dieser Harold erzählte ihm mal von einer Italien-Reise die er unternommen hatte und die Folge davon war?----ja,- man darf raten, denn es entstand ein symphonisch angelegtes Stück mit dem Titel *„Harold in Italien"*. Sehr temperamentvoll übrigens wie der ganze Herr Berlioz.
Was ist mit Berlioz?- wollte Patricio wissen.

Maria übersetzte und die Tante war in ihrem Element, denn dass der temperamentvolle Franzose sich mal während eines Theaterstückes in die Hauptdarstellerin verliebte und coram publico verkündete, dass er sie heiraten werden, was er dann sogar tat, war immerhin ein Indiz für schnelle Entschlossenheit. Lange gehalten hatte das dann aber nicht, was aber eher auf das Temperament des Herrn Berlioz zurückzuführen war.

Maria, sagte Sawatzky,
als sie auf dem Heimweg in seinem Hummer saßen, dessen Motor bedächtig vor sich hin grollte,- ich muss morgen um 5 Uhr raus. Soll ich Dich nicht lieber heimfahren, damit ich Dich nicht störe?
Du störst mich überhaupt nicht, aber fahr mich bitte heim, denn mir ist eingefallen, dass ich noch eine Übersetzung für die Firma Femsa machen muss. Zumindest habe ich da einen Termin zugesagt und Dein Vorschlag gibt der Sache eine Chance.
Maria,- ich wollte noch sagen, dass das wieder ein sehr schöner Nachmittag und Abend war. Für einen alten Fahrensmann wie mich gab es wieder sehr viele neue und interessante Eindrücke. Weißt Du,- mit etwas Glück wird einem im Leben mal eine Tür geöffnet, durch die man zuvor noch nie gegangen ist. In diesem Falle ist man gut beraten, wenn man sich darauf einlässt, sagte er, bremste abrupt und küsste sie, als sie vor ihrer Wohnung angekommen waren.
Der Vorgang ist wiederholungsfähig sagte sie, aber ich meine nicht das heftige Bremsen.
Papa, sagte Franziska Spohn,- die Ela vom Herrn Sawatzky, also meine Freundin, die macht gerade den Führerschein.
Ich habe verstanden, sagte Spohn und Du wirst lachen, denn ich bin gar nicht überrascht.
Du bist ein Schatz, sagte sie, aber da ist noch etwas.
Und das wäre?
Die Ela, also der Freund von der Ela, der heißt Bernd Speicher und der fährt halt auch Motorrad.
Ich weiß, sagte Spohn und das sogar sehr erfolgreich, worüber wir sogar berichtet haben. Wenn ich Dich richtig verstehe, obwohl Du ein bisschen in selbstgemachten Rätseln sprichst, die leicht zu durchschauen sind, so ist das Motorradfahren auch bei den Frauen schon längst angekommen und wenn die Ela den Motorradführerschein macht, was ja wohl geplant ist, dann möchtest Du das natürlich auch. Was sagt eigentlich Dein Freund dazu?
Mit dieser Frage hatte sie nicht gerechnet. Woher wusste ihr Vater die Sache mit dem Installateur?
Der, ja der, also der Roland, der hat auch ein Motorrad, aber er fährt keine Rennen.

Das ist durchaus beruhigend, sagte Spohn und vielleicht habe ich ja mal die Ehre, den jungen Mann kennen zu lernen. Ich meine nur mal so von Mann zu Mann, weil man sich als Vater schon für die Männer interessiert, die sich für die Tochter interessieren. Hast Du ihn beim Praktikum kennen gelernt?. Spohn wussten von

seinem Freund Sawatzky das Wesentliche, wollte aber seiner Tochter die Chance geben, die Sache mit dem eigenen Vater zu besprechen.
Komm mal her, sagte Spohn und nahm sie in der Arm. Ich muss Dir nämlich auch etwas sagen.
Wie Papa, hast Du dich etwa auch verliebt?
Nein,- mein Gott,- wie kommst Du darauf?
Ja, ich meine ja nur.
Versteh mich nicht falsch, aber weil ich Dich immer nur mit Frauen gesehen habe...
Und was hast Du da gedacht?- wollte sie wissen.
Na ja, was man dann halt so denkt.
Was? Im Ernst?
Ja, warum, was soll ich denn sonst denken?
Und was denkst Du jetzt?
Nix denke ich, aber wenn Du es wissen willst, dann bin ich froh, dass alles seinen nicht allzu komplizierten Gang zu gehen scheint.
Wäre es denn anders nicht auch gut oder eher wie Du sagst kompliziert gewesen?

Franziska,- ich weiß es nicht, aber es hätte mich verunsichert und auf einer Ebene herausgefordert, wo ich nicht herausgefordert werden will.
Bist Du unsicher Papa?
Ja,- manchmal und dann muss ich immer so tun, als ob alles in bester Ordnung wäre, obwohl ich das gar nicht will.
Das hast Du noch nie gesagt Papa.
Hab ich nicht und Du warst mir gegenüber unsicher im Hinblick auf Deinen Freund.
Stimmt, sagte sei,- das war ich auch.
Versteh mich nicht falsch, denn ich bin ja deshalb nicht beleidigt. Das Problem bin ich selbst, denn ich habe eine Tochter die kein Kind mehr ist und das muss ich mal begreifen.
Weißt Du Papa, wir könnten doch in Zukunft zumindest einige Probleme miteinander besprechen.
Ja, sagte er, versprochen und den Roland ruf mal an und frag ihn wann er mal Zeit hat und ob er gerne Pizza isst. Ich gebe einen aus. Am besten wenn es das Wetter zulässt, dass man draußen sitzen kann, damit die einem nicht mit ihrem Seuchen Zirkus auf den Sack gehen.
Mir nicht Papa, denn ich habe keinen, aber ich freue mich und der Roland ist ganz süß.
Sei vorsichtig Franzi, sagte Spohn, denn Männer sind nicht süß und wenn sie es sind, dann sind es keine Männer.

Karin,- der Volker und ich
wollen Deiner Tante eine Freude machen und sie hat doch hinten, wo es zum Garten hinausgeht, so einen kleinen verglasten Wintergarten und sie meinte mal beiläufig, dass sie dafür gerne noch eine etwas größere Pflanze hätte.
Das habe ich gar nicht mitbekommen, sagte sie, aber die Idee ist nicht schlecht wenn Ihr das wollt. Der Baumarkt gleich bei Dir, dessen Parkplatz wir ja gelegentlich nutzen, der hat gerade schöne Yucca-Palmen im Angebot, aber das müssten wir dann zusammen machen und ich könnte mir von Bernd Speicher seinen Kastenwagen ausleihen, mit dem er immer zu seinen Renn-Veranstaltungen fährt.
Das ist eine gute Idee, sagte Conte und sie vereinbarten einen Termin unter der Voraussetzung, dass das mit dem Kastenwagen klappen würde. Das erwies sich als unproblematisch, denn die Veranstaltungen, zu denen Bernd Speicher schon gemeldet hatte, waren bis auf eine bereits abgesagt worden und für die andere war ihm der Anfahrtsweg zu lang und zu teuer.
Was habt Ihr denn da vor?, sagte er lachend. Brauchst Du einen Umzugswagen?
Nein, sagte sie,- nur einen Palmentransporter. Der tuts vorerst auch.

Das wird mein Auto adeln, sagte er, denn grüne Fracht kennt sein Innenraum eher nicht.
Es hatte ein bisschen geregnet, aber die Sonne war freundlich und sorgte für eine abwechslungsreiche Farbscala aus tieferen, fast schwarzen und den über ihnen dahinfahrenden weißen Wolken, die dabei gelegentlich einem Stück blauen Himmel eine Chance boten. Es war Freitag-Nachmittag und der Baumarkt war gut besucht. Conte fühlte sich an die alte Metapher vom Konsumtempel erinnert, obwohl vor allem die Baumarkt Kunden eher den Pragmatikern als den Genusskäufern zuzurechnen waren. Der Begriff shoppen bezeichnet ja keinen Akt der Notwendigkeit wie etwa einen Lebensmitteleinkauf, sondern eher ein Kaufen als Genussbefriedigung und die Heim- und Gartenwerker sind, selbst als Ungelernte, durchaus als Selfmade-Spezialisten zu bezeichnen, sind sie doch schon vorab imstande, angesichts einer großen Auswahl an Produkten, eine eindeutig richtige Auswahl im Sinne der gestellten Aufgabe vorzunehmen, was einiges an Erfahrung voraussetzt,- zumindest manchmal.
In dem Moment, als Conte und Karin Bruckner gerade in die etwas zurückliegende Gartenabteilung wechselten, war ein Geräusch zu hören, das Karin Bruckner zunächst an einen Presslufthammer erinnerte und sie wurde im gleichen Moment von Conte zu Boden gerissen.
Liegen bleiben, -keine Bewegung zischte er und da wusste sie, dass sie nicht mit allen Geräuschen eine ausreichende Erfahrung hatte und dann hörte sie das

Schreien von Menschen. Zugleich sah sie, wie Conte geduckt zwischen den Regalen verschwand, während das Stakkato weiterer Schüsse zu hören war und in die Schreie hinein brach Panik aus.
Sie verspürte ein riesiges Fluchtbedürfnis und blieb nur liegen, weil Contes Anweisung wie ein Befehl geklungen hatte, dem man vernünftigerweise gehorchte. Conte hatte mittlerweile gesehen, dass es sich mindestens um zwei, wenn nicht drei Täter handeln musste, die alle bewaffnet waren. Einer von ihnen hatte mehrere Feuerstöße abgegeben und sich dabei auf die Flüchtenden konzentriert, während er zugleich langsam rückwärts in Contes Richtung ging, wo er hinter sich offenbar niemanden vermutete. Conte hatte sich hinter einem Werkzeugschrank verschanzt, der keinen Kugelschutz geboten hätte, aber der Schütze ahnte keine Gefahr in seinem Rücken, was auch der eigenen Nervosität geschuldet sein konnte und zudem gab es in der Gartenabteilung einen eigenen Ausgang, damit die Kunden die z.T. sperrigen Sachen nicht in ihren Einkaufswagen durch den ganzen Markt schieben mussten. Das aber wussten nicht alle Kunden.
Conte blieb ganz ruhig. In seinem Kopf war wieder das alte Szenario von Bedrohung virulent geworden und sein ganzes Handeln wurde von diesen Erfahrungen bestimmt. Die Umgebung war relativ gleichgültig, weil man sich ihr ohnehin anpassen musste. Von entscheidender Bedeutung war das Verhalten des Feindes in einer Situation, in der er zunächst die Oberhand gewonnen hatte.
Es war wie früher bei der FARC, aber dieser Feind, der hier in Aktion trat, den hatte sich Europa und vor allem Deutschland selbst an den Hals gebunden. Nein,- Feiglinge waren das nicht und das waren die Feinde damals in Kolumbien auch nicht gewesen. Allerdings rief dort niemand zum Kampf gegen Ungläubige auf und beschwor beim Morden auch nicht den Propheten. Es ist in Kolumbien auch irgendwie unvorstellbar, dass es Leute gibt, die ihre Retter und Wohltäter töten wollen. Dort wird auch getötet, aber es geht um Geld und Einfluss. Nett ist das nicht, aber auch nicht irrsinnig.
Im Eingangsbereich lagen eine Reihe lebloser Körper und einige Menschen schrien anhaltend. Exakt in dem Moment, wo der Schütze, den Conte im Auge hatte, fast auf seiner Höhe war, griff sich Conte mit großer Vorsicht einen an dieser Stelle stehenden Einkaufswagen und rammte ihn dem Schützen mit voller Wucht in den Rücken, noch bevor dieser ein Geräusch oder eine Bewegung hatte wahrnehmen können. Das riss diesen aus dem Stand, so dass er zu Boden stürzte, wobei ihm die AK 47 aus der Hand fiel. Der Mann war offenbar gut trainiert und kurz davor, wieder aufzustehen, aber Conte hielt den Griff des Einkaufswagens immer noch umklammert und konnte den Mann durch einen erneuten heftigen Stoß am Aufstehen hindern. Dabei verlor dieser seine Waffe, die Conte geschickt an sich zu bringen konnte und ehe der Mann sich richtig erhoben hatte, schoss Conte.

Ein weiteres Maschinengewehr war noch zu hören und Conte lief jetzt geduckt in diese Richtung, was Karin Bruckner mit Entsetzen aus den Augenwinkeln sehen konnte.
Allahu Akhbar brüllte der Schütze und Conte schoss erneut.
Er konnte später nicht mehr so genau sagen, wann er die Beamten einer eintreffenden Anti-Terror-Einheit wahrgenommen hatte, aber als er sie sah, hatte er die Waffe sofort zu Boden fallen lassen, denn ihm war klar, dass man in ihm einen Täter sehen konnte und nicht als jemanden, der sich in einer Notwehr-Situation befand, während er mit erhobenen Händen auf die Beamten zuging.

Währenddessen waren auch
zwei Unfallärzte und zwei Krankenwagen vor Ort, was aber nicht reichte, weshalb einige Leute hektisch mit den Notdiensten telefonierten. Offensichtlich waren es einige beherzte Kunden gewesen, welche die Polizei alarmiert hatten.
Einer der Beamten sah Conte ungläubig an. Herr Professor? Sie sind doch Professor Conte?
Ja ja,- der bin ich! Aber wie kommen Sie denn in diese Situation?
Sie sind gut, sagte Conte, denn als Kunde eines Baumarktes war ich eigentlich nicht drauf gefasst, militärisch tätig werden zu müssen. Immerhin ist es mir gelungen, einen der Angreifer zu überwältigen, weil ich mir dessen Maschinengewehr aneignen konnte.
Sie müssen schon entschuldigen Herr Professor, aber Sie wirkten auf uns zunächst wie ein Täter. Haben Sie eine Ahnung wie viele Angreifer es waren? Meiner Meinung nach zwei bis drei, sagte Conte.
Gefunden haben wir aber nur einen.
Kann sein, sagte Conte, aber zumindest einen von ihnen habe ich erschossen. Es blieb mir keine andere Wahl, denn er war offensichtlich zu allem entschlossen. Der andere, auf den ich geschossen habe, ging zu Boden. Mehr kann ich aktuell nicht dazu sagen.
Dürfen wir Sie trotzdem mitnehmen, damit Sie vielleicht dem Herrn Roth einen Bericht geben können?
Meinen sie Kommissar Roth?
Ja! Kein Problem, selbstverständlich, aber meine Freundin befindet sich noch im Baumarkt, wie ich mal annehme, denn ich hatte ihr gesagt, sie solle auf dem Boden liegen bleiben und sich nicht rühren.
Ist sie denn verletzt?, wollte der Beamte wissen.
Nein,- ich denke mal nicht. Bitte entschuldigen Sie einen Moment und Conte zog sein Mobiltelefon aus der Tasche.

Ja,- Karin,- ich bins Raoul. Wo bist Du denn? Bist du o.k.? Ich muss bei der Polizei eine Aussage machen bei Kommissar Roth. Das kann ein bisschen dauern und ich sitze hier gerade mit ein paar Beamten vom Sonderkommando im Auto. Sei so gut und geh in meine Wohnung. Du hast ja den Schlüssel und rufe den Volker an. Ich komme so schnell ich kann.
Ja,- mach ich, sagte sie und er hörte, dass sie weinte. Zugleich spürte er einen leichten Schwindel und er begann zu zittern.
Mittlerweile konnte er im Polizeifunk mithören, dass einer der Ärzte sich gemeldet hatte. Es gebe ohne die mutmaßlichen Täter mindestens 5 Todesopfer und man benötige dringend weitere Hilfe wegen der vielen Verletzten. Einige von ihnen hätten erheblichen Blutverlust.
Herr Professor, fragte der junge Beamte,- ist ihnen nicht gut? Möchten Sie etwas trinken?
Nein danke, sagte Conte,- es geht schon wieder.
Sagen Sie, stimmt es eigentlich, dass sie früher mal in Kolumbien bei der FARC Guerilla waren?
Ja, sagte Conte, das stimmt!
Was wollte denn die FARC?- wollte er noch wissen, bevor der Wagen in den Hinterhof der Polizeiwache einbog.
Ob Sie es glauben oder nicht junger Mann, aber wir wollten das Landrecht der Inkas wieder einführen, welches einen Privatbesitz an Grund und Boden ausschließt.
Als Karin Bruckner sich ihren Weg durch den Baumarkt, vorbei an den Getöteten und Schwerverletzten gebahnt hatte, war ein freundlicher Mann auf sie zugekommen, der ihr seine Hilfe anbot und sie wusste, dass es sich um einen Psychologen handeln musste.
Ich bin unterwegs in die Wohnung eines Freundes hier ganz in der Nähe, sagte sie. Wir waren zusammen in diesem Markt als es passierte, aber er ist momentan noch unterwegs zur Polizei, um einige Aussagen zu machen. Er wird dann wohl auch bald kommen.
Das schien den Psychologen zu beruhigen, aber er gab ihr seine Karte für den Fall, dass sie Hilfe benötigen würde und sie bedankte sich. Als sie in Bernd Speichers Kastenwagen saß brauchte sie einige Zeit, um den Schlüssel ohne allzu großes Zittern in das Zündschloss zu stecken. Dann fiel ihr ein, dass sie das Fahrzeug ja gar nicht zu bewegen brauchte, denn Contes Wohnung war ja unweit des Baumarkt-Parkplatzes.
Volker Mendes war sofort am Apparat, als Karin Bruckner ihn angewählt hatte und man hörte im Hintergrund, dass das Radio eingeschaltet war. Als sie jetzt seine Stimme hörte, da konnte sie nicht mehr und begann hemmungslos zu weinen.

Wo bist Du Karin?- fragte er.
Ich bin jetzt in Raouls Wohnung.
Alles klar, sagte Mendes,- ich komme sofort.
Es war ein Zufall, dass sich Mendes und Conte dann vor dessen Haustür trafen. Kommissar Roth hatte Conte zuvor zunächst einen Kaffee angeboten, den dieser aber ablehnte und ein Glas Wasser vorzog.
Danach hatte er dem Kommissar den Hergang der Dinge so weit berichtet, wie ihm dies möglich war.
Im Moment möchte ich Sie bitten, nicht zu verreisen, hatte der Kommissar ihn gebeten, aber das hatte er ohnehin nicht geplant. Als sie dann beide Contes Wohnung betraten, blickten sie in die erschreckten und geröteten Augen von Karin Bruckner und Conte nahm sie erst mal in die Arme.
Du bist ja auch verletzt, sagte sie. Alles ist voller Blut auf Deiner Jacke. Das hatte er gar nicht bemerkt, weil er seinem Aussehen bisher keine sonderliche Bedeutung beigemessen hatte. Hier in seiner Wohnung begann sich der Stress ein wenig zu lösen. Sie lebten, waren offensichtlich zumindest körperlich unverletzt und hörten durch das nur angekippte Fenster das gespenstische Heulen der Krankenwagensirenen.
Zieh mal die Jacke aus Raoul, sagte Mendes. Ich werde jetzt hier mal Kaffee kochen, wenn ich denn welchen finde und dann sagt Ihr beiden mir mal, was Ihr in dem gottverdammten Baumarkt gewollt habt.
Das ist noch einfacher, als den Kaffee zu finden, sagte Conte, denn der ist hinter der Schrankklappe rechts und im Baumarkt wollten Karin und ich die Pflanze für Martha kaufen, die sie sich gewünscht hatte. Mendes wurde blass und blieb einen Moment wie angewurzelt mitten im Raum stehen, während Conte langsam und ruhig den Hergang der Dinge berichtete.
Ach du große Scheiße, sagte Mendes nach einer Weile.
Nimm es wie Du willst, sagte Conte, denn alle die anderen Leute, die im Markt waren, wollten vermutlich auch nicht unbedingt etwas Lebensnotwendiges kaufen, ähnlich uns mit der Pflanze, die wir jetzt nicht mal haben, aber immerhin leben wir. Der Tod hat nicht selten eine idiotische Ursache, wobei das Alter noch die geringste ist. Wenn heute das passiert ist, wovon ich meine, dass es in einer zivilisierten Gesellschaft nicht geschehen darf, sagte Mendes, dann gibt es hierfür außer den Tätern auch weitere Schuldige und das sind die, welche uns weiszumachen versuchen, wir hätten ein gestörtes Verhältnis zu dieser besonderen Art der Migration. Das zu sehen ist nämlich wichtig und zwar ohne Wenn und Aber, denn es handelt sich um eine Schlüsselerkenntnis.

Der Kommissar Roth ist kein Spinner, sagte Conte, aber es wird sich nicht vermeiden lassen, dass ich wohl werde erklären müssen, warum ich mein Recht auf Selbstverteidigung so schrecklich ernst genommen habe.
Hattest Du einen von ihnen...? fragte sie.
Ja, das habe ich und möglicherweise nicht nur einen. Von dem dritten, den ich auch glaube gesehen zu haben, aber nicht beschreiben könnte, fehlt übrigens jede Spur. Conte saß auf dem Sofa, hatte die Hände vor das Gesicht gelegt und nach einer in der plötzlichen Stille lange wirkenden Zeit sagte er nur: Schrecklich!

Währenddessen hatte Maria Conte

die 14 Uhr-Nachrichten in Sawatzkys Büro gehört, denn sie hatte seit einiger Zeit dort ihr Domizil aufgeschlagen. Die Übersetzungsarbeiten konnte sie auch dort zumindest teilweise machen und Sawatzkys Büroangelegenheiten waren überschaubar. Er hatte ihr Angebot nur unter der Bedingung angekommen, dass er ihr wenigstens den Tariflohn zahlte und er hatte auch nicht eher Ruhe gegeben, bis er eine Versicherungsgesellschaft gefunden hatte, die eine verbindliche Altersvorsorge garantierte, wobei ihm sein alter Freund Spohn zur Seite gestanden hatte, weil er Tod und Teufel zu kennen schien.
Du bist nicht mehr der Jüngste, hatte dieser angemerkt und schließlich kann Dir im ungünstigsten Falle auch mal Dein Lastwagen auf den Kopf fallen, was wir natürlich nicht hoffen wollen. Wer sich mit jüngeren Frauen einlässt, der muss sie auch über das eigene Ableben hinaus versorgen.
Maria hatte diese Besorgnis geschmeichelt und zugleich ein wenig amüsiert, denn in Mittel- und Südamerika besteht die erstrangige Sorge der Männer keineswegs in der Absicherung ihrer Frauen.
Sawatzky war derweil in der Werkstatt von Ben Berissa und genoss gerade dessen Pfefferminztee, während Berissa einen kubanischen Rillo rauchte. Auch dort lief im Hintergrund das Radio und beiden war natürlich auch der nicht enden wollende lautstarke Einsatz von Polizei und Krankenwagen nicht entgangen.
Das muss irgendwo gewaltig geknallt haben, meinte Sawatzky und als sie dann erfahren hatten, dass es kein Verkehrsunfall, sondern ein offenbar terroristischer Anschlag war, sahen sie sich entsetzt an. Der Sprecher der Polizei wurde zitiert, der von einem mutmaßlichen islamistischen Anschlag sprach.
Was heißt hier mutmaßlich?, platzte Berissa heraus. Ich kenne diese Arschlöcher des Propheten zur Genüge. Du kannst darauf warten, dass sie den Tätern später entweder eine gestörte Kindheit bescheinigen werden oder Unzurechnungsfähigkeit, welche dann zu Schuldunfähigkeit wird und weißt Du was das sagen soll? Das heißt nämlich, dass es am Islam nicht liegen kann und darf,

denn den haben wir unter Naturschutz gestellt. Kritik an ihm ist antimuslimischer Rassismus. Ich könnte kotzen über so viel dreiste Dämlichkeit.
So zornig habe ich Dich ja noch nie gesehen, sagte Sawatzky. Das mag mit meiner eigenen Biographie zu tun haben, denn ich habe mich damals hier durchschlagen müssen und dies ohne großartige Fremdhilfe und Bemutterung. Die kommen hierher und halten die Hand auf, was zunächst ja mal nur dreist ist, aber viel schlimmer ist aus meiner Sicht, dass sie Respekt für ihren frühmittelalterlichen religiösen Antidemokratismus einfordern, der ihnen dann auch noch gewährt wird.
Irgendjemand soll zwei von ihnen erschossen haben, sagte Sawatzky.
Wie,- ein Polizist?
Das haben sie nicht gesagt, antwortete Sawatzky.
In diesem Moment klingelte sein Mobil-Telefon.
Tonio,- wo bist Du denn?
Hallo Maria, ich bin hier bei Ben Berissa in der Werkstatt bzw. in seinem Büro, wo wir die Nachrichten gehört haben. Sag mal, ist die Ela schon wieder zu Hause?
Nein,- aber wie lange sollte denn heute der Unterricht dauern?
Das weiß ich auch nicht, sagte Sawatzky, denn wegen der Seuchenregelung ist das alles undurchsichtig. Ich komme bald und bis dahin wird sie auch da sein.

Volker,- hast Du
die Nachrichten gehört? Martha war am Apparat.
Sagen wir mal so, antwortete Mendes,- ich brauche sie nicht zu hören, weil ich hier mit zwei Tatbeteiligten zusammensitze. In einem Falle passiv und im anderen Falle aktiv.
O Gott, wie soll ich denn das verstehen?
Bitte reg Dich nicht auf, aber Karin und Raoul waren gerade in dem Baumarkt als es passierte.
Es war plötzlich ganz still in der Leitung. Bist Du noch da?, fragte Mendes.

Wo seid Ihr denn alle?- sagte sie leise.
Wir sind hier in Raouls Wohnung. Könnt Ihr nicht alle zu mir kommen? Ich kann jetzt nicht gut alleine sein.
Mendes sah die anderen an, die mitgehört hatten und sie nickten. Ich muss mir eine andere Jacke anziehen, sagte Conte zu Karin Bruckner. So kann ich bei Deiner Tante nicht erscheinen.
Ela Sawatzky begegnete ihrem Vater auf dem Rückweg von der Schule und winkte ihm vom Rad aus zu, ohne zu wissen, welcher Stein ihm gerade vom Herzen gefallen war. Als sie fast zeitgleich zu Hause anlangten, sprudelte es aus ihr

heraus, denn sie behauptete gehört zu haben, der Prof. Conte, der zufällig in dem Baumarkt gewesen sei, habe zumindest einen der Täter erschossen. Der zweite schwebe in Lebensgefahr. Sie standen in Sawatzkys Büro und Maria war aufgesprungen.

Ela,- was sagst Du da?,- Raoul war doch nicht bewaffnet. Wie soll er denn da geschossen haben und wo ist er jetzt? Ich muss ihn sofort anrufen und sie erreichte ihren Bruder, als sie in Mendes Wagen gerade bei Martha Reger vorfuhren.

Nein Maria,- ich war natürlich nicht bewaffnet bei meinem Einkauf, aber einem der Täter konnte ich mit einem Einkaufswagen zu Fall bringen, wobei ihm seine AK 47 aus der Hand fiel und da ich diese Dinger ja zur Genüge kenne, habe ich mich ihrer bedient, denn es war leider notwendig. Wir reden später und sind jetzt gerade bei Fr. Reger, die natürlich auch in großer Angst war. Mach Dir keine Sorgen, denn wir sind alle unverletzt.

Franziska,- wir sind ein seriöses Blatt

wie ich mal hoffe und verbreiten wenn möglich keine Scheißhausparolen, wenn Du weißt, was ich meine. Wenn Deine Beobachtungen die Du am Baumarkt gemacht hast plausibel sind und Du sie darstellen kannst, dann ist das natürlich o.k. Sei bitte so gut und komm so gegen 16 Uhr in die Redaktion. Frank Hellweg und Herbert Wendler werden vor Ort sein und denen kannst Du dich anvertrauen. Ich selbst bin dann mit dem Kollegen Enders bei Kommissar Roth und wir sehen uns dann am Abend zu Hause. Weißt Du, die Sache hat ja nicht nur regionale Bedeutung, weshalb sich das Innenministerium eingeschaltet hat. Übrigens, wenn Du in der Redaktion bist und dort ein gewisser Otto Spiegler aufkreuzen sollte, dann ruf mich bitte umgehend auf dem Handy an. Ich verlass mich auf Dich, sagte er und legte auf.

Mein Vater nimmt mich ernst, dachte sie. Sehr ernst sogar.

Kommissar Roth

hatte derweil bei dem Kollegen Ralf Sterzing Verstärkung angefordert. Es ging dabei weniger um die Versorgung von Verletzten und traumatisierten Opfern, sondern es hatten sich mittlerweile Schaulustige aus dem ganzen Landkreis angesammelt, so dass es einige Probleme gab.

Der Kommissar hatte sich vor allem Raoul Contes Beschreibung des Herganges ruhig angehört und eine Tonaufzeichnung gemacht. Er hatte Conte einen Moment angesehen, wobei dieser den Eindruck hatte, als habe der Kommissar an einer bestimmten Stelle seines Berichtes nur mühsam ein leichtes Grinsen unterdrücken können.

Roth kannte Contes Vita und hatte sich einen kurzen Moment vorzustellen versucht, wie es der ex-Guerillero geschafft hatte, in den Besitz der Maschinenpistole zu gelangen, aber er hatte Conte nicht gefragt, ob der mortale Schuss auf einen der Täter unbedingt notwendig war. Das würde man klären müssen, weil so nun mal ein Rechtsstaat funktioniert.

Dorothea Niewald

erreichte Friedhelm Kurz auf dem Mobiltelefon.
Sag mal,- ich habe in den Nachrichten gehört, was Da heute angeblich passiert ist.
Angeblich ist leider nicht ganz richtig, sagte Kurz, denn der Wahnsinn hat wirklich stattgefunden. Wir wissen noch nicht, wieviele Tote es wirklich gegeben hat.
Und die Täter?- fragte sie.
Zwei sind zumindest tot und rate mal, wer sie erschossen hat?
Du bist gut,- die Polizei vermutlich.
Na ja,- dann hätte sie während des Anschlages schon vor Ort sein müssen.

Jetzt spann mich mal nicht auf die Folter Fritz!
Prof. Raoul Conte!
Wie bitte? War der bewaffnet?
Das wird in dem Sinne ausgeschlossen, dass er den Baumarkt bewaffnet betreten hat, aber es muss ihm gelungen sein, einen der Täter zu überwältigen und dessen Waffe an sich zu nehmen oder wie auch immer. Ich bin gerade mit dem Kollegen Enders unterwegs zu Kommissar Roth wegen einem Interview.
Ein Interview mit Conte wäre interessanter, sagte sie.
Das machen wir selbstverständlich auch noch, aber wir wollen von Roth einiges wissen und Conte wird entweder zum Helden oder sie werden versuchen ihn fertig zu machen.
Wie das denn?
Wegen Notwehrüberschreitung z.B. und dann wird das ein bisschen umfangreicher als bei unserem Freund Ben-Berissa. Sei mir nicht böse, aber wir sind jetzt gerade bei der Polizei angekommen. Ich melde mich später nochmal.

Franziska Spohn rannte

ohne die vorgeschriebene Gesichtsmaske durch die Krankenhausvorhalle und drückte auf den Fahrstuhlknopf. Ihr Freund Roland hatte sie aus dem Krankenhaus angerufen, in das man ihn gemeinsam mit einer Reihe von Verletzten gebracht hatte und sie kannte bereits seine Zimmernummer. Das sorgte einerseits für einen beschleunigten Zugang, aber wegen Nichteinhaltung der Maskenpflicht zugleich für Ärger. Sie hatte kaum das Zimmer erreicht, als man sie zur Rede stellte und mit

Hausverbot bedrohte. Da sie sehr aufgebraucht war, fiel ihre Antwort in einer Weise aus, die für einige Beleidigungsklagen gereicht hätte. Ihr Freund Roland hatte sie in einem solchen Zustand noch nicht erlebt und war dem Staunen näher als den eigenen Schmerzen.
Ist schon gut Franzi,- ich lebe ja noch und den Streifschuss an der linken Schulter haben sie mir hier bereits verarztet.
Was um Gottes Willen, was hattest Du denn im Baumarkt verloren?, wollte sie wissen.
Das, was man dort als Handwerker gelegentlich so macht, wenn man ein paar Kleinigkeiten für die Firma einkaufen muss.
Weiß Dein Chef, dass Du verletzt bist?
Klar,- ich habe ihn schon angerufen und ihm einen höllischen Schrecken eingejagd, denn die hatten das in der Firma natürlich mitbekommen und wussten auch, dass ich entweder dorthin unterwegs bin oder eben schon mitten drin. Da hat Dein Papa ja jetzt richtig Arbeit, fügte er hinzu.
Wie meinst Du das?
Na ja,- die Presse muss doch angemessen berichten.
Ja schon,- aber das machen sie auch bei weniger großen Sachen.
Sag mal,- hast Du eine komplette Erinnerung an den Vorfall?
Die Frage ist, was Du unter komplett verstehst. Ich habe sie nicht hereinkommen sehen. Als sie oder zumindest einer von ihnen Allahu Akhbar rief und die Schießerei schon im Gange war, konnte ich mich in der Sanitärabteilung, wo ich gerade war, hinter einem armseligen Badezimmerschrank verstecken, der mich ernsthaft nicht geschützt hätte und getroffen wurde ich wohl von einem verirrten Querschläger, wodurch die Wunde leider auch ein wenig größer wurde. Gott sei Dank hat der Knochen nichts abbekommen. Die haben ziemlich herumgeballert, aber dann wurde es plötzlich ruhig bis auf das Geschrei einiger Leute und erst dann spürte ich das Blut, das mir am Arm entlanglief.
Sie schüttelte nur den Kopf und er sah, dass sie weinte.

Herr Prof. Ludwig,-

rufe ich ungelegen an?
Nein Herr Spohn und mein Sarkasmus reicht nicht so weit, grundsätzlich jeden Anruf als unangenehm zu bezeichnen.
Herr Professor, Sie sind sicher mindestens so gut informiert wie.......
Was zu prüfen wäre, sagte dieser, aber kann ich etwas für Sie tun?
Gute Frage, sagte Spohn. Wir werden natürlich berichten und sind auch in diesem Falle bemüht, alles zu vermeiden, was nach Sensationsberichterstattung aussieht. Wir möchten eine möglichst ganzheitliche Sicht vermitteln. Das ist uns wichtig.

Ich verstehe, sagte Ludwig, aber bitte bedenken Sie, dass ich kein Soziologe bin wie der Kollege Conte und kein Islamwissenschaftler wie der geschätzte Kollege Tilman Nagel, wenngleich der hier bei uns nicht greifbar ist.
Ja,- natürlich, sagte Spohn, aber was Ihren Kollegen Conte angeht, so ist er selbst in die Sache verwickelt worden und damit kein passiv Betroffener, so dass wir ihn zumindest jetzt noch nicht in der Sache zu Wort kommen lassen können. Die Frage an Sie wäre aber, was solche Vorkommnisse längerfristig mit einer Gesellschaft machen? Was ist die Konsequenz und ich denke, dass das durchaus auch eine philosophische Frage ist.
Das kann man so sehen, sagte Klaus Ludwig, aber das würde sich erst über einen längeren Zeitraum empirisch erschließen lassen. Sehen Sie, der Terrorismus ist immer eine der möglichen gesellschaftlichen Optionen und dies auch ohne zugewanderte Kriminalität. Mit diesem Kriminalitätsbegriff gibt es dann ein weiteres Problem, denn es ist in Fällen wie diesen ja möglich, dass der oder die Täter ihr Handeln gar nicht als kriminellen Akt begreifen, sondern z.B. als Erfüllung eines religiösen Auftrages. Verstehen sie, das national verfasste und auf einer Verfassung beruhende Recht, das sich der Souverän in einer Demokratie gegeben hat, spricht Recht im Rahmen eines kulturellen Kontextes. Dieser Kontext setzt ein gleiches oder zumindest doch sehr ähnliches Werteverständnis voraus, was übrigens auch für die Philosophie, wenngleich auf andere Weise gilt. Was bitteschön soll z.B. ein Konfuzianer mit Derrida oder Foucault? Der Grundkonsens unseres Denkens ist historisch das Denken in den Kategorien der Griechen. Wer nicht so denkt, wird auch unser eigentlich römisches Rechtsverständnis weder verstehen noch teilen. Dies nicht weil er es nicht will, sondern weil er es nicht kann.
Wenn ich Sie jetzt richtig verstanden habe, dann wäre ein solcher, zumindest nach unserem Rechtsverständnis zu verurteilender Täter, nach seinem und dem Rechtsverständnis seiner Landsleute, nicht zu verurteilen, sagte Spohn.
Ganz richtig und Sie haben sicher schon gehört, dass zumindest in einigen Behörden über eine begrenzte Zulassung eines parallelen, eines kulturbegründlich anderen Rechts nachgedacht wird. In der Sache ist das übrigens logisch. Gesellschaftspolitisch, bezogen, also auf eine autochthone Mehrheit, zugleich eine Katastrophe, wenn Sie mich fragen.
Spielt hierbei der kosmopolitische Multikulturalismus eine Rolle?, fragte Spohn.

Ja, sagte Ludwig und natürlich wird das alles fließend bei einer solchen Auffassung von Gesellschaft, wo plötzlich allen Kulturen der gleiche Spielraum eingeräumt werden soll. Alles ist gleich und alles ist gleich viel wert und verdient Respekt und wir verneigen uns vor den Scharia-Scharfrichtern.

Aber Herr Spohn ich will Ihnen noch was sagen, denn wenn Sie dieses Fass in Ihrer von mir geschätzten Zeitung aufmachen, dann werden Sie das geschäftlich kaum überleben, da Sie sich auf schnellstem Wege in der Riege der neuen Nazis verortet sehen und wir beide wissen vermutlich, dass dies mit einem Ewigkeitsstatus verbunden ist. Einmal Nazi---immer Nazi. Viel mehr kann ich Ihnen hierzu nicht sagen und hoffe so ganz nebenbei, dass man dem Kollegen Conte keine Schwierigkeiten machen wird. Jeder andere von uns hätte aus dieser Situation kaum noch etwas Positives machen können. Selbst mit der Waffe in der Hand wären wir hilflos gewesen. Niemand von uns hat je gelernt, sich mal körperlich zu verteidigen. Wir haben nur gelernt zurückzustecken, uns schuldig zu fühlen und defensiv zu sein.

Im gleichen Moment stürmte Spohns Tochter in sein Arbeitszimmer als dieser sich gerade bei Prof. Ludwig bedanken wollte, so dass Ludwig im Hintergrund noch hören konnte, was sie von ihrem Freund Roland erfahren hatte und er hätte vermutlich gelacht, wenn er gesehen hätte, dass Spohn, nach der Verabschiedung von ihm, den Hörer des Telefons noch gut 10 cm vom Kopf entfernt, wie jemand wirkte, den man bei einer unerlaubten Abhöraktion ertappt hatte, bevor er ruhig durchatmete und zu seiner Tochter sagte:

Franzi,- komm, setz Dich erst mal. Ich hole uns einen Kaffee.

Mittlerweile war Otto Spiegler als Vertreter des Innenministeriums erschienen und hatte sich mit Thomas Roth und Ralf Sterzing verabredet. Sie kamen dort ausgerechnet zusammen mit Friedhelm Kurz und Kurt Enders gleichzeitig im Kommissariat an und die beiden Journalisten merkten, dass die Beamten zunächst einmal alleine reden wollten, um sich abzustimmen.

Herr Kurz und Herr Enders, bitte seien Sie nicht böse, aber ich wäre froh, wenn wir morgen so gegen. 15 Uhr hier bei mir einen Termin machen könnten. Das ist auch für Sie besser, weil ich bis dahin auf jeden Fall mehr weiß.

Die beiden verabschiedeten sich und fuhren in die Redaktion, wo Martina Riedel eine schwer einzuschätzende Menge Kaffee kochte, aber der Tenor lag hier auf Menge und es konnte spät werden, denn die übrigen Kollegen waren bereits alle versammelt, während Spohn noch seinen Freund Sawatzky anrief.

Anton, sagte er, nachdem der sich gemeldet hatte. Du brauchst nichtweiter zu reden, sagte dieser. Ich weiß alles?

Wie,- alles?

Na ja,- das Wichtigste aus dem Rundfunk, weil ich gerade bei Berissa war und der hatte das Radio wie immer eingeschaltet. Den Rest erfahre ich vermutlich aus deiner Zeitung.

Wie läuft's denn mit Maria?- wollte Spohn wissen.

Alles klar, denn sie war ja nicht wie ihr Bruder im Baumarkt, obwohl nicht viel gefehlt hat, denn sie wollte eigentlich Vorhangschienen beschaffen, weil ihr meine Bürofenster zu kahl aussehen. Ich hätte das nicht gebraucht, aber Du weißt ja wie Frauen sind.
Warum ich? Ich weiß überhaupt nichts mehr und vielleicht habe ich es ja nie gewusst.
Das wollte ich jetzt nicht gesagt haben, sagte Sawatzky. Berate Dich mit Deinen Leuten und mach keine Nachtsitzung. Das bringt nix!

Mittlerweile war Raoul Conte

nur noch alleine mit Karin Bruckner in seiner Wohnung, nachdem sie bei der Tante wieder aufgebrochen waren. Er machte plötzlich einen müden Eindruck und sie wollte sich verabschieden, um ihn alleine zur Ruhe kommen zu lassen.
Karin, sagte er, ich bin jetzt ziemlich kaputt. Es ist da vieles wieder in mir hochgekocht, möchte Dich aber trotzdem bitten, mich in der Nacht nicht alleine zu lassen. Weißt Du, das ganze alte Elend von früher ist wieder da, obwohl ich doch gehofft hatte, dass es hierzu keine Gelegenheit mehr geben würde, dieses Elend von sinnlosem Mord und Vergeltung.
Du hast nicht gemordet, sagte sie ruhig.
Ja schon,- aber ich wollte niemanden mehr töten,- verstehst Du,- niemanden mehr.
Ich bleibe, sagte sie und während sie sich in der Küche zu schaffen machte, war er auf dem Sofa bereits eingeschlafen. Sie hatte sich später in sein Bett gelegt, weil der Platz auf dem Sofa nur für eine Person reichte und es war zwischen 3 und halb 4 Uhr, als er wohl aufgewacht war und auch ins Bett kam. Dabei merkte er, dass sie aufwachte, sagte aber kein Wort, sondern schmiegte sich an sie wie ein verängstigtes und schutzbedürftiges Kind.
Mein Gott, dachte sie,- was ist hier alles noch nicht gesagt und besprochen worden? Was ist das für eine unfertige Welt.
Diesen Gedanken hatte Dorothea Niewald schon einige Stunden vor ihr, weil sie sich gefragt hatte, ob ein Titel wie: „Über die Unfertigkeit der Welt" für ein Essay nicht zu weit ging. Schließlich musste man sich darüber klar sein, dass solche Unfertigkeiten, so banal sie auch manchmal sein mochten, gelegentlich sogar für philosophische Promotionsarbeiten reichen würden, wenn man alle erforderlichen Begründungen hinzunahm.
Bei diesem Gedanken war sie allerdings auch eingeschlafen und wäre für etwas Trost auch dankbar gewesen, aber ihr Fritz saß in der Redaktion fest und wurde mit Martina Riedels Kaffee am wohlverdienten Schlaf gehindert.

Ben Berissa war
mit seiner Frau Christine für ein paar Tage in die Niederlande gefahren. Beide hatten dort zuvor schon gute Erfahrungen gemacht und auch wenn diesmal kein Badewetter war, so hatten sie stets lange und gut geschlafen und ausgedehnte Spaziergänge in der Nähe von De Haan gemacht. Berissa hatte sich anfänglich über die Begrenzungs- und Regel Wut der Niederländer mokiert, aber er musste zugeben, dass der Straßenverkehr dort relativ entspannt lief. Vielleicht war diese Beobachtung ja falsch, aber ihm fiel auf, dass er sich nicht ständig genötigt fühlte und vielleicht war es ja auch nur die erholsame Abwechslung von der Werkstatt. Wenigstens eine Woche Auszeit. Das musste möglich sein und er hatte ohnehin gegenüber seiner Frau ein schlechtes Gewissen. Sie hatte seine ganzen Marotten immer ausgehalten und nicht versucht, ihm etwas nehmen zu wollen, was ihm, warum auch immer, wichtig war. Sie war sein sicherer Ankerplatz und ein bisschen Abwechslung hatte sie weiß Gott verdient.

Beide waren sie von Deutsch sprechenden Niederländern auf das Attentat angesprochen worden, hatten aber selbst keine neuen Informationen. Beide wussten sie, dass die Niederländer und die Dänen aus ihren Erfahrungen zumindest ansatzweise etwas gelernt hatten. Es gab einen nicht unerheblichen Druck aus der Bevölkerung, die sich einiges nicht weiter bieten lassen wollte. Zugleich hatte Berissa nie erlebt, dass er in den Niederlanden mal dumm angemacht worden wäre. Es war eigentlich ganz interessant, ein negatives Ereignis im eigenen Land aus einer gewissen Entfernung zu erleben. Entfernungen wirken gelegentlich wie Filter und lassen die Dinge gedämpft in Erscheinung treten. Es kommt dann immer auf den Filter an.
Schließlich wäre auch die Vorstellung absurd, stets und ständig von den etwa vierzig permanenten Kriegs- und Krisenherden auf der Welt zu berichten in der Annahme, dass das alle gefälligst zu interessieren habe. Das beschworene, weltweite Interesse, ist eher eine Sache der Mode oder eines sich verfestigenden Trends, der freudig weitergereicht wird, so dass wir stets wissen, wie wir uns zu kleiden haben, was wir nicht mehr essen sollten und wie wir garantiert das Weltklima retten. Terror und Kriege sind medial dabei eher marginale Erscheinungen, obwohl sie bei zynischer Betrachtung zumindest ein Beitrag zur Verminderung der Population sind, aber die hierzu benötigte Technik ist teuer und ökologisch katastrophisch.
Daran hatten Berissa und seine Frau aber gerade nicht gedacht, jedoch ein gutes Fisch-Restaurant gefunden und wenn man schon mal am Meer ist, dann sollte das nicht fehlen.

Ich will Ihnen etwas sagen,
Herr Hellweg. Man lacht ja gemeinhin über Krimis, in denen jemand auftaucht, der in seinem Schirm ein Gewehr eingebaut hat, aber – ob sie es glauben oder nicht – ich musste an sowas denken, als ich kürzlich, ich glaube es war im *Spiegel* las, dass man sich mit einiger Kenntnis eine Maschinenpistole drucken kann. Ich frage mich natürlich,- wer hat denn zu Hause einen Drucker, mit dem man sehr stabile Teile aus Hartplaste herstellen kann? Zudem müssen die belasteten mechanischen Teile selbstverständlich aus Metall gefertigt sein.
Ich habe das auch gelesen, sagte Hellweg, wobei ich mich gewundert habe, denn der *Spiegel* erschien mir vor allem in den letzten Jahren mehr und mehr ein Propagandablatt linksgrüner Weltverbesserung zu sein. Da passt ein fröhliches: „Wir basteln eine Maschinenpistole" nicht so recht ins Bild.
Wundrak und Frank Hellweg hatten sich schon einige Male beim Ferdi getroffen und dieser trug heute ein schwarz/grün kariertes Flanellhemd, womit er wie immer nichts zum Ausdruck bringen wollte, denn er hatte es schon vorgestern getragen, wie Herbert Wendler glaubwürdig versichert hatte.
Wissen Sie, sagte Wundrak nach einer Weile. Sie können das jetzt glauben oder nicht; aber ich traue mir zu, in einen Schirm wie diesen nicht gerade ein Schnellfeuergewehr zu integrieren, aber ein relativ schusssicheres Gewehr auf alle Fälle.
Wir leben in einem Land, wo man für den Besitz einer Schreckschusspistole einen sog. kleinen Waffenschein benötigt, sagte Hellweg. Ihre Idee mit dem Gewehr im Schirm ist sicher machbar, aber Sie sollten auch bedenken, dass man sich damit gegen Maschinenpistolen nicht angemessen zur Wehr setzen kann.
Ich verstehe ihre Überlegung, aber sie ist ein Produkt der Hilflosigkeit in einer Gesellschaft, die sich nicht mehr schützen kann und vermutlich auch nicht einmal mehr will.
Warum denken Sie, dass das nicht oder nicht mehr gewollt ist, wollte Wundrak wissen.
Weil das einer schon lange anhaltenden Stimmung entspricht. Sehen Sie, ich sammele Ereignisse, Stimmungen und natürlich auch das, worüber man sich unterhält, weil ich irgendwann mal etwas darüber schreiben will und dabei ist mir etwas Interessantes aufgefallen. Wenn man die Leute nämlich fragt, ob sie sich in diesem Lande sicher fühlen, dann reagieren sie verwundert, als ob die Frage selbst kurios wäre. Fragt man aber genauer, dann glauben die Leute allerdings nicht wirklich an ein funktionierendes staatliches Sicherheitssystem.
Ich verstehe was Sie meinen, sagte Wundrak, aber welches System sollte denn imstande sein, einen Anschlag wie den aktuellen zu verhindern?
Was halten Sie von Vorsorge?, sagte Hellweg.

Wie soll ich das verstehen? Am besten im Sinne einer kaum mehr gelingenden Nachsorge, aber ich will nicht ausweichen, denn unter Vorsorge verstehe ich z.B. die Verhinderung eines Imports von Kriminalität, um es mal vorsichtig auszudrücken.
Halten Sie das denn rein technisch für machbar?
Nicht perfekt, aber eine solche Anstrengung müsste zumindest erkennbar sein, ist sie aber angesichts der Agenda von no Borders no Nations ganz offensichtlich nicht.
Schreiben Sie das auch so in ihrer Zeitung?, wollte Wundrak wissen.
Ach wissen Sie, sagte Hellweg,- unser Chef gibt in kritischen Fällen immer so etwas wie eine Direktive heraus, die sich nach den Sitzungen im sog, „Rat" im Grunde von selbst ergibt. Da darf man aber wirklich nur gelegentlich mal ein wenig deutlicher werden, aber man darf auf keinen Fall der sog. guten Sache schaden.
Und was ist mit dieser guten Sache gemeint?
Wir sind uns in der Redaktion darin einig, dass sie so etwas wie eine Selbstvergessenheit ist. Gut ist dabei immer, was anderen nutzt. Der eigene Nutzen darf niemals im Vordergrund stehen. Das würde aktuell als so etwas wie ein postkoloniales Verhalten von weißen Eliten gewertet
Na ja,- aber unsere Eliten sind doch nun mal weiß!
Was offenbar einer Änderung bedarf, wie wir medial ständig erfahren. Und mit welchem Ziel, wenn ich fragen darf?
Nun, das Gute heißt in diesem Falle Diversity oder nennen sie es Buntheit. Vielfalt ist angesagt und die kann ihren Ausdruck z.B. auch mal in der gesonderten Ausweisung von Parkplätzen von Schwulen, Lesben und geschlechtlich diversen Personen wie etwa in Hanau finden.
Ach ja,- sagte Wundrak, das habe ich gar nicht mitbekommen. Schon interessant, aber sagen Sie mal, was passiert eigentlich, wenn dort ein Hetero parken will? Wie weist er sich aus? Gibt's dann zusätzlich zum Impfpass noch einen für die schützenswerten Minderheiten?
Ich weiß es nicht, sagte Hellweg, aber nur dann würde es ja Sinn machen.

Wundrak blickte einige Zeit lang unter sich und sagte dann ohne Hellweg dabei anzusehen: Manchmal habe ich Angst, weil ich den Eindruck nicht loswerde, dass die angesagte politische Agenda in einem Antagonismus zur gesellschaftlichen Wirklichkeit befindlich ist. Ich vertrete die Meinung, dass eine Gesellschaft das nur sehr begrenzt aushalten kann. Verstehen Sie, denn anlässlich einer wirklich ernsthaften Krise, einer ernsthaften Bedrohung, bricht das Kartenhaus in sich zusammen, weil Wesentliches nicht erkannt wird, was zu falschen Entscheidungen führt und diese wiederum zu gesellschaftlichem Niedergang.

Herr Professor, bitte verstehen

Sie das jetzt nicht als ein Verhör. Es geht hier um eine Faktensammlung, zu der möglichst alle diejenigen etwas beitragen sollen, die in das Geschehen vornehmlich passiv, aber auch aktiv involviert waren.

Was für die Aktiva bedeutet, dass nur die Täter und ich in Frage kommen, falls da nicht noch jemand geschossen hat, sagte Raoul Conte. So weit mir zum jetzigen Zeitpunkt bekannt ist, erlag auch der zweite Täter seinen durch mich zugefügten Verletzungen und was mich mal interessieren würde, ist der Verbleib des dritten Täters.

Wir haben ihn, sagte der Kommissar und Otto Spiegler fügte hinzu, es gehe noch um die letzte Klarheit hinsichtlich der Identität. Es habe da zuvor schon Probleme minderer Art gegeben.

Meinen sie Vorstrafen?- fragte Conte.

Ja, sagte Spiegler, das meinte ich.

Wir haben es hier natürlich mit einer ganz anderen Größenordnung zu tun und man wird uns dabei landesweit beobachten. Der Kommissar war ein wenig peinlich berührt, denn er wusste bereits, dass es sich bei dem zunächst flüchtigen Täter um jemand handelte, den man sogar schon einmal abgeschoben hatte, aber er war halt wieder aufgetaucht.

Juristisch war das kein Einzelfall, in der Sache jedoch eine Katastrophe, zumal ähnliche Fälle von erneuter Straffälligkeit hinreichend bekannt waren. Es würde nicht lange dauern, bis die Presse das herausgefunden hatte und dann konnte er sich auf einigen Ärger gefasst machen.

Thomas Roth kannte Conte zumindest so gut, dass dieser sich nicht würde in Verlegenheit bringen lassen. Der Fakt einer Notwehr war zweifelsfrei gegeben, aber Conte hatte nicht nur einen der Täter erschossen, der sich in seiner unmittelbaren Nähe aufgehalten hatte, sondern auch noch einen zweiten, was dann wohl eher unter Berücksichtigung der Entfernung ein Zufall war. Die Verteidigung des verbliebenen Täters würde in jedem Falle versuchen, Conte eine unangemessene Reaktion zu unterstellen, zumal er beim zweiten Täter unter Berücksichtigung der Entfernung durchaus auch Unbeteiligte hätte treffen können. Das war vermutlich der wunde Punkt, auf den alles hinauslaufen würde und Roth wusste, dass Conte das ebenfalls klar war.

Dieser hatte sein Auto in Berissas Werkstatt zur Inspektion gebracht, nachdem das Ehepaar ihren Besuch in den Niederlanden beendet hatte. Dass sich dort Antonio Repetto aufhielt, was wirklich ein Zufall, denn dieser hatte Berissa eigentlich nur zu einem erneuten Ausflug in die Rally-Szene überreden wollen. Mensch Ben,- nur noch einmal, bevor es endgültig verboten wird.

Über Contes Einsatz bei dem Anschlag war er bestens informiert, aber er wollte sich nicht aufdrängen, als er ihn kommen sah. Berissa hatte die beiden einander vorgestellt und hatte sich beiläufig nicht enthalten können, auf die für ihn vorteilhafte Verteidigung durch Repetto hinzuweisen. Conte musste lachen und sagte:
Mir ist schon klar, dass man als Verteidiger nicht nur des eigenen Lebens in Teufels Küche geraten kann und schließlich befand sich auch meine Freundin in unmittelbarer Nähe des Geschehens, was mir durchaus nicht gleichgültig war. Räumen Sie mir doch bitte mal einen Termin ein und dann besprechen wir das in aller Ruhe.
Repetto strahlte, denn einen ausgewachsenen Professor hatte er noch nie verteidigt und sie saßen anschließend noch geraume Zeit in Berissas Büro bei dessen herrlichem Pfefferminztee und Repetto wollte eigentlich vornehmlich wissen, wie das Leben in Kolumbien ist.
Ach, sagte Conte, vermutlich so ein bisschen wie in Italien, nur viel schlimmer.
Dann klingelte Contes Telefon. Es war Karin Bruckner.
Hallo Karin! Wo bist Du denn?
Ich bin hier in Deiner Wohnung, aber die ist leer ohne Dich.
Mach Dir keine Sorgen, denn ich bin in der Werkstatt von Herrn Berissa, wo ich zu meinem Glück auch noch einen netten Anwalt getroffen habe. Ja ja,- der Herr Repetto und dem werde ich mich auch anvertrauen. Unsere höchst bunte Gesellschaft trinkt gerade diesen hervorragenden Pfefferminztee.
Warum bunt?
Das fragst Du noch! Hier sind Nord-Afrika, Italien, Kolumbien und jetzt auch noch Deutschland vertreten, denn gerade ist Herrn Berissas Frau hinzugekommen, weil sie sich wohl gewundert hat, wo ihr Gatte bleibt und dann hörte sie wohl unsere Stimmen.
Karin Bruckner fiel ein Stein vom Herzen, denn so kannte sie ihn. Sein Temperament hatte die vorübergehende Depression ein wenig vertrieben und er war tätig geworden. Volker Mendes hatte sie zuvor angerufen und wirkte besorgt.
Karin,- Du musst ihn bei Laune halten, hatte er gesagt und jetzt hatte es auf diese einfache Weise sogar ein bisschen geklappt.

Meine Herren,- das ist natürlich

ein Desaster und das macht die Berichterstattung einmal mehr ganz außerordentlich sensibel. Sie kennen meine etwas distanzierte Haltung gegenüber dem „Rat“, aber so klar das Ereignis sich jetzt vielleicht auch darstellen mag, so wenig wissen wir bisher wirklich über die Täter und ihr Motiv.
Welches aber relativ bekannt sein dürfte, wandte Herbert Wendler ein.

Das mag uns so scheinen und das mag letztendlich sogar stimmen, aber wir haben keine absolute Sicherheit, sagte Spohn. Es kommt noch hinzu, dass der uns hier allen bekannte Prof. Raoul Conte, als ein in Notwehr ziemlich konsequent handelndes Opfer eine besondere Rolle spielt, die unterschiedlich gesehen werden kann. Wir werden in diesem Zusammenhang auch unterschiedliche Stimmen zu Wort kommen lassen müssen. Zudem gibt es ja auch eine ganze Reihe weitere passiv beteiligte Leute, sowohl als Verletzte, wie auch als Kunden, die sich wohl gerade noch in Sicherheit bringen konnten. Soweit mir bekannt, sind die polizeilichen Ermittlungen noch in vollem Gange.
Gibt es vielleicht irgendwelche Informationen, mit denen wir der Polizei vielleicht um eine Nasenlänge voraus sind?, wollte Friedhelm Kurz wissen. Es ist ja wohl auch vorstellbar, dass fast jede und jeder von uns irgendjemanden kennt, der sich zum Zeitpunkt des Anschlages entweder im Baumarkt oder in dessen Nähe aufgehalten hat. Baumärkte sind doch schon fast traditionell zu Treffpunkten der Heimwerker geworden. Die könnten da drin ein Café eröffnen.
Das hatte Martina Riedel mitbekommen, als sie die Anwesenden nicht nur auf eine noch vorhandene ausreichende Menge an Kaffee, sowie auf einen Rest der allseits beliebten französischen Kekse hinwies, welche sie zwischenzeitlich dem allgemeinen Zugriff entzogen hatte.
Also wenn ich mich mal in diese erschreckend homogene Männerrunde einmischen darf, weil ich mitbekommen habe, dass, wenn möglich, noch Hergangs Zeugen gesucht werden, dann vielleicht ganz kurz das Folgende:
Und sie erzählte, dass sie kurz vor dem Anschlag einen Lieferwagen gesehen habe, aus dem drei Männer mit länglichen Paketen unter dem Arm ausgestiegen waren und dies offensichtlich in der Absicht, irgendetwas zuvor dort Gekauftes wieder zurückzubringen. So zumindest habe das für sie ausgesehen. Die drei Männer hätten nicht wie Europäer ausgesehen und schienen in Eile gewesen zu sein, was jedoch nicht zwingend als verdächtig zu deuten war.
Konnten Sie sehen, was das für ein Auto war?- wollte Spohn wissen.
Ja, sagte sie,- es war ein schon etwas älterer Ford Kastenwagen mit Hanauer Nummer.
Aber die Nummer wissen Sie jetzt leider nicht mehr?
Nein, sagte sie, da müsste ich raten, aber über die Hanauer Nummer habe ich mich schon ein bisschen gewundert.
Sie sind sich auch sicher, nur drei Männer gesehen zu haben?
Ja, sagte sie,- das bin ich.
Wäre das denn jetzt gegenüber der Polizei wirklich so schrecklich, wenn wir das mit dem Ford-Kastenwagen und der Hanauer Nummer erwähnen würden?, meine Frank Hellweg.

Wäre es nicht im Sinne eines wenn auch kleinen Alleinstellungsmerkmals, sagte Spohn, wobei wir Sie Fr. Riedel dabei nicht namentlich erwähnen werden,- seien Sie unbesorgt! Den Kommissar Roth rufe ich zu passender Zeit an und mache mit ihm einen Termin, wobei ich den Ford-Kastenwagen beiläufig als eine uns zugetragene Information erwähne. Meine Herren,- Sie einigen sich bitte intern wer den Beitrag schreibt und Ihnen Fr. Riedel vielen Dank, denn sie haben uns eine längere Sitzung erspart.
Muss ich dann zusätzlich keinen Kaffee mehr kochen? Nein,- müssen Sie nicht. Wir halten uns an Vorhandenes und sind für frühere Heimkehr dankbar.

Ich habe Angst,

sagte Karin Bruckner.
Ich nicht sagte Conte, aber nicht deshalb, weil das alles wie Wasser an mir ablaufen würde, sondern weil ich gelernt habe, mich angemessen zu wehren. Jemandem der mich töten will, komme ich wenn irgend möglich zuvor. Hätte die plötzliche Idee mit dem herumstehenden Einkaufswagen nicht geklappt und wäre er nicht gestürzt, was durchaus auch möglich gewesen wäre, dann hätte dieser Typ keinen Moment gezögert, mich kalt zu machen.
Und Du meinst, dass der Richter das auch so sieht?, sagte sie.
Das kann er,- muss er aber nicht, sagte Conte.
Ich habe Angst wegen der Presse, sagte sie.
Die lügt vielleicht, antwortete Conte, aber sie schießt nicht. Weißt Du Karin, solche Überschriften wie: „Hochschullehrer übt Selbstjustiz", um das mal als eine Möglichkeit in den Raum zu stellen, die sind so dumm, dass darin ihr Verschleiß begründet ist. Unangenehmer ist für mich jener Teil der hiesigen Studentenschaft, die mich ohnehin nicht leiden können, weil ich ihr pseudolinkes Getue durchschaue. Für die kommt das nämlich wie gerufen. Obwohl ich ausländischer Herkunft bin, halten sie mich schon lange für einen Verräter an der vermeintlich guten Sache, die sie vordergründig in ihrer albernen Minderheitenverherrlichung sehen. Ich bin ja zudem kein Arabist oder Orientalist, aber ich kenne Kollegen dieser Fächer und die haben fast alle hierzu eine relativ eindeutige Haltung, die man als negativ bezeichnen kann und das heißt, dass sie an ein Gelingen der muslimischen Integration aus wissenschaftlicher Sicht nicht glauben.
Und was machst Du, wenn sie Dich von hier vertreiben wollen?
Der Rektor Geisinger ist nicht gerade ein Kämpfer, sagte Conte, aber er steht loyal zu seinen Professoren. Da muss man abwarten, wie groß der Druck maximal werden kann. Ich wäre schließlich nicht der erste Unschuldige, der vertrieben würde, aber ich werde das ausgiebig mit Volker besprechen. Er kennt mich gut genug, um mich auch vor unvorsichtigen Schritten zu warnen. Außerdem werde ich

nichts tun, was Du nicht willst, sagte er, denn ich liebe Dich und möchte Dich bitten meine Frau zu werden.
Damit hatte sie zumindest jetzt noch nicht gerechnet, zumal er es fast salopp, fast wie im Vorübergehen gesagt hatte, und sie konnte nicht verhindern, ein wenig hilflos zu wirken.
Raoul, sagte sie, offenbar sind es immer die besonders nachhaltigen Ereignisse, die uns zusammenbringen. Erst die vergleichsweise harmlose Sache in der Uni, wo eigentlich nur der arme Volker was abgekriegt hatte und jetzt dieses schlimme Ereignis, das für uns beide durchaus das Ende hätte sein können. So ein paar beschauliche Lebensabschnitte wären eigentlich auch ganz nett, aber um Deine Frage zu beantworten, so fällt mir das ja nicht schwer, da ich diese Möglichkeit schon durchaus erwogen hatte, wenngleich etwas weniger zeitnah.
Das ist auch ein bisschen lustig für mich, sagte er, denn ich war noch nie zuvor mit jemandem verlobt.
Ich auch nicht sagte sie und was das Lustig sein angeht, so werden wir uns wohl ein bisschen gedulden müssen.
Wenn die hier verrücktspielen sollten, dann muss ich meine Beziehungen spielen lassen, sagte er. Nach Kolumbien möchte ich nicht zwingend zurückgehen, obwohl das Problem für mich überschaubar wäre, aber für Dich wäre es nicht einfach und das nicht wegen der Sprache.
Warum?- wollte sie wissen.
Na ja,- es gibt in solchen Gesellschaften nicht das, was wir hier unter Sicherheit verstehen. Die Staaten Mittel- und Südamerikas werden in aller Regel von einer korrupten Oberschicht regiert, die wenig Skrupel kennt. Im günstigsten Falle hat man es mit einer etwas weniger korrupten Staatsmaschine zu tun, die immer irgendwie kurz vor dem selbst herbeigeführten Untergang steht. Das ist – vorsichtig gesagt – gewöhnungsbedürftig.
Nein,- ich habe einen sehr netten südamerikanischen Kollegen in Seattle. Das ist eine im guten Sinne des Wortes weltoffene Stadt mit enorm vielen Möglichkeiten auch im Bereich der Freizeitgestaltung. Landschaftlich attraktiv und die Sprache ist in diesem Falle eher auch kein Problem. Noch ist aber nichts Wesentliches passiert. Ärger wird es wohl geben, aber mit Dir schaffe ich das und nur das ist mir wichtig. Was passiert ist, hat dazu beigetragen, mir das besonders bewusst werden zu lassen, denn sonst hätte ich vorhin gar nicht den Mut aufgebracht, Dir diese doch wichtige Frage zu stellen.
Wenn Du noch sehr lange gezögert hättest, sagte sie und zog ihn zu sich heran, dann kannst Du sicher sein, dass ich Dich gefragt hätte. Frag mich nicht wann, aber irgendwann auf jeden Fall, wenn vielleicht nicht jetzt und wie schon gesagt nicht ganz so zeitnah.

Doro, bitte sei mir nicht böse,
aber ich komme mir seit einiger Zeit wie ein Eindringling vor, wenn ich Dich besuche. Massen von Büchern und Kopien. Was hast Du denn eigentlich vor? Das sieht ja nach einer richtig großen Arbeit aus.
Das ist es auch geworden mein lieber Fritz und das kommt im Grunde davon, dass ich etwas über den Antisemitismus schreiben wollte und dabei gemerkt habe, wie unscharf dieser Begriff ist. Nach umfangreichen Recherchen ergab sich dann eine notwendige Präzisierung.
Und wie lautet diese?- fragte er.
Hinsichtlich eines auf das Problem verweisenden Titels bin ich mir noch nicht ganz sicher, sagte sie, aber was hältst Du von: „Materialien zum Judenhass als einer Spielart des Antisemitismus"? Geht das?,- kann man das Deiner Meinung nach so titeln? Ich bin mir nicht so ganz sicher.
Offen gestanden stört mich der Begriff Spielart. Er hat etwas Infantilisierendes. Wie wäre denn, jetzt mal und ohne den Inhalt zu kennen, eine Überschrift wie: „Der Judenhass als antisemitisches Kernproblem in der Postmoderne".

Fritz,- Du bist genial, aber eigentlich hat die Überschrift noch Zeit, weil ich noch lange nicht fertig bin. Du hast mich jetzt aber auf den Geschmack für das Suchen von Überschriften gebracht und ich habe noch eine Idee.
Und die wäre?
„Materialien zu einer Dialektik des Antisemitismus".
Wie kommst Du auf diesen ein wenig marxistisch klingenden Einfall?

Das hat mit meiner und Deiner und damit der deutschen Geschichte zu tun, denn der Antisemitismus der Nazis, von dem unsere Vorstellung ja geprägt ist, der berief sich nicht auf die Semiten als einer Ethnie, sondern sehr speziell nur auf Semithen nachweisbar jüdischen Glaubens, so dass man im strengen Sinne nicht von einem zumindest ideologisch durchgängigen Antisemitismus sprechen kann. Hitler paktierte ja im Gegenteil sogar mit den Muslimen, deren autoritäres Weltbild ihm gefiel und hier ist ja schon mal ein Widerspruchspotential zum Begriff selbst vorhanden.
Gelernt hatten wir auch, dass Antisemitismus grundsätzlich einer politischen Rechten anzuheften ist. Was machen wir aber z.B. mit dem Antisemitismus von links?
Was meinst Du damit?
Na ja,- alle die Aktionen und Aktiönchen die zum Boykott von Waren aus Israel aufrufen und die Palästinenser als schuldlos vom jüdischen Imperialismus Geknechtete insinuieren. Wäre ich früher nicht selbst mal auf einen solchen

Schwachsinn hereingefallen, dann wäre ich möglicherweise gar nicht darauf gekommen.
Weißt Du,- es gibt ja den nicht auszurottenden dümmlichen Antisemitismus, der eine jüdische Weltverschwörung levantinischer Banker und Großkapitalisten am Elend der Welt basteln sieht, aber das sind Promille im Sinne einer statistisch erfassbaren Meinung. Das Grundproblem für Europa ist primär der massenhaft importierte Antisemitismus in seiner ihm gewollt unterstellten Unschärfe bzw. Harmlosigkeit auf der einen Seite und dem durch die Migranten glasklar formulierten Judenhass auf der anderen. Das ist der eigentliche dialektische Hintergrund dieser ganzen teuflischen Misere.
Sag mal Fritz, hast Du eine Ahnung, wohin man mal gehen könnte?, sagte sie plötzlich. Uns fällt ja so langsam die Decke auf den Kopf und die Stimmung in den Keller.
Hab ich, weil es einige Wirte gibt, die ausreichend viel Platz anzubieten haben, so dass die Gäste nicht dicht aufeinander hocken.
Wie seht Ihr das denn in der Presse?
Ist da mal ein Ende abzusehen?
Liebe Doro,- wir hängen gewissermaßen am Tropf der sog. Experten, die interessanterweise aber unter sich bleiben wollen. Das heißt nicht nur unter Experten, sondern nur unter ganz besonderen Experten die mit anderen Experten wiederum nicht gerne umgehen. Ein Ende dieser Maßnahmen muss ja nicht eintreten, wenn die stets zitierten Inzidenzen heruntergehen. So ein Ende muss man auch wollen und da habe ich so meine Bedenken, denn mit Notstandsverordnungen lässt sich ganz famos regieren. Das ist kein Vorwurf, sondern ein beweisbarer Fakt.
Das hat sich jetzt aber kompliziert angehört. Ist es ja auch, sagte er, denn bei allem was man macht und beschließt gibt es wie immer Gewinnner und Verlierer. Vorteile und Nachteile können sich gleichmäßig oder ungleichmäßig in einem bestimmten gedachten Raum verteilen. Jeder Denkraum ist ein Bestimmungsraum und wertfreie Zonen sind für mich undenkbar.
Wie viele Menschen sind denn schwer erkrankt und was machen wir eigentlich mit dem großen Rest?
Ich sehe es kommen, sagte sie. Wir sollten diese Arbeit mit dem Antisemitismus vielleicht zusammen machen, aber nur wenn Du mir versprichst, nichts in der Redaktion auszuplappern.
Das kann ich Dir leicht versprechen, sagte Kurz, denn wir sind ja kein großes Blatt und unsere Seitenzahl ist sehr begrenzt. Wir sind mit der Tagesaktualität voll ausgelastet.
Ist denn der Judenhass für Dich nicht von tagesaktueller Bedeutung?

Vor Jahren hätte ich das so gesehen und da gab es den importierten Judenhass nur in winzigen Dosen. Das Problem ergibt sich durch den inflationären Gebrauch des Begriffes ohne exakte inhaltliche Zuweisung. Prozentual spielen die wenigen Ewiggestrigen, die es in jeder Gesellschaft gibt, keine wesentliche Rolle. Das weiß man auch im Umfeld der politischen Klasse, aber es darf einfach nicht sein, denn der importierte Judenhass ist mehr als nur peinlich. So orchestrieren sie ihren sog. „Kampf gegen rechts", ein teures, jede vernünftige Kritik am Islam kriminalisierendes Konstrukt, das sie uns zwangsweise medial nahezu alltäglich zumuten, um das eigentliche Problem dabei auf infame Weise auf den Kopf zu stellen. Den leider zu kleinen kritischen Teil der Bevölkerung kritisieren sie als antisemitisch, indem sie einen antimuslimischen Rassismus begrifflich in die Welt gesetzt haben, womit die Kritiker zu Quasi-Nazis mutieren und Religionskritik wird zu Rassismus. Das ist antiaufklärerisch und ein in der deutschen Nachkriegsgeschichte bisher einmaliger Vorgang von großer Tragweite, wie wir leider noch sehen werden.

Dorothea Niewald schwieg eine ganze Weile und sagte dann: Die Frage ist sehr wohl auch, ob es ausreichend mutige Verleger gibt, die eine in dieser Art kritische Analyse noch zu verbreiten bereit sind.

Da hast Du recht, sagte Kurz und die Erkenntnis zum Stand der Dinge ist die, dass mir persönlich kein großer deutscher Verlag bekannt ist, der sich darauf einlassen würde. Es gibt kleinere Verlage die das machen, aber wir haben auf den letzten Buchmessen erleben müssen, wie ein sich links nennender Mob die Stände dieser Verlage zum Teil verwüstet hat. Auch die Aussteller selbst kriegen es ja mit der Angst zu tun. Die postmoderne Linke hat etwas gemeinsam mit der islamischen Sittenpolizei. Was bei den verlogenen Islamis ihre plakative Sexfeindlichkeit, das ist bei der Linken ihr Moralismus der guten Sache.

Bist Du sicher?, sagte Dorothea Niewald.

Warum?, fragte er.

Na ja, mir drängt sich der Eindruck auf, dass sich hinter der Antidiskriminierung neben dem damit einhergehenden Moralismus ein verletztes Nationalbewusstsein verbirgt, das sich nie wieder erheben darf und fortgesetzt erniedrigen muss.

Womit die Agenda ja ein gutes Stück weiter gediehen wäre, sagte Kurz, aber sie wusste, dass er sich schon immer vorzugsweise in Sarkasmus gerettet hatte.

Frank Hellweg und Herbert Wendler

betraten Ferdis Kneipe und es war das erste Mal, dass er sie darum bat, ihre Anwesenheit auf einer Liste einzutragen und einen gültigen Impfpass vorzuzeigen, was beide ein wenig befremdete, aber Ferdi erklärte ohne Umschweife, dass man ihn angeschissen habe und die Polizei habe ihn wissen lassen, dass ihn die Sache

wohl 250 € kosten würde und das war ein Betrag, den Ferdi mit etwas Glück in einer Woche erwirtschaftete. Die beiden Journalisten sahen sich betroffen an. Die verkündeten Drohungen waren also nicht nur Drohgebärden. Man meinte es ernst. Ferdis kariertes Flanellhemd – diesmal blau/weiß – gab wenig Aufschluss über seinen Seelenzustand, der sich noch nicht so weit verfinstert hatte, dass er kein Interesse mehr an Neuigkeiten bekundet hätte.
Ihr Pressefritzen wisst doch immer schon vorab was passieren wird, sagte er. Was haben wir denn jetzt zu erwarten?
Das ist eine Ermessensfrage, sagte Wendler, denn Du musst bedenken, dass jeder sich sein eigenes Zukunftsszenario bastelt und das wiederum spiegelt seine psychische Befindlichkeit. Die pessimistischen Leute denken immer an das Schlimmste und die optimistischen vermuten meist grundlos bessere Zeiten.
Man könnte sie deshalb auch naiv nennen, sagte Hellweg, aber das Problem dabei ist, dass es nur wenige Zwischenlösungen gibt.
Das passt auf mich alles irgendwie nicht, sagte Ferdi. Optimistisch kann ich wegen Geldmangel nicht sein und wenn ich pessimistisch wäre, müsste ich mich erhängen. Der Gedanke daran ist mir allerdings unangenehm, so dass ich mich mit dem Gedanken vertröste, dass alles noch viel schlimmer sein könnte als es ohnehin schon ist. Das ist zwar kein Trost, also nicht wirklich, aber es verhindert den Suizid.
Mittlerweile waren einige weitere Gäste gekommen und Ferdi musste ihre Impfnachweise kontrollieren und sie bitten, sich auf der ausgelegten Liste mit der Ankunftszeit einzutragen, um wie es hieß, Kontaminationsketten nachverfolgen zu können.
Weißt Du, sagte Hellweg nach einer Weile, der Anlass ist aktuell ja irgendwie auch kurios, aber die Gesellschaft läuft aus dem Ruder und mir drängt sich der Verdacht auf, dass wir das als einen irreversiblen Zustand erleben werden, der in absehbarer Zeit der Normalfall sein wird.
Und wie würdest Du Ferdis Zustand beschreiben, also jetzt mal nicht psychologisch, sondern konkret im Sinne der vorab gestellten Frage nach dem Optimismus und dem Pessimismus?, fragte Wendler.
Na ja,- es ist der Schwebezustand einer mühsamen Alltäglichkeit, die sich beim Aufstehen immer wieder einredet, dass heute irgendetwas ein bisschen besser wird. Man spielt ein wenig Lotto und füllt mal einen Tippschein aus, hat gelegentlich auch mal eine Idee, die in einem Plan münden könnte und hofft – als Mann – gelegentlich - auf Erlösung durch Frauen.
Wie meinst Du das?- fragte Hellweg.
Natürlich nicht so, dass die Erlöserin aus wohlhabendem Hause zum ökonomischen Rettungsanker würde, sondern eher als ein dialektischer Umkehrschluss.

Das verstehe ich jetzt nicht.
Das ist doch ganz einfach. Auch die schon etwas älteren Männer wie wir wollen Frauen stets erlösen. Entweder von bereits vorhandenen Partnern, die wir für Idioten halten oder auch aus anderen prekären Verhältnissen, was die Frauen meist durch etwas zu signalisieren wissen, was man ein Kindchen Syndrom nennt. Sie wirken hilflos wie Ertrinkende, kullern mit den Augen und wissen durch eine gedämpfte Sprechweise den Helfer-Reflex in uns auszulösen.
Und was ist dabei die Dialektik?
Nun,- indem wir uns zwanghaft darauf einlassen, erlösen wir uns selbst aus einer gewissen Erstarrung der Seele, während die Spätfolgen natürlich mit Erlösung nichts mehr zu tun haben. Wenn man das mal erlitten hat, wird man entweder abgeklärt oder fromm.
Das ist mir jetzt zu philosophisch, sagte Wendler, aber warum hat denn der Gebauer vorhin noch in seinem Büro gesessen?
Der brütet an einem Artikel, mit dem er aufzeigen will, dass die aktuelle ökonomische Gesamtlage eine Gefahrenlage ist. Mir kommt das eigentlich auch so vor, aber wenn ich einige Ökonomen so höre, dann verbreiten sie ja eher das, was dem Ferdi fehlt.
Währenddessen hatte Wendler den Kommissar und seinen Kollegen Sterzing eintreten sehen und hatte kurz gewinkt, dabei aber nicht damit gerechnet, dass die beiden bei ihnen anlanden und die noch freien Stühle besetzten würden.

Wenn's denn gestattet ist

meine Herren, sagte Thomas Roth. Meinen Kollegen Sterzing aus dem Nachbarlandkreis kennen Sie ja sicher schon. Was können Sie uns denn in diesem Hause empfehlen?
Mit Sicherheit den Milchkaffe, aber satt wird man davon natürlich nicht. Mittlerweile hatte Ferdi den Kommissar und seinen Kollegen auch schon gesehen, war an ihren Tisch gekommen und hatte die Speisekarte mitgebracht, die ein klug zusammengestelltes Sammelsurium von Speisen enthielt, die man schnell und ohne Verrenkungen zubereiten konnte.
Bringen Sie uns beiden bitte ein Pils und ich würde gerne die Gemüselasagne essen.
Mir machen sie bitte eine Pizza Capriciosa, sagte Sterzing und beide machten eigentlich nicht den Eindruck, katastrophische Ereignisse auch habituell zur Schau tragen zu müssen.
Ich hatte ja ohnehin versprochen, dass ich mit Ihnen über die Vorkommnisse aus polizeilicher Sicht reden wollte, zumal Sie ihrerseits nach meiner Erinnerung immer

so fair waren, uns nicht mit irgend welchen Vermutungen in den Rücken zu fallen, die dann so aussehen, als ob wir sie geboren hätten oder zu dumm wären ordentlich zu ermitteln.
Wenn Sie mich fragen, sagte Sterzing, dann ist ja die Frage, warum so etwas passiert vollkommen abwegig, denn man kann allenfalls die Frage stellen, wann so etwas passieren wird.
Wir als Polizei sind für die Strafverfolgung zuständig und öffentliche politische Wertungen stehen uns so wenig zu, wie dem Bundesamt für Verfassungsschutz, was man dort aber offensichtlich nicht so ernst nimmt, sagte Thomas Roth.
Wie meinen Sie das?- sagte Hellweg.
Wenn deren aktueller Präsident Haldenwang bestimmte Phänomene wertend zuordnet, dann muss er hierfür faktische Beweise vorlegen und keine Vermutungen. Das meine ich zum Beispiel. Wir als Polizei können uns das nicht erlauben und stehen gelegentlich selbst im Focus einer, na ja, Gesinnungspolizei, die den Leuten weismachen will, die Polizei sei mehrheitlich irgendwie rechtslastig gestrickt. Das schürt das Misstrauen der Bürgerinnen und Bürger gegenüber den Sicherheitsorganen. Da hilft dann bei uns auch keine vorsichtige Imagepflege, weil immer etwas hängen bleibt.
Und wenn wir das mal thematisieren würden, sagte Wendler?
Das wäre nicht die schlechteste Idee, sagte Sterzing, aber ich denke, dass ich im Interesse des Kollegen Roth spreche, wenn das jetzt keine versteckte Aufforderung war.
Sie dürfen aber sicher sein, dass das Gezeter gigantisch wäre, wenn jetzt bei dieser Sache die Polizei zwei der Täter erschossen hätte. Die Beamten hätten aus meiner vorsichtigen Sicht der Dinge mit großer Sicherheit mindestens wenn nicht noch mehr Scherereien bekommen, wie sie der geschätzte Professor Conte wohl leider zu erwarten hat.
Was denn vielleicht auch zu vermeiden wäre, sagte Thomas Roth, während seine Lasagne den Weg zum Tisch gefunden hatte.
Die Pizza kommt auch sofort, sagte Ferdi und ich erlaube mir, die Herren zu einem Primitivo einzuladen, der wirklich gut schmeckt und sehr bekömmlich ist.
Mensch Thomas, sagte Ralf Sterzing, das kann ja gar nicht wahr sein, dass ich hier mit Dir zum ersten Mal bin.
Versprochen ist versprochen, sagte Thomas Roth zu Hellweg. Sie bekommen morgen den aktuellen Polizeibericht von mir und wenn Sie dann – was sie sicher planen – den Raoul Conte interviewen, dann wird er Ihnen auch nicht mehr erzählen als er uns erzählt hat. Wissen Sie, er versuchte zwar entspannt zu wirken, aber das war er nicht. Die ganze Sache ist ihm wie man so schön sagt an die

Nieren gegangen und ich glaube das einschätzen zu können. Hat jemand von Ihnen mal daran gedacht, seine Freundin, die Fr. Bruckner zu interviewen?
Haben wir schon, sagte Wendler und das wollten wir eigentlich sogar zuerst machen, denn als passiv Beteiligte befand sie sich ja in der Rolle der Mehrzahl derjenigen, die gerade im Baumarkt waren. Sie müsste auch die Situation, in die sich Conte plötzlich gestellt sah, ziemlich genau beurteilen können, denn sie befand sich ja zunächst in seiner Nähe.
Machen Sie das ruhig, wenn Sie in etwa einschätzen können, ob Sie der Sache psychisch gewachsen ist. Weiß von Ihnen eigentlich jemand wie die sich kennen gelernt haben?
Wer?, fragte Wendler.
Na ja, die Fr. Bruckner und der Prof. Conte, denn sie studiert ja bei Prof. Mendes und nicht bei ihm.
Ich glaube mich an eine Veranstaltung an der Uni zu erinnern, wo Conte einen Vortrag gehalten hatte, sagte Wendler, dessen Thema mir jetzt nicht mehr präsent ist und da kam es in dessen Verlauf zu einigen Ausschreitungen eines Teils der Studentenschaft und irgendwann sind Eier, Tomaten und sogar Kartoffeln geflogen.
Ein fliegender Lebensmittelbazar, sagte Sterzing und alle mussten lachen. Ich sah dann, fuhr Wendler fort, dass eine junge Frau, also wohl eine der anwesenden Studentinnen, also die Fr. Bruckner, dem Conte dabei geholfen hat, dem Prof. Mendes wieder auf die Beine zu helfen, denn der war massiv von einer Kartoffel am Kopf getroffen worden.
Das hattest Du mir gar nicht so ausführlich erzählt, sagte Hellweg ein wenig beleidigt und Du weißt doch, dass ich gerade an solchen Storys immer interessiert bin.
Du hattest mich nicht ausreichend animiert, sagte Wendler und jetzt war es Thomas Roth, der ausgiebig lachte.
Der Primitivo ist wirklich gut, sagte Sterzing und orderte bei Ferdi zwei weitere Gläser. Das ist gewissermaßen so etwas wie vorsorgende Konfliktvermeidung, denn wenn wir beide jetzt tatsächlich zusammen die Flasche leer machen, dann greift Murphys Gesetz und wir geraten zu hundert Prozent in eine Kontrolle..... Was durchaus sein kann, sagte Roth, denn meine Männer sind zumindest angewiesen Stichprobenkontrollen zu machen und mehr ist personell ohnehin nicht zu machen.

Silvio hatte seine Mädchen

zusammengerufen. Sie saßen in dem Vorraum, in den sonst die Kunden komplimentiert wurden, bevor sie sich eines von ihnen aussuchen konnten und Silvio hatte Kaffee und Kuchen spendiert.

Ich kann Euch echt nicht sagen wie das weitergehen soll, sagte er. Die Polizei hat mich glasklar wissen lassen, dass ich den Betrieb vorübergehend einstellen muss. Dass Problem dabei ist, dass ja einige von Euch hier wohnen und gar nicht ausweichen können. Hebt mal bitte die Hand, wer das alles ist. Fehlt noch jemand? Gut,- also immerhin drei von Euch bleiben hier und die anderen können im Moment halt nicht arbeiten. Selbstverständlich der Rest natürlich auch nicht, damit da kein Missverständnis entsteht.

Und wenn wir bestimmte Regeln und Vorschriften einhalten, wollte eines der Mädchen wissen.

Das ist eine gute Frage, sagte Silvio. Pech ist nur, dass ich sie nicht wirklich beantworten kann, weil es diesbezüglich keine Anweisungen gibt. Ich kann mir auch nicht so recht vorstellen, wie man in unserer Branche einen Mindestabstand von 1,50 m einhalten soll.

Einige der Mädchen kicherten und eine von ihnen meinte, die Sache mit dem Mundschutz sei eigentlich gar nicht so schlecht, denn einige Kunden hätten einen Mundgeruch wie ein Tiger.

Silvio lachte,- aber Du wirst mir jetzt nicht sagen, dass Du es mal mit einem Tiger gemacht hast.

Nein,- sagte das Mädchen, aber bei einigen Männern lässt die Hygiene grundsätzlich zu wünschen übrig.

Ich weiß,- sagte Silvio. Es ist ein Elend. Ich will versuchen, da irgendeinen Ausweg zu finden, also so etwas wie Service mit kleinem Programm. Ach Silvio, sagte eine von ihnen, wenn wir denen dann einen runterholen, dann stimmt das mit dem erforderlichen Abstand ja schon wieder nicht oder du musst ersatzweise Gorillaweibchen einstellen.

Die Stimmung war gut und Silvio ein wenig erleichtert. Er hatte Rücklagen gebildet und wollte seine Mädchen nicht verlieren. Wenn sie sich in alle Winde zerstreut haben würden, dann konnte er seinen Laden schließen. Mit irgendwelchen noch so gut gemachten Strip-Shows konnte er nicht überleben, weil sich die Leute sowas auch im Internet ansehen konnten. Er hatte hier lauter sehr ansehnliche Mädchen und die Kunden, von denen einige sogar Stammkunden waren, die wussten das zu schätzen. Da war die eine und andere Liaison entstanden, wenn die Männer stets eine besondere Frau bevorzugten. Unter den Mädchen war das meist unproblematisch, wenngleich nicht immer und Silvio hatte in dem einen oder anderen Falle auch schon mal unter ihnen schlichten müssen, wenn einige sich weniger beachtet fühlten. Er hatte da seine eigene Methode und schlief mit ihnen auf eine sehr nachhaltige Weise, die große Erfahrung voraussetzt und als einfühlsam zu bezeichnen ist. Das hatte seine Wirkung bisher nie verfehlt, aber der aktuellen Situation war auf diese Weise nicht beizukommen. Sie war so etwas wie die Kontraindikation eines menschlichen Grundbedürfnisses nach intimer Nähe. Sie war ein elementarer Einschnitt in das, was als menschlich zu deuten war.

Karl Schuman hatte

im Hinblick auf den Absender des Briefcouverts nichts Gutes erwartet und er erinnerte sich eines flotten Spruches, dessen Aussage darauf hinauslief, dass der Staat sich stets dann melde, wenn es ums Marschieren oder ums Kassieren ginge. Ersteres hatte er längst hinter sich, aber hier ging es darum, dass er den Schulbesuch seines Sohnes verhindert hatte. Sein Argument, vor allem junge und gesunde Menschen in eine Maskenpflicht zu zwingen, sei schlichte Körperverletzung, wurde nicht akzeptiert und man hatte ihm ein Bußgeld von 2500 € angedroht. Er konsultierte daraufhin einen Anwalt, der mit den Achseln zuckte.
Lieber Herr Schuman,- so lieb wie mir Ihr Geld allemal ist, so sinnlos wäre ihre Investition. Der Rechtsstaat kennt in seiner Befindlichkeit als Postdemokratie eine ganze Reihe von Sonderklauseln. Sie sind so etwas wie eine temporäre Notstandsverordnung. Da kommen solche Sätze vor, die den Begriff einer nationalen Tragweite bemühen und das kann dann durchaus mal ein bisschen weit ausgelegt werden. Die Tragweite ist nämlich kein fester Begriff wie z.B. der Begriff der Traglast in der Technik.
Und was würden Sie mir empfehlen?- wollte Schuman wissen.
Machen Sie einfach, was man von Ihnen verlangt und schicken Sie ihren Sohn in die Schule. Ich halte von der ganzen Maskerade auch nicht viel, wenn ich z.B. mit der Maske durch das fast leere Gerichtsgebäude laufe, aber im Gerichtssaal kann ich sie dann ausziehen, obwohl die körperliche Nähe zu einer Reihe von Personen deutlich geringer ist. Was soll ich davon halten? Bitte verstehen Sie mich nicht falsch, aber Sie haben keine Lobby, nicht in Deutschland und sonst wo vermutlich auch nicht. Die weltweit verbreitete Angstpsychose ist ein schlechter Ratgeber und schon gar keine Basis für irgendeine Form von Opposition. Sie kennen doch Schillers Wilhelm Tell und die Stelle, wo die Leute angehalten sind, des Herrn Geßlers Hut zu grüßen, der oben auf einer Stange hängt? Sie werden lachen, aber solche Hüte gibt es in jeder Gesellschaft massenhaft und Sie werden brav gegrüßt. Ich weiß, der Trost ist schwach, aber diese Einsicht führt dazu, aus einem dieser Fälle, der durchaus ein Sonderfall sein kann, dennoch keine Grundsatzentscheidung machen zu wollen. Als Anwalt erlebt man häufig völlig idiotische Situationen und ich habe in früheren Zeiten manchmal versucht, das meinen Kunden transparent zu machen, aber das hatte mehrheitlich keinen Zweck und so wurden über Monate Akten gewälzt und um Dinge verhandelt, die man früher mit dem Schiedsmann abgewickelt hätte.

Sie haben vermutlich recht, sagte Schuman und ich werde da vernünftigerweise zurückstecken und was die Idiotismen angeht, vor denen wir uns zu verneigen haben, so sind das neben den sichtbaren vermutlich noch die gleiche Menge an verborgenen. Ich danke Ihnen für den Rat!
Ich würde Sie in einem erfolgversprechenden Falle nicht abweisen, sagte der Anwalt, aber so konnte ich wenigstens ihr Portemonnaie schonen.

Hier ist Geisinger

und ich entschuldige mich für die späte Störung Herr Kollege, aber sie sollen wissen, dass das Kollegium hinter Ihnen steht und ich als Rektor selbstverständlich auch. Hat man Ihnen denn schon etwas über den Fortgang der Dinge erzählt?
Nein,- sagte Conte. Ich bin jetzt insgesamt zwei Mal vernommen bzw. angehört worden wenn Sie so wollen und ich gehe davon aus, dass mich die Staatsanwaltschaft informieren wird, wenn das Ganze gerichtsnotorisch wird. Zunächst Ihnen allen aber mal meinen Dank. Rückhalt ist in einem solchen Falle nicht hoch genug einzuschätzen.
Wissen Sie Herr Kollege Geisinger,- das, was da passiert ist, ist für sich genommen schon schrecklich genug und ich hatte in Deutschland gehofft, nie mehr in eine Situation zu geraten, in der ich eine Waffe würde in die Hand nehmen müssen, aber das hat nun leider nicht funktioniert.
Lieber Kollege Conte,- das einzige worüber zu spekulieren wäre, ist der Zeitpunkt eines erneuten Anschlages. Ich hab mich selbst erst in den letzten Monaten oder sagen wir mal Jahren sachkundig gemacht. Der Kollege Ludwig kennt einen Arabisten, der viele Jahre im Orient verbracht hat und dessen Beurteilung nicht nur dieses Vorkommnisses ist ernüchternd.
Und was meint dieser Arabist?- wollte Conte wissen.
Na ja,- er ist sich sicher, dass der Westen sich davon nicht mehr erholen wird und eine Endlosschleife der Schönrednerei einerseits plus eine Verschärfung der Gefahrenlage andererseits produziert.
Das befürchte ich auch,- sagte Conte und ich wundere mich über ein Land, das ich für aufgeklärt hielt und zu kennen glaubte.
Ja,- sagte Geisinger, Sie haben eine andere Sicht auf dieses Land, weil Sie Vergleiche anstellen können. Wenn man diese Erfahrungen nicht hat, dann ist man der Gefangene eines begrenzten Horizonts und wird wohl immer die Meinung vertreten, es könne nirgendwo besser sein als hier.
Ich verstehe was Sie meinen, sagte Conte und in meinem Falle war das Bedürfnis nach einer friedlichen, zumindest nicht kriegerischen Umgebung sehr groß. Wie gesagt,- die Staatsanwaltschaft wird sich ja melden und ein gewisser Herr Repetto

wird mich anwaltschaftlich vertreten. Er ist mir empfohlen und worden und scheint sehr bemüht.
Das freut mich, sagte Geisinger und wie gesagt, die Rückendeckung des Kollegiums ist Ihnen auch sicher.
Die der Studenten aber nicht,- sagte Conte und als Geisinger einen Moment lang schwieg, fügte er hinzu:
Das war jetzt keine Frage, sondern ein Hinweis auf den Anteil an realistischer Einschätzung. Verstehen Sie,- ich mache mir da nichts vor, denn zumindest der Teil, der sich links verortenden Studentenschaft, ist klar gegen mich eingestellt und sie werden für den nötigen Furor sorgen. Ich habe zum Wochenbeginn gleich zwei Vorlesungen und werde einen Vorgeschmack davon erhalten, so dass ich mich schon mal einstimmen kann.
Jetzt machen Sie sich mal keine allzu großen Sorgen, sagte Geisinger. Ich werde keine studentische Randale dulden.

Volker,- bist Du sehr beschäftigt?

Martha Reger hatte einen anstrengenden Tag mit einigen Arztbesuchen und Einkäufen hinter sich gebracht, aber ihre Erschöpfung ließ sich nicht in Ruhe überführen.
Was ich mache, willst Du wissen, sagte Mendes lachend. Ich versuche wie so oft und vermutlich erneut vergeblich ein Mindestmaß an Ordnung herzustellen, obwohl ich ja weiß, dass das noch nie befriedigend funktioniert hat. Spätestens zwei Tage später ist der alte Zustand wieder erreicht.
Aber Du könntest dir doch Hilfe anfordern.
Ja,- das könnte ich, aber diese Hilfe müsste etwas verstehen, was ich selbst nicht verstehe und unter diesen Voraussetzungen ein System installieren, mit dem ich dann auch noch klarkomme.
Sag mal Volker, komm doch wenn Du fertig bist einfach noch ein bisschen vorbei. Ich hatte einen anstrengenden Tag und komme nicht richtig zur Ruhe.

Ja,- sagte Mendes, Du hattest mir ja gesagt, was heute für Dich alles auf dem Plan steht, weshalb ich gar nicht gewagt habe, Dich dann auch noch anzurufen.
Ich weiß, sagte sie, das ist das nette an den älteren Herren, dass sie in der Regel nicht so aufdringlich sind.
Ich fühle mich extrem geschmeichelt, sagte Mendes und beide mussten lachen. Martha, ich bin hier spätestens in fünfzehn Minuten fertig, weil das alles doch keinen Zweck hat und da es ja recht warm ist, könnten wir vielleicht ein bisschen in Deinem Garten sitzen.

Du wirst es nicht glauben, aber genau daran habe ich auch gedacht, sagte sie.

Soll ich noch etwas mitbringen oder einkaufen?
Nein,- lass Dich überraschen, denn ich habe schon etwas vorbereitet.
Dann erinnerte er sich, dass er Conte nach anrufen wollte und erreichte ihn bei Karin Bruckner. Sag mal,- hat sich die Staatsanwaltschaft schon bei Dir gemeldet?
Hat sie noch nicht, wird sie aber wohl in Kürze und ich habe gerade vorhin noch mit Antonio Repetto telefoniert, weiß Du, der Anwalt. Der hat bereits eine kluge Strategie entwickelt, denn die werde ich vor allem im Hinblick auf den zweiten von mir abgegebenen Schuss benötigen, mit dem ich zu meinem eigenen Erstaunen sogar getroffen habe.
Sag mal Raoul, Du sprichst immer nur von zwei Schüssen, aber die AK 47 ist doch eine Maschinenpistole oder Maschinengewehr?
Du sagst es und ich hatte beim ersten Feuerstoß einfach und in der gebotenen Eile auf den Abzug gedrückt, dann aber sofort den Hebel umgelegt, mit dem man die Waffe auf Einzelschuss stellen kann, wofür sie eigentlich nicht wirklich gemacht ist.
Was machst Du denn jetzt gerade?
Ich gebe gerade den erneuten und vergeblichen Versuch auf, meine chaotische Bürolandschaft zu ordnen, wobei Martha gerade dazu beigetragen hat, den Versuch so schnell wie möglich zu beenden, indem sie mich eingeladen hat, damit wir bei dem schönen Wetter noch ein bisschen bei ihr im Garten sitzen können.
Dann tut das mal, bevor es zu kühl wird, sagte Conte und lass Dich ein bisschen verwöhnen.
Du dich auch, sagte Mendes und sag der Karin noch vielen lieben Dank für den Kontakt zu dem Museum in Padua, um den sie sich bemüht hatte.
Dazu kann Dir deine Martha auch noch was sagen.
Wie das?, fragte Mendes ein wenig verwirrt.
Weil Karin ihr lang und breit erklärt hat, was es dort im Zusammenhang mit den Etruskern alles zu sehen gibt.
Ich werde nur noch second hand informiert, sagte Mendes, musste dabei aber lachen.

Papa,- wäre das anmaßend,
wenn ich Dich bitten würde, mit mir den Roland aus dem Krankenaus abzuholen?
Du meinst, mit dem Auto abholen?
Ja,- denn sein Vater ist im Krankenstand und seine Mutter hat keinen Führerschein.
Carsten Spohn war eigentlich nicht in der glücklichen Lage eines Zeitüberschusses, aber erstens war er immer noch darüber beruhigt, dass seine Tochter offensichtlich

in den allgemein üblichen Mann-Frau-Verhältnissen verankert war und zweitens bot sich auf diese Weise immerhin die Gelegenheit, den jungen Mann ein wenig genauer kennen zu lernen.
Pass auf,- sagte er zu seiner Tochter. Sag ihm, er soll noch im Krankenhaus zu Mittag essen und wir holen ihn dann so gegen 13 Uhr ab.
Ist das o.k. für Dich?
Du bist ein Schatz, sagte sie.
Kommen wir überhaupt in das Krankenhaus rein?, fragte er. Die machen vermutlich einen riesigen Zirkus mit Impfnachweis und Test und werweißwasalles.

Nein,- keine Angst Papa, ich rufe ihn sofort an und dann soll er vor die Tür kommen, so dass wir ihn da abholen können. Es ist ja schönes Wetter und regnet nicht.

Währenddessen saßen
Ben Berissa und Antonio Repetto auf zwei Ölfässern und sinnierten über einen möglichen erneuten Einsatz des Mitsubishi Evo 5.
Hast Du gehört, was sie jetzt für die Rally WM vorgeschrieben haben?, sagte Repetto.
Ja, hab ich, denn zumindest in der WM wollen sie nur noch Hybridfahrzeuge zulassen, was mir auch irgendwie einleuchtet. Man kann schließlich nicht so tun, als sei das etwas, was man nicht beachten müsse und macht einfach weiter wie immer. Der Motorsport muss auch weiterhin ein Prüf- und Versuchsfeld unter erschwerten Bedingungen bleiben.
Bis dann so ein Ding mal brennt und kaum noch zu löschen ist, sagte Repetto.

Toni,- sein wir doch mal ehrlich. Um wieviel sicherer ist denn das Herumfahren mit einem gefüllten Tank? So schrecklich selten ist das nicht, dass Rally-Autos nach einigen Überschlägen auch mal brennen. Rechtzeitig raus kommst Du da auch nur dann, wenn Du dich nicht verletzt hast. Was mich eher stört, ist der enorme Aufwand der Hybridfahrzeuge. Man fährt ja letztendlich mit zwei Motoren und handelt sich ein nicht zu unterschätzendes Mehrgewicht von etwa 90kg ein. Bei den Rally-Autos spricht man von einem Zuwachs von 150 PS, aber was heißt das in der Praxis? Habe ich dann zu den mal angenommen 300 PS des Benziners noch zusätzliche 150 elektrische PS oder wie ist das gemeint?
Die andere Variante wäre ja, dass sie kleinere Motoren einbauen mit sagen wir mal etwa 200 PS und dann die 150 PS draufsatteln, sagte Repetto.
Daran zweifele ich, sagte Berissa, denn das widerspräche der Theorie vom ständigen Wettrüsten in einer kapitalgetriebenen Gesellschaft. Weißt Du Toni, der

Anachronismus ist eigentlich der, dass die ganzen Autos seit Jahren immer schneller und größer werden. Zugleich sinken die noch fahrbaren Durchschnittsgeschwindigkeiten auf den Nationalstraßen rapide und erreichen kaum mehr den Wert eines trainierten Teilnehmers der Tour de France. Fahr mal einen Schnitt von über 40 km/h auf Bundesstraßen und versuche dabei, Dich an die vorgegebenen Beschränkungen zu halten. Es wird Dir kaum gelingen.
Das stimmt, sagte Repetto und vielleicht sind die Leute ja deshalb so besessen darauf, nur ja keine 130 km/h Maximalgeschwindigkeit auf den Autobahnen vorzuschreiben.
Das kann ein psychologischer Aspekt sein, sagte Berissa, aber ich weiß es nicht. Das Spritspar-Argument würde übrigens erst dann wirksam greifen, wenn alle nur noch knapp unter 100 km/h fahren würden.
Wie kommst Du darauf?, fragte Repetto.
Das steht so im Bosch-Handbuch der Fahrwiderstände, jedoch ohne direkten Bezug zum Treibstoffverbrauch. Man weiß aber, dass man rein physikalisch gesehen um 100 km/h zu erreichen mit einem Fahrzeug gar nicht so viele PS benötigt. Will man jedoch schneller sein, dann benötigt man einen Leistungszuwachs von 30%. Das ist eine physikalische Konstante, die sich wiederum nicht linear fortsetzt.
Mensch Ben,- mit einer Vorlesung in Physik hatte ich heute gar nicht gerechnet und wollte Dich doch nur erweichen, damit Du die olle Familienkutsche nochmal flott machst.
Keine Angst,- der läuft ja und wir hatten beim letzten Mal auch nichts kaputt gemacht. Im September läuft die Eifel Classic und ich schlage vor, dass wir ihn da mal wieder laufen lassen, zumal das auch ein gesellschaftliches Ereignis ist, wo man viele der ehemals großen Fahrer wieder treffen kann. Weißt Du, dann kann ich auch die Christine mitnehmen, weil bei dem Rahmenprogramm einiges geboten wird und man nicht nur zwanghaft von einer WP zur nächsten stürmt ohne sonst etwas gesehen zu haben. Wir beide machen ein paar flotte Runden mit der alten Dame, also ich meine jetzt das Auto und dann war das ein schönes verlängertes Wochenende. Das machen wir,---versprochen!

Fritz,- habt Ihr heute
wieder eine längere Redaktionskonferenz?
Nein,- sagte der Angesprochene. Also jetzt mal nicht dass ich wüsste, zumal der Chef mit seiner Tochter in Richtung Krankenhaus unterwegs ist.
Mein Gott was hat sie denn?
Wer?
Die Tochter meine ich natürlich.

Ach,- entschuldige, das war jetzt unklar ausgedrückt von mir. Nein nein, sie wollen deren Freund im Krankenhaus abholen. Der gehörte ja zu den Verwundeten aus dem Baumarkt und hatte glaube ich einen Streifschuss am Oberarm oder der Schulter erhalten oder war es ein Querschläger, was ich jetzt nicht so genau weiß. Also von daher mal Entwarnung.
Doro was ist denn? Soll ich nachher noch bei Dir vorbeikommen? Das wäre nett von Dir, weil ich im Hinblick auf mein Thema etwas mit Dir besprechen will.
Mit welchem Thema?
Du weißt doch, der leidige Antisemitismus.
Warum leidig,- er ist doch so aktuell wie nie zuvor.
Genau das ist es ja mein lieber Fritz.
Muss ich das jetzt verstehen?
Nein,- musst Du nicht und komm erst mal vorbei und ich mache uns beiden auch eine Kleinigkeit zum Essen.
So früh war ich ja schon lange nicht mehr bei Dir, sagte er, als er eine halbe Stunde später bei ihr anlangte.
Mit dem Essen bin ich aber noch nicht so weit.
Das habe ich auch nicht erwartet und mein Hunger hält sich in Grenzen. Weißt Du, mein Großvater hatte uns als Weltkriegsteilnehmer immer zurechtgewiesen, wenn wir als Kinder behaupteten, Hunger zu haben. Ihr habt keinen Hunger, sagte er dann, ihr wollt halt nur etwas zu Essen und das war wohl auch eine richtige Einschätzung.
Das ist interessant, was Du da von Deinem Großvater sagst, antwortete sie. Mir kommt es nämlich so vor, als ob auch andere, gar nicht so gravierende Dinge, wenngleich aber nicht von Kindern, unglaublich hochgespielt werden und dabei denke ich gar nicht so sehr an die sog. Pandemiedebatte. Eine gewisse Krisenfestigkeit setzt wohl einen Lernprozess voraus.
Ja,- sagte er und bestimmte Kampferfahrungen, wenn ich mal diesen marzialischen Begriff gebrauchen darf. Die gehen nämlich irgendwann verloren, sind gar nicht mehr vorstellbar und erscheinen uns eher kurios.
Ich las z.B. vor einiger Zeit in einer Zeitung für regionale Historie die Geschichte einer alleinerziehenden Kriegerwitwe, die in bis zu 50 km langen Märschen Pakete und andere Sendungen transportierte, um ihre beiden Kinder ernähren zu können. Heute ist ein Arbeitsloser ohne Auto irgendwie nicht denkbar und natürlich erst recht nicht ohne sein Smartphone, damit er für die Behörde jederzeit erreichbar und flexibel ist.
Mittlerweile hatte sich ein angenehmer Duft verbreitet.

Was ich da gezaubert habe, sagte sie, nennt man normalerweise ein Bauernfrühstück, aber ich denke mal, dass das für den Abend auch geht, zumal Du ja gerne Bratkartoffeln isst.
Und ob, sagte Friedhelm Kurz, denn spätestens die Gerüche der Zubereitung hatten seinen Appetit geweckt. Jetzt sag mir aber mal Doro, warum Du mit dem Antisemitismus-Thema, das Du dir ja selber an den Hals gehängt hast, so haderst oder ist das jetzt nicht der richtige Begriff?
Weil ich mir dabei vorkomme, als ob ich einer gerade aktuellen Mode hinterherlaufe und das ist doch verrückt.....oder?
Die ganze Sache ist verrückt, sagte Kurz und das haben wir – so glaube ich wenigstens – auch schon mal besprochen, wobei man sehen muss, dass da ständig etwas hinzukommt.
Was meinst Du mit Hinzukommen?, wollte sie wissen.
Na ja,- z.B. einige Anmerkungen von Wissenschaftlern, die auch aufgrund ihrer Herkunft den ganzen Zirkus durchschauen.
Nenn mal einen Namen!
Prof. Michael Wolffsohn ist ein deutscher Wissenschaftler jüdischer Herkunft und der hat offen gesagt, die Bundesregierung verdränge bewusst und gewollt die aktuelle Herkunft des Judenhasses, weil sie anderenfalls ihr Integrationsvorhaben gefährdet sieht. Er sprach als Wissenschaftler bewusst nicht vom Antisemitismus, weil dieser das Problem nur unscharf beschreibt.
Ich verstehe Dich, weil Du einem Zeitgeist nicht hinterherlaufen willst, der übrigens durch und durch verlogen ist. Wenn Du mich fragst, dann würde ich das Thema trotzdem nicht an den Nagel hängen, sondern ich würde die Rolle des Sammlers, bzw. in diesem Falle die Rolle der Sammlerin übernehmen.
Wie meinst du das?
Du sammelst einfach mal die medialen Hinweise zu dem sich angeblich explosionsartig ausbreitenden Antisemitismus und versuchst herauszufinden, worauf man sich dabei faktisch beruft.
Dann sammelst Du parallel die Vorgänge, die in einem ernst zu nehmenden wissenschaftlichen Umfeld sowohl auf der Ebene des wie gesagt Faktischen, als auch auf der Diskursebene angeboten werden und setzt sie in eine Verhältnismäßigkeit zueinander.
Uff,- sagte sie, das hört sich nach gewaltig viel Arbeit an. Das schaffe ich alleine nicht, zumal mir ja erst mal jemand den Zugang zu einigen Wissenschaftlern verschaffen müsste.
Du brauchst nicht immer einen direkten Zugang, sagte Kurz. Alle diese Leute veröffentlichen ständig auf irgendwelchen Internet-Portalen. Es hat sich so etwas wie eine alternative Wissenschaftskultur entwickelt, gewissermaßen als Antwort auf

die Ignoranz, die nicht alle, aber ein großer Teil von ihnen in den sog. Leitmedien erfährt. Pass auf, wir, also unsere Redaktion hat beschlossen, in Absprache mit dem Kommissar Roth, in Sachen Berichterstattung zum Terrorangriff auf den Baumarkt nicht vorschnell zu handeln, also nichts Spekulatives zu veröffentlichen. Der Kommissar hatte aber nichts dagegen einzuwenden, dass wir ein Interview mit Raoul Conte machen wollten und ich werde die Gelegenheit nutzen, ihn auch auf dieses Thema mit seinen diversen Deutungen anzusprechen. Als Soziologe hat er auf jeden Fall ein Interesse an einem Thema, dessen gesellschaftlicher Stellenwert gewachsen ist, um mich mal vorsichtig auszudrücken.

Und warum sollte er dann unbedingt mich unterstützen?
Ganz einfach,- weil Du es machen willst.
Optimismus schadet ja selten, sagte sie, aber ich sehe auch sonst keine Möglichkeit. Was immer ich auch alleine zusammentragen würde, es wäre wohl eher nicht wirklich neu.
Das weiß ich nicht, sagte Kurz und es muss ja auch nicht unbedingt in einem faktischen Sinne neu sein. Gut ist es immer, wenn sich aus einem Thema Zusammenhänge ermitteln und herstellen lassen.
Ansonsten ist Dein sog. Bauernfrühstück eine Wucht! Das hat richtig gut geschmeckt.

Das sagst Du, um mich aufzuheitern.
Nein,- Deine Bratkartoffeln sind nicht zu übertreffen, also ganz ehrlich! Was gibt denn das Fernseh-Programm heute her?, wollte er wissen.
Es kommt darauf an, was Du gerne sehen willst.
Einen Krimi bitte nur, wenn es ein alter ist, wo es noch Wählscheiben-Telefone gab und alle geraucht haben. Ansonsten lieber ein Tierfilm, weil das eine beruhigende Wirkung hat wenn man sieht, wie die außer uns belebte Natur ganz vernünftig miteinander interagiert.
Ja ja, aber Du vergisst bitte nicht, dass die sich fast alle auch gegenseitig fressen.

Nein,- ich vergesse es nicht, aber es scheint mir sinnvoller, als sich einfachnur umzubringen und die Leichen dann zu verscharren.
Ohne sie zu verspeisen meinst Du?
Nein Doro, aber das bringt mich jetzt hinsichtlich meiner Argumentationskette in Verlegenheit. Du weißt doch, was ich meine?
Ja,- dass die Natur angeblich ihren Sinn in sich hat, aber bei Millionen von Stechmücken hatte ich da immer meine Zweifel.

Ich auch, sagte er und ich denke zugleich, dass jeglicher Zweifel seinen Sinn in sich hat. Er ist so etwas wie der zentrale Habitus jedes Intellektuellen. Amen,- sagte sie und schaltete den Fernseher an.

Kommilitoninnen und Kommilitonen,-
soweit wir unterrichtet sind, hat Herr Prof. Conte auch eine zweite Person im Baumarkt nachweisbar nicht in Notwehr erschossen, denn diese Person war schätzungsweise mindestens 10 m von ihm entfernt. Es bestand also für diesen bewussten Tötungsarkt kein Grund im Sinne einer zu billigenden Notwehrhandlung. Der Asta geht deshalb davon aus, dass Herr Conte in klarer Absicht gehandelt hat, was üblicherweise als Mord bezeichnet werden muss und niedere Beweggründe voraussetzt. Er hatte in der Kürze der Zeit unmöglich erkennen können, dass sein Opfer zweifelsfrei als Mittäter in Frage kommt, sondern er hat sich ausschließlich an dessen äußerer Erscheinung orientiert. Da wir von ihm wissen, dass er besonders in Bezug auf die Muslime eine fremdenfeindliche Haltung bevorzugt und ihnen eine grundsätzliche Integrationsunfähigkeit unterstellt, sind wir geneigt, hierin auch einen latenten Rassismus zu sehen.
Der Asta hat deshalb beschlossen, die Vorlesungen von Herrn Conte zumindest bis zum Abschluss der gerichtlichen Ermittlungen zu boykottieren.
Wie wäre es denn, wenn wir diese Ermittlungen erst mal abwarten?, gab einer der Studenten zu bedenken. Was machen wir denn, wenn Herr Conte zum guten Schluss als Held dasteht?
Du verwechselst da zwei Dinge, sagte der Asta-Vorsitzende, denn die mögliche Heldenverehrung ist ja keine gerichtliche Anordnung und ein wie immer auch zustande kommender Freispruch markiert die Rahmenbedingungen einer Anklage, mehr aber auch nicht. Wir kennen Contes antimuslimische Gesinnung, die er oft genug zum Besten gegeben hat. Seine Toleranzschwelle ist da sehr gering und hier setzt ja unsere Kritik an.
Ist Euch eigentlich bekannt, dass die übrige Professorenschaft im Grunde mit Conte solidarisch ist? Sollen wir deren Vorlesungen dann auch blockieren? Es entstand ein lautes Durcheinander und der Asta-Vorsitzende hatte einige Mühe, sich wieder Gehör zu verschaffen.
Mir ist klar, dass das auch unter uns kontrovers gesehen wird, sagte er, womit ich jetzt die Vorgehensweise meine, weil ich davon ausgehe, dass wir uns in der Sache einig sind.
Mittlerweile hatten einige die Aula verlassen, wobei nicht so recht klar war, ob dies aus Protest oder Langeweile geschah. Man würde die Entwicklung abwarten müssen, denn selbst bei einstimmigen Abstimmungsergebnissen, war stets eine

Unbekannte im Spiel. Es würden nicht alle mitmachen, wenn sie eine oder zwei Nächte darüber geschlafen hätten. Die eingeforderte Solidarität stieß vor allem bei denjenigen an Grenzen, die es sich nicht leisten konnten, ein Semester zu verbummeln und irgendwie war auch die Zeit vorbei, wo sich ein nicht geringer Teil der Studentenschaft als politische Avantgarde begreifen wollte. Dazu fehlte der erforderliche philosophische Fundus. Einige Fakultäten beobachteten sich gegenseitig eher argwöhnisch bis abschätzig. Freundschaftliche Verbindungen waren selten. Es überwog ein auf den eigenen Vorteil bedachtes, vorsichtiges Abtasten. Man wollte kein unnötiges Risiko eingehen, das der eigenen anvisierten Karriere hätte schaden können.
Conte wollte zum Wochenbeginn zwei Vorlesungen halten und dann würde man ja sehen wie sich die Dinge entwickelten. Es ging jetzt darum, den Protest mit Plakaten und Info-Material zu begleiten und das war die Arbeit einer innerhalb des Asta gegründeten Arbeitsgruppe, die mit solchen Aktionen Erfahrung hatte.
Man sammelte Material, das man für belastend hielt und versuchte es propagandistisch in Szene zu setzen. Einige ersannen die zugehörigen Schlachtrufe, die stets dazugehörten und man scheute gelegentlich auch nicht davor zurück, einen gewissen Vorrat an Eiern und Tomaten der zweiten Wahl zu ordern. Das war alles nicht ungewöhnlich, hatte Tradition und konnte die unterschiedlichsten Leute treffen. Man gab sich aktuell weltoffen und kosmopolitisch. Die Zeit von ökonomischen Umbruchsversuchen war vorbei, da sich die Proletarier als beratungsresistent erwiesen hatten. Es galt aktuell, bestimmte Meinungen als Produkte von nationalem Chauvinismus und Hegemonismus zu entlarven, als Ewiggestriges und Ressentiment behaftetes, das sich den Zeichen der Zeit nicht öffnet, die sich vom Nationalen endgültig zu befreien trachten, welches stets in Krieg und Verderbnis geendet sei. Auschwitz als einzig zulässiger zentraler Kodex von Geschichtsdeutung, wurde durch ständigen Verweis zur Leitlinie einer die eigenen Interessen zurückweisenden Haltung und im Falle der geistigen Elite zum Leitgedanken einer sich progressiv dünkenden Postmoderne. Es ist nicht ganz einfach, die verschiedenen Stränge einer Gedankenwelt, die einen Trend beschreiben, sehr grundsätzlich analysieren zu wollen. Die politisch handelnden Personen haben sich davon ohnehin befreit, da sie sich auf der richtigen Seite der Geschichte wähnen. Das sorgt für großes Beharrungsvermögen und damit würde sich Raoul Conte in den nächsten Tagen auseinanderzusetzen haben.

Das ist aber sehr nett

Herr Spohn, sagte Roland Radeck, als sie in Spohns Auto saßen. Ich hätte ja auch ein Taxi nehmen können.

So ist es aber gemütlicher, sagte Spohn lachend und die Franziska hat für uns ein paar Kaffestückchen besorgt, so dass wir den Mittag erst mal ein wenig locker angehen können.
Danach dürfen Sie mir aber nicht böse sein, wenn ich mich davon mache, denn wir haben in der Redaktion heute noch ein Interview mit dem Prof. Raoul Conte vereinbart, dessen Einsatz ja auch während Ihrer Anwesenheit stattgefunden hat, wodurch die Sache ja vielleicht auch ein wenig schneller beendet werden konnte, was aber des Beweises bedarf.
Ja,- sagte Roland Radeck, ich bin ja durch die Franzi gut informiert und kenne den Herrn Professor leider nicht persönlich, war aber zugleich sehr überrascht. Man denkt ja nicht, dass ein Geisteswissenschaftler zu sowas imstande ist.
Und ein Installateur?, sagte Spohn und lachte.
Bei uns ist jemand im Schützenverein, sagte Radeck, aber die haben es da eigentlich nicht so mit Schnellfeuergewehren.
Ich finde das irgendwie klasse, sagte Franziska Spohn. Das ist halt jemand, der nicht nur Griffel spitzen kann.
Dann wollen wir mal gemeinsam hoffen, dass das für ihn eher ohne unangenehme Folgen bleiben wird, sagte Spohn.
Mittlerweile waren sie angekommen und als Roland Radeck beim Aussteigen zunächst sehr vorsichtig seinen Arm aus der Tür schob, fragte Spohn, ob er denn noch Schmerzen habe.
Nicht der Rede wert, sagte er und Spohn gefiel der junge Mann, der aus der Sache kein Aufhebens machte und froh zu sein schien, wenn er wieder arbeiten konnte.
Wie lange kennen Sie denn die Franzi schon?, wollte Spohn wissen. Na ja,- das geht jetzt schon so einige Zeit und eigentlich ist das ja ganz ungewöhnlich, wenn man als Handerker und auch noch in der Arbeitszeit eine Frau kennen lernt, die nichts mit der Firma oder mit der Kundschaft zu tun hat.
Wie das?- fragte Spohn.
Welche junge Frau hat denn schon ein Interesse an der Arbeit eines Installateurs? Verstehen Sie, denn das ist ja auch das Dilemma, weil wir kaum mal weibliche Lehrlinge bzw. Auszubildende haben.
Lustig, dass Sie zunächst den alten Begriff Lehrlinge genannt haben, sagte Spohn.
Ach wissen Sie, was will man mit den neuen Begriffen eigentlich sagen? Mein Chef ist sehr darauf bedacht, dass wir alle mit den unterschiedlichsten Arbeiten vertraut werden. In anderen Betrieben werden die sog. Auszubildenden mit lauter Handlangerarbeiten beschäftigt. Das ist dann eher ein Gegensatz von dem, was man unter Ausbildung zu verstehen hat. Da kann man Glück oder Pech haben.

Franziska Spohn hatte mittlerweile drei Tassen Kaffee gemacht, der seinen Duft angenehm im Raum verbreitete.
Herr Spohn,- es würde mich mal interessieren, ob die Journalisten bei Ihnen alle Journalismus studiert haben?
Nein,- sagte Spohn, in unserem Falle niemand. Sie kommen aus den Bereichen Germanistik und Politikwissenschaft. Mal unabhängig davon, dass dieser Titel, also der des Journalisten nicht wirklich geschützt ist, war das für meine Leute immer so etwas wie ein Hobby, das sie zum Beruf machen wollten, wobei man damit nicht reich, ja kaum wohlhabend werden kann.
Das verstehe ich, sagte Radeck, aber im Handwerk ist das so eine Sache mit dem Hobby. Wer immer gerne gebastelt hat, wird im Handwerk nicht zwingend glücklich. Das Handwerk hat eine sehr stringente, auf kurzfristigen Erfolg zielende Richtung, wobei wir unsere Wasserleitungen durchaus nachhaltig verlegen wie ich versichern darf und sie mussten alle herzhaft lachen.
Greifen Sie zu, sagte Spohn. Ich lasse Euch beide jetzt alleine und muss bevor ich das Interview mache noch eine paar Telefonate führen.

Herr Professor, wir danken Ihnen
zunächst einmal, dass Sie sich hierher bemüht haben, sagte Spohn und Sie erlauben, dass ich Ihnen die beiden Kollegen Kurt Enders und Friedhelm Kurz vorstelle. Herr Enders betreut normalerweise die internationalen Themen und Herr Kurz das Feuilleton und wenn ich hier normalerweise sage, dann deshalb, weil wir in der kleinen Redaktion flexibel sein müssen. Wir haben mit der hiesigen Polizeidirektion vereinbart, keine Voreiligkeiten oder nennen sie es Spekulationen in die Welt zu setzen, aber ich kann Sie beruhigen, denn im Feuilleton werden wir es selbstverständlich auch nicht abhandeln, auch wenn der Kollege Kurz die Idee geäußert hat, in diesem Umfeld eine Reihe kultureller Probleme zu beleuchten.
Sie werden lachen, aber ich bin jetzt und hier eigentlich nicht sonderlich beunruhigt, sagte Conte.
Und darüber hinaus?, wollte Spohn wissen.
Schon ein wenig, wenn ich ehrlich bin. Mein Vertrauen in die deutsche Rechtsstaatlichkeit war und ist groß, aber ich mache mir keine Illusionen hinsichtlich dessen, was ich eine gesellschaftliche Grundstimmung nenne, so etwas wie ein Hintergrundrauschen, das alle Vorgänge und Geschehnisse begleitet.
Könnten Sie das ein wenig präzisieren?, sagte Enders.
Man müsste das vielleicht an einem konkreten Fall festmachen, sagte Conte, aber grundsätzlich gibt es ja für alles irgendeine Begründung. Zumindest versucht man sich in der Soziologie an solchen Deutungen im Spannungsraum von Latenz und Tendenz.

Und welche Tendenz wäre da Ihrer Meinung nach aktuell, also in Bezug auf das, was Sie ein Hintergrundrauschen nennen?, fragte Kurz.
Es handelt sich meiner Meinung nach um einen Hypermoralismus, wie er von Arnold Gehlen und Alexander Grau wissenschaftlich transparent gemacht wurde.
Und der speist sich dann ihrer Meinung nach?...
Aus der misslungenen kollektiven Verarbeitung des NS-Traumas und seinen Derivaten.
Herr Professor, sagte Kurz, könnte es möglich sein, dass der ehemalige nationale Chauvinismus der NS-Zeit in einem gewissen Sinne umgekippt ist, sich auf den Kopf gestellt hat mit der Folge, dass daraus aktuell so etwas wie ein Nationalmasochismus geworden ist?
Das ist genial was Sie da sagen, antwortete Conte. Dieser Masochismus manifestiert sich nämlich in einer antideutschen Ideologie, einem Selbsthass, gesteuert und angetrieben durch die amtierende politische Klasse; die ganz offen gegen die eigenen gesellschaftlichen Interessen einer Mehrheit agiert, gewissermaßen als der Ausdruck einer freudianischen Triebdynamik.
Könnte man das als dekadent bezeichnen?, fragte Spohn.
Kann man, sagte Conte, aber das ist für sich betrachtet kein Erklärungsmodell. Die ganzen Kausalitäten sind schwierig und müssten umfänglich erforscht werden.
Ist jemandem aufgefallen, dass wir vom eigentlichen Thema abgewichen sind?- fragte Enders.
Nicht ganz, sagte Conte und lachte. Wissen Sie,- ich sehe ja, was sich gerade an der Uni gegen mich zusammenbraut und da ist der Anschlag im Baumarkt mit seinen Folgen nur ein neuer Auslöser. Das Grundproblem sitzt wesentlich tiefer und ist Ausdruck des Scheiterns der nationalen Erinnerungskultur. Deshalb wollen sich die Deutschen eigentlich von sich selbst verabschieden.
Herr Prof. Conte, würden Sie so, wie Sie im Baumarkt gehandelt haben, auch wieder handeln?, fragte Spohn.
Wenn ich die Wahl habe zwischen passiver Duldung und aktivem Engagement, entscheide ich mich für das Letztere. Der Moment des Handelns ist in seiner kurzen Zeitdynamik immer auch ein bisschen im Dunkeln. Wir tasten da herum und suchen in einem sehr schlecht beleuchteten Raum. Meine Handlungsweise in diesem konkreten Fall war von gewissen Erfahrungen begleitet, von denen ich nicht weiß, ob andere sie auch haben.
Wie meinen Sie das?- fragte Kurz, obwohl ihm Contes Vita bekannt war.
Ich habe sehr früh lernen müssen, dass Leute, die auf andere, die ihnen nichts getan haben, bedenkenlos schießen, fraglos als Feinde zu bezeichnen sind, die man nur um den Preis der eigenen Sicherheit schonen kann.

Könnte man das als Rechtfertigung für Radikalität in besonderen Fällen werten?, fragte Spohn.
Conte lachte. Ich weiß nicht so recht, ob man eine angemessene Gegenwehr als Radikalität definieren muss, denn dann wäre der Selbsterhaltungstrieb auch eine Sache von Radikalität. Ich verspreche Ihnen, dass ich das mal mit dem Kollegen Klaus Ludwig erörtern werde, denn der kann das philosophisch durchdenken.
Der zweite Schuss, den Sie abgegeben hatten und von dem Sie sagten, es habe Sie selbst gewundert, dass er tödlich war, würden Sie den nochmal abgeben?, fragte Kurz.
Das ist der wunde Punkt, antwortete Conte. Sehen Sie, als ich in Kolumbien bei der FARC war, wurden wir in aller Regel von den Soldaten der Regierung angegriffen, einer Regierung, die Sie vielleicht als faschistisch definieren würden und diese Angriffe erfolgten immer von gleich mehreren Seiten. Man war deshalb gezwungen, sich in mehrere Richtungen zugleich zu orientieren. Ich habe in diesem konkreten Falle nicht wissen können, um wie viele Täter es sich handelte. Es hätten ja auch mehr als nur drei sein können oder sehe ich das falsch? Ich konnte zudem außer mir in der Kürze der Zeit auch niemanden ausfindig machen, der sich noch zur Wehr gesetzt hätte, was unbewaffnet auch selbstmörderisch gewesen wäre.
Gehen Sie eigentlich davon aus, dass man versuchen wird, Ihnen zumindest aus dem zweiten Schuss einen Strick drehen zu wollen?, fragte Enders.

Nicht nur aus dem zweiten, denn man wird zu argumentieren versuchen, ich hätte den Täter vor mir vielleicht ja auch einfach durch Bedrohung oder gutes Zureden zur Aufgabe bewegen können. Verstehen Sie,- das ist eine Frage der subjektiven Wertung aufgrund des eigenen Erfahrungshorizonts und dann lautet die Frage, wie groß oder klein der ist.
Herr Professor, fragte Spohn, dürfen wir Sie so zitieren?
Das dürfen sie, sagte Conte.
Ich habe noch eine kleine Bitte, sagte Friedhelm Kurz. Meine Freundin Dorothea Niewald arbeitet an einem Projekt, bei dem es um den Antisemitismus im weitesten Sinne geht und sie wäre dankbar für ein paar Hinweise aus wissenschaftlicher Sicht.
Womit Sie mich etwas überfordern, sagte Conte, weil das nicht mein Gebiet ist, aber der Kollege Mendes hat als Anthropologe hierzu einen besseren Zugang. Ich gebe Ihnen mal dessen Nummer. Ihre Freundin kann ihn ruhig mal anrufen. Aus soziologischer Sicht aber vielleicht ganz kurz, denn mir erschließt sich die plötzliche Hype um dieses Thema aus dem, was ich zum Anfang meiner Ausführungen gesagt habe. Die fest etablierte deutsche Schuldkultur, gebiert in einem von ihr

selbst unterstellten Umfang, eine neue braune Pest, während der importierte, muslimische Antisemitismus zugleich klein geredet wird. Auf diese Kurzform kann man das bringen.

Martha,- ich habe mit
dem Kollegen Rodolfo Covi telefoniert und das sieht nicht gut aus, denn Museen und andere öffentliche Einrichtungen sollen schon wieder geschlossen werden, was vermutlich Unfug ist, jedoch nicht zu ändern. Der hiesige Kollege und Mediziner Peter Delius hat mir erklärt, dass kaum eine Maßnahme imstande sein wird, eine massenhafte Ansteckung, die man sich angewöhnt hat als Inzidenz zu bezeichnen, zu verhindern.
Aber das ist ja schrecklich, sagte sie.
Wie mans nimmt, sagte Mendes, denn wenn eine Mehrzahl von Infizierten signifikant keine schlimmen Symptome zeigt, dann wird man das hinnehmen müssen.
Das scheint aber nicht die Meinung der medialen Medizinerklasse zu sein ......oder?

Nein,- sagte Mendes und genau das ist ein gravierendes Problem, welches weitere Probleme nach sich zieht.
Welche meinst Du?
Ich frage mich, mit wie vielen Existenzvernichtungen wir noch konfrontiert werden, welche Depressionen und Psychosen sich ausbreiten und wie viele Selbstmorde es unter dem Strich gibt.
Mein Gott Volker, das ist ja düster und passt eigentlich nicht zu unserer schönen Spätnachmittags-Gartensitzung.
Weißt Du, sagte er, das Unangenehme das wir erleben, das passt eigentlich nie. Es ist wie mit Krankheiten und schlechten Ernten. Der Mensch weiß im Grunde, dass er ein Mängelwesen ist und eigentlich wäre diese Einsicht ja ausreichend im Hinblick auf die damit verbundene Belastung. Ausgenommen sind hier natürlich diejenigen, die sich nicht als Mängelwesen begreifen.
Ich weiß, was Du meinst, sagte Martha und lachte. Wenn sich nun aber zusätzlich und in der Regel unvermeidlich weitere Daseinsmängel einstellen, dann ist das ganz schrecklich und man muss einige Mühe darauf verwenden, am Unglückshorizont noch Positives zu erspähen, sagte sie.
Ja, aber jetzt nimm doch nur mal mich. Ich darf mich doch nicht beschweren, sagte er.
Warum?, wollte sie wissen.

Na,- weil ich beispielsweise Dir begegnet bin und eine solche Begegnung längst jenseits jeglicher Vorstellungskraft gelegen hat. Verstehst Du,- ich hatte damit eigentlich abgeschlossen.
Und jetzt?
Jetzt gewöhne ich mich auf angenehme Weise an die Korrektur dieses Irrtums.

Das hört sich jetzt aber sehr wissenschaftlich an, sagte sie.
Das ist es auch, wobei die Beseitigung der ganz allgemeinen und alltäglichen Irrtümer nicht immer einen positiven Ausgang haben muss wie wir wissen.
Manche Irrtümer korrigiert man im Leben aber doch ganz gerne, sagte sie.

Bist Du sicher? Also meine Irrtümer haben mich während der notwendigen Korrekturvorgänge oft sehr geschmerzt und zu allem Elend gelegentlich auch Geld gekostet.
Aber sag mal Volker,- ich kenne Dich eigentlich als einen überlegt handelnden Menschen.
Vielleicht schon, sagte er, aber nicht immer konsequent. Denk doch nur mal an meine Unordnung.
Das ist allenfalls ein anarchisches Element in Dir.
So freundlich hat mir das noch niemand gesagt. Nein nein Martha, denn wenn Du mich früher gekannt hättest, also in meiner Sturm und Drang-Periode, dann wärest Du sicher manchmal erschrocken. Das ist nämlich auch der Grund dafür, dass ich mich so gut in Raoul und seine Zeit bei der FARC hineindenken kann und Raoul kennt dieses in mir noch rudimentär vorhandene Element.
Es war dämmrig geworden und sie saßen auf einer großen überdachten Schaukel, die aus irgendwelchen Gründen auch als Hollywoodschaukel bekannt ist und die man zum Glück auch feststellen kann, damit sie nicht ständig schaukelt.
Martha hatte auf seine letzten Anmerkungen nicht mehr geantwortet, war aber näher an ihn herangerückt und hatte ihren Kopf auf seine Brust gelegt, während sich die Vögel lautstark die Schlafplätze streitig machten.
Dieses Angewiesen sein auf menschliche Nähe ist die Triebfeder für jedwede Vertrauensbildung, weil sonst alles im Ungewissen bleibt und sich der Erschließung verweigert, dachte er und wagte kaum sich zu bewegen, weil er nach einiger Zeit merkte, dass sie eingeschlafen war. Was würde eigentlich zu erwarten sein bei fortgesetzter und digital forcierter Entfremdung, in einem Umfeld, das sich in seiner pandemischen Variante auch noch das Selbstverständnis einer körperlichen Nähe verbieten lässt? Mendes dachte an frühere Zeiten, wo er auf manchen seiner Reisen auch geglaubt hatte, dass er überall zu Hause sein könnte. Das war – genau genommen – der eigentliche und zentrale Irrtum seines Lebens gewesen

und als er ihn korrigiert hatte, stellte er fest, dass er alleine war. Dies nicht im Umfeld seiner Wissenschaft, die für einen intellektuellen Halt gesorgt hatte, aber vor allem nach dem Tode seiner Frau fühlte er sich in einem archaischen Sinne verlassen. Die Uni bot einige Abwechslung und die Freundschaft mit Raoul war ihm besonders wichtig. Beide hatten sie ein höchst unterschiedliches Temperament, aber ein sehr ähnliches Verständnis von Gesellschaftlichkeit.
Martha war aufgewacht. Mein Gott Volker,- so müde war ich doch gar nicht und trotzdem bin ich jetzt kurz eingeschlafen. Komm,- lass uns reingehen, denn es ist zu kühl jetzt. Außerdem mache ich uns jetzt ein paar Lachsbrötchen. Bist Du einverstanden?
Und ob, sagte er und empfand plötzlich alles wie ein großes Geschenk.

Lieber Herr Hellweg,-

so ganz allgemein gesprochen ist die Presse in aller Regel doch recht gut informiert, weshalb ich mich wundere, dass es so still um den Terror-Anschlag geworden ist, sagte Wundrak.
Das entspricht einer gewissen Rücksichtnahme auf den Stand der polizeilichen Ermittlungen, sagte Hellweg. Sie werden aber in unserer morgigen Ausgabe das Interview mit einem aktiv beteiligten lesen.
Mit dem letzten der noch lebenden Täter?, wollte Wundrak wissen.
Nein,- aber mit Prof. Raoul Conte.
Na ja,- sagte Wundrak, man wird halt sehen ob man ihn nicht auch zum Täter stilisiert. Bei dem Herrn Berissa hat ja auch nicht viel dazu gefehlt. Die Notwehrüberschreitung ist ein etwas diffuser Begriff, weil sie auch in einer Verhältnismäßigkeit zum Ziel des oder der Täter gesehen werden müsste.

Und genau das ist der Haken, sagte Hellweg. In Ferdis Kneipe mussten sich die Gäste schon seit einiger Zeit auf Listen mit Namen und Telefonverbindung eintragen, auf denen auch ihre Ankunfts- und Verabschiedungszeit vermerkt war, was für die Wirte kaum zu bewältigen war.
Sie hätten konsequenterweise alle Verweigerer des Procedere zurückweisen müssen und waren zugleich froh über jeden Gast. Ferdi trug heute ein graukariertes Flanellhemd und war sehr bemüht, seinen Gästen die Pflichtübungen der sog. Hygieneregeln mit angemessener Freundlichkeit nahe zu bringen und er hatte auch erlebt, dass einige sich sofort wieder umdrehten und das Weite suchten. Einige von ihnen fluchten. Andere bleiben wort- und grußlos. Auch bei den Gästen, die sich nicht abschrecken ließen, spürte er eine zunehmende Lustlosigkeit. Es hatte sich eine bedrückte Stimmung etabliert, die mit ein paar flotten Sprüchen nicht mehr aus der Welt zu schaffen war. Selbst diejenigen, die er

nicht als notorische Pessimisten erlebt hatte, schienen schweigsamer geworden zu sein. Es gab zudem auch Vorschriften, die darauf abstellten, nicht zu viele Menschen an einen gemeinsamen Tisch zu setzen. Das auch zufällige Erleben von Gemeinsamkeit in den Kneipen, war empfindlich gestört. Die sog. Hygienemaßnahmen hatten das Zeug dazu, solche zufälligen Begegnungen nachhaltig zu verunmöglichen. Wenn sie mir den Laden ganz zumachen, dann wars das, dachte er, als er bei Hellweg und Wundrak anlangte, um ihre Bestellung aufzunehmen.
Beide schienen eigentlich relativ unbeschwert und Ferdi wusste von Hellwegs Suche nach wenn möglich etwas ausgefallenen Themen, hinsichtlich derer er bei Wundrak fündig zu werden hoffte.
Als kleiner Gastronom litt Ferdi besonders unter den aus seiner Sicht überzogenen Maßnahmen, die seine Gäste verunsicherte, so dass sie sich zu Hause einbunkerten und auf eine Erlösung hofften, die sich aber nicht einstellte und dies so wenig wie die vom Staat angekündigten großzügigen Hilfen. Wundraks Tick mit dem Schirm war eher zur Sommerzeit ein Kuriosum und Ferdi wusste sich einiger Originale zu erinnern, die es in seiner Kindheit und Jugend durchaus häufiger gegeben hatte. Sie waren aber schon länger aus dem öffentlichen Raum verschwunden, als ob dieser sie irgendwie aufgesaugt, absorbiert, neutralisiert oder unauffällig angepasst hätte.
So spießig ihm vieles in seiner Jugend auch erschienen war, so wenig tolerant erschien ihm die ihn aktuell umgebende Gesellschaft, deren nachgerade paranoide Angst vor abweichenden Meinungen offensichtlich geworden war. Eine ganze Reihe von Begriffen, die zuvor stets unverdächtig waren und deren Gebrauch vor allem nie irgendwelche negativen Folgen zeitigte, waren auf einem inoffiziellen, jedoch offiziell genutzten Sprachindex gelandet, dessen Anmaßung vor allem in zahlreichen Umdeutungsversuchen bestand, die nicht mehr hinterfragt werden durften.
Ferdis Publikum war gemischt und bestand vornehmlich aus nicht mehr ganz jungen Leuten, die bekanntermaßen lieber dort hingingen wo der zu erwartende Geräuschpegel nicht gleich jeglichen Diskursversuch verunmöglichte. Diese eher mittelalterlichen Leute waren gestandene Arbeiter, Kleinunternehmer, einige Rentner und eine Hand voll Intellektueller, die sich unter ihresgleichen auch nur begrenzt wohl fühlten.
Die Diskussionen der Leute drehten sich meistens um ihre alltäglichen Sorgen in Gestalt steigender Preise, die sich längst nicht mehr als ein Marktgeschehen offenbarten, sondern als staatliche Erziehungsmaßnahme, der die gutwilligen noch einen gewissen Charme abringen konnten, weil sie dahinter keine Bösartigkeit sehen wollten. Der Rest sah sich aber einem Elitedenken ausgeliefert, das sich von

den Interessen einer Bevölkerungsmehrheit längst verabschiedet hatte. Das mündete im Diskursraum von Ferdis Kneipe schon mal in Beschimpfungen der sehr speziellen Art und wenn sich das zuspitzte, pflegte Ferdi zu bemerken, dass gute Beschimpfungen nicht ohne den nötigen Humor auskommen, weil sie sonst nicht besser sind als Denunziationen. Hier darf geschimpft werden, sagte er, aber bitte mit Niveau. Er selbst positionierte sich trotz seiner Selbstständigkeit als abhängig Beschäftigter, der sich in einer Vermittlerrolle sah. Was bitteschön sollte man von einer Stadt oder einem Ort halten, wo es keine Kneipe gab, die eine gewisse aushäusige Kommunikation garantierte? Kneipen erfüllen eine kulturelle Aufgabe und dies auch ohne dafür im Kulturkalender benannt werden zu müssen. Wer in ihnen nur eine profane Alltagsablenkung sehen will, der hat mit ihnen keine Erfahrung und bemüht Voreingenommenheiten.

Auch die häufige Kritik an den Trinkgewohnheiten einiger Gäste, als einer keineswegs bewiesenen Wechselwirkung mit dem gesamten Ambiente, lässt die Frage offen, ob sie zu Hause und, festgenagelt vor dem Fernseher, nicht die gleiche Menge getrunken hätten. Zudem ist es wissenschaftlich nicht vollständig geklärt, warum ganz bestimmte Kneipen mit durchaus nicht sehr unterschiedlicher Ausstattung, in dem einen Falle gut und in dem anderen weniger gut besucht sind. Liegt das an der Wirtin oder dem Wirt oder vielleicht an einer attraktiven Bedienung, an der Lage des Hauses oder an seinem Umfeld? Man könnte die Gäste befragen, aber die verheirateten unter ihnen werden sich nicht auf die Bedienung berufen wollen und der Verdacht liegt nahe, das Ergebnis der Befragungen könnte ähnlich ausfallen, wie jene nach dem Wahlverhalten für oder gegen bestimmte Parteien.

Kneipen sind auf jeden Fall Fluchtorte. Es gibt Gäste, die über eine Stunde völlig wortlos an der Theke sitzen, ohne dabei zugleich den Eindruck großen Unglücklichseins zu vermitteln. Ihre Abwesenheit von zu Hause ist das sich so erfüllende Ziel.

Ferdi konnte gut zuhören und er wusste, dass es Wirtinnen gibt, die eine gelegentlich nicht zu unterschätzende Attraktivität mit einer zuhörend-sorgenden Mütterlichkeit verbinden können, die eine unschlagbare Wirkung entfaltet und dem Verständnis von Nachhaltigkeit gerecht wird. Solche psychotherapeutischen Behandlungen waren, gemessen an Arzthonoraren, im Grunde preiswert, nicht mit langen Wartezeiten verbunden und die verabreichte Droge war weniger gefährlich als Demetrin. Einige Ehefrauen mochten gekränkt reagieren, aber die klügeren unter ihnen wussten um das Geheimnis einer Vertrautheit, welche sich dem Raum der partnerschaftlichen Intimität entzieht und dabei nicht immer, aber gelegentlich eine Anonymität bevorzugt, wo das, was gesagt wird, sich den Platz mit den anderen teilen muss. Es muss nicht um Diskretion gebeten werden, weil es sich in

diesem Falle ähnlich verhält, wie mit einem großen Teilelager, welches der Besitzer schon längst nicht mehr ordnen kann, weil ihm dazu der Platz und die Zeit fehlen. Dadurch entsteht ein großes anonymes Durcheinander mit nicht mehr nachvollziehbaren Zugehörigkeiten.
Auch Ferdi hätte nicht immer sagen können, wer ihm wann und was in welchem nicht mehr nachvollziehbaren Zusammenhang gesagt hatte. Es gab irgendwann so etwas wie ein kollektives Problemfeld, welches wie das Universum raumgreifend war und keine exakten Zugehörigkeiten mehr vermitteln konnte, denn es war in einem gewissen Sinne ohne jede Exklusivität.

Meine Damen und Herren,-

ich bin ja fast gerührt und bitte zugleich um Entschuldigung für die ungewöhnliche und wenig kommunikative Sitzordnung, welche uns durch die aktuellen Regelungen aufgezwungen wird. Ich hatte offen gestanden mit zahlreichen Absagen gerechnet, aber nun sind wir hier wie ich sehe über zwanzig Personen, von denen mir einige bekannt sind. Ich hätte Sie zum guten Schluss auch gerne noch zu einem Glas griechischen Wein zum Gedenken an Aristoteles eingeladen, aber das hat man mir leider auch verboten. Allerdings wollte ich hier kein Gejammer anstimmen, sondern Ihnen ein wenig über Aristoteles erzählen, um dabei vielleicht die Frage zu beantworten, was er uns heute noch oder immer wieder bedeutet. Sie werden es glauben oder nicht, aber eine umfängliche Darstellung seines Denkens und damit eines Menschen, der von 384 – 322 vor Chr. in Griechenland gelebt hat, würde einige Tage unausgesetzten Referierens bedeuten.
Ich mute Ihnen aber trotzdem einiges zu, wenn ich Ihnen vorschlage, sich in seine Zeit zu denken. Stimmen eigentlich die historisch daherkommenden Monumentalfilme, die man über die Griechen und die Römer gemacht hat? Wie lebten denn die Menschen im damaligen Athen und was hielten sie für die Wahrheit? Welche Götter machten sie für ihr Schicksal verantwortlich und was war mit denen, die den Göttern eher kritisch gegenüberstanden?
Ein solcher kritischer Denker war Aristoteles in einer Zeit sehr fest gefügter Weltbilder, was für ihn schlussendlich auch bedeutete, zum Ende seines Lebens aus Athen flüchten zu müssen, wo er danach, 62-jährig, eines natürlichen Todes starb, was jetzt aber schon das Ende der Geschichte ist.
Wissen Sie, wie leben ja momentan in einer sehr technisch formierten Zeit und die interessierte Menschheit staunt nicht schlecht, wenn man ihr zu vermitteln versucht, dass aufgrund der neuen Erkenntnisse der Quantenphysik ein und dasselbe Teilchen zugleich an verschiedenen Orten sein kann. Wer es beim Kopfschütteln bewenden lässt, hat den einfacheren Part, aber wer das mal zu

denken versucht, kommt zu verblüffenden, um nicht zu sagen beängstigenden Ergebnissen. Würde Aristoteles heute leben, dann dürfen wir sicher sein, dass ihm eine Erkenntnis darüber wichtig gewesen wäre.
Die Götterwelt in der er lebte, generierte einen gesellschaftlichen Kontext, den in Frage zu stellen riskant war. Wir haben es ja auch noch bis in die Moderne hinein erlebt, dass die kirchliche Macht in Europa, als eine im Mittelalter zugleich auch weltliche Macht, eine fest gefügte Vorstellungswelt vermittelte, die in Frage zu stellen einen Preis hatte. Dass wir das heute berechtigt kritisch sehen, hat damit zu tun, dass die spätestens mit der Französischen Revolution von 1789 eingeleitete Periode der Aufklärung trotz aller Rückfälligkeiten der Wegbereiter eines sich vom Dogma befreienden Denkens war. So weit war Aristoteles aber schon zu seiner Zeit und das ist erstaunlich.
Nun hatte es nicht nur in Griechenland, sondern auch an anderen Stellen der Welt, wie etwa in China, stets auch große Denker gegeben, die als Philosophen der Frage nachgingen, was es mit dem menschlichen Sein und vor allem auch mit dem Tod auf sich hat. Gibt es einen dahinterstehenden Sinn oder gar einen göttlichen Entwurf? Gibt es so etwas wie eine Aufgabe im Hier und Jetzt?
Aristoteles hatte in Platon einen Lehrer, den er hoch verehrte und er selbst wird später einmal zum Lehrer und Berater von Alexander dem Großen. Mit Aristoteles beginnt eine Denkschule, die man heute als empirische Wissenschaftlichkeit bezeichnen würde. Nicht mehr der Glaube an etwas steht im Mittelpunkt, sondern das Erkennen der Wirklichkeit und der sich aus ihr erschließenden Wahrheit. So wie viel später der Königsberger Philosoph Immanuel Kant fordern wird, dass wir uns des eigenen Verstandes zu bedienen haben, um aus der selbst verschuldeten Unmündigkeit herauszutreten, so verweist Aristoteles auf die konkrete Sinneswahrnehmung und das Wesen der Wissenschaft als Form und Denkfigur. Er will uns den Begriff des Seins und ein Verständnis in klaren Kategorien vermitteln, fernab von reinen Vermutungen und Einschränkungen. Die Substanz einer Sache gilt es zu ergründen, um sich ihr nähern zu können und er wagt den Versuch, eine Idee in der Welt ausfindig zu machen. Dabei reicht seine Gedankenwelt von der Physik bis zur Psychologie und begründet unser Verständnis von Logik, die Theorie des menschlichen Handelns und daraus die Beantwortung der Frage, was den Menschen durch sein Handeln zum *zoon-politicon* macht. Aristoteles ist damit der Philosoph des Handelns als menschlicher Maxime. Er ist damit in seiner Zeit ein revolutionärer Denker und bitte erlauben Sie mir den Zusatz, dass er es heute immer noch ist.
Sehen Sie sich doch mal in ihrem Bekanntenkreis um und fragen Sie sich, wer von allen der ihnen bekannten Personen gegenüber der Gesellschaft eine angewandt-kritische Position bezieht? Wer ist bereit, ein Phänomen, mit dem er oder sie

konfrontiert wird, grundsätzlich und erkenntnistheoretisch in Frage zu stellen, ohne dabei die vorgefundenen oder gar verordneten Denkmuster zu übernehmen? Wen kennen Sie, der oder die bereit ist, die vorfindlichen Verständniskategorien der sie umgebenden Welt auf ihren realen, das heißt empirisch nachweisbaren Sinngehalt hin zu prüfen und nach der Radix, der berühmten Wurzel einer Sache zu fragen, wenn sie gerade formal einen Rang von Wichtigkeit angenommen hat, der sich aus dem Umfeld der sie begleitenden Themen gar nicht erschließt. Sie werden erkennen, dass sich Aristoteles heute erneut auf die Flucht begeben müsste.

Allerdings würde man ihn heute mit dem Tode so wenig bedrohen wie auch andere kritische Denker. Aber das, was als Wille der Götter die Gesellschaft der Antike formierte, hat heute die propagandistische Gestalt der politisch-medialen Klasse im Zustand einer Postmoderne angenommen, die sich vom griechischen Ideal der Polis um Lichtjahre entfernt hat.

Ich frage mich auch gelegentlich, ob es an der Struktur nicht nur unseres parlamentarischen Systems liegt, dass sich sein Anspruch auf das Wesen eines Parteiensystems reduziert hat, welches seinen Selbsterhalt betreibt oder ob der Demokratie in sich schon Züge von dekadentem Verfall inhärent sind, ihr also innewohnen. Das Primat des Aristotelischen ist seinem Wesen nach emanzipatorisch, das heißt, auf eine Teilhabe an Gesellschaft ausgerichtet, welche sich im kritischen Diskurs erschließt.

Die hierfür erforderlichen Fähigkeiten sind zu vermitteln, zu fördern und in einem werterhaltenden Sinne an kommende Generationen weiterzugeben.

Das, liebe Gäste, ist in aller Kürze wohl sein Vermächtnis. Zumindest ich habe diesen vielseitigen Denker auch als Begründer des uns heute bekannten wissenschaftlichen Denkens so und nicht anders verstanden.

Die Konsequenz

Professor Klaus Ludwigs Zuhörer waren bis auf wenige Ausnahmen keine Studenten, sondern mehrheitlich Bekannte und Freunde aus ganz unterschiedlichen gesellschaftlichen Schichten und Ludwig war bemüht gewesen, den großen Griechen als einen Menschen darzustellen, der mit den Schwierigkeiten seiner Zeit leben musste, Erfolg hatte, gesellschaftliche Ächtung erfuhr und in seinen letzten Lebensjahren mit Angst und Flucht konfrontiert wurde. Zugleich erscheint uns sein Denken heute als eine Überschreitung seiner eigenen Zeit und Epoche, die bis in unsere Tage an Aktualität nichts verloren hat. Solche Grenzüberschreitungen, sagte Ludwig, sind immer auch ein enormes Wagnis und für Aristoteles wäre es sicher undenkbar gewesen, in den Sog einer Meinungsbildungsmaschine zu gelangen, die sich diskursfeindlich formiert und somit keinen *zoon-politicon* mehr duldet, sondern den Typus des Gläubigen im nachgerade religiösen Habitus, wo ein kritischer Geist in den Verdacht unbotmäßiger Ketzerei gerät, die man heute Hetze nennt. Meine Damen und Herren,- liebe Freunde, das ist, wie ich finde, ein wesentlicher Teil der Aktualität eines Menschen, der vor 2400 Jahren gelebt hat und den ich mir manchmal im Hier und Heute vorzustellen versuche. Das soll nicht bedeuten, dass es heute keinen weltklugen Menschen mehr gibt und sie müssen dabei auch nicht unbedingt Philosophen sein. Das Problem besteht eher darin, dass man sie heute weniger ernst nimmt, als das zu Zeiten von Aristoteles zumindest in Griechenland der Fall war. Das ist dann für die aktuellen Denker auch nicht so gefährlich wie es für ihn war, als er sich mit seiner Religionskritik, die eine Kritik am Dogma war, unbeliebt gemacht hatte.

Dabei wird Ihnen vielleicht aufgefallen sein, dass man in unseren Tagen völlig ungestraft die christlichen Kirchen kritisieren darf, jedoch offensichtlich nicht den Islam, der amtlich gewissermaßen unter besonderen Schutz gestellt wurde oder haben Sie schon mal gehört, dass ein Kritiker des Christentums als christianophob bezeichnet wurde? Als Islam-Kritiker ist man aber nach der neuen Lesart islamophob, was ja eine Krankheit bezeichnet, womit man sich als Kritiker plötzlich in der Gesellschaft von Kranken befindet, wobei hier wohl abschätzig eher Geisteskrankheiten gemeint sind. Dabei wird natürlich jede auch aufklärerische Kritik in diesem Umfeld zu einer Krankheit, deren Träger möglichst zu meiden sind, da Ansteckungsgefahr unterstellt wird. Hier schließt sich der Gedankenkreis mit der sicheren Überzeugung, dass Aristoteles ein solches Verfahren verachtet hätte, weil er darin eine Weigerung des von ihm postulierten Strebens nach Wahrheit und dem Erkennen von Wirklichkeit gesehen hätte.

Die Verhandlung gegen den

einzigen Überlebenden des Täter-Trios und die Rolle von Raoul Conte als in Notwehr handelnder Person, fand unter Ausschluss der Öffentlichkeit statt. Die Presse war zugelassen, aber es durfte während der Verhandlung auch nicht fotografiert werden, so dass Carsten Spohn Herbert Wendler gebeten hatte, wenn möglich einige Zeichnungen anzufertigen, denn er wusste um Wendlers beneidenswertes Geschick, in kürzester Zeit Karikaturen zu zeichnen.
Repetto und Conte hatten zuvor den möglichen Verlauf der Verhandlung besprochen, wobei es dabei einige Unwägbarkeiten gab. Es war immerhin möglich, dass der Richter die Tötung der beiden Täter und vor allem hinsichtlich des zweiten von ihnen als Notwehrüberschreitung in Tötungsabsicht werten würde. Er konnte die Meinung vertreten, dass es schon gereicht hätte, im Falle des ersten Täters, diesen lediglich kampfunfähig zu machen und warum war Conte eigentlich so sicher gewesen, die zweite Person aus einer Entfernung von fast 10 m sicher zu treffen, ohne die noch anwesenden Kunden zu gefährden?
Conte hatte Repetto zu vermitteln versucht, dass er wie zu der Zeit gehandelt habe, als er noch bei der FARC war. Der offensichtlich tötungsbereite Gegner wurde als Feind definiert, den es zu neutralisieren galt. Im zweiten Falle habe außer dem für ihn sichtbaren zweiten Täter niemand aufrecht gestanden. Ich hätte sonst auf keinen Fall in diese Richtung geschossen, sagte er.
Zudem hatte ich ja auch keine Ahnung wann und ob überhaupt die Polizei oder ein Sonderkommando eintreffen würde und war zugleich sicher, dass dieser zweite Täter weiterhin Menschen töten würde. Den dritten Täter habe ich zu diesem Zeitpunkt überhaupt nicht gesehen. Währenddessen hatte Volker Mendes Direktor Geisinger aufgesucht, der angespannt wirkte.
Mein lieber Kollege Mendes,- ich befürchte einen kompletten Vorlesungsboykott an die Adresse des Kollegen Conte.
Und wie wird das vom Asta begründet?, wollte Mendes wissen, obwohl ihm klar war, welche Sprüche man sich dort zurecht gelegt haben würde. Auf mich sind sie ja auch nicht gut zu sprechen, sagte er.
Ich weiß, sagte Geisinger, aber ein Dauerfeuer gegen auch nur einen einzigen Professor würde für die Uni in jedem Falle einen Ansehensverlust bedeuten, den wir uns nicht leisten können, selbst wenn wir die besseren Argumente haben.
Mendes blieb einen Moment lang stumm, weil er spürte, dass Geisinger die Kraft für eine längere Auseinandersetzung nicht aufbringen würde. Er sah sich in diesem Falle als Vermittler überfordert.

Wissen sie,- sagte Mendes nach einer Weile, ich vertraue jetzt mal durchaus auf den Rechtsstaat.
Ich auch sagte Geisinger, aber wir sind machtlos gegen einen Trend, der sich seine Opfer sucht, die er in Szene setzen kann. Beide schwiegen, bis Geisinger hinzufügte: Sie wissen, dass ich mit Ihnen solidarisch bin. Was darüber hinaus passiert ist etwas, was von uns niemand wird wesentlich beeinflussen können, weil es den Gesetzen der Realität nicht verpflichtet ist.
Ich weiß was Sie meinen, sagte Mendes, wobei das unausgesprochen bedeutet, dass bestimmte Personen hier und sonst wo angemessen unmöglich gemacht oder denunziert werden, weil dies das Gesetz des Mobs ist.
Ja ja,- sagte Geisinger. Ich sehe das ähnlich und streng genommen ist ja noch nichts passiert, wobei mich natürlich eine gewisse Sorge umtreibt, was Sie vielleicht verstehen werden.
Das verstehe ich sehr wohl, sagte Mendes, aber bitte bedenken Sie auch, dass die Professorenschaft insgesamt sehr geschlossen argumentiert. Es gibt unter uns keine privaten oder fachlichen Anfeindungen oder Neiddebatten.
Ich weiß, sagte Geisinger und wirkte ein wenig entspannter.

Das hat mit gut gefallen,
sagte Sawatzky zu seiner Tochter und ich bin froh, dass ich mir das angehört habe. Man denkt ja immer, dass das moderne Denken eine Erfindung der sog. Neuzeit ist, aber da bin ich eines Besseren belehrt worden. Ich habe die ganze Zeit versucht, mir Aristoteles als einen jungen Mann vorzustellen, der mit seinen Zeitgenossen einige Probleme hat und leider starb er ja in einem Alter, wo man sich als Mann zumindest heute noch fast als jung bezeichnet.
Die Probleme, die die Menschen miteinander hatten, waren wohl immer sehr ähnlich, sagte Bernd Speicher, der sie noch eine Weile begleitete, weil er die gleiche Richtung hatte, aber zu Aristoteles Zeiten gab es zumindest keine Sattelschlepper.

Sawatzky lachte dröhnend. Da wäre ich jetzt nicht drauf gekommen, aber ich habe mir mal sagen lassen, dass das heutige Trier fast nur halb so groß ist wie das römische Augusta Treverorum. Angeblich war die dort stationierte römische Armee hinsichtlich ihrer Mann-Stärke so groß wie heute die Kernbevölkerung der Trierer Innenstadt und es muss ja irgendwie gelungen sein, die Leute alle zu ernähren und das wie gesagt ohne Sattelschlepper und vor allem ohne Smart-Phones. Das ist ja unvorstellbar!

Papa,- warum ist denn die Maria heute nicht mitgekommen?

Du wirst es nicht glauben, aber sie hatte einen Arzt- und einen Friseurtermin, aber ich werde ihr natürlich berichten und muss den Professor Ludwig noch fragen, ob er Lust hat mit dem Mirek nach Breslau zu fahren, wo Ludwig ja einen Kollegen hat. Der Mirek lädt dort Gerüstbauteile und bleibt noch einen Tag länger, weil er Familienangehörige in Breslau hat.
Papa,- ich denke mal, dass er das im Moment nicht annehmen wird.
Und warum nicht?
Die Professoren wollen alle die Verhandlungen zum Terror-Anschlag abwarten, weil sie befürchten, dass das für den Kollegen Conte zu Schwierigkeiten führen könnte.
Glaubst Du wirklich an die Möglichkeit solcher Schwierigkeiten?
Ja Papa,- das ist nach Lage der Dinge sogar wahrscheinlich.
Beruhigend ist das aber nicht, sagte Sawatzky wie zu sich selbst.
Nein,- sagte sie und war sehr ernst geworden.
Wie geht es denn dem Freund von Deiner Freundin Franziska?
Dem Roland?, na ja, den Umständen entsprechend gut. Das war schon eine größere Fleischwunde, die nicht so einfach zuheilt und man war im Krankenhaus auch daran interessiert, dass man das später nicht mehr so deutlich sieht. Angeblich hat sich sogar ein Schönheitschirurg um ihn gekümmert. Der Herr Spohn hat ihn zusammen mit der Franzi aus dem Krankenhaus abgeholt.
Weiß ich, sagte Sawatzky lachend und fügte hinzu: Der junge Mann hat ihm sogar gut gefallen. Und Sie Bernd, was macht denn die leidige Motorrad-Technik?

Ach wissen Sie, manchmal scheitere ich mit meinen Verbesserungsabsichten und muss einsehen, dass die Spezialisten in Mattighofen doch nicht so dumm sind, aber generell hat Technik für mich etwas Beruhigendes, etwas, das sich logisch erschließen lässt und jeder Unfug wird gnadenlos bestraft.
Das hast Du aber schön gesagt, sagte Ela Sawatzky.
Na ja,- nach diesem wissenschaftlichen Vortrag, den wir gerade gehört haben, darf ich auch bei profanen Themen nicht abgleiten, denn das verdirbt die Laune.
Das merke ich mir, sagte Sawatzky, denn der Carsten Spohn nennt mich immer einen intellektuellen Fuhrunternehmer.
Wer sagt das, fragte Ela Sawatzky.
Der Carsten.
Das hast Du mir ja noch nie erzählt.
Du hast mich ja auch bisher nicht danach gefragt.

Holz, sagte Theo Eicher,
also Holz ist für mich der wunderbarste Werkstoff überhaupt. Man muss ihn nicht erst aus den unterschiedlichsten Komponenten zusammenmixen, weil er in der

Natur vorkommt, nachwachsend ist und fast universell verwendbar. Zudem ist er in unterschiedlichen Farben, Maserungen und wenn man so will auch Festigkeitsgraden verfügbar und....wie gesagt, ein nachwachsendes Gut.
Martha Reger hatte ihm aufmerksam zugehört und sich von Eichers Begeisterung ein wenig mitnehmen lassen. Eigentlich suchte sie nach einer schönen Wohnzimmerlampe, was kein Problem gewesen wäre, wenn sie sich mit einem der zur Auswahl stehenden Metallständer hätte anfreunden können, aber genau das konnte sie nicht und Eicher konnte ihr mit einem antiken Requisit nicht dienen.
Gnädige Frau,- sagte er ein wenig umständlich, vertrauen Sie einem alten Holzwurm. Ich werde Ihnen einen Lampenständer anfertigen, wie Sie noch keinen gesehen haben und ich werde dabei nicht nur die Drehbank in Bewegung setzen, sondern auch einige Tricks aus der Schiffsbaukunst in Anwendung bringen, wo man Holz auch in eine bestimmte Richtung biegen muss, ähnlich übrigens wie bei Holzfässern. Kommen Sie mal mit ins Büro. Ich zeichne ihnen mal was auf, denn mir ist eine gute Idee gekommen.
Eicher war in guter Stimmung und fertigte in kurzer Zeit eine Zeichnung, in der sich sowohl symmetrische runde Formen eines Fußteils mit denen eines flachen gebogenen Mittelteils mischten, welches zum Lampenkörper hin schmaler wurde und in eine Gabelung mündete.
Das hängt jetzt natürlich davon ab, welchen Lampentyp Sie bevorzugen, sagte Eicher.
Nichts Extravagantes, sagte sie, denn ich werde diese Lampe vor allem als Leselampe nutzen, was voraussetzt, dass sie nach unten ein gutes Licht abgibt.
Also nicht Design vor Gebrauchswert, sagte Eicher,- ich verstehe. Wissen Sie,- ich kann mir beim Holz auch keine extravaganten Tricks erlauben, weil ich seine Eigenschaften beachten muss, die man nun mal nicht wesentlich verändern kann. Sie werden es nicht glauben, aber es gibt sogar sehr schöne Lampen aus Beton, die natürlich einiges an Gewicht haben, weshalb man sie da stehen lassen sollte, wo man sie mal hingestellt hat. Dabei ist es sogar möglich, den Beton so zu gestalten, dass er wie Holz aussieht. Zumindest ist das täuschend ähnlich. So besonders freundlich ist Beton aber auch nicht, denn er kann brechen.
Holz etwa nicht?, fragte sie.
Doch,- natürlich und manchmal sogar von selbst, wobei man das nicht als ein Brechen bezeichnet, wenn etwa große tragende Holzbalken Risse bilden, dabei aber nicht einfach auseinanderbrechen. Hinsichtlich seiner Festigkeit kann man es aber auch überfordern, wie wir von der christlichen Seefahrt wissen, wo man sich gelegentlich Mast und Schottbruch wünscht in der Hoffnung, dass dieser Wunsch nicht in Erfüllung gehen möge. Stahl kann übrigens auch brechen, sagte er, auch

wenn man das bei den im Schiffsbau verwendeten Wandstärken eigentlich kaum glauben kann.
Sie dürfen aber sicher sein, dass ein von mir gefertigter Lampenständer dem Gewicht ihres Lampenkörpers gewachsen ist oder dachten Sie an einen zu tief montierten Kronleuchter?
Um Gottes Willen, sagte sie, ich fand Kronleuchter immer schon kitschig.
Wäre das vor zweihundert Jahren auch schon Ihre Meinung gewesen?- fragte Eicher.
Damit überfordern Sie mich im Hinblick auf eine überschaubare Retrospektive, aber ich denke schon.
Ich wäre mir da nicht so sicher, sagte Eicher, weil jede Zeit ihr eigenes ästhetisches Gefühl erzeugt. Ein gewisser Karl-Heinz Deschner hat mal ein kleines und famoses Buch mit dem Titel *„Kitsch, Konvention und Kunst*" geschrieben, welches für zahlreiche Verunsicherungen gut ist. Oft sind die Trennlinien fließend und es käme ja wohl kaum jemand auf die Idee, barocke Kirchen als Kitsch zu bezeichnen, obschon wir mit diesem Begriff auf eine gewisse Überladenheit verweisen, die in unsere wesentlich nüchternere Ästhetik nicht mehr passen will.
Nein, sagte sie, denn schließlich kommt ja auch niemand auf die Idee, Rembrandts Pinseltechnik oder auch die von Albrecht Dürer imitieren zu wollen, mal unabhängig davon, dass das wohl auch kaum jemand rein technisch beherrscht.
Die moderne Malerei findet ihren Ausdruck ja auch eher nicht in technischer Perfektion, sondern in einem gelegentlich sehr schroffen Symbolismus, sagte Eicher.
Was meinen Sie mit schroff?
Denken sie mal an Picasso als einer zentralen Figur der Moderne und seine Frauendarstellungen in systematischer Vollendung des Kubismus. In ihm, also dem Kubismus, ist ein Element der Zerstörung der natürlichen Schönheit enthalten. Nicht etwa eine Dekonstruktion ist das, sondern eine Destruktion. Eine Zerstückelung der Körper findet statt etwa bei den *Demoiselles d´Avignon*. Die dabei erreichte formale Perfektion des Werkes verdankt sich einem radikalen Akt, einer Denaturierung von sehr großer Konsequenz.
Mit welchen Ziel eigentlich?, fragte sie.
Ich denke mal, Picasso und andere Künstler begriffen sich als in zerstörerischen Zeiten befindlich. Der Künstler hat an seiner Zeit teilzunehmen und die Phänomene auf sich wirken zu lassen. Dabei eröffnen sich zwei Möglichkeiten, von denen die schmerzhaftere hier aus künstlerischer Reflexion ebenso zutage treten kann wie die lustvolle.
Warum lustvoll in zerstörerischen Zeiten? Martha Reger hatte den Restaurator ungläubig angesehen.

Weil man die zerfallenden Dinge durchaus auch triumphierend als wohligen Zustand von Zerstörung begleiten kann. Die katastrophalen politischen Abläufe des 20. Jahrhunderts gaben hierzu reichlich Anlass.
In einer zerstückelten, jeglichem Einklang beraubten, in der Regel totalitären Wirklichkeit, ist die Ästhetik klassischer Naturschönheit eher nicht zu erwarten oder man erwartet eine Lüge. Die Kunst der Moderne hat damit vollständig gebrochen, aber es wächst ein gewisser künstlerischer Trost auf der Ebene der nie beendeten klassischen Malerei, der gegenständlichen Figürlichkeit.
Vor allem in Frankreich gibt es viele Maler, die bereit sind, uns eine erkennbare Welt der Gegenständlichkeiten zu erhalten oder auch wieder zu geben, weil wir uns in Zerstückelungen nicht beheimaten können, denn sie wirken wie eine permanente Bedrohung.
Sagen sie mal Herr Eicher, warum kennen Sie sich auf diesem Gebiet so gut aus?
Weil es mich interessiert! Die Kunst ist die sensitive Antwort des Menschen auf die Welt und eigentlich wollte ich mal Kunstgeschichte studieren, aber wie Sie sehen, ist es letztendlich dazu gekommen, dass ich den handwerklichen Versuch mache, historische Kunstgegenstände zu erhalten.
Haben Sie es nie mit der Malerei versucht?
Doch, sagte Eicher, denn ich versuche mich gelegentlich auch am Erhalt, also der Restauration wertvoller Gemälde. Dabei bezieht sich der Begriff wertvoll jetzt nicht auf Gemälde der ganz bekannten Künstler der verschiedenen Epochen. Es ist nämlich so, dass eigentlich alle alten Ölgemälde relativ unabhängig vom Motiv durchaus wertvoll sind, wenn es sich denn nicht um einen sichtbar dilettantischen Versuch handelt, was aber die Ausnahme sein dürfte, denn das Malen mit Ölfarben war nie eine billige Sache. Wer sich damit abgegeben hat, der hatte an sich selbst eine gewisse Erwartung. Die Herangehensweise beim Restaurieren von Gemälden ist aber komplizierter als beim Holz, zumal man erst mal die alten Farben analysieren muss. Darauf muss man sich spezialisieren und ich habe für mich beschlossen, dass ich beim Holz bleiben will.

Der Gerichtstermin fand

erneut unter Ausschluss der Öffentlichkeit statt und wurde umfangreich bewacht. Das Gerichtsgebäude machte den Eindruck einer belagerten Festung. Es gab auch weiterhin eine Fotografier Verbot, so dass nur Zeichnungen angefertigt werden durften.
Der vorsitzende Richter informierte das Gericht, die Anwesenden, die Medien, sowie die aktiv und passiv beteiligten Personen über den Stand der Ermittlungen und Vorverhandlungen.

Repetto hatte Conte dringend gebeten, sich an die Abmachung zu halten und nur auf die an ihn konkret gerichteten Fragen zu antworten. Das war für Conte nicht ganz einfach, denn er war in hohem Maße emotional beteiligt und musste sein Temperament zügeln. Wie vorhersehbar, erwies sich der zweite von ihm abgegebene Schuss als verhängnisvoll und dies wäre auch dann der Fall gewesen, wenn er den Täter nicht tödlich getroffen, sondern nur verletzt hätte.
Repetto hatte geraten, sich in diesem Falle auf einen Angstreflex zu berufen, welcher durch die Erfahrungen aus der Zeit bei der FARC ausgelöst worden war. Der Verteidiger des einen verbliebenen Täters hatte versucht, daraus ein rassistisches Vorurteil gegen Menschen aus dem arabischen Kulturraum zu zimmern, aber der Richter war darauf nicht eingegangen.
Als Repetto zu Wort kam, wies er zunächst auf die Situation eines Ausnahmezustandes hin.
Herr Vorsitzender, meine Damen und Herren Geschworenen,- ich bitte die unübersichtliche Lage zu bedenken, welche auch durch die Zeugenaussagen gestützt wird. Es bestand für alle diejenigen, die sich völlig unvorbereitet und selbstverständlich unbewaffnet zur fraglichen Zeit im Baumarkt aufgehalten hatten, eine absolute Lebensgefahr ohne klar erkennbare Fluchtmöglichkeit, zumal ja der hier anwesende Angeklagte vor dem Hinterausgang postiert war, wohl in der Absicht, auch diese Fluchtmöglichkeit auszuschließen. Die von meinem Mandanten wie ich finde sehr mutige Ausschaltung des erstens Täters, indem er sich dessen Waffe bemächtigte, was hoch riskant war und seine in dieser Stress-Situation gezeigte Vorsicht durch die Umstellung des Schnellfeuergewehrs AK 47 auf Einzelschuss spricht nicht für die Handlung eines verantwortungslosen Desperados.
Herr Verteidiger, sagte der Richter, dieser Begriff ist bisher auch nicht gegen ihn verwandt worden, aber fahren Sie bitte fort.
Mein Mandant hatte sehr schnell erkannt, dass er mit einer Situation konfrontiert war, die nicht nur ein Täter in Szene gesetzt hatte. Sein Schuss in die Richtung eines zweiten Täters, war deshalb der Einsicht geschuldet, dass hier möglicherweise eine Geiselnahme geplant war, deren möglicher Aktionsumfang nicht nur für die Kunden des Baumarktes, sondern auch für die Sicherheitskräfte, die zu diesem Zeitpunkt noch nicht vor Ort waren, dramatische Auswirkungen hätte haben können.
Wir dürfen deshalb aus meiner Sicht froh sein, dass Herr Prof. Conte im Grunde sowohl mutig, als auch den Umständen entsprechend umsichtig gehandelt hat. Nach meinem Kenntnisstand ist die Treffsicherheit einer AK 47 nicht sehr hoch. Ihre Wirkung entfaltet sie bei Dauerfeuer. Herr Conte war aufgrund seiner Kenntnis der Waffe imstande, diese Funktion auszuschalten, so dass nur noch Einzelschüsse abgegeben werden konnten. In einem anderen Falle wäre das

Risiko, auch Unbeteiligte zu verletzen, in der Tat sehr hoch gewesen. Ich bitte das Gericht um Berücksichtigung dieser Fakten, welche eindeutig darauf verweisen, dass mein Mandant um Schadensbegrenzung bemüht war.
Der Täter-Anwalt verwies seinerseits auf ein Gutachten, das seinem Mandanten eine verminderte Schuldfähigkeit bescheinigte. Er litte an einem schwerwiegenden Trauma, verursacht durch eine ihn in der Jugend begleitende, durchweg gewaltaffine Gesellschaftsform. Zudem habe er sich nach seiner Übersiedlung nach Deutschland von der Gesellschaft nie angenommen gefühlt, was die erlernten Strukturen in ihm mobilisiert habe. Sein Mandant habe keine Geiselnahme geplant und zu dem Überfall auf den Baumarkt sei er erpresst worden.
Herr Anwalt, unterbrach der Richter, das ist jetzt aber ein ganz neuer Aspekt, von dem ich höre. Es wäre deshalb wichtig zu wissen, wer und mit welcher Begründung den Angeklagten erpresst hat. Auch das oder ein Gutachten über den psychischen Zustand des Angeklagten, liegt dem Gericht nicht vor.
Die Verteidigung wird diese Unterlagen selbstverständlich noch vorlegen und ich erlaube mir noch den Hinweis meines Mandanten, er habe mit der Planung der Sache nichts zu tun gehabt.
Herr Verteidiger,- das Gericht wird jegliches in der Sache wichtige Beweismaterial prüfen, aber bitte erlauben Sie auch mir die Feststellung, dass es seitens der Bevölkerung und vor allem seitens der Familienangehörigen der Opfer ein nachvollziehbar großes Interesse gibt, die möglichen psychotraumatisch-kindlichen Erlebnisse eines potentiellen Täters, nicht als einen Freibrief für Morde gewertet zu sehen und ich gehe mal als gesichert davon aus, dass die Teilnahme des Angeklagten an einem bewaffneten terroristischen Überfall unbestritten ist. Ob wir den als anonymisierten und entfremdeten Rachefeldzug an denjenigen zu verstehen haben, die ihm vielleicht die Kindheit zerstört haben, das mögen die Psychologen entscheiden, aber ich bezweifele, dass das als wesentlich entlastend in Rechnung zu stellen ist, denn ich verweise in diesem Zusammenhang auf einige Vorstrafen, wo wir einem eher nicht sehr eingeschüchtert wirkenden Täter begegnet sind.
Zugleich unterstellt das Gericht Herrn Prof. Conte trotz der Einsicht in die besondere Lage eine gefährliche Handlungsweise im Zusammenhang mit den zweiten, von ihm abgegebenen Schuss. Dem Gericht ist bekannt, dass ein junger Mann während des Anschlages von einem Querschläger am Arm verletzt wurde. Das Gericht wird zu klären versuchen, von welcher Waffe der Querschläger verursacht wurde, wozu der betreffende junge Mann um eine zweckdienliche Aussage gebeten werden muss. Hier ist der zeitliche Ablauf der Geschehnisse sehr bedeutsam, sowie ein ballistisches Gutachten. Zugleich unterstellt das Gericht Herrn Prof. Conte auch aufgrund der bekannten Schussungenauigkeit einer AK 47

keine direkte Tötungsabsicht. Die Situation wäre zu seinen Ungunsten gewesen, wenn er mit dieser Waffe keine Erfahrungen gehabt, sie jedoch in ähnlicher Weise gebraucht hätte, was dann wirklich deutlich gefährlicher gewesen wäre. Im Zusammenhang mit psychischen Traumata erlaube ich mir den zusätzlichen Hinweis, dass auch Herr Conte als Jugendlicher in Kolumbien mit fortgesetzter krimineller Gewalt konfrontiert war, was ihn offensichtlich nicht zu Racheaktionen im Umfeld seiner späteren Gastgesellschaft bewogen hat. Das Gericht wird die Angaben des Verteidigers des Angeklagten angemessen prüfen und in einem besonders schwerwiegenden Falle nötigenfalls auch ein Gutachten in Auftrag geben. Ein erneuter Verhandlungstermin ist für den 12. September um die gleiche Uhrzeit vorgesehen. Eine Anwesenheit von Herrn Prof. Conte ist dann nicht mehr zwingend erforderlich.

Karin Bruckner hatte

vor dem Gerichtsgebäude gewartet und war dabei mit Dorothea Niewald ins Gespräch gekommen, die auf Friedhelm Kurz wartete, der diesmal mit dem Kollegen Hellweg das Geschehen verfolgt hatte. Dadurch kam es zu der Situation, dass sie alle unter den Bedingungen einer etwas großzügigen Auslegung der seuchenspezivischen Vorschriften in der Redaktion der Zeitung landeten und von Martina Riedel mit Kaffee und Plätzchen versorgt wurden.

Carsten Spohn war der Andrang nicht verborgen geblieben, auch wenn er zunächst ein wenig überrascht war.

Ich hoffe mal, ich täusche mich nicht in Ihrer guten Stimmung und entschuldige mich für unseren etwas kahlen Sitzungsraum. Spohn kannte die meisten der Anwesenden und nutzte die Gelegenheit, ihre emotionalen Eindrücke zu erfahren. Es würde zwar eine weitere Verhandlung geben, aber der Richter schien nicht die Absicht zu haben, ein Urteil mit ständig neuen Gutachten so zu überdehnen, dass jegliche Schuldfrage in den Untiefen der Psychoanalyse versenkt wurde.

Wissen Sie, sagte Repetto zu Spohn,- mir selbst war zum Beginn meiner Befassung mit dem Fall gar nicht gleich das Licht aufgegangen, was denn wohl passiert wäre, wenn den drei Tätern noch mehr Zeit geblieben wäre. Der Gedanke an eine ansich logische Geiselnahme wäre mir nicht sofort gekommen.

Hat sich denn der letzte verbliebene Täter in dieser Weise geäußert?, wollte Spohn wissen.

Hat er nicht und er tut auch gut daran. Unter Berücksichtigung seines psychischen Zustandes ist seine Verteidigung gut beraten, ihn als einen labilen Menschen darzustellen, der in die Sache hineingedrängt wurde. Eine beabsichtigte Geiselnahme, die ich unterstellt habe, erfordert eine umfängliche Logistik, auf die man sich auch einlassen muss, womit man kein Mitläufer mehr ist.

Ich verstehe, sagte Spohn, aber ihre Verteidigung gründet ja wohl zum Teil auf der Annahme einer beabsichtigten Geiselnahme.
Sie haben Recht, sagte Repetto und ich habe mich ehrlicherweise auch ein wenig draüber gewundert, dass mir der Richter hierzu keine weiteren Fragen gestellt hat.
Das wird er wohl noch, sagte Conte. Wo ich herkomme, sind Geiselnahmen nicht ungewöhnlich, sondern alltäglich, begründen sich dabei jedoch nicht aus kruden religiösen Vorstellungen, sondern haben stets den Charakter rabiater Erpressung. So schlimm das dann allemal ist, so lässt sich daraus aber dennoch eine nachvollziehbare Logik ableiten, die in unsere Verständniskategorien passt.
Dass der oder die Täter möglicherweise durch irgendwas mal traumatisiert wurden, ist eine Sache, sagte Friedhelm Kurz, aber was ist eigentlich mit all denen, die den Anschlag im Baumarkt überlebt haben? Fr Bruckner,- ich spreche Sie mal direkt an, zumal Sie sich ja in der unmittelbaren Nähe von Herrn Conte aufgehalten hatten, als dieser den ersten Täter neutralisieren konnte. Wie geht es Ihnen denn mit diesem Erlebnis?
Wissen Sie,- ich war zunächst wie gelähmt und als ich dann sah, dass sich Raoul, also Herr Conte, in geduckter Haltung erst vorwärts und dann ein wenig seitwärts bewegte, während weitere Schüsse und Schreie zu hören waren, da hatte ich hauptsächlich Angst um ihn und er hatte mich zuvor ja angewiesen, mich am Boden liegend nicht von der Stelle zu rühren.
Und jetzt?- sagte Kurz,- wie geht es Ihnen jetzt?
Ich habe, wenn man so will, eine latente Dauerangst, sagte sie. Verstehen Sie,- das Vertrauen in einen normalerweise nur begrenzt gefährlichen Alltag ist mir verloren gegangen.
Wir hatten uns eben über so etwas unterhalten, sagte Dorothea Niewald, die Friedhelm Kurz vor dem Gerichtsgebäude abgeholt hatte und sind zu dem gleichen Ergebnis gelangt, obwohl sich die von uns beiden erlebten Anfeindungen durchaus unterscheiden. In meinem Falle hat nämlich niemand herumgeballert. Meine Situation war deshalb nicht ungefährlich, aber sie war nicht unbedingt lebensgefährlich, was ich natürlich auch dem beherzten Eingreifen von Herrn Berissa verdanke. Ein Trauma bleibt da aber wohl auf jeden Fall.
Wissen Sie, sagte Thomas Gebauer, der mittlerweile auch hinzugekommen war. Ich betreue hier ja den Wirtschaftsteil unserer Zeitung und Wirtschaft hat bekanntermaßen viel mit Verlässlichkeiten zu tun. Ich erinnere mich noch gut der Leaman-Pleite in 2008, wo eine als sicher geltende Bank plötzlich pleite war. Die Erschütterungen, das ungläubige Staunen, das nicht daran glauben wollen, das war auf ähnliche, wenngleich ganz andere Weise so verstörend, wie ein Angriff in einem als sicher eingeschätzten Umfeld. Wir sind auf solche Unsicherheiten nicht

trainiert und können aus meiner Sicht damit deutlich schlechter umgehen, als Menschen in den sog. Schwellenländern oder gar in Kriegs und Krisengebieten.
Verehrte Gäste, sagte Carsten Spohn, als er merkte, dass niemand der Anwesenden so recht das Bedürfnis zu verspüren schien den Heimweg anzutreten. Ich könnte den Pizza-Service bemühen, um Ihrem drohenden Hungertod vorzubeugen, sagte er, aber das war dann auch als ein Signal zum Aufbruch verstanden worden.
Sagen Sie mal Karin,- sagte Dorothea Niewald,- ich habe für mich und den Fritz eine Cannelloni vorbereitet, also eine selbstgemachte, die ich nur noch in den Ofen schieben muss und da das ganze Backblech voll ist, würde ich mich freuen, wenn Sie und der Herr Conte uns Gesellschaft leisten würden.
Haben wir dem etwas Glaubwürdiges entgegenzusetzen?, sagte Conte, der das mitbekommen hatte und sah Karin Bruckner erwartungsvoll von der Seite an.
Eigentlich nicht wirklich, sagte sie und so landeten sie in Dorothea Niewalds Wohnung, wobei sie an ihrem stets etwas chaotischen Schreibtisch vorbeigehen mussten und Conte meinte lachend:
Hier sieht es so ein bisschen aus wie bei dem Kollegen Mendes, was Sie bitte als Kompliment verstehen mögen. Aufgeräumte Schreibtische waren und sind mir schon immer unheimlich gewesen, da ihre Besitzer oder temporären Nutzer offensichtlich nur sehr abgemessene Wege beschreiten und von diesen in keinem Falle abkommen wollen.
Das ist interessant, sagte Dorothea Niewald, denn ich bemerke bei mir ständig so etwas wie eine leichte Verunsicherung, was vielleicht ein wenig zu viel gesagt ist. Es gibt aber so ein Bedürfnis des Sammelns von Themen aus ganz unterschiedlichen gesellschaftlichen Bereichen, wo man dann denkt, dass man Artikel oder auch bestimmte größere Veröffentlichungen unbedingt sammeln muss, weil sie in irgend einem Kontext von Bedeutung sein könnten. Ich habe dann immer ein Problem der Zuweisung. Wozu genau gehört jetzt dieser oder jener Artikel? Hat er einen philosophischen, einen soziologischen oder auch nur strukturpolitischen Wert und womit kann ich das jetzt so verbinden, dass ich es auch wieder finde?
Der Volker Mendes hatte uns mal den Tip gegeben, hier keine Klarheit zu erhoffen, sagte Karin Bruckner. Er selber würde nämlich alles thematisch bündeln und dies auch dann, wenn das Material auch in einem völlig anderen Zusammenhang verwendbar wäre. Das lässt sich nämlich nicht verhindern.
Währenddessen gewann die Cannelloni im Backofen an Substanz und Friedhelm Kurz war mit dem Tischdecken beschäftigt.
Sagen Sie mal Herr Professor,- es gibt in Mittel und Südamerika doch auch eine Reihe sogenannter Minderheitenprobleme, fragte er.

Und ob, sagte Conte, denn dort sterben ja ganze Sprachgruppen mit indigener Herkunft aus. Sie konnten eine Zeit lang isoliert leben, aber jetzt führen in unmittelbarer Nähe zu ihnen Straßen vorbei, so dass solche Gegenden zugänglich geworden sind. Das hat nicht nur Nachteile, aber die jungen Leute werden die Nähe der Städte suchen. Das bleibt dabei halt nicht aus.
Ich hatte bei meiner Frage aber eigentlich einen Hintergedanken, sagte Kurz.
Und der wäre?
Es würde mich interessieren, ob es so etwas wie ethnische Vorbehalte gibt?

Sie meinen jetzt vielleicht so etwas in der Art, wie man in Nazi-Deutschland mit den Juden umgegangen ist. Das kann man aber so nicht vergleichen. Die Juden waren ja ein integraler Bestandteil der deutschen Gesellschaft mit einer zwar anderen, aber kompatiblen Religion und den vor allem gleichen Wertevorstellungen. Bei uns mischen sich bei den kleineren indigenen Völkern der Geisterglaube und das Christentum. Wenn sie mit der Moderne konfrontiert werden, dann kommt es schon vor, dass man sie als,- na ja,- ich will nicht sagen minderwertig abstempelt, weil das in diese Kultur nicht passen würde, die so grausam sein kann, dass jemand einfach erschossen wird, weil irgendjemandem seine Nase nicht gepasst hat. Ich weiß nicht, ob man das als Rassismus bezeichnen kann oder soll. Es ist im Grunde eine ganz fürchterliche Respektlosigkeit. Die Situation in Deutschland war und ist eine ganz andere.
Was halten Sie denn vom aktuellen Antisemitismus?
Nichts, sagte Conte.
Wie meinen Sie das?
Ja ich bitte Sie,- warum ist er denn ganz plötzlich und vor allem nach 2015 so omnipotent geworden, obwohl die Juden den Deutschen doch nachweislich gar nichts Böses tun und umgekehrt wüsste ich das auch nicht. Wo sollte er denn seine Wurzel haben, wenn nicht durch die massenhafte Zuwanderung muslimischer Judenhasser?
Ich wollte darüber etwas im Zusammenhang mit gesellschaftlicher Emanzipation in diesem Spannungsfeld schreiben, sagte Dorothea Niewald. Mittlerweile saßen sie alle am Tisch und ließen sich die Cannelloni schmecken.
Wissen Sie, sagte Conte, der Katholizismus und der Protestantismus haben in Mittel und Süd-Amerika auch großen Schaden angerichtet, wobei der Protestantismus eher eine geringere Rolle spielt als die vielen Sekten, die es bei uns gibt. Von einer Mann-Frau-Emanzipation kann bei uns keine Rede sein. Zugleich betreibt das Christentum aber keine strukturell konsistente Unterdrückung und es hat vor allem keine politische Macht im Sinne einer politischen Leitfunktion, ist jedoch gelegentlich auch politisch, wo es Partei für die kleinen Leute ergreift.

Das ist halt der Unterschied. Die ethnisch-sprachlichen Minderheiten werden bei uns und generell in Süd-Amerika nicht gut behandelt, aber selbst unsere korrupten Regierungen denken dabei eher nicht an Konzentrations- oder Arbeitslager. Soll ich Ihnen etwas sagen? Aktuell ist das sog. Land-Grabbing durch internationale Agrarkonzerne viel dramatischer als alle im Lande selbst verursachten Probleme, sagte Conte. Die verantwortlichen Politiker werden buchstäblich gekauft und glauben Sie mir eines, die lassen sich auch kaufen.
Was können die Geschädigten eigentlich dagegen machen?, wollte Karin Bruckner wissen.
Einige Zeit lang versuchten sie es zunächst mit Protestveranstaltungen und dann bewaffnet, was beides nichts genutzt hat. Die Bauern selbst sind arm und deshalb natürlich auch bestechlich. Wer wollte ihnen das verdenken? Wissen Sie Fr. Niewald,- das Minderheitenproblem liegt nicht in der Darstellung soziologischer oder auch origineller Besonderheiten, sondern im globalistischen Bestreben, alles einem neoliberalen Ordnungsprinzip zu unterwerfen und dieses Prinzip duldet keine Besonderheiten. Die religiösen Verfeindungen, die man in Europa ja eigentlich überwunden glaubte, erleben wir jetzt als fröhliche oder weniger fröhliche Wiedergeburten und sie werden fälschlich als ein beherrschbares Minderheitenproblem auf der Ebene eines „Ismus" der Ausnahmefälle verstanden, womit dieses Problem eben leider nicht verstanden wird.

Als Bernd Speicher

den Motor des Zweiakters startete, antwortete dieser mit dem für ihn typischen hochfrequenten und metallischen Stakkato. Die Maschine wollte auf den ersten Kilometern vorsichtig bewegt werden, obschon sich bei dieser Motorbauart das Problem des sich erst zu erwärmenden Motoröls konstruktiv nicht ergab. Allerdings sollte die Kühlflüssigkeit ein wenig auf Temperatur gebracht werden, aber wenn möglich nicht über 70°C. Idealerweise waren es nur 65°C. Er schaltete das Getriebe durch, das sich im Gegensatz zum Vorgängermodell sehr weich schalten ließ und wenn es sein musste sogar ohne die Kupplung. Es ist seltsam, dachte er, aber ich weiß auf dem Motorrad immer schon nach den ersten paar Kilometern etwas über den ganzen Tag. Es vermittelt sich entweder das Gefühl einer gewissen Leichtigkeit oder das einer Schwere, einer Temperamentlosigkeit und ein zuvor nicht erkanntes psychisches Tief erzeugt Ängste. Es war nicht verwunderlich, dass man die bei allen wichtigen Wettbewerben startenden Werksfahrer sorgsam vor Belastungen schützte. Die Simulation einer heilen Welt sollte dabei helfen, die Bereitschaft zu etwas zu ermöglichen, was der Mensch eigentlich von Natur aus nicht kann. Er müsste Augen und Sinnesorgane wie ein Falke haben, der auch bei

300 km/h noch vernünftig navigieren kann und das Reaktionsvermögen einer Katze, aber davon sind wir weit entfernt.
Bernd Speicher hatte vorübergehend auch mit dem Gedanken an den Straßenrennsport geliebäugelt, wobei er aus prinzipiellen Gründen die Wettbewerbe im Auge hatte, die auf gewöhnlichen Straßen ausgetragen werden und nicht auf eingeebneten künstlichen Rennstrecken, aber so etwas gab es in Deutschland schon lange nicht mehr. Solche Strecken gab es in Nord-Irland und auf der Isle of Man. Der Preis, den man dafür gelegentlich zu zahlen hatte, war jedoch ähnlich hoch wie der von Höhenbergsteigern, von denen jeder fünfte tödlich verunglückt.
Es hatte im Umfeld dieser Problematik stets jene sich auf die Vernunft berufenden Debatten gegeben, denen ihre Logik nicht abzusprechen war, aber diese Logik hatte einen Haken, weil sie sich als eine Vermeidungsstrategie jeglichen Risikos erwies. Die in dieser Logik geforderten Verbote übersahen auch eine ganz wesentliche Substanz des europäischen Demokratieverständnisses, welches auf die freie Eigenentscheidung des Individuums setzt, das sich für oder gegen einen Gefahrenraum entscheiden kann. Er hatte sich oft über die wohlmeinende Verständnislosigkeit gewundert, welche diese Argumentation auslösen konnte.
Dem Geländesport hatte er sich schon vor Jahren zugewandt, weil er weit weniger aufwändig zu betreiben war, finanziell überschaubar und deutlich weniger gefährlich.
Mittlerweile hatte er die von ihm bevorzugten Feldwirtschaftswege erreicht, von denen er sich oft gewünscht hatte, dass sie eine Alternative zu den überfüllten offiziellen Verkehrswegen gewesen wären, aber sie endeten entweder an Zäunen und irgendwelchen Gemarkungsgrenzen oder ganz einfach im Nirgendwo. Der Gedanke, eine möglicherweise auch längere Reise mit einer leichten Geländemaschine fast ausschließlich auf solchen Wegen zurückzulegen, erschien ihm attraktiv, aber jetzt konnte ja nicht mal mehr das Etrusker-Projekt mit Prof. Mendes durchgeführt werden. Wir arrangieren uns langsam mit der verordneten Unfreiheit, dachte er, während er die Maschine beschleunigte, deren Motor geringe Geschwindigkeiten ohnehin mit einer gewissen Bockigkeit quittierte. Vor einiger Zeit hatte er den Bericht über einen Kanadier gesehen, dem als Stadtmensch irgendwann die Decke auf den Kopf gefallen war. In der Folge führte das zu dem Versuch, sich in der Wildnis zumindest temporär zu behaupten, was er mit einer erstaunlichen Konsequenz, Beharrlichkeit und viel handwerklichem Geschickt sogar schaffte. Dabei gelang es ihm sogar, ohne fremde Hilfe ein Blockhaus zu bauen und dort zwei Jahre lang zu überleben. Vermutlich hatte ihn diese Erfahrung sehr bereichert, aber was wäre geschehen, wenn er plötzlich

erkrankt wäre oder sich bei den Bauarbeiten verletzt hätte? Was,- wenn er von einem Bären angegriffen worden wäre?
Ist dieser anarchische, die Gefahr suchende Freiheitsimpuls aus heutiger Sicht vielleicht sogar dekadent, begleitet ihn doch schließlich eine abrufbare Wohlversorgtheit, die von solchen Gefahren weitgehend befreit? Es mochte einen Anteil davon sicher auch in ihm selbst geben, weil in einer nicht mehr um das tägliche Überleben kämpfenden Gesellschaft die selbst verursachte Gefahr ein Kompendium ist, welches die Relativität von Freiheit deutlich werden lässt. Zugleich produzieren die modernen Massen- und Wohlstandsgesellschaften eben nicht nur einen konsumptiven Überdruss, sondern das Gefühl einer unentwegten Gängelung, die nach Befreiung sucht.
Behördliche Willkür, das Heer von roten Ampeln nicht nur als Synonym für einen nicht enden wollenden Verkehr mit seinem zugehörigen Lärm und Verschleiß, die zunehmende Unfreundlichkeit und ein sich ausbreitender Vertrauensverlust gegenüber dem Staat, der nicht mehr als ein ehrlicher Sachwalter identifiziert wird. Das hat sich eingeschlichen wie ein Virus. Die große Geschichte der Abenteurer, die nicht selten auf ihre Art auch Sonderlinge waren, endete wohl in den zwanziger Jahren des vergangenen Jahrhunderts, obwohl wir über die Tiefsee weniger wissen als über den Mars. Das Abenteuer einer sich bewegenden Selbstreflexion des jeweils Erlebten ist geblieben und gehört zum Menschen und es fragt nicht nach einer unterstellten Sinnhaftigkeit, weil es seinen Sinn in sich hat.
Bernd Speicher hatte die Maschine auf einer kleinen Anhöhe abgestellt, die zuvor einige Anforderungen an fahrerisches Können gestellt hatte. Sie war nur etwa dreihundert Meter hoch, bot jedoch einen schönen Rundumblick in eine Landschaft, die wohl schon seit Jahrhunderten landwirtschaftlich genutzt wurde. Der Raps hatte zwischendurch geblüht und alles mit seinem Gelb beleuchtet, während sein eigentümlicher Geruch noch lange in der Luft hing. Die umgebenden Felder waren mit ihren exakten Begrenzungslinien und unterschiedlichen Oberflächen so etwas wie die strukturelle Grafik, welche der Mensch dieser eher sanften Landschaft gegeben hatte. Vor Millionen von Jahren hatten die Urmeere hier gestanden. Kriege, Hunger und die Pest waren über sie hinweggezogen und die geliehene Kraft des Motors war in der vorerst kurzen Geschichte der Menschheit ein absolutes Novum. Es war ein wenig kühler geworden und das erkaltende Metall des Motors knackte hörbar.
Er konnte sich nicht daran erinnern, jemals Hunger gehabt zu haben. Das hatte die Nachkriegsgeneration noch erlebt, als die Lebensmittelversorgung eine Feldwirtschaft mit Pferden voraussetzte, bevor der maschinelle Ackerbau die Vielpferdigkeit in die Motoren implantierte. Davor war ein Bauer, der zwei Pferde hatte, in einer durchaus guten Ausgangslage und Bernd Speicher dachte daran,

dass es zu dieser Zeit völlig absurd gewesen wäre, sich ein geländegängiges Motorrad mit 42 PS vorzustellen, zumal man daran auch keinen Pflug hätte anbinden können. Wer nicht mit Tieren umgehen konnte, war den Herausforderungen nicht gewachsen und ihm kam der Gedanke, dass es durchaus sein könnte, dass das Pferd letztendlich den Menschen doch länger begleiten würde als alle Motorfahrzeuge. Er setzte den Helm auf und zog die Handschuhe an. Der Motor sprang auf den ersten Tritt auf den mechanischen Kickstarter an und entfesselte die Kraft seiner 42 Pferde mit furiosem hellem Kreischen, während er die Maschine dabei über einige hundert Meter mit angehobenem Vorderrad beschleunigte.

Herr Spohn, sagte Kurt Enders,

ich habe mich nach anfänglichem Sträuben auf eine Mitgliedschaft bei Facebook eingelassen, wobei ich dabei interessante Erfahrungen gemacht habe.

In welcher Weise denn vor allem?, fragte Spohn, als sie in dessen Büro saßen und von Martina Riedels Kaffee und Plätzchen profitierten.

Nun,- ich bin zunächst davon ausgegangen, dass dort genau das passiert, was augenblicklich in den Medien zum Teil berechtigt kritisiert wird. Ich nenne das ein Dampfablassen auf bisweilen allerdings kläglichem Niveau. Zugleich gibt es dort aber auch sehr vernünftig bediente Themenfelder, was mich auf die Idee gebracht hat, dass wir uns vielleicht mal diesen Facebook-Themenspiegel zu Eigen machen, also jetzt nicht im Sinne einer Übernahme für die eigene Berichterstattung, sondern im Sinne eines Meinungsbarometers, das wir uns gelegentlich zur Brust bzw. zu Papier nehmen sollten.

Warum nicht, sagte Spohn, denn man könnte despektierlich hinzufügen, dass es kein Fehler ist, dem Volk aufs Maul zu schauen.

Ja, sagte Enders, aber nicht nur, denn mittlerweile ist es bei Facebook ja so, dass bestimmte Meinungen und Ansichten herauszensiert werden, wofür ich ein begrenztes Verständnis im Falle krasser Beleidigungen oder gar Todesdrohungen habe. Neuerdings fallen allerdings auch durchaus vernünftige Ansichten unter die Zensur und man muss sich ja auch mal genauer ansehen, wer für diese Zensur verantwortlich ist, denn das sind zum Teil ganz junge und unerfahrene Mitarbeiter, die nach einer Liste vorgehen.

Wie soll ich das verstehen?, sagte Spohn.

Diese Listen enthalten vor allem Begriffe, die angeblich Aufschluss über die rechtsradikale Gesinnung derjenigen geben, von denen sie benutzt werden.

Gibt es denn auch linksradikale Begrifflichkeiten?, fragte Spohn.

Das erschließt sich interessanterweise nicht, sagte Enders. Es wird zwar argumentiert, man sei dort gegen jeglichen Extremismus ob von rechts oder von

links, aber die ganz offensichtlich zugrunde liegenden Handlungsanweisungen, etwa auch der Bundesregierung an die Adresse von Facebook, zielen ausschließlich auf das, was dort als rechts oder rechtsradikal definiert wird.
Wenn ich Sie richtig verstehe, sagte Spohn, dann sollten wir das auf zwei zentralen Ebenen im Auge behalten. Einmal sollten wir sehen was dort die wichtigen Themen sind, was ja für sich schon mal interessant sein kann und dann vielleicht die Zensurpraxis kritisieren, was uns aber kaum umfassend gelingen dürfte oder irre ich mich?
Nein,- Sie irren sich nicht, aber ich denke mal, dass diese Zensurpraxis immer nach dem gleichen Motto abläuft, so dass der Focus eigentlich diesem Motto gelten sollte und nicht irgendwelchen einzelnen Fällen.
Und Sie wollen sich der Sache annehmen?, fragte Spohn.
Ich wollte mir Ihre Einwilligung einholen, denn wenn wir uns Facebook vornehmen, dann wird das Folgen haben, die wir gemeinsam zu verantworten und eventuell auch durchzustehen haben. Von Frank Hellweg weiß ich, dass er für ein eigenes Projekt an fast allen Informationen interessiert ist. Alleine schon sein Vorwitz prädestiniert ihn für eine Zusammenarbeit.
Sie wissen ja vielleicht auch, dass er sich gelegentlich mit dem Herrn Wundrak trifft.
Sie meinen den Herrn, der stets einen großen Regenschirm auch bei bestem Wetter mit sich führt?
Genau den und das ist ein durchaus interessanter Zeitgenosse und sehr gebildet.
Ist er denn auch auf Facebook unterwegs?
Das weiß ich nicht, sagte Enders, aber vom Habitus her eher nicht. Das ist ein Bücherwurm und in Ferdis Kneipe sah ich ihn mal mit einem politischen Journal beschäftigt, das sich selbst im Titel als konsensstörend begreifen will und hohe Anforderungen an seine Leser stellt. Von daher denke ich eher nicht, dass er Facebook, Twitter & Co nutzt. Ich habe zumindest dann, wenn ich ihn gesehen habe, auch nie erlebt, dass er mobil telefoniert oder ein Smartphone genutzt hätte. Das scheint er sich zu verkneifen, aber wie gesagt, der Frank kennt ihn besser.
In diesem Moment klingelte Spohns Telefon.
Ja,- hier Thomas Roth von der Polizei.
Was gibt's Kommissario?, fragte Spohn.
Na ja,- wie zu befürchten gibt's an der Uni Randale wegen Prof. Conte. Wir sind dort auch im Einsatz, weil uns der Rektor Geisinger angerufen hatte und mussten wegen unserer schwachen Besetzung zusätzlich um Verstärkung bitten. Es kam zu ganz erheblichen Sachbeschädigungen und zwei unserer Beamten mussten den Prof. Conte nach Hause begleiten, da die Situation für ihn gefährlich geworden war.

Herr Kommissar,- ich danke Ihnen und werde mit dem Kollegen Enders sofort zur Uni fahren, denn der sitzt hier gerade bei mir im Büro. Das wäre gut, sagte der Kommissar, denn jetzt ist das Ausmaß der Randale noch sichtbar und könnte später vertuscht werden und der Kommissar verabschiedete sich.
Herr Enders,- da hinten in der Schublade ist mein Fotoapparat. Ja ja,- die alte Nikon mit normalem Film, damit nicht später jemand behauptet, wir hätten digital etwas zusammengezaubert. Papier, Kugelschreiber und das Aufnahmegerät und dann sollten wir startklar sein.
Dann klingelte das Mobiltelefon von Enders.
Herbert,- bist du es? Ja ja, aber kommt mal schnell zur Uni. Ich habe schon ein paar Fotos gemacht und ein Interview mit dem Rektor Geisinger, aber Ihr müsst Euch das unbedingt ansehen. Ich war durch Zufall in der Nähe, sagte Herbert Wendler und uns hat der Kommissar Roth angerufen, antwortete Enders und kam zusammen mit dem Kommissar am Auto an.
Ich habe schon lange nicht mehr vor Ort selbst recherchiert, sagte Spohn und dass es jetzt bei dieser schlimmen Sache nötig ist, hätte ich auch nicht gedacht.

Ich auch nicht, sagte Enders und gewann dem in die Jahre gekommenen Dienstfahrzeug ein erstaunliches Tempo ab.
Sie sollten es nach Ihrer Pensionierung mit dem Tourenwagensport versuchen, sagte Spohn, während sie in die Zufahrt zum Campus einbogen. Spohn erschrak, denn vor dem Gebäude brannten offenbar einige Möbelstücke und dazwischen waren einige Büro-Ordner zu sehen, deren Herkunft allerdings nur vermutet werden konnte. Einer der Beamten kam auf sie zu und berichtete, dass sogar die Feuerwehr hatte anrücken müssen, aber es bestünde aktuell keine Brandgefahr mehr innerhalb des Gebäudes.
Während Enders Fotos machte, sah Spohn etwas abseits den Kommissar im Gespräch mit Prof. Mendes, der resigniert wirkte und Spohn lief zu den beiden hin, um sich ein Bild machen zu können, zumal von größeren studentischen Ansammlungen nichts mehr zu sehen war.
Sowas habe ich noch nie erlebt, sagte Mendes. Der Kollege Conte wurde massiv auch körperlich bedroht und sein Büro wurde verwüstet. Die Ordner, die da herumliegen, sind aus seinem Büro und ich kann Ihnen versichern, dass er das nicht hinnehmen wird.
Wie meinen Sie das?, fragte Spohn.
Ganz einfach,- er wird hier nicht bleiben und ich auch nicht. Mehr sage ich dazu im Moment nicht und bitte um Ihr Verständnis. Dann wandte er sich ab und ging zum Parkplatz. Er musste sich sofort mit Martha treffen, denn der Punkt war erreicht,

wo man Entscheidungen treffen musste, von denen man gehofft hatte, sie nicht treffen zu müssen.
Die angeforderte Polizeiverstärkung konnte abgezogen werden und Spohn bedankte sich bei dem Kommissar für die Information, die auch für die Pressearbeit vorteilhafter war als eine reine Bestandsaufnahme.

Als Mendes bei Martha Reger eintraf,
fand er dort bereits einen ungewöhnlich ernsten Raoul Conte und eine entsetzte Karin Bruckner.
Die Tante war überraschend ruhig, aber es war eine zweifelhafte Ruhe, die sie sich selbst abnötigte. Jetzt gibt's erst mal Tee und Kuchen als gewissermaßen erste Maßnahme, sagte sie und dann halten wir mal Kriegsrat, was nach Lage der Dinge wohl eine angemessene Bezeichnung ist. Alle blieben still und die Tante hatte aus dem Ständer eine CD herausgezogen, die sie in die Stereoanlage einlegte.
Ja ja,- sagte Conte, fast in seine Teetasse hineinsprechend, Beethovens Leonoren-Ouvertüre mit dem schönen Trompetensignal an der Stelle, wo es um einen Aufbruch geht, aber der ist Fiktion. Die deutsche Revolution fand in der Musik statt, aber diese Musik wird längst nur noch von verschwindend kleinen Minderheiten gehört und was die Aufklärung angeht, so hat sie nicht stattgefunden wie wir allenthalben sehen und erleben.
Wo waren denn die anderen Kollegen?, wollte Martha Reger wissen.
Die haben das zunächst gar nicht alle mitbekommen, sagte Mendes, denn sie arbeiten und unterrichten ja nicht in den gleichen Räumlichkeiten und Gebäudeteilen. Als der Radau dann nicht mehr zu überhören war, denn immerhin wurden ja auch Megaphone benutzt, da sind sie gekommen, aber was hätten sie machen sollen? Der Geisinger hatte nicht nur die Polizei alarmiert, sondern auch vorsichtshalber den ganzen Vorlesungsbetrieb unterbrechen lassen, der ja aktuell ohnehin empfindlich gestört ist.
In unserem Falle, also mit vornehmlichem Bezug auf Raoul und ein bisschen ja auch auf mich, haben die Damen und Herren vom Asta alle Regeln außen vor gelassen, was ich ihnen nicht mal so sehr verübele, aber die Verwüstung von Raouls Büro, die ganze Zerstörung nicht nur von Gegenständen der technischen Einrichtung wie dem PC und einiger Bürotechnik, sondern die gezielte Zerstörung auch wissenschaftlicher Arbeiten, die sich in Ordnern befanden, ist ein in dieser Form einmaliger und gegen die Wissenschaft gerichteter Vandalismus und Affront.

Das sind faschistische Methoden, die der Nazi-Bücherverbrennung gleichen, sagte Conte. Der sog. Antifaschismus dieser Leute ist der Faschismus unserer Tage und damit will ich nichts mehr zu tun haben!

Ich habe Kolumbien nicht verlassen, um erneut mit politischen Desperados konfrontiert zu werden. Es ist jetzt von der Tageszeit her noch zu früh, aber ich werde heute noch in Seattle anrufen und mich an der dortigen Universität bewerben.
Dann bleibe ich auch nicht, sagte Mendes, zumal ich ein Angebot im irischen Cork habe.
Martha Reger und Karin Bruckner waren stumm geblieben. Der Ernst der Lage stand wie eine Betonwand im Raum. Dann sagte die Tante in das Schweigen: Hört mal,- jetzt kommt gerade der Bläsereinsatz, von dem Bloch einmal meinte, es stecke darin mehr Aufbruch als in Beethovens Fünfter.
Ja,- sagte Karin Bruckner, aber was ist das jetzt für ein Aufbruch, der wie eine Flucht daherkommt.
Auch Flucht kann legitim sein, sagte Conte, z.B. bei der Einsicht in die temporäre Unveränderbarkeit der Verhältnisse und hier glaube ich mittlerweile nicht mehr an positive Veränderungen. Dieses Land ist sich seiner selbst müde und feiert das als Aufbruch. Ich habe hier nichts mehr verloren.

Ben Berissa hatte die Zeitung gelesen,

was bei ihm stets ein etwas verspäteter Akt war, denn seine Frau Christine war zu dieser Zeit bereits auf ihrer Arbeitsstelle, während er den Frühstückstisch in Ordnung brachte, genüsslich Tee trank und mit der eigenen Arbeit wenn immer möglich nicht vor 9 Uhr begann.
Es hatte auch in Algerien immer wieder Studentenunruhen gegeben, die zum Teil blutig niedergeschlagen wurden. Das gab es hier in dieser Form glücklicherweise nicht, aber ihm erschloss sich nicht, was man gegen einen auch international geachteten Soziologen wie Raoul Conte haben konnte.
Aus dessen beherztem Eingreifen im Baumarkt einen verdeckten oder latenten Rassismus zu konstruieren war nicht nur unglaublich, sondern so dumm, dass man sich an den Kopf griff. Das also sind unsere künftigen Träger gesellschaftlicher Verantwortung, dachte er. Dass der überlebende Täter zuvor schon einige übergriffige Straftaten begangen hatte, schien die Studentenschaft nicht zu beeindrucken und Berissa ertappte sich bei einem in ihm aufkommenden Ärger, den er sich von der Seele reden musste.
Er erreichte Anton Sawatzky in einer von dessen Hallen, wo dieser gerade mit zwei kräftigen Monteuren eine LKW-Hebebühne montieren wollte, die er aus US-Armeebeständen bei den Steel Buddys in Peterslahr im Westerwald erstanden hatte. Die hatten ihm sogar noch einen von ihren Leuten geschickt und der Ingo wusste aus leidvoller Erfahrung, was man beim Aufstellen einer solchen, in der Tat beachtlichen Bühne, beachten musste.

Ben,- pass mal auf, wir sind hier noch nicht ganz fertig, aber ich bin so gegen 20 Uhr mit dem Carsten Spohn von der Zeitung im Golf-Club verabredet, wo sich der Seuchenzirkus in vertretbaren Bahnen bewegt. Komm doch einfach mit dazu. Nein nein,- Du musst da nicht Mitglied sein oder werden und Deinen Sonntagsanzug kannst Du auch im Schrank lassen. Sawatzky lachte dröhnend! Sei mir nicht böse, dass ich jetzt auflegen muss und ich hoffe, wir sehen uns am Abend! In diesem Moment kam Maria in die Werkstatt.
Tonio,- ich habe gerade mit Raul telefoniert und bin sehr besorgt.
Was ist denn?- wollte Sawatzky wissen und Maria erzählte ihm die wesentlichen Dinge, die sie von ihrem Bruder erfahren hatte. Raoul hat mir gesagt, dass er hier nicht mehr bleiben kann,- dass es einfach keinen Zweck mehr hat und er keinen Sinn mehr darin sieht. Er will seine Kraft nicht an Verrückte verschwenden, die nicht mal davor zurückschrecken, wissenschaftliche Arbeiten zu zerstören.
Sawatzky schwieg eine Weile, weil er Marias Betroffenheit fühlte und für einen Moment vergaß er die zu montierende Bühne und wischte seine Hände umständlich an einem Lappen ab. Wenn Conte Deutschland wirklich verlassen sollte, dann war das für Maria ein ernstes Problem, da sie emotional sehr an ihrem Bruder hing.
Maria,- ich treffe mich am Abend mit dem Carsten Spohn von der Zeitung und der Herr Berissa, Du weißt, der mit der Autowerkstatt, der kommt noch hinzu wie ich hoffe. Wir treffen uns im Golf-Club und wenn Du willst, kannst Du gerne mitkommen.
Nein, sagte sie, ich will das nochmal mit Raoul alleine besprechen, bitte sei mir nicht böse.
Ganz und gar nicht, sagte Sawatzky und ich will halt mal hören, wie die Presse die Sache einschätzt, weil einiges davon abhängen wird, wie alles medial behandelt und verbreitet wird. Ich will damit sagen, dass es für Deinen Bruder wichtig sein wird, die nötige Rückendeckung zu erhalten, die für ihn als Wissenschaftler bedeutsam ist. Wenn er sie erhält, dann kann ich mir nicht vorstellen, dass er einfach geht.
Einfach nicht Tonio, aber ich habe ihn schon jahrelang nicht mehr so aufgebracht und zugleich entschlossen gesehen. Sein Kollege Mendes denkt dann auch an einen Abschied und Raoul meinte, der hätte gute Beziehungen nach Cork im schönen Irland.
Das kann alles nicht wahr sein, dachte Sawatzky. Die Probleme, mit denen er konfrontiert war, hatten in der Regel einen weniger emotionalen Charakter. Es gab diese endlos wachsende Bürokratie, das übliche Chaos auf den Straßen, geplatzte Termine und gelegentlich auch eigenes Versagen. Man war aber nicht konfrontiert mit Menschen, die einem die Arbeit verunmöglichten, weil ihnen die Ansichten der

inkriminierten Person nicht passten. So etwas gab es einfach nicht. Mit dieser Art von Auseinandersetzung war er nicht vertraut und fühlte sich hilflos. Es war ihm in den letzten Jahren in Deutschland aufgefallen, dass ganz bestimmte Problemfelder zu Eskalationen taugten. Das war fast programmiert und es gab so etwas wie eine Grundstimmung, die alles zu verhindern versuchte, was Deutschland daran hindern könnte, in einem umfänglich grenzenlosen Sinne gut zu sein und Sawatzky versuchte zu ergründen, ob dies mit der deutschen Geschichte in Zusammenhang stehen könnte oder einfach auch nur etwas war, was man dekadent nennen konnte. Aber in Sawatzkys Arbeitswelt hatte Dekadenz ohnehin keinen Bestand, weil das Konkrete auf eine omnipotente Art bestimmend war.

Im Golfclub war nicht so viel los,

obwohl man dort mit den Einschränkungen weniger restriktiv umging, was sich z.B. darin äußerte, dass man von den im Club bekannten Personen beim Vorlegen des Impfpasses nicht auch noch den Personalausweis einforderte, als habe man die Person noch nie zuvor gesehen. Ben Berissa kannte sich hier nicht aus und war froh, dass er Spohn und Sawatzky bereits an einem Tisch vorfand. Der Raum war angenehm hell und man hätte zur Nordseite bei Tageslicht einen schönen Blick auf die Anlage gehabt, wo wegen des eher wechselhaften Wetters im Moment nicht viele Leute zugange waren.
Man begrüßte sich und als die Bedienung an ihren Tisch kam, von der Sawatzky gemeint hatte, sie sei ein attraktives Modell, fand dies eine Bestätigung im umgekehrten Sinne, denn sie wandte sich zuerst Berissa zu, den sie hier mit Sicherheit zum ersten Mal gesehen hatte und Sawatzky fühlte sich zu der Bemerkung, genötigt dass Schönheit immer Vorrang habe, aber seine Rechnung ging nicht ganz auf, denn sie antwortete mit dem Hinweis, dass dies in einigen Fällen durchaus vorteilhaft sei.
Die Dame kann erstaunlich quer denken, sagte Spohn.
Auf jeden Fall ist sie schlagfertig, meine Sawatzky und wenn Du sie als Querdenkerin bezeichnen würdest, könnte sie das vielleicht missverstehen.

Vermutlich, sagte Spohn, obwohl doch dieser Begriff noch vor gar nicht so langer Zeit ausschließlich positiv besetzt war. Vielleicht darf man ja nur alleine mal quer denken. Sobald man das in einen gruppendynamischen Prozess überführt, wird es nicht mehr gerne gesehen und vor allem auch gehört.
Bei uns in Nord-Afrika gab und gibt es natürlich auch oppositionelle Gruppen, sagte Berissa, aber solche Begriffe wie Querdenker kommen mir sehr europäisch vor oder irre ich mich? Ich wüsste gar nicht, wie ich das übersetzen sollte, außer ins

Französische natürlich, wobei ich im aktuellen Frankreich auch keine sonderliche Liebe für fundamentale Opposition erblicken kann.
Vermutlich nicht, sagte Spohn, wobei dem oder einem „Quer" eine gewisse Radikalität anhaftet.
Wie meinen Sie das?, sagte Berissa.
Ich versuche es ganz wörtlich zu begreifen, denn wenn man etwas quert, sagen wir mal eine Straße, einen Platz oder ein Gelände, dann vermeidet man dabei bewusst den vorgegebenen Weg, wenn er denn vorhanden ist, was ich jetzt mal wegen der Bildhaftigkeit unterstelle. Überträgt man das ins Gesellschaftliche, dann will ein Querdenker auch nicht die vorgegebenen Pfade benutzen, wobei er oder sie natürlich ein Risiko eingehen.
Ich verstehe, sagte Berissa. Bei uns in Afrika......., mein Gott es ist ja bekloppt, wenn ich bei uns sage, denn ich bin da ja schon lange nicht mehr gewesen, aber dort werden Gegenbewegungen immer mit einem Namen versehen, dem eines Begründers oder Wortführers, wie man am Beispiel von Boko Haram sehen kann, aber die sind nun wirklich nicht progressiv im Sinne einer europäischen Denktradition.
Für sich selbst vielleicht schon, sagte Spohn, wenn sie sich vielleicht als quasireligiöse Erfüller des Willens des Propheten begreifen wollen.
Wisst Ihr, sagte Sawatzky, bei uns in Polen war das Querdenken immer eine schwierige Sache, obwohl wir Europäer sind. Gläubige Katholiken, wie die meisten Polen, stellen den christlichen-abendländischen Kontext nicht in Frage, aber unser Problem war zugleich die ziemlich lange Existenz einer zweiten Religion, die sich Kommunismus nannte und die konkurrierten miteinander. Dabei versprachen die einen ein himmlisches und die anderen ein irdisches Paradies, woran sie beide scheitern mussten, wenngleich die Sache mit dem himmlischen Paradies nicht zwingend als gescheitert betrachtet werden muss, weil der Glaube daran keiner weltlichen Wirklichkeit verpflichtet ist. Zugleich bin ich mir nicht sicher, ob die Polen, die immer ganz wenig kommunistisch und ein bisschen sehr christlich waren, als Querdenker zu bezeichnen wären. Ich glaube nämlich eher, dass es mehrheitlich ganz gewöhnliche Leute sind, die es schwer genug haben, genug Zloty zu verdienen, um halbwegs ordentlich zu leben.
Meine Eltern waren Sufisten, sagte Berissa. Das ist eine Strömung des Islam, die zwar wie jede islamische Form korangebunden ist, aber die Sufisten unterwerfen sich nicht der bedingungslosen Anwendung der Scharia, als einem verbindlichen Rechtssystem und auch nicht den strengen Bekleidungsvorschriften für die Frauen. Das hat immer schon zu erheblichen Auseinandersetzungen innerhalb des Islam geführt.
Ich habe das in meiner Jugend mitbekommen und meine Eltern waren für die

dortigen Verhältnisse relativ liberale Leute mit französischen Freunden und sie haben sich immer gegen das gestellt, was man in Europa unter einer Entwertung des „Ich" versteht, was für den Islam ganz wesentlich und prägend ist. Als ich nach Europa kam, hat mich die offensichtlich scheinende Gottlosigkeit des Christentums durchaus verstört. Mein Tag war zu dieser Zeit noch religiös strukturiert und dieses Feiertagschristentum fand ich sehr halbherzig und vor allem in Frankreich befremdlich, weil es dort die schönsten und wohl auch die meisten Gotteshäuser Europas gibt. Als ich meine Frau Christine kennenlernte, die Katholikin ist, bin ich mit ihr gelegentlich mal in die Kirche gegangen, wobei mich das rituelle Geschehen nie so richtig beeindruckt hat. Ganz wunderbar aber fand ich stets die sakrale Musik vom Barock bis in die Spätromantik. Das ist einfach unvergleichlich schön. Ich kenne jemanden, der mir mal sagte, Bachs Musik, die ja auch seiner Gläubigkeit geschuldet war, sei für ihn ein Gottesbeweis. Diese Musik könne nicht einfach so im Universum verhallen, denn sie habe einen Ewigkeitsbestand.

Sie hatten sich alle nur ein kleines Abendbrot bestellt, zumal Sawatzky den rohen Schinken empfohlen hatte, den man hier von einem örtlichen Metzger bezog.

Alle hatten einen Moment lang geschwiegen, bis Spohn meinte, das sei eine interessante Betrachtung im Hinblick auf einen ewigen Bestand.

Ja ja,- meinte Sawatzky, das mag auf die Musik Bachs zutreffen, aber bei uns in Polen hatte die Kirche viele Jahrzehnte auf der Seite der kleinen Leute gestanden, aber sie ist gerade dabei, sich diesen Kredit zu verspielen. Polen ist kein wirklich säkularer Staat und der direkte Einfluss des Klerus auf die Politik ist keine gute Sache. Das hat vor allem, bei der jungen Generation viel Ärger verursacht, was nicht ohne Folgen bleiben wird.

Trotz allem ist der Katholizismus für die Polen so etwas wie ein Bindeglied geblieben, zumindest vorerst. Er ist ein gesellschaftlicher Kitt, der selten hinterfragt wird. Das was Ben gerade über die Sufisten gesagt hat ist interessant, denn mit ihnen wäre doch eine christlich-muslimische Koexistenz denkbar.

Der Gedanke kam mir auch, sagte Spohn, aber die aktuellen Konstellationen sprechen leider dagegen. Der hier präsente, vornehmlich sunnitisch geprägte Islam sieht in den Sufisten nämlich Feinde.

Aber wie sind wir jetzt eigentlich auf die Religionen gekommen?, sagte Sawatzky.

Es kann sein, dass ich das verursacht habe, sagte Berissa, weil ich wegen den Querdenkern irgendwie auf Boko Haram zu sprechen kam

Nein, sagte Spohn, denn versursacht wird derzeit allenfalls ein Porgrom gegen Querdenker jeglicher Couleur, indem man sie zu Spinnern und „Rechten" macht. Das Üble dabei ist, die unterstellt bewusste Unterlassung einer sorgfältigen Differenzierung.

Wissen Sie, sagte Berissa, der Vergleich hinkt vielleicht ein wenig, aber ich stelle mir das manchmal vor wie die Fehlersuche an einem Kfz. Ein noch nicht identifizierter Fehler stoppt das ganze System. Würde ich für diesen Fehler die Elektronik in ihrer Gesamtheit verantwortlich machen, dann läge ich zu mehr als 95% falsch. Ich muss also durch mühsames Suchen und Analysieren herauszukriegen versuchen, wo der wirkliche Fehler steckt.
Mit ihrer Pauschalierung unerwünschter Opposition als rechts, kommen mir die deutschen Politiker so vor, als ob sie sich ein neues Volk suchen wollten. Sowas klappt aber nur in Afrika, weil dort die Menschen zu Millionen auswandern wollen, wobei ihre Nachkommen zielgerichtet das gleiche Dilemma immer wieder verursachen.
Wenn mich jemand fragen würde, in welcher Partei oder Organisation oder wo auch immer ich keine Idioten zu befürchten hätte, dann müsste ich passen, sagte Sawatzky. Ich kenne das aus meinem Metier und man glaubt ja gar nicht, wie sehr man sich selbst mit seinen eigenen Idiotismen schaden kann. Die gelegentlich vorhandenen Idiotenfilter sind nicht restriktiv genug. Egal mit welcher Demonstration oder Aktion du in guter Absicht unterwegs bist, so werden sich darunter stets auch Idioten befinden. Was aber, wie ich hörte, im Moment gefordert wird, das ist der Verzicht auf demokratische Praxis, denn wie soll man als Teilnehmer zunächst so genau wissen, ob eine Demonstration nun genehmigt wurde und wie sollte man vorab hellseherisch einschätzen können, ob irgendwelche Leute eine Randale planen? Genau das wird aber gefordert und man droht mit gesalzenen Geldstrafen.
Carsten Spohn dachte an den „Rat" und verkniff sich den Hinweis auf die dort eingeforderte Praxis eines Framing. Ihm war in den letzten Monaten aufgefallen, dass das Milieu, welches für Bullshit besonders empfänglich war, eher nicht unter den klassischen Arbeitnehmern ausfindig zu machen war. Eine mittelständische, meist verbeamtete Klientel, die ökonomisch nicht bedroht waren, hatten sich in einem kosmopolitischen Eliteprojekt wohlig eingerichtet, welches für sie etwas repräsentierte, was sie neue Weltoffenheit nannten, der sie sich zugehörig fühlen wollten. Dabei ersparten sie sich die kritische Betrachtung einer Agenda, deren Gestalt wesentlich defizitär war und dies auf gleich mehreren Ebenen
Die Gesellschaft der Zukunft als ein Egalitarismus der Moderne, welcher mit exakter ökonomischer Analyse nichts mehr zu tun haben will und den eigenen theoretischen Fundus auf moralische Verpflichtungen gegenüber dem Rest der Welt reduziert.
Sie waren mittlerweile beim Espresso angekommen und Spohn fiel die hämische Bezeichnung von den Latte Macchiato-Linken ein, welche diese für sich selbst nicht

gelten lassen wollte, da sie sich nicht als Teil des Problems, sondern als dessen Lösung begriffen.
Eigentlich hatte Sawatzky versuchen wollen, Berissa und Spohn an einem der nächsten Tage zum Golfspielen überreden zu wollen, aber dazu war er nicht gekommen und er fragte sich, ob diese Angespanntheit grundsätzlicher Natur war oder sich nur auf vergleichsweise wenige Leute beschränkte, die sich wie Getriebene fühlten. Auf dem Nachhauseweg im Auto dachte er an seine Tochter, die sich offenbar jemanden erwählt hatte, der einen bodenständigen Beruf erlernte und er erinnerte sich eines Buches, das er vor Jahren gelesen und zunächst wegen des Titels für eine Schrauberanleitung gehalten hatte. „Ich schraube,- also bin ich", lautete der Titel. Der Autor, Matthew Crawford, hatte das Handwerk des Motorradmechanikers erlernt und im Anschluss Soziologie studiert, was ihm einen Einblick in ganz unterschiedliche Welten ermöglichte. Vor dem Hintergrund einer beängstigenden Zahl arbeitsloser Akademiker, hatte das Handwerk in den USA einen enormen Aufwind erfahren und der Autor wusste seine Leser zu überzeugen, wenn er auf eine Erdung durch handwerkliche Tätigkeiten verwies, die ihm immer genutzt hatten. Motorräder, die nicht mehr gut oder gar nicht mehr laufen, sind mit großem Wissen und der nötigen Sorgfalt zu behandeln und wenn sie dann wieder ihre meist resoluten Lebensäußerungen entfalten, dann kann das eine größere Befriedigung sein, als eine soziologische Spekulation über gesellschaftliche Phänomene, so zumindest der Autor.
Berissa und Sawatzky waren auf ihre Weise nicht alltäglich, da sie beide einen anderen kulturellen Hintergrund hatten. Vermutlich war das Ankommen in Deutschland für Berissa als Nicht-Europäer schwieriger gewesen, aber das war nur eine Vermutung, weil man mit Schwierigkeiten unterschiedlich umgehen kann. Die am wenigsten erfolgreiche Methode ist dabei allerdings der Einbau von Hindernissen, die man selbst geschaffen hat.
Wenn das stimmte, was er gehört hatte und wenn Prof. Conte sich in seinem berechtigten Ärger wirklich von der hiesigen Uni verabschieden würde, was vermutlich weiteren Ärger nach sich ziehen würde, dann war es sicher sinnvoll, über die aktuellen Formen von Vertreibung laut nachzudenken. Kurt Enders war in der Redaktion für Internationales zuständig und wollte sich mit dem Thema des Exodus von mittlerweile vierrzigtausend Juden alleine in den letzten paar Jahren aus Frankreich beschäftigen und Spohn war entschlossen, ihn daran zu erinnern, falls es denn notwendig sein sollte.

Herr Hellweg,- Sie sind vielleicht

ein wenig zu optimistisch, wenn Sie von dem Gesprächen mit mir etwas erwarten, wovon Sie dann meinen, es könnte für das, was Sie zu schreiben beabsichtigen, von Nutzen sein, sagte Heinz Wundrak. Sein Schirm war diesmal als ein durchaus notwendiges Requisit zum Einsatz gelangt, denn es regnete heftig. Ferdis Gäste betraten die Gaststube in der gebückten Haltung, die sie auf der Straße eingenommen hatten, um dabei dem Regen eine vermeintlich geringere Angriffsfläche zu bieten, wobei allerdings der Rücken nasser wurde, als bei einer aufrechten Haltung. Es dauerte einige Sekunden, bis sie sich beim Ablegen der Kleider wieder eines aufrechten Ganges befleißigten. Schirme sind nicht mehr in Mode, sagte Wundrak, auch wenn der Meine heute nützlich war und denken sie nur Hellweg, Hüte auch nicht.

Wie meinen Sie das?, sagte der Angesprochene.

Ganz wörtlich mein Lieber. In den zwanziger, den dreißiger, ja auch noch in den 40er Jahren des vergangenen Jahrhunderts, trugen fast alle Männer einen Hut. Der Rest bevorzugte Ballonmützen, aber das war eher die Ausnahme.

Heute gibt es aber auch den einen oder anderen Hutträger, warf Hellweg ein, nachdem sie bei Ferdi den obligatorischen Milchkaffee in Auftrag gegeben hatten.

Aber ja doch, sagte Wundrak,- das sind modische sog. Outdoorhüte, aber die haben kein gesellschaftliches Selbstverständnis, was sich z.B. darin offenbart, dass man früher – also die Männer – bei einer Begrüßung den Hut zog. Das macht heute kein Mensch mehr. Verstehen Sie,- es fehlt das Selbstverständnis. Dieses Ritual, das war ein kultureller Habitus. Heute gibt es einige Leute, die bei einer Begrüßung auf der Straße gerade mal mit dem Zeigefinger der meist rechten Hand an den Mützen- oder Hutrand tippen, ähnlich einer etwas verunglückten militärischen Begrüßung. Der Rest nimmt nicht einmal mehr die Hände aus den Taschen.

Begreifen Sie das als Verlust?, fragte Hellweg.

Verlust?, sagte Wundrak,- es ist der Ausdruck einer sichtbaren sittlichen Verwahrlosung, während die anderen Verwahrlosungsformen meist weniger sichtbar bleiben, da sie auf anderen Ebenen stattfinden. Mittlerweile hatte sich Ferdis Kneipe trotz aller Seuchenregeln halbwegs gefüllt, aber das verdankte er dem Regen.

Sehen Sie, sagte Wundrak,- besonders bei schlechtem Wetter ist so eine Kneipe doch ein Fluchtpunkt und die Wirtinnen und Wirte sind dadurch auch durchaus witterungsunabhängig. Hinzu kommt ihre Fähigkeit als psychosoziale Ansprechpartner ohne Approbation. Man sollte für sie mal sowas wie einen Friedenspreis ausloben

Dann machen Sie doch mal einen Vorschlag!, sagte Hellweg.

Mein lieber Hellweg,- Sie halten mich ja ohnehin schon für kurios, weshalb ich diese ihre Einschätzung ja nicht noch steigern muss. Schauen Sie, diese Gespräche, die in Kneipen geführt werden, die sind nicht alle auf einem intellektuell befriedigenden Niveau, aber manchmal reicht das schon für ein bisschen Trost, wenn man gerade im Familien- und Freundeskreis ein scheinbar unverfängliches Gespräch über das Wetter hinter sich gebracht hat mit der Folge, dass sich ein ganzer Sermon von katastrophischen Vorhersagungen über einen ergossen und ein über Stunden andauerndes Schuldgefühl aktiviert hat, welches die eigene Lebensweise als unverantwortlich hat in Erscheinung treten lassen. Welche Wohltat sind dann ein paar Handwerker, die von ihrem Arbeitstag erzählen und ein paar Witze vom Stapel lassen, die wenig Zweifel am Ur-Bestand der Welt lassen, der nach einem einfachen Muster funktioniert.

Sind Sie sicher?- fragte Hellweg.

Absolut, denn wenn Sie sich in den oberen Etagen mal umsehen, dann werden Sie feststellen, dass dort das gleiche Muster vorherrscht. Allerdings ist die dabei verwendete Sprache eine andere, denn sie muss sich selbst einzureden versuchen, die eigene Agenda sei unumstößlich richtig. Man ist in diesem Kreisen zwar zu den einfachsten und lebenserhaltenden Kulturtechniken nicht mehr fähig, aber man ist zukunftsorientiert.

Wie soll ich das verstehen?, sagte Hellweg.

Wie ich gerade in einem deutschen Polit-Magazin las, hofft man mit der neuen Außenministerin auf eine feministische Außenpolitik. Sehen sie, das ist z.B. so ein gravierender Unterschied zu den Bedürfnissen einer Mehrheit, die vielleicht ganz froh wäre über eine vernünftige Russland-Politik, damit der Gaspreis nicht weiter explodiert. Ob das mit Feminismus zu leisten ist, möchte ich bezweifeln.

Sie glauben also nicht an eine besondere Kraft eines weiblichen Elements, sagte Hellweg?

Ach wissen Sie, ein gar nicht so unbeträchtlicher Teil der mir bekannten Frauen tendiert ein bisschen zur Esoterik und glaubt an heilende Düfte oder Steine. Ein weiterer Teil wäre heilfroh, keine Kinder in die Welt gesetzt zu haben und der Rest kann mit seinem Schicksal recht gut umgehen und ist gelegentlich recht handfest. Die Esoterikerinnen halten Männer für entbehrlich, haben aber außereheliche Kinder. Die kinderkritischen Frauen schimpfen auf die Männer, halten sie aber für relativ unentbehrlich und die handfesten Damen halten die naturgegebenen Verhältnisse zwar nicht für ideal, zweifeln jedoch an ihrer grundsätzlichen Veränderbarkeit und versuchen das Beste daraus zu machen. Die Erfindung neuer Geschlechter ist ihnen unheimlich und von weiblichen Quoten halten sie deshalb nichts, weil ihnen das peinlich ist.

Ich weiß, sagte Wundrak, die Darstellung ist nicht erschöpfend, aber plausibel.

Was würden Sie sagen, wenn man Ihnen eine sehr konservative Grundhaltung unterstellen würde?, sagte Hellweg.

Nichts würde ich antworten, weil eine Faktizität nicht konservativ oder progressiv sein kann.

Maria,- hast Du Raoul

zwischendurch mal wieder angerufen?
Ja,- aber ich habe nur seinen AB erreicht.
Wenn Du aber vielleicht mal die Karin Bruckner anrufst, dann weiß man vielleicht, wie das alles weitergehen soll.
Tonio,- ich mache mir große Sorgen,- sehr große sogar! Raoul ist ein Mensch, der viel aushalten kann, aber es gibt bei ihm den berühmten Point of no Return. Den gab es auch, als er Kolumbien verlassen hatte und auch damals argumentierte er, dass alles keinen Zweck mehr habe.
Ich verstehe, sagte Sawatzky, aber bei allem Ärger kann man ihm seinen Platz an der Uni nicht streitig machen oder irre ich mich?
Nein, da hast Du recht, aber weißt Du, er hatte in Kolumbien sein Leben in Gefahr gesehen und hier ist es nicht nur seine ganz persönliche Arbeit, sondern die Freiheit der Wissenschaft, die er bedroht sieht. Beschimpfungen kann er verkraften, aber man hat Teile seiner Arbeiten vor das Gebäude geworfen und zusammen mit einigen Möbelstücken angezündet. Das hätte er hier nie für möglich gehalten.
Und was glaubst Du was jetzt geschehen wird?
Er wird ja wegen der gerichtsnotorischen Angelegenheiten, die sich zum Teil ja sogar gegen ihn richten, vorerst mal hier bis zum Abschluss bleiben müssen, was ihn übrigens gar nicht so sehr belastet. Ich garantiere Dir aber, dass er zwischendurch nach Seattle fliegt, um sich dort zu bewerben. Er kennt da ja jemanden, der ihm helfen kann.
Sawatzky schwieg eine Weile und sagte dann: Maria,- ich weiß, wie wichtig er für Dich ist, aber ich weiß auch nicht was ich machen soll und ich weiß vor allem nicht, wie ich das alles verhindern kann, weil es Dich ja unglücklich macht.
Tonio,- wenn Du nicht wärest, würde ich mit ihm gehen, aber ich bleibe bei Dir,- sei unbesorgt.
Sawatzky ging langsam auf sie zu, nahm sie in die Arme und er spürte, dass sie weinte.
Maria,- meinst Du, dass der Prof. Mendes auch seinen Abschied nimmt?
Das ist schwer zu sagen Tonio, aber ich weiß von Raoul, dass er, also Mendes, jemanden in Irland kennt, der an der Universität von Cork beschäftigt ist, auch ein Anthropologe. Der Mendes ist nun aber schon seit einiger Zeit mit Karins Tante befreundet, die hier ja ein Haus mit einem schönen Garten hat. Da bin ich nicht so sicher, ob sie sich davon trennt, um mit ihm nach Cork zu gehen und dort

dauerhaft zu leben. Die Iren sind ja, wie ich vermute, ganz nette Leute und sie musste jetzt selbst ein wenig lachen, aber alles ist ja doch nicht so einfach wenn man nicht mehr so jung ist.
Nicht nur das, sagte Sawatzky, denn Du musst Dich mit jedem Land irgendwie arrangieren, seine Besonderheiten erkennen und lernen, damit befriedigend umzugehen.
Ich weiß, sagte sie und Raoul konnte es in seiner ersten Zeit in Europa ja nicht fassen, wenn die Leute an roten Ampeln stehen blieben, wenn außer ihnen weit und breit niemand unterwegs war. Weißt Du,- ich selber war als Frau eher positiv beeindruckt, wenn ich gleichberechtigt und ordentlich behandelt wurde. Das ist in Südamerika nämlich die absolute Ausnahme. Neuerdings scheint es aber so zu sein, dass eine große Zahl von Frauen, zumindest in Deutschland, zu der Ansicht gelangt ist, dass ihnen eine gleichberechtigt zustehende Teilhabe am öffentlichen Leben durch eine patriarchalische Männerdominanz verwehrt wird. Tonio,- ich kann das nicht umfänglich beurteilen, weil es in Einzelfällen ja vorkommen kann, aber als eine Tendenz hat sich mir das bislang nicht offenbart. Wenn man jetzt mit Quotenregelungen oder womit auch immer, Frauen ohne Befähigungsnachweis favorisiert, weil das jetzt Mode ist, dann halte ich das für das schwerwiegende Problem eines missverstandenen Feminismus.
Das Wetter hatte sich gebessert und Sawatzky blickte aus dem Bürofenster in den Hof, wo sein Fahrer Mirek einen der LKWs inspizierte und dabei das Führerhaus nach vorne geklappt hatte, als das Telefon klingelte.

Herr Sawatzky,- hier ist

Christine Berissa und wir wollten sie und die Maria Conte ganz herzlich zum Cous-Cous-Essen einladen, falls Sie sowas mögen.
Ich bin ein kilometerfressender Gourmet zumindest zu den Zeiten gewesen, als ich meistens selber gefahren bin und darf Ihnen versichern, dass ich das sehr gerne esse und was die Maria angeht, so werde ich sie fragen, denn sie steht gerade neben mir.
Ich habe alles verstanden, sagte sie für Christine Berissa gut hörbar und ich habe dieses Gericht bisher nur einmal in Frankreich gegessen, fand es aber sehr fein. Vielen Dank für die Einladung!
Wann sollen wir denn kommen?, fragte Sawatzky.
Wenn Sie schnell entschlossen sind dann gleich heute so gegen 19 Uhr. Ist das recht?
Ist es, sagte Maria laut genug und beide mussten lachen.
Irgendwie war die Einladung zum richtigen Zeitpunkt gekommen. Wenn man gerade dabei ist, lieb gewordene Personen aus dem eigenen Umfeld verabschieden

zu müssen, war dies ein willkommener Trost. Die Berissas waren über die entstandene Situation informiert. Sie waren sehr betroffen und für sie hatte das alles etwas Gespenstisches.

Karin,- gutem Morgen,
hier ist Raoul und bitte entschuldige die frühe Störung, aber ich habe am Nachmittag einen Termin beim Geisinger und will anschließend noch zu Volker, so dass wir uns heute möglicherweise gar nicht sehen.
Du störst mich gar nicht, denn ich bin ja schon wach, aber Du wirkst ein wenig eilig.
Ja,- es ist so, dass ich für übermorgen einen Flugtermin nach Seattle gebucht habe, der aber noch bestätigt werden muss. Ich werde dort aber nur vier Tage lang bleiben, um das Nötige hoffentlich in die Wege zu leiten.
Ich weiß, sagte sie und wir hatten ja besprochen, dass ich nicht mitkomme, denn erstens fühle ich mich seit einigen Tagen nicht wohl und zweitens will ich mir den überseeischen Seuchenzirkus ersparen. Ich denke aber, dass wir uns vor Deinem Abflug noch sehen.
Auf jeden Fall, sagte er.
Du siehst den Volker ja heute. Hatte er sich zwischendurch nochmal bei Dir gemeldet?
Nein und deshalb will ich ihn heute unbedingt noch sprechen. Ich weiß nämlich nicht, ob seine Vorlesungen auch erneut gestört wurden, werde es wohl aber zuvor schon vom Geisinger erfahren.
Hast Du eine Ahnung wie er sich positionieren wird-? fragte sie.
Ja,- sagte Conte. Er wird mir gut zureden und mir raten, das doch alles nochmal zu überdenken, aber ich werde ihm sagen, dass ich selbst übelste Beschimpfungen ausgehalten hätte, nicht jedoch den Versuch einer Zerstörung meiner Arbeiten, auch wenn man das vielleicht als geschmacklosen Symbolismus begreifen könnte. Der einzige, der meine Arbeiten verbrennen oder wegwerfen kann bin ich selbst und ich kann und will in einem Umfeld wie diesem nicht mehr länger arbeiten.
Als er sich verabschiedet hatte, war ihr das ganze Ausmaß der jüngsten Geschehnisse erneut bewusst geworden. Es war etwas geschehen, womit sie nicht gerechnet hatte und es würde gravierende Folgen haben.
Im Internet hatte sie sich über Seattle informiert und das war nicht nur die größte, im Nordwesten der USA gelegene Stadt im Staat Washington, wo dieser an Kanada grenzt, sondern sie war auch von einer beeindruckenden Naturlandschaft umgeben, die vielfältige Möglichkeiten bot. Auch das kulturelle Angebot war bemerkenswert. Die Frage war, wie hoch die Lebenshaltungskosten sein würden und sie war fest entschlossen, ihr Studium nicht abzubrechen. Die Anthropologie

war für sie kein Ausweichfach gewesen und mit Prof. Mendes hatte sie einen Wissenschaftler, mit dem sie auch menschlich gut zurecht gekommen war. Wenn sich die Situation mit Raoul nicht ergeben hätte und Mendes nicht auch in den Focus der Kritik geraten wäre, so hätte sie ihn möglicherweise auch verloren, wenn er nach Cork gegangen wäre. Damit tröstete sie sich ein wenig, denn so richtig hatte sie sich mit dem Gedanken, hier sämtliche Zelte abzubrechen, noch nicht angefreundet.
Ich muss mal den Bernd anrufen, dachte sie und sie wählte seine Nummer. Bernd,- wo bist du denn gerade....störe ich dich?
Ich bin in der Werkstatt, aber Du störst überhaupt nicht. Was gibt es denn Neues?

Das kommt darauf an was Du schon weißt.
Na ja,- sagte er, im Moment ruht ja schon mal der Vorlesungsbetrieb zwar nicht total, ist aber seuchenbedingt eingeschränkt und ich weiß natürlich was da passiert ist. Der Conte ist ja temperamentvoll und wird sich so einiges auf Dauer nicht gefallen lassen.
Mit dem Begriff Dauer triffst Du den Kern der Sache, sagte sie, denn Raoul hat einer möglichen Dauer jetzt schon eine Absage erteilt.
Wie soll ich das verstehen?
Er will hier weg und fliegt übermorgen für ein paar Tage nach Seattle, um sich zu bewerben.
Und Du?
Ich fliege jetzt nicht mit, weil mir das ein bisschen zu viel ist für die paar Tage und ich könnte ihm auch gar nicht helfen. Wenn er sich dann erfolgreich bewerben kann, dann werde ich mit ihm gehen. Einen Moment lang blieb es still in der Leitung und dann sagte er:
Mensch Karin, Seattle ist eine wunderschöne Stadt mit ganz unglaublichen Möglichkeiten. Ich würde das mal als eine progressive Wende in meinem Leben begreifen.
Ja Bernd, das ist eine pragmatische und vermutlich sogar richtige Sicht der Dinge, aber so weit bin ich noch nicht und nochwas. Der Volker Mendes will sich nach Cork in Irland verabschieden, also auch nicht hier bleiben.
Bist Du sicher?
Das hat er zumindest in meinem Beisein gesagt.
Da wird der Geisinger aber Augen machen und ich werde mir wohl auch etwas einfallen lassen müssen, sagte Bernd Speicher. Ich kann mir nämlich nicht vorstellen, dass es dem Geisinger dann gelingt, die Stellen schnell wieder neu zu besetzen.

Darüber habe ich mir noch garkeine Gedanken gemacht, sagte sie, aber wenn ich mich nicht irre, wird es in der ganzen Sache einen nicht zu unterschätzenden Wirbel in den Medien geben. Schließlich gehen die beiden ja nicht deshalb, weil man sie abgeworben hat, sondern weil sie aus gutem Grund hier nicht mehr unterrichten wollen.
Das ist wohl richtig, sagte er, aber mit dem Pressewirbel ist das so eine Sache, denn es muss Leute geben, die ihn machen wollen. Was mich betrifft, so kann ich mir durchaus vorstellen, auch mal zwei Semester in Irland zu studieren.
Ich bewundere Dich, sagte sie.
Sag mal Karin, Du hattest mir doch zwischendurch mal erzählt, dass der Mendes sich mit Deiner Tante angefreundet hat.
Ja ja, sagte sie und wenn Du mich fragst, dann ist das eine durchaus ernste Angelegenheit. Ich habe keine Ahnung, wie sie das dann regeln wollen, denn meine Tante wird ihr schönes kleines Haus nicht einfach aufgeben. Zumindest glaube ich das nicht.
Weißt Du, wenn ich zwischendurch mal wieder ein wenig Durchblick brauche, dann fahre ich wenn möglich ein bisschen Motorrad. Das reinigt meine Seele und verschafft Freude an dynamischer Bewegung. Kann ich irgendetwas für Dich tun?
Eigentlich nicht, sagte sie oder doch, denn ich wäre Dir dankbar, wenn Du Raoul zum Flughafen bringen könntest. Ich bin nicht richtig fit und verabschiede mich lieber hier von ihm als auf dem anonymen Flugplatz.
Sehr zu Diensten, sagte er und ich bitte um rechtzeitige Information hinsichtlich des einzuhaltenden Zeitfensters.
Mach ich und vielen Dank Bernd! Ich war jetzt einfach froh, Deine Stimme zu hören, zumal bei Dir nie eine Situation entsteht, aus der es keinen Ausweg mehr zu geben scheint.
Die gibt es auch, sagte er, aber ich rede sie mir schön. So einfach ist das.

Gemeinsam mit einer Reihe

weiterer Pressevertreter war Carsten Spohn im „Rat" zusammengekommen und einer der Tagesordnungspunkte war die Einschätzung des Wegganges von Prof. Conte, die als sicher gelten konnte. Im Hinblick auf Prof. Mendes herrschte noch eine gewisse Unsicherheit.
Von beiden war hinreichend bekannt, dass sie an der hiesigen Universität nicht unglücklich waren. Die jüngsten Vorfälle waren zweifellos eine Zäsur und erweckten den Eindruck einer mutwilligen Vertreibung, wobei Raoul Conte der eigentliche Dreh- und Angelpunkt war.
Im „Rat" gab es gewichtige Stimmen, die den Vorfall nicht überbewertet wissen wollten. Die 70er Jahre des vergangenen Jahrhunderts wurden herangezogen und

es habe in dieser Zeit sowohl massive Störungen, als auch durch einen Teil der Studentenschaft verursachte Einschränkungen des Lehrbetriebes gegeben, sowie zudem diverse Attacken gegen einige Professoren, die nach der damaligen Diktion als reaktionär galten. Es sei in diesem Falle zu bedenken, dass es sich nur um einen Teil der Studentenschaft gehandelt habe und man müsse bei Prof. Conte bedenken, dass er mit seiner Haltung zu einer Reihe von gesellschaftlichen Fragen auch polarisiere und dies bewusst in Kauf nehme. Es gehe hier nicht um einen Zweifel an seiner wissenschaftlichen Befähigung, sondern um seine mehrfach geäußerte Ablehnung neuer Aspekte in der Minderheiten und Geschlechterdebatte. Zudem habe er aus seiner ablehnend kritischen Haltung gegenüber dem Islam keinen Hehl gemacht, was aus heutiger studentischer Sicht als rechtspopulistisch gedeutet werde.
Daraufhin hatte Spohn sich mit der Frage zu Wort gemeldet, wer denn eigentlich die Dimensionen des neuen Meinungskorridors festlege und wer es sich denn vor allem anmaße, die klassischen Kategorien von Links und Rechts einer Neudeutung zu unterziehen, womit auch die berechtigte Kritik an einer durch und durch klerikal-faschistischen Ideologie zu rechter Hetze werde. Einen Moment lang trat Schweigen ein und der Vorsitzende meinte nach ein paar Sekunden:
Bei aller Achtung Herr Spohn, aber wir müssen hier schon zusehen, dass wir nicht im Lager der Querdenker landen.
Das wäre aber beim Stand der Dinge fast eine Auszeichnung, sagte Spohn, denn wenn wir so weitermachen, dann landen wir in garkeinem Lager mehr wo noch irgendwie gedacht wird, sondern in dem der Denkverweigerer und ich sage Ihnen etwas, damit wir uns richtig verstehen. Wir, also meine Redaktion, wir sind ein vergleichsweise kleines Blatt, das aber von ganz unterschiedlichen Leuten gelesen wird und wir erkennen an den Zuschriften, dass sie in uns eine Informationsquelle sehen, die sich dem auch hier verordneten Mainstream nicht beugt.
Sie unterstellen uns also eine Art Zensur, sagte der Vorsitzende.
Nennen Sie es wie sie wollen, aber die Versuche des Abwiegelns, die hier seit geraumer Zeit laufen, sind der Versuch, eine bisweilen sehr klare Faktenlage durch moralische Frames zu konterkarieren und soll ich Ihnen sagen was dahintersteckt? Die Bundesregierung sieht in der Presse schon seit einiger Zeit so etwas wie Hilfstruppen regierungsamtlicher Propaganda zwecks Beförderung der gerade aktuellen Agenda oder auch deren gleich mehrerer. Da darf dann natürlich auf keinen Fall etwas umfänglicher über bestimmte Vorkommnisse berichtet werden, die das vielleicht gefährden könnten. Ich nenne das eine Systempresse und wir werden dabei nicht mehr mitmachen, weil wir uns sonst nämlich für unseren jämmerlichen Journalismus schämen müssten. Das werden wir uns nicht antun und wir betreiben auch keine semantische Kriegsführung! Sie werden jetzt mit

Sicherheit versuchen, uns wegen dieser meiner Äußerungen ins rechte Lager abzudrängen, aber wissen Sie was?,- ich empfinde das mittlerweile als eine Auszeichnung! Die sog. Toleranz, die Sie hier einfordern, wird ein Niveau erreichen, dass intelligenten Menschen das Denken verboten wird, um Idioten nicht zu beleidigen. Nein, das stammt nicht von mir, sondern von Dostojewskij. Ich wünsche einen guten Abend!
Spohn hatte sich lange zurückgehalten und es war auch nicht ausschließlich diese Sache an der Uni, über die möglichst zurückhaltend und moderat berichtet werden sollte. Auch das, was er als die eingeforderte Seuchenberichterstattung bezeichnete, war durch das höchst dubiose Zahlenmaterial im Grunde nicht mehr als eine katastrophische Propaganda und es hatte ihn besonders geärgert, dass der Vorsitzende des Deutschen Städte und Gemeindetages mit hohen Geldstrafen an die Adresse derjenigen gedroht hatte, die sich entweder an nicht genehmigten oder gewaltsam endenden Demonstrationen beteiligen würden. So dumm konnte der Herr doch nicht sein, um nicht genau zu wissen, dass das ein Demonstrationsverbot durch die Hintertür war, denn niemand kann genau vorhersagen, wann und warum eine Demonstration aus dem Ruder läuft. Spohn hatte seine Sachen zusammengepackt und den Konferenzraum grußlos verlassen. Sein „Guten Abend" war eher so etwas wie ein Abgesang, denn an diesen Sitzungen würde er sich nicht mehr beteiligen. Im Auto angekommen rief er Herbert Wendler an, um ihn auf die Aussagen des Vorsitzenden des Deutschen Städte und Gemeindetages hinzuweisen.
Chef,- das habe ich auch gehört, sagte Wendler gut gelaunt und ich denke mal, dass wir denen eine reinwürgen.
Ich habe eine ausgezeichnete Mannschaft, dachte Spohn zufrieden. Keine Vollprofis im Sinne einer speziellen Ausbildung, aber wenn sich ausgewiesene Profis reglementieren und einschüchtern lassen, dann ist es vielleicht besser, sich als Seiteneinsteiger den Überblick zu bewahren.

Hier riecht es auf jeden Fall

schon mal ganz wunderbar, sagte Maria Conte, als sie die Wohnung der Berissas betraten und begrüßt wurden.
Das will ich hoffen, sagte Christine Berissa und zudem soll es dann auch so gut schmecken wie es riecht.
Bei uns in Polen bevorzugt man meistens das, was man in Deutschland eine Hausmannskost nennt und besonders beliebt bei uns ist so ein Sauerkrautkulasch, den man dort Bigosch nennt.

Sowas kennen wir aus Afrika gar nicht, sagte Berissa, aber so ist das mit den nationalen Esskulturen, die natürlich auch von dem abhängig sind, was dort am besten wächst, wo diese Kulturen ihre Wirkung haben.
Sag mal Anton, hast Du schon mal die neue LKW-Hebebühne benutzt, die Du in Peterslahr gekauft hattest?, wollte Berissa wissen.
Ja,- aber nicht für einen LKW, sondern nur für den Hummer, weil der gelegentlich auch mal etwas Zuwendung benötigt. Aber warum fragst Du? Sie funktioniert einwandfrei und man hatte mir extra noch jemanden vorbeigeschickt, der beim Aufbau geholfen hat, denn sonst muss man sich durch die amerikanische Aufbau-Anweisung hindurcharbeiten. Das Problem ist aber eher eine ordentliche Befestigung im Betonboden, aber auch das hat geklappt.
Erstaunlich sagte Berissa, denn es scheint noch Sachen zu geben die funktionieren.
Warte mal, bis sie digitalisiert werden, sagte Sawatzky und lachte dröhnend.
Maria,- Sie wissen natürlich besser, was da an der Uni passiert ist, sagte Christine Berissa, während sie die Cous-Cous-Töpfe auf den Tisch stellte.
Ach wissen Sie, so ein bisschen Randale hätte mein Bruder locker weggesteckt. Er hat schon Schlimmeres erlebt, aber dass sie Teile seiner schriftlichen Arbeiten zusammen mit Möbelstücken aus seinem Büro vor der Tür angezündet haben, das hat er ihnen nicht verziehen.
Und das wollen dann politisch gesehen Linke sein, sagte Berissa und dann machen sie gleich auch noch so eine Art von Bücherverbrennung.
Das dachte ich auch, sagte Sawatzky, weil ich eigentlich davon ausgegangen bin, dass das in Deutschland ein absolutes no go ist.
Tonio,- ich las am Vormittag im Internet, dass ein deutsch-französischer Professor, dessen Name mir jetzt leider entfallen ist, massiv von den Studenten angegangen wurde, weil er den Begriff Islamophobie nicht gelten lassen wollte, womit er ja meint, dass eine Kritik am Islam keine Krankheit ist. Der Rektor hat ihn jetzt erst mal beurlaubt, sagte Maria Conte.
Christine Berissa blickte sie fassungslos an. Das habe ich auch schon mal gehört, also diese Zuweisung einer kritischen Haltung in den Bereich einer Krankheit und das müsste doch zumindest die gebildeten Leute an totalitäre Regime erinnern, wo eine Systemkritik als Geisteskrankheit gewertet wird, woraufhin man durchaus die Chance hat, in einer Anstalt zu landen.
Diese Leute sind die Steigbügelhalter einer Gegenaufklärung, sagte Berissa, aber vermutlich fühlen sie sich wie die Herolde einer neuen Zeit.
Neue Zeiten müssen nicht immer bessere Zeiten werden, sagte Sawatzky. In der Geschichte der Menschheit ist vorübergehend gelegentlich schon das Wissen von Generationen verloren gegangen und musste später mühsam wieder erarbeitet werden. Die aktuellen europäischen Macher scheinen mir nicht die klügsten und

die Geschichte war stets grausam genug, dies zu gegebener Zeit deutlich werden zu lassen.
Stimmt, sagte Berissa, aber sie können dann nicht mehr zur Rechenschaft gezogen werden, wenn man mal davon absieht, dass das eine oder andere Denkmal gestürzt wird.
Christine Berissa lachte. Ich habe eine Freundin, erzählte sie und die wohnt in einem Viertel, wo die Straßen häufig die Namen von Personen tragen, von denen man annehmen durfte, dass sie sich irgendwann mal verdient gemacht hatten. Das hat sich aber grundsätzlich geändert, denn plötzlich sind sie fast alle verdächtig. Das Spektrum der inkriminierten Namensgeber reicht von Kolonialisten über Rassisten, bis hin zum kaisertreuen Militaristen und späteren Nazis.
Ja ja,- das ist gefährlich mit den Namen, sagte Berissa und ich würde grundsätzlich auf Tier oder Pflanzennamen ausweichen, wobei ein Hanfweg natürlich auch verdächtig wäre. Vom Eulenweg über den Hamstersteig bis zur Nilpferdstraße, böte sich ein reichhaltiges Sammelsurium, zumal ja auch die deutschen Erfinder vor Verdächtigungen nicht mehr sicher sein können. Ich möchte heute z.B. nicht in der Rudolf-Diesel-Straße wohnen und zugleich einen Diesel fahren. Das könnte als bewusste Provokation gedeutet werden, denn immerhin ist der Anteil des Herrn am ökologischen Weltuntergang immens, wie wir leider heute erst wissen.
Alle lachten und Christine Berissa meinte, das sei nun doch vielleicht ein wenig zu überspitzt.
Nicht unbedingt, sagte Sawatzky, denn ich habe einen Kollegen, der auch aus Polen kommt und im Saarland verheiratet ist. Der ist viele Jahre lang für die Röchlingschen Eisen und Stahlwerke in Völklingen gefahren und hatte erlebt, welchen Streit es um einen etwas höher gelegenen Stadtteil von Völklingen gegeben hatte, wo der Firmengründer Hermann Röchling in durchaus nicht unegoistischer Absicht eine Arbeitersiedlung hatte bauen lassen, wobei die Arbeiter diese Häuser auch käuflich erwerben konnten. Damals hieß dieser Stadtteil Bouser Höhe, weil er eigentlich ein bisschen näher an dem Völklingen vorgelagerten Ort Bous liegt. Später, aber interessanterweise erst nach dem Kriege, wurde die Siedlung in Hermann-Röchling-Höhe umbenannt. Da sich der Herr Röchling wie alle Stahl-Barone mit den Nazis gemein gemacht hatte, wollten einige Leute, dass der Name Röchling keine Verwendung mehr finden sollte, wobei die Hütte, also das Stahlwerk selbst, den Wohlstand von Generationen gesichert hatte und weltweit auch im ehemals befeindeten Ausland engagiert war. Der Streit hat Jahre gedauert und viel Geld verschlungen. Jetzt heißt der Wohnbereich übrigens Röchling-Höhe. Offensichtlich war wohl der Vorname der antifaschistische Stolperstein. Mein Kollege hat das nie verstanden und ich übrigens auch nicht. Maria,- wie Du siehst, ist Deutschland nicht nur deshalb komisch, weil die Leute auf leeren Straßen, die

zugegeben selten sind, an roten Ampeln warten, sondern bestimmte Namen sind auch ein großes Problem.
Du hast Recht Tonio, aber wir würden uns in Südamerika auch gegen Benennungen verwahren, wenn dort alte Faschisten gefeiert werden.
Ja Maria,- einverstanden, denn das fände ich auch nicht gut und ich habe mir sagen lassen, dass der alte Röchling auch russische Kriegsgefangene als Zwangsarbeiter beschäftigt hatte. Die Frage, die ich mir aber bei sowas auch stelle, die betrifft die für mich nicht ganz erkennbare Möglichkeit, sich als Industrieller einem totalitären System zu entziehen und dies vor allem dann, wenn man Stahl produziert, also eine kriegswichtige Substanz und Ressource.
Na ja,- sagte Berissa, bei einer Weigerung würde man vermutlich enteignet und der Betrieb würde beschlagnahmt. Mit etwas Glück könnte man ins Ausland entkommen und irgendwann zum antifaschistischen Helden werden.
Erschossen werden ist noch ehrenhafter, sagte Sawatzky.
Man flieht aber nicht immer nur vor offenem Terror, sagte Maria. Mein Bruder hatte eine unglaublich hohe Erwartung an Deutschland. Für ihn war das immer eine gewachsene Kulturnation mit einer Reihe positiver Besonderheiten. Die braune Historie hat er nie ausgeblendet und sich lange damit beschäftigt und zugleich war Völkermord für ihn kein singulares Ereignis. Wer aus Südamerika kommt, der weiß in der Regel etwas über den Genozid an gut zwanzig Millionen Indianern, wobei man die wie ich gerade hörte, offensichtlich nicht mehr so benennen darf, weil es sie angeblich diskriminiert. Verübt wurde das von den Conquistadores und obwohl man deren Denkmäler in Europa finden kann, so gibt es für diese Toten der einstmals indigenen Völker keine Gedenkstätte. Nirgendwo! Und bei den Nachkommen der Conquistadores gibt es auch keinen Habitus einer ewigen Schuld.
Ja, sagte Berissa, die Mühlsteine der Geschichte haben Spanien und Portugal klein gemahlen. Von ihrer einstigen Größe ist nichts geblieben. Ein Großdeutschland gibt es auch nicht mehr, weshalb zwar jeder mit seiner Geschichte leben, dabei aber zugleich nicht ständig in Sack und Asche gehen muss, weil man Schuld nämlich nicht erben kann.
Wisst Ihr, sagte Sawatzky, in Polen wird auch so getan, als sei das ganze Land immer schon ein antifaschistisches Bollwerk gewesen, aber das ist leider großer Unfug. Es gab nämlich viele Nazi-Kollaborateure und es gab leider auch einen massiven Antisemitismus in Teilen der Bevölkerung und bei den Eliten. Ich bin persönlich nie verfolgt worden, aber ich empfand das Leben in Polen immer als sehr beschwerlich. Wenn man jetzt in Deutschland sogar als Wissenschaftler nicht mehr offen seine Meinung sagen kann, weil man sogar physische Anfeindungen zu fürchten hat, dann verliert Deutschland sein bislang liberales Gesicht und damit

aus meiner Sicht den zentralen Grund für seine Attraktivität. Für uns eingewanderte Polen war das immer wichtig, weil Polen vor 1990 kein liberal-demokratischer Staat war. Das Problem ist, dass diejenigen, die aktuell in großer Zahl einwandern, gar nicht wissen können, was eine liberale Demokratie ist. Das, was man hier liberal nennt, wird von ihnen als Schwäche gedeutet, die man für den eigenen Vorteil nutzen kann.

Und umgekehrt ist das, was Raoul, also mein Bruder hier gerade erlebt hat, absolut nicht liberal zu nennen, sondern einfach anmaßend, sagte Maria Conte.

Es ist vor allem ganz schrecklich dumm, sagte Sawatzky und das in einem Land, in dem mal Bücherverbrennungen stattgefunden haben, die jetzt von sog. Linken betrieben werden. Es ist ganz einfach nicht zu fassen.

Maria, sagte Christine Berissa, das ist jetzt wohl ein wenig indiskret, aber mir vermittelt sich das so, dass Sie sehr an ihrem Bruder hängen.

Ja,- sagte sie, das ist so. Wir hatten und haben ein gutes Verhältnis zueinander und können uns aufeinander verlassen. Ihr Bruder hat da ja auch eine sehr nette Freundin seit einiger Zeit.

Ja,- die Karin Bruckner, die bei dem Prof. Mendes Anthropologie studiert.

Haben Sie mal mit ihr gesprochen wie sie zu dem Problem steht?

Offen gestanden nicht zu der Reaktion meines Bruders Deutschland verlassen zu wollen. Ich habe mich offen gestanden gar nicht getraut, denn mir ist klar, dass das die erste große Prüfung für die beiden ist und damit hätte es ja noch etwas Zeit gehabt.

Sawatzky merkte, dass Maria den Tränen nahe war und nahm sie in den Arm.

Maria,- bitte entschuldigen Sie, sagte Christine Berissa.

Nein nein, sagte sie leise. Das ist ja wichtig! Ich muss mit der Karin reden,- unbedingt sogar.

Der vorübergehende Sonnenschein

hatte sich als unbeständig erwiesen, als Bernd Speicher Raoul Conte zum Flughafen fuhr. Als er sich von Karin verabschiedet hatte, musste er Theater spielen, aber das war ihm nicht so recht gelungen und er hatte den Eindruck, dass seine Worte „ich bin ja in ein paar Tagen wieder da" wenig trostreich waren. Machs gut, hatte sie gesagt, aber er spürte, dass alles, was er jetzt erreichen konnte, eine gehörige Zeit brauchen würde, um gut zu werden.

Bernd Speicher mochte den Professor, obwohl dieser für sein Studienfach nicht zuständig war. Für ihn hatte er etwas Abenteuerliches und man musste auch nichts hinzuerfinden, wenn man seine Vita kannte.

Wissen Sie Herr Professor, sagte er nach ein paar Minuten, während derer er den Wagen mit seiner flüssigen Fahrweise aus der Stadt bewegt hatte,- ich bin ja bei

ihrem Kollegen Mendes eingeschrieben, mit dem sie befreundet sind und hatte mich auf das Etrusker-Projekt in Italien gefreut, was uns jetzt durch den Seuchenzirkus vermasselt wurde und das war schon schlimm genug. Was aber jetzt entstanden ist, das ist auch die Folge einer Seuche, gegen die man allerdings nicht impfen kann.
Sagen Sie das nicht, sagte Conte und musste lachen. Wer sich aufklärerischer Literatur nicht verweigert, der oder die ist so gut geimpft, wie es für die Abwehr einer Gegenaufklärung nötig ist.
Darf ich Sie indiskreter Weise fragen, ob ihr Weggang eine beschlossene Sache ist?
Sie dürfen, sagte Conte. Die Sache ist beschlossen, weil für mich eine rote Linie überschritten wurde.
Ihr Kollege Mendes hat wohl durchblicken lassen, dass er eventuell nach Cork gehen will.
Und woher wissen Sie das?
Na ja,- die Karin hatte das wohl gesprächshalber mitbekommen und hat es mir erzählt.
Es ist ja auch kein Geheimnis, sagte Conte, zumal der Volker in Cork einen netten irischen Kollegen hat. Die beiden hatten sich mal auf einem Kongress getroffen und sind sich schriftlich erhalten geblieben.
Irgendwie hatte ich eine irische Universität nie im Blickfeld, sagte Bernd Speicher.
Ich kenne diese Stadt auch nicht, sagte Conte, aber der Volker war mal dort und ihm hat es sehr gut gefallen. Wenn er das in die Tat umsetzt, dann fragen Sie ihn doch mal, ob Sie nicht zwei Semester dort bei ihm studieren können. Was spricht denn dagegen? Die Vorlesungen hält er dann in Englisch.
Wissen Sie was ich auch bedauere?, sagte Bernd Speicher, als sie sich der Flughafenzufahrt genähert hatten.
Nein, sagte Conte, aber ich bin gespannt. Sie werden wohl meine nette Kollegin Karin nach Seattle mitnehmen.
Wenn sie es sich denn nicht noch anders überlegt, sagte Conte.
Nein,- das wird sie nicht, sagte Bernd Speicher.
Mittlerweile waren sie angekommen, hatten jedoch noch ausreichend viel Zeit.
Das war sehr nett von Ihnen, sagte Conte, denn wissen Sie, die Karin und ich, wir wollten uns nicht hier in der Anonymität des Flughafengeländes verabschieden und außerdem fühlte sie sich auch nicht so richtig wohl in den letzten Tagen. Das war alles ein bisschen zu viel. Wenn wir in Seattle mal ein eigenes Dach über den Kopf haben und in halbwegs geregelten Verhältnissen leben, dann besuchen Sie uns doch mal. Sagen sie Raoul zu mir und ich bedanke mich nicht nur fürs Fahren, sondern auch für Ihre Solidarität mein lieber Bernd. Man wird mir vielleicht vorwerfen, meine Entscheidung sei zu emotional, aber die Situation hat mir keine

andere Wahl gelassen, das konnte und kann ich als Wissenschaftler nicht hinnehmen.
Wenn ich zurückkomme, was ja in ein paar Tagen der Fall sein wird, dann telefonieren wir mal und treffen uns bei mir oder bei der Karin. Ist das o.k.?
Conte stieg aus und war mit leichtem Gepäck unterwegs, das er in einem kleinen Rucksack auf Rädern hinter sich herzog und Bernd Speicher fragte sich, als er ihn zwischen den anderen Menschen verschwinden sah, ob es so etwas wie ein Dauerschicksal von Heimatlosigkeit gibt.

Volker,- wo bist Du denn?

fragte Martha Reger. Ich konnte Dich zu Hause nicht erreichen.
Kunststück, sagte Mendes, denn Du wirst es kaum glauben, aber ich bin an der Uni. Immerhin schreckt mich ja nicht das Gebäude, sondern nur einige Leute, wobei mein Schrecken eher ihrer Zukunft gilt, aber mal was anderes, denn Rodolfo Covi hat sich gemeldet und ich habe ihm mal erzählt, was hier vorgefallen ist.
Und was hat er dazu gesagt?
Nun, seine Antwort war sehr italienisch, will sagen temperamentvoll, um es mal vorsichtig sachlich auszudrücken. Er meinte, auch an den italienischen Universitäten seien einige Seltsamkeiten zu beobachten, aber es sei dort seines Wissens bisher nicht vorgekommen, dass man sich an den wissenschaftlichen Arbeiten eines Lehrers vergriffen hätte. Das fand er schlicht ungeheuerlich und er wollte eine Solidaritätsbekundung an unsere Adresse auf den Weg bringen, weshalb er wissen wollte, wer aktuell der Präsident der Uni sei und wie man die Person einzuschätzen habe.
Das wäre natürlich gut, sagte sie, aber mal unabhängig davon wollte ich mal hören, ob Du deinen irischen Kollegen in Cork erreicht hast.
Nein Martha,- ich habe es versucht, aber man hat mich wissen lassen, dass er im Moment ein Projekt in seiner Heimat betreut. Man geht davon aus, dass er zum Septemberende wieder verfügbar sein wird, wenn man ihn denn zwischendurch nicht noch zusammen mit einigen seiner Studenten in die Quarantäne verbannt. Mich wundert zugleich sehr, dass er dieses Projekt unter den gegebenen Verhältnissen überhaupt hat starten können.
Mich auch, sagte sie, aber Du verstehst vielleicht auch, dass ich jetzt nicht so schrecklich traurig darüber bin, dass Du im Moment mal nicht nach Cork fliegst.
Mendes musste lachen und meinte,- nein nein, es ist jetzt keine hektische Eile geboten. Ich hatte ja für das Etrusker-Projekt einige Zeit in Italien veranschlagt, aber da jetzt auf absehbare Zeit nichts daraus wird, mache ich den Vorschlag, dass wir uns vierzehn Tage lang an der Nordsee einmieten. Was hältst Du davon?
Wann hast Du denn gedacht?

Na ja,- mit dem Ferienbeginn, von dem ich ja leider noch abhängig bin.
Soll ich mich denn schon mal ein bisschen in Richtung Ferienwohnung umsehen?, fragte sie.
Das wäre sehr nett, zumal Du diesbezüglich viel geschickter bist und ein bisschen Meerluft und friedlich grasende Schafe werden uns guttun.
Das ist eine sehr gute Idee, sagte sie.
Ach ja Martha,- was ich noch sagen wollte. Ich habe nicht vor, hier Hals über Kopf die Zelte abzubrechen und ich bin auch nicht so naiv mir einzureden, dass ich von Dir dabei kritiklose Unterstützung erwarten darf. Wenn es sich ergibt, dass ich in Cork arbeiten kann, was übrigens finanziell einige Einbußen bedeuten würde, dann muss ich mich nicht dauerhaft dort aufhalten. Das macht eine ganze Reihe von Kollegen nicht anders und sie haben dann vor Ort eine kleine Wohnung. Bei Raoul ist das eine andere Sache, denn die Entfernung ist einfach größer. Er und die Karin sind ja noch jung und sie können sich dort ein neues Leben aufbauen.
Das sehe ich auch so, sagte sie, aber es schmerzt mich zugleich sehr, wenn ich die Karin vermutlich nur noch sehr selten sehen werde.
Das ist mir klar, sagte er und ich hatte einen Moment mit dem Gedanken gespielt, ihm, also dem Raoul, das auszureden. Ich habe aber davon abgesehen, denn erstens ist man als vor allem junger Wissenschaftler auch ein Wandervogel und muss sich den Wind um die Nase wehen lassen und man kann natürlich nicht irgendwo arbeiten, wo man die eigene Arbeiten nicht geschätzt wird, um es mal vorsichtig auszudrücken.. Das geht einfach nicht. Ich verliere ihn und die Karin auch nur ungern aus den Augen, aber weißt Du, die Karin hättest du so oder so loslassen müssen, wenn nicht jetzt, dann etwas später. Ich treffe mich am späten Nachmittag noch mit den Kollegen Ludwig und Delius und dann halten wir mal einen kleinen Kriegsrat. Beide sind so entsetzt wie wir alle, aber sie waren jetzt nicht selbst die Betroffenen oder sagen wir mal nicht direkt bedroht. Ich bin mir noch nicht so ganz sicher, ob wir den Geisinger gleich oder lieber etwas später in das Gespräch einbeziehen sollen und es ist wohl besser, wenn wir ihn mit einem Vorschlag konfrontieren. Er muss natürlich wissen, wie wir mit der Sache umzugehen gedenken und er ist letztendlich derjenige, der sich mit den Medien herumschlagen muss.
Mit welchen Folgen?- fragte sie.
Das ist eine gute Frage, sagte Mendes, denn der aktuelle Zeitgeist wird den Studenten Recht geben und man könnte uns unterstellen, dass wir die Zeichen der Zeit nicht erkannt haben und nicht richtig zu deuten wissen.
Ist das Dein Ernst?

Ja Martha, denn ich glaube offen gestanden nicht, dass die Medien auf unserer Seite stehen. Zumindest würde mich das wundern.

Sag mal Fritz,-

probt Ihr einen Aufstand?, fragte Dorothea Niewald. Sie hatte ihn in der Redaktion abgeholt, da sein Auto der Zuwendung von Berissa bedurfte.

Na ja,- der Spohn hat uns alle wissen lassen, dass er nicht mehr bereit ist, sich an das verordnete Framing zu halten, mit dem man im „Rat" ständig versuche, durchaus skandalöse Dinge klein zu reden, damit sie die regierungsamtliche Agenda nicht belasten.

Welche meinst Du?

Es kommt immer darauf an, was gerade passiert. Wenn z.B. das Bundesamt für Statistik täglich fünfzehn Vergewaltigungsversuche in Deutschland ausweist, von denen zwei Drittel auf das Konto unserer neuen Mitbürger gehen, dann muss man sich schon fragen, warum das für die Presse mehrheitlich kein Thema oder bestenfalls in dem Buch eines frustrierten Berliner Oberstaatsanwaltes zu finden ist, das er mit *„Der Rechtsstaat am Ende"* betitelt hat. Wir erleben hier gerade, wie ein notabler Wissenschaftler angegangen wird, dem man schon von seiner Herkunft her keine deutschnationale Gesinnung unterstellen kann, aber das soll nach Möglichkeit dann auch nicht allzu hoch gehängt werden und im „Rat" ist man wohl der Meinung, Conte und der Rest der Professorenschaft verstünden den Zeitgeist nicht richtig.

Aber Fritz, es hatten sich ja nicht alle Studentinnen und Studenten feindlich positioniert.

Das stimmt Doro und es wäre selbstverständlich auch gut, wenn das gesagt würde.

Euer Artikel zu der Angelegenheit ist gesalzen, sagte sie und von Euch allen unterschrieben. Wer hat denn den Text verfasst?

Der Chef selber, aber nicht über unsere Köpfe hinweg, denn er hatte ihn uns vorgelegt und um mögliche Korrekturen gebeten,- falls erforderlich.

Und.....habt ihr?

Ja,- wir haben und wir haben auch noch einiges hinzugefügt, so dass das jetzt alles so ein bisschen lang geworden ist, aber der Spohn war richtig geladen und ich fand das auch o.k.

Meinst Du, dass das mehrheitlich auch so gesehen wird?

Nein, sagte er und Du wirst in den nächsten Tagen erleben, dass sie uns eines politischen Rechtsschwenks bezichtigen werden. Das ist einer ganzen Reihe von Kulturschaffenden auch nicht anders gegangen. Denk doch nur mal an Botho Strauß z.B. Wenn Du nicht brav hinter der Kapelle herläufst, die gerade den Ton

angibt, dann bist Du rechts, wobei es ja früher umgekehrt war, denn als Kritiker der offiziellen Linie war man immer links. Es gibt da aber noch Steigerungsformen. Was mich mal interessieren würde, sagte sie, als sie vor ihrer Wohnung einparkte, begreifen sich diese Götter des Mainstreams eigentlich als Linke?
Wobei ja nebenbei mal zu klären wäre, was eigentlich ein Linker ist, sagte er.

Na klar Fritz, aber die Linke stand doch immer für soziale Projekte, mehr Mitsprache am Arbeitsplatz und eine gerechtere Verteilung des gesellschaftlichen Reichtums.
Dann schau mal wo sie heute stehen, sagte er und das wurde ihnen gerade von einer parteiinternen und ziemlich bekannten Kritikerin sauber unter die Nase gehalten. Es mag sein, dass sich die Linke selbst für politisch links hält, und der Rest des Mainstreams sieht sich als Liberale, wobei sie darunter eine Haltung verstehen, die sich auf keinen Fall irgendeiner Seite zugehörig wissen will. Das ist ein Liberalismus des Gar nichts, der zwischen vermeintlichen Extremen dem Wahren und Guten verpflichtet ist. Dahinter steckt eine gutbürgerliche Saturiertheit, die sich mit niemandem gemein machen möchte und irgendwie göttlich über den trüben Wassern schwebt.
Lieber Fritz,- ich habe eine wenig göttliche, aber profane Frage. Magst Du schwäbische Maultaschen?
Lieber als gutbürgerliche Saturiertheit, von der man zu allem Elend nicht einmal satt wird.
Also Deinen Humor hast du auf jeden Fall noch nicht verloren, sagte sie lachend.

Nein,- heute schon gar nicht, denn der Spohn war richtig in Fahrt. Sonst bemüht er sich ja immer die Wogen ein wenig zu glätten, wenn wir ihm gelegentlich mal etwas zu weit gehen, aber heute war er richtig gut drauf.
Weißt Du, sagte sie, diese ganze Sache ist ja nicht etwa nur tragisch, sondern auch peinlich. Ich habe mich länger mit der Karin Bruckner unterhalten und die hat natürlich im Traum nicht daran gedacht, dass die Dinge eine solche Wendung nehmen könnten. Ich weiß auch nicht, ob die Idee mit Seattle bei ihr so eine große Begeisterung auslöst.
Ich kann mich jetzt gerade nicht mehr an seinen Namen erinnern, aber ich hatte mal im Feuilleton etwas über einen Bergsteiger aus Seattle geschrieben, der sehr engagiert unterwegs war, sagte Kurz. Ich glaube, es war der 1996 am Everest tödlich verunglückte Scott Fisher, weshalb ich mich mit der Stadt und ihrer Umgebung beschäftigt hatte und ich kann Dir sagen, dass das eine traumhafte Umgebung ist, nicht weit von der kanadischen Grenze entfernt, denn Seattle liegt im Nordwesten des Staates Washington. Auch die Stadt selbst hat viel zu bieten,

wobei es mir auch klar ist, dass es einen Unterschied zwischen einem temporären Aufenthalt und einer Dauerbeziehung mit Land und Leuten gibt. Ich halte das aber nicht für die schlechteste Wahl.
Ja schon,- sagte sie, aber normalerweise trifft man solche Entscheidungen nicht so plötzlich.
Da hast du wohl recht, aber der Conte hat schon mal ein Land verlassen, weil es ihm zu unsicher war und ich weiß jetzt natürlich nicht, wie schnell oder langsam er sich damals für Deutschland entschieden hat.
Die Bedrohungslage war ja in Kolumbien eine andere, sagte sie.
Das auch, aber ich denke mal, dass er zumindest hier seine körperliche Unversehrtheit nicht unmittelbar in Gefahr gesehen hat. Deutschland war aber zugleich kulturell für ihn außerordentlich bedeutsam. Dieses Umfeld war ihm wichtig.
So eine gewachsene Traditionskultur über Generationen gibt es in den USA nicht, sagte sie.
Ja Doro, aber vielleicht ist das ja nicht mehr so wichtig, wenn man von Deutschland das Gefühl hat, dass es keine Kulturnation mehr sein will.
Wer sagt das?
Niemand, aber man tut so, denn die neue Agenda der EU läuft ja auf die Abschaffung einer Priorisierung der nationalen Kulturen hinaus, indem so etwas wie ein kosmopolitisch grundierter Bundesstaat Europa mit dem Zentrum Brüssel entstehen soll. Das ist eine klar Absage an das Prinzip Kulturnation. Zumindest ich kann es nicht anders interpretieren. Die Begleitmusik ist ja auch deutlich, wenn unterstellt wird, es gebe auf Deutschland bezogen außer der Sprache keine signifikant kulturelle Besonderheit, wobei mich interessieren würde, ob Maultaschen eigentlich eine signifikant schwäbische Besonderheit sind?
Keine Ahnung Fritz, aber ich kenne hier eine aus der ehemaligen Sowjetunion stammende Familie und bei denen gibt es manchmal auch sehr wohlschmeckende Teigtaschen, die sie Pelmeni oder so ähnlich nennen. Man darf also raten, was zuerst war, wobei es wie bei manchen Erfindungen ja auch sein kann, dass sie gleichzeitig an verschiedenen Orten in Mode kamen.
Manches Rezept ist wohl auch aus der Not geboren, sagte er, wobei es dabei gelegentlich in die Höhen der gehobenen Esskultur aufsteigen kann. Aber als eine Dialektik des Hungers würdest du das nicht bezeichnen? Nein Doro, denn das wäre schamlos.

Die Maschine hatte

bei einem wolkenverhangenen Himmel abgehoben. Es war zwar fast windstill und warm, sah aber aus, als ob es jeden Moment regnen wollte und Conte hatte schon in der Startphase die Augen geschlossen in der Hoffnung, ein wenig Schlaf nachholen zu können, denn er hatte schlecht geschlafen. Vielleicht ja auch, weil er in seiner Wohnung bewusst alleine geblieben war, um Karin nicht mit der unvermeidlichen Reisenervosität zu belasten, von der er sich nie hatte befreien können. Er konnte nur kurz eingenickt sein, als es in der Maschine plötzlich taghell wurde, aber sein Ärger über die plötzlich eingeschaltete Rundum-Beleuchtung verflog sofort, denn die Maschine flog mittlerweile über den Wolken und die Sonne schien ungehindert durch die kleinen Fenster und er wusste zu diesem Zeitpunkt noch nicht, dass sie ihm während all der Tage ein treuer Begleiter bleiben würde und die angespannte Stimmung deutlich aufhellte.

Er wusste auch nicht, dass seine Kollegen Mendes, Ludwig und Delius in Ludwigs Büro saßen, um sich über das weitere Vorgehen abzustimmen. Mit dem Ergebnis ihres Gespräches wollten sie dann Rektor Geisinger konfrontieren, der in einer schwierigen Lage war. Das war ihnen bewusst, aber es war nicht um den Preis eines Stillhalteabkommens zu verhindern, weil man das nicht ungeschehen machen konnte.

Conte bestellte sich einen Kaffee bei der Stewardess und sah durch das Fenster, wo sich sein Blick in einem wolkenfreien Nirgendwo verlor. Dabei kam ihm der Gedanke an dieses geradezu unglaubliche Privileg, der Nutznießer einer Technik sein zu können, die bis zu ihrem aktuellen Entwicklungsstand einer enormen Arbeit und zahlreicher Erfindungen bedurft hatte. Dieses Stück Technik-Kultur, das einen binnen Stunden in völlig andere Welten befördern konnte, hatte eine unglaubliche Faszination. Es fielen ihm auch die Worte ein, die er zu Karin gesagt hatte, als sie sich noch gar nicht so lange gekannt hatten, er aber sicher war, mit ihr leben zu wollen. Jetzt bin ich hier angekommen, hatte er ihr gesagt. Stimmte das nicht mehr? War es eine Fiktion irgendwo endgültig anzukommen und war es möglich, dass er sich ständig auf der Flucht befand? Würde er in den USA endgültig ankommen können oder gab es diese Verdammnis der Heimatlosigkeit, den Status eines ewigen Migranten und was mutete er Karin da eigentlich zu? Er hatte sie zumindest bisher nie gefragt, was sie vielleicht vermissen könnte, wenn sie Deutschland verlässt, um dauerhaft in den USA zu leben und zu arbeiten. Ja, sie hatte ihm gesagt, dass sie sich ihm zugehörig fühle, aber das bedeutete zugleich ja nicht, dass es auch andere Zugehörigkeiten gab. Ihre Tante war wichtig für sie und das umgekehrt genau so, aber er wurde einer Antwort enthoben, weil er trotz der durch das Fenster scheinenden Sonne eingeschlafen war.

Währenddessen war die Stimmung

in Klaus Ludwigs Büro eher optimistisch. Man hatte sich darauf verständigt, die Studentenschaft nicht pauschal für die Vorfälle verantwortlich zu machen. Außerdem sollte der Weggang von Conte und möglicherweise ja auch der von Mendes zunächst nicht vorrangig erwähnt werden. Ein Teil der Studentenschaft hätte das als Erfolg ihrer Aktion werten können. Es sollte allerdings ein Schwerpunkt dort gesetzt werden, wo es zur bewussten Zerstörung wissenschaftlicher Arbeiten gekommen war. Es ging darum, die Freiheit der Wissenschaft als zentrales Thema herauszustellen, welche durch den totalitären Anspruch einer Meinungsführerschaft in Gefahr geriet. Das war in keinem Falle polemisch und auch für Rektor Geisinger ein gangbarer Weg, wenn er genötigt war, die Situation gegenüber den Medien darzustellen und möglicherweise auch gegenüber denjenigen, die er anwerben musste, wenn die Universität nicht ihren Ruf verlieren sollte.

Liebe Kollegen, sagte Klaus Ludwig,- es kann durchaus sein, dass wir uns hier ziemlich komplizierte Gedanken machen, denn es könnte passieren, dass diese ganze leidige Sache relativ skandalfrei verhallt, weil das nicht so viele Leute interessiert, wie wir gerade unterstellen.

Für Geisinger wäre das natürlich ein Vorteil, sagte Peter Delius.

Ich weiß nicht so recht, sagte Mendes,- der heutige Artikel in der hiesigen Regionalzeitung war eigentlich mutig und diese Zeitung wird von sehr unterschiedlichen Leuten gelesen. So ganz unreflektiert wird das nicht verhallen und es kommt halt darauf an, ob der Asta, der sich ja anders positioniert, mit seiner Haltung punkten kann. So schrecklich beliebt wie sie meinen, sind die Herrschaften nämlich in der Öffentlichkeit gar nicht.

Sie ließen den Abend

in Ferdis Kneipe ausklingen, der an diesem Tag ein braunkariertes Flanellhemd trug, was, wie bereits erwähnt, aber unbedeutend war, weil es seinem Träger nur um eine gewisse farbliche Vielfalt ging. Grundsätzlich ist es bis dato und wie bereits erwähnt noch ungeklärt, warum bestimmte Kneipen für Menschen ganz unterschiedlicher Herkunft und Sozialisation attraktiv sind. Das dort in der Regel reibungslos ablaufende Kommunikationsgeschehen, würde eventuell als Vorlage für eine neue Gesellschaftlichkeit taugen, ist jedoch empirisch nicht ausreichend erforscht und wenn es denn ganz wesentlich an der Wirtin oder dem Wirt liegen sollte, dann sicherlich nicht wegen derer Bekleidung, möglicherweise aber wegen bestimmten Fähigkeiten ihrer Geschäftsführung. Dabei ist der Unterschied zwischen einer Kneipe und einem Staat ganz wesentlich auch der, dass eine Kneipe nicht dauerhaft mit roten Zahlen, also mit Verlust zu führen ist. Brauereien sind keine endlos geduldigen Gläubiger.

Vergleicht man Kneipengäste mit einem Staatsvolk, dann handelt es sich im Falle der Kneipe in der Regel um zahlende Gäste, denen als Gegenleistung eine im Winter beheizte Räumlichkeit und in jedem Falle einige Abwechslung geboten wird, welche entweder die Gäste untereinander leisten oder von Wirtin oder Wirt übernommen wird. Im Gegensatz zum Staat sind die Letzteren sehr daran interessiert, die Gäste bei Laune zu halten, indem sie ihnen zuhören und auf ihre Probleme eingehen. Dies garantiert ein gewisses Vertrauensverhältnis zwischen Wirten und Gästen und wäre zur staatlichen Nachahmung durchaus zu empfehlen. Nichts ist verhängnisvoller für einen Kneipenbetrieb als der Versuch, die Gäste in gute oder schlechte einzuteilen, weil die Gedemütigten sich eine andere Kneipe suchen werden.

Bezogen auf Teile eines gedemütigten Staatsvolkes ergibt sich eine komplizierte Situation, denn dessen Individuen können bei dem, was sie als demütigend empfinden, zwar ihre Kneipe wechseln, jedoch nicht so einfach den Staat. Es gibt zwar einige Leute, die aus dem Staatenwechsel ein Grundrecht ableiten wollen, aber das wird nicht funktionieren, weil sich bestimmte Leute seit Generationen irgendwo angesiedelt haben, wo es ihnen recht gut gefällt und wo sie ihr Auskommen haben. Dass es dort auch Leuten gefallen mag, die zu diesem Wohlstand nichts beigetragen haben, steht außer Frage, wird jedoch nicht immer gerne gesehen, weil die Erzeuger des Wohlstandes zwar durchaus bereit sind, mit ihren bedürftigen Mitmenschen zu teilen oder sie einfach auch nur gastfreundlich zu behandeln, aber sie möchten sie zugleich nicht dauerhaft alimentieren, wofür es eine ganze Reihe von guten Gründen gibt, die mit Egoismus nichts zu tun haben.
Aus solchen Missverständnissen ist in der Geschichte der Menschheit viel Ungemach entstanden und in einigen Fällen auch Kriege, die allesamt vermeidbar gewesen wären, wenn einige Leute mit ihrem ganzen Anhang einfach zu Hause geblieben wären.

Das sagt sich natürlich so leicht dahin, denn wer will schließlich immer zu Hause bleiben? Hätte der angeblich aus Afrika stammende Urmensch dies beherzigt, dann gäbe es die Spezies nur in Afrika, so wie einiges dort vorkommende endemische Getier. Das Problem wäre überschaubar oder auch nicht, denn die ausschließlich in Afrika lebenden Menschen hätten nur eine Sicht auf sich selbst. Eine Fremdsicht gäbe es nicht. Das Rassismus-Problem wären sie dann zwar los, aber was soll dieser Gedanke, denn wir wissen ja, dass es anders gekommen ist.

Da die Spezies mittlerweile nur noch in ganz wenigen und kaum bewohnbaren Gebieten der Erde etwas verdünnt vorkommt, sind die Konflikte alltäglich, wären jedoch begrenzbar, wenn alle sich darum kümmern würden, ihr Wohlergehen in den von ihnen bewohnten Territorien zu organisieren, was unterschiedlich schwierig ist. Gelegentlich kann man dabei von anderen Leuten etwas lernen, was die Erkenntnis voraussetzt, dass diese nicht von höheren Mächten privilegiert werden, sondern einfach konsequent und fleißig sind, weshalb man sie vernünftigerweise auch nicht umbringen sollte, zumal einem dabei auch deren Wissen verlorengeht.

Nimmt man gar ihr Gastrecht in Anspruch, dann sind solche Tötungsabsichten ganz besonders übel und verdienen eigentlich keine Entschuldigung etwa mit einer verkorksten Kindheit. Würden nämlich alle zu Mördern, die eine verkorkste Kindheit hinter sich haben, dann wäre man seines Lebens nirgends mehr sicher. Zudem ist uns die Grausamkeit vieler Leute bekannt, die eine wohl behütete Kindheit wie im Falle von Klaus Barbie hinter sich hatten. Einer seiner ehemaligen Klassenkameraden hatte sogar angenommen, dass er mal Pfarrer würde, was jetzt die Frage nach der Psyche von Pfarrern auf den Plan ruft, was hier nicht vertieft werden soll. Sie sind in der Regel friedliebend und gebildet und nur in Ausnahmefällen Päderasten.

Die Frage ist viel eher,
was weiterhin mit alle den Leuten passiert, die in diesem Roman vorkommen und in eine Interaktion getreten sind. Das sind ja allesamt ganz unterschiedliche Leute, aber ich habe sie nicht in unreflektierter Unvernunft aufeinander losgelassen. Sie erweisen sich im Verlaufe des Geschehens als lernfähig und vor allem als lernbereit, was dem aktuell zu besichtigenden politischen Geschehen eher nicht nachzusagen ist.
Einige Personen spielen dabei keine sehr große Rolle, aber sie sind gelegentliche Begleiter und Vermittler, wie es sie im richtigen Leben ja auch gibt. Und die anderen?

Nun ja,- der Carsten Spohn hat eingesehen, dass Journalismus auch Mut voraussetzt und sein aus Polen stammender und sehr erdgebundener Freund und intellektueller Fuhrunternehmer Anton Sawatzky, bestärkt ihn mit seiner ruhigen und bedächtigen Art. Dass diesem die attraktive Maria Conte buchstäblich zugelaufen ist, kann als eine Metapher auf ein sehr seltenes Lebensglück gedeutet werden. Die Kinder von Spohn und Sawatztky, zwei Töchter, sind kleine Hoffnungsträger trotz ausschließlich männlicher Erziehung, was man durchaus kritisieren mag oder halt auch nicht.Das Gender- und Frauenthema habe ich Dorothea Niewald überlassen, die das sehr aktiv begriffen hat und mit Praxis-Erfahrungen konfrontiert wird, was der Mehrzahl der Frauen zumindest in der beschrieben krassen Form erspart bleibt.

Sie hat aber gute Nerven und muss gelegentlich über ihren Schatten springen mit der durchaus angenehmen Folge, dass die Sache mit dem Friedhelm Kurz (Fritz) wieder ins Laufen kommt.

Martina Riedel kommt als gute Seele der Zeitungsredaktion ein wenig zu kurz, aber sie behält den Überblick und passt die erforderliche Kaffeemenge der zu erwartenden Sitzungsdauer an. Außerdem kann sie irrsinnige Telefonate abwehren.

Hellweg, Wendler, Enders, Kurz und Gebauer sind Selfmade-Journalisten einer Zeitung, die hier namenlos bleibt, aber dem Anpassungsdruck trotzt. Man kann beim Schreiben ganze Dynastien, Sujets oder einfach auch nur ein bekanntes und bisher erfolgreiches Gesellschaftsmodell durch Fehlsteuerung untergehen lassen, wobei ja nicht jede (andere) Steuerung falsch ist, sehr wohl aber dann, wenn es sich um sinnlose Formen von Unterwerfung handelt.

Ben Berissa und Theo Eicher sind zwei reflexionsfähige Männer der Hand mit jeweils ganz unterschiedlichem Hintergrund und bilden mit Sawatzky einen Gegenpol zur Professorenriege, aber nicht als deren Gegenpart, sondern als Teilhabende und Teilnehmende. Hier ist allerdings der Wunsch des Autors der Vater des Gedankens.

Berissas gelegentliches motorsportliches Engagement passt nicht in die Zeit der frommen ökologischen Denkungsart und das soll es ja auch nicht, denn die Freuden der gesellschaftlichen Eliten sind allesamt nicht weniger schädlich für die Umwelt, weshalb sich die gegenseitigen Vorwürfe in aller Regel relativieren.

Berissas Frau Christine ist eigentlich ganz froh, wenn er das mit dem Motorsport bleiben lässt, weil sie ein bisschen Angst um ihn hat, aber sie moralisiert das Thema nicht, was ihn auch wundern würde, denn sie ist in vieler Beziehung so etwas wie sein Anker und die Frage ist jetzt nur, wie man einen weiblichen Anker nennt.

Der Uni-Rektor Geisinger ist nicht zu beneiden, denn seine Beschwichtigungen werden misslingen. Die hier beschriebenen Katastrophen sind erst der Anfang vom Ende einer freien Wissenschaft.

Kommissar Thomas Roth und seine Truppe vermeiden peinlichst jegliches Abgleiten in einen Krimi, zumal die juristischen Besonderheiten der Geschehnisse nicht ganz zu einem Ende gebracht und der Phantasie überlassen werden. Das ist bei einem Western einfacher zu regeln, weil da immer das Gute siegt und weil es an ihm, also an seiner Gestalt, keinen Zweifel geben kann.

Roths Kollege Sterzing übernimmt Hilfsfunktion. Was soll er sonst auch machen?- und natürlich muss es auch einen Amtsrichter geben. Dieser Walter Spenger ist von der freundlichen Sorte und am Rechtsstaat noch nicht so verzweifelt wie sein realer staatsanwaltlicher Kollege Ralf Knispel, der zumindest in Berlin den Rechtsstaat am Ende sieht.
Die beiden Anwälte Tönjes und Repetto sind natürlich wie im richtigen Leben ganz unterschiedliche Typen, können aber zueinander finden, wenn die Vernunft es gebietet, die in diesem Roman gelegentliche Erwähnung erfährt.
Otto Spiegler vom Innenministerium ist eigentlich nicht so wichtig wie man meint, aber ganz ohne ihn geht es auch nicht.
Ganz anders ist die Sache mit Heinz Wundrak und Tante Martha. Sie sind gleich mehrfach ganz unentbehrlich, auch als Träger einer viel gescholtenen identitären Kultur in sehr unterschiedlicher Darstellungspraxis.
Und Silvio? Musste das unbedingt sein? Ja,- das war wichtig in Zeiten der ganz besonderen sexuellen Verwirrungen. Warum es immer die Linken sind, die die Puffs verbieten wollen, habe ich bisher nicht ganz verstanden aber das Linkssein hatte nicht selten auch etwas Asketisches, etwas Lustfeindliches. Im Klassenkampf gilt Disziplin und das Vögeln muss bis zum letzten Gefecht (also bis zur Impotenz) verschoben werden.
Natürlich haben die Leser ein Recht darauf zu erfahren, was aus dem Immobilienskandal geworden ist, aber wenn eine Sache, die man eigentlich nicht zulassen sollte, juristisch bis auf einige unvermeidliche Randskandale politischer Schmierenkomödianten, im Grunde in Ordnung, d.h. gesetzeskonform ist, dann stellt sich die alte Frage, wessen Gesetze das eigentlich sind, bzw. wem sie nutzen?
Was ist mit Lutz Freiberg und Karl Schuman? Ich habe sie stiefmütterlich behandelt, obwohl doch in den Schulen der zumindest etwas größeren Städte und Gemeinden ausreichend Zündstoff in sogar wörtlich zu nehmender klassenkämpferischer Dimension vorhanden ist. Schon das Unterrichten der Darwinschen Evolutionstheorie, welche die Muslime ganz ungeheuer kränkt, kann zu erheblichen Zerstörungen der Einrichtung führen.
Es handelt sich hier um ein neu-religiöses Weltbild, das auch hinsichtlich der künftigen Lehrpläne beachtet werden sollte, damit man Kränkungen vermeidet. Auch unsere beiden Amtskirchen sehen sich hier in der Pflicht und glauben (ernsthaft) an ein Anwachsen der Religiosität in der Gesamtgesellschaft durch eine vermutlich dritte Amtskirche des Propheten, die es freundlich zu befördern gilt.
Bestimmte Dinge, die mit aufgeklärtem Wissen immer zu tun hatten, sind ja vielleicht doch nicht so wichtig und werden auch bald wieder vergessen. Was

würde schließlich auch passieren, wenn wir uns darauf einigen, dass die Erde eine Scheibe ist? Was?
Heinz Wundrak würde darüber den Kopf schütteln und behaupten, er könne das Gegenteil mit Hilfe seines Schirms beweisen und Hellweg hätte schon wieder was für seine Kuriositätensammlung.
Hab ich jemanden vergessen? Natürlich,- die Hauptdarsteller. Was machen eigentlich Raoul Conte und Karin Bruckner? Na ja,- was alle noch jungen Leute machen, wenn sie nicht auf den Kopf gefallen sind und sich ein Umfeld suchen, in dem man das eigene Leben erfreulich gestalten kann.
Ob man dazu immer nach Amerika gehen muss, wage ich zu bezweifeln, denn wie wir erfahren, will es Volker Mendes im idyllischeren Irland zumindest temporär versuchen, wo ja alles immerhin sehr europäisch bleibt.
Ob es für ihn und die Tante ein Happy End gibt, ist schwer vorauszusagen. Zunächst aber mal ein bisschen Urlaub an der Nordsee. Die Tante wird ihr Häuschen ungern aufgeben wollen und Häuser sind in Irland auch nicht wesentlich billiger zu haben. Sie werden sich wie vernünftige ältere Leute zu arrangieren wissen und die Tante dürfte neben ihrer Liebe zu Volker Mendes auch eine zu Irland entdecken.
Und Ferdi? Aus ihm hätte ein Musterdiplomat werden können oder ein Diplom-Psychologe, aber wie so oft endet hier ein Genie in der Kneipe und erlangt zumindest vordergründig eine gewisse Popularität über farblich unterschiedlich karierte Flanellhemden, zu denen immerhin zu sagen wäre, dass sie die besseren Hemden sind. Garantiert!
Franziska Spohn und ihr Freund Roland Radeck, Ela Sawatzky und Bernd Speicher der Gitarrist Patricio Fernández und die flotte Fahrerin Sabine Ellner, stehen für eine gewisse Unbeschwertheit, die eine Gesellschaft braucht, um nicht in Depressionen zu versinken. Früher sind die Leute zwecks Gemütsaufhellung immer noch Italien gefahren, aber vom Mendes Kollegen Rodolfo Covi haben wir erfahren, dass das heute wohl auch keine rettende Idee mehr ist,- zumindest jetzt mal nicht.
Anton Sawatzky und Maria Conte werden wohl die ersten sein, die sich nach einiger Zeit nach Seattle auf den Weg machen, um mal zu sehen, wie man dort so lebt. Eine übrigens gut funktionierende kosmopolitische Verbindung!
Friedhelm Kurz (Fritz) und Dorothea Niewald (Doro), werden wohl in Germany bleiben, auch wenn dort die kritische Sicht auf politische Geschehnisse schwieriger werden dürfte. Der Fritz meint aber, das sei wie ein Pendel, das irgendwann mal wieder in die andere Richtung schwingt und dies selbst dann, wenn alle Schlüsselpositionen von Frauen besetzt wurden.

Eine mögliche Fortsetzung der Geschichte
werde ich Frank Hellweg überantworten, wobei ihm vorerst die Zeit dazu fehlen wird, aber vielleicht hat sein Chef ein Einsehen und ist ihm in dieser höheren Angelegenheit behilflich. Warten wir's ab.

Über den Autor

Michael Mansion, geboren am 28.05.1943 in Weißenfels (Sachsen-Anhalt). Seit 1945 im Saarland ansässig und aufgewachsen. Ausbildung zum Zahntechniker und Berufsausübung bis 1991.

Seit 1992/93 Wechsel in den Kulturbereich einer stadtnahen Einrichtung als Geschäftsführer.

In den letzten Jahren beschäftigte er sich hauptsächlich mit soziologischen und sozialkritischen Themen und Entwürfen vor den Hintergrund einer von ihm als Staatskrise definierten Entwicklung.

Michael Mansion lebt in der Gemeinde Wallerfangen im Saarland.

Publikationen von Michael Mansion

Kelkel-Verlag, 2017,
220 Seiten

ISBN: 978-3-942767-19-4
Preis 9,95 €

Nein,- Ressentiments gibt es nicht nur bei den Anderen, aber dort sind sie leichter ausfindig zu machen, wie man gelegentlich meint. Und noch etwas, denn nicht jedes Ressentiment ist falsch.
Fünfunddreißig Glossen, Essays und Satiren zum Schmunzeln, Lachen und Mitdenken.

Edition Saarkasmo,
Kelkel-Verlag, 2017
180 Seiten,

ISBN: 978-3-942767-21-7
Preis 12,00 €

Ja,- wo laufen sie denn? Richtiger wäre die Frage, wohin sie alle fahren oder fliegen und vor allem auch warum?

Nicht, weil es nichts Interessantes zu sehen gäbe, aber 10 000 km fliegen, um irgendwo am Strand zu liegen, ist irgendwie langweilig. Der Trip ins Universum ist nur was für die Besserverdienenden, aber das kleine Glück des Unterwegsseins liegt oft buchstäblich vor der Haustür.

368 Seiten
Preis 15 €

Eine Sammlung sozialkritischer Beiträge, Briefe an einige Personen und Redaktionen, sowie Buch und Textrezensionen vor dem Hintergrund des aktuellen politischen Zeitgeschehens.